编　著：肖义刚

编　委：李明远　洪瑛瑛　刘　琳

云亨法律实务书系

著作权纠纷
裁判规则与类案集成

INTEGRATION OF JUDGMENT RULES AND CASES

肖义刚◎编著

中国法制出版社
CHINA LEGAL PUBLISHING HOUSE

序　言

随着经济的不断发展，知识产权越来越成为企业发展中的战略性资源和核心竞争力要素。其中作为技术之子的著作权也越发被人们重视，技术进步是助力作品创作、传播和完善作品版权保护的重要推动力之一。著作权与我们每个人都息息相关，我们每时每刻都在通过各种载体、媒介接触甚至在创作各类作品，比如写日记、笔记、拍摄照片、影片、玩电子游戏、表演、书法、绘画、唱歌、跳舞，玩抖音、短视频、网络直播等，有时是使用者、消费者，有时是参与者、创作者。所以著作权是人们最基本的权利。另外一个极其重要的推动力则是由著作权法等相关部门法律组成的保护体系。其一方面确保上述作品被最大限度地利用和传播，另一方面通过给予专有权保护从而鼓励创作。最终保护我国的社会主义文化欣欣向荣。

目前已公开的著作权文献著作中，以实务经验为主题的专著并不多见，鉴于此，本人编写了这本《著作权纠纷裁判规则与类案集成》，期望通过自己多年来在从事知识产权保护的经验和体会，为知识产权保护工作提供些许参考和借鉴。全书从结构上共划分为九章。第一章权利归属、第二章作品认定、第三章侵权认定、第四章侵权抗辩、第五章避风港规则、第六章计算机软件、第七章电子游戏作品、第八章信息网络传播权、第九章其他权利。本书分别从著作权产生、归属、预防、保护和运用五个方面，对九个领域中的常见纠纷进行全方位梳理和总结，以期提供预防、管理和借鉴工作。总而言之，这是知识产权最好的时代，值得我们每一个人投身其中。

作者：肖义刚 于北京

2022 年 6 月 1 日　星期三

目　录

一、权利归属

二、作品认定

三、侵权认定

四、侵权抗辩事由

五、“避风港原则”

六、计算机软件著作权

七、电子游戏作品

八、信息网络传播权

九、其他

附录一：著作权纠纷案件核心法律条文

附录二：著作权纠纷案件法律汇编目录

一、权利归属

001 法人作品的范围应当如何界定？

☞ **阅读提示**

著作权法意义上的作品，是具有独创性的智力成果，因此必然需要自然人作者通过智力活动进行直接创作，但依照我国现行著作权法的有关规定，法人在满足条件时，虽然并未直接创作作品，但可以成为著作权人，享有独立完整的著作权。在最新修正的《中华人民共和国著作权法》（以下简称《著作权法》）中有关规定仅将“公民”修改为“自然人”，以及将“其他组织”修改为“非法人组织”，而对法人作品的认定，并未作出改动。那么依据有关法律规定，对法人作品的认定的标准判断应当相对宽泛还是严格限定？笔者将通过案例予以研究。

裁判要旨

“由法人或者其他组织主持，代表法人或者其他组织意志创作，并由法人或者其他组织承担责任的作品，法人或者其他组织视为作者。”由此可见，我国著作权法虽然规定法人可以成为作品的作者并享有著作权，但对法人作品的构成要件进行了严格限定，在职务作品与法人作品的构成条件非常接近的情况下，由于对权利归属的不同规定，因此对法人作品做严格解释方符合著作权法的立法本意。

案情简介

一、2013 年 3 月 21 日，被告 1 深某大学作为申请单位与案外人通某公司、深圳市因某客科技有限公司共同向深圳市科创委提交关于“LED 某工艺及服役效能关键研究”项目的《深圳市技术创新计划技术开发项目申请书》。该项目申请书载明：被告2柴某跃，单位为深某大学光电工程学院，承担任务为课题总负责。原告刘某，单位及职务为深圳市通某科技有限公司高级工程师，承担任务为实验方案、理论模型建立以及撰写论文等。

二、项目申请书所附《项目合作协议》中约定了各方已有的知识产权归原产权持有方所有，课题研发过程中新产生的知识产权按各方贡献大小分配，即各方独立完成研究工作所形成的知识产权归各方独立所有，各方共同完成研究工作所形成的知识产权归各方共同所有，任何一方未经合作方同意不得擅自向其他方公开。该项目并未申请成功。

三、2014年5月13日，深某大学与被告3深圳雷某光电科技股份有限公司和被告4深圳市长某通半导体技术有限公司三方被告，协商成立项目申请联合体，以雷某公司为主申请单位，深某大学、长某通公司为参加单位（其中柴某跃担任本项目负责人之一以及三方项目合作中深某大学联系人），以“基于×××××的LED光源模组关键技术研究”项目共同参加“2014年深圳市技术攻关项目”的申报工作，三方以雷某公司名义提交了被诉2014年可行性报告。该项目最终获得通过。

四、2016年10月27日刘某提起诉讼，主张被诉侵权行为分为两个阶段：第一阶段2013年3月21日，柴某跃作为项目负责人，深某大学为申请单位，连同第三人在冒充刘某签名，未经刘某允许的情况下，将涉案作品原封不动地向深圳市科创委申请，侵犯刘某的署名权、复制权；第二阶段2014年5月13日，雷某公司为主申请人，与深某大学、长某通公司共同向深圳市科创委申请“基于×××××的LED光源模组关键技术研究”项目，其中柴某跃为项目核心负责人之一及三方合作中深某大学的联系人，在刘某涉案作品中增加部分内容，侵权表现为刘某具有独创性的大部分内容均被抄袭，深某大学、雷某公司、长某通公司、柴某跃的行为侵犯了刘某的署名权、改编权、发表权等权利。

五、一审法院认为：刘某非深某大学的工作人员，目前亦无证据证明刘某系为履行职务完成2013年可行性报告，故柴某跃、深某大学等关于2013年可行性报告为职务作品的意见并不成立。

六、2020年10月13日，二审法院判决书中指出：刘某创作2013年可行性报告的自由度很高，对该报告的形成作出了主要贡献。此外，2013年项目申报主体为深某大学是基于深圳市科创委关于申报项目的主体必须具备独立法人资格的形式要求，这并不必然意味着相关项目申报材料所产生的责任只能由深某大学承担。因此，2013 年可行性报告不符合法人作品的构成要件，不属于法人作品。

七、一审、二审法院均认定：被诉 2014 年可行性报告与 2013 年可行性报告构成实质性相似。深某大学未经 2013 年可行性报告的著作权人刘某许可，使用与该报告实质性相似的被诉 2014 年可行性报告用于项目申报，且未在申报材料上标注刘某为作者，因此侵犯了刘某相关著作权。

核心裁判要旨

本案的争议焦点在于涉案作品是否构成法人作品。依据《著作权法》（2010 年修正）第十一条①第三款规定："由法人或者其他组织主持，代表法人或者其他组织意志创作，并由法人或者其他组织承担责任的作品，法人或者其他组织视为作者。"在最新修正的著作权法中并未对构成要件做出修改，因此即使在现行法律规定下，法人若想取得独立的完整著作权也应当满足上述三个条件，因为不同于职务作品，法人作品是取得完整的著作权，而直接创作人无法享有包括人身权在内的权利，为了避免对自然人权利造成过度侵犯，因此应当对法人作品的范围进行严格限定，对于是否满足三个要件的认定也应当严格考察。

具体而言，从法人作品的构成要件来看，"由法人或者其他组织主持"若仅是简单的提出任务、布置工作，则不能认定为主持创作，而必须是对作品的创作进行了实际的主持、指导作用；而"代表法人或其他组织意志"这一条件则限制了直接创作者的创造空间，因此有学者主张，只有公文类作品可以构成法人作品，因为存在较多限制，能较为直接体现法人的意志，而存在较大创作空间的艺术作品等，一般很难认定为代表意志创作，但在实际中，仍然存在许多代表法人意志而非公文类作品的情况，因此不宜一刀切地限定法人作品范围；最后"由法人或者其他组织承担责任"这一要件，是指作品产生的责任必须也只能由法人或其他组织承担，个人实际上承担不了作品产生的责任。

具体到本案而言，虽然项目需要以法人身份进行申报，但刘某在创作中享有相当大的自由性，并且没有证据表明与其直接对接的法人代表在创作过程中对该报告的立意、日程安排、创作进程等提出过要求，或者对该报告的结构编排、撰写思路、内容取舍等进行了具体指示，亦无证据表明柴某跃在收到该报告后进行了实质性修改。因此无法认定该作品构成法人作品。

---

① 编者按：《著作权法》（2020 年修正）第 11 条、第 12 条。

诉讼经验总结

一、法人作品与特殊职务作品存在很多近似之处，法人作品的认定标准为："由法人或者其他组织主持，代表法人或者其他组织意志创作，并由法人或者其他组织承担责任的作品，法人或者其他组织视为作者。"而特殊职务作品的认定标准为："（一）主要是利用法人或者其他组织的物质技术条件创作，并由法人或者其他组织承担责任的工程设计图、产品设计图、地图、计算机软件等职务作品；（二）法律、行政法规规定或者合同约定著作权由法人或者其他组织享有的职务作品。"两者的主要区别一方面是除依法律规定或约定以外，特殊职务作品对作品种类有所限制，虽然在实践中，对"计算机软件等职务作品"这里的"等"是等外等还是等内等，是封闭式的规定还是可以向外延伸存在争议，但在相关司法判例中可以看到突破例举而将美术作品、摄影作品纳入特殊职务作品，均是在有特殊社会影响或基于正当理由的情况下发生的，因此普遍认为不宜将此处的范围过度延伸；另一方面对于法人作品而言，并不要求主要利用法人或非法人组织的物质技术条件进行创作，而主要考虑是否体现法人意志。

二、对于法人作品进行认定时，应当注意仅是下达创作命令、作品实质体现了较多直接创作者独特思想感情和意志等情况下，不应当认定为满足法人作品的标准，以免过度限制自然人创作者的权利。

法律规定

《中华人民共和国著作权法》 （2010 年修正）	《中华人民共和国著作权法》 （2020 年修正）
第九条 著作权人包括： （一）作者； （二）其他依照本法享有著作权的公民、法人或者其他组织。	**第九条** 著作权人包括： （一）作者； （二）其他依照本法享有著作权的自然人、法人或者非法人组织。
第十一条 著作权属于作者，本法另有规定的除外。 创作作品的公民是作者。 由法人或者其他组织主持，代表法人或者其他组织意志创作，并由法人或者其他组织承担责任的作品，法人或者其他组织视为作者。	**第十一条** 著作权属于作者，本法另有规定的除外。 创作作品的自然人是作者。 由法人或者非法人组织主持，代表法人或者非法人组织意志创作，并由法人或者非法人组织承担责任的作品，法人或者非法人组织视为作者。

《中华人民共和国著作权法》(2010 年修正)	《中华人民共和国著作权法》(2020 年修正)
如无相反证明，在作品上署名的公民、法人或者其他组织为作者。	**第十二条** 在作品上署名的自然人、法人或者非法人组织为作者，且该作品上存在相应权利，但有相反证明的除外。 作者等著作权人可以向国家著作权主管部门认定的登记机构办理作品登记。 与著作权有关的权利参照适用前两款规定。
第十六条 公民为完成法人或者其他组织工作任务所创作的作品是职务作品，除本条第二款的规定以外，著作权由作者享有，但法人或者其他组织有权在其业务范围内优先使用。作品完成两年内，未经单位同意，作者不得许可第三人以与单位使用的相同方式使用该作品。 有下列情形之一的职务作品，作者享有署名权，著作权的其他权利由法人或者其他组织享有，法人或者其他组织可以给予作者奖励： （一）主要是利用法人或者其他组织的物质技术条件创作，并由法人或者其他组织承担责任的工程设计图、产品设计图、地图、计算机软件等职务作品； （二）法律、行政法规规定或者合同约定著作权由法人或者其他组织享有的职务作品。	**第十八条** 自然人为完成法人或者非法人组织工作任务所创作的作品是职务作品，除本条第二款的规定以外，著作权由作者享有，但法人或者非法人组织有权在其业务范围内优先使用。作品完成两年内，未经单位同意，作者不得许可第三人以与单位使用的相同方式使用该作品。 有下列情形之一的职务作品，作者享有署名权，著作权的其他权利由法人或者非法人组织享有，法人或者非法人组织可以给予作者奖励： （一）主要是利用法人或者非法人组织的物质技术条件创作，并由法人或者非法人组织承担责任的工程设计图、产品设计图、地图、示意图、计算机软件等职务作品； （二）报社、期刊社、通讯社、广播电台、电视台的工作人员创作的职务作品； （三）法律、行政法规规定或者合同约定著作权由法人或者非法人组织享有的职务作品。
第十七条 受委托创作的作品，著作权的归属由委托人和受托人通过合同约定。合同未作明确约定或者没有订立合同的，著作权属于受托人。	（在 2020 年的修订中仅改变了条文序号①）

《中华人民共和国著作权法实施条例》（2013 年修订）

第十一条 著作权法第十六条②第一款关于职务作品的规定中的“工作任务”，是指公民

① 编者按：《著作权法》（2020 年修正）第 19 条。
② 编者按：《著作权法》（2020 年修正）第 18 条。

在该法人或者该组织中应当履行的职责。

著作权法第十六条①第二款关于职务作品的规定中的“物质技术条件”，是指该法人或者该组织为公民完成创作专门提供的资金、设备或者资料。

本案链接

刘某、柴某跃著作权权属、侵权纠纷二审民事判决书【（2019）粤民终1586号】

柴某跃、深某大学上诉还称，2013年项目是由深某大学授权的项目负责人兼其员工柴某跃主持，且项目申报主体是深某大学，项目申报的法律后果亦由深某大学承担，因此2013年可行性报告属于法人作品。《著作权法》第十一条②第三款规定：“由法人或者其他组织主持，代表法人或者其他组织意志创作，并由法人或者其他组织承担责任的作品，法人或者其他组织视为作者。”由此可见，我国著作权法虽然规定法人可以成为作品的作者并享有著作权，但对法人作品的构成要件进行了严格限定，对法人作品作严格解释方符合著作权法的立法本意。从法人作品的构成要件来看，首先，“由法人或者其他组织主持”是指从创作的提出、立意、人员、物质技术条件的提供、创作进程安排等各方面均由法人或其他组织主持，而不仅仅是简单的提出任务、布置工作。其次，“代表法人或其他组织意志”是指作品完全或主要地体现了单位意志，创作者个人自由思维的空间不大。若作品的结构安排、内容取舍、思想表达等可以由个人意志所决定，则不属于此范畴。再次，“由法人或者其他组织承担责任”是指作品产生的责任必须也只能由法人或其他组织承担，个人实际上承担不了作品产生的责任。再观本案涉及的柴某跃或深某大学对2013年可行性报告参与程度的相关证据，刘某2013年3月20日通过邮件发送该报告给柴某跃后，柴某跃于2013年3月21日回邮称申报书是经过修改的，但其并未举证证明修改的具体内容；刘某与柴某跃的QQ聊天记录显示，与项目申报相关的合作协议、答辩幻灯片等均由刘某制作，且刘某在2013年6月3日还告知柴某跃其又添加了一些实验结果；而柴某跃提交的刘某与许某钦的往来邮件仅能证明许某钦在2013年5月14日向刘某发送过可行性报告，以及在2014年2月19日发送过几张直下式背光效果图。换言之，本案既无证据表明在刘某2013年3月20日发送2013年可行性报告给柴某跃之前，

---

① 编者按：《著作权法》（2020年修正）第18条。
② 编者按：《著作权法》（2020年修正）第11条、第12条。

柴某跃或深某大学对该报告的立意、日程安排、创作进程等提出过要求，或者对该报告的结构编排、撰写思路、内容取舍等进行了具体指示，亦无证据表明柴某跃在收到该报告后进行了实质性修改。与之相反，刘某2013年3月20日发送该报告的邮件及其之后与柴某跃的QQ聊天记录可以证明，刘某创作2013年可行性报告的自由度很高，对该报告的形成作出了主要贡献。此外，2013年项目申报主体为深某大学是基于深圳市科创委关于申报项目的主体必须具备独立法人资格的形式要求，这并不必然意味着相关项目申报材料所产生的责任只能由深某大学承担。因此，2013年可行性报告不符合法人作品的构成要件，不属于法人作品。柴某跃、深某大学关于刘某不享有2013年可行性报告著作权的上诉理由不能成立，本院不予支持。

延伸阅读

裁判规则一：法人意志不能简单地等同于单位指派工作任务、就创作提出原则性要求或提出修改完善意见等，否则，所有的职务作品均可被视为法人作品。

案例一：胡某庆、吴某初与上海某电影制片厂著作权权属纠纷一审民事判决书【（2010）黄民三（知）初字第28号】

至于被告关于系争造型系法人作品的辩称意见，本院认为，虽然两原告系单位职工，造型设计属于其职责范围，系争造型是在单位主持下，为了完成单位的工作任务而进行的创作，责任亦由单位承担，但是，我们不能将法人意志简单地等同于单位指派工作任务、就创作提出原则性要求或提出修改完善意见等，否则，所有的职务作品均可被视为法人作品，作为自然人的创作者将丧失作者地位。系争美术作品的创作无须高度借助单位的物质技术条件，创作的过程也并不反映单位的意志，而是体现了作者独特的思想、感情、意志和人格。无论是“葫某娃”角色造型的线条、轮廓、色彩还是服饰、颈饰、腰饰、葫芦冠等的选择都体现了作者个人的构思和表达。虽然，被告陈述摄制组其他成员和被告的部门负责人曾提出过修改意见，但这并不影响对“葫某娃”角色造型作出实质性贡献的仍然是作者个人。而且，从片尾的署名来看，造型设计也已署名两原告个人，因此，“葫某娃”角色造型美术作品并不是代表法人的意志创作，不应认定为法人作品，对被告的上述主张，本院不予采信。

裁判规则二：对于法人作品而言，直接创作者的创作空间较小，而对于职务作品而言往往有更大的创作空间，这一点可以辅助判断法人作品和职务作品或特殊职务作品之间的区别。

案例二：孟某彤等与人某网股份有限公司著作权权属、侵权纠纷二审民事判决书【（2018）京73民终2064号】

《著作权法》第十六条①规定：公民为完成法人或者其他组织工作任务所创作的作品是职务作品，除本条第二款的规定以外，著作权由作者享有，但法人或者其他组织有权在其业务范围内优先使用。作品完成两年内，未经单位同意，作者不得许可第三人以与单位使用的相同方式使用该作品。有下列情形之一的职务作品，作者享有署名权，著作权的其他权利由法人或者其他组织享有，法人或者其他组织可以给予作者奖励：（一）主要是利用法人或者其他组织的物质技术条件创作，并由法人或者其他组织承担责任的工程设计图、产品设计图、地图、计算机软件等职务作品；（二）法律、行政法规规定或者合同约定著作权由法人或者其他组织享有的职务作品。

本案中，涉案作品与31号裁定所涉摄影作品均创作于《著作权法》施行前，涉案作品并非随意取材，而是以抗美援朝战争为拍摄题材的特殊时期的摄影作品，因此，对于该类特殊题材摄影作品的著作权归属，亦可比照适用31号裁定的认定标准，即不能简单依据当事人提交的拍摄者个人摄影集上的署名进行认定，而应根据该类摄影作品创作时的社会背景、创作过程以及当事人的具体行为等予以认定。具体而言，拍摄涉案作品时孟某瑞的身份是原解放军某报社军事记者，虽无在案证据证明其与原解放军某报社对涉案作品的著作权归属进行明确约定，涉案作品拍摄时也没有明确法律规定，但根据当时的时代背景、该类作品特殊的拍摄过程、当事人的具体行为以及意思表示，可以认定孟某瑞拍摄涉案作品系履行单位委派的特殊任务，拍摄器材及拍摄条件均由单位提供，结合原解放军某报社出具的《复函》内容，该类作品一旦在原解放军某报社所属媒体发表，亦由原解放军某报社承担责任，因此，该类作品的后期编辑、对外发布亦由单位决定，并由单位承担责任，故该类作品应认定为特殊职务作品，孟某瑞仅享有署名权。李某琴、孟某1、孟某2、孟某彤作为孟某瑞的法定继承人，以人某网公司侵犯了涉案作品信息网络传播权为由要求停止侵权及赔偿损失，并无相关权利基础，对其相关上诉主张，本院不予支持。

---

① 编者按：《著作权法》（2020年修正）第18条。

002 作者对特殊职务作品是否能额外要求报酬?

☞ 阅读提示

自然人是作品的直接创作者，在完成创作的角度来说，只有自然人可以成为作者并享有著作权，但是为了维护法人、非法人组织的利益，法律规定在特定情况下，法人、非法人组织可以取得一定著作权，这些情况被称为法人作品或职务作品，其中职务作品对于作者与单位之间权利的分配，依据法律规定存在两种形式，即普通职务作品和特殊职务作品，在不同情形下，作者本人能否在正常领取薪酬以外，针对其创作的职务作品要求额外报酬呢？笔者将通过案例予以研究。

裁判要旨

对于特殊职务作品，作者享有署名权，著作权的其他权利由法人或者非法人组织享有，法人或者非法人组织可以给予作者奖励，本案中当事人参与编纂是为了完成分配的工作任务，是履行工作职责的行为，已经获取工资作为在工作期间履行工作职责的经济报酬，且除署名权以外的相关著作权由单位享有，因此不享有额外依据著作权而要求报酬的权利。

案情简介

一、原告陈某刚在2012年3月2日所成立的《民某志》编纂委员会及编纂办公室中担任编纂人员。编纂委员会办公室的主要职责是负责编纂的日常工作，负责《民某志》和《区域建置志》大纲的编纂、文字和图片等相关资料的收集整理、资料编纂和两部志稿的编纂工作。

二、被告××省民政厅办公室于2013年9月9日发出通知，确定办公室成员陈某刚的分工为：负责民政政策法规研究工作，负责普法教育、依法行政和民政系统政务公开工作，承担民政综合文字材料的撰写工作，负责编辑《××省志·民某志》、《××民政年鉴》。2015年5月，《××省志·民某志》编纂委员会给陈某刚发放《××省志·民某志》全书通校评审费3000元。

三、陈某刚主张其在民政厅及《××省志·民某志》编纂委员会的主持下，以在职而非全职的形式，完成了资料收集整理、编目大纲编写等基础工作，勘误补遗、志稿三级审查验收及出版等协调工作，请领拨付费用、邮寄分发志书等日常工作，也圆满完成了编纂全过程一人撰稿、一人编校的业务工作。单位应当从其专项经费中给付稿酬（撰稿费）和后期编辑报酬。

四、2020年6月23日二审法院判决中认为：陈某刚作为民政厅公职人员，参与编纂《××省志·民某志》是完成民政厅分配的工作任务，是履行工作职责的行为，对此，陈某刚已经获取工资作为公职人员在工作期间履行工作职责的经济报酬，现陈某刚额外要求民政厅支付撰稿费及后期编辑费无法律依据，依法不予支持，驳回上诉，维持原判。

五、陈某刚后向最高人民法院申请再审，主张涉案作品不应当认定为职务作品以及“履行职务行为”并非公职人员获得工资以外其他报酬的法定排除条件。2021年3月26日最高人民法院裁定：依据职务作品有关规定，《××省志·民某志》著作权归编纂单位享有并无不当，陈某刚作为公职人员，参与编纂是完成分配的工作任务，是履行工作职责的行为，无权再请求额外报酬，因此驳回陈某刚的再审申请。

核心裁判要旨

本案的争议焦点在于陈某刚主张额外获得收益的请求能否满足。这就涉及两个主要问题，第一是陈某刚在涉案作品中取得何种身份，第二是根据涉案作品权属情况确定陈某刚能否请求额外报酬。

首先，陈某刚无疑直接完成了部分作品的直接编撰工作，并且该作品满足著作权法关于独创性等要求，通常应当直接取得作者身份。但是自然人完成单位交代工作任务所创作的作品是职务作品，本案中，陈某刚的工作无疑是在完成单位安排的工作任务，因此构成职务作品，但是能否构成特殊职务作品是对于当事人权益确定的关键。依据有关规定，如下两种情形构成特殊职务作品，即主要是利用法人或者其他组织的物质技术条件创作，并由法人或者其他组织承担责任的工程设计图、产品设计图、地图、计算机软件等职务作品；或者法律、行政法规规定或者合同约定著作权由法人或者其他组织享有的职务作品。具体到本案中，依据国务院颁发的《地方志工作条例》第十五条规定“以县级以上行政区域名称冠名的地方志书、地方综合年鉴为职务作品，依照《著作权法》第十六条①第二款的规定，其著作权由组织编纂的负责地方志工作的机构享有，参与编纂的人员享有署名权”，据此规定，涉案作品属于职务作品中的特殊职务作品，其著作权属于民政厅及《××省志 · 民某志》编纂委员会，陈某刚仅享有署名权。

其次，依据著作权权属关系，陈某刚并无权利主张涉案作品产生的财产权利，但其主张依据《青海省地方志工作规定》中“应当向参与地方志编纂的专家、学者及有关人员支付相应报酬”的有关规定，请求向其支付额外报酬。但陈某刚在编纂涉案作品的过程中所做的工作，均是在履行本单位的工作，如果允许其仅针对本职工作而享有其他报酬权利，无异于对著作权法有关规定的违背，因此陈某刚在已获得工资报酬的情况下，对完成的编纂工作任务不应另行获取编辑费，故陈某刚要求支付其他工作报酬的诉讼请求也无法律依据。

诉讼经验总结

一、《地方志工作条例》第十五条规定：“以县级以上行政区域名称冠名的地方志书、地方综合年鉴为职务作品，依照《著作权法》第十六条②第二款的规定，其著作权由组织编纂的负责地方志工作的机构享有，参与编纂的人员享有署名权。”可见对于地方志书等，应当认定为特殊职务作品，并依此分配有关作品权属。

二、对于特殊职务作品的认定，依据法律规定除了要满足作品定义以外，应当注意首先有关作品要构成职务作品，才可依据相关规定成立特殊职务作品，比如对于委托作品而言，尽管可能是利用法人或者其他组织的物质技术条件创作，并由法人或者其他组织承担责任，但是仍然不构成特殊职务作品。

---

①② 编者按：《著作权法》（2020 年修正）第 18 条。

法律规定

《中华人民共和国著作权法》 （2010 年修正）	《中华人民共和国著作权法》 （2020 年修正）
第十六条 公民为完成法人或者其他组织工作任务所创作的作品是职务作品，除本条第二款的规定以外，著作权由作者享有，但法人或者其他组织有权在其业务范围内优先使用。作品完成两年内，未经单位同意，作者不得许可第三人以与单位使用的相同方式使用该作品。 有下列情形之一的职务作品，作者享有署名权，著作权的其他权利由法人或者其他组织享有，法人或者其他组织可以给予作者奖励： （一）主要是利用法人或者其他组织的物质技术条件创作，并由法人或者其他组织承担责任的工程设计图、产品设计图、地图、计算机软件等职务作品； （二）法律、行政法规规定或者合同约定著作权由法人或者其他组织享有的职务作品。	**第十八条** 自然人为完成法人或者非法人组织工作任务所创作的作品是职务作品，除本条第二款的规定以外，著作权由作者享有，但法人或者非法人组织有权在其业务范围内优先使用。作品完成两年内，未经单位同意，作者不得许可第三人以与单位使用的相同方式使用该作品。 有下列情形之一的职务作品，作者享有署名权，著作权的其他权利由法人或者非法人组织享有，法人或者非法人组织可以给予作者奖励： （一）主要是利用法人或者非法人组织的物质技术条件创作，并由法人或者非法人组织承担责任的工程设计图、产品设计图、地图、示意图、计算机软件等职务作品； （二）报社、期刊社、通讯社、广播电台、电视台的工作人员创作的职务作品； （三）法律、行政法规规定或者合同约定著作权由法人或者非法人组织享有的职务作品。

《中华人民共和国著作权法实施条例》（2013 年修订）

第十一条 著作权法第十六条①第一款关于职务作品的规定中的“工作任务”，是指公民在该法人或者该组织中应当履行的职责。

著作权法第十六条②第二款关于职务作品的规定中的“物质技术条件”，是指该法人或者该组织为公民完成创作专门提供的资金、设备或者资料。

《地方志工作条例》（2006 年 5 月 18 日发布）

第十五条 以县级以上行政区域名称冠名的地方志书、地方综合年鉴为职务作品，依照《中华人民共和国著作权法》第十六条③第二款的规定，其著作权由组织编纂的负责地方志工作的机构享有，参与编纂的人员享有署名权。

《青海省地方志工作规定》（2015 年 1 月 19 日发布）

第十七条 地方志书、地方综合年鉴为职务作品，其著作权归负责组织编纂的地方志工作

---

①②③ 编者按：《著作权法》（2020 年修正）第 18 条。

机构享有，参与编纂的相关人员享有署名权。

县级以上地方志工作机构或者编纂单位应当按国家有关规定，向参与地方志编纂的专家、学者及有关人员支付相应的资料费、撰稿费、编辑费、审稿费及其他工作报酬。

本案链接

陈某刚与××省民政厅著作权权属侵权纠纷二审民事判决书【（2020）青知民终9号】

（一）关于陈某刚是否是《××省志·民某志》的作者问题。本院认为，地方志是在地方政府的领导下、由地方政府确定的编纂委员会主持编辑，并由该委员会承担法律责任的编辑作品。根据《地方志工作条例》第十五条规定“以县级以上行政区域名称冠名的地方志书、地方综合年鉴为职务作品，依照《著作权法》第十六条①第二款的规定，其著作权由组织编纂的负责地方志工作的机构享有，参与编纂的人员享有署名权。”《××省志》即为以县级以上行政区域名称冠名的地方志书，故《××省志》为职务作品，著作权归负责地方志工作的××省地方志编纂委员会享有。其中，《××省志·民某志》是《××省志》的组成部分，其可以独立存在、单独使用，是一部独立的职务作品，其著作权归编纂单位民政厅享有。

根据《著作权法》第十一条②第三款规定“由法人或者其他组织主持，代表法人或者其他组织意志创作，并由法人或者其他组织承担责任的作品，法人或者其他组织视为作者。”《××省志·民某志》的编纂不是由陈某刚自发进行、个人独立完成，并不体现其个人作品的独创性。故民政厅应视为《××省志·民某志》的作者，享有著作权。陈某刚作为参与编纂的人员仅享有署名权，著作权的其他权利应由民政厅享有。已出版发行的《××省志·民某志》办公室成员署名中，列明总纂为陈某刚，已充分保障了陈某刚的署名权，对其主张的署名权外著作权的其他权利依法不予支持。民政厅成立编纂委员会和编纂办公室主持组织编纂工作，依据编纂委员会拟定的工作方案和编目大纲，在参考大量已有作品、历史档案的基础上，对收集资料进行编辑、汇编，并且经过相关部门、离退休老干部、专家委员多次审稿、修订而成，其创作思想及表达方式体现了民政厅的意志，对外的责任亦由民政厅承担。

---

① 编者按：《著作权法》（2020年修正）第18条。

② 编者按：《著作权法》（2020年修正）第11条、第12条。

（二）关于被上诉人民政厅是否应向上诉人陈某刚支付撰稿费及后期编辑费的问题，本院认为，开展地方志编纂是××省人民政府以发文的形式下达给民政厅的工作任务，民政厅为完成该任务于2012年3月2日成立编纂委员会和编纂办公室，陈某刚为该编纂委员会办公室成员。又于2013年9月9日下发青民办（2013）52号《关于民政厅办公室主任及秘书业务分工的通知》，其中办公室成员陈某刚的工作分工包括负责编辑《民某志》《××民政年鉴》。陈某刚作为民政厅公职人员，参与编纂《××省志·民某志》是完成民政厅分配的工作任务，是履行工作职责的行为，对此，陈某刚已经获取工资作为公职人员在工作期间履行工作职责的经济报酬，现陈某刚额外要求民政厅支付撰稿费及后期编辑费无法律依据，本院依法不予支持。

陈某刚、××省民政厅著作权权属、侵权纠纷再审审查与审判监督民事裁定书【（2020）最高法民申6445号】

（一）关于一审、二审判决认定民政厅"视为作者"是否正确的问题。一审、二审查明，《××省志》为以县级以上行政区域名称冠名的地方志，故二审判决认定《××省志》为职务作品，著作权归负责地方志工作的××省地方志编纂委员会享有，陈某刚作为参与编纂的人员仅享有署名权正确。民政厅成立《××省志·民某志》和《区域建置志》编纂委员会和编纂办公室主持组织编纂工作，《××省志·民某志》是《××省志》的组成部分，可以独立存在、单独使用，是一部独立的职务作品。一审中，陈某刚也认可《××省志·民某志》是职务作品，系为完成法人的工作任务所创作的职务作品，著作权由单位完整享有。故二审判决认定《××省志·民某志》著作权归编纂单位民政厅享有并无不当。陈某刚的相关再审申请理由不能成立，本院不予支持。（二）关于民政厅是否应当向陈某刚支付撰稿费及后期编辑费的问题。二审查明，开展地方志编纂是××省人民政府以发文的形式下达给民政厅的工作任务，民政厅为完成该任务于2012年3月2日成立编纂委员会和编纂办公室，陈某刚为该编纂委员会办公室成员。2013年9月9日，民政厅下发青民办（2013）52号《关于民政厅办公室主任及秘书业务分工的通知》，其中办公室成员陈某刚的工作分工包括负责编辑《民某志》《××民政年鉴》。陈某刚作为民政厅公职人员，参与编纂《××省志·民某志》是完成民政厅分配的工作任务，是履行工作职责的行为，对此，陈某刚已经获取工资作为公职人员在工作期间履行工作职责的经济报酬，并且陈某刚并非《××省志·民某志》的作者，不享有作者获得报酬的权利，亦非《××省地方志工作规定》

第十七条第二款规定的“参与地方志编纂的专家、学者及有关人员”中的“有关人员”，不享有获取“相应的资料费、撰稿费、编辑费、审稿费及其他工作报酬”的权利。故二审判决认定陈某刚额外要求民政厅支付撰稿费及后期编辑费无法律依据并无不当。

延伸阅读

裁判规则一：对于特殊职务作品的认定中，应当严格限制对主要利用物质技术条件的认定。

案例一：高某娅诉重庆市南岸区四某里小学校著作权纠纷一审民事判决书【（2005）渝一中民初字第603号】

（一）关于涉案教案作品是否属于职务作品的问题。根据《著作权法》第十六条①第一款的规定，公民为完成法人或者其他组织工作任务所创作的作品是职务作品。涉案的教案作品是原告高某娅为完成被告重庆市南岸区四某里小学校的教学工作任务而编写的，应当属于职务作品。（二）关于涉案教案职务作品著作权的归属问题。根据《著作权法》第十六条②的规定，职务作品著作权的归属主要包括两种情形：1. 一般情形。根据《著作权法》第十六条③第一款的规定，除本法第二款的规定以外，职务作品著作权由作者享有，但法人或者其他组织有权在其业务范围内优先使用。作品完成两年内，未经单位同意，作者不得许可第三人以与单位使用的相同方式使用该作品。根据《中华人民共和国著作权法实施条例》（以下简称《著作权法实施条例》）第十二条第一款的规定，职务作品完成两年内，经单位同意，作者许可第三人以与单位使用的相同方式使用作品所获报酬，由作者与单位按约定的比例分配。2. 特殊情形。根据《著作权法》第十六条④第二款的规定，有下列情形之一的职务作品，作者享有署名权，著作权的其他权利由法人或者其他组织享有，法人或者其他组织可以给予作者奖励：（一）主要是利用法人或者其他组织的物质技术条件创作，并由法人或者其他组织承担责任的工程设计图、产品设计图、地图、计算机软件等职务作品；（二）法律、行政法规规定或者合同约定著作权由法人或者其他组织享有的职务作品。首先，涉案的教案不属于法律、行政法规规定或者合同约定著作权由被告享有的职务作品；其次，虽然原告创作涉案的教案职务作品利用了被告一定的物质技术条件（如空白教案本等），但并不是主要地利用了被告的物质技术条件，而且涉案的

---

①②③④ 编者按：《著作权法》（2020年修正）第18条。

教案职务作品也不是由被告承担著作权法律责任。因此，涉案的教案作品应当属于《著作权法》第十六条第一款规定的一般职务作品，著作权由作者即原告高某娅享有，但被告四某里小学有权在其业务范围内优先使用。

裁判规则二：作者与单位是否存在雇佣关系或劳动合同关系，并不应当是否成立职务作品的认定。

案例二：罗某利与湖某电视台等著作权侵权纠纷二审民事判决书【（2001）湘高经二终字第11号】

上诉人罗某利与被上诉人湖某电视台通过口头约定，达成了由电视台提供胶卷、场地，罗某利自愿来“快某大本营”剧组拍照协议。在协议履行一段时间后，双方又达成由电视台每场提供200元劳务费的补充协议。罗某利根据约定，利用“快某大本营”提供的剧场灯光、舞美等摄影背景及电视台编导组织的表演节目等前提条件，拍摄出来的摄影作品，内容是否合法，能否发表均应由湖某电视台承担责任。上述作品符合《著作权法》第十六条[①]第（二）款规定，属于职务作品，著作权应由湖某电视台享有。但是，摄影作品具有相对独立性，并不能等同于“快某大本营”的表演节目，罗某利在拍摄上述作品时并非完全代表湖某电视台的意志创作，且摄影作品所具有的艺术性、创造性由罗某利创作。故罗某利应享有署名权。湖某电视台在其与海某出版社共同出版发行《走进“快某大本营”》一书中，摄影作品没有标署摄影人员罗某利的姓名，湖某电视台存在过错，应承担相应的民事责任，本院酌情由湖某电视台补偿罗某利经济损失10000元。海某出版社在本案中没有过错，可不承担责任。罗某利称“上诉人创作摄影作品不应认定是法人作品”的上诉理由部分成立，本院予以采纳。上诉人罗某利主动提出的“快某大本营”剧组承担摄影工作，电视台和罗某利之间达成的协议和补充协议是双方真实意思表示，内容无违法之处，且已实际履行。罗某利上诉提出其不是湖某电视台雇佣的工作人员，电视台支付的是辛苦费，而不是劳务费，因本案为著作权侵权纠纷而非追索劳务费的纠纷，其理由不能成立。

---

① 编者按：《著作权法》（2020年修正）第18条。

003 委托创作合同交付初稿后毁约并使用相关作品是否构成侵权？

☞ 阅读提示

在著作权法实践中，委托创作合同是一种常见的商业模式，由甲方发出邀约提出其对作品内容的要求，乙方根据甲方之要求创作相应的作品并获得相应报酬。在乙方已经完成初稿的情形下，甲方单方面终止委托合同，并基于乙方初稿中的构思和设计另行委托他人创作类似作品是否构成版权侵权呢？不仅如此，本案还交织着关于合作作品和职务作品的权利行使、侵权判定问题，使案件形成了不同的叙事层次，本文将对上述相关问题展开分析和探讨。

裁判要旨

合作作品不可以分割使用的，其著作权由各合作作者共同享有，通过协商一致行使；不能协商一致，又无正当理由的，任何一方不得阻止他方行使除转让以外的其他权利；在判断作品是否构成侵权时，应当从被诉侵权作品的作者是否“接触”过要求保护的权利人作品、被诉侵权作品与权利人的作品之间是否构成“实质相似”两个方面进行判断。

案情简介

一、2016年8月，被告中国某动公司下属子公司某咕视讯公司向原告某纳风行公司发出宣传比稿事宜，2016年9月达成口头委托合同，约定由某纳风行公司按照某咕视讯公司的要求为被告制作宣传视频。随后，原告某纳风行公司全力制作合同约定的视频，在三个月的时间里投入了大量人力和财力，包括邀请导演创作剧本、收集素材、实地拍摄照片、反复修改等环节才完成了相关视频初稿。当原告某纳风行公司将剧本文稿、素材图片、样片等素材交付某咕视讯公司后，某咕视讯公司没有交付报酬，且单方终止委托，并另行委托他人以原告创意及制作的剧本文稿、素材图片、视频样片为基础，制作了新的宣传视频，交由被告中国某动公司使用。

二、此后，被告中国某动公司在微信公众号中分别于2017年1月5日发布了《这个视频看哭上万人……》，1月10日发布了《你的随手转发，也许就可以救助一个先天病儿童》，1月17日发布了《一辈子生活在中缅边境的深山，她只有一个愿望》三部宣传视频，原告主张其与原告某纳风行公司交给某咕视讯公司的剧本文稿、素材图片、视频样片高度相似，属于剽窃，严重侵犯了原告某纳风行公司的发表权、署名权、修改权、保护作品完整权、复制权、放映权、摄制权、信息网络传播权，故根据《著作权法》的规定，诉至法院。

三、2019年5月23日，一审法院和二审法院认为被告未经原告许可，其拍摄的视频《这个视频看哭上万人……》使用了剧本《某话务员的故事word文件》的内容，侵犯了原告对该剧本享有的修改权、复制权、摄制权，应当承担停止侵权、赔偿损失的民事责任。

核心裁判要旨

首先，关于被告涉案视频是否侵犯原告剧本《先某病童故事》著作权的问题。虽然原告在庭审中明确表示该剧本为职务作品，但该剧本的三位作者中，只有吴某2认可口头约定了该剧本的著作权归原告所有，原告并未举证证明其与另外两位作者廖某、王某对该剧本的著作权权属做过明确的约定。根据《著作权法》第十一条的规定，著作权属于作者，本法另有规定的除外。创作作品的公民是作者。在原告并未提供证据证明其与另外两位作者廖某、王某对该剧本著作权权属做过明确约定的情况下，法院认定剧本《先某病童故事》的著作权人为原告、廖某及王某。需要指出的是，廖某、王某和吴某2在该剧本的创作过程中虽然分工不同，但其创作的成果在作品中已融为一体，该剧本应当属于不可分割的作品。《著作权法实施条例》第九条规定，合作作品不可以分割使用的，其著作权由各合作作者共同享有，通过协商一致行使；不能协商一致，又无正当理由的，任何一方不得阻止他方行使除转让以外的其他权利，但是所得收益应当合理分配给所有合作作者。由于《先某病童故事》剧本为不可分割的作品，作为著作权人之一，王某有权行使除转让以外的其他权利。本案中，被告认可被诉视频是在王某2016年10月28日创作完成的剧本基础上进行修改后由王某拍摄完成的，据此可以推定被告使用《先某病童故事》剧本得到了王某的许可，因此，被诉视频并未侵犯原告对剧本《先某病童故事》享有的著作权。

其次，关于被告涉案视频是否侵犯原告剧本《独某族姐妹》及剧本《某话务员的故事》著作权的问题。原告虽然主张该剧本的著作权归其所有，但该剧本的三位作者中，只有吴某2认可口头约定了该剧本的著作权归原告所有。在原告并未举证证明其与另外两位作者对该剧本著作权权属做过明确约定的情况下，法院认定剧本《独某族姐妹》及《某话务员的故事》的著作权人为原告、廖某及郑某。需要指出的是，廖某、郑某及吴某2在该剧本的创作过程中虽然分工不同，但其创作的成果在作品中已融为一体，该剧本应当属于不可分割的作品。因此，原告作为剧本《独某族姐妹》及《某话务员的故事》的著作权人之一，有权就他人侵犯该剧本著作权的行为提起诉讼。法院通过比对分析，认定被告视频和原告剧本在故事结构、主要人物设置、故事情节方面存在实质性相似。被告未经原告许可，其拍摄的视频《一辈子生活在中缅边境的深山，她只有一个愿望》使用了剧本《独某族姐妹相见之路11086word文件》的内容，视频《这个视频看哭上万人……》使用了剧本《某话务员的故事word文件》的内容，侵犯了原告对该剧本享有的修改权、复制权、摄制权。

诉讼经验总结

一、合作作品不可以分割使用的，其著作权由各合作作者共同享有，通过协商一致行使；不能协商一致，又无正当理由的，任何一方不得阻止他方行使除转让以外的其他权利，但是所得收益应当合理分配给所有合作作者。由于《先某病童故事》剧本为不可分割的作品，作为著作权人之一，王某有权行使除转让以外的其他权利。本案中，被告认可被诉视频是在王某2016年10月28日创作完成的剧本基础上进行修改后由王某拍摄完成的，据此可以推定被告使用《先某病童故事》剧本得到了王某的许可，因此，只要获得著作权人之一的许可即不构成侵权。

二、根据最高人民法院在81号指导案例张晓燕诉雷某和、赵某、山东爱某人音像图书有限公司著作权侵权纠纷案中的指导思想，判断作品是否构成侵权，应当从被诉侵权作品的作者是否“接触”过要求保护的权利人作品、被诉侵权作品与权利人的作品之间是否构成“实质相似”两个方面进行判断。本案同样采用了上述判断思路，在判定“接触”要件时，可以根据原告作品的在先发表得出存在接触可能性的结论。

三、在“实质性相似”要件的判定方面，以本案为例，虽然原告剧本以妹妹为叙事视角，被告视频以姐姐为叙事视角，但两者的故事主线都是由于路途遥远，姐姐或妹妹无法亲自去看望对方，最终通过中国某动4G实现了相见。在具体情节方面，两作品之间存在多处相似，此时通过综合比对分析，可以认定被告视频和原告剧本在故事结构、主要人物设置、故事情节方面存在实质性相似。

法律规定

《中华人民共和国著作权法》（2010年修正）	《中华人民共和国著作权法》（2020年修正）
第十六条 公民为完成法人或者其他组织工作任务所创作的作品是职务作品，除本条第二款的规定以外，著作权由作者享有，但法人或者其他组织有权在其业务范围内优先使用。作品完成两年内，未经单位同意，作者不得许可第三人以与单位使用的相同方式使用该作品。 有下列情形之一的职务作品，作者享有署名权，著作权的其他权利由法人或者其他组织享有，法人或者其他组织可以给予作者奖励： （一）主要是利用法人或者其他组织的物质技术条件创作，并由法人或者其他组织承担责任的工程设计图、产品设计图、地图、计算机软件等职务作品； （二）法律、行政法规规定或者合同约定著作权由法人或者其他组织享有的职务作品。	**第十八条** 自然人为完成法人或者非法人组织工作任务所创作的作品是职务作品，除本条第二款的规定以外，著作权由作者享有，但法人或者非法人组织有权在其业务范围内优先使用。作品完成两年内，未经单位同意，作者不得许可第三人以与单位使用的相同方式使用该作品。 有下列情形之一的职务作品，作者享有署名权，著作权的其他权利由法人或者非法人组织享有，法人或者非法人组织可以给予作者奖励： （一）主要是利用法人或者非法人组织的物质技术条件创作，并由法人或者非法人组织承担责任的工程设计图、产品设计图、地图、示意图、计算机软件等职务作品； （二）报社、期刊社、通讯社、广播电台、电视台的工作人员创作的职务作品； （三）法律、行政法规规定或者合同约定著作权由法人或者非法人组织享有的职务作品。

《中华人民共和国著作权法实施条例》（2013年修订）

第九条 合作作品不可以分割使用的，其著作权由各合作作者共同享有，通过协商一致行使；不能协商一致，又无正当理由的，任何一方不得阻止他方行使除转让以外的其他权利，但是所得收益应当合理分配给所有合作作者。

本案链接

北京某纳风行文化传媒有限公司与中国某动通信集团公司著作权权属、侵权纠纷【（2019）京73民终3339号】

本案中原告主张权利的作品属于不可分割的合作作品。根据《著作权法实施条例》第九条规定，合作作品不可以分割使用的，其著作权由各合作作者共同享有，通过协商一致行使；不能协商一致，又无正当理由的，任何一方不得阻止他方行使除转让以外的其他权利，但是所得收益应当合理分配给所有合作作者。由于《先某病童故事》剧本为不可分割的作品，作为著作权人之一，王某有权行使除转让以外的其他权利。本案中，被告认可被诉视频是在王某2016年10月28日创作完成的剧本基础上进行修改后由王某拍摄完成的，据此可以推定被告使用《先某病童故事》剧本得到了王某的许可，因此，被诉视频《你的随手转发，也许就可以救助一个先天病儿童》并未侵犯原告对剧本《先某病童故事》享有的著作权。法院对原告基于剧本《先某病童故事》提出的诉讼请求不予支持。此外，关于该剧本所得收益的分配问题，原告可另行向王某或者中国某动公司主张。在涉案视频是否侵犯原告剧本《独某族姐妹》著作权的问题，根据《著作权法》第十六条①第二款的规定，合同约定著作权由法人或者其他组织享有的职务作品，作者享有署名权，著作权的其他权利由法人或者其他组织享有，法人或者其他组织可以给予作者奖励。原告虽然主张该剧本的著作权归其所有，但该剧本的三位作者中，只有吴某2认可口头约定了该剧本的著作权归原告所有。在原告并未举证证明其与另外两位作者对该剧本著作权权属做过明确约定的情况下，法院认定剧本《独某族姐妹》的著作权人为原告、廖某及郑某。需要指出的是，廖某、郑某及吴某2在该剧本的创作过程中虽然分工不同，但其创作的成果在作品中已融为一体，该剧本应当属于不可分割的作品。因此，原告作为剧本《独某族姐妹》的著作权人之一，有权就他人侵犯该剧本著作权的行为提起诉讼。

延伸阅读

裁判规则一：对于特殊职务作品，作者享有署名权，著作权的其他权利由法人或者非法人组织享有，法人或者非法人组织可以给予作者奖励。但若作者在履行工作职责后已经获取工资作为在工作期间履行工作职责的经济报酬，则不再享

---

① 编者按：《著作权法》（2020年修正）第18条。

有额外依据著作权而要求报酬的权利。

案例一：陈某刚与××省民政厅著作权权属、侵权纠纷二审民事判决书【（2020）青知民终9号】

关于被上诉人民政厅是否应向上诉人陈某刚支付撰稿费及后期编辑费的问题，法院认为，开展部门志编纂是××省人民政府以发文的形式下达给民政厅的工作任务，民政厅为完成该任务于2012年3月2日成立编纂委员会和编纂办公室，陈某刚为该编纂委员会办公室成员。又于2013年9月9日下发青民办（2013）52号《关于民政厅办公室主任及秘书业务分工的通知》，其中办公室成员陈某刚的工作分工包括负责编辑《民某志》《××民政年鉴》。陈某刚作为民政厅公职人员，参与编纂《××省志·民某志》是完成民政厅分配的工作任务，是履行工作职责的行为，对此，陈某刚已经获取工资作为公职人员在工作期间履行工作职责的经济报酬，现陈某刚额外要求民政厅支付撰稿费及后期编辑费无法律依据，法院依法不予支持。

裁判规则二：职务作品中职务的认定可以适当放宽，只要双方存在一方为另一方完成工作任务的协议即可。

案例二：罗某利与湖某电视台等著作权侵权纠纷上诉案【（2001）湘高经二终字第11号】

上诉人罗某利与被上诉人湖某电视台通过口头约定，达成了由电视台提供胶卷、场地，罗某利自愿来“快某大本营”剧组拍照协议。在协议履行一段时间后，双方又达成由电视台每场提供200元劳务费的补充协议。罗某利根据约定，利用“快某大本营”提供的剧场灯光、舞美等摄影背景及电视台编导组织的表演节目等前提条件，拍摄出来的摄影作品，内容是否合法，能否发表均应由湖某电视台承担责任。上诉人罗某利主动提出的“快某大本营”剧组承担摄影工作，电视台和罗某利之间达成的协议和补充协议是双方真实意思表示，内容无违法之处，且已实际履行。罗某利上诉提出其不是湖某电视台雇佣的工作人员，电视台支付的是辛苦费，而不是劳务费，因本案为著作权侵权纠纷而非追索劳务费的纠纷，其理由不能成立。

004 如何认定境外影视作品著作权权属？

☞ 阅读提示

1980 年，中央电视台引入第一部海外动画片《某某阿童木》，取得了不错的收视成绩。2005 年迎来了网络视频行业发展元年，大量海外作品通过网络引入国内，2009 年以来海外影视作品引入需求逐年增加，大批优质海外作品进入中国版权交易市场。我国对海外影视作品的引进和传播实行较为严格的管理制度，由于文化背景的差异，作品的署名差异很大，导致在版权引进过程中无法进行统一的权利人确认标准。近年来，随着海外影视作品交易量的不断增加，权利人和版权确认等问题逐步凸显。如何认定海外影视作品著作权权属，笔者在这里通过案例与大家一同探讨。

裁判要旨

虽然原告未提交涉案作品的制作协议等有关权属约定的直接证据，但其提交的片头片尾署名等证据已经形成证据链条，在三被告未提供反证的情况下，足以证明涉案作品的原始权利归于《碧蓝某海》制作委员会成员的事实具有高度可能性。

案情简介

一、涉案作品为日本动漫影视作品《碧蓝某海》，于 2018 年 7 月 14 日在我国首播，共 12 集，其中第 2-12 集需大会员才能观看。播放时片头、片尾显示："井上××吉冈某某某谈社某制作委员会"外，还同时标注了"原作「某」井上××吉冈××（某谈社［good××××noon］连载）""动画制作人：持某健 动画制作：Z-G""制作某制作委员会 N 某球娱乐 A 某谈社 J 东日本企划 MB…YAO""© 井上××吉冈×× 某谈社 某制作委员会"。

二、2018 年 6 月，A 公司作为许可方与被许可方某哩某哩签订许可协议，将涉案作品《碧蓝某海》互联网权利（指通过互联网下载或互联网流式传输使用电影）授予某哩某哩。A 公司出具《原产国证明书》《授权书》《授权证明书》，主要内容为其系涉案作品《碧蓝某海》制作委员会的代表，该作品由该制作委员会于2018年在日本制作，其对涉案作品拥有权利并有权授予某哩某哩互联网权利及分许可权，某哩某哩有权亲自或委托第三方向侵权者维护权利。某哩某哩出具《授权与确认函》，授权原告上海某数码科技有限公司（以下简称某娱公司）以自身名义采取任何及全部的必要法律行动。

三、在案公证书表明，涉案网站提供了涉案作品《碧蓝某海》的在线播放服务，并提供了涉案作品在某度网盘中的下载链接和密码。上述网站由三被告某哩公司、某绊公司、某无双公司共同经营。

四、原告某娱公司认为三被告某哩公司、某绊公司、某无双公司共同侵害了其对涉案作品享有的信息网络传播权，遂诉至法院，要求三被告停止侵权、赔偿经济损失及合理费用合计200万元，并刊登声明消除影响。审理过程中，原告某娱公司确认涉案作品已经下架，故撤回停止侵权的诉讼请求。

五、2020年6月11日，上海市杨浦区人民法院公开开庭审理此案，法院认为，虽然原告某娱公司未提交涉案作品的制作协议等有关权属约定的直接证据，但其提交的片头片尾署名、《原产国证明书》等证据已经形成证据链条，在三被告未提供反证的情况下，足以证明涉案作品的原始权利归于《碧蓝某海》制作委员会成员的事实具有高度可能性。A公司参与了涉案作品的创作，系涉案作品著作权的共有人之一。A公司有权单独对外授权，故原告有权提起本案的诉讼。三被告某哩公司、某绊公司、某无双公司共同经营的被控侵权网站为涉案作品《碧蓝某海》提供在线播放、下载服务，所播放、下载的内容与原告享有信息网络传播权的作品相同，其行为侵犯了原告对涉案作品享有的信息网络传播权。一审判决后，原、被告双方均未提起上诉，一审判决生效。

核心裁判要旨

本案的主要争议焦点为：原告是否对涉案作品《碧蓝某海》享有信息网络传播权？原告主张涉案作品的著作权人为《碧蓝某海》制作委员会全体成员，A公司为制作委员会的“窗口公司”，其将信息网络传播权授予某哩某哩，某哩某哩再授予原告。因此，确定原告对涉案作品是否享有权利的关键是：第一，涉案作品的原始权属是否归于《碧蓝某海》制作委员会成员；第二，A公司能否单独对外授权。

首先，关于涉案作品的原始权属问题。本案中，涉案作品的片头、片尾版权声明部分有四个署名者，即“井上某某”“吉冈某某”“某谈社”和“某制作委员会”。庭审中原告解释称，“井上某某”“吉冈某某”系漫画作品的作者，“某谈社”系漫画作品的出版方，三者虽然标注在涉案作品的片头、片尾中，但并非涉案作品的权利人，此为日本版权声明特殊的署名方式所造成，涉案作品的权利应属于某制作委员会成员共有。法院认为，从保护著作权人合法权益出发，不能因不同法域署名、授权方式的差异而给权利人维权增加不必要的困难，亦不能因此而让侵权人不受制约。在确认权利人及权利流转环节时，应当正视引进的域外影视作品中著作权制度和作品署名、授权规则的差异，结合全案证据及相关证明标准予以综合判断。首先，涉案作品片头、片尾信息有相应标注，结合相关网页截图及公证书显示的涉案作品“看点改编自井上某某原作、吉冈某某作画的漫画”，以及 A 公司《原产国证明》中关于涉案作品制作情况的说明，能够综合佐证原告对署名者中“井上某某”“吉冈某某”“某谈社”身份的解释具有合理性。其次，华东政法大学外国法查明研究中心就涉案作品原始著作权的取得及部分许可关系等问题出具了《法律意见书》，其中载明的“以制作委员会方式制作影视剧在日本业界成为商业惯例……属于日本民法规定的‘组合’”“采用制作委员会方式制作的动画作品，署名方式并无统一规则。有的作品以‘制作委员会’署名，有的作品则同时署成员公司名称”等内容，结合片头、片尾中标注的“制作某制作委员会 N 某球娱乐 A 公司某谈社 J 东日本企划 MB…YAO”的信息，可以确认涉案作品由上述成员组成的制作委员会制作。综上，虽然原告未提交涉案作品的制作协议等有关权属约定的直接证据，但其现有证据已经形成证据链条，在三被告未提供反证的情况下，足以证明涉案作品的原始权属归于《碧蓝某海》制作委员会成员具有高度的盖然性。

其次，关于 A 公司单独授权的效力问题。作为涉案作品著作权共有人之一的 A 公司，有权行使除将涉案作品著作权转让以外的其他权利，包括将涉案作品的信息网络传播权授予原告，只是其所得的相关收益应当合理分配给其他共有人。其次，华东政法大学外国法查明研究中心的《法律意见书》中载明：“‘窗口公司’是日本版权交易领域存在的特殊商业惯例。‘窗口公司’通常是制作委员会的成员，掌握着作品在日本国内外授权使用许可的权利”“‘窗口公司’在法律上的基本特征是：以自己名义对外许可授权；以自己名义收取版权许可费后再分配”，该内容与前述法律规定亦不相悖。因此，本案虽然其他共有人未能出具授权证明，但根据上述意见书内容并结合涉诉后 A 公司向《碧蓝某海》制作委员会发送邮件告知本案诉讼维权情况而未收到异议回复的事实，可认定A公司有权将涉案作品在中国大陆的独家信息网络传播权授予原告。

诉讼经验总结

一、以制作委员会方式制作影视剧在日本业界成为商业惯例，故在作品上署名制作委员会。由于制作委员会没有独立的法人资格，著作权应由制作委员会的成员共同享有。

二、不能简单地以署名或“版权归属××公司”等权利声明中的信息来认定著作权人，应结合其他相关证据予以综合认定，对于海外作品同时应考虑地域文化、法律规定等存在一定差异的因素。

三、根据信息网络传播权的相关规定，如果原告提供初步证据证明被告提供了相关作品，则此时举证责任发生转移，由被告就其仅提供网络服务且不存在过错进行举证；如果被告不能举证，则需承担举证不能的法律后果。

法律规定

《中华人民共和国著作权法实施条例》（2013年修订）

第九条 合作作品不可以分割使用的，其著作权由各合作作者共同享有，通过协商一致行使；不能协商一致，又无正当理由的，任何一方不得阻止他方行使除转让以外的其他权利，但是所得收益应当合理分配给所有合作作者。

《最高人民法院关于审理著作权民事纠纷案件适用法律若干问题的解释》（法释〔2002〕31号 2002年10月12日发布）	《最高人民法院关于审理著作权民事纠纷案件适用法律若干问题的解释》（法释〔2020〕19号 2020年修正）
第七条 当事人提供的涉及著作权的底稿、原件、合法出版物、著作权登记证书、认证机构出具的证明、取得权利的合同等，可以作为证据。 在作品或者制品上署名的自然人、法人或者其他组织视为著作权、与著作权有关权益的权利人，但有相反证明的除外。	**第七条** 当事人提供的涉及著作权的底稿、原件、合法出版物、著作权登记证书、认证机构出具的证明、取得权利的合同等，可以作为证据。 在作品或者制品上署名的自然人、法人或者非法人组织视为著作权、与著作权有关权益的权利人，但有相反证明的除外。

《最高人民法院关于审理著作权民事纠纷案件适用法律若干问题的解释》（法释〔2002〕31号 2002年10月12日发布）	《最高人民法院关于审理著作权民事纠纷案件适用法律若干问题的解释》（法释〔2020〕19号 2020年修正）
第二十五条第一款、第二款 权利人的实际损失或者侵权人的违法所得无法确定的，人民法院根据当事人的请求或者依职权适用著作权法第四十八条①第二款的规定确定赔偿数额。 人民法院在确定赔偿数额时，应当考虑作品类型、合理使用费、侵权行为性质、后果等情节综合确定。	（在2020年的修正中仅改变第一款涉及条文序号）

本案链接

上海某娱数码科技有限公司与福州市某哩科技有限公司、福州某绊网络有限公司、福建某双投资集团有限公司侵害作品信息网络传播权纠纷一审民事判决书【（2019）沪0110民初8708号】

首先，涉案作品片头、片尾信息除标注“井上××吉冈某某某谈社某制作委员会”外，还同时标注了“原作「某」井上××吉冈××（某谈社［good××××noon］连载）”等信息，结合相关网页截图及公证书显示的涉案作品“看点改编自井上××原作、吉冈××作画的漫画”，以及A公司《原产国证明》中关于涉案作品制作情况的说明，能够综合佐证原告对署名者中“井上××”“吉冈××”“某谈社”身份的解释具有合理性。其次，华东政法大学外国法查明研究中心就涉案作品原始著作权的取得及部分许可关系等问题出具了《法律意见书》，虽然本案不存在直接适用外国法的情形，但《法律意见书》中有关日本动漫影视作品的制作方式、作品署名、权益分配、作品授权等行业惯例的介绍，具有能够客观反映一定的法律事实的功能，可作为认定涉案作品权属的参考。从《法律意见书》中载明的“以制作委员会方式制作影视剧在日本业界成为商业惯例……属于日本民法规定的‘组合’”“采用制作委员会方式制作的动画作品，署名方式并无统一规则。有的作品以‘制作委员会’署名，有的作品则同时署成员公司名称”等内容，结合片头、片尾中标注的“制作某制作委员会N某球娱乐A公司某谈社J东日本企划MB…YAO”的信息，可以确认涉案作品由上述成员组成的制作委员会制作。

① 编者按：《著作权法》（2020年修正）第49条。

延伸阅读

裁判规则一：对于海外形成的公开出版物等可以直接初步确认其真实性的证据材料，除非对方当事人对其真实性能够提出有效质疑而举证方又不能有效反驳，原则上可以直接认定其证据的形式合法性，无需办理公证认证等证明手续。

案例一：广州某洲人文化传播有限公司诉邓某侵害著作权纠纷案二审民事审判书【（2013）鄂民三终字第00136号】

涉案制品《托马斯××》属于经过行政审批的合法出版物，其外包装盘封、光盘表面和影视作品的片头和片尾均标有：H公司提供版权，2010年，辽宁某艺术音像出版社出版，某洲人公司独家发行，根据上述署名可以认定某洲人公司享有涉案制品《托马斯××》的发行权。国家文化管理部门禁止以非独家授权的形式进口并出版音像制品，因此，辽宁某艺术音像出版社对涉案制品《托马斯××》享有独家出版权和发行权。辽宁某艺术音像出版社将其出版的涉案制品《托马斯××》电视系列100-700的专有销售（发行）权授予某洲人公司，符合相关规定，因此，某洲人公司享有涉案制品《托马斯××》的发行权。

裁判规则二：涉外版权案件中必然涉及对海外形成证据的认定，应从证据来源的合法性及其内容的真实性两个方面进行审查。

案例二：广东某某影视制品有限公司诉彭某著作权侵权纠纷案二审民事审判书【（2003）穗中法民三初字第345号】

环球某电影公司的董事Ad代表该公司出具的声明系海外形成证据，经过荷兰外交部证明及我国驻荷兰大使馆认证，能够作为本案的定案依据。环球某电影公司的董事Ad代表该公司出具的声明是证明该公司授权原告公司中国大陆地区VCD排他性复制、销售、发行权的重要证据，准确理解该证据的内容对定案十分重要。翻译件中将本意为"排他性许可（exclusive licence）"译为"绝对的权利"、将"产品的制造、销售、传播（product produced and/or distributed and/or made available to the public）"译为"开发市场及分销"、将"起诉（take action against）"译为"打击"。此外，英文原件并未将环球某电影公司的权利范围限定于中国而翻译件却将其限定为中国大陆，如果法官不对相关细节认真审查，将会影响到对案件事实的认定。环球某电影公司享有版权的证据就是美国电影协会北京代表处出具的版权证明书，因该协会是我国国家版权局指定的对涉外版权的认证机构，其出具的认证能够证明环球某电影公司享有版权。原告如果不能提供这一证据，则不能证明其受让得到的版权具有合法的权源，将承担举证不能的后果。

005 合作音乐作品中的侵权如何判定？

☞ 阅读提示

“啊啊啊啊……五环，你比四环多一环。”听过岳某鹏相声的朋友们对《××之歌》应该会比较熟悉，它最早见于2011年民族宫岳某鹏专场史某东与岳某鹏合作的相声《某歌曲》，后来再次改编后作为宣传曲收录于电影原声带。很多老观众都知道，岳某鹏演唱的《××之歌》，在旋律上与《牡丹××》非常接近，也正是如此朗朗上口、家喻户晓的曲风，配上岳某鹏自创的通俗易懂的歌词，才成就了《××之歌》在相声剧场里的神话。正因如此，这首歌曾陷入了侵权风波：歌词权利人是否享有歌曲改编权？替换歌词是否侵犯了歌词改编权？合作音乐作品改编权侵权如何认定？笔者通过本案的梳理分析与大家一同探讨。

裁判要旨

涉案作品《牡丹××》著作权属于合作作者共有，词作者是著作权共有人之一。原告在仅凭共有人之一的授权，未获得其他共有人即曲作者一方授权的情况下，应认定未取得涉案作品的改编权。

原告虽不享有涉案作品《牡丹××》的改编权，但其经词作者一方授权，有权就其享有的词作品改编权提起民事诉讼。

《××之歌》没有利用《牡丹××》歌词的主题、独创性表达等基本内容，不构成对《牡丹××》歌词的改编。

案情简介

一、《牡丹××》是1980年由乔某作词、唐某作曲、蒋某为演唱的歌曲，是电影《红某某》的主题插曲，1989年《牡丹××》获得了中国第一届金唱片奖。

后来相声演员岳某鹏在《牡丹××》基础上改编创作《××之歌》，在其相声演出中表演，并用于2015年上映的电影《煎某侠》以及贝某公司广告中。

二、2018年4月8日，原告众某公司经由乔某之子乔某方取得案涉作品著作权共有权利的独占使用许可，授权内容为：一、授权人是音乐作品《牡丹××》的词作品权利人，享有完整的著作权。二、授权人将第一条所述全部词作品的著作权财产权利之改编权、信息网络传播权、表演权、复制权以独占排他的方式不可撤销的授予被授权人……

三、2018年4月，原告众某公司发现被告岳某鹏未经原告授权同意，擅自将歌曲《牡丹××》的歌词改编后创作成《××之歌》进行商业演出，并在被告万某影视传媒有限公司、新某传媒股份有限公司和天津金某文化传播有限公司拍摄制作的电影《煎某侠》中作为背景音乐和宣传MV使用。以上四被告为了追求商业利益，共同侵害了原告音乐作品《牡丹××》的改编权，尤其是被告岳某鹏，其利用《牡丹××》一再进行改编并长期、广泛地用于商业用途，严重侵犯了原告的合法权益。请求法院判令上诉四被告立即停止侵权并承担相应的民事法律责任，以维护原告的合法权益。

四、一审法院经审理认为，岳某鹏创作并演唱涉案《××之歌》的行为，并不构成众某公司对歌曲《牡丹××》词作品享有的改编权的侵害。众某公司所提出岳某鹏、万某公司、新某公司、金某公司在电影《煎某侠》推广曲MV和电影中作为背景音乐使用涉案《××之歌》的行为构成侵权的主张，一审法院不予支持。

五、众某公司不服一审判决，提出上诉。2019年6月26日，二审公开审理，天津市第三中级人民法院认为众某公司不享有音乐作品《牡丹××》改编权，但有权就其享有的词作品改编权提起民事诉讼，《××之歌》没有利用《牡丹××》歌词的主题、独创性表达等基本内容，不构成对《牡丹××》歌词的改编。驳回上诉，维持原判。

核心裁判要旨

二审争议焦点：第一，众某公司是否对音乐作品《牡丹××》享有改编权；第二，众某公司是否有权提起本案诉讼；第三，众某公司关于四被上诉人侵害涉案作品《牡丹××》改编权的主张是否成立。

关于第一个争议焦点，首先应当界定音乐作品《牡丹××》是否属于合作作品，法院结合当时的创作过程认定属于合作作品。然后分析众某公司的授权，合作作品的著作权应由合作作者共同行使，众某公司在未获得其他共有人即曲作者一方授权的情况下，仅凭共有人之一乔某的授权就主张获得了音乐作品《牡丹××》的改编权，缺乏事实和法律依据。

关于第二个争议焦点，《牡丹××》的歌词作为可分割使用的部分，其著作权归属作者乔某单独享有。众某公司作为《牡丹××》词作者的被授权人，享有《牡丹××》歌词文字作品授权范围内的相关权利，包括改编权。因此，众某公司虽不享有音乐作品《牡丹××》的改编权，但其经词作者一方授权，有权就其享有的词作品改编权提起民事诉讼。

最后，关于第三个争议焦点，法院经分析，《××之歌》与《牡丹××》的歌词作品从立意到内容均不相同，《××之歌》歌词构成了全新的作品。因此，《××之歌》没有利用《牡丹××》歌词的主题、独创性表达等基本内容，不构成对《牡丹××》歌词的改编，四被上诉人也未侵害《牡丹××》歌词的改编权。

诉讼经验总结

“双重版权理论”规定，合作作品中可以单独使用的“词”和“曲”的版权所有人，除了整个合作作品的版权外，对于独立创作的“词”和“曲”的作品，有权享有和行使独立的著作权，但有一定的限制。例如，《牡丹××》系作为合作作者按照合作协议创作的合作作品，词曲作者除对《牡丹××》的整体著作权共同享有外，词、曲作者对其创作的歌词、谱写的乐曲可分别享有及行使著作权，但不得侵犯《牡丹××》的整体著作权，即不得在明知或应知系合作作品的前提之下，仅凭词作者或曲作者的单方授权主张享有及行使整体著作权。

法律规定

《中华人民共和国著作权法》（2010 年修正）	《中华人民共和国著作权法》（2020 年修正）
第十条第一款第十四项 著作权包括下列人身权和财产权： （十四）改编权，即改变作品，创作出具有独创性的新作品的权利；	（在 2020 年的修订中未修改）

《中华人民共和国著作权法》(2010 年修正)	《中华人民共和国著作权法》(2020 年修正)
第十一条 著作权属于作者，本法另有规定的除外。 创作作品的公民是作者。 由法人或者其他组织主持，代表法人或者其他组织意志创作，并由法人或者其他组织承担责任的作品，法人或者其他组织视为作者。 如无相反证明，在作品上署名的公民、法人或者其他组织为作者。	**第十一条** 著作权属于作者，本法另有规定的除外。 创作作品的自然人是作者。 由法人或者非法人组织主持，代表法人或者非法人组织意志创作，并由法人或者非法人组织承担责任的作品，法人或者非法人组织视为作者。 **第十二条** 在作品上署名的自然人、法人或者非法人组织为作者，且该作品上存在相应权利，但有相反证明的除外。 作者等著作权人可以向国家著作权主管部门认定的登记机构办理作品登记。 与著作权有关的权利参照适用前两款规定。
第十三条 两人以上合作创作的作品，著作权由合作作者共同享有。没有参加创作的人，不能成为合作作者。 合作作品可以分割使用的，作者对各自创作的部分可以单独享有著作权，但行使著作权时不得侵犯合作作品整体的著作权。	**第十四条** 两人以上合作创作的作品，著作权由合作作者共同享有。没有参加创作的人，不能成为合作作者。 合作作品的著作权由合作作者通过协商一致行使；不能协商一致，又无正当理由的，任何一方不得阻止他方行使除转让、许可他人专有使用、出质以外的其他权利，但是所得收益应当合理分配给所有合作作者。 合作作品可以分割使用的，作者对各自创作的部分可以单独享有著作权，但行使著作权时不得侵犯合作作品整体的著作权。

《中华人民共和国著作权法实施条例》(2013 年修订)

第九条 合作作品不可以分割使用的，其著作权由各合作作者共同享有，通过协商一致行使；不能协商一致，又无正当理由的，任何一方不得阻止他方行使除转让以外的其他权利，但是所得收益应当合理分配给所有合作作者。

本案链接

北京众某文化传播有限公司与万某影视传媒有限公司等侵害作品改编权纠纷上诉案【（2019）津 03 知民终 6 号】

虽然乔某与吕某、唐某形式上分别创作完成了《牡丹××》的词和曲，但他们基于共同的创作意图进行了创作，即词作者和曲作者的创作目的是相同的，词和曲表达的主题也是一致的。况且在当时情况下，词、曲作者分别接受邀请共同为影视剧创作主题曲或插曲也是一种较为常见的现象。因此，应认定音乐作品《牡丹××》是具有共同合意而创作的合作作品。一审判决对于音乐作品《牡丹××》属于合作作品的认定正确。其次，关于众某公司的授权。音乐作品《牡丹××》是词、曲作者共同创作的合作作品，其著作权归属词作者乔某及曲作者吕某、唐某共同享有。在没有特别约定的情况下，该合作作品的著作权应由合作作者共同行使，各个合作作者不能单独行使合作作品的著作权……可见，众某公司作为被授权人，对于音乐作品《牡丹××》著作权属于合作作者共有，词作者乔某仅为著作权共有人之一应属明知。众某公司在未获得其他共有人即曲作者一方授权的情况下，仅凭共有人之一乔某的授权就主张获得了音乐作品《牡丹××》的改编权，缺乏事实和法律依据。故众某公司关于其享有音乐作品《牡丹××》改编权的主张，不能成立。

延伸阅读

裁判规则一：合作作品可以分割使用的，作者对各自创作的部分可以单独享有著作权，但行使著作权时不得侵犯合作作品整体的著作权。

案例一：韩某文与北京某剧院有限责任公司著作权权属、侵权纠纷二审民事判决书【（2020）京73民终5号】

本案中，涉案歌剧是受委托创作的合作作品，案外人郑某、胡某作为受委托合作创作该歌剧的作者，二人对该歌剧共同享有著作权。因该歌剧的音乐部分、文字部分可分割使用，故郑某就其创作的音乐作品单独享有著作权，胡某就其创作的文字作品单独享有著作权。

案例二：王某洲与金某等侵害作品发表权纠纷一审民事判决书【（2019）京0102民初8608号】

音乐作品中，曲作者虽然对歌曲的曲部分享有单独行使著作权的权利，但行使著作权时不得侵害合作作品整体的著作权。本案中，歌曲《某方雨》为合作作品，由词、曲两部分构成，词作品与曲作品部分可以分割使用，金某和王某洲分别对歌曲作品《某方雨》的曲和词部分单独享有著作权。被告金某虽然对《某方雨》的曲部分享有单独行使著作权的权利，但行使著作权时不得侵害合作作品整体的著作权。被告中央某乐学院出版社出版的《会唱歌的××》一书收录了歌词作品《某方雨》，其应当知悉歌词作品《某方雨》的词作者为王某洲，但其在与金某签订《图书出版合同》时，未对稿件来源、出版行为的授权等尽到合理的注意义务，存在明显的过错，导致该图书得以出版发行，侵害了原告王某洲对《某方雨》歌词享有的发行权，故被告中央某乐学院出版社应当承担相应的法律责任。金某作为歌词作品《某方雨》的曲作者，在未经《某方雨》歌词作者王某洲同意的情况下，将歌词作品《某方雨》交给中央某乐学院出版社出版，并且提供出版资助，与中央某乐学院出版社构成共同侵权，亦应承担相应的法律责任。

裁判规则二：合作作品不可以分割使用的，其著作权由各合作作者共同享有，通过协商一致行使；不能协商一致，又无正当理由的，任何一方不得阻止他方行使除转让以外的其他权利，但是所得收益应当合理分配给所有合作作者。

案例三：燧某氏（天津）科技有限公司与西南某大学、成都泰某泰科技股份有限公司侵害作品信息网络传播权纠纷一审民事判决书【（2020）津01民初1152号】

根据涉案作品的署名及作品的表现形式，应当认定涉案作品《世界首富某24字诀》为不可分割的合作作品，本案原告并未处分涉案作品的著作权利归属，其作为该书作者之一，有权以自己的名义对侵害涉案作品信息网络传播权的行为提起诉讼。根据涉案书籍图书在版编目（CIP）、作品的署名情况、声明和授权情况，该作品权利来源的证据链条完整，在无相反证据的情况下，应认定燧某氏公司经合法授权，取得了涉案文字作品的独占信息网络传播权及维权权利，有权在授权期限内以自己的名义对侵害涉案作品信息网络传播权的行为提起诉讼。

案例四：《中国某期刊（光盘版）》电子杂志社有限公司与北京世纪某信息技术发展有限责任公司侵害作品信息网络传播权纠纷二审民事判决书【（2021）京73民终344号】

在本案中，陈某轩并未处分涉案作品的著作权利归属，其作为该书作者之一，通过出具授权书的方式许可北京世纪某公司使用涉案作品的相关著作权利并不违反法律规定，其行为合法、有效，并对其他合作作者同样具有法律约束力。同时，陈某轩对因授权许可他人使用涉案作品从而获得的著作权使用收益，应当根据事先约定或者按照公平原则向其他著作权人进行分配。因此，陈某轩作为涉案作品的合作作者向北京世纪某公司出具了《授权书》，将涉案作品包括独家信息网络传播权在内的数字版权专有使用权、转授权及维权权利授予了北京世纪某公司，该授权并非对涉案作品的转让，系陈某轩的真实意思表示且不违反法律法规的强制性规定，该授权合法有效。北京世纪某公司有权依据授权以自己的名义对侵害涉案作品独家信息网络传播权的侵权行为提起诉讼。

006 署名之争：原创编剧与总编剧谁享有署名权？

☞ 阅读提示

影视剧编剧的署名权，是指影视作品编剧享有的在电影或电视剧上的署名权，该权利受著作权法的保护，不得侵犯。随着影视剧行业的蓬勃发展，涉及影视剧编剧的侵权纠纷也不断涌现，其中不乏一些涉及知名作者和作品、受到社会广泛关注的典型案件。在编剧的合法权益得不到保护的情况下，难以创作出优秀的剧本，也就不可能拍摄出优秀的影视剧作品。笔者在这里选取了影视剧编剧署名权的相关案例与大家一同探讨。

裁判要旨

在合同未约定具体署名形式的情况下，制片方在影视作品上根据编剧实际创作贡献为不同编剧署名时冠以总编剧、原创编剧等特定称谓，以体现各编剧不同的分工和作用，这种做法本身并不为法律所禁止。且总编剧和原创编剧称谓并不存在明显优劣之分，没有证据表明在文学创作领域存在总编剧必然比其他编剧对作品的贡献更高、地位更显著的标准或者惯例，故总编剧署名并不必然会对其他编剧的贡献造成贬损。

案情简介

一、2012年8月始，花某影视公司和蒋某为创作电视剧《某月传》剧本，约定花某影视公司聘任蒋某为电视剧《某月传》编剧；蒋某依公司要求修改创作，若经修改仍不能达到要求，公司有权聘请他人在蒋某剧本基础上进行修改创作；编剧署名排序由公司确定；蒋某同意在电视剧《某月传》片头中署名为“原创编剧”。在剧本创作期间，因蒋某提交的剧本经修改后仍不能达到花某影视公司的要求，该公司遂于2013年8月与王某签订委托创作合同，委托王某在蒋某剧本基础上进行修改创作。在制片人的协调下，《某月传》剧本大部分内容的创作模式是：蒋某创作初稿，将稿件发送给制片人，王某进行进一步修改创作。王某自2013年10月至2014年10月，陆续提交了《某月传》电视剧拍摄版剧本。2014年9月，电视剧《某月传》开机，王某在拍摄现场对剧本作进一步修改。2015年11月30日，电视剧《某月传》在某方卫视和某京卫视开播。电视剧《某月传》视频片头、DVD出版物包装盒、宣传册封面等载明“原创编剧：蒋某”“总编剧：王某”。

二、蒋某一审诉称：花某影视公司、王某在上述载体、媒体宣传及其他资料上将王某作为《某月传》电视剧剧本的第一编剧及总编剧，花某影视公司在部分海报、片花上未载明“根据蒋某《某月传》同名小说改编”及未署名蒋某编剧身份，上述行为均侵害了其署名权，故请求法院判令花某影视公司、王某停止侵权，赔礼道歉，并各赔偿经济损失及合理费用1元。

三、被告花某影视公司、王某辩称：因蒋某提交的《某月传》剧本经修改后仍不能达到公司要求，公司依合同约定可委托王某对蒋某版剧本进行修改创作，并确定编剧署名顺序。王某从头至尾参与了《某月传》电视剧剧本创作及拍摄的全过程，且做了大量把握全局的统筹、指导工作，故公司为其署名时冠以“总编剧”称谓名副其实。海报、片花属于宣传品，不是电视剧作品本身，公司无义务在电视剧宣传品上载明编剧姓名。

四、一审法院认为关于《某月传》电视剧海报、片花上未署名行为，署名王某为总编剧、第一编剧的行为没有侵害蒋某的署名权，蒋某主张的各项侵权行为不成立。

五、蒋某提出上诉，2017年3月6日，二审公开审理，温州市中级人民法院认为花某影视公司的署名行为并未侵害蒋某的署名权，驳回上诉，维持原判。

核心裁判要旨

二审的争议焦点是：1. 将王某作为《某月传》第一编剧和总编剧的署名行为是否侵害蒋某的署名权；2.《某月传》电视剧片花、海报上未载明“本剧根据蒋某同名小说改编”或蒋某编剧身份，是否侵害蒋某的署名权。

第一，关于将王某作为《某月传》第一编剧和总编剧的署名行为是否侵害蒋某署名权，法院认为在《某月传》电视剧剧本创作过程中，王某和蒋某均付出大量创作劳动，对剧本的最终完成发挥重要作用。在二者付出的劳动和发挥的作用不存在悬殊差异的情况下，花某影视公司确定王某为《某月传》电视剧剧本的第一编剧，并没有违反上述合同约定。根据文意理解，“总编剧”和“原创编剧”称谓反映不同编剧在创作中的工作性质和分工侧重，二者并不存在明显的优劣之分。况且，也没有证据表明，在剧本创作领域存在总编剧必然比其他编剧对作品的贡献更高、地位更显著的标准或者惯例。当然，如花某影视公司在确定署名称谓前事先和蒋某沟通，对相应称谓进行适当解释，会更有利于增进理解，避免引发纠纷。法院认为花某影视公司为王某以“总编剧”署名，以及王某在“编剧王某”新某微博上宣称其为电视剧《某月传》总编剧的行为并没有侵害蒋某的署名权。

第二，关于《某月传》电视剧海报、片花上未载明“本剧根据蒋某同名小说改编”或蒋某编剧身份，是否侵害蒋某署名权，法院认为海报和片花既不是电视剧作品本身，其目的和功能也非表明作者身份。花某影视公司已经在《某月传》电视剧片头、DVD 出版物、宣传册和部分海报上载明“本剧根据蒋某同名小说改编”及蒋某编剧身份。因此，花某影视公司没有在片花和所有海报上载明“本剧根据蒋某同名小说改编”及蒋某编剧身份并没有侵害蒋某的署名权。

诉讼经验总结

一、编剧是否享有署名权，不仅需要判断其是否真正参与了剧本的创作，还需要判断其创作内容是否反映在最终的影视剧中。编剧的署名权必须以剧本的实际使用为基础。例如，在本案中由于海报和片花不是作品本身，也不是影视作品不可缺少的一部分，因此它们只是由电视剧权利人制作，以宣传电视剧，其内容主要受宣传效果的影响。本合同中未特别约定的内容，由权利人自行决定。此外，现行法律没有规定编剧在海报和片花上署名，也没有相关的行业惯例。因此，这种情况往往不被视为侵犯作者的署名权。

二、在合同未约定署名形式的情况下，制片方可否在影视作品中为某一个编剧署名时加上总编剧的称谓？这种署名方式是否会侵害其他编剧署名权？一般认为，不能孤立地从“总编剧”“原创编剧”这两个概念本身去评判，而应当结合不同编剧的客观创作事实以及实际创作贡献来进行综合判断。制片方为王某、蒋某署名时冠以“总编剧”“原创编剧”称谓，既没有割裂、削弱、淡化蒋某与剧本之间的密切联系，影响蒋某通过署名对其作者身份的表明及创作贡献的彰显，也没有错误搭建或过分增强王某与剧本之间的关联，让人误认为王某对该剧本付出了最大劳动。

法律规定

《中华人民共和国著作权法》（2010 年修正）	《中华人民共和国著作权法》（2020 年修正）
第十条第一款第二项 著作权包括下列人身权和财产权： （二）署名权，即表明作者身份，在作品上署名的权利；	（在 2020 年的修订中未修改）
第十一条第四款 如无相反证明，在作品上署名的公民、法人或者其他组织为作者。	**第十二条第一款** 在作品上署名的自然人、法人或者非法人组织为作者，且该作品上存在相应权利，但有相反证明的除外。
第十二条 改编、翻译、注释、整理已有作品而产生的作品，其著作权由改编、翻译、注释、整理人享有，但行使著作权时不得侵犯原作品的著作权。	（在 2020 年的修订中仅改变了条文序号①）
第十五条第一款 电影作品和以类似摄制电影的方法创作的作品的著作权由制片者享有，但编剧、导演、摄影、作词、作曲等作者享有署名权，并有权按照与制片者签订的合同获得报酬。	**第十七条第一款** 视听作品中的电影作品、电视剧作品的著作权由制作者享有，但编剧、导演、摄影、作词、作曲等作者享有署名权，并有权按照与制作者签订的合同获得报酬。
第十七条 受委托创作的作品，著作权的归属由委托人和受托人通过合同约定。合同未作明确约定或者没有订立合同的，著作权属于受托人。	（在 2020 年的修订中仅改变了条文序号②）

《中华人民共和国著作权法实施条例》（2013 年修订）

第十九条 使用他人作品的，应当指明作者姓名、作品名称；但是，当事人另有约定或者由于作品使用方式的特性无法指明的除外。

本案链接

蒋某与王某等侵害作品署名权纠纷上诉案【（2017）浙 03 民终 351 号】

在《某月传》电视剧剧本创作过程中，王某和蒋某均付出大量创作劳动，对剧本的最终完成发挥重要作用。在二者付出的劳动和发挥的作用不存在悬殊差异的情况下，花某影视公司确定王某为《某月传》电视剧剧本的第一作者，并

① 编者按：《著作权法》（2020 年修正）第 13 条。
② 编者按：《著作权法》（2020 年修正）第 19 条。

没有违反上述合同约定。蒋某主张花某影视公司和王某在《某月传》电视剧相关的媒体和材料中使用“王某、蒋某”的署名排序，侵害其作为第一作者的署名权，本院不予支持。在电视剧剧本创作中，制片方根据实际情况，依照合同约定，组织二名以上编剧参与共同创作，此种做法有利于聚合创作智慧，提高创作效率和质量。二人以上参与共同创作时，每位编剧所发挥的作用各有不同。制片方在电视剧作品上为编剧署名时冠以特定的称谓（如本案的“总编剧”、“原创编剧”等）以体现每位编剧不同的分工和作用，这种做法本身并没有被著作权法或其他法律所禁止。在不违背善良风俗，侵害国家利益、公共利益和他人合法权益的情况下，制片方可以实施上述行为。故花某影视公司为王某署名时冠以“总编剧”称谓的行为本身并不违法。

延伸阅读

裁判规则一：胡某、刘某主张的创作行为缘起于其二人与天某海煦公司签署的《编剧合约》，因此在署名权的问题上，属于侵权与合同的竞合。故涉案合同的性质、约定的内容和合同的履行情况是对涉案行为是否构成著作权侵权判断的基础性事实，而不能抛开涉案合同基础简单地谈侵权问题；在没有特殊约定的情况下，对于电视剧的编剧署名权的实现应当与参与整部电视剧剧本创作的程度和深度相匹配，与合同约定的创作对价相匹配。

案例一：胡某等诉刘某平等侵犯著作权纠纷案【（2015）朝民（知）初字第4495号】

本案中，胡某、刘某主张的编剧署名权与其主张的剧本合作作者署名权实质上是一个问题的两个方面。首先，从涉案合同的约定内容看，虽然约定了胡某、刘某作为刘某平的编剧助手，享有电视剧播出时的编剧的署名权，但是双方当事人对该条款的理解并不相同。胡某、刘某认为只要是其参与了涉案电视剧的剧本创作并使用了其创作的部分内容，其就应当依约享有涉案电视剧播出时的编剧署名权。而天某海煦公司则主张胡某、刘某只有完全按照合同约定完成了刘某平认可的各自十五集剧本的创作任务，涉案电视剧予以实际使用了，胡某、刘某才享有相关电视剧的编剧署名权。法院认为，在涉案合同并未就此明确予以约定的情况下，后者的理解和解释更加合理和具有逻辑性，也更加符合行业的惯例。应当说，在没有特殊约定的情况下，对于电视剧的编剧署名权的实现应当与参与整部电视剧剧本创作的程度和深度相匹配，与合同约定的创作对价相匹配，如果仅仅是参与了创作或者说付出了劳动即享有署名权的话，则必然会推导出一整部电视剧剧本哪怕只是使用了参与创作者一句话、一段话，也要为其署名编剧的结论，这显然是站不住脚的。现根据本案目前的证据情况，胡某、刘某未举证证明其各自全面履行了十五集剧本的创作义务。虽然其诉讼中陈述是刘某平告知其等待通知后再行创作，但胡某、刘某就此并未提供证据予以证明，刘某平对此亦不予认可。故在现有证据情况下，胡某、刘某在涉案合约的履行上存在重大违约，其要求确认其二人为电视剧《某某无战事》的编剧，享有编剧署名权的诉求不存在合同基础。其次，从实际使用的角度讲。庭审过程中，双方对于刘某平剧本与实际播出的《某某无战事》电视剧对应内容的一致性均不持异议，因此剧本内容与电视剧内容无需另行比对。上文论述中已经认定胡某、刘某并未举证证明刘某平用于著作权登记的剧本使用了其具有独创性的内容，因此，在没有相反证据的情况下，亦可以认定实际播出的《某某无战事》电视剧并未使用胡某、刘某主张的具有独创性的内容。故从实际使用的角度讲，胡某、刘某也无权主张涉案电视剧的编剧署名权。

裁判规则二：林某系涉案小说《某筝（原：某刃）》及剧本《某筝》的作者，使用上述作品独创性表达的影视剧出品方、权利人，有义务为林某署名。

案例二：北京某联盟影视文化传播有限公司等与林某侵害作品署名权纠纷二审民事判决书【（2020）京73民终545号】

本案中，林某与某联盟公司签订的《版权购买及剧本创作协议书》系属合法有效，虽然秦某与某联盟公司亦签有与前述协议内容一致的《版权购买及剧本创作协议书》且林某对此知情，但不能当然推定林某认可其与某联盟公司签订的协议不再履行，其放弃署名权利并认可将来影视剧中仅署名秦某。某联盟公司就其所称的存在两份协议的原因及过程，除一审审理中其前员工周某的证人证言外，缺乏其他证据佐证，本院不予采纳。关于某联盟公司、新某投资公司是否知道林某系涉案小说《某筝（原：某刃）》及剧本《某筝》的作者。从协议履行过程看，某联盟公司自认未曾直接与秦某进行沟通，剧本交付、合同款收款主体又均为林某，某联盟公司应知林某系涉案小说《某筝（原：某刃）》及剧本《某筝》的作者。此外，涉案影视剧《某筝》在不同视频网站存在不同的编剧署名情况，包括“肖某”（林某笔名）、“林某”、“秦某”等，某联盟公司、新某投资公司对此未能进行合理解释，新某投资公司辩称其仅知道秦某与某联盟公司签订的《版权购买及剧本创作协议书》，对林某参与创作一节不知情，对未为林某署名不存在过错的理由不能成立。据此，某联盟公司、新某投资公司不存在不为林某署名的正当理由，一审法院认定其未在涉案电视剧《某筝》上为林某署名为编剧及原著作者，构成对林某署名权的侵害，并判令其承担相应侵权责任，处理正确。

007 权利是否可分割对于合作作品权利人去世后权利期限有何影响？

☞ **阅读提示**

合作作品是指两人以上合作创作的作品，对于合作作品的认定，要求合作者必须有合作创作的合意，同时有实质创作行为。作品的著作权由合作作者共同享有。合作作品可以分割使用的，作者对各自创作的部分可以单独享有著作权，但行使著作权时不得侵犯合作作品整体的著作权。著作权的期限与权利人去世时间有关，在最新修正的著作权法中，对于作品期限的修订主要集中在对法人作品以及摄影作品权利期限，对于自然人作品的权利期限，仅将“公民”修改为“自然人”，而对权利期限并未做出修改。此时对于自然人之间合作作品而言，某一权利人去世后合作作品的权利期限应当如何确定？笔者将通过案例予以研究。

裁判要旨

如果合作作品中可以分割使用的部分原本已超过著作权保护期进入公有领域，但因其他可以分割使用的部分的著作权仍处于保护期内，前者的保护期就可以相应延长，则并不符合著作权法立足于实现鼓励作品创作与社会传播之间平衡的立法宗旨。因此，《著作权法》（2010 年修正）第二十一条[①]第一款规定以最后死亡作者的死亡时间起算著作权保护期截止时间的“合作作品”应当限缩解释为仅指不可以分割使用的合作作品。

---

① 编者按：《著作权法》（2020 年修正）第 23 条。

案情简介

一、原告中某书局于2004年4月13日通过陈某家继承人授权获得了《Chinese Bronzes from the ××××××××》一书的专有出版权，该书由陈某家和查尔斯·法某斯·凯莱分别独立创作完成部分内容，陈某家完成了其中的概述和考释部分，因此该书属于可以分割使用的合作作品，陈某家对于其完成的概述和考释部分可单独享有并行使著作权。

二、被告金某出版社在中某书局已经获得授权后，于2015年2月10日通过陈某家继承人之一授权获得了涉案作品中文文本的专有出版权，但此时由于著作权人已经将其复制权、发行权暂时性让与给中某书局，因此金某出版社取得的授权系无效授权。

三、一审法院于2017年3月15日受理了中某书局如下起诉请求：1. 判令金某出版社立即停止出版、发行陈某家等著《某某汉所藏中国铜器图录》，王某井书店立即停止销售上述图书；2. 判令金某出版社赔偿中某书局经济损失298500元及诉讼合理开支10398元（其中律师费10000元、购买涉案侵权图书费用398元），合计308898元。

四、金某出版社主张中某书局所签订的《图书出版合同》第一条约定的“期限为20年（自出书之日起）”是对中某书局享有专有出版权的起算时间之特别限定，即自出书之日起才开始享有专有出版权，由于中某书局尚未出版与《Chinese Bronzes from the ××××××××》中陈某家享有著作权部分的中文版相关图书，故而并未实际享有专有出版权。双方对中某书局专有出版权的时间期限产生争议。

五、2020年7月22日，二审法院判决中认为：以最后死亡作者的死亡时间起算著作权保护期截止时间的“合作作品”应当限缩解释为仅指不可以分割使用的合作作品。涉案作品属于可以分割使用的合作作品，陈某家对于其完成部分可单独享有并行使著作权。因此，该部分作品的著作权保护期应以陈某家去世的时间1966年9月3日作为起算点，计算截止到2016年12月31日，一审判决对此认定正确，予以确认。

六、金某出版社后向上一级法院提起再审请求，认为中某书局并不应当享有专有出版权，北京市高级人民法院在裁定中认为：不论中某书局是否在授权期限内出版陈某家相关的作品，并不影响其依据《图书出版合同》所享有的专有出版权。此外，虽然金某出版社取得了赵某心的许可，但本案缺乏证据证明其与其他继承人进行了协商，其单独许可行为的效力存在瑕疵。金某出版社取得出版许可的时间远晚于中某书局取得时间，因此获得赵某心的授权并非侵权合法抗辩理由。因此驳回了金某出版社的再审申请。

核心裁判要旨

本案的争议焦点之一在于涉案作品专有出版权的期限确定，而专有出版权作为著作邻接权的一种，其存在的基础在于著作权的存在，当著作权超过时间期限而消灭后，专有出版权也应当随着原作品进入公有领域而消灭。因此准确确定本案中专有出版权的期限，应当首先确定作品的著作权存续时间。

本案中涉案作品为两人合作作品，依据我国《著作权法》第二十一条①第一款规定："公民的作品，其发表权、本法第十条第一款第（五）项至第（十七）项规定的权利的保护期为作者终生及其死亡后五十年，截止于作者死亡后第五十年的 12 月 31 日；如果是合作作品，截止于最后死亡的作者死亡后第五十年的 12 月 31 日。"而合作作品依据权利行使情况可以分为两类，权利可分割和不可分割。其中对于权利不可分割作品的权利期限，若因为合作作者之一先去世，而导致实际保护期限变短，甚至可能出现作者并未死亡而权利已经消灭的情况，违反了著作权法的目的和基本原则。因此对于权利不可分割作品的权利期限以最后死亡的作者为起算是合理的。

但是对于权利可分割的作品，作者各自创作的部分相对独立，而且作者可以独立使用其可分割的部分，因此以作者各自的死亡时间单独起算各自可以分割使用部分的著作权保护期截止时间，并不会影响其他作者创作部分以及合作作品整体的使用及保护，也有利于各自可以分割使用部分依次进入公有领域得到传播与利用。但如果其权利期限统一以最后死亡作者为起点起算，可能会导致作品已经进入到公有领域的部分权利获得延长。因此应当将"如果是合作作品，截止于最后死亡的作者死亡后第五十年的 12 月 31 日"中的合作作品限定为权利不可分割的合作作品，进而确定著作权保护期限。

---

① 编者按：《著作权法》（2020 年修正）第 23 条。

诉讼经验总结

一、合作作品的成立，必须满足两个要件，一个是创作者必须有合作的合意，即对双方合作创作作品形成共识，其次是双方有实际的创作行为，并对作品做出直接的、实质性的贡献，对于并未进行实际创作而仅是下达命令、分配任务等行为，并不能据此取得作品有关权利，从而构成合作作品。

二、合作作品由于著作权人并非一人，因此在权利归属和行使方式上存在特殊规定。具体按照权利是否可以分割行使可以分成两类，对于可以单独行使著作权的，作者可以在不侵犯作品整体著作权的基础上行使权利。对于合作作者之一死亡的，若属于不可分割使用的，则作品在最后死亡的作者去世后五十年权利消灭；若属于可以分割使用的，则属于各个作者部分的权利期限分别计算。

法律规定

《中华人民共和国著作权法》（2010 年修正）	《中华人民共和国著作权法》（2020 年修正）
第十三条 两人以上合作创作的作品，著作权由合作作者共同享有。没有参加创作的人，不能成为合作作者。 合作作品可以分割使用的，作者对各自创作的部分可以单独享有著作权，但行使著作权时不得侵犯合作作品整体的著作权。	**第十四条** 两人以上合作创作的作品，著作权由合作作者共同享有。没有参加创作的人，不能成为合作作者。 合作作品的著作权由合作作者通过协商一致行使；不能协商一致，又无正当理由的，任何一方不得阻止他方行使除转让、许可他人专有使用、出质以外的其他权利，但是所得收益应当合理分配给所有合作作者。 合作作品可以分割使用的，作者对各自创作的部分可以单独享有著作权，但行使著作权时不得侵犯合作作品整体的著作权。
第二十一条第一款 公民的作品，其发表权、本法第十条第一款第（五）项至第（十七）项规定的权利的保护期为作者终生及其死亡后五十年，截止于作者死亡后第五十年的 12 月 31 日；如果是合作作品，截止于最后死亡的作者死亡后第五十年的 12 月 31 日。	**第二十三条第一款** 自然人的作品，其发表权、本法第十条第一款第（五）项至第（十七）项规定的权利的保护期为作者终生及其死亡后五十年，截止于作者死亡后第五十年的 12 月 31 日；如果是合作作品，截止于最后死亡的作者死亡后第五十年的 12 月 31 日。

本案链接

中某书局有限公司等与金某出版社有限公司著作权权属、侵权纠纷二审民事判决书【（2019）京73民终2705号】

作为著作财产权的延伸，图书出版者享有专有出版权需要以原作品著作权的存续为前提。如果原作品的著作权因法定保护期届满而消灭，则图书出版者的专有出版权也随着原作品进入公有领域而消灭。《著作权法》第二十一条①第一款规定："公民的作品，其发表权、本法第十条第一款第（五）项至第（十七）项规定的权利的保护期为作者终生及其死亡后五十年，截止于作者死亡后第五十年的12月31日；如果是合作作品，截止于最后死亡的作者死亡后第五十年的12月31日。"而根据《著作权法》第十三条②的规定："两人以上合作创作的作品，著作权由合作作者共同享有。没有参加创作的人，不能成为合作作者。合作作品可以分割使用的，作者对各自创作的部分可以单独享有著作权，但行使著作权时不得侵犯合作作品整体的著作权。"合作作品是指两个以上作者共同创作完成的作品，分为可以分割使用的合作作品和不可以分割使用的合作作品两种。其中，可以分割使用的部分是相对于合作作品整体而言，在表达上独立存在并能单独利用的具有独创性的智力成果。对于《著作权法》第二十一条③第一款规定所述以最后死亡作者的死亡时间起算著作权保护期截止时间的"合作作品"指向何种类型的合作作品，法律条文及立法说明均未明确。但是，从《著作权法》的立法宗旨及著作权保护与利用的实际情况来看，由于对可以分割使用的合作作品而言，作者各自创作的部分相对独立、其他作者创作的部分与之并无紧密关联，而且各自作者并不能控制其他可以分割部分的使用，因而以作者各自的死亡时间单独起算各自可以分割使用部分的著作权保护期截止时间，并不会影响其他作者创作部分以及合作作品整体的使用及保护，也有利于各自可以分割使用部分依次进入公有领域得到传播与利用。如果合作作品中一部分可以分割使用的部分原本已超过著作权保护期进入公有领域，但因其他可以分割使用的部分的著作权仍处于保护期内，前者的保护期就可以相应延长，则并不符合《著作权法》立足于实现鼓励作品创作与社会传播之间平衡的立法宗旨。因此，《著作权法》第二十一

①③ 编者按：《著作权法》（2020年修正）第23条。

② 编者按：《著作权法》（2020年修正）第14条。

条①第一款规定所述以最后死亡作者的死亡时间起算著作权保护期截止时间的"合作作品"应当限缩解释为仅指不可以分割使用的合作作品。本案中，根据查明事实可知，《Chinese Bronzes from the ××××××××》一书由陈某家和查尔斯·法某斯·凯莱分别独立创作完成部分内容，陈某家完成了其中的概述和考释部分，故该书属于可以分割使用的合作作品，陈某家对于其完成的概述和考释部分可单独享有并行使著作权。因此，该部分作品的著作权保护期应以陈某家去世的时间1966年9月3日作为起算点，计算截止到2016年12月31日。一审判决对此认定正确，本院予以确认。

虽然《图书出版合同》约定中某书局享有的专有出版权截止于出书之日起的20年后，但鉴于陈某家作品的著作权保护期截止到2016年12月31日，因此中某书局经授权获得《Chinese Bronzes from the ××××××××》中陈某家享有著作权部分的中文文本专有出版权的时间为自2004年4月13日起至2016年12月31日止。

金某出版社有限公司等与中某书局有限公司著作权权属、侵权纠纷再审审查与审判监督民事裁定书【（2020）京民申5459号】

第一，关于专有出版权期限。虽然《图书出版合同》对20年专有出版权的期限限定中标注了"自出书之日起"，但从甲方授予乙方在合同有效期内享有的专有出版权以及该合同自签字之日起生效的明确约定，同时考虑该合同的上下文条款、合同目的、专有出版权约定期限的行业习惯等因素，可以确认中某书局取得《陈某家全集》图书的专有出版权应自2004年4月13日《图书出版合同》订立时起算。专有出版权的期限不应超出著作权保护期，故中某书局经授权取得的专有出版权应截止于陈某家去世后第50年的12月31日，即2016年12月31日。因此，不论中某书局是否在授权期限内出版陈某家相关的作品，并不影响其依据《图书出版合同》所享有的专有出版权。

第二，关于专有出版权所涉及的作品范围。《图书出版合同》中约定了中某书局享有中文版作品名称为《陈某家全集》的专有出版权，同时也约定了中某书局可以先以《陈某家著作集》名义出版陈某家先生的重要著作，待全集编纂准备工作完成、条件成熟后再出版不包括书信部分的《陈某家全集》。因此，中某书局不仅依约享有《陈某家全集》的专有出版权，而且享有对陈某家重要著

① 编者按：《著作权法》（2020年修正）第23条。

作的专有出版权。可见，中某书局所取得专有出版权所针对的作品，不限于陈某家全集汇编作品，也包括了陈某家的重要著作。同时，该合同还约定了中某书局享有委托他人对陈某家作品进行编排、校正等整理的权利，可以解释为中某书局所取得的专有出版权包括将陈某家所著外文作品翻译为中文出版的权利。因此，对于《Chinese Bronzes from the ××××××××》作品中陈某家享有著作权的部分，中某书局有权在专有出版权期限内翻译成中文并出版。

金某出版社于2015年1月出版《某某汉所藏中国铜器图录》一书，侵害了中某书局享有的专有出版权，应当承担相应的侵权责任。虽然金某出版社取得了赵某心的许可，但一方面，赵某心作为陈某家的继承人之一，本案缺乏证据证明其与其他继承人之间对于向金某出版社许可图书出版事宜进行过协商，其单独许可行为的效力存在瑕疵；另一方面，金某出版社自赵某心处取得涉案图书出版许可的时间远晚于中某书局取得专有出版权的时间。因此，金某出版社取得赵某心授权出版涉案图书的行为，不足以成为其侵害中某书局专有出版权的合法抗辩理由。二审判决的相关认定并无不当。此外，二审判决综合考虑全案因素酌情确定相应的赔偿数额及合理开支数额，亦无不当。金某出版社的相关申诉理由不成立，本院不予支持。

延伸阅读

裁判规则一：合作作品的认定中，合作的合意和直接实质的创作是必备要件，不满足条件的无法取得合作作者身份。

案例一：刘某华诉刘某真、某大学出版社、某大学音像出版社著作权及技术成果权侵权纠纷二审民事判决书【（2001）武知终字第1号】

刘某华是否享有《照片××修复技术》录像带的撰稿人身份及表演者身份权问题。刘某华要求作为共同撰稿人而享有相应的权利，但在编写录像带稿本前，刘某华与刘某真并不存在共同的创作合意，刘某华也未与其共同创作。刘某华并不否认《照片××修复技术》录像带的稿本系刘某真所撰写，但认为部分分镜头的稿本系由其修改且某大音像社也颁发了《证书》，故应属共同撰稿人而在录像带上署名。从现有证据看，刘某华所提供的解说词修改稿复印件与录像带中的解说词不能对应，由于刘某华所提供的解说词修改稿系复印件，其既不能提供原件，也不能证明已将修改好的分镜头解说词交给刘某真及某大音像社，又不能证明录像带解说词就是根据实验报告所编写，故刘某华要求作为共同撰稿人而享有相应权利的主张不能成立。刘某真作为撰稿人将已写好的稿本交给作为演示和提供拍摄场地的刘某华征求意见或进行部分修改是正常的，不能因为刘某华提出过修改意见就当然享有合作作者身份。

裁判规则二：合作作品行使权利的事先协商行为，其意义在于无正当理由的情况，可以免除合作作者的侵权责任。

案例二：北京某技术出版社有限公司等与李某江著作权权属、侵权纠纷二审民事判决书【（2016）京73民终字第27号】

《著作权法实施条例》第9条规定，合作作品不可分割使用的，其著作权由各合作作者共同享有，通过协商一致行使；不能协商一致，又无正当理由的，任何一方不得阻止他方行使除转让以外的其他权利，但是所得收益应当合理分配。上述规定包含以下内容：一是合作作者对外转让著作权应当协商一致；二是合作作者行使除转让以外的其他权利，如自行使用或许可他人使用合作作品的，应事先与其他合作作者协商，取得其他合作作者的一致同意；三是在其他合作作者有正当理由拒绝情况，该合作作者依然行使合作作品权利的，则须承担相应的侵权责任；四是如果其他合作作者无正当理由拒绝，则该合作作者可以行使除转让以外的其他权利，但要与其他合作作者共享所得收益。此处，事先协商并非可有可无的程序，在没有正当理由拒绝的情况下，事先协商的意义在于可以免除合作作者的侵权责任，而不论协商能否达成一致。本案中，涉案作品系不可分割使用的作品，上诉人未事先与李某江协商而径行使用了合作作品的部分内容，未给予李某江就是否同意上诉人使用合作作品发表意见的机会，构成了对包括李某江在内的其他合作作品著作权人的侵权，故本案不属于“其他合作作者无正当理由拒绝，则该合作作者可以行使除转让以外的其他权利”的情况，李某江有权要求上诉人停止出版涉案图书。一审法院判令北京某技术出版社停止出版发行涉案图书并无不妥，本院予以确认。

008 未经著作权人许可而形成的改编作品，改编者能否享有著作权？

☞ **阅读提示**

苏绣起源于苏州，是四大名绣之一，国家级非物质文化遗产。底稿是绣品的模板，苏绣底稿的来源大体可分为两种：一种是专为苏绣而作的画稿；另一种是选自名家的作品，包括国画、油画、照片等。那么，基于底稿制作的苏绣是否侵犯了底稿作者的著作权呢？如果侵权，那“照底稿刺绣”的苏绣享有著作权，受著作权法保护吗？这个问题在司法界曾存在争议，苏州市中级人民法院一则司法判例开省内先河，在依法保护底稿作品著作权的同时，确认“照底稿刺绣”的苏绣作品仍享有独立的著作权。

裁判要旨

苏绣和绘画是两种不同领域不同载体的表达方式。即便苏绣作品系以画作为底稿，但经过刺绣艺人对造型、色彩、针法等因素的选择与创作，已经形成新的表达，属于艺术再创作，其实质是对画作作品实施了改编，未经同意使用底稿，侵害了他人作品改编权而非复制权。

在改编人添加了一定程度的、有别于在先作品的、具有独创性的特有表达要素、表达方式、表达效果以后，即便改编作品和在先作品之间仍然存在着“实质性相似”的情形，但是改编作品给予普通受众所呈现出的欣赏体验和感受并不能完全等同于在先作品，亦非对于在先作品原样或基本原样“再现”。

苏绣绣品的绣制经过刺绣艺人创造性劳动，即便其侵犯底稿画作作品的改编权，在表达介质、表达方式、表达效果上亦形成了与底稿有着显著区分的、具有独创性的新作品，享有独立的著作权，受著作权法保护。

案情简介

一、原告曹某华诉称：原告于2004年创作完成美术作品《某清浴妃图》，该作品在其所著的《曹某枫画集》中发表。2016年5月，原告发现被告濮某娟未经许可擅自复制美术作品《某清浴妃图》并制成两幅苏绣，获得金奖并出售，其中140cm×360cm作品售价170万元，70cm×170cm作品售价86万元。濮某娟未经许可擅自复制曹某华作品并出售获利，侵犯了原告曹某华的著作权。原告据此诉至法院，请求判令被告停止侵权行为、销毁侵权作品、公开赔礼道歉并赔偿相应的经济损失及维权合理开支。

二、被告濮某娟辩称：唐朝后有多个版本《某清浴妃图》，原告曹某华只是临摹者，对案涉《某清浴妃图》不享有著作权。刺绣是绣娘利用针法思想智慧形成的作品，其创造价值应由绣品创作人单独享有。被告濮某娟是接受王某贺的委托代其加工刺绣，只收取人工费和材料费10万元，提高了被告的知名度，没有获取多大商业利润。且原告也正就《某清浴妃图》对王某贺进行著作权诉讼。

三、一审法院认为，濮某娟将曹某华的工笔画《某清浴妃图》改编成苏绣作品，事先并未获得曹某华许可，且濮某娟将改编后的绣品用于商业经营也未向曹某华支付报酬，侵犯了曹某华对《某清浴妃图》享有的改编权。法院综合考虑画家在绘画界的知名度、绣娘在刺绣行业的知名度、涉案原画作的艺术造诣及市场欢迎度、涉案刺绣作品的独创性程度、刺绣创作演绎所付出的艺术加工以及非物质文化遗产生产性保护等因素确定被告濮某娟应承担的赔偿责任。

四、濮某娟不服一审判决，向江苏省高级人民法院提起上诉。2019年12月31日，法院作出二审判决，认为在没有获得曹某华许可的情形下，濮某娟将曹某华的《某清浴妃图》工笔画作品改编成苏绣作品，侵犯了曹某华对《某清浴妃图》依法享有的改编权，并应承担相应的法律责任，一审法院确定的赔偿额并无不当。驳回上诉，维持原判。

核心裁判要旨

本案的争议焦点为濮某娟的被控侵权行为是否属于侵犯作品改编权的行为。

二审法院认为，改编权是指行为人在依托、借用和保留在先作品已有的基本表达的基础上，通过一定的智力劳动后所形成的具有新的独创性表达的权利。对于侵犯作品改编权的行为而言，在改编人添加了一定程度的、有别于在先作品的、具有独创性的特有表达要素、表达方式、表达效果以后，即便改编作品和在先作品之间仍然存在着“实质性相似”的情形，但是改编作品给予普通受众所呈现出的欣赏体验和感受并不能完全等同于在先作品，亦非对于在先作品进行原样或基本原样“再现”的行为。本案中，曹某华享有著作权的涉案作品《某清浴妃图》为工笔画作品，而被控侵权作品《某清浴妃图》为苏绣作品，虽然后者的题材来源于前者，面向受众时具有结构、人物和色彩等相同表达要素，但是两者并不完全属于同一领域同一类型同一介质的表达，在创作过程中所采用的基本材料、基本技巧、基本手法等方面也有显著差异，面向受众呈现出有所不同的艺术感知和欣赏体验。濮某娟在《某清浴妃图》工笔画作品的基础上，结合苏绣制品特点和工艺要求，在造型、针法、绣工、色彩、技艺、装裱等方面融入智力活动，采用多套不同颜色丝线，采取灵活多样的针法，在表达介质、表达方式、表达效果上形成了与《某清浴妃图》工笔画作品有着显著区分的、具有独创性的《某清浴妃图》苏绣作品，应属形成新作品的艺术再创作行为，亦系对曹某华《某清浴妃图》工笔画作品的改编行为。在没有获得曹某华许可的情形下，濮某娟将曹某华的《某清浴妃图》工笔画作品改编成苏绣作品，侵犯了曹某华对《某清浴妃图》依法享有的改编权，并应承担相应的法律责任。

诉讼经验总结

一、本案审理的难点主要在于濮某娟未经许可根据工笔画绣制苏绣制品的行为究竟是侵害曹某华对其画作的复制权还是改编权。复制的结果是在新的物质载体上保留原作品的基本表达，同时没有通过发展原作品的表达而形成新的作品；而改编的结果是在原作品的表达基础上派生出具有新表达的作品。

二、未经著作权人许可而形成的改编作品，改编者能否享有著作权？对此，我国《著作权法》并无明确规定。《德国著作权法》规定，对某篇著作的其他改编，如能反映改编者的个人智力创作，在不损害改编著作的著作权情况下，当作独立著作予以保护。改编作品的发表和使用需要经过被改编作者的同意。德国法律的上述规定不仅鼓励创新，而且不影响对原作者版权的相关保护。本案中，濮某娟因改编行为而产生的苏绣制品可以获得著作权，但因其未获得画作著作权人许可，故其不能实施销售被控侵权作品等后续商业利用行为并从中获利，从这个意义上看，本案为刺绣行业的发展明确了底稿作品使用的法律边界。

三、企业在创新和传承非物质文化遗产时，需要审查作品的权利来源。同时，苏绣作品应建立完善的知识产权保护体系。

法律规定

《中华人民共和国著作权法》（2010年修正）	《中华人民共和国著作权法》（2020年修正）
第十条第一款第十四项 著作权包括下列人身权和财产权： （十四）改编权，即改变作品，创作出具有独创性的新作品的权利；	（在2020年的修正中并未修改）
第十二条 改编、翻译、注释、整理已有作品而产生的作品，其著作权由改编、翻译、注释、整理人享有，但行使著作权时不得侵犯原作品的著作权。	（在2020年的修订中仅改变了条文序号①）
第四十七条第一款第六项 有下列侵权行为的，应当根据情况，承担停止侵害、消除影响、赔礼道歉、赔偿损失等民事责任： （六）未经著作权人许可，以展览、摄制电影和以类似摄制电影的方法使用作品，或者以改编、翻译、注释等方式使用作品的，本法另有规定的除外；	**第五十二条第一款第六项** 有下列侵权行为的，应当根据情况，承担停止侵害、消除影响、赔礼道歉、赔偿损失等民事责任： （六）未经著作权人许可，以展览、摄制视听作品的方法使用作品，或者以改编、翻译、注释等方式使用作品的，本法另有规定的除外；
第四十九条 侵犯著作权或者与著作权有关的权利的，侵权人应当按照权利人的实际损失给予赔偿；实际损失难以计算的，可以按照侵权人的违法所得给予赔偿。赔偿数额还应当包括权利人为制止侵权行为所支付的合理开支。 权利人的实际损失或者侵权人的违法所得不能确定的，由人民法院根据侵权行为的情节，判决给予五十万元以下的赔偿。	**第五十四条** 侵犯著作权或者与著作权有关的权利的，侵权人应当按照权利人因此受到的实际损失或者侵权人的违法所得给予赔偿；权利人的实际损失或者侵权人的违法所得难以计算的，可以参照该权利使用费给予赔偿。对故意侵犯著作权或者与著作权有关的权利，情节严重的，可以在按照上述方法确定数额的一倍以上五倍以下给予赔偿。 权利人的实际损失、侵权人的违法所得、权利使用费难以计算的，由人民法院根据侵权行为的情节，判决给予五百元以上五百万元以下的赔偿。 赔偿数额还应当包括权利人为制止侵权行为所支付的合理开支。 人民法院为确定赔偿数额，在权利人已经尽了必要举证责任，而与侵权行为相关的账簿、资料等主要由侵权人掌握的，可以责令侵权人提供与侵权行为相关的账簿、资料

① 编者按：《著作权法》（2020年修正）第13条。

《中华人民共和国著作权法》（2010 年修正）	《中华人民共和国著作权法》（2020 年修正）
	等；侵权人不提供，或者提供虚假的账簿、资料等的，人民法院可以参考权利人的主张和提供的证据确定赔偿数额。 人民法院审理著作权纠纷案件，应权利人请求，对侵权复制品，除特殊情况外，责令销毁；对主要用于制造侵权复制品的材料、工具、设备等，责令销毁，且不予补偿；或者在特殊情况下，责令禁止前述材料、工具、设备等进入商业渠道，且不予补偿。

《中华人民共和国著作权法实施条例》（2013 年修订）

第二条 著作权法所称作品，是指文学、艺术和科学领域内具有独创性并能以某种有形形式复制的智力成果。

本案链接

濮某娟与曹某华著作权权属、侵权纠纷上诉案【（2019）苏民终 1410 号】

曹某华享有著作权的涉案作品《某清浴妃图》为工笔画作品，而被控侵权作品为《某清浴妃图》苏绣作品，虽然后者的题材来源于前者，面向受众时具有结构、人物和色彩等相同表达要素，但是两者并不完全属于同一领域同一类型同一介质的表达，在创作过程中所采用的基本材料、基本技巧、基本手法等方面也有显著差异，面向受众呈现出有所不同的艺术感知和欣赏体验。濮某娟在《某清浴妃图》工笔画作品的基础上，结合苏绣制品特点和工艺要求，在造型、针法、绣工、色彩、技艺、装裱等方面融入智力活动，采用多套不同颜色丝线，采取灵活多样的针法，在表达介质、表达方式、表达效果上形成了与《某清浴妃图》工笔画作品有着显著区分的、具有独创性的《某清浴妃图》苏绣作品，应属形成新作品的艺术再创作行为，亦系对曹某华《某清浴妃图》工笔画作品的改编行为。在没有获得曹某华许可的情形下，濮某娟将曹某华的《某清浴妃图》工笔画作品改编成苏绣作品，侵犯了曹某华对《某清浴妃图》依法享有的改编权，并应承担相应的法律责任。

延伸阅读

裁判规则一：被控侵权产品将美术作品改编成刺绣作品，事先并未获得美术作品著作权人的许可，亦未向著作权人支付报酬，侵犯了著作权人对美术作品享有的改编权。

案例一：孙某与高新区镇湖周某萍绣坊侵害作品改编权纠纷一审民事判决书【（2020）苏0505民初6085号】

被告周某萍绣坊销售的“苏绣真丝刺绣团扇双面刺绣宫扇民族风扇子中国特产手工绣花跳舞扇”柠檬黄款式的扇子，其图案与孙某享有著作权的“银杏飞鸟”进行比对，虽然扇子结构、图案颜色略有不同，但从整体图案元素、图像构成及视觉效果来看，无本质区别，图案所表达的意境完全相同，两者构成实质性相似。故周某萍绣坊侵犯了孙某涉案作品的著作权。被告依据孙某创作的“银杏飞鸟·团扇图案”而制作的刺绣作品并非简单复制，包含了创造性劳动，刺绣作品多种丝线和各种针法制作，相对于绘画图案体现了独创性，属于艺术再创作行为，其实质是对孙某创作的“银杏飞鸟·团扇图案”美术作品的改编，并非侵犯孙某涉案作品复制权的行为。但是，被控侵权产品将孙某的“银杏飞鸟·团扇图案”美术作品改编成刺绣作品，事先并未获得孙某的许可，亦未向孙某支付报酬，侵犯了孙某对“银杏飞鸟”作品享有的改编权。

裁判规则二：被告未经许可，擅自在天猫店铺销售的手工刺绣上使用了原告的画作，并予以制造、销售，构成对该作品复制权、发行权、信息网络传播权等著作权利的侵犯，应当承担停止侵权、赔偿损失等民事责任。

案例二：苏某光、苏州某风刺绣艺术有限公司侵害作品发行权纠纷二审民事判决书【（2018）苏05民终7038号】

苏某光著有《百财某某图》美术作品并已公开出版。某风公司经营的天猫“顾氏手工旗舰店”中销售的“百财图”“百财某某图”的刺绣内容与苏某光的对应作品《百财某某图》的内容构成实质性相似。二审法院认为：某风公司未经著作权人的许可，在其经营的天猫店铺“顾氏手工旗舰店”中销售以《百财某某图》作品为底稿的刺绣，构成对该作品复制权、发行权、信息网络传播权等著作权利的侵犯，应当承担停止侵权、赔偿损失等民事责任，也即停止制作、销售涉案以《百财某某图》作品为底稿的刺绣，并销毁相关库存，同时赔偿原告损失。苏某光本人具有一定的知名度，其涉案《百财某某图》作品的拍卖价格亦较高，而侵权产品的销售金额仅为6960元。同时本院认为，涉案作品寓意来自于中国传统文化，其中白菜、蟋蟀等的创作要素较为常见，而实践中手工刺绣因绣工技艺的高低不同，其销售价格差异也较大，故其价格在相当程度上也包含了刺绣的技艺水平。因此，本院认为一审法院最终确定的6万元赔偿数额恰当。

裁判规则三：福禄娃与葫芦娃的服饰部分构成实质性相似，被告侵害了原告对葫芦娃美术作品享有的改编权。动画片《某篇》与《某兄弟》在人物及人物关系、主角人物技能、故事脉络、桥段等方面高度相似，两者构成实质性相似，被告侵害了原告对《某兄弟》动画片享有的改编权。

案例三：北京四月某空网络技术有限公司、天津某山文化传播有限公司与上海某电影制片厂有限公司等著作权权属、侵权纠纷二审民事判决书【（2019）沪73民终391号】

福禄娃系根据葫芦娃改编的新作品，四月某空公司侵害了某影厂公司作品改编权；鉴于《某篇》在人物性格、故事结局等方面与《某兄弟》存在差别，《某篇》系基于《某兄弟》改编的作品，四月某空公司侵害了某影厂公司改编权，具有事实和法律依据，《某篇》使用了《某兄弟》中具有独创性的人物设置、人物关系、故事情节等表达，两者构成实质性相似。鉴于《某篇》在人物性格、故事结局等方面与《某兄弟》存在差别，《某篇》系基于《某兄弟》改编的作品，四月某空公司侵害了某影厂公司改编权，具有事实和法律依据。

二审法院维持原判。

裁判规则四：涉案“熊猫某某”系列图片根据名画创作，构成改编作品。

案例四：北京鹿某梦文化传播有限公司诉北京某时光网络科技有限公司侵害作品信息网络传播权纠纷案【（2020）京0491民初10107号】

本案中，涉案32张“熊猫某某”系列图片是曾某在中外名画、电影海报等基础上的再创作，画面整体构图、配色虽有所参考，但在熊猫的构图、角色替换、动态姿势上仍可体现曾某独特的判断与选择，具有一定的独创性。“熊猫某某”系列属改编作品，曾某为涉案作品的作者，享有著作权，有权将该作品的信息网络传播权授予原告。

二、作品认定

009 古籍点校成果是否构成演绎作品?

☞ **阅读提示**

古籍是中国古代书籍的统称，在漫长的历史演进中，中国文字字音、词意、字体、修辞历经变迁，加之古代典籍在印制、传抄过程中会出现讹误、错漏、残缺等，需加以整理，后人方可更好地阅读、理解和学习。现代意义上的古籍整理包括厘定版本、校勘、标点、注释、今译、解题、辑佚、索引、编目、复制等方式，其中最主要的整理方式为标点、校勘和注释。古籍点校是否构成著作权法所保护的作品，在学界存在不同观点，笔者在这里通过案例与大家一同研讨。

裁判要旨

古籍点校是古籍整理者对古籍原文作出的文字或非文字性注释，点校行为的目的虽为释读古籍原意，但因古籍点校者知识积累、占有资料和主观认知程度的差异，必然会表现为不同风格、水平的个性化判断。点校者综合完成标点、分段、注释的智力成果整体产生的新版本作品形成了区别于古籍原本的独创性表达，构成演绎作品，应受著作权法保护。

案情简介

一、我国古典长篇章回体小说《某花缘》由清代李某珍所著，该书有诸多版本，无标点、分段及注释，清末民初后亦有不同的校注本出版发行。1955 年 4 月，某文学出版社出版发行校注版《某花缘》一书，署名为李某珍著，张某鹤标点、校注。张某鹤于 1971 年死亡后，某文学出版社与其继承人签订《图书出版合同》，被授予张某鹤点校本《某花缘》一书在中国大陆出版发行的专有出版权。

二、2017 年 7 月，某教育出版社出版发行校注版《某花缘》一书，全书标的、分段与权利图书全部一致，注释高度一致。原告某文学出版社以被告某教育出版社侵害专有出版权为由将其诉至法院，主张赔礼道歉并赔偿经济损失 800 万元。被告某教育出版社辩称小说《某花缘》是属于公共领域的作品，不受著作权法保护。

三、2019 年 12 月 30 日，北京市朝阳区人民法院经审理认为，张某鹤对《某花缘》一书综合完成的标点、分段、注释智力成果整体产生的新版本作品形成了区别于古籍《某花缘》版本的独创性表达，构成演绎作品，应受著作权法保护。被告某教育出版社对涉案侵权图书的出版未尽到合理的注意义务，主观上存在过错，侵害了原告某文学出版社对张某鹤点校版《某花缘》享有的专有出版权，应承担法律责任。

核心裁判要旨

本案争议焦点为：一、张某鹤对古籍《某花缘》进行标点、分段、注释等整理后所形成的成果是否受著作权法保护，属于何种作品；二、张某鹤是否系某文学出版社版《某花缘》一书的校注者以及原告是否享有该书的专有出版权；三、被告出版发行《某花缘》一书是否构成侵权，应如何承担民事责任。

焦点一，本案中，权利图书是张某鹤先生对古籍《某花缘》进行标点、分段、注释等整理工作后形成的新版本图书。通过本案查明的事实可知，古籍《某花缘》的独立整理者包括张某鹤、煙某、傅某三人或以上，在该 50 余万字的章回体小说中，古籍整理者结合自身的理解进行了各不相同的取舍、判断，从而形成了具有不同个人风格特征的断句标点、勘误字词及注释等智力成果。虽然不能否认，基于语言习惯等原因，其中的一些标点等整理成果存在相同近似性，但著作权法对独创性的要求在于存在一定的创作空间、超出了创造性的最低限度标准即可，不同的整理人基于自身的人文素养会进行各不相同的整理，这一事实本身即说明了对于体量较大的章回体小说而言，单纯的断句标点即存在取舍的创作空间。张某鹤对《某花缘》一书综合完成的标点、分段、注释智力成果整体产生的新版本作品形成了区别于古籍《某花缘》版本的独创性表达，构成演绎作品，应受著作权法保护。

焦点二，某文学出版社版《某花缘》版权页上署名有“张某鹤标点校注”，被告虽然对张某鹤的校注者身份提出质疑，但未就此提供相反证据，故法院确认张某鹤是某文学出版社版《某花缘》一书的校注者。张某鹤点校版《某花缘》的复制、发行权已经依法转移至现存的继承人。根据张某厚与原告签订的图书出版合同以及其他继承人出具的授权书，可以确认原告在约定地区和期限内合法取得了张某鹤点校版《某花缘》一书的专有出版权。

焦点三，本案中，某文学出版社版《某花缘》出版发行早于某教育出版社版《某花缘》。某教育出版社版《某花缘》全书的标点及分段与某文学出版社版《某花缘》的标点及分段相同，两书对注释内容选择整体相同且注释部分高度雷同，故可认定某教育出版社版《某花缘》抄袭了某文学出版社版《某花缘》的实质性部分，属于侵权图书。被告作为专业出版机构，其对涉案侵权图书的出版未尽到合理的注意义务，主观上存在过错，侵害了原告对张某鹤点校版《某花缘》享有的专有出版权，应当为此承担停止侵权、赔偿经济损失的法律责任。

诉讼经验总结

一、专业出版机构应对图书出版尽到合理注意义务，注意审查，防止发生侵权。

二、对古籍点校成果的独创性判断需要结合著作权法的基本原则，根据作品的具体情形进行分析。点校者基于自身的知识积累、对古籍材料的占有、不同的语义理解水平和分类方法，会表现出不同的个性化选择，表现出不同风格的差异化表达、无限制的表达。虽然古籍点校行为遵循一种较为固定化的范式，但是不同类别的古籍整理难易程度差别很大。古籍类权利作品的独创性判断要结合个案具体情形来进行判定。

法律规定

《中华人民共和国著作权法》 （2010 年修正）	《中华人民共和国著作权法》 （2020 年修正）
第十一条　著作权属于作者，本法另有规定的除外。 创作作品的公民是作者。	**第十一条**　著作权属于作者，本法另有规定的除外。 创作作品的自然人是作者。

《中华人民共和国著作权法》（2010年修正）	《中华人民共和国著作权法》（2020年修正）
由法人或者其他组织主持，代表法人或者其他组织意志创作，并由法人或者其他组织承担责任的作品，法人或者其他组织视为作者。如无相反证明，在作品上署名的公民、法人或者其他组织为作者。	由法人或者非法人组织主持，代表法人或者非法人组织意志创作，并由法人或者非法人组织承担责任的作品，法人或者非法人组织视为作者。 **第十二条** 在作品上署名的自然人、法人或者非法人组织为作者，且该作品上存在相应权利，但有相反证明的除外。 作者等著作权人可以向国家著作权主管部门认定的登记机构办理作品登记。 与著作权有关的权利参照适用前两款规定。
第十二条 改编、翻译、注释、整理已有作品而产生的作品，其著作权由改编、翻译、注释、整理人享有，但行使著作权时不得侵犯原作品的著作权。	（在2020年的修订中仅改变了条文序号①）
第十九条第一款 著作权属于公民的，公民死亡后，其本法第十条第一款第（五）项至第（十七）项规定的权利在本法规定的保护期内，依照继承法的规定转移。	**第二十一条第一款** 著作权属于自然人的，自然人死亡后，其本法第十条第一款第五项至第十七项规定的权利在本法规定的保护期内，依法转移。
第四十八条第一款第二项 有下列侵权行为的，应当根据情况，承担停止侵害、消除影响、赔礼道歉、赔偿损失等民事责任；同时损害公共利益的，可以由著作权行政管理部门责令停止侵权行为，没收违法所得，没收、销毁侵权复制品，并可处以罚款；情节严重的，著作权行政管理部门还可以没收主要用于制作侵权复制品的材料、工具、设备等；构成犯罪的，依法追究刑事责任： （二）出版他人享有专有出版权的图书的；	**第五十三条第一款第二项** 有下列侵权行为的，应当根据情况，承担本法第五十二条规定的民事责任；侵权行为同时损害公共利益的，由主管著作权的部门责令停止侵权行为，予以警告，没收违法所得，没收、无害化销毁处理侵权复制品以及主要用于制作侵权复制品的材料、工具、设备等，违法经营额五万元以上的，可以并处违法经营额一倍以上五倍以下的罚款；没有违法经营额、违法经营额难以计算或者不足五万元的，可以并处二十五万元以下的罚款；构成犯罪的，依法追究刑事责任： （二）出版他人享有专有出版权的图书的；

① 编者按：《著作权法》（2020年修正）第13条。

《最高人民法院关于审理著作权民事纠纷案件适用法律若干问题的解释》（法释〔2002〕31号 2002年10月12日发布）	《最高人民法院关于审理著作权民事纠纷案件适用法律若干问题的解释》（法释〔2020〕19号 2020年修正）
第二十条 出版物侵犯他人著作权的，出版者应当根据其过错、侵权程度及损害后果等承担民事赔偿责任。 出版者对其出版行为的授权、稿件来源和署名、所编辑出版物的内容等未尽到合理注意义务的，依据著作权法第四十八条的规定，承担赔偿责任。出版者尽了合理注意义务，著作权人也无证据证明出版者应当知道其出版涉及侵权的，依据民法通则第一百一十七条第一款的规定，出版者承担停止侵权、返还其侵权所得利润的民事责任。 出版者所尽合理注意义务情况，由出版者承担举证责任。	**第二十条** 出版物侵害他人著作权的，出版者应当根据其过错、侵权程度及损害后果等承担赔偿损失的责任。 出版者对其出版行为的授权、稿件来源和署名、所编辑出版物的内容等未尽到合理注意义务的，依据著作权法第四十九条的规定，承担赔偿损失的责任。 出版者应对其已尽合理注意义务承担举证责任。

本案链接

某文学出版社有限公司诉某教育出版社有限公司侵害出版者权纠纷案【（2019）京0105民初10975号】

本案中，某文学出版社版《某花缘》出版发行早于某教育出版社版《某花缘》。某教育出版社版《某花缘》全书的标点及分段与某文学出版社版《某花缘》的标点及分段相同，两书对注释内容选择整体相同且注释部分高度雷同。故可认定某教育出版社版《某花缘》抄袭了某文学出版社版《某花缘》的实质性部分，属于侵权图书。被告作为专业出版机构，可通过正常途径获知原告已在国内市场上在先出版发行了涉案图书，且被告亦认可其出版的侵权图书参考来源于权利图书，但其仍然出版发行了涉案侵权图书，故其对涉案侵权图书的出版未尽到合理的注意义务，主观上存在过错，侵害了原告对张某鹤点校版《某花缘》享有的专有出版权，应当为此承担停止侵权、赔偿经济损失的法律责任。

延伸阅读

裁判规则一：古籍点校成果属于著作权法意义上的作品。

案例一：李某成诉葛某圣侵害著作权纠纷案【（2014）鲁民三终字第340号】

涉案民国版《某光县志》点校本构成著作权法意义上的作品，葛某圣出版的民国版《某光县志》点校本第一页仅标明点校人为葛某圣，其将与李某成合作创作的作品当作自己单独创作的作品发表，侵犯了合作作者李某成的署名权和发行权。古籍点校凝聚了点校人的创造性劳动，古籍点校作品具有独创性，构成著作权法意义上的作品，应该受到保护。由于两人以上合作创作的作品，著作权由合作作者共同享有，未经合作作者同意，将合作作品当做自己的作品单独发表，构成侵权行为。

案例二：某书局公司诉国学某有限公司著作权侵权纠纷案【（2012）一中民（知）终字第14243号】

某书局公司主张权利的“二十五史”系根据相关古籍底本经分段、加注标点、文字修订等校勘工作完成的。从事涉案“二十五史”工作的人员必须具有一定的文史知识，了解和掌握相关古籍的历史背景、有关历史事件的前因后果等情况，并具备较丰富的古籍整理经验。这些点校工作凝聚了古籍整理人员高度的创造性劳动，并非简单的技巧性劳动。针对某书局公司在本案中主张具有独创性的分段、加注标点和文字修订的校勘的内容，国学某本“二十五史”与某书局本“二十五史”近似的程度非常高，故而应当认定国学某本“二十五史”与某书局本“二十五史”构成实质性近似。

裁判规则二：古籍点校成果不属于著作权法意义上的作品。

案例三：周某山起诉某出版社、陆某著作权纠纷案【（2014）沪高民三（知）终字第10号】

古籍点校终以复原古籍原意为目的，基于客观事实和思想不受著作权法保护之基本原理，古籍点校成果不能作为作品受到著作权法保护。据此，上诉人以其“周版金批某厢记”构成作品，被上诉人侵犯其相关著作权的主张，缺乏法律依据。基于古籍点校工作的特殊性，本案中仅仅依据较少的相同之处就直接认定“陆版金批某厢记”对“周版金批某厢记”构成抄袭，理由尚不充分。而上诉人所称的“陆版金批某厢记”与“周版金批某厢记”相同，但与“首图版金批某厢记”不同之处，并不是上诉人主张的“周版金批某厢记”的独创性内容，且鉴于古籍点校者个人素养、认知水平的不同，确实可能存在点校差错相同的巧合，或是对简单文字的改变等情况。

010 试卷参考答案与试题解析能否认定为著作权法意义上的作品?

☞ 阅读提示

著作权法意义上的作品不同于日常生活中所说的作品定义，只有满足相应要求的作品才能受到保护，依据著作权法的有关理论，思想、工艺、操作方法或数学概念等并不能成为保护的客体，比如历法、通用数表、通用表格和公式就被明确规定不受到著作权法的保护。在最新修正的著作权法中，对于作品类型的规定做出了一定的修改，在列举作品种类的基础上，借鉴《著作权法实施条例》的规定进一步明确了作品的定义并完善了兜底性条款，增加了开放性，对于试卷的试卷参考答案与试题解析，究竟属于思想还是表达，笔者将通过案例予以讨论。

裁判要旨

著作权法只保护表达而不保护思想，但在个别时候对某种“思想”只有一种或极其有限的表达时，此时保护表达同样会产生思想垄断的后果，因此这样的表达将被视为思想而不受保护，这就是混同原则。对于本案中虽然试题答案大部分仅仅是数字、字母和数学符号的组合，或文字与数字、字母的结合，其受到表达形式本身的限制，系唯一或有限的，不应受到保护，但对于对解题思路的分析及对试题考查目标、题型难度、注意事项的点评等内容则并非仅存在有限表达，完全可能有不同的表达方式，因此应当受到著作权法的保护，由于在新修正的《著作权法》中并没有对作品定义中独创性、仅保护表达等要件做出实质性改变，因此在新修正的《著作权法》中仍然构成作品。

案情简介

一、原告深圳市菁某智慧教育股份有限公司系《××××年全国统一高考数学试卷（文科）（新课标Ⅰ）》著作权人，该作品已于2017年6月9日在菁某网上公开且于2017年9月7日在广东省版权局进行著作权登记。

二、被告豆某世纪（北京）网络技术有限公司截至2017年8月31日，在其运营的网站上提供名为《××××年全国统一高考数学试卷（文科）（新课标Ⅰ）》的文档的付费下载服务，经比对该文档内容与菁某公司所提供作品内容相同。

三、涉诉文档的参考答案与试题解析部分，在每道试题后均列有［考点］、［专题］、［分析］、［解答］、［点评］等五部分内容。其中［分析］部分主要是对题目考查知识点、解题关键、题目难度层次等内容进行分析。

四、一审法院于2017年9月25日受理菁某公司如下诉讼请求：1. 豆某公司的行为侵犯菁某公司享有著作权的试题作品；2. 豆某公司立即停止侵权使用菁某公司享有著作权的试题作品，并将菁某公司作品从豆某公司经营的网站移除；3. 豆某公司向菁某公司公开赔礼致歉；4. 豆某公司赔偿菁某公司经济损失10000元；5. 豆某公司负担本案的诉讼费、公证费、律师费、交通费等合理费用。

五、2018年2月26日，一审法院判决中认为：涉诉作品凝聚了创作人对高考试卷的理解、考点归纳、分析、解答及点评，具有独创性，系文学、艺术和科学领域内具有独创性并能以某种有形形式复制的智力成果，构成著作权法所称的作品。

六、2018年11月12日，二审法院判决中认为：由于数学这一学科严谨性特质的要求，数学题的解答一般均应遵循一定的规则。涉诉文档主要是对公式、计算过程以及考点等的分析、说明，且任何具有数学知识的学生或教师等都将作出基本相同的演算，得出基本相同的结论。如果对该部分内容进行保护，违背了著作权法不保护思路、观念、理论、构思、创意、概念、操作的基本原则，因此认定并不构成著作权法所称作品。

七、2020年6月16日，再审法院判决中认为：对同一数学试题，不同人在阐释其解题思路，点评其考查目标、注意事项时，完全可能有不同的表达方式，能够体现出不同人的智力判断与选择、展示不同的个性。涉案作品凝聚了作者的智力投入，具有一定的独创性，系文学、艺术和科学领域内具有独创性并能以某种有形形式复制的智力成果，可以构成《著作权法》所称的作品，应受著作权法保护。但豆某公司符合网络服务提供者免于承担赔偿责任的条件，对于菁某公司要求其赔偿损失的诉讼请求，再审不予支持。

核心裁判要旨

本案的争议焦点在于涉诉文档《某某某某年全国统一高考数学试卷（文科）（新课标Ⅰ）》是否构成著作权法所称的作品。该涉诉文档主要分为两个部分，第一个部分是高考数学试题题干及解答，第二个部分是解题思路的分析及对试题考查目标、题型难度、注意事项的点评等内容。

针对第一个部分而言，该部分内容虽然是一种智力成果，即通过人为的思考和选择产生的结果，但是对于试题答案而言，由于其具有唯一正确答案，并且主体的差别并不会导致该正确答案变化，尽管不可否认同一题目可能会有不同的解法，但是所有解法仍是在有限的表达中进行选择，此时依据混同原则，若对该表达进行保护，将违反著作权法不保护思想的原则，因此该部分不能被认定为著作权法意义上的作品。

针对第二个部分而言，该部分内容主要包括的内容并非是在有限表达中进行选择，因为即使针对同一数学题目，不同人在阐释其解题思路，点评其考查目标、注意事项时，完全可能有不同的表达方式，能够体现出不同人的智力判断与选择、展示不同的个性。此时并不适用混同原则，仅需针对该作品是否满足《著作权法》第三条规定进行考察，该条规定为："本法所称的作品，是指文学、艺术和科学领域内具有独创性并能以一定形式表现的智力成果。"具体到本案中，第二部分明显满足该要求，因此可以构成著作权法所称的作品，应受著作权法保护。

诉讼经验总结

一、在涉及著作权侵权案件中，应当首先确定涉诉作品是否可以受到著作权法保护，常见的不受保护情形包括：依据《著作权法》第五条明确规定的不受保护客体，思想以及符合混同原则的表达等。

二、思想与表达之间的差异有时并不明显，需要在个案中做出具体分析，同时对于一件作品中，可能只有部分可以受到著作权法保护，应当仔细鉴别。比如在本案中，习题及其答案当然不属于著作权法保护的对象，但后续的解析和分析却并不受到混同原则的约束。

法律规定

《中华人民共和国著作权法》（2010年修正）	《中华人民共和国著作权法》（2020年修正）
第三条 本法所称的作品，包括以下列形式创作的文学、艺术和自然科学、社会科学、工程技术等作品： （一）文字作品； （二）口述作品； （三）音乐、戏剧、曲艺、舞蹈、杂技艺术作品； （四）美术、建筑作品； （五）摄影作品； （六）电影作品和以类似摄制电影的方法创作的作品； （七）工程设计图、产品设计图、地图、示意图等图形作品和模型作品； （八）计算机软件； （九）法律、行政法规规定的其他作品。	**第三条** 本法所称的作品，是指文学、艺术和科学领域内具有独创性并能以一定形式表现的智力成果，包括： （一）文字作品； （二）口述作品； （三）音乐、戏剧、曲艺、舞蹈、杂技艺术作品； （四）美术、建筑作品； （五）摄影作品； （六）视听作品； （七）工程设计图、产品设计图、地图、示意图等图形作品和模型作品； （八）计算机软件； （九）符合作品特征的其他智力成果。
第五条 本法不适用于： （一）法律、法规，国家机关的决议、决定、命令和其他具有立法、行政、司法性质的文件，及其官方正式译文； （二）时事新闻； （三）历法、通用数表、通用表格和公式。	**第五条** 本法不适用于： （一）法律、法规，国家机关的决议、决定、命令和其他具有立法、行政、司法性质的文件，及其官方正式译文； （二）单纯事实消息； （三）历法、通用数表、通用表格和公式。

《中华人民共和国著作权法实施条例》（2013年修订）

第二条 著作权法所称作品，是指文学、艺术和科学领域内具有独创性并能以某种有形形式复制的智力成果。

本案链接

深圳市菁某智慧教育股份有限公司、豆某世纪（北京）网络技术有限公司侵害作品信息网络传播权纠纷再审民事判决书【（2019）粤03民再171号】

本案中《××××年全国统一高考数学试卷（文科）（新课标Ⅰ）》第1–29页不仅包含高考数学试题题干及解答，还包括对解题思路的分析及对试题考查目标、题型难度、注意事项的点评等内容。高考数学试题是公有领域的内容，菁某公司不能对其主张权利；对数学试题的解答，大部分仅仅是数字、字母和数学符号的组合，或文字与数字、字母的结合，其受到表达形式本身的限制，系唯一或有限的，应被视为思想不能受到著作权法保护。如果菁某公司仅以高考数学试题题干及解答，要求获得著作权法的保护，难以得到法院支持，但对解题思路的分析及对试题考查目标、题型难度、注意事项的点评等内容则与前述数学试题题干及解答不同，其表达形式并非唯一或有限的，对同一数学试题，不同人在阐释其解题思路，点评其考查目标、注意事项时，完全可能有不同的表达方式，能够体现出不同人的智力判断与选择、展示不同的个性。因此，只要存在智力投入，具有一定独创性的对试题的分析点评等内容，一般应作为作品保护。如果放任他人无偿使用作者经过智力投入，获得的试题分析、点评等内容，必将打击作者的创作热情，有悖于著作权法鼓励创作的宗旨。故《××××年全国统一高考数学试卷（文科）（新课标Ⅰ）》第1–29页内容，凝聚了作者的智力投入，具有一定的独创性，系文学、艺术和科学领域内具有独创性并能以某种有形形式复制的智力成果，可以构成著作权法所称的作品，应受著作权法保护。对菁某公司的相关再审意见，本院再审予以采纳。本院二审认定《××××年全国统一高考数学试卷（文科）（新课标Ⅰ）》的试题、参考答案与试题解析不属于著作权法意义的作品，认定有误，再审予以纠正。

延伸阅读

裁判规则一：按照著作权法保护作品的规定，人民法院应保护作者具有独创性的表达，即思想或情感的表现形式。对创意、素材、公有领域信息、创作形式、必要场景，以及具有唯一性或有限性的表达形式，则不予保护。

案例一：指导案例81号：张某燕诉雷某和、赵某、山东爱某人音像图书有限公司著作权侵权纠纷再审知识产权裁定书【（2013）民申字第1049号】

关于张某燕提出“雷剧”与“张剧”人物设置与人物关系相同、相似的主张，鉴于前述四部作品均系以特定历史时期骑兵部队撤（缩）编为主线展开的军旅题材作品，除了《××××走天涯》受短篇小说篇幅的限制，没有三角恋爱关系或军民关系外，其他三部作品中都包含三角恋爱关系、官兵上下关系、军民关系等人物设置和人物关系，这样的表现方式属于军旅题材作品不可避免地采取的必要场景，因表达方式有限，不受著作权法保护。关于张某燕提出“雷剧”与“张剧”语言表达及故事情节相同、相似的主张，从语言表达看，如“雷剧”中

"做个自由的'牧马人'"与"张剧"中"做个牧马人"语言表达基本相同，但该语言表达属于特定语境下的惯常用语，非独创性表达。从故事情节看，用于体现作者的思想与情感的故事情节属于表达的范畴，具有独创性的故事情节应受著作权法保护，但是，故事情节中仅部分元素相同、相似并不能当然得出故事情节相同、相似的结论。前述四部作品相同、相似的部分多属于公有领域素材或缺乏独创性的素材，有的仅为故事情节中的部分元素相同，但情节所展开的具体内容和表达的意义并不相同。二审法院认定"雷剧"与"张剧"六处相同、相似的故事情节，其中老部下关系、临时指定马匹等在《天某茫》中也有相似的情节内容，其他部分虽在情节设计方面存在相同、相似之处，但有的仅为情节表达中部分元素的相同、相似，情节内容相同、相似的部分少且微不足道。整体而言，"雷剧"与"张剧"具体情节展开不同、描写的侧重点不同、主人公性格不同、结尾不同，二者相同、相似的故事情节在"雷剧"中所占比例极低，且在整个故事情节中处于次要位置，不构成"雷剧"中的主要部分，不会导致读者和观众对两部作品产生相同、相似的欣赏体验，不能得出两部作品实质相似的结论。

裁判规则二：判断同人作品是否为侵权作品的关键，在于正确地划分思想与表达的界限。独创且细致到一定程度的情节属于表达，未经许可使用实质相似的表达就可能侵权。仅使用从具体情节中抽离的角色名称、简单的性格特征及角色之间的简单关系，更多的是起到识别符号的作用，难以构成与原作品的实质性相似①。

案例二：查某诉杨某等著作权侵权及不正当竞争纠纷一审民事判决书【（2016）粤0106民初12068号】

《××的少年》使用了郭某、黄某、杨某、穆某慈、乔某、康某、令某冲等数十个与原告作品中相同的人物名称，但同名人物的性格特征、人物关系及故事情节在具体表达的取舍、选择、安排、设计上并不一致。其中，部分人物与原告作品同名人物的简单性格特征相似，如郭某老实木讷、正直善良与黄某娇生惯养、古灵精怪；部分人物与原告作品的同名人物性格不同，二者存在不同的安排与设计，从整体上看，虽然《××的少年》使用了原告四部作品中的大部分人物名称、部分人物的简单性格特征、简单人物关系以及部分抽象的故事情节，但上述人物

---

① 王迁．同人作品著作权侵权问题初探［J］．中国版权，2017（3）：9-13

的简单性格特征、简单人物关系以及部分抽象的故事情节属于小说类文字作品中的惯常表达，《××的少年》并没有将情节建立在原告作品的基础上，基本没有提及、重述或以其他方式利用原告作品的具体情节，而是在不同的时代与空间背景下，围绕人物角色展开撰写故事的开端、发展、高潮、结局等全新的故事情节，创作出不同于原告作品的校园青春文学小说，且存在部分人物的性格特征缺失，部分人物的性格特征、人物关系及相应故事情节与原告作品截然不同，情节所展开的具体内容和表达的意义并不相同。在此情况下，《××的少年》与原告作品的人物名称、人物关系、性格特征和故事情节在整体上仅存在抽象的形式相似性，不会导致读者产生相同或相似的欣赏体验，二者并不构成实质性相似。因此，《××的少年》是杨某重新创作的文字作品，并非根据原告作品改编的作品，无需署上原告的名字，相关读者因故事情节、时空背景的设定不同，不会对原告作品中人物形象产生意识上的混乱，《××的少年》并未侵害原告所享有的改编权、署名权、保护作品完整权。

011 导航电子地图能否认定为著作权法意义上的地图作品？

☞ **阅读提示**

著作权法意义上的作品不同于日常生活中所说的作品定义，只有满足相应要求的作品才能受到保护，依据著作权法的有关理论，虽然将“地图作品”规定为一种法定作品类型，但实践中对于仅客观反映实际地理情况的地图，因为不满足独创性要求，无法成为法律意义上的作品。在新修正的《著作权法》中，并未对地图的作品定义等做出修改，那么对于导航电子地图，由于其不同于传统实体地图的特质是否使其可以获得著作权法的保护？笔者将通过案例予以讨论。

裁判要旨

导航电子地图因其本身是对现实地理信息，通过创作者的智力活动，进行筛选、创作而来，实践中，客观地理信息数以亿计，实际表达方式也更多元化，给予制图者极大的创作和表达空间。因此可以认定其具有创作性。虽然因为其可以依据使用者操作而旋转、缩放，但并未超过创作者的预设，也并没有因使用者的行为而有所添加，因此应当认定表达已经固定，可以被认定为著作权法意义上的地图作品。

案情简介

一、原告北京四某图新科技股份有限公司成立于2002年12月3日，经营范围包括第二类增值电信业务中的信息服务业务，开发、生产导航电子地图等，是涉案导航电子地图的制作者。被告北京奇某科技有限公司、北京秀某科技有限公司合作使用了涉案导航电子地图，立某空间信息技术股份有限公司作为具备资质的机构，代秀某公司进行了报备。

二、四某图新公司向一审法院提出下列诉讼请求：一、判令奇某公司、秀某公司、立某公司立即停止使用侵权地图在互联网及手机App端提供导航电子地图服务，立即停止虚假宣传及违反诚实信用原则的不正当竞争行为；二、判令奇某公司、秀某公司、立某公司在指定网站首页和指定App首屏显著位置，以及《新京报》中缝以外正式版面连续15日刊登致歉声明，并消除其侵权行为对四某图新公司造成的不良影响；三、判令奇某公司、秀某公司、立某公司赔偿四某图新公司经济损失1亿元；四、判令奇某公司、秀某公司、立某公司赔偿四某图新公司维权合理开支100万元；五、判令奇某公司、秀某公司、立某公司承担本案全部诉讼费用。奇某公司、秀某公司主张涉案基础地理测绘数据不构成著作权法意义上的作品，不受著作权法保护。

三、2018年12月28日，一审法院判决中认为：四某图新公司是数据供应商，以提供的地图数据详实、准确为要务，提供的地图数据反映的是客观地理要素、事实。根据现有证据，不足以证明四某图新公司提交的数据表现出该公司进行了相应的取舍和艺术处理，且应从地图作品的整体上考虑其独创性，而非仅考虑部分内容。故即使四某图新公司在部分数据上体现出一定的个性化选择，也并不足以认定该公司对整个地图数据享有著作权。

四、2020年12月3日，二审法院判决中认为：四某图新公司主张的导航电子地图是反映客观地理现象的地图作品，秀某公司与奇某公司合作使用涉案导航电子地图的方式，超出了秀某公司与四某图新公司约定的使用方式和使用范围，该行为使得奇某公司使用了四某图新公司享有著作权的涉案导航电子地图，侵害了四某图新公司的著作权。

五、秀某公司、立某公司分别提出再审申请，主张有关地图数据并不构成著作权法意义上的作品，北京市高级人民法院在裁定中认为：四某图新公司的导航电子地图具有独创性且能以有形形式复制，是反映客观地理现象的地图作品，二审法院对此认定正确，驳回了秀某公司、立某公司的再审申请。

核心裁判要旨

本案的争议焦点在于涉案导航电子地图是否能作为著作权法意义上的作品。不同于其他作品对于独创性的认定，地图本身作为一种以实用性为导向的作品类型，其发挥作用应当以尽可能为使用者提供准确信息为追求，因此导致其创作空间远小于其他类型作品。在这种情形下，如何在我国对独创性较低要求和创作空间之间进行考量，准确界定作品是否属于著作权法意义上的作品，关键在于对除去客观的地理数据以外部分独创性的考察。目前对于传统纸质地图，已经基本达成共识，由于不同的绘制对象、标注、绘制方式等，地图作品整体符合独创性要求，但是对于其中反映客观事实的部分并不能受到保护。具体到本案中，首先地图因其本身是对现实地理信息，通过创作者的智力活动，进行筛选、创作而来，实践中，客观地理信息数以亿计，实际表达方式也更多元化，给予制图者极大的创作和表达空间，因此可以认定其具有创作性。

本案中，导航电子地图需要根据用户的需求，进行旋转、缩放等操作，此时考察作品最终表达是否获得固定是认定最终能否获得保护的关键。首先，用户的选择并不能改变导航电子地图作品的表达方式。尽管可能存在多种图像，但并未超出作者创作的范畴，也并不会因为使用者的操作而增加新的独创性内容。其次，不同设备打开的地图具有相同的固定图形化表达。因此，不同的图像并不意味着原作品未完整或未固定。因此，导航电子地图应当作为著作权法意义上的作品获得保护。

诉讼经验总结

一、对于地图作品的独创性认定中，一方面因其创作空间较小，对其独创性考察时应当谨慎；另一方面由于其含有对客观现实的反映，因此要注意构成作品的地图保护范围不能过度扩大，避免使其侵入到公有领域。

二、对于作品最终的表达是否固定，不能简单地从其最终表现是否始终如一予以认定，对于目前新出现的多种作品形式，包括电子游戏、导航电子地图等，其最终表现中有使用者的因素，其一方面没有超出创作者预设，另一方面在使用中，使用者没有添加其自身的独创性表达，因此应当认定其表达已经固定。

法律规定

《中华人民共和国著作权法》（2010年修正）	《中华人民共和国著作权法》（2020年修正）
第三条第七项 本法所称的作品，包括以下列形式创作的文学、艺术和自然科学、社会科学、工程技术等作品： （七）工程设计图、产品设计图、地图、示意图等图形作品和模型作品；	**第三条第七项** 本法所称的作品，是指文学、艺术和科学领域内具有独创性并能以一定形式表现的智力成果，包括： （七）工程设计图、产品设计图、地图、示意图等图形作品和模型作品；

《中华人民共和国著作权法实施条例》（2013年修订）

第二条 著作权法所称作品，是指文学、艺术和科学领域内具有独创性并能以某种有形形式复制的智力成果。

第四条第十二项 著作权法和本条例中下列作品的含义：

（十二）图形作品，是指为施工、生产绘制的工程设计图、产品设计图，以及反映地理现象、说明事物原理或者结构的地图、示意图等作品；

本案链接

北京四某图新科技股份有限公司与立某空间信息技术股份有限公司等著作权权属、侵权纠纷二审民事判决书【（2019）京73民终1270号】

我国著作权法对于作品的定义是“文学、艺术和科学领域内具有独创性并能以某种有形形式复制的智力成果”，其中“以有形形式复制”，实际上是强调“作品”只能是可以被客观感知的外在表达，而不能是抽象的思想、概念等。“以有形形式复制”强调的是可以被客观感知，而对表达的具体形式不加限制。

实践中，导航电子地图有其特有的文件格式，常见的有MIF文件格式等。在MIF格式中，导航电子地图以不同的图层形式存储，经过一定的规律性计算机处理过程，导航电子地图可以呈现出图形化界面。地图软件呈现的图形要素与MIF文件中的数据形式的数据信息是一一映射关系可以稳定地呈现图形画面，为人们客观感知，即MIF格式文件是对导航电子地图的“某种有形形式复制”。

使用计算机打开的MIF格式文件有固定的图形化表达，如上文所述，MIF格式文件中呈现的最终状态信息是图形化的地理信息，用户感知、使用的也是图形化的地图，而非抽象的地理信息。在计算机上绘制的美术作品在计算机上以数字形式存在，但通过特定软件打开图片文件，由计算机进行自动加载后，呈现出来的是图像，数字化存储方式并不会改变作品属性。同理，数字化的存储方式也不改变地图作品的性质。虽然导航电子地图在计算机上以数据形式存储，但其表现方式还是图形化的，故其本质还是图形作品。

尽管导航电子地图编辑软件中，用户可以选择叠加不同的图层，或改变地图的初始渲染方式，但这不意味着导航电子地图作品“未完成”或“未固定”。首先，导航电子地图的各图层都有图形化表达，且表达方式在该电子地图作品完成后就唯一固定。因此，即使用户可以根据需要叠加图层，也不能改变导航电子地图作品的表达方式。用户选择呈现的图层只是对作品的利用行为，尽管图层的排列组合可能有多种呈现，但都在作者创作的范畴内，用户选择不会为导航电子地图增加新的独创性的内容。其次，地图作品的不同复制件在任意设备上打开均有相同的图形化表达固定，不会在复制或计算机处理过程中发生改变。至于互联网地图的渲染、加工确实可能改变了导航电子地图的部分具体表达，如图形符号的样式、配色等，但这种渲染过程不是计算机的自动化处理过程，而是加入了人的因素，在满足一定独创性要求的情况下甚至可能构成地图作品的改编，这能说明导航电子地图存在改编、再创作的空间，但不意味着原作品未完整或未固定。

因此，对于导航电子地图，每个图层都有其图形化表达，满足独创性要求的情况下，都可以成为著作权所保护的图形作品。即使个别信息点不以图形化的形式存在，其也是依附于图形化地图，用于解释、说明地图的内容，不足以改变导航电子地图作品整体的定性。导航电子地图虽然在存储形式上有特殊性，但仍然是以图形化要素说明地理信息的地图，故具有独创性的导航电子地图属于著作权法保护的图形作品。

立某空间信息技术股份有限公司与北京四某图新科技股份有限公司等不正当竞争纠纷再审审查与审判监督民事裁定书【（2021）京民申 3990 号】、北京秀某科技有限公司与立某空间信息技术股份有限公司等不正当竞争纠纷再审审查与审判监督民事裁定书【（2021）京民申 3995 号】

地图作品与工程设计图、产品设计图、示意图等均为图形作品，具有以图形化的方式反映一定的科学原理、结构等特点。导航电子地图不同于传统平面地图，主要根据地图使用目的、地图比例尺及相关测量规范等要求对地物、地貌、信息点等进行取舍，并利用线条、色彩、图标对筛选信息进行不同呈现，这一过程亦是制图者创作表达的过程。对于导航电子地图，每个图形都有其图形化表达，在满足独创性要求的情况下都可以成为著作权法所保护的图形作品。四某图新公司的导航电子地图具有独创性且能以有形形式复制，是反映客观地理现象的地图作品，二审法院对此认定正确，秀某公司关于四某图新公司提供的地理信息数据未构成著作权法意义上的作品的再审理由不能成立，本院不予支持。

延伸阅读

裁判规则一：数字化的地图作品只是改变了作品的载体，并未改变其表达形式，因此数字化地图作品的著作权仍属于原作者。

案例一：上海易某通信息技术有限公司与上海市测某院著作权侵权纠纷二审民事判决书【（2007）沪高民三（知）终字第26号】

从原告在本案中主张享有著作权的作品形式分析，1：2000上海数字化道路图实际上是《著作权法》第三条第七项所界定的地图类图形作品的数字化形式，与传统的纸质地图相比，只是在表现及存在的载体形式上有所差别，而正是因为这一差别使数字化道路图显现出其便于复制、易于修改以及通过工具软件可进行不同格式间的转换等特点。诚然，不论是何种地图均有科学性和客观性的要求，但在运用符号系统和地图制图原则来表示同一地理现象时则都会体现出不同测绘者各自不同的综合处理方式，故数字化道路图同样属于应受著作权法保护的作品。

裁判规则二：将已有的公开的地图表达素材进行简单的整合，不符合作品独创性要求，既不属于著作权法保护的地图作品，也不属于汇编作品。

案例二：宁波嘉某教学仪器有限公司与象山海某科教仪器有限公司著作权侵权纠纷二审民事判决书【（2007）浙民三终字第287号】

本院二审庭审中，嘉某公司明确承认其创作涉案地球仪地图的资料均来源于公开出版物，其只是加以重新组合排列。从嘉某公司所陈述的地球仪地图编制活动看，其编制内容主要包括两种，一是添加表现地理、地形的基本要素，如将经纬线间距缩短到10度，区分行政区和地形图，增加了海洋洋流线等。这些要素是公开和公知的科学数据，必须与客观事实相符，其具体表达形式是唯一或者有限的几种，并不具有独创性，不受著作权法保护。二是对地图区块颜色和文字字体进行修改。如将美国各州分色设计、山脉按暗色山影体现、使用拉丁文字等，这些要素也是公开和已有的素材，这些表达方式并不是嘉某公司自己完成的智力成果。地图作为受著作权法保护的一个编制性科学作品，其编制程序是严肃的创作过程，从总体设计编排到分幅设计，需要大量基础测绘资料。嘉某公司利用各类公开出版的地图，将已有的公开的地图表达素材进行简单的整合，不符合作品独创性要求，也不属于著作权法保护的汇编作品。嘉某公司主张对涉案地球仪地图享有著作权无法律和事实依据。

012 固定相机自动录制的作品能否构成著作权法意义上的作品?

☞ **阅读提示**

著作权法意义上的作品不同于日常生活中所说的作品定义，具有独创性的作品才能受到保护，其中对于创作性的考察，是关键的因素，不具有任何创作性的作品无法受到著作权法保护，比如非常著名的猕猴自拍照片，并没有作者的创作融入，自然不满足独创性的要求，新修正《著作权法》仅对摄影作品的保护期做出修改，那么对于固定相机自动录制的作品，是否因其一定不具有独创性而不能成为法律意义上的作品呢？作者将通过案例予以探讨。

裁判要旨

涉案视频的拍摄虽为自动拍摄，但在拍摄的过程中，仍然体现了人工干预和选择，所以拍摄结果仍然具有一定的独创性。对于那些体现了人工干预、选择并带有明确目的的拍摄，即使主要由机器自动完成，但只要满足了一定的艺术性，就不能否认其可以构成作品。因为该照片或视频体现了最低限度的人类的智力性劳动，即拍摄者的选择、干预和判断。在照片拍摄、形成的过程中，只要有人为因素的参与，使得人以独创性的方式在拍摄过程中发挥了作用，那么就满足了摄影作品所需的独创性要求，构成摄影作品。

案情简介

一、原告高某、邓某欢共同策划了放飞搭载相机的气球拍摄地球的活动，并于2014年9月3日成功实施。根据上述经历，高某、邓某欢共同创作了《追气球的××××》一文，于2014年9月8日在高某的微信公众号“NIKO×××××××”上发表，并在该文中配上了气球升空后相机拍摄的图片，其中图片系其从相机自动录制的视频中截取一帧画面后又进行了一定的加工所形成的，其加工体现在将原图中的飘带去掉、对右下角的光线进行了修饰。

二、2014年11月底，合某信息技术（北京）有限公司在其所有并运营的优某网上发布了时长为6分2秒的《追气球的××××》广告视频，该视频系由上海全某豆文化传播有限公司委托金某视族（北京）影视文化有限公司为北京陌某科技有限公司拍摄的广告视频，在视频中使用了上述高某所加工图片。

三、高某、邓某欢向一审法院提出诉讼请求：1. 请求认定合某公司、陌某公司、全某豆公司和金某视族公司侵害高某、邓某欢对涉案文字作品《追气球的××××》享有的改编权、摄制权，侵害高某、邓某欢对涉案摄影作品享有的署名权、修改权、摄制权和信息网络传播权；2. 请求判令合某公司、陌某公司、全某豆公司和金某视族公司在优某、新某、腾某、网某网站显著位置刊登经高某、邓某欢认可的《公开道歉声明》；3. 请求判令合某公司、陌某公司、全某豆公司和金某视族公司共同赔偿经济损失126040元；4. 请求判令合某公司、陌某公司、全某豆公司和金某视族公司共同赔偿公证费7500元。

四、一审法院判决中认为：涉案视频是在气球升空后自动拍摄的，此时完全处于一种气球任意自由飞行和相机自动录制的状态，基本没有人的智力因素介入，拍摄出来的结果不是源自人的创作行为，因此不构成作品；而高某、邓某欢选择一帧画面后，其后期处理也仅仅为将一个竖状阴影去掉，除此之外，画面的整体结构、元素、色调等并未有实质性改变，未呈现出不同于视频中那一帧画面的特殊效果，因此也不符合作品独创性的要求。

五、2020年4月2日，二审法院判决中认为：视频本身在多个方面需要经过人为设计和选择，并且经过处理后的涉案图片已经不是简单的视频截图了。在处理过程中充分体现了人为因素的选择和编排，体现了上诉人高某的智力创作和审美。涉案图片从拍摄过程到最后美化处理的形成过程中，均有人为因素的参与，体现了上诉人高某的智力选择和安排，符合摄影作品中关于独创性的要求，故涉案图片构成摄影作品。

核心裁判要旨

本案的争议焦点在于涉诉作品中的图片能否构成著作权法意义上的作品，其疑难之处在于该图片首先系自视频中截取一帧而来，其次是该视频是通过固定相机自动拍摄。关于第一个问题，视频截取而来的图片能否作为独立的作品予以保护，本案中从多个角度予以论述，具体详见后文裁判规则二。

对于第二问题，即通过固定相机的自动拍摄，是否满足独创性中“创”的要求。依据著作权法有关规定，作品应当是智力成果，即应当满足一定的“智力创作性”，通过固定相机的定时拍摄，似乎明显不具备智力创作的空间，而是出于偶然。但对于这种情况是否构成作品不应当一概而论，而应当具体问题具体分析。具体到本案，虽然涉案视频的拍摄为自动拍摄，但在拍摄的过程中，仍然体现了人工干预和选择，在作者的拍摄意图、拍摄对象、拍摄手法、拍摄角度等方面明显体现出了其个人的选择，所以拍摄结果仍然具有一定的独创性。并且在后续的截图、美化处理中，也均有人为因素的参与，体现了作者的智力选择和安排，符合摄影作品中关于独创性的要求，故涉案图片构成摄影作品。

诉讼经验总结

一、对于作品是否满足独创性中“创”的要求，我国的司法实践中并没有提出过高的要求，因此对于能够体现出个人选择和智力工作的，通常应当认定其具有独创性。同时对于“创”的要求，《著作权法》中的要求与《专利法》中的“创造性”的要求并不相同，对于作品的质量和价值并没有过高的要求，只要能够满足较低的标准，就可以成为法律意义上受到保护的作品。

二、自动拍摄的照片，如果明显体现了人工干预、选择和判断，可以构成摄影作品。司法实践中，在照片拍摄、形成的过程中只要有人为因素的参与，使得人以独创性的方式在拍摄过程中发挥了作用，那么通常就认为满足了摄影作品所需的独创性要求，构成摄影作品。

法律规定

《中华人民共和国著作权法》（2010 年修正）	《中华人民共和国著作权法》（2020 年修正）
第三条第五项 本法所称的作品，包括以下列形式创作的文学、艺术和自然科学、社会科学、工程技术等作品： （五）摄影作品；	**第三条第五项** 本法所称的作品，是指文学、艺术和科学领域内具有独创性并能以一定形式表现的智力成果，包括： （五）摄影作品；

《中华人民共和国著作权法实施条例》（2013 年修订）

第二条 著作权法所称作品，是指文学、艺术和科学领域内具有独创性并能以某种有形形式复制的智力成果。

第四条第十项 著作权法和本条例中下列作品的含义：

（十）摄影作品，是指借助器械在感光材料或者其他介质上记录客观物体形象的艺术作品；

本案链接

高某等与金某视族（北京）影视文化有限公司等著作权权属、侵权纠纷二审民事判决书【（2017）京 73 民终 797 号】

本案中，虽然涉案视频的拍摄为自动拍摄，但在拍摄的过程中，仍然体现了人工干预和选择，所以拍摄结果仍然具有一定的独创性。对于那些体现了人工干预、选择并带有明确目的的拍摄，即使主要由机器自动完成，但只要满足了一定的艺术性，就不能否认其可以构成作品。例如在野外拍摄野生动物或特定天气气象，摄影师往往并不是选取某一角度后就一动不动地等待野生动物或者特定天气条件的出现，更常见的做法是将摄像机架设好后选择自动拍摄或自动摄录模式，对于该角度可能出现的景象进行长时间的自动拍摄。等过了一段时间之后摄影师再取回摄像机，对其中拍摄的影像进行筛选。如果拍摄影像中有清晰地捕捉到了野生动物或特定天气的画面，那么该画面的截图虽然是由自动拍摄完成，但是仍然不能否认其可以作为摄影作品。因为该照片或视频体现了最低限度的人类的智力性劳动，即拍摄者的选择、干预和判断；在拍摄前，摄影师要调查了解野生动物触摸的时间、地段，在架设相机的位置上要进行判断，在拍摄参数上要预先设定，在拍摄后要在冗长的视频素材中进行筛选，并对目标照片或视频进行后期编辑处理。此外，这样的拍摄也带有很大的随机性，需要拍摄者的毅力和多次尝试。可见，对于即使是自动拍摄的照片，但如果明显体现了人工干预、选择和判断的，可以构成摄影作品。因此，在照片拍摄、形成的过程中，只要有人为因素的参与，使得人以独创性的方式在拍摄过程中发挥了作用，那么就满足了摄影作品所需的独创性要求，构成摄影作品。本案中，涉案图片的拍摄、形成过程中，均有充分的人工干预，体现了上诉人高某的智力选择和编排，具有独创性，符合摄影作品的要求。涉案视频拍摄过程中人为因素主要体现在：1. 拍摄目的或拍摄意图：通过高空气球升空对地球的外太空表面进行拍摄；2. 拍摄对象：以地球或高空的地球为拍摄对象；3. 拍摄手法：采用高空气球携带相机升空对地球进行拍摄。并且考虑到了高空气球上升至一定高度后会自行破裂，上诉人高某还选择了特定时间进行拍摄计划，并且依据当时气球升空的天气、风速等因素，可以使得相机回收而获取照片，在这过程中需要充分的人为安排、计算和规划；4. 拍摄器材：选择了 GoPro HERO 2 相机作为拍摄地球的相机，该相机作为运动相机，对比一般相机拍摄效果较好，因为一般相机的体积较大或者防抖功能较差；5. 拍摄角度：倒置拍摄，因拍摄对象为地球表面而不是外太空或云彩，所以采用倒置拍摄，并且通过器材使其固定在高空气球的装置，使其不会因为气球升空而产生剧烈抖动影响到拍摄结果；6. 拍摄设置：视频录制模式，1080P 视频显示格式，每秒 25 帧，广角效果，感光度 800。特别需要指出的是，截取之后，上诉人高某对该截图还进行了美化操作的后期处理，将截图中不具有美观的飘带部分截除，保留了截图中对于地球表面景象的拍摄，从而使得涉案图片更充分体现出地球表面波澜壮阔的美感。在此美化处理的过程中，上诉人高某通过抠图、裁剪等办法，使得涉案图片与原视频截图有了不一样的变化，使得涉案图片更加具有美感。经过上述处理后的涉案图片已经不是简单的视频截图了。在处理过程中充分体现了人为因素的选择和编排，体现了上诉人高某的智力创作和审美。涉案图片从拍摄过程到最后美化处理的形成过程中，均有人为因素的参与，体现了上诉人高某的智力选择和安排，符合摄影作品中关于独创性的要求，故涉案图片构成摄影作品。因此，一审法院关于涉案截图不构成摄影作品的认定有误，本院予以纠正。上诉人高某作为涉案视频的制作者以及涉案图片的处理者，是涉案图片的作者，依法享有著作权。

延伸阅读

裁判规则一：符合独立完成的要件，但因为仅具有唯一或有限的表达方式，通常也会被排除在独创性之外，而不能构成著作权法意义上的作品。

案例一：孙某争与马某奎侵害著作权纠纷再审民事判决书【（2016）最高法民申2136号】

本案中，孙某争所主张的曲线图，系当事人根据客观的价格数据，通过使用WPS制表工具制作完成。鉴于图表所使用的数据客观存在，数量有限，WPS为通用软件，将上述数据录入制表工具所形成的结果，尽管属于孙某争运用智力的结果，符合独立完成的要件，但该结果的表现形式有限，换言之，使用上述数据与工具所产生的结果缺少差异性。这种唯一或有限的表达方式，通常被排除在独创性之外。至于孙某争所主张的线条颜色问题，在线条数量有限的情况下对线条颜色的选择，并不能改变该图表表达有限的现状。据此，一审、二审法院认定孙某争主张的曲线图不构成著作权法意义上的作品，认定事实清楚，适用法律正确。

裁判规则二：视频截图在满足条件的情况下，可以构成单独的摄影作品。

案例二：高某等与金某视族（北京）影视文化有限公司等著作权权属、侵权纠纷二审民事判决书【（2017）京73民终797号】

究其本质，电影作品和录像制品均是由一帧一帧的照片连贯组成的。换言之，组成电影的一帧帧画面与截图没有差异。从法律层面说，在视频中抽取出一帧截图单独使用，不同于对于视频的整体使用，这个被抽取出来的截图当然属于视频的组成部分，但单独的一帧静态画面不是由一系列的画面组成，不具有一定时长，不会让人产生画面在动的感觉，因此，这个单独的截图本身不是电影作品或以类似摄制电影的方法创作的作品或录像制品。从现实层面说，从视频中抽取一帧截图单独使用具有独立的社会价值和经济价值。例如：将电影截图单独作为剧照、海报使用，或者将动画电影主人公形象截图单独作为卡通形象使用，均不是对于电影作品本身的使用。作为录像制品的体育赛事视频中的一帧画面作为照片被单独使用。从司法层面说，已有一些判例将视频中一帧截图认定为摄影作品。（见本文“延伸阅读”之裁判规则三）

裁判规则三：电视剧中各帧静态图像虽不是静态拍摄完成，但也体现出摄录者对构图、光线等创作要素的选择与安排，当其特定帧图像所体现出的独创性达到著作权法所要求的高度时，该图像便符合《著作权法》及其实施条例中关于作品和摄影作品构成要件的规定，构成摄影作品。

案例三：广州雪某贸易有限公司、新某电视文化投资有限公司侵害作品信息

网络传播权纠纷二审民事判决书【（2018）粤73民终2169号】

至于本案所涉的该电视剧中画面截图的性质应如何认定，首先，电视剧作为一种以类似摄制电影的方法创作的作品，其独创性固然体现在动态图像上，但动态图像在本质上是由逐帧静态图像构成，也就是说，各帧静态图像虽不是静态拍摄完成，但也体现出摄录者对构图、光线等创作要素的选择与安排，当其特定帧图像所体现出的独创性达到著作权法所要求的高度时，该图像便符合著作权法及其实施条例中关于作品和摄影作品构成要件的规定，构成摄影作品。

裁判规则四：尽管邻接权产生的初衷是为了保护在作品传播过程中传播者的投入，而非独创性的表达，但不能排除录像制品具有个性化选择的可能。

案例四：北京天某九州网络技术有限公司与北京新某互联信息服务有限公司侵犯著作权及不正当竞争纠纷二审民事判决书【（2015）京知民终字第1818号】

尽管邻接权产生的初衷是为了保护在作品传播过程中传播者的投入，而非独创性的表达，但著作权及邻接权制度的形成和发展历史表明，邻接权客体的形成由各种复杂的历史文化传统、特定的历史条件等所决定。可以说，对某些体现了个性化选择的表达是采取著作权保护还是邻接权保护，一定程度上取决于该国法律的制度设计和安排（例如，对于录音制品，美国因不存在邻接权制度，所以将其作为作品保护，而德国则作为邻接权客体保护），我国同样如此。在录像制品在我国被纳入邻接权体系的情况下，不能排除录像制品具有个性化选择的可能。在司法实践中，一些被认定为录像制品的连续画面，也或多或少显示出了独创性。比如，法院认定独创性较高的MV可构成电影作品，但达成共识的观点通常亦认为，对舞台表演实况做简单录制和技术加工制作完成的MV、对影视剧画面和音乐进行简易合成的MV，以及只是简单录制大海、沙滩、丛林等自然风景的画面的MV等，属于录像制品，而毫无疑问，这些连续画面的制作也显示了制作者一定的个性化选择。

013 体育赛事节目构成著作权法意义上的何种作品？

☞ 阅读提示

体育赛事本身并不能构成著作权法意义上的作品，这是由于其本身是作为方法（思想）的比赛规则的延续，而对比赛进行直播、转播、录像中产生的成果，是可以受到著作权法保护的，但是应当将其作为何种作品保护，司法实践中存在一定的争议，有观点认为应当将其作为类电作品予以保护，当然在新修订的《著作权法》将“电影作品和以类似摄制电影的方法创作的作品”修改为“视听作品”生效后，应当是以视听作品进行保护；另一种观点则认为体育赛事节目应当属于录像制品，以邻接权进行保护。那么体育赛事节目究竟构成著作权法意义上的何种作品？笔者将通过案例予以研究。

裁判要旨

对于电影类作品的独创性认定，应当以独创性之有无作为认定标准。对于体育赛事节目是否构成电影类作品的判定，同样应当遵循该标准。对于体育赛事节目构成电影类作品还是录像制品，不能以独创性高低来区分，而应当从是否具有独创性的角度予以分析认定。

案情简介

一、原告央某国际网络有限公司在2009年4月20日通过中某电视台（简称“某视”）授权，取得了2014年6月13日至7月14日期间“2014巴西世界杯”的64场足球比赛在赛后通过互联网络向中国观众提供全部完整赛事的电视节目（即涉案赛事节目）在线播放服务的权利。

二、被告暴某集团股份有限公司系“暴某影音5”视频播放器的运营人，暴某公司截至2014年7月14日一直通过该播放器提供涉案视频，视频系在赛事期间节选涉案赛事节目的内容，经过编辑、整理、制作而成，且在提供在线播放的同时插入广告画面。

三、央某国际公司向一审法院起诉请求：暴某公司赔偿经济损失及合理支出共计400万元。

四、一审法院、二审法院均认为：在我国著作权法分别规定了著作权和邻接权，且对相关连续画面区分为电影类作品与录像制品的情况下，应当以独创性程度的高低作为区分二者的标准，并依此认定涉案节目因为独创性较低，应当属于录像制品而非类电作品。

五、2020年9月23日，再审法院判决中认为：通过对创作空间、固定要求等方面的考察，涉案赛事节目构成我国著作权法保护的电影类作品，而不属于录像制品。但是鉴于二审法院在认定涉案赛事节目构成录像制品的基础上，认定涉案行为侵害了涉案赛事节目的信息网络传播权，并据此支持了赔偿损失的诉讼请求，裁判结果正确。因此再审法院在纠正二审判决相关事实认定、法律适用方面错误的基础上，对其判决结果仍予维持。

核心裁判要旨

本案的争议焦点在于涉案作品应当认定为类电作品还是录像制品。解决问题的关键在于我国目前司法实践中，对两者进行区分的标准，究竟是以有无独创性区分，还是以独创性高低进行区分。首先二审法院和再审法院均认定，该赛事节目具有一定的独创性，具体而言：为向观众传递比赛的现场感，呈现足球竞技的对抗性、故事性，包含上述表达的涉案赛事节目在制作过程中，大量运用了镜头技巧、蒙太奇手法和剪辑手法，在机位的拍摄角度、镜头的切换、拍摄场景与对象的选择、拍摄画面的选取、剪辑、编排以及画外解说等方面均体现了摄像、编导等创作者的个性选择和安排，故具有独创性。但是二审法院认为，由于创作空间较小，因此该作品不具有较高的独创性，而应当界定为录像制品。

而究竟应当采取何种标准，依据《著作权法实施条例》（2013年修订）第四条第十一项规定："著作权法和本条例中下列作品的含义：（十一）电影作品和以类似摄制电影的方法创作的作品，是指摄制在一定介质上，由一系列有伴音或者无伴音的画面组成，并且借助适当装置放映或者以其他方式传播的作品；"同时由第五条第三项规定："著作权法和本条例中下列用语的含义：（三）录像制品，是指电影作品和以类似摄制电影的方法创作的作品以外的任何有伴音或者无伴音的连续相关形象、图像的录制品。"可见，两者之间的相同之处在于均为由一系列有伴音或者无伴音的画面组成，即在这一范围内，首先判断是否构成类电作品，如果不是则属于录像制品。而对类电作品进行判断的标准是有无独创性，当然因为属于法定的作品类型，因此对于独创性的判断标准有所不同，依据类电作品的类型不同，也会对判断有所影响。但是上述区别并不影响对于类电作品的判断标准是独创性的有无。因此无论依据体系解释还是依据文义解释，区分类电作品与录像制品的关键都在于独创性的有无，而非独创性的高低。依据此，再审法院依法认定涉案体育赛事节目构成类电作品。

在新修订的《著作权法》生效的背景下，试听作品取代了类电作品，但法律目前尚未做出明确的定义，两者的区别主要在于对“摄制在一定介质上”的区分上，因此目前依据独创性有无的标准，继续将体育赛事节目认定为视听作品，也并无矛盾。

诉讼经验总结

一、虽然大部分体育赛事节目，在多个方面体现了其独创性，可以作为类电作品受到保护，对于仅通过简单的机位设置、机械录制的体育赛事节目，由于在镜头切换、画面选择等方面未体现制作者的个性选择和安排，故不宜认定为电影类作品。

二、我国的著作权法不仅保护作品，同时对于在作品传播过程中形成的成果进行保护，对投入予以回报。即通过邻接权对表演者、出版者等利益进行保护，但是对于一些存在争议，即录音录像制品究竟属于作品还是邻接权成果，应当从著作权法基本原理出发，以独创性的有无进行考虑，而非对独创性的高低进行考察。

法律规定

《中华人民共和国著作权法》 （2010年修正）	《中华人民共和国著作权法》 （2020年修正）
第三条第六项 本法所称的作品，包括以下列形式创作的文学、艺术和自然科学、社会科学、工程技术等作品： （六）电影作品和以类似摄制电影的方法创作的作品；	**第三条第六项** 本法所称的作品，是指文学、艺术和科学领域内具有独创性并能以一定形式表现的智力成果，包括： （六）视听作品；

《中华人民共和国著作权法实施条例》(2013 年修订)

第四条第十一项 著作权法和本条例中下列作品的含义:

(十一) 电影作品和以类似摄制电影的方法创作的作品,是指摄制在一定介质上,由一系列有伴音或者无伴音的画面组成,并且借助适当装置放映或者以其他方式传播的作品;

第五条第三项 著作权法和本条例中下列用语的含义:

(三) 录像制品,是指电影作品和以类似摄制电影的方法创作的作品以外的任何有伴音或者无伴音的连续相关形象、图像的录制品。

本案链接

央某国际网络有限公司再审民事判决书【(2020) 京民再 127 号】

准确界定著作权法对电影类作品的独创性要求,应从解释论的角度,正确运用法律解释方法,既要考虑法律条文的字面含义,也要立足法律规范的体系和立法演变,从整体上解释相关法律条文的含义;既要符合立法目的,又要适应现实需求。

从文义解释的角度,作品一般定义中的"独创性"要求系指"具有独创性"。根据《著作权法实施条例》第二条的规定,著作权法意义上的作品独创性是指作品"具有独创性"。根据该规定,一件文学、艺术、科学领域内的智力创作成果,只要具有独创性,即满足了构成作品的独创性要求。作品的独创性源自作者的创作,根据《著作权法实施条例》第三条规定,创作特指"直接产生文学、艺术和科学作品的智力活动",不包括"为他人创作进行组织工作,提供咨询意见、物质条件,或者进行其他辅助工作"。作品是否具有独创性与作者是否从事了创作,属于同一问题的两个判断角度,而创作是一种事实行为,对于是否存在创作这一事实行为,只能定性,而无法定量;同理,对于作品的独创性判断,只能定性其独创性之有无,而无法定量其独创性之高低。

从体系解释的角度,电影类作品与录像制品的划分标准应为独创性之有无,而非独创性之高低。我国著作权法对于连续画面通过著作权与邻接权两种途径予以保护,前者对应的客体为电影类作品,后者对应的客体为录像制品。根据《著作权法实施条例》第五条第三项的规定,录像制品是指电影作品和以类似摄制电影的方法创作的作品以外的任何有伴音或者无伴音的连续相关形象、图像的录制品。从录像制品与前述电影类作品的定义来看,《著作权法实施条例》主要是根据其表现形式作出的定义,二者均表现为连续画面。至于二者之间的实质性区别,应从著作权法制度的体系上进行理解。

我国著作权法严格区分著作权与邻接权。著作权基于作者的创作自动产生,邻接权基于传播者的加工、传播行为而产生。我国著作权法对邻接权单独设置是为了拓展保护，而非限制保护。邻接权是在狭义著作权之外增加的权利，目的在于对那些不具有独创性、仅仅是劳动和投资的成果也给予保护，以鼓励对作品的传播，但作品的判断标准并不因为单独设置了邻接权而提高。因此，电影类作品和录像制品分别作为著作权和邻接权的保护客体，其实质性区别在于连续画面的制作者是否进行了创作，所形成的连续画面是否具有独创性。因此，电影类作品与录像制品的划分标准应为有无独创性，而非独创性程度的高低。

延伸阅读

裁判规则一：赛事直播画面虽然采取边传边播的形式，但是赛事画面在由不同摄像机采集拍摄后的选择、加工、剪辑及对外实时传送的过程，实质上就是选择、固定并传输赛事节目内容的过程，应当认定满足固定性的要求。

案例一：北京新某互联信息服务有限公司与北京天某九州网络技术有限公司不正当竞争纠纷再审民事判决书【（2020）京民再128号】

就本案而言，新某公司请求保护的涉案赛事节目的内容为涉案赛事公用信号所承载的连续画面，属于以类似电影的方法表现的作品。涉案赛事节目的比赛画面系由摄制者在比赛现场拍摄并以公用信号方式向外传输。根据《现代汉语词典》的相关解释，信号是用来传递信息的光、电波等。根据前文对“介质”的理解，信号即可以视为一种介质。并且，根据前文对体育赛事节目制作过程的分析，赛事画面在由不同摄像机采集拍摄后的选择、加工、剪辑及对外实时传送的过程，实质上就是选择、固定并传输赛事节目内容的过程，否则，直播观众将无从感知和欣赏赛事节目内容。因此，涉案赛事节目在网络上传播的事实足以表明其已经通过数字信息技术在相关介质上加以固定并进行复制和传播。尽管涉案赛事节目的内容直至直播结束才最终完成整体定型，但正如作品创作有整体创作完成与局部创作完成之分，不能因此而否定赛事节目已满足作品一般定义中“可复制性”的要求和电影类作品定义中“摄制在一定介质上”的要求。对二审判决关于因被诉行为系网络直播行为，涉案赛事整体比赛画面在直播过程中尚未被稳定地固定在有形载体上，故不满足电影类作品中的固定要求的认定，本院予以纠正。

裁判规则二：对于由多个机位拍摄的体育赛事节目，如制作者在机位的设置、镜头切换、画面选择、剪辑等方面能够反映制作者独特的构思，体现制作者的个性选择和安排，具有智力创造性，可认定其符合著作权法规定的独创性要求。

案例二：北京新某互联信息服务有限公司与北京天某九州网络技术有限公司不正当竞争纠纷再审民事判决书【（2020）京民再128号】

一般而言，对于由多个机位拍摄的体育赛事节目，如制作者在机位的设置、镜头切换、画面选择、剪辑等方面能够反映制作者独特的构思，体现制作者的个性选择和安排，具有智力创造性，可认定其符合著作权法规定的独创性要求，在同时符合其他构成要件的情况下，即可认定为电影类作品。但对于仅通过简单的机位设置、机械录制的体育赛事节目，由于在镜头切换、画面选择等方面未体现制作者的个性选择和安排，则不宜认定为电影类作品。

就本案而言，涉案赛事节目是极具观赏性和对抗性的足球赛事项目，为适应直播、转播的要求，该类赛事节目的制作充分运用了多种创作手法和技术手段。从该类赛事节目的制作过程看，一般包括如下步骤：一是摄制准备，制作者需要在赛事现场对摄制场景、拍摄范围、机位定点以及灯光音效等进行选择和安排，该步骤需要对赛事规律、运动员的活动范围等作出充分预判；二是现场拍摄，制作者在拍摄采集时需要对镜头定焦、拍摄视角、现场氛围等进行选择和判断，为了全方位捕捉现场精彩画面，经常需要进行多镜头分工配合；三是加工剪辑，制作者运用包括数字遥感等技术在内的多种计算机程序，对不同摄像机采集后的赛事视听内容进行选择、加工和剪辑，并将视听内容对外实时传送。上述制作过程必然要求主创人员根据创作意图和对赛事节目制作播出要求的理解作出一系列个性化的选择和安排。

一般而言，观众通常从广播电视或网络直播等途径远程欣赏到足球赛事节目包括两部分内容：一是赛事公用信号承载的内容，包括比赛现场的画面及声音、字幕、慢动作回放、集锦等；二是赛事转播方在直播过程中所增加的中文字幕及解说等。就涉案赛事节目的内容来看，新某公司在本案中明确其请求保护的涉案赛事节目内容为涉案赛事公用信号所承载的连续画面，该部分内容是通过广播电视、网络直播等方式远程欣赏赛事的观众能够看到的中超赛事节目的主要部分，具体包括：比赛现场的画面及声音、字幕、慢动作回放、集锦等。其中，运动员比赛活动的画面、现场观众的画面、现场的声音、球队及比分字幕、慢动作回放、射门集锦等，运动员比赛活动的画面以及现场观众的画面是通过对多个机位拍摄的画面切换、组合而成，这些画面由预先设置在比赛现场的多台摄像机从多个机位进行拍摄形成，画面表现包括全场、半场、球门区、多个运动员特写、单个运动员特写等，慢动作回放以及射门集锦穿插其间。为向观众传递比赛的现场感，呈现足球竞技的对抗性、故事性，包含上述表达的涉案赛事节目在制作过程中，大量运用了镜头技巧、蒙太奇手法和剪辑手法，在机位的拍摄角度、镜头的切换、拍摄场景与对象的选择、拍摄画面的选取、剪辑、编排以及画外解说等方面均体现了摄像、编导等创作者的个性选择和安排，故具有独创性，不属于机械录制所形成的有伴音或无伴音的录像制品，符合电影类作品的独创性要求。

014 服装设计受著作权法保护吗？

☞ **阅读提示**

随着人们生活水平的提高，对服装的要求从保暖变为时尚，追求流行款式与美观，服装行业知识产权保护问题也不容忽视。虽然服装设计凝结了设计者的智慧，但并非所有与服装设计有关的智力成果都属于著作权法意义上的作品。我国立法尚未明文规定“服装设计”可作为一类独立的作品类型，司法实践中如何处理这类问题，笔者在这里通过案例和大家一同探讨。

裁判要旨

服装成品能否成为美术作品适用著作权法予以保护，应当从如下两方面进行考量：其一，服装成衣的造型、结构和色彩组合而成的整体造型是否体现了作者具有个性的安排和选择，而具有审美意义，此种审美意义与艺术价值高低并无任何关联；其二，其具有的艺术美感能够在物理上或者观念上与其实用性进行分离。

案情简介

一、原告金某杰公司认为其依法享有编号为××××年 393×××、393×××款，2013 年 183×××、594×××款，2015 年 533×××、532×××款，××××年 644×××、644×××款服装设计图、服装样板及辅料编号×××花型面料的著作权，以上著作权依法受到法律保护。但自 2013 年开始，原告发现被告波某登公司为了获取不当利益，不断且持续地通过抄袭、剽窃原告的经典设计，使用与原告所享有的近似或相同设计进行大规模生产、宣传和销售，侵犯原告包括但不限于以上八款产品及一款花型面料的著作权，严重地误导消费者，并冲击了原告市场份额。

二、原告金某杰公司诉称被告波某登公司款号为B160×××H的羽绒服涉嫌侵犯其款号为594×××的羽绒服著作权，波某登公司款号为B160×××的羽绒服涉嫌侵犯其款号为644×××的羽绒服著作权。其认为服装样板图是图形作品，设计图是美术作品，羽绒服是美术作品。

三、一审法院认为，金某杰公司主张权利的两款服装仅系实用品，不能作为美术作品受到著作权法的保护，金某杰公司主张权利的两款服装设计图、样板图均是为了进行服装生产而绘制，主要功能不在于通过图形本身带给人美的享受，故均属于图形作品而不属于美术作品。波某登公司的涉案行为并未侵犯金某杰公司享有的著作权，亦不构成不正当竞争，驳回了金某杰公司的全部诉讼请求。金某杰公司向北京知识产权法院提起上诉。2020年9月9日，法院作出二审判决，驳回上诉，维持原判。

核心裁判要旨

本案的争议焦点为：一、金某杰公司主张权利的款号为594×××的羽绒服、款号为644×××的羽绒服及其设计图是否构成美术作品，服装样板图是否属于图形作品；二、如果构成作品，金某杰公司是否有权主张著作权；三、被控侵权是否成立以及侵权责任该如何承担。

金某杰公司主张权利的服装成衣上的设计多是为实现方便穿脱、轻便保暖、便于使用等服装的基本功能而存在，服装成衣之上的艺术美感无法与其功能性进行分离。公众很难将上述服装成品视为艺术品加以购买或珍藏，故而服装仅系实用品，不能作为美术作品受到著作权法的保护。

关于金某杰公司主张权利的两款服装设计图是否构成美术作品，服装样板图是否属于图形作品，服装设计图、样板图均是为了进行服装生产而绘制，主要功能不在于通过图形本身带给人美的享受，故均属于图形作品。尽管有证据证明波某登公司生产了与图形类似的成衣，但按照工程设计图或者产品设计图施工或者生产不受著作权法保护的工程或者产品，不属于我国著作权法意义上的复制，因此，波某登公司生产成衣的行为亦不属于侵犯该两款服装对应设计图、服装样板图复制权的行为。

诉讼经验总结

从司法实践来看，服装设计的保护主要分为三类：专利、商标和著作权保护。其中，服装设计过程中的生产工艺、面料生产和工业外观可以通过专利申请得到保护；服装设计的突出特点可以声称“构成具有一定影响力的商品装潢”，从而获得《中华人民共和国商标法》（以下简称《商标法》）和《中华人民共和国反不正当竞争法》（以下简称《反不正当竞争法》）的保护；产品设计图纸作为图形作品或美术作品主张著作权法的保护。如果他人未经许可按照企业的服装设计模式制作服装，则很难构成著作权法意义上的侵权。但是，对于这种行为，服装企业也可以尝试援引反不正当竞争法来保护自己的权利。

法律规定

《中华人民共和国著作权法》（2010 年修正）	《中华人民共和国著作权法》（2020 年修正）
第十条第一款第一项、第五项 著作权包括下列人身权和财产权： （一）发表权，即决定作品是否公之于众的权利； （五）复制权，即以印刷、复印、拓印、录音、录像、翻录、翻拍等方式将作品制作一份或者多份的权利；	**第十条第一款第一项、第五项** 著作权包括下列人身权和财产权： （一）发表权，即决定作品是否公之于众的权利； （五）复制权，即以印刷、复印、拓印、录音、录像、翻录、翻拍、数字化等方式将作品制作一份或者多份的权利；

《中华人民共和国著作权法实施条例》（2013 年修订）

第二条 著作权法所称作品，是指文学、艺术和科学领域内具有独创性并能以某种有形形式复制的智力成果。

第四条第八项、第十二项 著作权法和本条例中下列作品的含义：

（八）美术作品，是指绘画、书法、雕塑等以线条、色彩或者其他方式构成的有审美意义的平面或者立体的造型艺术作品；

（十二）图形作品，是指为施工、生产绘制的工程设计图、产品设计图，以及反映地理现象、说明事物原理或者结构的地图、示意图等作品；

本案链接

北京金某杰服装有限公司等与北京市波某登贸易有限公司等不正当竞争纠纷二审民事判决书【（2020）京 73 民终 87 号】

金某杰公司主张权利的服装成衣上的设计多是为实现方便穿脱、轻便保暖、便于使用等服装的基本功能而存在，服装成衣之上的艺术美感无法与其功能性进行分离。结合其提交的批量生产信息、自述该款产品为当季款已经停止生产的事实可知，公众很难将上述服装成品视为艺术品加以购买或珍藏，故而金某杰公司主张权利的两款服装仅系实用品，不能作为美术作品受到著作权法的保护。关于金某杰公司主张权利的两款服装设计图是否构成美术作品，服装样板图是否属于图形作品，服装设计图、样板图均是为了进行服装生产而绘制，主要功能不在于通过图形本身带给人美的享受，故均属于图形作品。尽管有证据证明波某登公司生产了与图形类似的成衣，但按照工程设计图或者产品设计图施工或者生产不受著作权法保护的工程或者产品，不属于我国著作权法意义上的复制，因此，波某登公司生产成衣的行为亦不属于侵犯该两款服装对应设计图、服装样板图复制权的行为。

延伸阅读

裁判规则一：未经原告授权，被告销售的服装与原告享有著作权的作品实质性相似，构成侵权。

案例一：上海某时尚实业集团商业发展有限公司与苏州某戎美商贸有限公司、上海某品牌管理有限公司等著作权权属、侵权纠纷一审民事判决书【（2016）沪0107民初26898号】

将被控侵权的“仙某某印花连衣裙”与原告主张的涉案作品《仙某某》进行比对，两者均采用深蓝色为底色，多个仙某某的印花图案，且单个仙某某的形状、色彩均一致，13个仙某某的排列组合方式亦一致；将被控侵权的“中袖芝麻点提花连衣裙”与原告主张的涉案作品《摩某某》进行比对……两者基本一致，构成实质性相似。原告于2015年7月公开发布了涉案作品《仙某某》、《摩某某》，被告苏州某戎美公司、上海某公司同为服装行业的经营者，具备接触涉案作品的可能性，两被告亦未提出其生产销售被控侵权产品获得过原告的授权，故本院认定两被告的上述行为侵害了原告对涉案作品的著作权。

裁判规则二：被告虽然对服装的设计图拥有著作权，但根据该两款服装设计图生产的成衣并未构成著作权法所保护的作品，而是产品。从服装设计图到服装成衣的行为不构成著作权法意义上的复制。

案例二：华某实业集团肃宁华斯裘革制品有限公司与无锡某制衣有限公司等著作权侵权纠纷上诉案【（2007）冀民三终字第16号】

产品设计图是产品设计人员为指导产品生产而创作的作品，产品设计图作品的著作权保护范围应当限于产品设计图所包含的体现产品的形状、结构、规格的图形化的独创性的表达方式，其独创性应当理解为只要是产品设计图的设计者独自创作并非抄袭即构成产品设计图作品，而不以是否有审美意义为构成要件。本案中，华某公司的服装设计工艺图是其公司设计人员独立设计，对此双方当事人没有异议，因此，该两款服装的设计工艺图可以作为产品设计图作品受到我国著作权法的保护。关于实用艺术品作品的概念在我国著作权法中没有明文规定，一般认为，实用艺术作品应是具有实用性、艺术性，并符合作品构成要件的智力创作成果，才能受到我国著作权法的保护。服装成衣要作为实用艺术作品受到我国著作权法的保护也必须符合这些条件。服装从起源发展至今，早已脱离了单纯的遮体避寒的实用功能，在款式、色彩等方面随着时代的发展都会有不同程度的变化与创新。如果把体现在服装上的每一点变化与创新都由设计者个人垄断，则无法平衡个人利益与社会公共利益之间的关系。因此，只有对那些具有实用性但更具有艺术欣赏性的服装才能作为实用艺术作品得到著作权法保护，保护的客体是体现在这种服装上的设计者的思想、情感的具有艺术性的独特表达方式。本案中，从实用艺术作品所要求的艺术性来看，该两款服装仅是利用了服装设计中的一些惯常元素进行的组合，这种组合并未构成华某公司所独创的艺术表达形式，因此，华某公司所设计的 HS-65、HS-12A 两款服装的成衣只是实用品，不能作为实用艺术作品受到我国著作权法的保护。华某公司虽然对涉案两款服装的设计图拥有著作权，但根据该两款服装设计图生产的成衣并未构成著作权法所保护的作品，而是产品。因此，在本案中从服装设计图到服装成衣的行为不构成著作权法意义上的复制，某公司生产与华某公司服装设计图类似的服装的行为不构成对该产品设计图的著作权侵权。

015 音乐喷泉能否构成著作权法意义上的作品？

☞ **阅读提示**

去过杭州某湖的游客都会争相目睹一下杭州某湖上的音乐喷泉表演，美丽的杭州某湖之上，伴随着不同意境的音乐，喷泉与灯光完美结合，令人叹为观止。大家可能想不到，杭州某湖的音乐喷泉也曾经被判“剽窃”，变成了侵权作品。一般而言我们首先会认为其并不属于《著作权法》第三条规定的法定作品类型，那么，音乐喷泉喷射效果的呈现是否构成作品以及属于何种作品呢？对于伴随科技发展出现的并非是法律规定的典型类型作品，但又是富有美感的、能被人们所感知的独创性表达是否构成作品的判断，引发了广泛的讨论。本文通过中国喷泉著作权纠纷第一案与大家一同探讨。

裁判要旨

涉案音乐喷泉喷射效果的呈现是设计师借助声光电等科技因素精心设计所展现出的一种艺术美感表达，具有显著的独创性，满足作品的“可复制性”要求，符合作品的一般构成要件。涉案音乐喷泉喷射效果的呈现是一种由灯光、色彩、音乐、水型等多种要素共同构成的动态立体造型表达，符合美术作品的构成要件，属于美术作品的保护范畴。

案情简介

一、原告某水景公司于2013年完成某世界园艺博览会天水喷泉项目的设计及喷泉编曲工作，主张其是世园会音乐喷泉中的《某国某城》、《风某某的街道》两首音乐喷泉作品的著作权人。

二、2016年4月25日，原告某水景公司发现在网上，有喷泉曲目为《风某某的街道》和《某国某城》的杭州某湖音乐喷泉表演视频录像，视频的右上角显示北京中科某业中自技术有限公司，视频长度均为2分57秒。将优某网站视频中的杭州某湖音乐喷泉与某世界园艺博览会天水喷泉的音乐喷泉效果进行比对，可见二者对于喷泉水流、水型、水柱跑动方向的编排顺序，气爆、水膜、灯光、节奏的变化编排，音乐韵律变化与喷泉动态造型的具体配合及以上喷射效果、意象的整体效果等方面存在较大相似性。

三、原告某水景公司主张其对所创作的某世界园艺博览会音乐喷泉《某国某城》、《风某某的街道》乐曲的喷泉编辑享有著作权，认为被告杭州某湖管理处以考察名义从该公司获得包含涉案作品在内的视频、设计图等资料并交给被告中科某业公司，中科某业公司剽窃涉案音乐喷泉编曲并在杭州某湖施工喷放，侵犯其著作权。

四、一审法院认为，原告某水景公司对涉案作品享有著作权，有权提起本案诉讼。将优某网站视频中的杭州某湖音乐喷泉作品《风某某的街道》、《某国某城》与世园会音乐喷泉的《风某某的街道》、《某国某城》音乐喷泉作品的效果进行比对，二者之间构成实质性相似。以上视频是被告中科某业公司制作并上传，作为该公司商业形象的宣传手段。两个视频的内容为杭州某湖音乐喷泉表演《某国某城》、《风某某的街道》的音乐喷泉表演视频录像。两被告中科某业公司、杭州某湖管理处构成侵犯著作权。

五、两被告向北京知识产权法院提出上诉，2017 年 9 月 18 日二审公开审理，法院认为涉案音乐喷泉喷射效果的呈现属于美术作品的保护范畴，两被告中科某业公司与杭州某湖管理处的行为构成共同侵权行为，依法应当承担连带责任。驳回上诉，维持原判。

核心裁判要旨

本案的争议焦点为涉案音乐喷泉喷射效果的呈现是否构成作品。

法院认为，在兜底条款（《著作权法》第三条第九项）的适用存在障碍的情况下，判断不属于典型类型作品的客体是否构成作品时，法官应当遵循法律解释的逻辑进行法律的解释，作为法律适用的前提。针对涉案音乐喷泉喷射效果的呈现是否构成作品、属于何种法定作品类型，具体分析如下：

首先，涉案音乐喷泉喷射效果的呈现是设计师借助声光电等科技因素精心设计的成果，展现出一种艺术上的美感，属于“文学、艺术和科学领域内的智力成果”范畴；设计师通过对喷泉水型、灯光及色彩的变化与音乐情感结合的独特取舍、选择、安排，在音乐高亢时呈现出艳丽的色彩与高喷的水柱，在音乐舒缓时呈现出柔和的光点与缓和的摆动，柔美与高亢交相呼应，使观赏者能够感受到完全不同于简单的喷泉喷射效果的表达，具有显著的独创性；通过水型、照明、激光、投影、音响、监控等相应喷泉设备和控制系统的施工布局及点位关联，由设计师在音乐喷泉控制系统上编程制作并在相应软件操控下可实现同样喷射效果的完全再现，满足作品的“可复制性”要求。因此，涉案音乐喷泉喷射效果的呈现符合《著作权法实施条例》第二条规定的作品的一般构成要件，属于著作权法保护的作品的范畴。

其次，法院分析涉案音乐喷泉喷射效果的呈现不属于电影作品和以类似摄制电影的方法创作的作品和计算机软件。

最后，关于涉案音乐喷泉喷射效果的呈现具有属于美术作品的解释余地。法院从文义解释的角度和从法律解释的价值追求来分析，涉案音乐喷泉喷射效果的呈现是一种由优美的音乐、绚烂的灯光、瑰丽的色彩、美艳的水型等包含线条、色彩在内的多种要素共同构成的动态立体造型表达，这种美轮美奂的喷射效果呈现显然具有审美意义。突破一般认知下静态的、持久固定的造型艺术作为美术作品的概念束缚，将涉案音乐喷泉喷射效果的呈现认定为美术作品的保护范畴，有利于鼓励对美的表达形式的创新发展，防止因剽窃抄袭产生的单调雷同表达，有助于促进喷泉行业的繁荣发展和与喷泉相关作品的创作革新。

诉讼经验总结

一、景区在借鉴已有模式时，必须加强自身创作实践，不能照搬照抄。管理者需要提高识别知识产权风险的能力。景区内各类“作品”丰富，宣传照、背景音乐、建筑、雕塑、喷泉，以及表演中涉及的歌曲舞蹈等，都可能属于知识产权保护的范围。如果能够很好地防范法律风险，它们将提高景区的知名度。但如果处理不当，可能会陷入知识产权纠纷。

二、以免费表演、合理使用作为抗辩理由，并不能为旅游经营者免除法律责任。本案二审法官在判决书中就明确表示：“杭州某湖管理处通过喷放涉案作品的行为吸引潜在消费者、带动杭州某湖旅游业发展、增加杭州某湖管理处的相关利益，并不符合‘免费表演’的要件。”

法律规定

《中华人民共和国著作权法》 （2010 年修正）	《中华人民共和国著作权法》 （2020 年修正）
第十一条 著作权属于作者，本法另有规定的除外。 创作作品的公民是作者。 由法人或者其他组织主持，代表法人或者其他组织意志创作，并由法人或者其他组织承担责任的作品，法人或者其他组织视为作者。如无相反证明，在作品上署名的公民、法人或者其他组织为作者。	**第十一条** 著作权属于作者，本法另有规定的除外。 创作作品的自然人是作者。 由法人或者非法人组织主持，代表法人或者非法人组织意志创作，并由法人或者非法人组织承担责任的作品，法人或者非法人组织视为作者。 **第十二条** 在作品上署名的自然人、法

《中华人民共和国著作权法》（2010 年修正）	《中华人民共和国著作权法》（2020 年修正）
	人或者非法人组织为作者，且该作品上存在相应权利，但有相反证明的除外。 作者等著作权人可以向国家著作权主管部门认定的登记机构办理作品登记。 与著作权有关的权利参照适用前两款规定。
第十七条 受委托创作的作品，著作权的归属由委托人和受托人通过合同约定。合同未作明确约定或者没有订立合同的，著作权属于受托人。	（在 2020 年的修订中仅改变了条文序号①）
第二十二条第一款第九项、第十项 在下列情况下使用作品，可以不经著作权人许可，不向其支付报酬，但应当指明作者姓名、作品名称，并且不得侵犯著作权人依照本法享有的其他权利： （九）免费表演已经发表的作品，该表演未向公众收取费用，也未向表演者支付报酬； （十）对设置或者陈列在室外公共场所的艺术作品进行临摹、绘画、摄影、录像；	**第二十四条第一款第九项、第十项** 在下列情况下使用作品，可以不经著作权人许可，不向其支付报酬，但应当指明作者姓名或者名称、作品名称，并且不得影响该作品的正常使用，也不得不合理地损害著作权人的合法权益： （九）免费表演已经发表的作品，该表演未向公众收取费用，也未向表演者支付报酬，且不以营利为目的； （十）对设置或者陈列在公共场所的艺术作品进行临摹、绘画、摄影、录像；

《中华人民共和国著作权法实施条例》（2013 年修订）

第二条 著作权法所称作品，是指文学、艺术和科学领域内具有独创性并能以某种有形形式复制的智力成果。

第四条第一款第八项 著作权法和本条例中下列作品的含义：

（八）美术作品，是指绘画、书法、雕塑等以线条、色彩或者其他方式构成的有审美意义的平面或者立体的造型艺术作品；

本案链接

北京中科某业中自技术有限公司等与北京某水景科技有限公司侵害著作权纠纷上诉案【（2017）京 73 民终 1404 号】

法律的适用离不开法律的解释，没有正确的法律解释，就没有正确的法律适

① 编者按：《著作权法》（2020 年修正）第 19 条。

用。随着科学技术的不断发展，著作权客体的类型也会发生变化，立法当初不能预测的作品类型也是成文法天生的局限性所在。但是，成文法规定的概括性和抽象性也为法律适用提供了解释的空间。

从文义解释的角度看，《著作权法实施条例》有关“美术作品”的规定虽然由绘画、书法、雕塑列示其保护范畴，但“等”字意味着其并非是封闭的。根据“美术作品”的含义解析其构成要件，包括如下几个方面：第一，美术作品是“造型艺术作品”，通过造型来进行思想的表达；第二，美术作品的构成要素可以是线条、色彩这些典型要素，但不排除其他方式；第三，美术作品具有审美意义，是一种具有美感的艺术性表达；第四，美术作品既可以是平面的呈现，也并不排除立体的形式。涉案音乐喷泉喷射效果的呈现是一种由优美的音乐、绚烂的灯光、瑰丽的色彩、美艳的水型等包含线条、色彩在内的多种要素共同构成的动态立体造型表达，这种美轮美奂的喷射效果呈现显然具有审美意义。在动静形态、存续时间长短均不是美术作品构成要件有意排除范围的情况下，认定涉案音乐喷泉喷射效果的呈现属于美术作品的保护范畴，并不违反法律解释的规则。

从法律解释的价值追求而言，进行法律解释时应当顺应《著作权法》的立法目的。《著作权法》通过对具有独创性的表达给予保护，鼓励文学、艺术和科学领域创作的积极性，促使更多高质量的作品得以产生和传播，丰富人民群众的精神文化生活……因此，突破一般认知下静态的、持久固定的造型艺术作为美术作品的概念束缚，将涉案音乐喷泉喷射效果的呈现认定为美术作品的保护范畴，有利于鼓励对美的表达形式的创新发展，防止因剽窃抄袭产生的单调雷同表达，有助于促进喷泉行业的繁荣发展和与喷泉相关作品的创作革新。

延伸阅读

裁判规则一：如果一种新类型表达符合作品的一般构成要件，立法上亦未明确排除或作特别规定，仅仅因为难以将其严丝合缝归入著作权法规定的任一“有名”作品类型，就拒绝对其提供著作权法保护，无异于因噎废食。对此，应可适用与其特点最为接近的作品类型的相应规则进行判定。

案例一：广州某计算机系统有限公司与广州某网络科技有限公司侵害著作权及不正当竞争纠纷上诉案【（2018）粤民终137号】

著作权法对于作品类型的规定是例示性而非限定性的，对作品进行类型化区分的意义主要在于明确不同类型作品的权利内容范围、特殊权属规则、侵权认定方法等，为法律适用和实务操作提供指引。由于立法具有滞后性，随着科技的发展，法定作品类型必然无法囊括现实中出现的各种新类型作品。对于哪些可能成为著作权法潜在的规范对象，应当留给实践探索，给文学艺术创作留下发展空间。没有对作品的保护，就没有作品的权利，也就没有对创作的激励。从鼓励创作的角度考虑，任何文学、艺术和科学领域的新探索都是值得鼓励的，不必要求人们按照法定类型创作作品。如果一种新类型表达符合作品的一般构成要件，立法上亦未明确排除或作特别规定，仅仅因为难以将其严丝合缝归入著作权法规定的任一“有名”作品类型，就拒绝对其提供著作权法保护，无异于因噎废食。对此，应可适用与其特点最为接近的作品类型的相应规则进行判定。涉案游戏整体画面属于具有独创性并能以某种有形形式复制的智力成果，其客观上存在的与一般类电作品的差异，不构成排斥对其进行著作权法保护的充分理由。随着游戏产业蓬勃发展，游戏行业的法律规则和产权边界也亟需明晰，适用类电作品的相应规则对涉案游戏整体画面进行保护，既符合著作权法立法目的，也能适应游戏产业迅速发展的知识产权保护需求，具有现实必要性。

裁判规则二：把涉案歌曲在景区作为背景音乐使用，在景区现场表演中使用，侵害了著作权人的表演权。

案例二：北京百某文化发展有限公司与宋某演艺发展股份有限公司等著作权权属、侵权纠纷上诉案【（2020）浙民终 301 号】

百某公司依法享有音乐作品《某情歌》的著作权，宋某公司于 2014 年开始在《某江千古情》大型歌舞演出中，未经百某公司授权擅自使用《某情歌》作为其演出的音乐，且在其景区售票大厅将《某情歌》作为背景音乐循环播放。本案中，宋某公司和茶某公司认可“某江千古情”景区播放的背景音乐、该景区表演项目《某江千古情》中使用了《某情歌》的事实，即认可对《某情歌》作品进行了机械表演和现场表演，实施了受该作品表演权控制行为的事实。宋某公司和茶某公司无证据表明该使用获得了相应权利人的许可，故其行为构成对《某情歌》表演权的侵害并无争议。

016 线上课程构成何种作品？

☞ 阅读提示

2020年新冠疫情的暴发，打乱了人们正常的生活秩序，学习与工作安排无法开展，大家都开始了线上办公与线上学习。其中，为了方便学生在家学习，衍生了许多线上课程，许多公司、学校加入了线上课程的行列，越来越多形式的课程在线上开展。对于这些教学课程，是否属于作品以及属于何种作品，应该采取何种形式予以保护一直存在争议。笔者将从著作权的角度结合实际案例分析、探讨关于线上课程的法律问题。

裁判要旨

案涉权利作品是以编程语法的基础知识为内容的教学类课程。从案涉权利课程的构成要素来看，主要由文字、图片等作品或作品的片段以及不属于作品的线条、色彩等综合编排而成，原告根据自身对知识点的理解，创作出个性化的图例、用语、色彩、口诀、举例等，再根据创作意图和构思，对这些内容进行选材和编排，形成自己的独特构思，具有独创性，在无相反证据的情况下，应认定其系体现了独创性的汇编作品。

案情简介

一、原告风某公司是“Pt基础语法”课程的著作权人，于2019年1月15日正式发布“Pt基础语法”课程。

二、被告某知公司通过其运营的“py×××.com”网站存储、传播与原告课程相似的课程，并负责收款；上述网站底部标注“Copy×××××Change广州市某学电子科技有限公司”，是模仿原告备案的网站“××change.cn”底部的标注；在网站的《学员须知》中记载“【某森编程】是广州群某互联网有限公司旗下知名的在线职业教育项目”。此外，被告某知公司在其“某森编程”微信公众号，被告某学公司在其“某森编程学院”、“Pt编程中心”微信公众号，被告群某公司在其“Pt特训营”微信公众号上，均有对被诉侵权课程进行宣传推广。庭审中，原告明确，本案主张保护的作品类型整体为汇编作品，三被告某知公司、某学公司、群某公司的行为侵犯了原告对其作品课程文本和插图享有的信息网络传播权、复制权和改编权。

三、2021年1月14日，广州互联网法院认为案涉权利课程主要由文字、图片等作品或作品的片段等综合编排而成，具有独创性，应认定为汇编作品。被告虽主张两者存在差异，但双方在通用基础知识、课程问题设计、关卡形式及题目类型等方面均基本相同，足以认定两者构成实质性相似。被告某知公司侵犯了原告风某公司的作品改编权和信息网络传播权。被告某学公司、群某公司对被诉侵权课程实施了传播行为，应与某知公司承担连带侵权责任。

核心裁判要旨

本案的争议焦点是：第一，案涉权利作品为何种作品；第二，三被告是否构成对案涉权利作品著作权的侵害。

针对第一个争议焦点，案涉权利作品是以编程语法的基础知识为内容的教学类课程。从案涉权利课程的构成要素来看，主要由文字、图片等作品或作品的片段以及不属于作品的线条、色彩等综合编排而成，原告根据自身对知识点的理解，创作出个性化的图例、用语、色彩、口诀、举例等，再根据创作意图和构思，对这些内容进行选材和编排，形成自己的独特构思，具有独创性，在无相反证据的情况下，应认定其系体现了独创性的汇编作品。

针对第二个争议焦点，法院经审查认为，本案原告主张保护的作品类型为汇编作品，课程中的文字、插图内容是原告对知识点的具体表达，原告为此付出了较高的独创性劳动，应受著作权法保护。此外，汇编作品的独创性还应考量原告对课程内容的选择及编排。具体而言，双方课程均是通过电脑访问网站的形式，就预设的课程内容分步进行展示。纵观两个课程，双方的课程问题设计、关卡形式及题目类型，甚至插图中公用知识的字体、颜色、结构安排等均基本相同，足以认定两者构成实质性相似。某知公司未经著作权人的许可，擅自通过其网站对外推广销售被诉侵权课程，使公众可以在其个人选定的时间和地点获得作品内容，侵害了原告的信息网络传播权。同时，因某知公司制作的被诉侵权课程第一关对案涉权利作品相应关卡的文本内容、题目等进行了部分修改，亦构成对原告作品改编权的侵害。

诉讼经验总结

一、在涉及著作权侵权的案件中，应当首先确定涉诉作品是否可以受到著作权法保护。本案中，案涉权利课程的构成要素，以及对内容进行选材和编排，形成了自己的独特构思，因此属于具有独创性的汇编作品。

二、原告主张被告侵犯其复制权，需举证证明被告将被诉侵权作品以印刷、复印、录音、录像、翻录、翻拍等方式将作品制作成一份或多份。另外，部分插图、课程文本均是案涉权利课程的组成部分，且三被告对于案涉权利课程亦是整体使用，在对课程整体保护的情况下，无需再对课程内部分插图、课程文本进行单独保护。

法律规定

《中华人民共和国著作权法》 （2010 年修正）	《中华人民共和国著作权法》 （2020 年修正）
第十条第一款第十二项 著作权包括下列人身权和财产权： （十二）信息网络传播权，即以有线或者无线方式向公众提供作品，使公众可以在其个人选定的时间和地点获得作品的权利；	**第十条第一款第十二项** 著作权包括下列人身权和财产权： （十二）信息网络传播权，即以有线或者无线方式向公众提供，使公众可以在其选定的时间和地点获得作品的权利；
第十四条 汇编若干作品、作品的片段或者不构成作品的数据或者其他材料，对其内容的选择或者编排体现独创性的作品，为汇编作品，其著作权由汇编人享有，但行使著作权时，不得侵犯原作品的著作权。	（在 2020 年的修订中仅改变了条文序号①）
第四十八条第一款第一项 有下列侵权行为的，应当根据情况，承担停止侵害、消除影响、赔礼道歉、赔偿损失等民事责任；同时损害公共利益的，可以由著作权行政管理部门责令停止侵权行为，没收违法所得，没收、销毁侵权复制品，并可处以罚款；情节严重的，著作权行政管理部门还可以没收主要用于制作侵权复制品的材料、工具、设	**第五十三条第一款第一项** 有下列侵权行为的，应当根据情况，承担本法第五十二条规定的民事责任；侵权行为同时损害公共利益的，由主管著作权的部门责令停止侵权行为，予以警告，没收违法所得，没收、无害化销毁处理侵权复制品以及主要用于制作侵权复制品的材料、工具、设备等，违法经营额五万元以上的，可以并处违法经营额一

① 编者按：《著作权法》（2020 年修正）第 15 条。

《中华人民共和国著作权法》 （2010年修正）	《中华人民共和国著作权法》 （2020年修正）
备等；构成犯罪的，依法追究刑事责任： （一）未经著作权人许可，复制、发行、表演、放映、广播、汇编、通过信息网络向公众传播其作品的，本法另有规定的除外；	倍以上五倍以下的罚款；没有违法经营额、违法经营额难以计算或者不足五万元的，可以并处二十五万元以下的罚款；构成犯罪的，依法追究刑事责任： （一）未经著作权人许可，复制、发行、表演、放映、广播、汇编、通过信息网络向公众传播其作品的，本法另有规定的除外；
《最高人民法院关于审理侵害信息网络传播权民事纠纷案件适用法律若干问题的规定》（法释〔2012〕20号　2012年12月17日发布）	**《最高人民法院关于审理侵害信息网络传播权民事纠纷案件适用法律若干问题的规定》（法释〔2020〕19号　2020年修正）**
第三条　网络用户、网络服务提供者未经许可，通过信息网络提供权利人享有的网络传播权的作品、表演、录音录像制品，人民法院应当认定其构成侵害信息网络传播权。 通过上传到网络服务器、设置共享文件或者利用文件分享软件等方式，将作品、表演、录音录像制品置于信息网络中，使公众能够在个人选定的时间和地点以下载、浏览或者其他方式获得的，人民法院应当认定其实施了前款规定的提供行为。	（在2020年的修正中并未修改）

本案链接

风某科技（深圳）有限公司与广州某知互联网科技有限公司、广州市某学电子科技有限公司、广州群某互联网有限公司侵害作品信息网络传播权纠纷一审民事判决书【（2020）粤0192民初1445号】

纵观两个课程，双方的课程问题设计、关卡形式及题目类型，甚至插图中公用知识的字体、颜色、结构安排等均基本相同，足以认定两者构成实质性相似。某知公司未经著作权人的许可，擅自通过其网站对外推广销售被诉侵权课程，使公众可以在其个人选定的时间和地点获得作品内容，侵害了原告的信息网络传播权。同时，因某知公司制作的被诉侵权课程第一关对案涉权利作品相应关卡的文本内容、题目等进行了部分修改，亦构成对原告作品的改编权的侵害。关于某学公司、群某公司是否应承担连带侵权责任的问题。从三被告公司股东构成及营业地址信息可以认定，三被告为关联企业；且用户登录“某森编程学院”、“Pt 编程中心”、“Pt 特训营”任一微信公众号均可获取被诉侵权课程，可见某学公司、群某公司同样对被诉侵权课程实施了传播行为，其行为直接导致损害后果进一步扩大，故某学公司、群某公司应与某知公司承担连带侵权责任。

延伸阅读

裁判规则一：涉案的音频课程是通过录制讲师的授课语音而形成的课程音频，符合《著作权法实施条例》第五条“录音制品，是指任何对表演的声音和其他声音的录制品”的规定。

案例一：广州市某在线教育科技有限公司与广州某季软件科技有限公司、郑某明侵害作品信息网络传播权纠纷一审民事判决书【（2019）粤 0192 民初 240 号】

涉案的音频课程是通过录制讲师的授课语音而形成的课程音频，符合《著作权法实施条例》第五条“录音制品，是指任何对表演的声音和其他声音的录制品”的规定，故涉案的《培养某某孩子正面管教家长系统课程【基础班】》系列音频课程为录音制品。原告某在线教育科技有限公司提交的涉案录音制品首次上线的证据与其后所取得的《作品登记证书》之间可以相互印证，两被告也均认可被诉侵权音频是原告的时任员工即被告郑某明上传的，且被告某季公司认为其对课程已尽了初步的审查义务，故法院对原告某在线教育科技有限公司享有涉案录音制品著作权的事实予以确认。

裁判规则二：原告在涉案教学视频中关于钢琴教学的授课，系基于其对钢琴弹奏基本知识及弹奏技巧的理解和研究，经独立构思并在教学视频中口头表达出来，具有独创性，应为受我国著作权法保护的口述作品。

案例二：肖某与广东某星网络科技有限公司著作权权属、侵权纠纷一审民事判决书【（2020）京 0491 民初 7050 号】

原告肖某受乐某门公司邀请进行录课，并由小某才公司北京办事处实际进行录制及后期制作，形成了涉案教学视频画面。本院认为，录像制品，是指电影作品和以类似摄制电影的方法创作的作品以外的任何有伴音或者无伴音的连续相关形象、图像的录制品。本案中，小某才公司北京办事处录制该教学视频采用了分为主机位、侧机位和定机位三个不同的机位进行拍摄，并进行了后期剪辑，制作形成了涉案教学视频画面。但涉案教学视频画面基本是来源于三个拍摄机位形成的教学视频画面，进行了简单的剪辑，独创性较低，属于著作权法意义上的录像制品。根据小某才公司与乐某门公司的《框架协议》，约定合作产生的视频内容由乐某门公司享有，故乐某门公司依法享有涉案教学视频画面的录像制作者权。法院认为，录音录像制品的制作者使用他人作品制作录音录像制品，应当依法取得著作权人许可。本案中，原告受邀请为乐某门公司录课，应视为录制涉案教学视频依法取得了原告的许可，乐某门公司对录制的视频享有录像制作者权。根据著作权法的规定，被许可人复制、发行、通过信息网络向公众传播录音录像制品，还应当取得著作权人的许可，并支付报酬。被告某星公司作为被许可人复制、发行、通过信息网络向公众传播涉案录像制品时，除了需要取得乐某门公司的许可外，还需取得涉案口述作品著作权人即原告的许可。本案中，被告将涉案教学视频放置在“某某高乐问”App上传播的行为，仅通过《框架协议》取得了乐某门公司的许可，未取得原告的许可，使得公众可以在选定的时间和地点获得该作品，系通过信息网络向公众直接提供涉案口述作品的行为，侵害了原告对涉案口述作品享有的信息网络传播权，依法应承担停止侵害、赔偿损失等民事责任。

017 如何判断教辅书籍是否侵犯著作权？

☞ 阅读提示

走进书店，教辅书区域琳琅满目。教辅，顾名思义，就是配合教材编写的辅助类书籍，通常分为四大类，一是同步学习类，比如随堂测试；二是章节练习类，比如章节检测；三是期中期末练习类，比如期末检测卷；四是复习类，比如总复习。一般情况下，教辅书籍与教科书二者具有依存关系，教辅图书对课程标准要求的教科书中有关知识点的理解与掌握以及义务教育内容的普及和实现起到一定的辅助和推动作用。因此，正如与教科书配套的教师用书、学生用书一样，与教科书配套的教辅图书的编写必须以教科书为基础，依附于教科书。如何判断教辅书籍是否侵犯著作权，笔者通过相关案例的分析，与大家一同探讨。

裁判要旨

汇编作品的独创性主要体现在对素材的选择和编排上，涉案教辅图书事实上利用了涉案教材对于课文的选择，而该选择是涉案教材体现汇编作品独创性的表达。

案情简介

一、原告某师大出版集团诉称，其是某师大版新世纪义务教育课程标准实验教科书《语文》的著作权人，享有该书的汇编权、改编权、复制权、发行权以及该书中原创内容的汇编权、改编权、复制权、发行权。某春出版集团未经某师大出版集团许可，使用教科书《语文》的内容并出版发行教辅图书《某某冲刺100分》，侵害了某师大出版集团的著作权。

二、被告某春出版集团辩称，教科书《语文》属于汇编作品，《某某冲刺100分》与教科书《语文》不构成实质性相似，不侵犯汇编作品整体的汇编权、复制权、发行权、改编权，至于该书中字词及课后习题等原创部分均不构成作品，仅属于汇编作品的内容，而不应作为原创作品主张权利。

三、被告中某村图书大厦辩称，其没有与某春出版集团实施共同侵权的行为，出售的涉案教辅图书具有合法来源，并且2015年后已经停止了涉案教辅图书的销售。

四、2019年3月25日，一审法院认为某师大出版集团不享有其主张的教科书《语文》的原创部分的著作权，上述部分均应作为汇编作品的部分对待。另外，对于某师大出版集团关于署名权、汇编权、改编权的主张，不予支持；涉案教辅图书“单元复习巩固”板块部分与教科书《语文》的主题单元设置顺序结构一致，且其中亦有相同的知识点内容，某春出版集团在未经某师大出版集团授权的情况下，出版并发行含有“单元复习巩固”板块的涉案教辅图书，侵犯了汇编作品教科书《语文》的复制权、发行权，涉案教辅图书的其他板块内容不侵害某师大出版集团就教科书《语文》享有的复制权、发行权。

五、某春出版集团向北京知识产权法院提出上诉，2020年10月27日，法院作出二审判决，认为涉案教辅图书中的“单元复习巩固”板块与涉案教材构成实质性相似，一审判决对侵权行为的认定无误，驳回上诉，维持原判。

核心裁判要旨

本案的争议焦点为：

一、某师大出版集团是否享有其主张的汇编作品及原创部分的著作权

某师大出版集团主张教科书《语文》的原创部分主要为：一是主体课文及语文天地中自行创作的作品以及经编写组改写的作品；二是对古文翻译；三是课后习题及注释部分。首先对于前两部分，某师大出版集团无法提交上述作品的创作者、创作底稿抑或被改写作品的原文等证据，且教科书《语文》的后记亦有“本册教科书选编的课文，有的作者佚名，有的根据教学需要进行了修改。受时间和条件限制，来不及与作者联系，在表示诚挚谢意的同时，一并致歉，敬请联系，以便付酬”的表述，因此，在无法区分未署名作品部分是他人作品抑或某师大出版集团组织作者创作作品的情况下，一审法院认为某师大出版集团在本案中主张此两部分内容系其享有著作权的原创作品，证据不足。其次，对课后习题及注释部分，均为非常简单的字词、注明等内容，不足以成为体现独创性的表达，这部分内容难以构成作品，仅可成为汇编作品的组成部分。综上，一审法院认为某师大出版集团不享有其主张的教科书《语文》的原创部分的著作权，上述部分均应作为汇编作品的部分对待，对某师大出版集团主张某春出版集团侵害其教科书《语文》原创部分著作权的主张，不予支持。

二、某春出版集团是否侵犯了教科书《语文》作为汇编作品的汇编权、复制权、发行权

汇编作品所体现的独创性，系对其内容的选择和编排。之所以享有著作权，仅限于其选择或编排的独创性表达，但不延及在先作品的独创性表达。某师大出版集团主张教科书《语文》系汇编作品，从此书主题单元编排、主体课文的选择到课后语文天地的编写设置，均体现了在选择编排上的独特安排，能体现出汇编者表达的独创性，且某春出版集团对此予以认可，相较于教科书《语文》，涉案教辅图书在“单元复习巩固”板块中的设置与教科书《语文》主题单元顺序结构一致，但“专项突破提高”等四个板块仅是将教科书《语文》选择编排的知识点、课后习题或抽取部分片段打乱并分散到每份习题当中。可见，涉案教辅图书的五个部分均非对教科书《语文》具有独创性的选择及编排进行了再汇编，故对于某师大出版集团关于汇编权的主张，一审法院不予支持。

涉案教辅图书“单元复习巩固”板块部分与教科书《语文》的主题单元设

置顺序结构一致，且其中亦有相同的知识点内容，对此，一审法院认为，某春出版集团在未经某师大出版集团授权的情况下，出版并发行含有“单元复习巩固”板块的涉案教辅图书，侵犯了汇编作品教科书《语文》的复制权、发行权，对某师大出版集团的此部分主张，一审法院予以支持。另外，汇编作品的选择和编排应当与其所选择编排的内容相结合，该部分内容也应纳入侵权比对的对象中加以保护，即某师大出版集团主张自行创作的作品以及经编写组改写的作品、古文的翻译以及对于教科书《语文》课后的习题与注释，均可作为汇编作品的组成部分而纳入侵权比对的范围，但需剔除某春出版集团未使用的部分。某春出版集团辩称涉案教辅图书与教科书《语文》未构成实质性相似。一审法院认为涉案教辅图书使用字数的占比量并不能完全体现实质性相似的程度，而应根据涉案教辅图书是否使用了教科书《语文》汇编作品部分具有独创性的表达。一审法院对某春出版集团的此项辩称不予采信。至于涉案教辅图书“期中模拟冲刺”“专项突破提高”“期末模拟冲刺”（普通学校卷和重点学校卷）板块仅是将教科书《语文》选择的生字或主体课文等片断作为习题素材，但在内容、结构设置与教科书《语文》均不相同，因此，一审法院认为涉案教辅图书这四个板块内容不侵害某师大出版集团就教科书《语文》享有的复制权、发行权。

诉讼经验总结

一、汇编作品的独创性主要体现在对素材的选择和编排上，涉案教辅图书的“单元复习巩固”板块虽然是习题集，但是题目源自于涉案教材中选择的文章，且并非仅对应教材所选择的单篇文章，因此，涉案教辅图书事实上利用了涉案教材对于课文的选择，而该选择是涉案教材体现汇编作品独创性的表达，该选择与实际使用作品字数占比无关。

二、如何判断以教材为基础编写的教辅书是否侵权？首先，应该判断教科书是否构成了具有原创性表达的作品；其次，判断被起诉侵权的教辅是否使用了教材中受保护的独创表达。

三、一般来说，教材构成著作权法意义上的作品，应属于汇编作品。教辅书籍如果仅仅使用了教材的体例结构，而内容与教材内容不相同，则不能认定为侵权。但是，如果教辅书籍既使用了教材的体例结构，又使用了内容，则构成侵权。

法律规定

《中华人民共和国著作权法》 （2010 年修正）	《中华人民共和国著作权法》 （2020 年修正）
第十条第一款第二项、第五项、第六项、第十四项、第十六项 著作权包括下列人身权和财产权： （二）署名权，即表明作者身份，在作品上署名的权利； （五）复制权，即以印刷、复印、拓印、录音、录像、翻录、翻拍等方式将作品制作一份或者多份的权利； （六）发行权，即以出售或者赠与方式向公众提供作品的原件或者复制件的权利； （十四）改编权，即改变作品，创作出具有独创性的新作品的权利； （十六）汇编权，即将作品或者作品的片段通过选择或者编排，汇集成新作品的权利；	**第十条第一款第五项** 著作权包括下列人身权和财产权： （五）复制权，即以印刷、复印、拓印、录音、录像、翻录、翻拍、数字化等方式将作品制作一份或者多份的权利；
第十四条 汇编若干作品、作品的片段或者不构成作品的数据或者其他材料，对其内容的选择或者编排体现独创性的作品，为汇编作品，其著作权由汇编人享有，但行使著作权时，不得侵犯原作品的著作权。	（在 2020 年的修订中仅改变了条文序号①）
第四十八条第一款第一项 有下列侵权行为的，应当根据情况，承担停止侵害、消除影响、赔礼道歉、赔偿损失等民事责任；同时损害公共利益的，可以由著作权行政管理部门责令停止侵权行为，没收违法所得，没收、销毁侵权复制品，并可处以罚款；情节严重的，著作权行政管理部门还可以没收主要用于制作侵权复制品的材料、工具、设备等；构成犯罪的，依法追究刑事责任： （一）未经著作权人许可，复制、发行、表演、放映、广播、汇编、通过信息网络向公众传播其作品的，本法另有规定的除外；	**第五十三条第一款第一项** 有下列侵权行为的，应当根据情况，承担本法第五十二条规定的民事责任；侵权行为同时损害公共利益的，由主管著作权的部门责令停止侵权行为，予以警告，没收违法所得，没收、无害化销毁处理侵权复制品以及主要用于制作侵权复制品的材料、工具、设备等，违法经营额五万元以上的，可以并处违法经营额一倍以上五倍以下的罚款；没有违法经营额、违法经营额难以计算或者不足五万元的，可以并处二十五万元以下的罚款；构成犯罪的，依法追究刑事责任：

① 编者按：《著作权法》（2020 年修正）第 15 条。

《中华人民共和国著作权法》（2010 年修正）	《中华人民共和国著作权法》（2020 年修正）
	（一）未经著作权人许可，复制、发行、表演、放映、广播、汇编、通过信息网络向公众传播其作品的，本法另有规定的除外；

本案链接

某春出版传媒集团有限责任公司等与某师范大学出版社（集团）有限公司二审民事判决书【（2019）京 73 民终 2541 号】

汇编作品的独创性主要体现在对素材的选择和编排上，本案中，涉案教材为语文教材，其作为汇编作品的独创性体现在针对知识点从大量的文章中筛选出合适的课文并基于选择的课文进行课后习题的类型选择或内容创作。涉案教辅图书的“单元复习巩固”板块虽然是习题集，但是题目源自于涉案教材中选择的文章，且并非仅对应教材所选择的单篇文章，因此，涉案教辅图书事实上利用了涉案教材对于课文的选择，而该选择是涉案教材体现汇编作品独创性的表达，该选择与实际使用作品字数占比无关。因此，涉案教辅图书中的“单元复习巩固”板块与涉案教材构成实质性相似。

延伸阅读

裁判规则一：仅复制《教科书》的目录和编排体系，内容不同，不构成对汇编作品著作权的侵犯。

案例一：某教育出版社有限公司与江苏某出版社有限公司等侵害著作权纠纷上诉案【（2013）宁知民终字第 11 号】

被上诉人复制《教科书》的目录和编排体系不构成对上诉人这一汇编作品著作权的侵犯。首先，上诉人通过选择、组合与编排，将相关作品汇编成《教科书》，该编排体系结构具有一定的独创性，故其享有著作权；其次，教辅图书与教科书配套，其编写内容必然要以教科书为基础，这就决定了与教科书配套的教辅图书必然依照教科书的编排顺序、目录来编写，通过一审庭审比对，被上诉人涉案教辅图书的目录与上诉人《教科书》基本相同，但两者目录所对应的内容并不相同，此目录所起到的是索引与指示作用；最后，发行教科书、教辅图书不仅具有商业利益，还具有显著的公共利益属性，若禁止采用与《教科书》相同目录、顺序编写教辅图书，只允许上诉人及上诉人许可的第三人按照教科书的目录、顺序来编写教辅材料，必然会缩小学校、教师和学生选择教辅图书的范围，不利于实用性强、质量高、形式多样的教辅图书的出现，以致后续会侵害各方教辅图书使用者的利益及社会公共利益。

裁判规则二：教辅书籍既使用了教材的体例结构，又使用了内容，则构成侵权。

案例二：江苏某出版社有限公司与某教育出版社有限公司侵害著作权纠纷案【（2016）京73民终419号】

虽然汇编作品的独创性体现在内容选择和编排体例上，但是这种选择和编排体例上的独创性并不能脱离选择和编排的内容单独保护，如果脱离所编排的内容，不与内容结合的体例会形成抽象的方法或者思想，不再属于作品的范畴。汇编作品对于具有独创性的编排体例的保护仍然需要与内容相结合，即对汇编的内容，即汇编作品进行整体的保护，不能将内容割裂单独对编排体例作为著作权保护的客体。因此，在判定对汇编作品是否构成侵权时，应该将体例编排和内容相结合作为整体进行比对。也就是说，被选择和编排的内容同样是侵权比对的对象。虽然，本案中《英语》教材及《教师用书》中的部分习题和答案，过于简短或者具有表达的唯一性，难以独立构成作品，比如第五册第一单元 learning about language 中第一部分中的问题：不幸发生时受到伤害的人：受害者（someone who suffers when something bad happen：victim），但是这部分习题和答案作为汇编作品的组成部分，仍然应当纳入侵权比对的范围。

裁判规则三：依据他人编著的教科书出版同步教辅资料，属于对教科书著作权意义上的使用，应征得教科书著作权人的同意，否则构成侵权行为。

案例三：北京市某爱教育研究所诉某出版社有限责任公司侵犯著作权纠纷案【（2013）渝中知民初字第108号】

被告某出版社公司出版的《某某高（七年）英语下册》教辅从目录和内容上均与某爱研究所编著的《英语（七年级下册）》教科书一一对应，该教辅是按照原告享有著作权的上述作品的课程内容编写的读物，应视为对该教科书在著作权意义上的使用。此种使用方式再现了原告版《英语（七年级下册）》的部分内容，超出了法律所允许的合理使用的范围。因此，法院认为，某出版社公司在未经原告许可的情况下使用原告作品的部分内容，侵犯了原告的著作权，应承担停止侵权、赔偿损失的民事责任。

018《大熊猫养殖商业保险条款》能否作为作品受著作权法保护?

☞ **阅读提示**

我国著作权法明确，著作权法保护作品的表达，不保护作品的思想。但在司法实践中，“表达”和“思想”的界限通常并不清晰，判断原告诉请保护的对象是否构成著作权法意义上的作品是著作权权属、侵权纠纷案件的首要问题，也是难点问题。本案涉及判断《大熊猫养殖商业保险条款》是否构成作品的问题，具有一定新颖性。案涉《大熊猫养殖商业保险条款》虽在一定程度上体现了胡某强对养殖大熊猫进行研究、考察的劳动成果，但是相关条款系根据保险法、其他法律、相关部门规章以及大熊猫养殖保险的实际情况而制作，约定的是当事人之间的权利义务，用于描述该权利义务的词汇和方式较为有限，那么这一内容能否认定为著作权法上的作品呢？本文将对上述问题进行探讨和分析。

裁判要旨

著作权法意义上的作品应当具有独创性。独创性是指作者独立创作完成，具有一定的智力创作高度的智力成果。“独”即独立性，意指作品系源于作者本人，由作者独立完成，而非抄袭或使用他人作品中的文字内容或版式。“创”则指作品要体现作者一定的创作高度，体现创作者一定的个性和智慧。如果将案涉权利义务的语言描述作为“表达”加以著作权保护，会导致“表达”所依附的思想本身也被垄断，因此不能构成受著作权法保护的作品。

案情简介

一、2010 年 5 月 10 日至 11 月 4 日期间，中国某熊猫研究中心与中华某合财产保险股份有限公司雅安中心支公司签订了六份《保险单》，这六份保单均为特种养殖保险，其中在保单上特别约定“本保单适用《中华某合财产保险股份有限公司四川分公司大熊猫养殖保险条款》”，办理这六份保单的业务员为胡某强。2012年9月5日，《中国某险报》报道了中华某合财产保险股份有限公司提供的大熊猫运输和异地养殖保险服务相关新闻。2018年3月27日，四川省版权局依据胡某强个人申请向其颁发了登记号为川作登字-2018-A-00017809的作品登记证书，载明“作品/制品名称：大熊猫养殖商业保险条款，作品类别：文字，作者：胡某强，著作权人：胡某强，首次发表时间：无”。2018年10月11日，中国某民财产保险股份有限公司向中国银行保险监督管理委员会申请并备案了《中国某民财产保险股份有限公司四川省分公司商业性大熊猫养殖保险条款（繁育基地专用）》，开始经营商业性大熊猫养殖保险业务。

二、2019年3月18日和同年5月6日，某大熊猫繁育研究基地、某熊猫保护研究中心分别与中华某合财产保险股份有限公司雅安中心支公司签订了《特种养殖保险（通用）保险单》，办理的险种为特种养殖保险，其中在特别约定中载明“若发生大熊猫养殖保险条款（适用于四川省）中的‘保险责任’中列明的保险事故，请在24小时内拨打报案电话……”，经办人均为胡某强。中国某民财产保险股份有限公司于2009年9月18日向中国银行保险监督管理委员会备案了《能繁母猪养殖保险条款》、《奶牛养殖保险条款》。2013年12月26日，中国某民财产保险股份有限公司又向中国银行保险监督管理委员会备案了《中国某民财产保险股份有限公司能繁母猪养殖保险条款》，同时废止了《能繁母猪养殖保险条款》。

三、审理中，将胡某强提供的《大熊猫养殖商业保险条款》与中国某民财产保险公司提供的《能繁母猪养殖保险条款》对比，两份条款在章节顺序上一致，依次为总则、保险标的、保险责任、责任免除、保险金额（前者为保险金额和免赔额（率），后者为保险金额）、保险期间、保险人义务、投保人、被保险人义务、赔偿处理、争议处理与法律适用、其他事项、释义。在具体条文中，《大熊猫养殖商业保险条款》中众多条款和《能繁母猪养殖保险条款》中除保险标的名称、数量单位不同以外，其他完全相同。

四、成都市武侯区人民法院和成都市中级人民法院审理认为，《大熊猫养殖商业保险条款》系根据《保险法》、其他法律、相关部门规章以及大熊猫养殖保险的实际情况而制作，约定的是当事人之间的权利义务，用于描述该权利义务的词汇和方式较为有限，如果将案涉权利义务的语言描述作为“表达”加以著作权保护，会导致“表达”所依附的思想本身也被垄断，违背著作权法的本意，故胡某强主张的《大熊猫养殖商业保险条款》不属于著作权法意义上的作品，不应受到著作权法的保护。因此，中国某民财产保险股份有限公司、中国某民财产保险股份有限公司成都市分公司使用的《中国某民财产保险股份有限公司四川省分公司商业性大熊猫养殖保险条款（繁育基地专用）》不构成对胡某强著作权的侵犯，法院对胡某强的诉讼请求不予支持。

核心裁判要旨

首先，一审法院认为，《作品自愿登记试行办法》第一条规定，为维护作者或其他著作权人和作品使用者的合法权益，有助于解决因著作权归属造成的著作权纠纷，并为解决著作权纠纷提供初步证据，特制定本办法。第五条第一项规定，不受著作权法保护的作品，作品登记机关不予登记。第六条第一项规定，登记后发现有本办法第五条所规定的情况的，作品登记机关应撤销其登记。依据上述规定，我国设立作品登记制度的目的在于解决著作权归属造成的著作权纠纷，为解决著作权纠纷提供初步证据。对于作品登记采用自愿原则。作品登记机关在进行作品登记时，仅是对于作者、作品形式、创作时间等事项依申请人的申请进行形式登记，并未对登记作品进行实质性审查。本案中，胡某强主张对《大熊猫养殖商业保险条款》享有著作权，并为此提交了《作品登记证书》，但该登记证书只能作为胡某强系涉案作品作者的初步证据，而对于涉案作品是否属于著作权法意义上的作品，仍需按照相关法律规定进行进一步审查。本案中，胡某强提交了多份保险单拟证明其在 2010 年即开始使用案涉保险条款，但一审法院认为，胡某强提交的多份保险单上的保险条款名称与案涉保险条款名称不一致，且未附保险条款全文，不能证明系案涉保险条款，对该证据不予采信。

其次，《著作权法实施条例》第二条规定，著作权法所称作品，是指文学、艺术和科学领域内具有独创性并能以某种有形形式复制的智力成果。第四条第（八）项规定，文字作品，是指小说、诗词、散文、论文等以文字形式表现的作品。根据上述法律规定，著作权法意义上的作品应当具有独创性。独创性是指作者独立创作完成，具有一定的智力创作高度的智力成果。“独”即独立性，意指作品系源于作者本人，由作者独立完成，而非抄袭或使用他人作品中的文字内容或版式。“创”则指作品要体现作者一定的创作高度，体现创作者一定的个性和智慧。本案中，首先，胡某强所创作的《大熊猫养殖商业保险条款》与中国某民财产保险股份有限公司提交的《能繁母猪养殖保险条款》两份条款的整体框架、针对同一内容的表述高度相同，因中国某民财产保险股份有限公司的《能繁母猪养殖保险条款》于 2009 年 9 月即向中国银行保险监督管理委员会备案，早于胡某强《大熊猫养殖商业保险条款》的公开时间，胡某强完全有机会接触到该保险条款，因此对于这些相同的条款，胡某强不能证明系其独立创作完成。其次，胡某强提交《中国某险报》拟证明其创作、研究案涉条款的过程，《中国某险报》的报道和胡某强提交的《大熊猫养殖商业保险条款》，在一定程度上能够体现胡某强针对大熊猫的研究、考察成果，但是《大熊猫养殖商业保险条款》系根据《保险法》、其他法律、相关部门规章以及大熊猫养殖保险的实际情况而制作，约定的是当事人之间的权利义务，用于描述该权利义务的词汇和方式较为有限，如果将案涉权利义务的语言描述作为“表达”加以著作权保护，会导致“表达”所依附的思想本身也被垄断，违背著作权法的本意，故胡某强主张的《大熊猫养殖商业保险条款》不属于著作权法意义上的作品，不应受到著作权法的保护。

诉讼经验总结

一、《著作权法》（2010年修正）第二条规定：“中国公民、法人或者其他组织的作品，不论是否发表，依照本法享有著作权。”《著作权法实施条例》第六条规定：“著作权自作品创作完成之日起产生。”根据前述规定，对于作品登记采用自愿原则。作品登记机关在进行作品登记时，仅是对于作者、作品形式、创作时间等事项依申请人的申请进行形式登记，并未对登记作品进行实质性审查。因此，四川省成都市中级人民法院认为胡某强关于进行著作权登记即享有著作权的上诉理由明显与法律规定不符。概言之，在著作权法权属纠纷案件中，并不能仅依据著作权登记信息判定作者及著作权人。

二、著作权法只保护作品的表达，不保护作品的思想。在司法实践中，“表达”和“思想”的界限通常并不清晰，判断原告诉请保护的对象是否构成著作权法意义上的作品是著作权权属、侵权纠纷案件的首要问题，也是难点问题。本案涉及判断《大熊猫养殖商业保险条款》是否构成作品的问题，具有一定新颖性。案涉《大熊猫养殖商业保险条款》虽在一定程度上体现了胡某强对养殖大熊猫进行研究、考察的劳动成果，但是相关条款系根据保险法、其他法律、相关部门规章以及大熊猫养殖保险的实际情况而制作，约定的是当事人之间的权利义务，用于描述该权利义务的词汇和方式较为有限，如果将案涉权利义务的语言描述作为“表达”加以著作权保护，会导致“表达”所依附的思想本身也被垄断。

新修订的《著作权法》虽然在具体表达上与2010年《著作权法》不同，但二者在独创性的判断上仍然保持了高度一致。

法律规定

《中华人民共和国著作权法》（2010年修正）	《中华人民共和国著作权法》（2020年修正）
第二条第一款 中国公民、法人或者其他组织的作品，不论是否发表，依照本法享有著作权。	**第二条第一款** 中国公民、法人或者非法人组织的作品，不论是否发表，依照本法享有著作权。
第三条 本法所称的作品，包括以下列形式创作的文学、艺术和自然科学、社会科学、工程技术等作品。	**第三条** 本法所称的作品，是指文学、艺术和科学领域内具有独创性并能以一定形式表现的智力成果。

《中华人民共和国著作权法实施条例》（2013年修订）

第六条 著作权自作品创作完成之日起产生。

本案链接

胡某强、中国某民财产保险股份有限公司著作权权属、侵权纠纷二审民事判决书【（2020）川01民终15856号】

作品登记采用自愿原则。作品登记机关在进行作品登记时，仅是对于作者、作品形式、创作时间等事项依申请人的申请进行形式登记，并未对登记作品进行实质性审查。因此，胡某强关于进行著作权登记即享有著作权的上诉理由，明显与法律规定不符，法院不予采纳。胡某强进行登记的《大熊猫养殖商业保险条款》是否受著作权法的保护，胡某强是否享有著作权，是中国某民财产保险股份有限公司的《中国某民财产保险股份有限公司四川省分公司商业性大熊猫养殖保险条款（繁育基地专用）》是否侵权的前提，一审法院将《大熊猫养殖商业保险条款》与先有的《能繁母猪养殖保险条款》进行比对，符合法律规定。

《大熊猫养殖商业保险条款》与之前的《能繁母猪养殖保险条款》章节结构相同，部分条款仅保险标的名称、数量单位不同，《大熊猫养殖商业保险条款》根据大熊猫生命和养殖的特点等进行部分条款的增减，《大熊猫养殖商业保险条款》主要贡献在于解决养殖大熊猫的商业保险问题。但《大熊猫养殖商业保险条款》系根据《保险法》、其他法律、相关部门规章以及大熊猫养殖保险的实际情况而制作，约定的是当事人之间的权利义务，用于描述该权利义务的词汇和方式较为有限，如果将案涉权利义务的语言描述作为“表达”加以著作权保护，会导致“表达”所依附的思想本身也被垄断，违背著作权法的本意，故胡某强主张的《大熊猫养殖商业保险条款》不属于著作权法意义上的作品，不应受到著作权法的保护。

延伸阅读

裁判规则一：汇编作品的独创性主要体现在对素材的选择和编排上，本案中涉案教材为语文教材，其作为汇编作品的独创性体现在针对知识点从大量的文章中筛选出合适的课文并基于选择的课文进行课后习题的类型选择或内容创作。而课后习题及注释均为非常简单的字词、注明等内容，不足以成为体现独创性的表达。

案例一：某春出版传媒集团有限责任公司等与北京某大学出版社（集团）有限公司二审民事判决书【（2019）京73民终2541号】

某师大出版集团主张教科书《语文》的原创部分主要为：一是主体课文及语文天地中自行创作的作品以及经编写组改写的作品；二是对古文翻译；三是课后习题及注释部分。首先对于前两部分，某师大出版集团无法提交上述作品的创作者、创作底稿抑或被改写作品的原文等证据，且教科书《语文》的后记亦有“本册教科书选编的课文，有的作者佚名，有的根据教学需要进行了修改。受时间和条件限制，来不及与作者联系，在表示诚挚谢意的同时，一并致歉，敬请联系，以便付酬”的表述，因此，在无法区分未署名作品部分是他人作品抑或某师大出版集团组织作者创作作品的情况下，一审法院认为某师大出版集团在本案中主张此两部分内容系其享有著作权的原创作品，证据不足。其次，对课后习题及注释部分，均为非常简单的字词、注明等内容，不足以成为体现独创性的表达，这部分内容难以构成作品，仅可成为汇编作品的组成部分。综上，一审法院认为某师大出版集团不享有其主张的教科书《语文》的原创部分的著作权，上述部分均应作为汇编作品的部分对待，对某师大出版集团主张某春出版集团侵害其教科书《语文》原创部分著作权的主张，不予支持。

裁判规则二：滑雪作为竞技体育，对公有领域已经普遍使用的动作名称、技术术语、装备名称等，任何人不能阻止他人使用，因为为了准确表达动作要领，在保持语言简洁的前提下，能够用于描述的词汇和方式很有限。

案例二：雪某山（北京）体育文化有限公司与上海某体育文化集团有限公司、上海某体育发展有限公司著作权权属纠纷一审民事判决书【（2020）沪0110

民初 13025 号】

我国著作权法所称的作品是指文学、艺术和科学领域内具有独创性并能以某种有形形式复制的智力成果。关于原告主张的文字作品，文字作品是指小说、诗词、散文、论文等以文字形式表现的作品，用于表达作者的思想感情、展示文艺美感或传递一定量的信息。著作权法所保护的并非相关智力成果的思想，而是对该等智力成果的表达，并与现有表达所形成的成果相比具有独特性的因素，也即作品的基本特征就在于表达上的独创性，不满足前述条件，则不能构成著作权法意义上的作品。

原告主张“学员成长规划”、“双板等级标准”、“单板等级标准”为文字作品。法院认为，被告虽举证证明在《国家体育锻炼标准施行办法》中已规定了年龄分组，但“学员成长规划”中占主要篇幅的是对不同阶段目标定位的阐述，其内容在语言表达、内容架构、写作手法等方面均具有一定的独创性，属于我国著作权法保护的文字作品。“双板等级标准”、“单板等级标准”主要是对不同阶段特定动作练习方法、动作要求的描述。滑雪作为竞技体育，对公有领域已经普遍使用的动作名称、技术术语、装备名称等任何人不能阻止他人使用；且为了准确表达动作要领，在保持语言简洁的前提下，能够用于描述的词汇和方式很有限，故“双板等级标准”、“单板等级标准”不应获得著作权法的保护。

019 人工智能自动生成的大数据分析报告不构成作品情况下的权益归属如何？

☞ 阅读提示

人工智能的兴起同样为著作权领域带来了挑战，首当其冲的就是人工智能创作能否构成作品的难题。关于其是否满足独创性，能否作为作品保护，应当由谁享有权利等问题，众说纷纭。而在众多理论问题之下，是司法裁判中的疑虑。在这里笔者想要讨论的问题，是对于自动生成的通常意义上的作品，如果法院认定不构成作品，那么其权益归属应当如何确定？笔者将通过案例予以研究。

裁判要旨

虽然分析报告不构成作品，但不意味着其进入公有领域，可以被公众自由使用。分析报告的产生既凝结了软件研发者（所有者）的投入，也凝结了软件使用者的投入，具备传播价值。如果不赋予投入者一定的权益保护，将不利于对投入成果（即分析报告）的传播，无法发挥其效用。对于软件使用者而言，其通过付费使用进行了投入，基于自身需求设置关键词并生成了分析报告，其具有进一步使用、传播分析报告的动力和预期。因此，应当激励软件使用者的使用和传播行为，将分析报告的相关权益赋予其享有，否则软件的使用者将逐渐减少，使用者也不愿进一步传播分析报告，最终不利于文化传播和价值发挥。

案情简介

一、原告北京菲某律师事务所以威某先行库为工具，通过设置检索条件、关键词等，获得威某先行库自动生成的分析报告，并以此报告为基础，创作了涉案权利文章《××××行业司法大数据分析报告——某某卷·×××》（简称“涉案文章”），文章中包含通过威某先行库自动生成的大数据报告内容，文章于2018年9月9日发布在其运营的公众号上。

二、被告北京百某网讯科技有限公司系百某号平台的经营者，百某号平台于2018年9月10日发表了被诉侵权文章，虽然是由账号“点某某手”直接提供，但百某公司未提供关于上传者的相关证据。

三、原告向一审法院提出下列诉讼请求：1. 请求判令被告立即停止侵权，删除百某号上“点某某手”发布的《××××行业司法大数据分析报告——某某卷·×××》；2. 请求判令被告赔礼道歉、消除影响，在“点某某手”百某号账号上发布道歉声明；3. 请求判令被告赔偿原告经济损失10000元；4. 请求判令被告赔偿原告为维权所支出的合理费用30元。

四、2019年4月25日，一审法院判决认为：虽然所使用的分析报告在生成过程中，需要选定关键词等，具有一定的独创性，而依据现行法律规定，自然人创作完成仍应是著作权法上作品的必要条件，因此该分析报告并不构成著作权法意义上的作品。但使用报告的涉案文章中文字内容并非威某先行库“可视化”功能自动生成，而是菲某律师事务所独立创作完成，具有独创性，构成文字作品。因此百某公司通过信息网络向公众提供了被诉侵权文章的行为侵犯了原告信息网络传播权，在二审中双方并未对上述内容提出异议。

核心裁判要旨

本案的争议焦点之一在于涉案文章是否构成著作权法意义上的作品。其中需要确定的问题在于文章所使用的分析报告在不构成作品的前提下，如何确定其权益归属。本案中，虽然涉案报告的内容涉及对电影娱乐行业的司法分析，符合文字作品的形式要求，涉及的内容体现出针对相关数据的选择、判断、分析，具有一定的独创性，但是依据我国现行法律规定，只有在特殊情况下，著作权才能归属于非自然人，并且前提是作品的直接创作者一定是自然人。因此该报告不构成作品，在新修正的《著作权法》中，为了保证和其他法律的衔接，将法条中的“公民”修改为“自然人”，是对主体概念的扩张，但是并未影响直接创作者必须是自然人的前提。

在认定不构成法律意义上作品的基础上，该报告的利益归属应当予以明确。依据传统的劳动理论，应当将其拨归于作出贡献的主体。虽然研发者和使用者都付出了一定的劳动，但是对于该报告的产生，研发者已经通过付费使用而获得了回报，此时起到的作用，类似提供创作所用的工具，并且研发者缺乏对所生成报告主动使用的动力。而对于使用者而言，该报告生成的依据、使用的条件等都是基于使用者自身需求而设置，其具有进一步使用、传播分析报告的动力和预期。因此虽然软件使用者不能以作者的身份在分析报告上署名，但是为了保护其合法权益，保障社会公众的知情权，软件使用者可以采用合理方式表明其享有相关权益。

诉讼经验总结

一、目前对于人工智能生成物的保护路径理论较多，有主张邻接权保护、法人作品保护，也有认为应当归属于公有领域的意见。本案以一种新的观点，在坚持自然人创作要件的前提下，认定生成物不构成作品，但是也不应当将其归入公有领域，而是从贡献方式、使用目的、社会效益等角度，对于利益归属予以确定。

二、关于人工智能生成物是否构成作品，在司法裁判中，虽然在满足一定情况下，也有观点认为能够作为法人作品，但普遍采取否定观点。在这种主流意见下，法院通常也倾向于将生成物的利益归属判断相对地向人工智能或软件的操作者倾斜。

法律规定

《中华人民共和国著作权法》（2010 年修正）	《中华人民共和国著作权法》（2020 年修正）
第九条 著作权人包括： （一）作者； （二）其他依照本法享有著作权的公民、法人或者其他组织。	**第九条** 著作权人包括： （一）作者； （二）其他依照本法享有著作权的自然人、法人或者非法人组织。
第十一条第二款 创作作品的公民是作者。	**第十一条第二款** 创作作品的自然人是作者。

《中华人民共和国著作权法实施条例》（2013 年修订）

第二条 著作权法所称作品，是指文学、艺术和科学领域内具有独创性并能以某种有形形式复制的智力成果。

本案链接

北京菲某律师事务所与北京百某网讯科技有限公司著作权权属、侵权纠纷二审民事判决书【（2019）京 73 民终 2030 号】

关于威某先行库自动生成的分析报告是否构成作品的问题。从分析报告生成过程看，选定相应关键词，使用“可视化”功能自动生成的分析报告，其内容涉及对电影娱乐行业的司法分析，符合文字作品的形式要求，涉及的内容体现出针对相关数据的选择、判断、分析，具有一定的独创性。但是，一审法院认为，具备独创性并非构成文字作品的充分条件，根据现行法律规定，文字作品应由自然人创作完成。虽然随着科学技术的发展，计算机软件智能生成的此类“作品”在内容、形态，甚至表达方式上日趋接近自然人，但根据现实的科技及产业发展水平，若在现行法律的权利保护体系内可以对此类软件的智力、经济投入予以充分保护，则不宜对民法主体的基本规范予以突破。故一审法院认定，自然人创作完成仍应是著作权法上作品的必要条件。上述分析报告的生成过程有两个环节有自然人作为主体参与，一是软件开发环节，二是软件使用环节。软件开发者（所有者）没有根据其需求输入关键词进行检索，该分析报告并未传递软件研发者（所有者）的思想、感情的独创性表达，故不应认定该分析报告为软件研发者

（所有者）创作完成。同理，软件用户仅提交了关键词进行搜索，应用“可视化”功能自动生成的分析报告亦非传递软件用户思想、感情的独创性表达，故该分析报告亦不宜认定为使用者创作完成。综上，软件研发者（所有者）和使用者均不应成为该分析报告的作者。分析报告系威某先行库利用输入的关键词与算法、规则和模板结合形成的，某种意义上讲可认定威某先行库“创作”了该分析报告。由于分析报告不是自然人创作的，因此，即使威某先行库“创作”的分析报告具有独创性，该分析报告仍不是著作权法意义上的作品，依然不能认定威某先行库是作者并享有著作权法规定的相关权利。有关分析报告的署名问题，无论是软件研发者（所有者）还是使用者，非创作者都不能以作者身份署名，应从保护公众知情权、维护社会诚实信用和有利于文化传播的角度出发，在分析报告中添加生成软件的标识，标明系软件自动生成。虽然分析报告不构成作品，但不意味着其进入公有领域，可以被公众自由使用。分析报告的产生既凝结了软件研发者（所有者）的投入，也凝结了软件使用者的投入，具备传播价值。如果不赋予投入者一定的权益保护，将不利于对投入成果（即分析报告）的传播，无法发挥其效用。对于软件研发者（所有者）来说，其利益可通过收取软件使用费用等方式获得，其开发投入已经得到相应回报；且分析报告系软件使用者根据不同的使用需求、检索设置而产生的，软件研发者（所有者）对其缺乏传播动力。因此，如果将分析报告的相关权益赋予软件研发者（所有者）享有，软件研发者（所有者）并不会积极应用，不利于文化传播和科学事业的发展。对于软件使用者而言，其通过付费使用进行了投入，基于自身需求设置关键词并生成了分析报告，其具有进一步使用、传播分析报告的动力和预期。因此，应当激励软件使用者的使用和传播行为，将分析报告的相关权益赋予其享有，否则软件的使用者将逐渐减少，使用者也不愿进一步传播分析报告，最终不利于文化传播和价值发挥。如前所述，软件使用者不能以作者的身份在分析报告上署名，但是为了保护其合法权益，保障社会公众的知情权，软件使用者可以采用合理方式表明其享有相关权益。

延伸阅读

裁判规则一：判断是否属于创作行为时应当考虑该行为是否属于一种智力活动以及该行为与作品的特定表现形式之间是否具有直接的联系，由于软件自动运行的方式体现了原告的选择，因此生成物可以构成法律意义上的文字作品。

案例一：深圳市腾某计算机系统有限公司诉上海盈某科技有限公司著作权权属、侵权纠纷、商业贿赂不正当竞争纠纷一审民事判决书【(2019) 粤0305民初14010号】

涉案文章这种缺乏同步性的特点是由技术路径或原告所使用的工具本身所具备的特性所决定的。原告主创团队相关人员的上述选择与安排符合著作权法关于创作的要求，应当将其纳入涉案文章的创作过程。根据《中华人民共和国著作权法实施条例》第三条规定，著作权法所称创作，是指直接产生文学、艺术和科学作品的智力活动。据此，具体认定是否属于创作行为时应当考虑该行为是否属于一种智力活动以及该行为与作品的特定表现形式之间是否具有直接的联系。根据本案查明的事实，显然，本案中原告主创团队在数据输入、触发条件设定、模板和语料风格的取舍上的安排与选择属于与涉案文章的特定表现形式之间具有直接联系的智力活动。从整个生成过程来看，如果仅将软件自动生成涉案文章的这两分钟时间视为创作过程，确实没有人的参与，仅仅是计算机软件运行既定的规则、算法和模板的结果，但软件的自动运行并非无缘无故或具有自我意识，其自动运行的方式体现了原告的选择，也是由软件这一技术本身的特性所决定。如果仅将软件自动运行的过程视为创作过程，这在某种意义上是将计算机软件视为创作的主体，这与客观情况不符，也有失公允。因此，从涉案文章的生成过程来分析，该文章的表现形式是由原告主创团队相关人员个性化的安排与选择所决定的，其表现形式并非唯一，具有一定的独创性。至于软件研发人员的相关工作与涉案文章的独创性之间有无直接的关联，考虑到本案的实际情况以及软件著作权人已和原告约定其使用授权软件所创作的作品的著作权归原告所有，已无查明必要，在所不问。综上，从涉案文章的外在表现形式与生成过程来分析，该文章的特定表现形式及其源于创作者个性化的选择与安排，并由软件在技术上“生成”的创作过程均满足著作权法对文字作品的保护条件，本院认定涉案文章属于我国著作权法所保护的文字作品。

裁判规则二：涉案文章中的图形部分是基于收集的数据，利用相关软件制作完成，图形形状的不同是基于数据差异产生，而非基于创作产生，不构成图形作品。

案例二：北京菲某律师事务所与北京百某网讯科技有限公司著作权权属、侵权纠纷二审民事判决书【(2019) 京73民终2030号】

涉案文章中的图形部分是菲某律师事务所基于收集的数据，利用相关软件制作完成，虽然会因数据变化呈现出不同的形状，但图形形状的不同是基于数据差异产生，而非基于创作产生。正如一审勘验过程中，一审法院将涉案文章中的图形与威某先行库生成的大数据报告1、2的相关图形进行对比，虽然涉案文章中的一些图形和大数据报告1、2的图形在图形数据、图形类别上存在不同之处。但是，该差异是不同的数据选择、软件选择或图形类别选择所致，所用图形均为数据分析常见的柱状图、饼状图、曲线图，不能体现菲某律师事务所的独创性表达。因此，涉案文章中的图形不构成图形作品。

裁判规则三：限于我国法律目前对于数据产品的权利保护尚未作出具体规定，基于物权法定原则，个案审判中不宜确认网络运营者对于数据产品享有财产所有权。

案例三：淘某（中国）软件有限公司与某美某信息科技有限公司不正当竞争纠纷二审民事判决书【（2018）浙01民终7312号】

对于网络运营者而言，其对网络用户形成的数据信息进行了数字化记录的转换、整理和存储，网络运营者虽然在此转换过程中也付出了一定劳动，但数据内容仍为原始数据。故网络运营者对于原始网络数据仍应受制于网络用户对于其所提供的用户数据信息的控制，既不具有排他性，也未达到知识产权有关智力成果的标准，因而，其对收集使用的原始数据尚未形成独立的财产权，仅能依其与网络用户约定享有对原始网络数据的使用权，依此获得的商业利益和竞争优势依法受反不当竞争法保护。

020 时事新闻能否受到著作权法保护？

☞ 阅读提示

著作权法的保护内容并非覆盖通常意义上的全部作品，依据《著作权法》（2010年修正）的规定，法律、法规、时事新闻、历法、通用数表等作品，并不能受到著作权法保护。其中是否所有有关时事新闻的内容都不能受到著作权法的保护，历来存在一定争议，主要在于对时事新闻的加工创作，或是有关时事新闻的摄影，通常是满足独创性要求的。这一争议在新修订的《著作权法》将“时事新闻”修改为“单纯事实消息”后得以解决，而其中的著作权法原理，笔者将通过案例予以研究。

裁判要旨

著作权法中“时事新闻”特指“单纯事实消息”，即使用最为简单的语言文字对某一新闻事实的基本构成要素进行记录，其仅反映客观事实的存在，不属于作品的范畴。而本案中，涉案摄影作品主要为记录费德勒、穆雷等运动员在澳大利亚网球公开赛中的运动场景和状态所拍摄而成，其拍摄手法、角度和场景等要素均体现了摄影者独特的选择和安排，是具有独创性并能以某种有形形式复制的智力成果，符合作品的构成要件，系受著作权法保护的摄影作品，并非时事新闻。

案情简介

一、原告北京新某互联信息服务有限公司所运营的新某网于2017年1月19日发布了12幅小威比赛的摄影作品，署名“新某体育，李某/摄”。由李某、新某公司与新某网技术（中国）有限公司共同签署的《权利声明》亦证明了三方就为李某署名在新某网平台内发表的作品的属性和权属进行了明确约定，李某为执行单位分派给其的工作任务或主要利用单位或关联公司的物质技术条件完成的职务发明创造、职务作品，著作权等权利归属于新某网技术（中国）有限公司。

二、被告武汉长某新媒体有限公司于2017年1月19日18时51分在其经营的长某网体育栏目发布了12幅小威比赛的摄影作品，上述摄影作品与新某网上的涉案摄影作品一致，署名方式亦与新某网中的署名方式一致，并注明来源新某网。

三、新某公司向一审法院起诉请求：长某公司赔偿新某公司经济损失120000元。一审法院认为：长某公司未经新某公司许可，在其经营的长某网上使用了涉案摄影作品，使公众可以在其个人选定的时间和地点获得涉案摄影作品，侵害了新某公司对涉案摄影作品享有的信息网络传播权，长某公司应当承担相应的法律责任。长某公司上诉称涉案摄影作品是关于澳大利亚网球公开赛的有关新闻，属于著作权法中规定的时事新闻，不能受到著作权法的保护，长某网的使用行为不构成侵权。

四、2019年11月26日，二审法院判决认为：涉案摄影作品主要为记录费德勒、穆雷等运动员在澳大利亚网球公开赛中的运动场景和状态所拍摄而成，其拍摄手法、角度和场景等要素均体现了摄影者独特的选择和安排，是具有独创性并能以某种有形形式复制的智力成果，符合作品的构成要件，系受著作权法保护的摄影作品，并非时事新闻。长某公司有关其使用行为属于合理使用的主张缺乏事实和法律依据，不予支持。

核心裁判要旨

本案的争议焦点在于涉案摄影作品是否属于时事新闻的范畴而不受到著作权法的保护。而之所以著作权法对于时事新闻规定为不受保护，是因为此处的时事新闻概念为“通过报纸、期刊、广播电台、电视台等媒体报道的单纯事实消息”，而单纯事实消息并没有经过作者的创作，仅是基于新闻报道的要求，对基本事实予以叙述。虽然在编纂中也需要一定的遣词造句，或者说本身是对消息的一种表达，但将“单纯事实消息”纳入著作权法的范围内，可能会因为“事实与表达的混同”而造成对事实信息的垄断。

可见对于时事新闻的保护仍然是从独创性角度出发，因此对于虽然内容涉及时事新闻，但是其表达是作者通过智力活动得到的具有独创性的智力成果时，应当认定并不属于单纯事实消息，而应当作为法律意义上的作品，受到著作权法的保护。在第三次修订的《著作权法》中，将时事新闻修改为了“单纯事实消息”就是基于上述的考虑。

具体到本案中，虽然涉案摄影作品的内容是比赛中运动员的形象，其用途亦是对时事新闻的报道，但是在拍摄过程中，摄影师对人物、构图、色彩、光线等的选择，通常会使最终的影像满足独创性的要件，从而构成著作权法意义上的作品，因此上诉人对于涉案摄影作品属于时事新闻的主张未被法院接受，其行为侵犯了相关作品的信息网络传播权。

诉讼经验总结

一、新闻报道并非全部属于“时事新闻”而不受到著作权法的保护，其中只有“单纯事实消息”因为可能构成表达与事实的混同而不受到著作权法的保护，对于满足独创性要件的表达，是可能构成作品而受到著作权法的保护。

二、对于是否为“单纯事实消息”的界定，应当对独创性标准有所调整，因为时事新闻本身需要受到事实情况、新闻报道标准等限制，因此其创造空间较小，对于时事新闻的独创性标准认定应当适当放低，避免将创作性成果纳入“单纯事实消息”而无法受到保护。

法律规定

《中华人民共和国著作权法》（2010 年修正）	《中华人民共和国著作权法》（2020 年修正）
第五条第一款第二项 本法不适用于：（二）时事新闻；	**第五条第一款第二项** 本法不适用于：（二）单纯事实消息；

《中华人民共和国著作权法实施条例》（2013 年修订）

第五条第一项 著作权法和本条例中下列用语的含义：

（一）时事新闻，是指通过报纸、期刊、广播电台、电视台等媒体报道的单纯事实消息；

《最高人民法院关于审理著作权民事纠纷案件适用法律若干问题的解释》（法释〔2002〕31 号 2002 年 10 月 12 日发布）	《最高人民法院关于审理著作权民事纠纷案件适用法律若干问题的解释》（法释〔2020〕19 号 2020 年修正）
第十六条 通过大众传播媒介传播的单纯事实消息属于著作权法第五条第（二）项规定的时事新闻。传播报道他人采编的时事新闻，应当注明出处。	（在 2020 年的修正中并未修改）

本案链接

武汉长某新媒体有限公司与北京新某互联信息服务有限公司著作权权属、侵权纠纷二审民事判决书【（2018）京 73 民终 434 号】

关于长某公司上诉称涉案摄影作品属于时事新闻，长某网的使用行为属于合理使用的主张，本院认为，根据《著作权法实施条例》第五条第一项的规定，时事新闻是指通过报纸、期刊、广播电台、电视台等媒体报道的单纯事实消息。《最高人民法院关于审理著作权民事纠纷案件适用法律若干问题的解释》第十六条规定，通过大众传播媒介传播的单纯事实消息属于《著作权法》第五条第二项规定的时事新闻。由上述规定可知，《著作权法》中“时事新闻”特指“单纯事实消息”，即使用最为简单的语言文字对某一新闻事实的基本构成要素进行记录，其仅反映客观事实的存在，不属于作品的范畴。而本案中，涉案摄影作品主要为记录费德勒、穆雷等运动员在澳大利亚网球公开赛中的运动场景和状态所拍摄而成，其拍摄手法、角度和场景等要素均体现了摄影者独特的选择和安排，是具有独创性并能以某种有形形式复制的智力成果，符合作品的构成要件，系受著作权法保护的摄影作品，并非时事新闻。长某公司有关其使用行为属于合理使用的主张缺乏事实和法律依据，本院不予支持。

延伸阅读

裁判规则一：即使文章内容系反映时事，但体现了拍摄者选择，具有作品的独创性，并且非传播时事性消息或相关事实所必需的图片，属于法律意义上的作品。

案例一：北京慧某建设信息咨询有限公司与北京东某视讯科技有限公司侵犯著作权纠纷二审民事判决书【（2010）一中民终字第10328号】

根据《著作权法》第五条第二项的规定，该法不适用于时事新闻。根据《著作权法实施条例》第五条第一项的规定，时事新闻是指通过报纸、期刊、广播电台、电视台等媒体报道的单纯事实消息。单纯事实消息不受著作权法的保护，一方面系因为单纯的事实消息仅仅表达了客观事实，不表达作者的思想和感情，通常不具备成为作品的条件；另一方面系为了促进时事新闻的传播，使公众能尽快知悉近期发生的相关事实。而就摄影作品而言，即使其内容系反映时事，通常亦体现了拍摄者对于拍摄时机、角度、构图等的选择，具有作品的独创性，而且使用照片亦非传播时事性消息或相关事实所必需。因此，涉案的关于陈某希抵京的照片不属于《著作权法》第五条第二项所称的时事新闻。涉案照片属于著作权法所称的作品，应受到著作权法的保护。

裁判规则二：时事新闻在著作权法意义上可以分为单纯事实消息和新闻作品两部分（在新修订的《著作权法》施行的背景下进行的区分），区别就在于是否存在独创性表达。

案例二：潮州市潮某家文化传播有限公司与潮州某广播电视台著作权权属侵权纠纷二审民事判决书【（2020）粤民终1993号】

涉案两部作品是时事新闻还是新闻作品为本焦点问题审查的关键。根据《著作权法实施条例》（2013年修订）第五条规定："著作权法和本条例中下列用语的含义：（一）时事新闻，是指通过报纸、期刊、广播电台、电视台等媒体报道的单纯事实消息；……”从新闻报道角度看，单纯事实消息应当是指仅仅由时间、地点、人、事由和事件等要素的部分或全部构成的消息，是对事实的直观的、唯一的表达方式。潮某电视台涉案作品《实施×××××影剧院重焕生机》中，既有对潮州电影院微更新事实的陈述报道，也有对潮州电影院经理苏某民和街坊市民的采访报道，并配以潮州影剧院外观和内设，以及对相关人物采访过程等影像。潮某电视台涉案作品《潮州××××××！高颜值，还免费！》是图文新闻，包括 17 幅湘桥区官塘镇鹤塘公园的照片及文字说明，其中包含对官塘镇巷头村村民及官塘镇水利所所长李某裕进行采访的文字内容。潮某电视台涉案两部作品中除了对特定事实的报道外，还融入了作者对事实的评价、对相关人物的采访报道；作品中使用的影像和照片在取景、构图、拍摄角度、光线强弱、景深变化等元素上均体现作者的独特构思，故涉案两部作品并非单纯事实消息，属于新闻作品。根据《著作权法》（2010 年修正）第十一条①规定，由法人或者其他组织主持，代表法人或者其他组织意志创作，并由法人或者其他组织承担责任的作品，法人或者其他组织视为作者。如无相反证明，在作品上署名的公民、法人或其他组织为作者。著作权属于作者，本法另有规定的除外。本案中，潮某电视台系涉案两部新闻作品的作者，拥有该两部作品的著作权，应受我国著作权法的保护。

021 如何判断模型作品的认定及侵权判断标准？

☞ 阅读提示

模型大家并不陌生，一般是照实物的形状和结构按比例制成的物体。在机械学科的教学和活动中，模型必不可少，某鱼创意组合模型自 2000 年后即开始进入国内知名高校，用于学生创新能力的培养，全国大学生机械创新设计大赛也开始将其纳入比赛。曾几何时，某鱼创意组合模型陷入过侵权纠纷，经历了一审与二审。我国著作权法中的模型作品，是指为展示、

① 编者按：《著作权法》（2020 年修正）第 11 条、第 12 条。

试验或者观测等用途，根据物体的形状和结构，按照一定比例制成的立体作品。如何判断是否构成模型作品？立体造型是否符合我国著作权法规定的模型作品构成要件？笔者通过“某鱼案”与大家一同探讨。

裁判要旨

构成模型作品需具备三个条件：一是必须具有展示、试验或者观测等用途；二是具有独创性；三是能以有形形式固定的立体造型。涉案30种立体造型均符合我国著作权法规定的模型作品构成要件，并各自独立于图形作品构成模型作品，应受我国著作权法保护。

案情简介

一、费某尔公司，在2004年1月推出的含多种拼装组件的某鱼创意组合模型深受广大用户喜爱。涉案“结构与机械原理组合”模型为费某尔公司2004年推出的系列产品之一，内含多种拼装组件以及说明书，消费者可以依照说明书所载步骤搭建成30种不同机械原理的静态模型。

二、2009年，费某尔公司发现市场上以“中国某鱼”名义在各地展会上展出并销售的侵权产品抄袭复制其创意组合模型。两被告某方教具公司、雅某科技公司生产、销售的被控侵权产品内含与权利商品相同的拼装组件及装配手册。两被告在展会现场陈列的搭建完成的部分立体造型与权利商品相同。

三、原告费某尔技术公司认为，权利商品中30个立体模型实物构成立体作品；安装说明书中载有已搭建完成的30种静态模型展示图样、102幅拼装组件展示图例均构成产品设计图；组件拼装步骤图构成示意图。两被告的行为侵害了上述作品的署名权、复制权及发行权，且足以造成相关公众误认、混淆，构成不正当竞争，故诉至法院，请求判令两被告停止侵权行为并赔偿原告经济损失等共计100万元。

四、2017年9月18日，上海市徐汇区人民法院公开审理此案，法院认为，安装说明书中的102幅拼装组件图例、30种静态模型图样、30种组件拼装步骤图示，均构成图形作品。被控侵权产品装配手册中记载的相应图样与上述作品构成实质性相同，两被告复制、发行装配手册，构成对上述作品复制权、发行权、署名权的侵害。由于缺少“已搭建完成”这一关键的外在表达，故30个立体造型仍属于思想领域，不构成作品。对原告关于被告不正当竞争的主张亦不予支持。一审法院判决两被告停止侵权，赔偿经济损失、财产保全申请费及合理支出合计 16 万元，对原告其他诉讼请求予以驳回。

五、一审判决后，费某尔技术公司不服，向上海知识产权法院提起上诉。2019 年 9 月 19 日，法院作出二审判决，认为一审法院关于不正当竞争的判决应予维持。关乎著作权侵权，涉案 30 种立体造型能够以有形形式固定，亦符合模型作品的构成要件，应认定为模型作品；两被告未经原告许可，以同样方式生产、销售涉案商品，实质上行使了对 30 件模型作品的复制许可权，侵犯了原告对 30 种模型作品享有的复制权。在此基础上，本案的赔偿数额亦应予改判。二审法院判决：两被告停止侵权，赔偿经济损失 50 万元、财产保全申请费及其他合理支出 7.5 万元，驳回费某尔技术公司其余诉讼请求。

核心裁判要旨

本案的争议焦点为涉案 30 种立体造型是否构成受我国著作权法保护的模型作品，若构成模型作品，两被上诉人是否侵害了费某尔技术公司对涉案 30 种立体造型享有的著作权。

第一，关于涉案 30 种立体造型是否构成模型作品。一审法院认为费某尔技术公司主张构成立体作品应予保护的 30 种静态模型尚处于一种设想性的“腹稿”状态，还仅停留在“可搭建”的阶段，缺少“已搭建完成”这一关键的外在表达，属于典型的思想领域，不具备可感知性，无法作为作品受到著作权法保护。二审法院认为，我国《著作权法》第二条第二款规定：“外国人、无国籍人的作品根据其作者所属国或者经常居住地国同中国签订的协议或者共同参加的国际条约享有的著作权，受本法保护”。我国和上诉人所在的德国同为伯尔尼公约成员国，我国《著作权法》第三条第七项已明确规定保护模型作品，故本案无需适用伯尔尼公约的规定。《著作权法实施条例》第四条第十三项规定，“模型作品，是指为展示、试验或者观测等用途，根据物体的形状和结构，按照一定比例制成的立体作品。”从我国著作权法立法原意理解，构成模型作品需具备三个条件：一是必须具有展示、试验或者观测等用途，如与地理、地形、建筑或科学有关的智力创作等；二是具有独创性，精确地按照一定比例对实物进行放大、缩小或按照原尺寸制成的立体造型仅是实物的复制品，模型作品应当是根据物体的形状和结构，按照一定比例制成，但在造型设计上必须具有独创性；三是能以有形形式固定的立体造型。就本案而言，首先，涉案栅栏、曲柄传动机构等30种立体造型系抽象于现实中的机械、工程结构，现实中存在与之相对应物体或者结构，但又不完全是复制实物，而能展示实物所蕴含的机械原理和物理结构。其次，设计者通过对现有机械及工程结构进行选取和提炼，抽象和简化，在创作过程中对立体结构进行了取舍、浓缩、抽象，展示科学和技术之美，在布局、结构安排、搭配组合等方面，体现了设计者的构思和安排，具有独创性。最后，运用组件，按照说明书步骤图能够搭建成与《安装说明书》所附图样一致的具有实物形态的30种立体造型，即能以有形形式固定。综上，涉案30种立体造型均符合我国著作权法规定的模型作品构成要件，并各自独立于图形作品构成模型作品，应受我国著作权法保护。两被上诉人认为，30种立体造型不具有独创性，在平面作品的基础上无权再主张立体作品著作权的观点，法院不予采纳。

第二，关于两被上诉人制造、销售“结构与机械原理组合”套装产品是否侵害费某尔技术公司对涉案30种模型作品享有的著作权。二审法院认为：首先，装配手册与组件包一并提供，两者应作为一个整体，不应分割评判。其次，虽然涉案商品具备搭建涉案30种模型作品之外的用途和功能，但能搭建出涉案30种模型作品是涉案商品对外销售的卖点，体现了涉案商品的市场价值。在案证据表明涉案商品单价较高，学校等教育培训机构是主要购买者，主要作为教具使用。两被上诉人通过购买权利商品并精确仿制成涉案商品，涉案商品的使用者初学时按照装配手册的指示进行搭建，是两被上诉人提供涉案商品时能预见到的，故其主观上具有侵害上诉人权利作品著作权的故意。最后，两被上诉人在装配手册中提供了将组件搭建成为涉案30种模型作品中任何一种模型的具体实施步骤，按照示意图无需发挥想象力，搭建形成的模型实物，系涉案模型作品的复制件。两被上诉人在对外提供涉案商品（包括装配手册、零件）的同时，一并向购买者提供了按照装配手册进行组装实施复制涉案模型作品的授权，商业性许可购买者复制权利作品。两被上诉人在自身并不享有涉案模型作品复制权的情况下，商业性向购买者提供复制权利作品的授权，侵害了费某尔技术公司对涉案模型作品享有的复制权。

诉讼经验总结

一、模型作品和图形作品在独创性识别方面各不相同，因此，本案涉及的

30 种立体造型，以及手册中显示的成品图例、零件图例和装配图分别构成模型作品和图形作品。

二、作品自创作之日起作者享有著作权，无论作品的实物载体后续是否损毁、拆解或灭失，均不影响作者享有该作品的著作权。虽然本案中的 30 个立体模型是零散出售，但消费者可以按照手册的步骤拼接 30 个立体造型，这表明本案的作品可以“以某种有形形式复制”。一般来说，设计者第一次完成立体模型作品的搭建后，只要不人为拆解，可以一直保留立体状态。二审法院也认为，根据手册的步骤，搭建与附图一致的实物可以以有形形式固定。

法律规定

《中华人民共和国著作权法》 （2010 年修正）	《中华人民共和国著作权法》 （2020 年修正）
第三条第七项 本法所称的作品，包括以下列形式创作的文学、艺术和自然科学、社会科学、工程技术等作品： （七）工程设计图、产品设计图、地图、示意图等图形作品和模型作品；	**第三条第七项** 本法所称的作品，是指文学、艺术和科学领域内具有独创性并能以一定形式表现的智力成果，包括： （七）工程设计图、产品设计图、地图、示意图等图形作品和模型作品；
第十条第一款第五项、第六项 著作权包括下列人身权和财产权： （五）复制权，即以印刷、复印、拓印、录音、录像、翻录、翻拍等方式将作品制作一份或者多份的权利； （六）发行权，即以出售或者赠与方式向公众提供作品的原件或者复制件的权利；	**第十条第一款第五项** 著作权包括下列人身权和财产权： （五）复制权，即以印刷、复印、拓印、录音、录像、翻录、翻拍、数字化等方式将作品制作一份或者多份的权利；

《中华人民共和国著作权法实施条例》（2013 年修订）

第四条第一款第十二项、第十三项 著作权法和本条例中下列作品的含义：

（十二）图形作品，是指为施工、生产绘制的工程设计图、产品设计图，以及反映地理现象、说明事物原理或者结构的地图、示意图等作品；

（十三）模型作品，是指为展示、试验或者观测等用途，根据物体的形状和结构，按照一定比例制成的立体作品。

本案链接

费某尔技术有限公司与上海某方教具有限公司、上海雅某智能机器人科技有限公司著作权权属、侵权纠纷二审民事判决书【（2018）沪 73 民终 268 号】

从我国著作权法立法原意理解，构成模型作品需具备三个条件：一是必须具有展示、试验或者观测等用途，如与地理、地形、建筑或科学有关的智力创作等；二是具有独创性，精确地按照一定比例对实物进行放大、缩小或按照原尺寸制成的立体造型仅是实物的复制品，模型作品应当是根据物体的形状和结构，按照一定比例制成，但在造型设计上必须具有独创性；三是能以有形形式固定的立体造型。就本案而言，首先，涉案栅栏、曲柄传动机构等30种立体造型系抽象于现实中的机械、工程结构，现实中存在与之相对应物体或者结构，但又不完全是复制实物，而能展示实物所蕴含的机械原理和物理结构。其次，设计者通过对现有机械及工程结构进行选取和提炼，抽象和简化，在创作过程中对立体结构进行了取舍、浓缩、抽象，展示科学和技术之美，在布局、结构安排、搭配组合等方面，体现了设计者的构思和安排，具有独创性。最后，运用组件，按照说明书步骤图能够搭建成与《安装说明书》所附图样一致的具有实物形态的30种立体造型，即能以有形形式固定。综上，涉案30种立体造型均符合我国著作权法规定的模型作品构成要件。

延伸阅读

裁判规则一：仅对实物做等比例缩小的飞机模型，本质上属于对实物的复制行为，其并不具备独创性，故其并不受我国著作权法的保护。

案例一：深圳市飞某达精品制造有限公司与北京某航智成科技有限公司侵害著作权纠纷再审案【（2017）最高法民再353号】

最高人民法院再审认为：本案中，某航智成公司一审起诉要求保护的歼×飞机模型作品，是其从成某所获得授权制造、销售的歼×飞机模型，该模型是歼×飞机的等比例缩小，故歼×飞机产生在先，某航智成公司在本案中要求保护的歼×飞机模型产生在后。某航智成公司主张飞某达公司生产、销售的歼×飞机模型侵害其对歼×飞机模型享有的模型作品著作权，应当对其获得授权制造、销售的歼×飞机模型构成受我国著作权法保护的模型作品负有举证责任。某航智成公司在本案中要求保护的歼×飞机模型与歼×飞机相比，除材质、大小不同外，外观造型完全相同。因此，无论某航智成公司在将歼×飞机等比例缩小的过程中付出多么艰辛的劳动，某航智成公司均未经过自己的选择、取舍、安排、设计、综合、描述，创作出新的点、线、面和几何结构，其等比例缩小的过程仅仅只是在另一载体上精确地再现了歼×飞机原有的外观造型，没有带来新的表达，属于严格按比例缩小的技术过程。在某航智成公司不能证明其根据歼×飞机等比例缩小而制造的歼×飞机模型具有独创性的情况下，该过程仍然是复制，产生的歼×飞机模型属于歼×飞机的复制件，不构成受我国著作权法所保护的模型作品。即便按二审法院认定的事实，某航智成公司制造、销售的歼×飞机模型是对成某所完成的歼×飞机模型的复制，因二审法院认定由成某所完成的歼×飞机模型，亦为歼×飞机的等比例缩小，故基于与上述同样的理由，该成某所完成的模型亦不具有独创性，不受我国著作权法的保护。因此，二审法院关于“模型与原物的近似程度越高，其独创性越高”的认定，违背我国著作权法的基本原理，本院予以纠正。又鉴于我国著作权法只保护作品的表达，不延及思想、工艺、操作方法或数学概念，且我国著作权法保护的表达是具有文学、艺术和科学审美意义的智力成果，不保护为满足人们实际生活需要的实用性和功能性的表达，因此，二审法院关于“模型越满足实际需要，其独创性越高”的认定，也违背我国著作权法的立法本意，本院予以纠正。综上，飞某达公司关于某航智成公司在本案中要求保护的歼×飞机模型不构成受我国著作权法保护模型作品的再审主张成立，本院予以支持。某航智成公司关于飞某达公司侵害其歼×飞机模型作品著作权的起诉主张缺乏事实和法律依据，一审法院对其诉讼主张不予支持正确，本院对一审判决予以维持。

裁判规则二：对特定生产阶段的生物按一定比例制作而成的造型作品，构成著作权法意义上的模型作品。

案例二：中国某海洋研究所、郑某仪诉刘某谦、莱州市万某达石业有限公司、烟台环境某管理办公室侵犯著作权纠纷案【（2012）鲁民三终字第33号】

本案中，有孔虫模型是对有孔虫生命体特征的反映，其本身体现了制作者郑某仪的个性化选择和表达，属于著作权法保护的对象。因此，郑某仪根据其多年对有孔虫的观察、分析和研究成果，独立制作出有孔虫放大模型，体现了郑某仪对有孔虫生命体的理解，是对客观事物进行艺术抽象和美学修饰的创作成果，符合著作权法对作品独创性及独创高度的保护要求，构成著作权法意义上的作品。

022 字库中的书法单字是否属于美术作品？

☞ 阅读提示

美术作品是指绘画、书法、雕塑等以线条、色彩或者其他方式构成的有审美意义的平面或者立体造形艺术作品。书法作为我国特有的一种艺术表现形式，兼具传情达意和艺术美化的功能。现行的各类字库中的单字因书写方式不同，总体分为两大类，一类是由书法家用传统毛笔书写的单字（其中也包含集合古代书法家作品中的单字），一类是由设计人员使用现代工具描绘的美术字。那么，字库中的书法单字是否构成美术作品？笔者选取了书法家蔡某作品的相关案例，与大家一同探讨。

裁判要旨

涉案单字并未在已有汉字的基础上增加要素进行演绎，改变已有形态，即尚未形成独特的风格足以与其他汉字区别，未达到最低限度的创造性，不符合较高独特审美的独创性要求，不属于著作权法保护的范围，不构成美术作品。

案情简介

一、原告蔡某于2011年创作了“蔡某汉天真娃娃书法字体”，并授权字库公司将该书法字体制作成计算机字库，于2013年在“某某网”首次发表。2018年，蔡某在山东版权局对“蔡某汉天真娃娃书法字体”进行著作权登记，登记的作品类型是美术作品。

二、2019年10月，原告发现被告广东龙某音像有限公司、广东某出版社有限公司等出版发行的《某界》系列音乐专辑封面使用了“蔡某汉天真娃娃体”中的“茶”、“界”二字，认为侵犯了其复制权、发行权和署名权，遂将被告诉至法院，要求被告停止侵权、赔偿损失、赔礼道歉等。

三、被告辩称蔡某书写的“茶”、“界”两个单字不具有独创性，不属于美术作品。

四、2020年8月11日，一审法院认为，“茶”、“界”汉字书写笔画和字形结构的特征体与公知领域的汉字的基本笔画相比，并未在已有汉字的基础增加要素进行演绎，改变已有形态，即尚未形成独特的风格足以与其他汉字区别，未达到最低限度的创造性，不符合较高独特审美的独创性要求，不属于《著作权法》保护的范围，不构成美术作品。驳回原告蔡某的全部诉讼请求。

五、蔡某向广州知识产权法院提出上诉。2021 年 4 月 29 日，法院作出二审判决，认为涉案单字不满足最低限度的独创性标准，不构成著作权法意义上的美术作品。驳回上诉，维持原判。

核心裁判要旨

本案的争议焦点为蔡某主张的涉案“蔡某汉天真娃娃体”的“茶”、“界”单字是否属于受著作权法保护的美术作品。

蔡某主张涉案字体“茶”、“界”是由其用毛笔书写形成的，区别于工艺美术字，与近代王某山先生的书法作品“茶”字及古代《广开×××平安好大王碑》的“界”字有不同之处，是具有独创性的美术作品。

法院对此认为，《著作权法实施条例》规定著作权法所称作品，是指文学、艺术和科学领域内具有独创性并能以某种有形形式复制的智力成果。美术作品是指绘画、书法、雕塑等以线条、色彩或者其他方式构成的有审美意义的平面或者立体的造型艺术作品。关于涉案字体是否有独创性的问题。蔡某提出其所书写的单字字体是在临摹《广开×××平安好大王碑》和王某山的作品的基础上融入自己的风格，并体现出自己的个性特征，形成了新的作品。但法院认为，从整体观察涉案字体与前人书写的单字相比，视觉上的审美感知并无可识别的差别，不满足最低限度的独创性标准，不构成著作权法意义上的美术作品。至于涉案字体是否系用毛笔书写形成对其独创性的判断没有影响。

诉讼经验总结

一、书法字库中的单字在满足独创性要求的前提下，可以认定为美术作品，受法律保护。鉴于字体库本身的双重审美性和实用性特点，字体库的字体属于作品与工具紧密结合的智力成果。当字体库的字体作为美术作品受到保护时，其独创性应具有高度独特的审美要求，即字体库中受保护的单个字应与现有的知名字体有显著的不同。

二、书法家所写的字并非天生的原创。本案涉及的两个字都是娃娃体，普通人很难看到其艺术美，因此，尽管是书法家写的，但被告提出的抗辩认为并非原创，最终被法院采纳。

法律规定

《中华人民共和国著作权法实施条例》（2013 年修订）

第二条 著作权法所称作品，是指文学、艺术和科学领域内具有独创性并能以某种有形形式复制的智力成果。

第四条第八项 著作权法和本条例中下列作品的含义：

（八）美术作品，是指绘画、书法、雕塑等以线条、色彩或者其他方式构成的有审美意义的平面或者立体的造型艺术作品；

本案链接

蔡某与广东龙某音像有限公司、广东某出版社有限公司著作权权属、侵权纠纷一案民事二审判决书【（2020）粤 73 民终 4908 号】

根据查明的事实，蔡某提交的涉案字体的手稿、著作权登记证书等可以证实涉案字体是书法可供复印的由线条构成的平面造型。关于涉案字体是否有独创性的问题。蔡某提出其所书写的单字字体是在临摹《广开×××平安好大王碑》和王某山的作品的基础上融入自己的风格，并体现出自己的个性特征，形成了新的作品。临摹是中国传统书法创作的重要方式，通过临摹可以创作出新的书法作品，前提是作者在临摹过程中融入自己的思考与理解，在前人字体的基础上对笔画、线条等要素加以创新，最终呈现出与前人字体相比具有可识别的区别的个性特征。比对蔡某书写的“茶”、“界”两字，与王某山书画作品中的“茶”和古代《广开×××平安好大王碑》中的“界”两字，在字体的构型布局、笔画、运笔走向与线条上基本一致，主要在线条粗细上有所差别，该细微差别并不明显，且对于字体的审美并无明显影响，从整体观察涉案字体与前人书写的单字相比，视觉上的审美感知并无可识别的差别，不满足最低限度的独创性标准，不构成著作权法意义上的美术作品。

延伸阅读

裁判规则一：涉案字库中的单字具有独创性和审美意义，属于受著作权法保护的美术作品。

案例一：蔡某、丽水市某倪食品有限公司、浙江某猫网络有限公司侵害作品

复制权纠纷一审民事判决书【（2020）浙0110民初3438号】

蔡某主张某倪公司将其《蔡某汉天真娃娃书法字体》中的“某某腌”三个书法字体注册成商标并使用在其生产、销售的辣椒酱商品包装及宣传广告中，侵犯了“某某腌”三个书法字体的著作权。蔡某是否就涉案“某某腌”三个书法字体享有著作权？法院认为，蔡某主张权利的涉案“某某腌”三个书法字体在断笔方式、布局结构、笔画粗细、曲直选择等方面体现了独特的艺术美感，呈现出了不同于其他常见字体的独创性表达，融入了创作者的智力判断和选择，具有独创性和审美意义，属于受著作权法保护的美术作品。手稿和字体软件所呈现的“某某腌”三个字属同一美术作品，字体软件的公开发表也可视为涉案书法字体的公开发表。某倪公司关于蔡某不享有涉案书法字体著作权、其不存在接触涉案书法字体可能的抗辩理由不成立。某倪公司未经蔡某许可，将与蔡某《蔡某汉天真娃娃书法字体》中基本相同字体的“某某腌”三个字注册成商标并在其生产、销售的六款辣椒酱商品、某猫店铺首页及商品宣传页面中使用该字体商标标识、且未署名的行为侵犯了蔡某对涉案美术作品享有的复制权、发行权、信息网络传播权及署名权。

案例二：原告蔡某与被告南京某餐饮有限公司侵害著作权纠纷一案的民事判决书【（2019）苏0102民初7368号】

本案中，原告已经提供了原始手写稿证明《蔡某汉天真娃娃书法字体》中的单字系用传统毛笔书写而成，且其与公知领域的其他字体的基本笔画相比，具有独特的艺术效果和审美意义，体现了原告的独创性，且具有可复制性，能够成为著作权法意义上的美术作品。结合原告提供的著作权登记证书等证据，法院认定原告对《蔡某汉天真娃娃书法字体》享有著作权。被告在其店铺及微信公众号上使用的“就是四季如夏的大排档”、“好龙虾就吃朱小乐”与原告字库中17个汉字在笔画、笔数及汉字部件的位置、字体关系、设计风格上近乎一致。被告未经原告许可，在其店铺及微信公众号上使用了原告享有著作权的《蔡某汉天真娃娃书法字体》单字“好、龙、虾、就、吃、朱、小、乐、是、四、季、如、夏、的、大、排、档”共17个文字，侵犯了原告对此依法享有的美术作品著作权。

023 擅用微信红包外观构成侵权吗？

☞ 阅读提示

微信已经深入到人们的日常生活中，成为必不可少的应用软件之一。微信红包除了作为一种日常支付方式，也是人们和家人朋友维系感情的重要手段。微信表情与微信红包也成为日常社交的手段，然而当“微信红包”页面被其他应用软件复制时，是否构成侵权，能否受到著作权法保护，北京互联网法院针对此类案例作出了判决，笔者选取了相关案例与大家一同探讨。

裁判要旨

“微信红包聊天气泡和开启页”颜色与线条的搭配、比例，图形与文字的排列组合等体现了创作者的选择、判断和取舍，并展现了一定程度的美感，具有独创性，构成美术作品。构成独创性表达的软件页面设计可作为美术作品予以保护。

案情简介

一、2016年12月20日，原告一某讯科技公司创作完成“微信红包2017新春版”美术作品，其对“微信红包聊天气泡”（未领取页和已领取页）和“微信红包开启页”（未点击页和已点击页）（合称“微信红包聊天气泡和开启页”）享有著作权。2011年1月10日，某讯科技公司授权原告二某讯计算机公司运营“微信”应用软件及其各升级版本，并授权其专有使用相应美术作品。

二、原告发现，被告北京青某网络科技有限公司开发运营了“某牛”应用软件，并在其官方网站及多家手机软件下载平台提供下载、安装服务。“某牛”应用软件中提供红包收发服务，其三款电子红包的聊天气泡、开启页与原告在先的“微信红包聊天气泡和开启页”美术作品构成实质性相似。被告的行为侵犯了原告对上述美术作品享有的信息网络传播权。“微信红包”相关页面及“微信”整体页面系有一定影响的装潢，“某牛”应用软件进行了整体抄袭，极易造成相关公众混淆或误认。二原告请求法院判令被告停止侵害著作权和不正当竞争行为，消除影响，赔偿原告经济损失及合理开支共计450万元。

三、被告青某网络科技有限公司辩称，“微信红包聊天气泡和开启页”不具有独创性，在电子红包创作表达方式有限的情况下，被告使用的电子红包相关页面与原告主张的“微信红包聊天气泡和开启页”存在一定差异，故被告不存在侵权行为。

四、2019年7月19日，北京互联网法院认为，涉案“微信红包聊天气泡和开启页”具有独创性，构成作品，被告青某网络科技有限公司未经许可，在其经营的“某牛”应用软件中使用与涉案美术作品相近似的电子红包聊天气泡和开启页，使该软件用户可以在其选定的时间和地点获得与涉案美术作品相近似的页面，侵害了原告依法享有的信息网络传播权，应当承担相应的民事责任。涉案“微信红包”相关页面构成反不正当竞争法规定的“有一定影响的装潢”，被告进行了高度模仿行为，这种不正当地利用他人的劳动成果攫取竞争优势并以此参与市场竞争活动的行为，不仅会导致相关公众的混淆误认，同时也损害了正常的市场竞争秩序，因此，被告的相关行为构成不正当竞争。

核心裁判要旨

本案的争议焦点为：一、涉案“微信红包聊天气泡和开启页”是否构成作品；二、被告是否侵犯了原告享有的信息网络传播权；三、应用软件页面能否受到著作权法和反不正当竞争法双重保护。

从整体上看，涉案“微信红包聊天气泡和开启页”的颜色与线条的搭配、比例、图形与文字的排列组合，均体现了创作者的选择、判断和取舍，展现了一定程度的美感，具有独创性，构成我国著作权法意义上的美术作品。

根据查明的事实，被告经营的“某牛”应用软件中共有三款电子红包，分别为“某牛红包”（即“零钱红包”）、“支付宝红包”和“云红包”。被告的三款电子红包开启页与原告主张的涉案“微信红包开启页”分别构成实质性相似。再将原、被告各自的电子红包聊天气泡进行对比，原、被告各自的电子红包聊天气泡分别构成实质性相似。

著作权法是对作品创作和传播中产生的专有权利的保护，而反不正当竞争法是对经营中产生的竞争利益的保护，二者保护的利益并不重合，可以同时适用。原告的“微信红包”相关页面作为相关服务的整体形象，其中的文字、图案、色彩及其排列组合，具有美化服务的作用，应当属于装潢。上述页面通过大量使用，已经能够起到识别服务来源的作用，构成“有一定影响的装潢”，可以在著作权法之外同时寻求反不正当竞争法的保护。

诉讼经验总结

一、构成独创性表达的软件页面设计可作为美术作品予以保护。如果相关页面设计构成“有一定影响的装潢”，还可适用反不正当竞争法。本案中，原告选择了著作权和不正当竞争两种途径，对于美术设计元素较为丰富的“聊天气泡”及“红包开启页”主张著作权。对于包含“发送页”、“聊天气泡”、“开启页”、“查看详情页”全流程的整体页面主张构成“有一定影响的装潢”，寻求反不正当竞争法的保护。

二、本案对软件页面设计的独创性要素的判断及保护标准提供了一定借鉴意义。著作权法与反不正当竞争法二者保护的利益并不重合。对于软件页面设计的保护路径，可以考虑采取多重途径。

法律规定

《中华人民共和国著作权法》（2010 年修正）	《中华人民共和国著作权法》（2020 年修正）
第十条第一款第十二项 著作权包括下列人身权和财产权： （十二）信息网络传播权，即以有线或者无线方式向公众提供作品，使公众可以在其个人选定的时间和地点获得作品的权利；	**第十条第一款第十二项** 著作权包括下列人身权和财产权： （十二）信息网络传播权，即以有线或者无线方式向公众提供，使公众可以在其选定的时间和地点获得作品的权利；

《中华人民共和国著作权法实施条例》（2013 年修订）

第二条 著作权法所称作品，是指文学、艺术和科学领域内具有独创性并能以某种有形形式复制的智力成果。

第四条第八项 著作权法和本条例中下列作品的含义：

（八）美术作品，是指绘画、书法、雕塑等以线条、色彩或者其他方式构成的有审美意义的平面或者立体的造型艺术作品；

本案链接

深圳市某讯计算机系统有限公司等与北京青某网络科技有限公司著作权权属、侵权纠纷一审民事判决书【（2019）京0491民初1957号】

从整体上看，涉案“微信红包聊天气泡和开启页”的颜色与线条的搭配、比例、图形与文字的排列组合，均体现了创作者的选择、判断和取舍，展现了一定程度的美感，具有独创性，构成我国著作权法意义上的美术作品。根据查明的事实，被告未经许可，在其经营的网站及涉案九款应用软件中均直接提供了与两原告享有权利的“微信表情、微信支付图标、微信红包详情页、微信红包气泡、微信图标”完全相同或仅有细微差别的图案，使该软件用户可以在其选定的时间和地点获得与涉案美术作品相同或实质性近似的页面，侵害了原告依法享有的信息网络传播权，应当承担相应的民事责任。

延伸阅读

裁判规则一：涉案“微信表情、微信支付图标、微信红包详情页、微信红包气泡、微信图标”构成作品。

案例一：某讯科技（深圳）有限公司、深圳市某讯计算机系统有限公司诉深圳市朱某网络科技有限公司著作权权属、侵权及不正当竞争纠纷一审民事判决书【（2019）粤0305民初5539-5547号】

涉案“微信表情、微信支付图标、微信红包详情页、微信红包气泡、微信图标”在颜色与线条的搭配、比例、图形与文字的排列组合等方面均体现出一定的个性化选择和独创性表达，具有审美意义，构成美术作品，受著作权法保护。

裁判规则二：涉案微信表情构成美术作品，受著作权法保护。

案例二：某讯科技（深圳）有限公司等诉北京青某网络科技有限公司侵害作品信息网络传播权纠纷案【（2019）京0491民初16794号】

本案中，涉案微信表情均为采用“黄脸表情”设计理念的卡通形象，即用圆形黄色表示面部，在此基本造型的基础上，通过眼部、嘴部、手势等神态的变化来反映人物的不同情绪，生动、形象、富有趣味，在线条、色彩运用等方面体现出一定的个性化选择和独创性表达，具有审美意义，构成美术作品，受著作权法保护。

三、侵权认定

024 侵害计算机软件著作权如何认定损害赔偿?

☞ **阅读提示**

自2014年12月28日成立至2020年2月底，上海知识产权法院共受理了398起侵害计算机软件著作权纠纷。在已审结的案件中，以判决方式结案的比例相对较低，共计53起。适用法定赔偿案件比例较高。在法定最高赔偿限额以上确定赔偿数额案件占一定比例。关于合理费用支持情况，法院对确与被诉侵权行为相关的公证费用、侵权软件产品购买费用等予以全额支持。关于权利人产生的调查费、翻译费、其自行委托鉴定机构的费用，法院酌情予以支持。

由于计算机软件开发和应用的特殊性，计算机软件著作权侵权损害赔偿的认定在实践中存在较大困难。一方面，权利人软件单位利润无法确定；另一方面，侵权人违法所得难以确定。那么，法院一般如何认定损害赔偿数额？笔者通过案例分析，与大家一同研习。

裁判要旨

侵犯著作权或者与著作权有关的权利的，侵权人应当按照权利人的实际损失给予赔偿；实际损失难以计算的，可以按照侵权人的违法所得给予赔偿。赔偿数额还应当包括权利人为制止侵权行为所支付的合理开支。权利人的实际损失或者侵权人的违法所得不能确定的，由人民法院根据侵权行为的情节，判决给予五十万元以下的赔偿。

案情简介

一、2015 年 2 月 26 日，蓝某股份公司将“电池测试系统下位机软件”V1.0 版本在国家版权局备案登记，并取得《计算机软件著作权登记证书》。

二、被告胡某华、陈某果二人从事蓝某公司二、金某公司关于“电池测试系统”的销售和售后服务工作，在此期间接触了公司大量的商业和技术秘密，于 2009 年初商定共同复制“电池测试系统”牟利，并利用工作之便，未经许可复制了“电池测试系统”软件。本案中，据不完全统计，2013 年 5 月至 2015 年 7 月期间，胡某华、陈某果为销售其仿制“电池测试系统”，实际出资成立某博公司，对外销售仿制“电池测试系统”，销售金额达 4482490 元。胡某华、陈某果的软件著作权侵权行为已构成犯罪，湖北省武汉市江岸区人民法院已于 2017 年 5 月 5 日作出刑事判决。

三、一审法院认为，本案系胡某华、陈某果等人共谋，利用在金某公司、蓝某公司二工作之便，从金某公司、蓝某公司二拷贝、保存“电池测试系统”计算机软件，在未经著作权人许可的情况下，复制“电池测试系统”计算机软件，仿制“电池测试系统”对外销售牟利，系直接实施侵权行为。结合销售事实，系胡某华、陈某果以实际出资成立的某博公司名义对外销售，胡某华、陈某果的行为并非简单作为公司股东存在，而系直接与某博公司共同实施侵权行为，构成共同侵权。原告主张之数额实为被告的非法经营数额，并非全部属于侵权人的违法所得，也并非完全由软件所产生，原告的赔偿请求亦不能全额支持。就维权合理开支，原告主张含刑事阶段和民事阶段的支出共计 493604.1 元均应由被告在两案中分担，刑事阶段的支出仅能在本案中予以一定参考和考量，而不能直接由本案被告承担。

四、蓝某股份公司上诉请求依法改判支持其全部诉讼请求；某博公司、胡某华、陈某果上诉请求撤销原审判决，改判某博公司、胡某华、陈某果不承担赔偿责任，一、二审诉讼费用由蓝某股份公司承担。2020 年 5 月 27 日，最高人民法院作出二审判决，认为原审没有重复评价同一侵权行为，原审结合生效刑事判决认定数额酌情确定 40 万元并给予 6 万元的为制止侵权行为所支付的合理开支并无不当。本案双方当事人的上诉请求均不能成立，驳回上诉，维持原判。

核心裁判要旨

本案的争议焦点在于赔偿数额问题。关于赔偿数额，根据著作权法第四十九条①之规定，侵犯著作权或者与著作权有关的权利的，侵权人应当按照权利人的实际损失给予赔偿；实际损失难以计算的，可以按照侵权人的违法所得给予赔偿。赔偿数额还应当包括权利人为制止侵权行为所支付的合理开支。权利人的实际损失或者侵权人的违法所得不能确定的，由人民法院根据侵权行为的情节，判决给予五十万元以下的赔偿。由此，赔偿数额包括经济损失及维权合理开支。

本案中，就经济损失，蓝某股份公司主张按照检察院起诉书中认定的2013年5月至2015年7月胡某华、陈某果以某博公司名义对外销售获取的销售金额4482490元计算，胡某华等则辩称检察院起诉书不能作为认定依据，与判决书认定不一致，且软件系免费或可重复使用。经审查，因“电池测试系统”测试功能的实现需要通过软件与硬件设备配合，硬件设备脱离软件后无法使用，“电池测试系统”硬件设备虽具有相应价值，但如果没有软件，无法实现其营利目的，软件系销售的测试系统中不可或缺的组成部分，且胡某华等销售的每台硬件设备中均安装有“下位机软件”，销售获利系软硬件共同作用而产生，胡某华等该辩称原审法院不予认可；但蓝某股份公司主张之数额，一方面，仅为检察院起诉书认定数额，而生效刑事判决书对该节事实的认定为销售金额达1138300元，根据《最高人民法院关于民事诉讼证据的若干规定》第九条之规定，应当以人民法院发生法律效力的裁判所确认的事实为准，对胡某华等该抗辩，原审法院予以认可。另一方面，生效刑事判决书认定的1138300元，实为胡某华等的非法经营数额，并非全部属于侵权人的违法所得，也并非完全由软件所产生，蓝某股份公司的赔偿请求亦不能全额支持。综上，鉴于双方所陈述的非法经营数额，与侵权相关的利润计算方式差距较大，也均未提交相关证据支持，本案权利人的实际损失或者侵权人的违法所得无法确定，原审法院依据产品的一般售价、作品类型及贡献、胡某华等的主观过错、侵权方式、时间、范围、后果等酌情确定应当赔偿的经济损失数额。就维权合理开支，蓝某股份公司主张含刑事阶段和民事阶段的支出共计493604.1元均应由胡某华等在两案中分担。经审查，刑事阶段的支出虽与本案有所关联，但需要考虑的是，刑事案件中，胡某华、陈某果并无自证其罪的举证义务，由其承担相关的侦办费用以及刑事案件受害人律师代理费用均无相

---

① 编者按：《著作权法》（2020年修正）第54条。

应法律依据，该支出仅能在本案中予以一定参考和考量，而不能直接由本案胡某华、陈某果、某博公司承担；民事阶段支出中，有律师出庭等相关开支应属客观存在，法院根据案件的实际情况，酌情对其中的合理部分予以支持，并由胡某华、陈某果、某博公司承担。

诉讼经验总结

一、损害赔偿数额的确定，主要包括权利人的实际损失、侵权人的违法所得及适用法定赔偿这三种计算方式。其中，法定赔偿的本质，是对损害赔偿的一种推定，即在权利人的实际损失或侵权人的违法所得无法确定时，由法院根据已查明的案件事实，综合考虑相关因素后，酌情确定最终赔偿数额。

二、审判实践中，在合理费用的支持方面，法院支持与涉嫌侵权相关的公证费用和侵权软件产品的购买费用。权利人通过公证、保全等方式确定侵权证据所发生的费用，属于停止侵权所支付的合理费用，应当属于赔偿范围。但是，如果公证保全行为本身不被认定为侵权，法院将不支持这部分公证费用。法院酌情支持调查费、翻译费和权利人委托的鉴定机构的费用。聘请律师产生的律师费，法院酌情或者全额予以支持。法院通常会考虑案件的难易程度、律师行业的收费标准、律师的工作量、到庭参加诉讼等情况，并结合权利人在诉讼中提交的律师代理合同或律师费发票等证据，酌情支持律师费用。

三、继《民法典》之后，最新《著作权法》（2020 年修正）第五十四条针对频发的劣性侵权事件，首次明确侵犯著作权惩罚性赔偿——故意侵犯著作权或者与著作权有关的权利，情节严重的，可以按照权利人的实际损失、侵权人的违法所得或权利使用费的数额的一倍以上五倍以下确定赔偿数额。

法律规定

《中华人民共和国著作权法》 （2010 年修正）	《中华人民共和国著作权法》 （2020 年修正）
第四十九条 侵犯著作权或者与著作权有关的权利的，侵权人应当按照权利人的实际损失给予赔偿；实际损失难以计算的，可以按照侵权人的违法所得给予赔偿。赔偿数额还应当包括权利人为制止侵权行为所支付	**第五十四条** 侵犯著作权或者与著作权有关的权利的，侵权人应当按照权利人因此受到的实际损失或者侵权人的违法所得给予赔偿；权利人的实际损失或者侵权人的违法所得难以计算的，可以参照该权利使用费给

《中华人民共和国著作权法》（2010 年修正）	《中华人民共和国著作权法》（2020 年修正）
的合理开支。 权利人的实际损失或者侵权人的违法所得不能确定的，由人民法院根据侵权行为的情节，判决给予五十万元以下的赔偿。	予赔偿。对故意侵犯著作权或者与著作权有关的权利，情节严重的，可以在按照上述方法确定数额的一倍以上五倍以下给予赔偿。 权利人的实际损失、侵权人的违法所得、权利使用费难以计算的，由人民法院根据侵权行为的情节，判决给予五百元以上五百万元以下的赔偿。 赔偿数额还应当包括权利人为制止侵权行为所支付的合理开支。 人民法院为确定赔偿数额，在权利人已经尽了必要举证责任，而与侵权行为相关的账簿、资料等主要由侵权人掌握的，可以责令侵权人提供与侵权行为相关的账簿、资料等；侵权人不提供，或者提供虚假的账簿、资料等的，人民法院可以参考权利人的主张和提供的证据确定赔偿数额。 人民法院审理著作权纠纷案件，应权利人请求，对侵权复制品，除特殊情况外，责令销毁；对主要用于制造侵权复制品的材料、工具、设备等，责令销毁，且不予补偿；或者在特殊情况下，责令禁止前述材料、工具、设备等进入商业渠道，且不予补偿。

《计算机软件保护条例》（2013 年修订）

第十四条第一款 软件著作权自软件开发完成之日起产生。

本案链接

武汉市蓝某电子股份有限公司、武汉市某博测试设备有限公司侵害计算机软件著作权纠纷二审民事判决书【（2020）最高法知民终 18 号】

根据《著作权法》第四十九条①规定，本案中，生效刑事判决认定 2013 年 5 月至 2015 年 7 月胡某华、陈某果以某博公司名义对外销售仿制“电池测试系统” 223 台，销售金额达 1138300 元，其中还包括了硬件设备、人工等非计算机软件的价值，因此，蓝某股份公司依据检察院刑事起诉书主张的 4482490 元，既不是刑事判决认定的非法经营数额，也不是某博公司、胡某华、陈某果因共同侵权的

① 编者按：《著作权法》（2020 年修正）第 54 条。

违法所得，原审结合生效刑事判决认定数额酌情确定40万元并给予6万元的为制止侵权行为所支付的合理开支并无不当。

延伸阅读

裁判规则一：在权利人的实际损失或者侵权人的违法所得不能确定的情形下，应当依据著作权法的法定赔偿标准确定经济损失赔偿数额。根据涉案两款计算机软件的知名度、销售价格、侵权行为的性质、主观状态、侵权情节及持续时间等，酌情确定赔偿数额。

案例一：上海戴某信息技术有限公司与某软公司侵害计算机软件著作权纠纷案【（2020）最高法知民终404号】

戴某公司未经某软公司许可，擅自在其销售的服务器上安装某软公司拥有著作权的计算机办公软件。关于戴某公司主张涉案软件的市场价格能够轻易地获取，原审法院应能认定某软公司的实际损失。二审认为，戴某公司该项主张的实质是，某软公司的实际损失应当以涉案软件的市场价格乘以涉案服务器数量三台这种方式来计算，该种计算方式是将权利人公证取证的侵害涉案软件著作权的服务器数量等同于侵权人实际销售的侵害涉案软件著作权的服务器数量，但是从某软公司于不同时间从戴某公司处购买的三台服务器中均安装有未经许可的涉案软件的事实来看，戴某公司的该项主张难以成立，不予支持。其次，二审中询问戴某公司能否提供涉案服务器和软件的销售数据时，其表示因搬迁和系统更新，相关数据无法查询，即戴某公司实质上亦无法说明其因销售涉案软件而获益的情况。综上，鉴于戴某公司因侵权获得的利益及某软公司因被侵权受到的损失均难以确定，原审法院根据涉案两款计算机软件的知名度、销售价格、戴某公司侵权行为的性质、主观状态、侵权情节及持续时间等，酌情确定戴某公司赔偿某软公司经济损失50万元，并无不当。

裁判规则二：在已有证据证实权利人实际损失超过法定赔偿最高限额，但无法精确获得损失数额的情况下，综合知识产权的市场价值、侵权行为的性质及规模、侵权行为的具体情节和侵权人主观过错等各项因素，在法定赔偿最高限额之上酌定赔偿金额，以最大限度地填平权利人实际损失，达到全面赔偿目的。

案例二：法国达某系统股份有限公司与上海知某电动车技术有限公司计算机软件著作权侵权纠纷上诉案【（2018）沪民终429号】

被告未经原告许可，在其经营场所内的计算机上安装了涉案软件，侵害了原告对涉案软件享有的复制权，依法应当承担停止侵权、赔偿损失的民事责任。鉴于被告被文化执法总队查获使用侵权软件后，一方面与原告签订和解协议，并与原告授权销售代理商签订销售合同，但却未按约支付合同款项；另一方面，由于被告与原告达成和解，文化执法总队对其依法减轻处罚后，其在未获得软件合法使用许可的情况下，不但未停止侵权行为，还进一步扩大了侵权规模，反映出被告侵权行为的主观恶意明显。本案中，虽然原告的实际损失和被告的违法所得均难以确定，但结合原告提供的现有证据，已经可以证明原告因侵权所受到的损失超过了著作权法规定的法定赔偿数额的上限50万元，故结合全案的证据情况，以双方提交的销售合同约定的软件销售价格作为参考，综合考虑下列因素，在法定赔偿最高限额之上酌情合理确定赔偿数额：1. 被告安装侵权软件的数量为73套；2. 被告的侵权期间；3. 被文化执法总队查获使用侵权软件后，被告虽与原告的授权销售代理商签订销售合同，但并未实际履行，也未停止侵权行为，还进一步扩大了侵权规模，侵权主观恶意明显。关于原告主张的律师费，根据相关律师费收费标准，结合本案的难易程度、原告律师在本案中的工作量等予以全额支持。据此判决被告知某公司立即停止侵害原告达某公司×××计算机软件著作权的行为；赔偿原告达某公司经济损失及律师费共计900万元。一审宣判后，知某公司提起上诉，认为原判赔偿金额过高，请求二审法院依法改判。上海市高级人民法院经审理认为，上诉人存在重复侵权行为，侵权主观恶意明显，且被上诉人的实际损失已经明显超过法定赔偿50万元的最高限额，故本案应当综合具体的证据情况，在法定赔偿最高限额之上酌情确定赔偿金额。原审法院根据上诉人安装侵权软件的数量、侵权期间、主观恶意及权利人为维权所支出的合理开支等因素，酌定上诉人赔偿被上诉人经济损失及律师费900万元并无不当，据此判决驳回上诉，维持原判。

025 著作权案件中阻碍证据保全，是否要承担不利后果？

☞ 阅读提示

在知识产权的司法保护过程中，其证据具有隐蔽性、技术性、易毁性、不稳定性等特点，相比于一般民事诉讼的证据更加难以取得而且容易灭失，因此，证据保全就显得尤为重要。《中华人民共和国民事诉讼法》中对于证据保全有这样规定：“在证据可能灭失或者以后难以取得的情况下，当事人可以在诉讼过程中向人民法院申请保全证据，人民法院也可以主动采取保全措施。”① 证据保全为权利人提供了救济，权利人可以借此及时固定关键证据，防止在诉讼中出现举证困难的现象。但是，在具体的司法实践中，会出现当事人以各种方式阻碍法院的证据保全，那么这种行为需不需要承担法律后果呢？笔者通过案例分析，与大家一同学习。

裁判要旨

对于任何单位或者个人以暴力、威胁或者其他方法阻碍人民法院证据保全的，人民法院将作出不利于该方当事人的事实推定，并在确定具体赔偿数额时将此情形作为侵权情节予以考量。

案情简介

一、原告西某子软件公司为NX系列软件的著作权人，其以被告沃某公司未经许可使用涉案软件进行产品设计和制造构成侵权为由，向广州知识产权法院（以下简称“一审法院”）提起诉讼，请求判令沃某公司停止侵害并赔偿经济损失及维权合理开支2712827元。

二、2018年6月，根据西某子软件公司的申请，一审法院赴沃某公司送达了保全裁定，并向该公司在场管理人员详细说明了将采取的保全措施以及拒不配合法院保全的法律后果。经现场清点，沃某公司设计办公室共有26台电脑。在一审法院保全了17台电脑且其中9台电脑显示安装有涉案软件后，沃某公司突然采取对抗措施，通过拒不打开部分电脑、断电、扣留法院相机、阻止法院人员离开等方式阻挠保全工作，导致法院保全工作被迫终断，其余9台电脑未完成保全。

三、一审法院认为，沃某公司未经许可，侵害了西某子软件公司涉案软件的复制权。以法定赔偿上限判令沃某公司停止侵权并赔偿西某子软件公司经济损失50万元及维权合理费用10万元。

---

① 编者按：《民事诉讼法》第84条第1款。

四、双方当事人均不服，向最高人民法院提起上诉。最高人民法院于2020年11月19日作出二审判决，综合考虑沃某公司的侵权数量、涉案软件价格、沃某公司在本案中无正当理由阻碍法院证据保全的情节等因素，改判沃某公司赔偿西某子软件公司经济损失261万余元及维权合理开支10万元。

核心裁判要旨

本案的争议焦点问题是：（一）沃某公司是否侵害了涉案软件著作权；（二）原审法院确定的赔偿数额是否适当。

关于第一个争议焦点，本案中，在现有证据能够证明被诉侵权软件与西某子软件公司涉案软件具有高度近似性包括具有相同名称、版本号及版权人信息的情况下，可以初步认定沃某公司复制了西某子软件公司享有著作权的涉案软件，此时沃某公司应当提供相应反证以推翻上述认定。但是，沃某公司并未提供证据证明其购买过涉案软件，亦未就其安装的被诉侵权软件与西某子软件公司享有著作权的涉案软件有何区别提供证据或者作出合理说明。因此，沃某公司侵害了涉案软件著作权。

关于第二个争议焦点，因沃某公司拒不配合法院保全行为，应推定9台未保全的电脑均安装有涉案软件，构成侵权。确定侵权损害赔偿时应当对9台未保全电脑一并予以考量。至于具体的赔偿数额，法院重点考虑如下因素：1. 侵权数量，推定9台未保全的电脑上均安装了涉案软件，故沃某公司至少复制了22套涉案软件，侵权数量较大。2. 软件价格，西某子软件公司的NX软件适用于工业制造，具有一定知名度，其原审提交的证据显示不同版本的NX软件售价从15万元到20万元不等，经济价值较高。虽然西某子软件公司提供的软件售价中包含了安装、培训、咨询、维护、升级等售后服务，但是即便扣除西某子软件公司售后服务的价值，按照每套软件西某子软件公司平均损失12万元计算，22套软件的总损失也已达到264万元。3. 沃某公司的侵权情节，沃某公司在本案中具有无正当理由阻碍法院证据保全的行为，情节较为严重。因此，在案证据能够证明西某子软件公司的实际损失已经明显超出法定赔偿额上限，且其主张的损害赔偿数额具有事实基础和法律依据，法院对西某子软件公司的损害赔偿请求予以全额支持。在有证据证明权利人因侵权所受损失明显超过法定赔偿最高上限的情况下，不应适用法定赔偿，权利人可以主张以实际损失确定赔偿数额。

诉讼经验总结

一、2020年11月9日，最高人民法院通过《最高人民法院关于知识产权民事诉讼证据的若干规定》，第十三条、第十四条确定了被申请人拒不配合或妨碍人民法院采取的证据保全措施，以及对人民法院已经采取的保全措施予以拆装、篡改或破坏的情形下，由被申请人承担不利后果的证据妨碍规则。法院在确定具体赔偿数额时会将对举证妨碍情节予以考虑。因此，在司法实践中，企业应主动积极配合法院的证据保全措施，不能通过作为或者不作为的方式阻碍负有举证责任一方的当事人对所主张的事实进行证明，妨害保全“终害己”。

二、侵权行为人的经营状况并非确定损害赔偿数额时所需考量的因素。侵权行为人不能以经营状况不佳、没有获利作为逃避侵权赔偿的借口，将经营风险转嫁给权利人。权利人是否对侵权行为予以制止，不能证明权利人对于被诉侵权行为和损害结果发生存在过错，因此，侵权行为人不能以这种理由来主张权利人也存在过错。

法律规定

《中华人民共和国著作权法》（2010年修正）	《中华人民共和国著作权法》（2020年修正）
第二条第二款 外国人、无国籍人的作品根据其作者所属国或者经常居住地国同中国签订的协议或者共同参加的国际条约享有的著作权，受本法保护。	（在2020年的修正中并未修改）
第十条第一款第五项 著作权包括下列人身权和财产权： （五）复制权，即以印刷、复印、拓印、录音、录像、翻录、翻拍等方式将作品制作一份或者多份的权利；	**第十条第一款第五项** 著作权包括下列人身权和财产权： （五）复制权，即以印刷、复印、拓印、录音、录像、翻录、翻拍、数字化等方式将作品制作一份或者多份的权利；
第四十八条第一款第一项 有下列侵权行为的，应当根据情况，承担停止侵害、消除影响、赔礼道歉、赔偿损失等民事责任；同时损害公共利益的，可以由著作权行政管理部门责令停止侵权行为，没收违法所得，没收、销毁侵权复制品，并可处以罚款；情	**第五十三条第一款第一项** 有下列侵权行为的，应当根据情况，承担本法第五十二条规定的民事责任；侵权行为同时损害公共利益的，由主管著作权的部门责令停止侵权行为，予以警告，没收违法所得，没收、无害化销毁处理侵权复制品以及主要用于制作

《中华人民共和国著作权法》 （2010 年修正）	《中华人民共和国著作权法》 （2020 年修正）
节严重的，著作权行政管理部门还可以没收主要用于制作侵权复制品的材料、工具、设备等；构成犯罪的，依法追究刑事责任： （一）未经著作权人许可，复制、发行、表演、放映、广播、汇编、通过信息网络向公众传播其作品的，本法另有规定的除外；	侵权复制品的材料、工具、设备等，违法经营额五万元以上的，可以并处违法经营额一倍以上五倍以下的罚款；没有违法经营额、违法经营额难以计算或者不足五万元的，可以并处二十五万元以下的罚款；构成犯罪的，依法追究刑事责任： （一）未经著作权人许可，复制、发行、表演、放映、广播、汇编、通过信息网络向公众传播其作品的，本法另有规定的除外；
第四十九条 侵犯著作权或者与著作权有关的权利的，侵权人应当按照权利人的实际损失给予赔偿；实际损失难以计算的，可以按照侵权人的违法所得给予赔偿。赔偿数额还应当包括权利人为制止侵权行为所支付的合理开支。 权利人的实际损失或者侵权人的违法所得不能确定的，由人民法院根据侵权行为的情节，判决给予五十万元以下的赔偿。	**第五十四条** 侵犯著作权或者与著作权有关的权利的，侵权人应当按照权利人因此受到的实际损失或者侵权人的违法所得给予赔偿；权利人的实际损失或者侵权人的违法所得难以计算的，可以参照该权利使用费给予赔偿。对故意侵犯著作权或者与著作权有关的权利，情节严重的，可以在按照上述方法确定数额的一倍以上五倍以下给予赔偿。 权利人的实际损失、侵权人的违法所得、权利使用费难以计算的，由人民法院根据侵权行为的情节，判决给予五百元以上五百万元以下的赔偿。 赔偿数额还应当包括权利人为制止侵权行为所支付的合理开支。 人民法院为确定赔偿数额，在权利人已经尽了必要举证责任，而与侵权行为相关的账簿、资料等主要由侵权人掌握的，可以责令侵权人提供与侵权行为相关的账簿、资料等；侵权人不提供，或者提供虚假的账簿、资料等的，人民法院可以参考权利人的主张和提供的证据确定赔偿数额。 人民法院审理著作权纠纷案件，应权利人请求，对侵权复制品，除特殊情况外，责令销毁；对主要用于制造侵权复制品的材料、工具、设备等，责令销毁，且不予补偿；或者在特殊情况下，责令禁止前述材料、工具、设备等进入商业渠道，且不予补偿。

《最高人民法院关于民事诉讼证据的若干规定》（法释〔2019〕19号 2019年12月25日发布）

第九十五条 一方当事人控制证据无正当理由拒不提交，对待证事实负有举证责任的当事人主张该证据的内容不利于控制人的，人民法院可以认定该主张成立。

本案链接

西某子工业软件有限公司与广州沃某模具有限公司侵害计算机软件著作权纠纷上诉案【（2020）最高法知民终155号】

关于本案侵权赔偿数额的考量。西某子软件公司的原审诉讼请求为赔偿经济损失2612827元，其提供的计算方式为13套已查明的涉案软件乘以其售价。同时，西某子软件公司在原审中明确请求法院全额支持其主张的赔偿数额，并认为其实际损失按22套涉案软件计算为400余万元，远高于其主张的赔偿数额。法院认为，结合当事人的诉讼主张，西某子软件公司的诉讼请求为主张沃某公司赔偿经济损失2612827元，其陈述的具体计算方式是对该赔偿请求的具体理由说明，属于诉讼理由，不应据此认定其已放弃针对9台未保全电脑所涉侵权行为提出赔偿请求。二审中，西某子软件公司进一步明确其从未放弃针对9台未保全电脑的侵权和赔偿主张。结合本案沃某公司抗拒证据保全的事实和西某子软件公司的诉讼主张，法院认为，确定本案侵权损害赔偿时应当对9台未保全电脑一并予以考量。原审法院仅依据已保全电脑所安装的涉案软件确定本案赔偿数额有所不当，予以纠正。

该案依法平等保护了涉外主体的合法权益，明确了诉讼参与人妨害证据保全的后果，将被诉侵权人在诉讼中的表现作为确定损害赔偿的考虑因素。该案判决加大对妨害证据保全的当事人的惩处力度，对于引导当事人诚信诉讼具有重要导向意义。

延伸阅读

裁判规则：被申请人拒不配合或妨碍人民法院采取证据保全措施的，由被申请人承担不利后果。

案例一：达某系统公司与中山市鑫某精密制造科技有限公司侵害计算机软件著作权纠纷案【（2016）粤民终870号】

广州知识产权法院根据原告达某公司的申请实施证据保全。实施过程中，被告鑫某公司的工作人员接到负责人指示后，以强行断电方式妨碍、阻止法院实施证据保全。断电前法院完成1台电脑的抽验，发现该电脑安装有原告拥有著作权的××2008、××2012计算机软件，在对第二台电脑抽验时发生断电，断电前发现该电脑有安装××2012计算机软件。经法院工作人员清点，被告鑫某公司厂房二楼办公区办公室门口铭牌显示的技术一科有10台计算机，技术四科有13台计算机，技术五科有20台计算机，生产技术部（技术中心）有22台计算机。最终，法院考量被告妨碍法院实施证据保全的事实，依据不利推定规则，推定被告公司涉及产品设计的计算机（65台）均使用涉案软件，并据此计算本案赔偿数额。

案例二：奥某比公司与广州市凡某数码科技有限公司著作权权属、侵权纠纷案件【（2013）穗中法知民终字第389号】

原审法院执行保全措施时的现场取证照片显示，凡某公司经营场所内的计算机确实安装有××、×××等软件，但由于受到凡某公司的恶意阻挠，原审法院无法对凡某公司经营场所内计算机上安装使用的X系列计算机软件及软件信息予以逐一登记，应视为凡某公司持有不利于自己的证据但拒绝提供，已构成证据妨碍。再结合广州市文化市场综合行政执法总队在本案起诉前曾对凡某公司侵犯软件著作权的行为作出行政处罚的事实，法院依法推定凡某公司存在未经许可商业使用奥某比公司计算机软件的侵权行为。关于原审法院确定的赔偿数额是否合法合理的问题。《著作权法》第四十九条①第一款规定，侵犯著作权或者与著作权有关的权利的，侵权人应当按照权利人的实际损失给予赔偿；实际损失难以计算的，可以按照侵权人的违法所得给予赔偿。赔偿数额还应当包括权利人为制止侵权行为所支付的合理开支。本案中奥某比公司并未举证证明凡某公司的违法所得，而由于凡某公司的恶意阻扰，原审法院也无法查明凡某公司使用侵权软件的数量，从而也无法计算奥某比公司的实际损失。故原审法院综合考虑凡某公司使用涉案软件的商业目的、凡某公司的经营规模、计算机使用状况、凡某公司的主观故意状态、实施侵权行为的方式及后果、涉案软件的一般市场售价、凡某公司恶意阻扰法院进行证据保全等因素，全额支持奥某比公司提出的赔偿经济损失人民币50万元的主张，并无不当，二审法院予以维持。

① 编者按：《著作权法》（2020年修正）第54条。

026 著作权侵权行为是否可以不适用停止侵权的责任承担方式？

☞ 阅读提示

在我国民法领域中，对于民事责任承担方式中，原则上停止侵权的责任承担方式应当是必然适用的。在司法实践中，侵权人往往因为进入诉讼程序而自觉停止侵权行为，此时权利人也会相应放弃停止侵权的请求，但这同样意味着侵权人必须承担停止侵权的责任。但是在著作权法的领域中，特定情况下是否存在可以不适用停止侵权的情形，笔者将通过案例予以研讨。

裁判要旨

通常情形下，侵犯著作权的行为人应当承担停止侵权责任，但是在例外情形下，如果停止侵权行为会造成当事人之间的重大利益失衡，或者有悖社会公共利益，或者实际上无法执行，可以根据案件具体情况进行利益衡量，不判决停止侵权行为，而采取更充分的赔偿或者经济补偿等替代性措施。

案情简介

一、原告杭州大某儿子文化发展有限公司于2014年3月10日通过受让，取得了刘某所创作的"大某儿子"等三幅美术作品除人身权以外的著作权，具有提起本案诉讼的主体资格。

二、2016年8月19日，由央某动漫集团有限公司（原名央某动画有限公司）制作、杭州蓝某实业有限公司放映的涉案电影开始播映，其中"大某儿子"人物形象系延续2013版动画片中的"大某儿子"人物形象，故仍然属于对刘某所创作的原作品的演绎作品。

三、大某儿子公司向一审法院起诉请求判令：1. 央某动漫公司停止侵权，包括但不限于停止电影的播放、宣传和授权许可；2. 蓝某公司停止侵权，即停止电影的播放、宣传；3. 央某动漫公司刊登声明，为大某儿子公司消除影响；4. 央某动漫公司赔偿大某儿子公司经济损失及合理费用共200万元；5. 本案诉讼费由央某动漫公司、蓝某公司承担。一审庭审过程中，大某儿子公司明确第一项诉请为要求央某动漫公司停止侵权，停止电影的播放、宣传和授权许可；明确第三项诉请为要求央某动漫公司在央某网首页和《看某影》杂志显著位置上连续刊登声明30日，为大某儿子公司消除影响。

四、一审法院认为：央某动漫公司在明知生效判决已认定2013版动画片“大某儿子”人物形象侵犯大某儿子公司著作权的前提下，仍在未获得原作品著作权人许可的情况下制作涉案电影并以此取得经济收益。这一创作理念外化为积极实施侵权行为，难谓善意，央某动漫公司应当停止侵权，即停止对涉案电影的播放、宣传和授权许可。

五、2020年8月18日，二审法院判决中认为：无论是前案所涉的动画片和舞台剧，还是本案所涉的电影，均属于公共文化产品，央某动漫公司作为本案中三个人物形象独创性的主要贡献者及其知名度的创造者，其上述使用行为不会对大某儿子公司的著作权造成不合理的损害，因此，央某动漫公司无需停止侵权，而可以提高赔偿额的方式作为责任替代方式。

核心裁判要旨

本案的争议焦点在于央某动漫公司构成侵权，然而是否可以不适用停止侵权的责任承担方式。原则上，侵权行为人必然被要求停止侵权，以恢复权利的完整状态，如果侵权行为不被予以制止，那么权利将始终处于被侵犯的状态。但是如果适用停止侵权会造成双方利益严重失衡，或是对公众利益造成损害，那么作为例外情况，可以不适用停止侵权。虽然侵权不停止的方式在著作权法的领域中尚没有明确规定，但在专利法领域中，以司法解释的形式规定了“被告构成对专利权的侵犯，权利人请求判令其停止侵权行为的，人民法院应予支持，但基于国家利益、公共利益的考量，人民法院可以不判令被告停止被诉行为，而判令其支付相应的合理费用”。基于社会利益的考量、从立法目的出发，著作权法领域亦可以将其作为参考。作为特例，适用侵权不停止的裁判应当满足严格条件，即出于对国家利益、公共利益的考量，同时应当在赔偿损失中将此纳入考量因素。

具体到本案中，虽然涉案电影侵犯了权利人的著作权，但是涉案电影中“大某儿子”人物形象与1995版动画片中的人物形象相比已经发生了非常大的变化，更多地体现了央某动漫公司通过演绎所增加的独创性成分，若停止使用亦不利于社会主义文化事业的发展与繁荣。并且考察到目前作品的使用情况，不停止侵权并不会对大某儿子公司的著作权造成不合理的损害，因此，央某动漫公司无需停止侵权，而可以提高赔偿额的方式作为责任替代方式。

诉讼经验总结

一、适用侵权不停止的裁判应当满足严格条件，即出于对公共利益的考量、不会对权利人造成不合理的损害、通过赔偿损失的方式弥补不停止侵权带来的损害。

二、著作权法对于著作权的保护，是出于促进社会主义文化和科学事业的发展与繁荣等立法目的，对于著作权人过小或过高的保护都不利于该目的的实现，因此对于若判决停止侵权会造成公共利益失衡等情况，也应当根据个案情况进行变通，但是对于特殊情况的适用，应当注意不能造成额外的利益失衡，阻碍立法目的的实现。

法律规定

《中华人民共和国著作权法》 （2010 年修正）	《中华人民共和国著作权法》 （2020 年修正）
第一条 为保护文学、艺术和科学作品作者的著作权，以及与著作权有关的权益，鼓励有益于社会主义精神文明、物质文明建设的作品的创作和传播，促进社会主义文化和科学事业的发展与繁荣，根据宪法制定本法。	（在 2020 年的修正中并未修改）
第四十七条第六项 有下列侵权行为的，应当根据情况，承担停止侵权、消除影响、赔礼道歉、赔偿损失等民事责任： （六）未经著作权人许可，以展览、摄制电影和以类似摄制电影的方法使用作品，或者以改编、翻译、注释等方式使用作品的，本法另有规定的除外；	**第五十二条第六项** 有下列侵权行为的，应当根据情况，承担停止侵权、消除影响、赔礼道歉、赔偿损失等民事责任： （六）未经著作权人许可，以展览、摄制视听作品的方法使用作品，或者以改编、翻译、注释等方式使用作品的，本法另有规定的除外；

本案链接

杭州大某儿子文化发展有限公司、央某动漫集团有限公司著作权权属、侵权纠纷二审民事判决书【(2018)浙01民终4544号】

对于第三个争议焦点，在通常情形下，对于侵犯著作权的行为，行为人应当按照《著作权法》第四十七条[①]的规定承担停止侵权、赔偿损失等责任。但是在例外情形下，如果停止侵权行为会造成当事人之间的重大利益失衡，或者有悖社会公共利益，或者实际上无法执行，可以根据案件具体情况进行利益衡量，不判决停止侵权行为，而采取更充分的赔偿或者经济补偿等替代性措施。结合本案的具体情况，本院认为，本案符合上述例外情形，宜不判决停止侵权，而以提高赔偿额的方式作为其责任替代方式。理由如下：著作权法的立法宗旨并非赋予著作权人绝对的垄断权，而在于鼓励有益于社会主义精神文明、物质文明建设的作品的创作和传播，促进社会主义文化和科学事业的发展与繁荣。在本案中，大某儿子公司系于2012年从刘某处受让了1995版动画片人物概念设计图的著作权，但该作品系为1995版动画片而创作，未进行单独发表，也没有任何知名度的积累，而央某创作团队最终完成了1995版动画片角色造型的工作和整部动画片的创作，并随着动画片的播出，使大某儿子、小某爸爸、围某妈妈成为家喻户晓的知名动画人物。也就是说，在大某儿子公司受让涉案著作权时，1995版动画片的三人物形象通过央某动漫公司的再创作和传播行为，已经具有很高的知名度和社会影响力，获得了社会公众的广泛认知，取得了较好的社会效果。如赋予大某儿子公司绝对的垄断权，阻却央某动漫公司对于三人物形象在公共文化领域的后续创作和传播行为，诚如(2015)浙杭知终字第358号民事判决所述，并不符合著作权法的立法宗旨和公共利益的原则。而随着动漫行业的发展，刘某所创作的人物概念设计图对后续创作作品的贡献越来越弱化，涉案电影中"大某儿子"人物形象与1995版动画片中的人物形象相比已经发生了非常大的变化，更多地体现了央某动漫公司通过演绎所增加的独创性成分，若停止使用亦不利于社会主义文化事业的发展与繁荣。因此，无论是前案所涉的动画片和舞台剧，还是本案所涉的电影，均属于公共文化产品，央某或央某动漫公司作为三人物形象独创性的主要贡献者及其知名度的创造者，其上述使用行为不会对大某儿子公司的著作权造成不合理的损害，因此，央某动漫公司无需停止侵权，而可以提高赔偿额的方式作

---

① 编者按：《著作权法》(2020年修正)第52条。

为责任替代方式。一审法院判决央某动漫公司停止侵权有误，本院依法予以纠正。

延伸阅读

裁判规则一：停止侵权会损害社会公共利益的，法院可判决支付合理费用替代停止侵权方式例外处理。

案例一：奥某公司诉长某公司侵害著作权纠纷二审民事判决书【（2013）深中法知民终字第290号】

原告经香港某雅装饰材料有限公司的授权，取得对“云某霞裳”美术作品在中国内地的独家复制权、发行权、信息网络传播权等权利。被告提交的西班牙网站上的内容，不足以否定原告享有的上述权利。被告未经原告许可，在市场上购买表现“云某霞裳”美术作品的墙纸，并在其承接的装修工程中使用，该行为侵害了原告对涉案美术作品所享有的发行权，被告应承担相应的赔偿责任。因原、被告均未举证证明原告因侵权遭受的损失以及被告因侵权获得的利益之具体数额，综合考虑涉案作品的类型、侵权的性质、范围、情节以及原告为制止侵权所支出的合理费用，酌情确定被告向原告赔偿包括维权费用在内的经济损失10万元。原告要求被告停止侵权，但因涉案楼盘已开始向公众销售，责令被告停止侵权将会影响广大小区业主的利益，造成社会资源的浪费，且法院在判令被告赔偿原告经济损失的数额时，已考虑到应使原告获得有效的赔偿救济，在能够弥补原告利益损失的情况下，原告要求被告停止侵权的诉请，法院不予支持。

裁判规则二：在涉案图书侵权内容比重较小的特殊情况下时，若通过赔礼道歉、赔偿损失可给予相应救济，可以不进行召回销毁。

案例二：常某诉当某网公司、中国纺某出版社侵犯著作权纠纷一审民事判决书【2012朝民初字第20196号】

现中国纺某出版社出版发行的被控侵权图书《××全鉴》一书中6243字的内容与常某主张著作权的《×××必备》一书中对应的内容相同，在现有证据情况下，本院认定上述内容来源于《×××必备》一书。中国纺某出版社未经许可，即在其出版的《××全鉴》中使用了《×××必备》一书6243字的内容，中国纺某出版社作为专业出版者，未尽其合理注意义务，侵犯了常某的署名权、复制权、发行权，应当承担公开赔礼道歉、停止侵权及赔偿损失等法律责任。至于常某要求中国纺某出版社停止出版发行《××全鉴》的诉讼请求，考虑到涉案内容在《××

全鉴》中所占比例较小，为节约社会资源，通过赔礼道歉、赔偿损失的形式已可给予常某相应的救济，故本院判令中国纺某出版社在对《××全鉴》一书相关内容进行重写、修改或删除之前，不得重印、再版。对于常某提出的将侵权图书从市场上召回销毁的要求，本院不予支持。

027 侵犯著作人身权能否适用精神损害赔偿?

☞ **阅读提示**

我国将著作权分为著作人身权和著作财产权，对于财产权的侵害依法应当适用停止侵害等责任承担方式，而对于著作人身权的侵害，目前主流的意见是可以适用赔礼道歉的方式承担侵权责任，但对于侵犯著作人身权致使权利人受到严重精神损害时，是否可以适用精神损害赔偿，裁判中还存在不同意见，笔者将通过案例予以探讨。

裁判要旨

虽然我国现行著作权法中并未明确规定，对于侵权行为可以适用精神损害赔偿，但根据我国《民法典》的规定，侵害他人人身权益，造成他人严重精神损害的，被侵权人可以请求精神损害赔偿。因此，对精神损害的救济应聚焦于受损精神状态的恢复，在适用停止侵害、消除影响、赔礼道歉仍不足以抚慰的，可通过判令侵权人支付精神损害抚慰金的方式予以弥补。

案情简介

一、原告朱某一系42幅涉案作品的著作权人，于2017年7月至2019年3月在国家版权局登记，并向世某文化创意（上海）有限公司出具授权委托书。授权书于2018年1月1日签字生效，有效期至2021年12月31日。授权委托书附录所附作品即为42幅涉案作品，授权内容为世某公司可以就包括涉案作品在内的作品著作权进行相关合作意向、合同的谈判、合同的签署及产品的授权，以本人名义处理一切与之有关的事务。

二、被告上海看某信息科技有限公司与世某公司签订两份《新媒体信息发布协议》，约定世某公司向看某公司提供涉案书法及授权，可用于线上“宝某”项目 H5 宣传，授权期限为 2018 年 12 月 12 日至 2019 年 2 月 28 日，采购价格合计 102500 元。上述协议履行过程中，世某公司工作人员向看某公司强调使用时要保留朱某一的签名，但涉案小程序展示的作品中除一幅作品外，其余作品上均无朱某一署名。

三、朱某一向法院提出诉讼请求，要求判令看某公司：1. 在其官方网站首页显著位置公开发表道歉信 30 天；2. 赔偿朱某一经济损失 50 万元和精神损失费 5 万元；3. 赔偿朱某一为制止侵权行为支付的合理开支 56500 元（其中律师费 50000 元，公证费 6500 元）；4. 在《新某晚报》除中缝以外版面刊登声明，就侵犯朱某一著作权事宜公开赔礼道歉。审理中，朱某一变更上述第 1、2、4 项诉讼请求为，判决看某公司：1. 在其官方网站首页显著位置公开发表道歉声明不间断维持 72 小时；2. 赔偿朱某一经济损失 1 元和精神损失费 5 万元；4. 在微信公众号上发布有关侵犯朱某一著作权事宜公开赔礼道歉的声明不间断维持 72 小时。

四、一审法院认为：如前所述，署名的作用在于指示作者。本案中，看某公司去除涉案小程序除首页以外其他涉案书法署名的行为，并未割裂涉案书法与朱某一之间的关系，换而言之，即使没有后续署名，读者也不会将涉案书法的作者误认为朱某一以外的其他人。因此看某公司的行为未侵害朱某一的署名权。

五、2020 年 7 月 1 日，二审法院判决中认为：看某公司明知朱某一并未放弃署名，且无技术障碍的情况下，仍然擅自去除朱某一署名予以使用，其侵权的主观故意非常明显，构成对朱某一署名权的侵犯。而在看某公司行为确实会对朱某一造成一定的精神损害的基础上，适用停止侵害、消除影响、赔礼道歉仍不足以抚慰，因此判令侵权人支付精神损害抚慰金的方式予以弥补。

核心裁判要旨

本案的争议焦点在于侵权民事责任如何承担，即对于著作人身权中署名权的侵害，能否要求侵权人承担精神损害赔偿。这一问题在司法裁判中存在一定争议，有观点认为，现行法律、法规和司法解释对著作权侵权精神损害赔偿的问题并未作出明确的规定，因此无法直接适用精神损害赔偿；与此同时还有观点认为可以适用精神损害赔偿，但依据《侵权责任法》第二十二条①规定，在确实存在

① 编者按：《民法典》（2020 年）第 1183 条。

严重精神损害时，才可以适用精神损害赔偿。此外还有主张认为《著作权法》第四十七条①规定中的“赔偿损失”自然包括精神损害赔偿。在上述观点中，以存在严重精神损害为适用前提的观点已经得到广泛认同。在司法裁判中，往往也通过考察是否以赔礼道歉即可弥补损失、是否存在证据证明严重精神损害等角度，裁量是否适用精神损害赔偿。

具体到本案中，首先侵权行为直接侵害了权利人著作人身权中的署名权，同时涉案小程序推广的对象为“宝某旗舰店”小程序，宝某公司具有一定的知名度，又恰逢新春期间，涉案书法作品在公众中确实存在一定的传播范围，会对上诉人造成一定的损害后果，法院认定仅以赔礼道歉的方式无法使权利人获得充足救济，因此综合案情，判决“被上诉人上海看某信息科技有限公司于本判决生效之日起十日内赔偿上诉人朱某一精神损害抚慰金人民币5000元”。

诉讼经验总结

一、目前侵犯著作人身权可以适用精神损害赔偿已经逐渐得到共识，但是适用的前提一是所侵犯权利属于著作人身权的范畴，二是所造成的损害无法通过仅适用赔礼道歉获得救济。换言之，适用精神损害赔偿的前提是著作权人的人身权利受到侵害进而产生了严重的精神损害。

二、因著作人身权受到侵犯而请求精神损害赔偿，法院不支持的原因主要为没有证据证明精神损害存在或仅适用赔礼道歉即可弥补，因此权利人在提出请求时，应当注意提供证据以证明严重精神损害的存在。

法律规定

《中华人民共和国著作权法》（2010年修正）	《中华人民共和国著作权法》（2020年修正）
第十条第一款第二项 著作权包括下列人身权和财产权： （二）署名权，即表明作者身份，在作品上署名的权利；	（在2020年的修正中并未修改）

① 编者按：《著作权法》（2020年修正）第52条。

《中华人民共和国著作权法》（2010 年修正）	《中华人民共和国著作权法》（2020 年修正）
第四十七条第十一项 有下列侵权行为的，应当根据情况，承担停止侵害、消除影响、赔礼道歉、赔偿损失等民事责任： （十一）其他侵犯著作权以及与著作权有关的权益的行为。	**第五十二条第十一项** 有下列侵权行为的，应当根据情况，承担停止侵害、消除影响、赔礼道歉、赔偿损失等民事责任： （十一）其他侵犯著作权以及与著作权有关的权利的行为。
《中华人民共和国侵权责任法》（已废止）	**《中华人民共和国民法典》（2020 年 5 月 28 日发布）**
第二十二条 侵害他人人身权益，造成他人严重精神损害的，被侵权人可以请求精神损害赔偿。	**第一千一百八十三条第一款** 侵害自然人人身权益造成严重精神损害的，被侵权人有权请求精神损害赔偿。

本案链接

朱某一与上海看某信息科技有限公司侵害作品署名权纠纷二审民事判决书【（2020）沪 73 民终 263 号】

根据我国著作权法的规定，侵犯著作权以及与著作权有关的权益的行为，应当根据情况，承担停止侵害、消除影响、赔礼道歉、赔偿损失等民事责任。本案中，上诉人诉请被上诉人承担赔礼道歉、赔偿经济损失、合理费用、赔偿精神损失的民事责任。本院认为，本案仅涉及对作品署名权的侵犯，署名权属于著作权人身性权利，具有人身专属性，是一种精神权利。涉案作品系被上诉人经上诉人授权使用，上诉人亦因此获得了对价，故未涉及对上诉人财产性权利的侵害。上诉人在本案中主张被上诉人赔偿经济损失的诉请，于法无据，不应予以支持。但被上诉人的行为确实会对上诉人造成一定的精神损害，根据我国侵权责任法的规定，侵害他人人身权益，造成他人严重精神损害的，被侵权人可以请求精神损害赔偿。因此，对精神损害的救济应聚焦于受损精神状态的恢复，在适用停止侵害、消除影响、赔礼道歉仍不足以抚慰的，可通过判令侵权人支付精神损害抚慰金的方式予以弥补。本案中涉案小程序推广的对象为“宝某旗舰店”小程序，宝某公司具有一定的知名度，又恰逢新春期间，涉案书法作品在公众中确实存在一定的传播范围，会对上诉人造成一定的损害后果。被上诉人理应就其行为承担刊登道歉声明和赔偿精神损害抚慰金的方式予以弥补，以修复上诉人人身权益所受到的损害。但侵害人需承担的赔礼道歉的方式、范围、期限应当考虑著作权人署名权受侵害的方式、程度等因素，需与侵权行为造成不良影响的范围相适应。上诉人要求在被上诉人网站和微信公众号上均刊登声明、赔礼道歉。本院认为，鉴于被控侵权行为未在被上诉人微信公众号中传播，其仅需在其官网上刊登声明即可。至于被上诉人应承担的精神损害抚慰金的金额，上诉人主张的金额明显过高，本院根据侵权行为的性质、侵权持续时间、被上诉人的主观故意并结合被上诉人已承担刊登道歉声明的责任承担方式等情形予以酌定。关于合理费用，本案系被上诉人不当使用上诉人作品所致，因本案所产生的相关合理费用理应由被上诉人承担。上诉人原审主张的律师费过高，由本院根据上诉人律师的工作量、相关律师收费标准及合理性必要性原则予以酌定。上诉人为本案支出的公证费，确为本案取证所需，本院予以支持。

延伸阅读

裁判规则一：作者的名誉、声誉是否受损并不是侵害保护作品完整权的要件。我国现行著作权法规定的保护作品完整权并没有“有损作者声誉”的限制，因此不应对该权利随意加上“有损作者声誉”的限制。

案例一：张某某等与乐某某影业（北京）有限公司等著作权权属、侵权纠纷二审民事判决书【（2016）京73民终587号】

我国《著作权法》关于保护作品完整权的规定来源于《伯尔尼公约》第六条之二中：“不依赖于作者的经济权利，乃至在经济权利转让之后，作者均有权声称自己系作品的原作者，并有权反对任何有损作者声誉的歪曲、篡改或者其他改动或者贬抑其作品的行为。”《伯尔尼公约》的该条规定有其特殊背景。其他各国国内法基于自己的国情对保护作品完整权进行的规定，大体可以分为两种类型，一种是以法国、德国为代表，使用“精神利益损害”标准；另一种是以英国、美国为代表，使用“荣誉或名声损害”标准。产生这种分歧是由于西方国家在著作权制度产生过程中因不同经济文化历史的背景而产生的作者权利主义和版权主义两种不同的立法原则。1928年伯尔尼公约罗马会议，提出了与作者精神权利相关的内容，其中包括：作者始终享有发表权和署名权，以及反对对其作品的任何有损其精神利益的修改的权利。在普通法系国家尤其是英国和澳大利亚的反对之下，达成相关妥协草案，用“荣誉或名声”（honor or reputation）取代了“精神利益”这一用语。原因是英国代表团认为英国法无法对“精神利益”进行确切的表达，而“荣誉”、“名声”与依据普通法提起的损害名誉之诉和仿冒之诉所保护的人格利益更相似。所以，为了协调普通法系国家的立场，《伯尔尼公约》中并未使用“作者的精神利益或心灵利益”这样宽泛的概念。相比之下，大多数专家普遍认为“荣誉和名声”更加具有客观性并被普通法系国家所接受。正是由于此条规定是为了协调各国的意见，且此条规定的只是精神权利的最低保护水平，故成员国可以在其国内法律中对公约规定的损害作者声誉或名声的要求作出修改，或者完全删除。值得明确的是，无论哪种标准，都反对对作品进行歪曲、篡改式的改动，只不过所能允许的改动程度不同。在版权主义国家，对作者权利的保护与激励是通过对作品的使用所产生的经济利益作为回报的，特别是当作者把作品财产权转让给他人后，受让人就有权通过更好实现作品经济价值的方式来使用作品，而这种方式通常需要将作品进行改动。只有当作者举证证明这种改动导致了作品被贬损进而使作者荣誉或名声受到损害，才有可能受到保护作品完整权的保护。而在作者权利主义国家，保护作品完整权的保护水平相对高一些，一般不需要作者举证证明因为作品的改动而导致作者声誉受损，只需要判断这种改动是否有违作者本意并且歪曲、割裂了作者“烙印”在作品中的精神。我国《著作权法》沿袭了作者权利国家的立法传统，采取的是作者精神权利与财产权利相分割的“二元论”观点。因此，我国《著作权法》对保护作品完整权的表述与《伯尔尼公约》并不相同，并未规定有关于“荣誉或名声”受损的要求。本院认为，作者的名誉、声誉是否受损并不是侵害保护作品完整权的要件。首先，我国现行《著作权法》规定的保护作品完整权并没有“有损作者声誉”的限制。是否有“有损作者声誉”的限制，涉及权利大小、作者与使用者的重大利益，对此应当以法律明确规定为宜，在《著作权法》尚未明确作出规定之前，不应对该权利随意加上“有损作者声誉”的限制。其次，即便因改动而导致作者的声誉有所降低也不能直接得出侵犯了作者保护作品完整权的结论，仍应审查是否确有歪曲、篡改的情况发生。因此，一审判决关于是否侵害保护作品完整权以“改动”是否损害了原作品作者的声誉为构成要件的认定于法无据，本院予以纠正。

裁判规则二：侵犯著作权行为是否造成权利人精神损害可以从负面社会评价、心理压力和精神痛苦等相关因素予以考察。

案例二：何某民与北京搜某互联网信息服务有限公司侵犯著作权纠纷二审民事判决书【（2006）一中民终字第7344号】

我国《著作权法》第四十八条[①]第一款规定，侵犯著作权或者与著作权有关的权利的，侵权人应当按照权利人的实际损失给予赔偿；实际损失难以计算的，可以按照侵权人的违法所得给予赔偿。赔偿数额还应当包括权利人为制止侵权行为所支付的合理开支。此外，本院认为对于侵犯著作人身权情节严重，适用停止侵权、消除影响、赔礼道歉仍不足以抚慰权利人所受精神损害的，应当由侵权人向著作权人支付精神损害抚慰金。精神损害抚慰金的数额应当根据侵权人的过错程度、侵权方式、侵权情节、影响范围、侵权获利情况、承担赔偿责任的能力等因素综合确定。

在本案中，何某民除主张报酬损失外，还主张因案件支出的公证费和精神损害抚慰金。而原审法院根据《靖》书作品性质及独创性程度，参照国家相关稿酬支付标准，并考虑搜某公司的过错程度、侵权情节等因素对经济损失数额以及何某民支出的合理费用数额予以酌定，并无不当。原审法院在考虑到《靖》书具有的历史研究作品性质，搜某公司对《靖》书所为之不尊重原作品内容和原著作权人意志的歪曲和篡改，侵权性质尤甚于对小说、散文等文学体裁进行歪曲和篡改的行为，从而给何某民所造成的负面社会评价、心理压力和精神痛苦等亦相应较大等因素，依法确定搜某公司承担的精神损害抚慰金赔偿数额亦并无不当之处。何某民的上诉主张均缺乏事实和法律依据，本院均不予支持。

028 能否根据景区表演中音乐作品利润贡献率计算侵权赔偿额？

☞ 阅读提示

在版权侵权纠纷中，侵权赔偿数额计算一直是司法实践中的关键命题和技术难题之一。不同于有形物的毁损、灭失，版权的客体是无形财产，版权遭受侵害后的损害也相应的更为抽象。为解决上述问题，理论界和实务界已就此展开积极探索，侵权获利、权利人损失、法定赔偿、酌定赔偿等方案已然提供了诸多有益思路。然而在不同的侵权场景下侵权赔偿数额的计算也有各自不同的细节难题，本文将对如何根据景区表演中音乐作品利润贡献率计算侵权赔偿额这一问题进行探讨和分析。

---

① 编者按：《著作权法》（2020 年修正）第 54 条。

裁判要旨

基于企业营业利润影响因素的复杂性以及知识产权价值的无形性，在著作权案件中以侵权获利方式计算赔偿数额时，主要需依据权利人提交的侵权方获利证据，从侵权行为的具体样态出发，区分涉案知识产权要素创造的价值和不可归因于该要素的其他价值，在利润中析出专属于具体被侵权作品贡献的专有价值。但著作权案件中侵权获利的计算不仅仅是单纯的事实认定，而是需叠加对难以量化的作品价值等因素进行评估确定，因此可在着重考虑给予权利人充分救济的情况下，从有利于维权、制止侵权等损害赔偿的预防功能角度，合理确定利润总额和利润贡献率。

案情简介

一、名称为《某仙鹤的传说》音乐专辑由深圳某像公司出版发行，封面上载明由某慕公司提供版权。该专辑收录了《某情歌》等16首歌曲。2019年2月21日，某慕公司的委托代理人赵某晶在上海市新虹桥公证处公证人员的监督下，搜索进入“某酷网”，在“某酷网”进入“某江千古情–完整版”视频页面，视频上传于2014年6月14日。播放该视频，显示视频内容“某江千古情 一生必看的演出 黄某灵系列演艺作品”，视频中出现使用《某情歌》作为背景音乐的内容。上海市新虹桥公证处对全程进行公证，并出具（2019）沪新虹桥证经字第342号公证书。某城公司系“某城演艺千古情”微信公众号的认证主体，通过该公众号可以查询《某江千古情》票价信息，显示门票包含某江千古情景区、大型歌舞《某江千古情》，票价为300至480元不等。该微信公众号有“门票购买”选项。

二、2019年1月16日，某慕公司向一审法院提起诉讼，请求判令某城公司、某马公司：（一）立即停止在《某江千古情》大型歌舞演出中使用《某情歌》；（二）立即停止在某江千古情景区内的背景音乐中使用《某情歌》；（三）对上述所涉及的侵犯某慕公司享有的《某情歌》表演权的行为进行赔礼道歉；（四）共同赔偿某慕公司经济损失20280848.2元及维权合理费用113903.9元，合计20394752.1元；（五）承担本案诉讼费用。一审审理过程中，某慕公司申请撤回第（三）项诉讼请求，并变更第（四）项诉讼请求为：赔偿经济损失2000万元及维权合理费用64万元，合计2064万元。

三、一审法院于2020年1月10日判决：（一）某城公司、某马公司立即停止在某江千古情景区背景音乐中、《某江千古情》现场表演中使用《某情歌》；（二）某城公司、某马公司于判决生效之日起十日内赔偿某慕公司经济损失25万元、为制止侵权行为所支付的合理开支5万元，共计30万元；（三）驳回某慕公司的其他诉讼请求。

四、2020年8月19日二审法院判决：（一）维持浙江省杭州市中级人民法院（2019）浙01民初213号民事判决第一项，即某城公司、某马公司立即停止在某江千古情景区背景音乐中、《某江千古情》现场表演中使用《某情歌》；（二）撤销浙江省杭州市中级人民法院（2019）浙01民初213号民事判决第二项；（三）撤销浙江省杭州市中级人民法院（2019）浙01民初213号民事判决第三项；（四）某城公司、某马公司于本判决送达之日起十日内赔偿某慕公司经济损失70万元；（五）某城公司、某马公司于本判决送达之日起十日内赔偿某慕公司为制止侵权行为所支付的合理开支11万元；（六）驳回某慕公司的其他诉讼请求。

核心裁判要旨

首先，关于本案是否可以依据某城公司、某马公司的侵权获利计算赔偿数额的问题。某慕公司从公开渠道获取并提交了某城公司2014-2019年度报告，主张可以根据其中相关数据来估算侵权获利。法院认为，某城公司作为上市公司，其每年公开的财务数据报告证明力较强，其在年度报告中也明确记载了某马公司经营某江千古情项目的营业收入、营业利润等数据，结合二审中某城公司、某马公司提交的某马公司主营业务收入、主营业务利润等数据，可以作为计算某马公司经营某江千古情景区收入及盈利情况的依据。一审法院调取了某城公司与音著协2014-2018年签订的音乐著作权使用许可协议，二审中某城公司又补充提交了相关附件，这些协议及附件中均约定了使用音乐作品应支付许可使用费的计算公式和最终金额。虽然某城公司、某马公司最终支付的许可使用费没有按照某马公司的门票收入金额进行计算，但该许可使用费的计算方式和最终金额均可以在计算本案侵权获利时，作为某马公司使用音乐作品应支出成本和实际支出成本的参考因素。因此，法院认为，结合某慕公司的举证能力及其举证情况，本案可以以某城公司、某马公司的财务数据为依据，结合其缴纳的音乐作品许可使用费情况，按照侵权获利方式确定赔偿数额。

其次，关于本案如何确定赔偿数额和维权合理费用。某慕公司上诉主张本案赔偿数额的计算方式为：1.《某江千古情》演出中包含涉案《某情歌》为背景音乐的舞蹈节目在内，总计13个节目，涉及13首歌曲或纯音乐曲目；2. 根据某城公司的年度报告，其2014年至2019年底总门票收入为1238546123.36元；3. 根据以门票收入除以现场表演的歌曲数量为基数，并以该基数5‰至10‰确定的赔偿区间为4763638.94至9527277.87元；4. 根据涉案歌曲的知名度，最终确定按7%的贡献率计算赔偿数额为6669094.51元。最终某慕公司上诉主张650万元的赔偿数额以及律师费加公证费11万元的合理支出。某城公司、某马公司认为某江千古情景区包含众多游乐项目和演出，故其经营景区的营业收入和营业利润不能作为计算使用涉案音乐作品侵权获利的依据。

对此法院认为：第一，某城公司、某马公司在对某江千古情景区的宣传中突出“《某江千古情》是一生必看的演出”，景区门票亦按照《某江千古情》演出的普通票和贵宾票进行定价，结合被诉侵权行为包含现场长期常态化的演出及在整个景区中作为背景音乐反复播放等事实，可以将其在年报中的相应营业收入和营业利润作为计算本案侵权获利的依据。第二，虽然音著协公示的关于主题乐园的收费标准以及与某城公司签订的许可协议中将门票收入作为基数计算音乐作品的许可使用费，但该种计算方式更适宜在以权利人损失或以许可费的倍数作为计算方式确定赔偿数额时作为参考，本案在确定以侵权获利方式计算赔偿数额后，仍应以“营业利润×贡献率”计算。以门票收入或营业收入作为基数计算的许可使用费可作为某慕公司支出的成本从而计算音乐作品的利润贡献率，但不能直接以“营业收入×贡献率”计算侵权获利。第三，本案中，某城公司、某马公司对《某江千古情》演出中共涉及13首音乐作品并无异议，虽然与音著协的协议中某江千古情景区现场演出和背景音乐中使用的歌曲数量每年均有变化，且有的年度超过13首歌曲，但涉案音乐作品在现场演出和背景音乐中均长期持续使用，而现场演出的音乐作品对利润的贡献度亦应高于在背景音乐使用的音乐作品对利润的贡献度。因此，在某慕公司同意13首现场演出歌曲可以平均分摊侵权获利的情况下，将音乐作品对应的某马公司利润总和均摊于13首音乐作品之后所得，即为某马公司使用涉案音乐作品的侵权获利，具有一定合理性。综上，对于某慕公司主张损害赔偿计算方法，法院在剔除上述不合理因素影响的情况下予以采纳。

在具体的计算方面，法院认为实际上使用音乐作品所支出成本占主营业务成本的比例与其对应的利润占主营业务利润的比例是相同的，该比例即为利润贡献率。因此，以某马公司应该缴纳的许可使用费和实际缴纳的许可使用费为参照，计算出音乐作品对于某马公司经营某江千古情景区的利润贡献率区间为0.20‰至1.43‰。该区间系以某马公司向音著协缴纳的许可使用费为替代计算出的区间，而本案中某慕公司非音著协会员，故最终确定涉案音乐作品利润贡献率时仍需比较某马公司向权利人个体获得许可与向音著协获得许可两种方式的区别，同时考虑涉案音乐作品的知名度，侵权行为的性质、情节等因素后酌情确定。在综合考量中，法院认为涉案音乐作品在某江千古情景区因知识产权因素获得的利润中具有重要作用，且被告长期持续非法使用涉案音乐作品，其间从未与权利人联系商洽授权事宜，侵权主观恶意强。结合上述因素，兼顾促进作品传播与保护权利人之间的利益平衡，并考量给予权利人充分救济和鼓励海量使用者与著作权集体管理组织签订许可协议，从而更好地促进音乐作品传播等因素，法院认为涉案音乐作品的利润贡献率应在上述区间中位数0.63‰以上，按接近于0.8‰计算，最终确定某城公司、某马公司使用涉案音乐作品的侵权获利为70万元。

诉讼经验总结

一、著作权侵权案件中，权利人可以选择依据其实际损失、侵权人的获利或者法定赔偿主张具体的赔偿数额以及计算方法。因此，侵权获利赔偿是确定损害赔偿的一种具体方法，在著作权案件中因侵害客体的无形性等因素使权利人的实际损失较难证明的情况下，权利人可以选择以侵权人因侵权行为所获得的利益对其予以公平的赔偿，实现损害赔偿的填平功能和预防功能。在权利人选择以侵权获利方式计算赔偿数额时，其应当提交证据证明侵权人的获利以及与侵权行为之间的因果关系。

二、基于企业营业利润影响因素的复杂性以及知识产权价值的无形性，在著作权案件中以侵权获利方式计算赔偿数额时，主要需依据权利人提交的侵权方获利证据，从侵权行为的具体样态出发，区分涉案知识产权要素创造的价值和不可归因于该要素的其他价值，在利润中析出专属于具体被侵权作品贡献的专有价值。但著作权案件中侵权获利的计算不仅仅是单纯的事实认定，而是需叠加对难以量化的作品价值等因素进行评估确定，因此可在着重考虑给予权利人充分救济的情况下，从有利于维权、制止侵权等损害赔偿的预防功能角度，合理确定利润总额和利润贡献率。

三、著作权集体管理制度在于解决权利人与使用者之间就海量作品使用许可中存在的问题，其相较于权利人单独授权具有成本低、效率高的突出优点，故一般而言，使用者与集体管理组织之间的许可使用费低于使用者与单个权利人协商之后确定的许可使用费。以本案为例，法院认为涉案音乐作品的贡献率应高于某马公司实际缴纳许可使用费所对应的0.15‰的贡献率，而接近于某马公司应该缴纳许可使用费对应的1.10‰的贡献率。

四、对于经营主题乐园类公司主体而言，其因使用音乐作品而支出成本后所获得的营业收入与支出其他成本所获得的营业收入虽然并不完全相同，但在使用音乐作品支出成本与主营业务收入密切相关的情况下，通过计算支出的音乐作品许可使用费在支出成本中的比例，进而计算出该部分成本所对应的营业收入，再根据利润率计算出音乐作品相应的营业利润，从而以该营业利润在总营业利润的占比确定利润贡献率，系一种较为合理的推算音乐作品利润贡献率的方法。

法律规定

《中华人民共和国著作权法》 （2010年修正）	《中华人民共和国著作权法》 （2020年修正）
第十一条第四款 如无相反证明，在作品上署名的公民、法人或者其他组织为作者。	**第十二条** 在作品上署名的自然人、法人或者非法人组织为作者，且该作品上存在相应权利，但有相反证明的除外。作者等著作权人可以向国家著作权主管部门认定的登记机构办理作品登记。 与著作权有关的权利参照适用前两款规定。
《最高人民法院关于审理著作权民事纠纷案件适用法律若干问题的解释》 **（法释〔2002〕31号 2002年10月12日发布）**	**《最高人民法院关于审理著作权民事纠纷案件适用法律若干问题的解释》** **（法释〔2020〕19号 2020年修正）**
第七条 当事人提供的涉及著作权的底稿、原件、合法出版物、著作权登记证书、认证机构出具的证明、取得权利的合同等，可以作为证据。 在作品或者制品上署名的自然人、法人或者其他组织视为著作权、与著作权有关权益的权利人，但有相反证明的除外。	**第七条** 当事人提供的涉及著作权的底稿、原件、合法出版物、著作权登记证书、认证机构出具的证明、取得权利的合同等，可以作为证据。 在作品或者制品上署名的自然人、法人或者非法人组织视为著作权、与著作权有关权益的权利人，但有相反证明的除外。

本案链接

北京某慕文化发展有限公司与某城演艺发展股份有限公司、丽江某马古城旅游发展有限公司著作权侵权纠纷案【（2019）浙01民初213号、（2020）浙民终301号】

某城公司系多年专业经营主题乐园的上市公司，某马公司系其全资子公司，两者均负有较高的知识产权保护的注意义务，理应在使用音乐作品前履行相应审查义务和办理许可手续，确保该些作品得到权利人的许可。但本案中，某城公司、某马公司在明知与音著协签署的协议清单中并不包含涉案音乐作品的情况下，仍长期持续非法使用涉案音乐作品，且其间从未与权利人联系商洽授权事宜，侵权主观恶意强。同时，某城公司、某马公司经营某江千古情景区的利润亦较高，平均利润率达71.97%，其于2014-2019年持续在现场演出及背景音乐中非法使用涉案音乐作品，且并未提交证据证明其已停止侵权。因此，结合上述因素，兼顾促进作品传播与保护权利人之间的利益平衡，并考量给予权利人充分救济和鼓励海量使用者与著作权集体管理组织签订许可协议，从而更好地促进音乐作品传播等因素，法院认为，涉案音乐作品的利润贡献率应在上述区间中位数0.63‰以上，按接近于0.8‰计算，最终确定某城公司、某马公司使用涉案音乐作品的侵权获利为70万元。

延伸阅读

裁判规则一：赔偿数额应根据涉案作品的独创性及市场价值、侵权行为性质及过错程度、被诉侵权字体对涉案产品利润贡献率、权利人为制止侵权所支出的合理费用等因素酌定。

案例一：武汉市某茶茶业有限公司、杭州某书阁文化创意有限公司著作权权属、侵权纠纷二审民事判决书【（2021）津民终208号】

关于赔偿数额，根据《著作权法》第四十九条①的规定，侵犯著作权或者与著作权有关的权利的，侵权人应当按照权利人的实际损失给予赔偿；实际损失难以计算的，可以按照侵权人的违法所得给予赔偿。赔偿数额还应当包括权利人为制止侵权行为所支付的合理开支。权利人的实际损失或者侵权人的违法所得不能确定的，由人民法院根据侵权行为的情节，判决给予五十万元以下的赔偿。某书

---

① 编者按：《著作权法》（2020年修正）第54条。

阁公司主张法定赔偿，一审法院考虑涉案作品的独创性及市场价值、武汉某茶公司侵权行为性质及过错程度、被诉侵权字体对涉案产品利润贡献率、某书阁公司为制止侵权所支出的合理费用等因素酌定赔偿数额。

裁判规则二：酌定著作权侵权赔偿数额时，虽然侵权部分仅占其作品的一小部分，但若该侵权部分对其销售有较高的促进作用，则应充分考虑该侵权部分的利润贡献率。

案例二：厦门某丰盛传信息科技有限公司、福清市某盛娱乐会所侵害作品放映权纠纷二审民事判决书【（2020）闽民终 517 号】

侵权部分虽仅占《小明的某某》字帖套装的一小部分，但对该字帖的销售有较高的促进作用，应考虑该侵权部分的利润贡献率；某强不息公司侵权行为的规模不大，侵权时间不长；某强不息公司的法定代表人与张某辉签订有合作协议，某强不息公司与张某辉、某章公司间亦有过书法活动方面的合作，故某强不息公司侵权的主观恶性较深等因素。张某辉、某章公司为本案诉讼支付的公证费及购买侵权产品的费用，属于张某辉、某章公司为制止侵权行为支出的合理开支，应予支持。张某辉、某章公司还主张 10 万元律师费，一审法院结合相关的律师收费标准、本案案情及张某辉、某章公司代理律师在案件中的工作量等因素酌情支持 1.5 万元。

029 著作权侵权纠纷中酌定赔偿的考量因素有哪些?

☞ 阅读提示

著作权侵权损害赔偿数额是著作权法实践中的重要问题，与双方当事人的利益紧密相关。在现行法律框架下，著作权侵权损害赔偿数额的确定思路主要有权利人的实际损害、侵权人的违法所得及法定赔偿。然而，这种确定著作权侵权损害赔偿数额的思路仅仅具有宏观的指导意义，个案具体的裁量中仍有许多重要的细节问题，本文将对这一问题展开分析和探讨。

裁判要旨

权利人的实际损失或者侵权人的违法所得无法确定的，法院根据当事人的请求或者依职权适用《著作权法》第四十八条①第二款的规定确定赔偿数额。法院在确定赔偿数额时，应当考虑作品类型、合理使用费、侵权行为性质、后果等情节综合确定。在歌曲侵权损害赔偿数额计算中，法院可以综合考虑涉案作品的制作成本、数量、流行程度以及被告的经营时间、包间数量以及主观过错，结合特定时期的政策要求以及当地经济发展水平，同时考虑新冠肺炎疫情对当地经济的影响，酌情计算。

案情简介

一、原告是经国家版权局批准成立、民政部注册登记的我国唯一音像著作权集体管理组织，有权代表权利人与使用者订立著作权许可使用合同并收取使用费，向权利人转付使用费并以自己名义进行涉及著作权或者与著作权有关权利的诉讼。根据《著作权集体管理条例》第二十六条规定，由原告统一向卡拉 OK 经营场所收取音乐作品、音乐电视作品使用费。据查，被告自其开始经营向消费者提供曲库海量音乐电视作品（约 20 万首以上）点播业务以来，一直未与原告签订许可使用合同。原告多次联系被告，敦促其依照《著作权法》、《著作权集体管理条例》、《卡拉 OK 经营行业版权使用费标准》的规定与原告订立著作权许可使用合同并支付使用费，但被告一直未履行支付使用费的义务。

二、被告某都公司辩称，其购买的点歌系统内含曲库，已经获得相应授权。筹建 KTV 时，其与陕西某网视易信息系统有限公司签订《KTV 视易数字娱乐系统项目合同》，由陕西某网视易信息系统有限公司提供整个 KTV 点歌服务系统，并提供完整曲库，被告在经营活动中使用的是该曲库中的已有歌曲，并就该歌库支付相应费用，系正常合法使用，不存在侵犯他人著作权。且受新冠肺炎疫情影响，KTV 经营惨淡，现企业经营困难。

三、2020 年 12 月 22 日，一审法院判决被告某都公司赔偿原告某著作权集体管理协会经济损失共计 27450 元并驳回原告某著作权集体管理协会的其他诉讼请求。被告不服提起上诉，2021 年 6 月 7 日，陕西省高级人民法院驳回上诉，维持原判。

---

① 编者按：《著作权法》（2020 年修正）第 54 条。

核心裁判要旨

法院认为，本案的争议焦点为：一、原告主体资格是否适格；二、被告某都公司是否侵犯了原告的著作权，应否承担侵权赔偿责任；三、赔偿数额应当如何认定。

关于焦点一，原告系国家版权局批准、民政部在册登记的音像著作权集体管理组织。其通过与某石公司等著作权人签订《音像著作权授权合同》，合法获得某石公司等著作权人享有著作权的音像节目在中国大陆地区卡拉 OK 经营场所的放映权、复制权的管理权限。该权限包括向音像节目使用者发放许可、收取使用费并以自己的名义提起侵权诉讼。目前该合同仍在有效期内。原告通过可信时间戳取证方式对涉案音乐电视作品进行证据保全，被告经营场所包间内点歌系统中的涉案音乐电视作品出自某石公司享有著作权的《流行歌曲经典某著作权集体管理协会会员作品精选集（第二辑）》。根据《著作权法》第八条之规定，原告作为法定的著作权集体管理组织，有权以自己的名义就相关作品提起诉讼。故其属于本案适格原告。

关于焦点二，被告某都公司未经著作权人许可，在未与原告签订涉案音乐作品著作权许可使用合同亦未支付费用的情形下，以营利为目的，在其经营场所对外提供涉案音乐电视作品的点唱和播放服务，侵害了著作权人的放映权，应当承担民事责任。被告某都公司辩称，其歌曲点歌系统是由陕西某网视易信息系统有限公司安装，原告与陕西某网视易信息系统有限公司存在合作关系，其不构成侵权。因被告某都公司并未举证证明陕西某网视易信息系统有限公司已取得涉案音乐电视作品的放映权或其已支付涉案音乐电视作品的版权使用费。因此，被告某都公司侵犯了原告的著作权，依法应当承担侵权赔偿责任。

关于焦点三，原告依据《国家版权局 2006 年第 1 号公告》以及近三年《卡拉 OK 著作权使用费收取标准的公告》之规定，结合涉案地区经济情况，主张按照 5 元/包间/天×包间数×侵权天数进行计算，请求赔偿 164250 元（5 元/包间/天×45 个包间×730 天）。根据《著作权法》（2010 年）第四十九条[①]规定："侵犯著作权或者与著作权有关的权利的，侵权人应当按照权利人的实际损失给予赔偿；实际损失难以计算的，可以按照侵权人的违法所得给予赔偿。赔偿数额还应当包括权利人为制止侵权行为所支付的合理开支。权利人的实际损失或者侵权人

---

① 编者按：《著作权法》（2020 年修正）第 54 条。

的违法所得不能确定的，由人民法院根据侵权行为的情节，判决给予五十万元以下的赔偿。”《最高人民法院关于审理著作权民事纠纷案件适用法律若干问题的解释》（2002 年）第二十五条规定：“权利人的实际损失或者侵权人的违法所得无法确定的，人民法院根据当事人的请求或者依职权适用著作权法第四十八条[①]第二款的规定确定赔偿数额。人民法院在确定赔偿数额时，应当考虑作品类型、合理使用费、侵权行为性质、后果等情节综合确定。”法院审理中，原告提供了《卡拉 OK 著作权使用费收取标准的公告》，该标准系音集协行业内自行制定，非法律强制性规定，可以根据全国不同区域以及同一地域卡拉 OK 经营的不同规模和水平，按照公告的标准在一定范围内适当下调。法院综合考虑涉案作品的制作成本、数量、流行程度以及被告某都公司的经营时间、包间数量以及主观过错，结合当前落实“六稳”“六保”工作要求以及安康当地经济发展水平，同时考虑2020 年新冠肺炎疫情对当地经济的影响，酌情按照 1 元/包间/天计算。关于赔偿数额时间的计算，自原告进行侵权证据保全的 2020 年 9 月 27 日起向前推算二年，并在二年的基础上减去 2020 年新冠肺炎疫情停业期间 4 个月，认定赔偿数额时间为 610 天（730 天-120 天）。被告某都公司赔偿原告经济损失共计 27450 元［1 元/包间/天×45 个包间×（730 天-120 天）］。

诉讼经验总结

一、根据《著作权法》、《著作权集体管理条例》、国家版权局《卡拉 OK 经营行业版权使用费标准》第一号公告之规定，“卡拉 OK 经营行业以经营场所的包房为单位，支付音乐作品、音乐电视作品使用费，基本标准为 12 元/包房/天”，并由著作权集体管理组织统一向卡拉 OK 经营场所收取音乐作品、音乐电视作品使用费。著作权集体管理组织是卡拉 OK 著作权许可市场唯一代表广大著作权人“集中行使”相关权利的著作权集体管理组织，具有广泛的代表性，而被告作为著作权的义务主体，负有按照国家版权局公告规定的标准，以其包房为单位，按照 12 元/包房/天计算其金额向原告支付使用费的法定义务。

二、侵犯著作权或者与著作权有关的权利的，侵权人应当按照权利人的实际损失给予赔偿；实际损失难以计算的，可以按照侵权人的违法所得给予赔偿。赔

---

① 编者按：《著作权法》（2020 年修正）第 49 条。

偿数额还应当包括权利人为制止侵权行为所支付的合理开支。

三、原告提供的《卡拉 OK 著作权使用费收取标准的公告》系音集协行业内自行制定，非法律强制性规定，可以根据全国不同区域以及同一地域卡拉 OK 经营的不同规模和水平，按照公告的标准在一定范围内适当下调。

四、在歌曲侵权赔偿数额的计算中，法院可以综合考虑涉案作品的制作成本、数量、流行程度以及被告某都公司的经营时间、包间数量以及主观过错，结合特定时期的政策要求以及安康当地经济发展水平，同时考虑新冠肺炎疫情对当地经济的影响，酌情计算。

法律规定

《中华人民共和国著作权法》 （2010 年修正）	《中华人民共和国著作权法》 （2020 年修正）
第四十八条第一项 有下列侵权行为的，应当根据情况，承担停止侵害、消除影响、赔礼道歉、赔偿损失等民事责任；同时损害公共利益的，可以由著作权行政管理部门责令停止侵权行为，没收违法所得，没收、销毁侵权复制品，并可处以罚款；情节严重的，著作权行政管理部门还可以没收主要用于制作侵权复制品的材料、工具、设备等；构成犯罪的，依法追究刑事责任： （一）未经著作权人许可，复制、发行、表演、放映、广播、汇编、通过信息网络向公众传播其作品的，本法另有规定的除外；	**第五十三条第一项** 有下列侵权行为的，应当根据情况，承担本法第五十二条规定的民事责任；侵权行为同时损害公共利益的，由主管著作权的部门责令停止侵权行为，予以警告，没收违法所得，没收、无害化销毁处理侵权复制品以及主要用于制作侵权复制品的材料、工具、设备等，违法经营额五万元以上的，可以并处违法经营额一倍以上五倍以下的罚款；没有违法经营额、违法经营额难以计算或者不足五万元的，可以并处二十五万元以下的罚款；构成犯罪的，依法追究刑事责任： （一）未经著作权人许可，复制、发行、表演、放映、广播、汇编、通过信息网络向公众传播其作品的，本法另有规定的除外；
《最高人民法院关于审理著作权民事纠纷案件适用法律若干问题的解释》 （法释〔2002〕31 号　2002 年 10 月 12 日发布）	**《最高人民法院关于审理著作权民事纠纷案件适用法律若干问题的解释》 （法释〔2020〕19 号　2020 修正）**
第二十五条 权利人的实际损失或者侵权人的违法所得无法确定的，人民法院根据当事人的请求或者依职权适用著作权法第四十八条①第二款的规定确定赔偿数额。	（在 2020 年的修正中仅改变了第一款涉及条文序号）

① 编者按：《著作权法》（2020 年修正）第 49 条。

《最高人民法院关于审理著作权民事纠纷案件适用法律若干问题的解释》（法释〔2002〕31号 2002年10月12日发布）	《最高人民法院关于审理著作权民事纠纷案件适用法律若干问题的解释》（法释〔2020〕19号 2020修正）
人民法院在确定赔偿数额时，应当考虑作品类型、合理使用费、侵权行为性质、后果等情节综合确定。 当事人按照本条第一款的规定就赔偿数额达成协议的，应当准许。	
第二十八条 侵犯著作权的诉讼时效为两年，自著作权人知道或者应当知道侵权行为之日起计算。权利人超过两年起诉的，如果侵权行为在起诉时仍在持续，在该著作权保护期内，人民法院应当判决被告停止侵权行为；侵权损害赔偿数额应当自权利人向人民法院起诉之日起向前推算两年计算。	**第二十七条** 侵害著作权的诉讼时效为三年，自著作权人知道或者应当知道权利受到损害以及义务人之日起计算。权利人超过三年起诉的，如果侵权行为在起诉时仍在持续，在该著作权保护期内，人民法院应当判决被告停止侵权行为；侵权损害赔偿数额应当自权利人向人民法院起诉之日起向前推算三年计算。

本案链接

某著作权集体管理协会与陕西某都文化有限公司著作权权属纠纷二审民事判决书【（2021）陕民终516号】

被告某都公司未经著作权人许可，在未与原告签订涉案音乐作品著作权许可使用合同亦未支付费用的情形下，以营利为目的，在其经营场所对外提供涉案音乐电视作品的点唱和播放服务，侵害了著作权人的放映权，应当承担民事责任。权利人的实际损失或者侵权人的违法所得无法确定的，法院根据当事人的请求或者依职权适用《著作权法》第四十八条①第二款的规定确定赔偿数额。法院在确定赔偿数额时，应当考虑作品类型、合理使用费、侵权行为性质、后果等情节综合确定。在歌曲侵权损害赔偿数额计算中，法院可以综合考虑涉案作品的制作成本、数量、流行程度以及被告某都公司的经营时间、包间数量以及主观过错，结合特定时期的政策要求以及安康当地经济发展水平，同时考虑2020年新冠肺炎疫情对当地经济的影响，酌情计算。

① 编者按：《著作权法》（2020年修正）第53条。

延伸阅读

裁判规则一：在双方当事人未提交证据证明权利人的实际损失或者侵权人的违法所得的情形下，应当依据《著作权法》规定的法定赔偿标准确定经济损失赔偿数额。综合考虑涉案作品的类型、知名度、独创性程度、创作时间和市场价值，学术期刊公司涉案侵权行为的性质和影响范围、主观过错程度等因素，酌情确定经济损失的赔偿数额。

案例一：《中国某期刊（光盘版）》电子杂志社有限公司等侵害作品信息网络传播权纠纷二审民事判决书【（2021）京73民终839号】

本案中，双方当事人并未提交证据证明权利人的实际损失或者侵权人的违法所得，故应当依据《著作权法》规定的法定赔偿标准确定经济损失赔偿数额。一审法院综合考虑涉案作品的类型、知名度、独创性程度、创作时间和市场价值，期刊公司涉案侵权行为的性质和影响范围、主观过错程度等因素，酌情确定经济损失的赔偿数额，系属合理，法院予以确认。关于公证费，赵某馨提交了公证费发票，并已将公证费进行了均摊，一审法院予以支持并无不当；关于律师费，考虑到本案工作量，一审法院对律师费合理部分予以支持并无不当；关于下载费，赵某馨提交的公证书可以证明相关费用的支出，一审法院予以支持并无不当。因此，赵某馨的上诉主张缺乏事实及法律依据，法院不予支持。期刊公司的上诉主张缺乏事实及法律依据，法院不予支持。

裁判规则二：著作权侵权损害赔偿数额的考量因素包括涉案录像制品内容的知名度、影响力，原告获得授权所支付的成本，被告侵权行为的性质、情节、侵权规模、地域，原告为制止侵权所支付的合理开支等因素。

案例二：某宁体育文化传媒（北京）有限公司与某视传媒股份有限公司侵害录音录像制作者权纠纷二审民事判决书【（2020）吉民终270号】

经查，某宁传媒公司提交的中超联赛合作协议中载明2019赛季中超联赛版权费为12亿元人民币，但因其提交的增值税专用发票抵扣联金额为5亿元人民币，即至本案纠纷发生之日止，某宁传媒公司实付2019赛季中超联赛版权费为5亿元人民币，故法院认为，在现有证据的基础上，对案涉体育赛事价值的判定应以实付金额5亿元人民币为依据。从一审查明的事实可知，某宁传媒公司获得授权的2019赛季中国足球协会超级联赛包括全部240场比赛，以及开幕式、颁奖活动在内的所有联赛官方活动。按2019赛季中超联赛版权费为5亿元人民币计算，每场比赛的授权费用大约200万元左右。因某宁传媒公司获得授权的范围为中华人民共和国（不包括香港、澳门和台湾）内，即为其他的31个省级行政区，故每场比赛平均到每个省的授权费用约为64500元左右。

关于某宁传媒公司提出的某视传媒公司覆盖用户数863.73万户，侵权范围广的上诉理由。从某宁传媒公司提交的公证书内容可知，案涉体育赛事在付费点播服务中。而某视传媒公司2019年半年度报告所记载的某视传媒公司覆盖用户数863.73万户，为全网覆盖户数，付费点播用户范围要小于全网覆盖户数，故上述用户数不能证明某视传媒公司的具体侵权范围。《著作权法》第四十九条①规定："侵犯著作权或者与著作权有关的权利的，侵权人应当按照权利人的实际损失给予赔偿；实际损失难以计算的，可以按照侵权人的违法所得给予赔偿。赔偿数额还应当包括权利人为制止侵权行为所支付的合理开支。权利人的实际损失或者侵权人的违法所得不能确定的，由人民法院根据侵权行为的情节，判决给予五十万元以下的赔偿。"《最高人民法院关于审理著作权民事纠纷案件适用法律若干问题的解释》（2002年发布）第二十五条规定："权利人的实际损失或者侵权人的违法所得无法确定的，人民法院根据当事人的请求或者依职权适用著作权法第四十八条②第二款的规定确定赔偿数额。人民法院在确定赔偿数额时，应当考虑作品类型、合理使用费、侵权行为性质、后果等情节综合确定。"

本案中，某宁传媒公司未能提供充分证据证实因某视传媒公司侵权所受实际损失，且某视传媒公司所获利益亦难以确定。法院在综合分析双方提交的证据的基础上，综合考量涉案录像制品内容的知名度、影响力，某宁传媒公司获得授权所支付的成本，某视传媒公司侵权行为的性质、情节、侵权规模、地域，某宁传媒公司为制止侵权所支付的合理开支等因素，在法定赔偿限额范围内，酌定某视传媒公司赔偿经济损失及合理支出10万元。一审判决赔偿数额不当，法院依法予以纠正。

---

① 编者按：《著作权法》（2020年修正）第54条。

② 编者按：《著作权法》（2020年修正）第49条。

030 实质性相似内容的比重较低是否在侵权比较中产生决定性影响？

☞ **阅读提示**

在著作权侵权认定的长期司法实践中，逐渐形成了“实质性相似加接触”的基本规则，并将其作为判定著作权侵权行为的核心标准。在实质性相似的认定，无论是整体观感法、抽象测试法还是内外部测试法都必然涉及对相似内容比例的考察，而在相似内容所占比重相对于整部作品而言并不高时，能否认定构成侵权，笔者将通过案例予以讨论。

裁判要旨

进行实质性对比时，虽然是对各个独创性元素进行划分后比较，但是不能忽略其对于作品的重要程度。虽然相似部分在整体故事所占比重较小，但对作品具有一定程度的重要性，也可能构成对权利作品著作权的侵害，而被控侵权作品是在使用了与权利作品相同的人物和情节的框架内容的基础上进行创作，相似部分对作品整体具有极大的重要性，应当认定侵犯了相应著作权。

案情简介

一、原告快某世界（北京）科技有限公司系“快某漫画”网站及App的运营者，金丘某与快某公司合作创作了漫画《某某游戏》，国家版权局出具的国作登字-2017-F-××××××××号作品登记证书载明作品名称为某某游戏，作品类别为美术作品，作者为金丘某，著作权人为金丘某、快某公司，创作完成时间为2016年8月16日，首次发表时间为2016年9月6日，登记日期为2017年2月10日。

二、被告刘某于2016年8月3日向国家版权局申请文字作品《某·望》的著作权登记。刘某后与姚某婷签订《影视剧本著作权许可使用协议》，约定授权剧本为《某·望》，授权包括复制权、发行权等，许可使用期限为2016年6月20日至专用权保护期内。2017年4月22日，姚某婷、姚某鸣、连某晟、兴某源公司签订《网络电视剧〈某·望〉投资合作协议》，约定四方共同投资由天某合公司承制拍摄网络剧《某·望》，田某盈公司、天某合公司、姚某婷、姚某鸣、连某晟表示网剧《某·望》在2016年8月8日就已开机，协议各方在网剧开机前就对网剧的投资有了意向并已开始支付投资款，该协议系之后补签。2018年7月30日，田某盈公司、天某合公司、尚某公司均出具追认授权书，分别确认姚某婷、姚某鸣、连某晟系代表该三家公司签署《网络电视剧〈某·望〉投资合作协议》，该三家公司对该三个个人的代表行为进行追认，并确认该协议的实际主体及权利义务承担者为公司。

三、快某公司、金丘某向一审法院提出诉讼请求，要求判令田某盈公司、天某合公司、兴某源公司、尚某公司、刘某、姚某婷、姚某鸣、连某晟：1. 立即停止剧本《某·望》、网剧《某·望》的一切播映、宣传活动；2. 在新某网、搜某网、乐某网、某奇艺网显著位置以及在《北京日报》《法制日报》上刊登声明就其侵害漫画《某某游戏》署名权的行为赔礼道歉，就其侵害漫画《某某游戏》改编权、摄制权的行为消除影响；3. 连带赔偿快某公司、金丘某经济损失人民币200万元（含为制止侵权所支出的律师费22000元，公证费6800元，差旅费6439元）。

四、经比对，权利作品和被控侵权作品的核心内容是某某游戏App的特殊功能及由该App引发的相应剧情，而该核心情节在权利作品之前的小说、戏剧或其他文字作品中都没有出现过，系原告独创的作品内容。

五、一审法院认为：双方作品在故事题材、主线以及部分具体情节上确有相似性，但该部分相似情节在整体故事中占比较小，因此认定双方作品内容不构成实质性相似。

六、2020年4月16日，二审法院判决中认为：如果被控侵权作品使用了权利作品具有独创性的部分，即使该独创性部分在被控侵权作品中所占比重不大，但对作品具有一定程度的重要性，也可能构成对权利作品著作权的侵害。而经过比对，被控侵权作品使用了权利作品的核心表达内容，构成对快某公司、金丘某就权利作品享有的改编权、摄制权和署名权的侵害。

核心裁判要旨

本案的争议焦点在于被控侵权作品与权利作品是否构成实质性相似。一审法院认为单独比对的四个剧情的情节具有独创性且构成实质性相似，但该相似部分在整体故事所占比重较小，不认定双方作品构成实质性相似。二审法院认为如果被控侵权作品使用了权利作品具有独创性的部分，即使该独创性部分在被控侵权作品中所占比重不大，但对作品具有一定程度的重要性，也可能构成对权利作品著作权的侵害。

本文认为二审法院的观点更为合理。在相似内容的判定上，比重并非是唯一的判断标准，在对作品起到关键作用的核心内容表达上，即使相似内容比重较低，也应当认定为实质性相似。而考察本案的实际情况，两部作品的人物设置、人物关系、情节架构、剧情等部分进行整体对比之后，在基本的人物、人物关系的设置以及由某某游戏 App 引发的主要情节的推动上均有一致性，并且在上述核心情节在权利作品之前的小说、戏剧或其他文字作品中都没有出现过的前提下，可以得出结论，两部作品的核心内容构成相似。在核心内容并不属于思想而进入到表达的领域中时，因被控侵权作品使用了权利作品的核心表达内容应当认定两部作品构成实质性相似，该行为对快某公司、金丘某就权利作品所享有的改编权成立侵权。

诉讼经验总结

一、目前在实质性相似比较中存在多种判断方法，通常抽象测试法成为目前的主流，即对作品的独创性元素进行划分，并作细致的比对分析。最终确定比较作品间的相似程度，但是这种比较不应当只注重相似部分量的程度，而对于相应相似部分在作品中起到的重要性程度视而不见。

二、在抽象测试法中，应当注意对表达和思想的划分，《著作权法》保护表达但不保护思想，虽然对于任何作品而言都无法在两者之间划出清晰界限，但如何正确地划分对著作权侵权认定往往起到至关重要的作用，因此在个案中应当对具体内容进行考察，其是否已经具体到一定地步而成为受保护的表达。

法律规定

《中华人民共和国著作权法》 （2010 年修正）	《中华人民共和国著作权法》 （2020 年修正）
第十条第一款第十四项 著作权包括下列人身权和财产权： （十四）改编权，即改变作品，创作出具有独创性的新作品的权利；	（在 2020 年的修正中并未修改）

《中华人民共和国著作权法》（2010年修正）	《中华人民共和国著作权法》（2020年修正）
第四十七条第六项 有下列侵权行为的，应当根据情况，承担停止侵权、消除影响、赔礼道歉、赔偿损失等民事责任： （六）未经著作权人许可，以展览、摄制电影和以类似摄制电影的方法使用作品，或者以改编、翻译、注释等方式使用作品的，本法另有规定的除外；	**第五十二条第六项** 有下列侵权行为的，应当根据情况，承担停止侵权、消除影响、赔礼道歉、赔偿损失等民事责任： （六）未经著作权人许可，以展览、摄制视听作品，或者以改编、翻译、注释等方式使用作品的，本法另有规定的除外；

本案链接

快某世界（北京）科技有限公司、金丘某与北京田某盈文化传媒有限公司、重庆天某合影视文化传媒有限公司等著作权权属、侵权纠纷二审民事判决书【（2020）沪73民终57号】

本案中对双方作品比对的关键在于，被控侵权作品是否使用了与权利作品实质性相似的表达内容。著作权侵权案件中，实质性相似的判定应当遵循并列比对，综合判断的比对方法，即便作品中单个情节和人物关系属于公有领域中常见的素材，但并不代表这些情节和人物关系就必然不能受到保护，倘若这些常见的情节、人物关系和作品中其他情节、人物关系结合后形成的作品整体具有独创性，也应当作为著作权法保护的对象。故在对双方作品进行实质性相似的比对时，应当采取整体综合比较的比对方法，将双方作品作为一个整体来比对和分析，而不应将作品分解之后分别比对。并且比对时应当比对两者的相似之处，而不应比对两者的不同之处，在此基础上再判断这些相似之处是否构成权利作品的独创性表达。一审法院仅仅将双方作品的人物设置、人物关系及相关情节分别比对，但未进行综合分析比对，反而更多地在分析比对双方作品的不同之处。本院对一审法院的比对方法不予认同。另外，一审法院一方面承认所单独比对的四个剧情的情节具有独创性且构成实质性相似，另一方面又认为该相似部分在整体故事所占比重较小，不认定双方作品构成实质性相似，本院亦不予认同。如果被控侵权作品使用了权利作品具有独创性的部分，即使该独创性部分在被控侵权作品中所占比重不大，但对作品具有一定程度的重要性，也可能构成对权利作品著作权的侵害。

两作品在上述高度独创的核心情节上构成实质性相似。虽然被控侵权作品人物设置和人物关系更为丰富，并且增设了其他的情节内容，除摄影棚任务中的部分剧情外，某某游戏 App 设置的其他任务与权利作品亦不同，但上述不同点是建立在被控侵权作品使用了与权利作品相同的人物和情节的框架内容的基础上展开和设置的，即都是在某某游戏 App 让人变美这一特殊功能的基础上设置的相同的主要人物关系而推进相应的故事情节。没有这些相同的核心内容，被控侵权作品所添附的其他人物和情节的独创性将大幅减弱，而上述框架内容已经足够具体，可以作为表达受到我国著作权法的保护。故被控侵权作品使用了权利作品的核心表达内容，构成对快某公司、金丘某就权利作品所享有的改编权的侵害。

延伸阅读

裁判规则一：对实质性相似进行判断时，应以普通观察者的角度对表达进行整体认定和综合判断，而不能将各个组成要素简单割裂开来、分别独立进行比对。

案例一：北京小某文化发展有限责任公司与统某企业（中国）投资有限公司、河南统某企业有限公司、北京超某发连锁股份有限公司侵害著作权及不正当竞争纠纷二审民事判决书【（2016）京 73 民终 1078 号】

在比较两卡通形象由线条、色彩等要素组成的造型表达上是否存在实质性相似时，由于两者体现的画面主要是卡通形象的头部，故应以普通观察者的角度对其头部造型表达进行整体认定和综合判断，而不能将各个组成要素简单割裂开来、分别独立进行比对。通过比对可以发现，虽然两形象均为含有圆脑袋、发型、头皮青皮、眼睛、耳朵、鼻子、嘴部表情等要素组成的头部造型架构，但在不同形象中，这些组成要素有不同的表达方式和组合形式，加之“小某”卡通形象有“眼镜”这一要素的显著特征，两形象在具体细节上的不同使得两者在独创性表达上体现出了整体性的差异。尤其是考虑到，两形象均为“小学生”“小男孩”的头部造型表达，在这样一种头部架构及面部表达的有限空间里，不同形象对各个组成要素的不同取舍、选择、安排、设计所形成的差异，就会形成各自不同的外观表现，这也构成了两形象各自创作者的独立创作。而且，如同统某公司及河南统某公司所描述，两形象在头发造型、光影效果、眼睛、耳朵、鼻子、嘴巴造型、面部表情等方面存在的诸多不同和差异更符合视觉所看到的客观实际。因此，“小某同学”卡通形象并未与“小某”卡通形象构成实质性相似，“小某同学”卡通形象的创作不属于《著作权法》所规定的剽窃行为，并未侵犯“小某”卡通形象的著作权。一审判决对此认定错误，本院予以纠正。

裁判规则二：对于分别独立进行对比很难直接得出准确结论的情节和语句，将其做整体对比更有利于发现相似性。

案例二：庄某与郭某明等侵犯著作权纠纷二审民事判决书【（2005）高民终字第539号】

小说是典型的叙事性文学体裁，长篇小说又是小说中叙事性最强、叙事最复杂的一种类型。同时，文学创作是一种独立的智力创造过程，更离不开作者独特的生命体验。因此，即使以同一时代为背景，甚至以相同的题材、事件为创作对象，尽管两部作品中也可能出现个别情节和一些语句上的巧合，不同的作者创作的作品也不可能雷同。本案中，涉案两部作品都是以现实生活中青年人的感情纠葛为题材的长篇小说，从以上本院认定的构成相似的主要情节和一般情节、语句的数量来看，已经远远超出了可以用“巧合”来解释的程度。

同时，对被控侵权的上述情节和语句是否构成抄袭，应进行整体认定和综合判断。对于一些不是明显相似或者来源于生活中的素材，如果分别独立进行对比很难直接得出准确结论，但将这些情节和语句作为整体进行对比就会发现，具体情节和语句的相同或近似是整体抄袭的体现，具体情节和语句的抄袭可以相互之间得到印证。显然，如果单独对这一情节和语句进行对比就认为构成剽窃，对被控侵权人是不公平的。但如果在两部作品中相似的情节和语句普遍存在，则应当可以认定被控侵权的情节构成了抄袭。故本院认定《梦》中多处主要情节和数十处一般情节、语句系郭某明抄袭庄某《圈》中的相应内容。在小说创作中，人物需要通过叙事来刻画，叙事又要以人物为中心。无论是人物的特征，还是人物关系，都是通过相关联的故事情节塑造和体现的。所谓的人物特征、人物关系，以及与之相应的故事情节都不能简单割裂开来，人物和叙事应为有机融合的整体，在判断抄袭时亦应综合进行考虑。

031 对数据库反编译能否用于小说改编电子游戏的侵权比对？

☞ 阅读提示

随着电子游戏产业的光速发展，电子游戏之间的抄袭情况越发多见，在游戏规则属于思想而无法受到保护的现状下，对于游戏具体表达的设计成为游戏厂商之间主要竞争领域。而目前对于将其他类型作品，比如文字作品、视听作品等进行改编，是大部分国内游戏厂商的主流做法。在这种趋势中，出现了很多侵犯作品改编权的案例，对于这种由其他作品类型改编为电子游戏的侵权诉讼，如何进行侵权比对，自然与其他传统类型作品的侵权认定标准应当有所不同，笔者将通过案例予以探讨。

裁判要旨

电子游戏与小说是不同的作品表达方式，在涉及被控侵权游戏作品是否根据他人小说改编的著作权纠纷中，判断二者是否构成实质性相似时，不能仅以其使用涉案小说独创性内容文字数量的比重为标准，应综合判断其是否使用了小说中独创性表达的人物、人物关系、技能、故事情节等元素，并考虑该游戏所利用的小说中独创性内容在该游戏中所占比重。在判断该比重时，可以通过对游戏资源库文件反编译后，提取其中的内容与涉案小说的内容进行比对，以辅助确定游戏是否使用了文字作品有关独创性的内容。

案情简介

一、《某某大陆》系张某创作的奇幻小说，2008 年 12 月首发于“起点中文网”。2009 年 6 月 5 日，张某与玄某公司签订《游戏改编权转让协议》，将涉案《某某大陆》文学作品在全球范围内的游戏改编权永久独家转让于玄某公司。

二、通过多次授权，张某将《某某大陆：神界传说》在全球范围内的独家游戏改编权授权思某公司，同日思某公司将上述权利授权给哆某梦公司。2016 年 1 月 1 日，哆某梦公司向吉某公司出具授权书，将其拥有的《某某大陆：神界传说》改编开发成手机游戏的权利、小说作品元素使用权授权吉某公司行使，吉某公司有权进行该手机游戏的开发、运营、推广。吉某公司经过创作成为《新某某大陆（神界篇）》游戏软件 v2.0 的所有权人。

三、《某某大陆外传：神界传说》系作者张某 2015 年 3 月创作的《某某大陆》外传系列，讲述了不同阶段的故事，但《新某某大陆（神界篇）》游戏软件中的主线副本前 17 章除前序、第 1 章、第 5 章少量涉及《某某大陆外传：神界传说》的内容外，与其基本无关联，而多为《某某大陆》中所涉及内容。

四、玄某公司向一审法院提出如下诉讼请求：1. 四某九九公司、吉某公司立即停止《新某某大陆（神界篇）》游戏的宣传推广；2. 四某九九公司、吉某公司立即停止《新某某大陆（神界篇）》游戏的运营；3. 四某九九公司、吉某公司在 4×99 手机游戏网首页顶部通栏位置刊登不小于长 960px×宽 120px 大小的声明以消除影响；声明的刊登时间不少于 30 日，声明显示范围为全国，不得采取任何技术措施干扰该声明的显示范围；4. 吉某公司赔偿其因侵权所致经济损失 2000 万元；5. 吉某公司承担其为制止侵权所付出的合理费用 52500 元；6. 四某九九公司、吉某公司承担本案的诉讼及其他费用。

五、被告吉某公司主张涉嫌侵权游戏中主要人物名称、人物关系、形象、武功、技能等系来源于《某某大陆外传：神界传说》，因此被控侵权内容数量极少，无论是被控侵权内容在涉案小说中的占比，还是在被控侵权游戏中的占比均不足以认为与涉案作品构成实质性相似，且涉案手游整体与涉案小说无法形成对应关系，不构成对涉案小说改编权的侵犯。

六、2020 年 11 月 18 日，二审法院判决中认为：游戏与小说二者表达方式不同，不能仅以其使用文字数量来判断二者是否构成实质性相似。考虑到游戏软件通常包含游戏资源库，故在判断被诉游戏使用的比重时，可以通过对游戏资源库文件进行反编译后，提取其中的内容与涉案小说的内容进行比对，以辅助确定游戏是否使用了文字作品的有关内容。通过对名称、所涉情节等综合比对，吉某公司侵害了玄某公司享有的对涉案作品的改编权。

核心裁判要旨

本案的争议焦点在于涉诉游戏是否构成侵权，解决问题的关键在于对侵权比对方法的确定。本案是改编作品与原作品之间的实质性相似比对，在传统作品中，比如将小说改编成漫画、漫画改编为动画等，相似内容的数量比例决定整部作品是否构成实质性相似，但对于电子游戏这一类新出现的作品，虽然目前司法实践中普遍将其作为视听作品（原类电作品）进行保护，如何进行比对还没有统一的方法。

本案被告主张，游戏中涉及小说文字数量比重较低，作品整体不构成实质性相似，但由于是将小说改编为游戏作品，其本身不可能像小说作品一样，采取大段文字进行表述，因此是否构成实质性相似，应综合判断其是否使用了小说中独创性表达的人物、人物关系、技能、故事情节等元素，并考虑小说中独创性的内容在游戏中所占比重。此外由于游戏作品本身的特殊性，涉及侵权比对的仅为其所调用数据库，在小说改编游戏的前提下，在判断被诉游戏使用的比重时，可以通过对游戏资源库文件进行反编译后，提取其中的内容与涉案小说的内容进行比对，以辅助确定游戏是否使用了文字作品的有关内容。经过反编译后发现，被诉游戏中人物和魂兽名称与涉案《某某大陆》小说中的人物和魂兽名称完全相同；技能与涉案小说基本相一致；故事情节与涉案小说基本相同，情节发展的先后顺序亦相同。因此认定两者构成实质性相似。

诉讼经验总结

一、由于小说改编游戏对于原作品的改编，因为游戏的内容过多，并且由于表达形式的不同，难以同文字作品比对一样进行相似性考察。由于游戏可以大体分为两个部分，即程序和数据库，其中程序设计可能构成计算机软件受到保护，并且不会涉及与原作品之间的改编认定，主要涉及相似内容的在于游戏的数据库。因此可以对游戏数据库进行反编译，通过数据库中内容与原作品中内容的比对，用于辅助判断相似内容的比重。

二、由于电子游戏并不会像文字作品一样使用大段文字，因此应当首先考察是否使用了具有独创性的有关内容，以及独创性内容对于整个作品的重要程度，然后再考虑小说中独创性的内容在游戏中所占比重，从而合理判定是否构成实质性相似。

法律规定

《中华人民共和国著作权法》 （2010 年修正）	《中华人民共和国著作权法》 （2020 年修正）
第十条第一款第十四项　著作权包括下列人身权和财产权： （十四）改编权，即改变作品，创作出具有独创性的新作品的权利；	（在 2020 年的修正中并未修改）
第十二条　改编、翻译、注释、整理已有作品而产生的作品，其著作权由改编、翻译、注释、整理人享有，但行使著作权时不得侵犯原作品的著作权。	（在 2020 年的修正中仅改变了条文序号①）

本案链接

上海玄某娱乐信息科技有限公司与成都吉某科技有限公司等侵害著作权纠纷二审民事判决书【（2018）苏民终 1164 号】

首先，涉案《某某大陆》小说中人物和魂兽角色，被涉案作品作者赋予了特定性格，融入了特定人物关系，带入了特定故事情节，贯穿整个作品始终，出现频率非常高，对于作品来说具有重要影响。人物角色、魂兽角色、技能方面元素以及其结合的人物关系、魂兽关系、故事情节等，反映了作者精心的取舍、选择、安排和设计，体现了作者的艺术品位和风格，吸引了众多读者，因而属于涉案《某某大陆》小说独创性的基本表达，应受著作权法所保护。其次，被诉游戏与涉案《某某大陆》作品构成实质性相似。其一，涉案游戏属于大型游戏，体量较大，仅公证涉案游戏 17 章，即用时 10 个工作日，如对所有章节进行公证，玄某公司需要支出巨大成本，且对玩家也有较高要求，无疑增加了权利人举证难度和维权成本，有违公平、效率原则。其二，涉案游戏与涉案《某某大陆》小说二者表达方式不同，不能仅以其使用涉案《某某大陆》小说文字数量来判断二者是否构成实质性相似。涉案《某某大陆》实体书共有 12 册，约 264 万文字。但考虑到游戏软件通常包含游戏资源库，故在判断被诉游戏使用的比重时，可以通过对游戏资源库文件进行反编译后，提取其中的内容与涉案小说的内容进行比对，以辅助确定游戏是否使用了文字作品的有关内容。通过对涉案游戏资源

① 编者按：《著作权法》（2020 年修正）第 13 条。

库文件夹中的文件反编译后发现，被诉游戏中人物和魂兽名称与涉案《某某大陆》小说中的人物和魂兽名称完全相同；技能与涉案小说基本相一致；故事情节与涉案小说基本相同，情节发展的先后顺序亦相同。据此，根据高度盖然性的证明标准，可以认定被诉游戏大量使用了涉案《某某大陆》小说中人物和魂兽名称、人物关系、技能和故事情节等元素，与涉案《某某大陆》小说构成实质性相似。其三，《某某大陆外传：神界传说》与涉案小说在人物名称、关系、技能方面确有部分重合，但《某某大陆外传：神界传说》讲述的是史莱克七怪飞升为神后在神界发生的故事，而《某某大陆》讲述的是史莱克七怪在某某大陆相识相知，战胜一切困难，从魂师逐步成长为封号斗罗，并最终战胜武魂殿的故事，二者在故事情节方面存在明显不同。被诉侵权游戏的主线副本前 17 章除前序、第 1 章、第 5 章少量涉及《某某大陆外传：神界传说》的内容外，大量使用了涉案《某某大陆》小说中独创性的内容。故吉某公司关于其获得《某某大陆外传：神界传说》移动游戏改编权，不侵害涉案《某某大陆》作品的游戏改编权的主张，不能成立。

延伸阅读

裁判规则一：网络游戏未经许可使用知名作品中的人物名称、武功、武器名称，并将小说情节概括为游戏关卡名称，可能成立反不正当竞争。

案例一：北京普某天下科技有限责任公司等与北京畅某时代数码技术有限公司著作权权属、侵权纠纷二审民事判决书【（2015）京知民终字第 2256 号】

《反不正当竞争法》第二条规定，经营者在市场交易中，应当遵循自愿、平等、公平、诚实信用的原则，遵守公认的商业道德。第八条第一款规定，经营者不得利用广告或者其他方法，对商品的质量、制作成分、性能、用途、生产者、有效期限、产地等作引人误解的虚假宣传。金某的《天某八部》、《雪某飞狐》、《飞某外传》、《碧某剑》、《鹿某记》等作品的知名度、美誉度很高，读者群广泛，读者对作品以及作品中的角色、武器武功、情节等作品元素的喜爱和追捧，可能会成为兼为游戏玩家的他们选择或者喜爱使用了这些元素的游戏产品的理由。换句话说，作品中的角色、武器武功、情节等作品元素能够产生一种吸引力，这种吸引力可以转化为游戏玩家消费的动力，游戏的开发、运营者借用这种动力可以赚取商业利益。这种因吸引力而形成的商业利益由作品的创作者通过辛勤劳动获得，理应受到保护。未经许可使用这些作品元素并利用这种商业利益的行为应当予以规制。涉案游戏中使用了与上述金某小说中相同或相似的人物名称，武功和武器名称，并将小说情节提炼为游戏关卡名称。

上述人物名称、武功和武器名称、情节等金某作品元素在涉案游戏中占有相当部分的比例，通过对这些作品元素非偶发、同时的使用，相关公众很容易联想到金某小说。同时，涉案游戏官网中还有“《大某某物语》是一款以群侠传为主题的RPG+策略武侠游戏，云集了‘飞雪连天射白鹿，笑书奇侠倚碧鸳’中的枭雄豪杰”的宣传语，而“飞雪连天射白鹿，笑书神侠倚碧鸳”是金某将自己的作品名称首字联成的一副对联，广为人知。上述与该对联高度近似的宣传语毫无疑义地昭示了普某公司和微某公司欲将涉案游戏与金某作品相关联，借此吸引消费者的目的。这种宣传方式本身已构成引人误解的虚假宣传。综上，普某公司和微某公司的涉案行为利用了金某作品元素在移动终端游戏领域对消费者的吸引力，夺取了本应由吸引力的创造者金某或者其授权的畅某公司所享有的商业利益，不符合公认的商业道德，其行为具有不正当性。

裁判规则二：网络游戏界面以图文形式显示相关人物身世、性格、外貌、武功、人物关系等特征，能充分还原小说人物，属于对小说独创性人物表达的改编。

案例二：温某安与北京玩某科技有限公司侵害作品改编权纠纷一审民事判决书【（2015）海民（知）初字第32202号】

判断玩某公司在开发经营的《某掌门》游戏中使用涉案五个人物是否侵害温某安作品的改编权。本院认为，根据我国《著作权法》的规定，改编权，即改变作品，创作出具有独创性的新作品的权利。改编权是著作权人一项重要的财产权利，著作权人有权自行改编作品或授权他人改编作品，除法律另有规定外，他人未经著作权人许可改编作品的行为构成侵权。通常而言，理解改编权，需要考虑以下三个方面，一是改编权的行使应以原作品为基础；二是改编行为是进行独创性修改而创作出新作品的行为；三是改编涉及的独创性修改可以是与原表达相同方式的再创作，如将长篇小说改编为短篇小说，也可以是与原表达不同方式的再创作，如将小说改编为美术作品或电影。本案中，玩某公司开发经营的《某掌门》游戏，通过游戏界面信息、卡牌人物特征、文字介绍和人物关系，表现了温某安“四大名捕”系列小说人物“无情”、“铁手”、“追命”、“冷血”及“诸葛先生”的形象，是以卡牌类网络游戏的方式表达了温某安小说中的独创性武侠人物，满足以上三个方面的要求。故本院认为，玩某公司的行为，属于对温某安作品中独创性人物表达的改编，该行为未经温某安许可且用于游戏商业性运营活动，侵害了温某安对其作品所享有的改编权。

032 如何认定建筑作品及其设计图侵权？

☞ 阅读提示

建筑作品不同于常见的文字、音乐作品，此类作品具有较强的功能性和实用价值，因此不可避免地具有地基、钢筋混凝土等基本结构。在外部表现上，建筑作品虽然也可以由设计者发挥想象的空间自由创造，但日常生活中常见的建筑物往往大同小异，具有相同或类似的结构设计，仅有色彩搭配上的区别。那么建筑作品应当如何认定呢？建筑作品是否需要具备艺术性或者美感？普通的建筑物能否满足著作权法上最低程度的独创性？本文将对相关问题进行探讨和分析。

裁判要旨

在作品认定中，创造性高低难以判断，在没有相反证据证明在先同类作品否定涉案建筑物独创性的情况下，不应否定案涉建筑物不构成建筑作品。根据案涉项目的建筑外形图片形象，可以认定武汉某尔顿酒店是建筑物形式展现的，具有审美意义的且独立于实用功能的艺术美感，符合建筑作品的构成要件。在侵权对比过程中，被告关于工程设计图独创性空间低、两作品之间的相似性属必要表达之抗辩不予采纳，本案工程设计图纸在创作之时并不受限于已有建筑物，在创造之时的表达并未受限，因此对于权利作品而言，表达的空间很大。

案情简介

一、某东院成立于1993年7月22日，注册资本3000万元，经营范围包括建筑专业建设工程设计、市政专业建筑工程设计、水利专业建设工程设计、公路专业建设工程设计、风景园林建设工程专项设计等。某设公司成立于2004年8月23日，注册资本350万元，经营范围为建筑及规划设计、艺术设计、企业营销策划。凌某戈、徐某原系某东院员工。

二、某设公司在其运营的微信公众号“某设设计”上发布了《想要全面剖析》等多篇文章，发布者为“某设设计”，发布时间为2017年6月9日，文章内容主要是关于《武汉某尔顿酒店设计全纪录》中英文版书籍出版信息及部分内容介绍。该文中使用了与某东院提供的工程设计图相似的图纸，同时使用了带有“武汉某尔顿酒店”建筑物的照片。某东院认为被控侵权的图片与其主张权利的作品构成实质性相似；某设公司、凌某戈、徐某认为两者图片并不构成实质性相似，图纸中的很多细节均不相同。

三、一审法院部分驳回原告诉讼请求，认为“武汉某尔顿酒店”建筑物不构成我国著作权法意义上的建筑作品；二审法院认为一审法院对于著作权侵权部分适用法律有误，但最终判决结果不错，最终驳回上诉，维持原判。

核心裁判要旨

首先，在武汉某尔顿酒店是否构成受著作权法保护作品的问题上，一审法院与二审法院发生严重分歧。一审法院认为，“武汉某尔顿酒店”是否构成著作权法意义上的建筑作品，需要考量该建筑物在整体造型上是否具有与同类建筑物不同的、独立于其实用功能的艺术美感。然而某东院的举证并未能表明“武汉某尔顿酒店”整体外观和造型具有区别于其实用性的独特艺术美感，故根据现有证据，难以认定“武汉某尔顿酒店”建筑物构成我国著作权法意义上的建筑作品。退一步讲，即使“武汉某尔顿酒店”构成建筑作品，某东院因其项目设计人的身份而对该建筑作品享有著作权，两被告在文章中引用该建筑物照片、效果图的行为也不构成著作权侵权。《著作权法》（2010年修正）第二十二条[①]规定：对设置或者陈列在室外公共场所的艺术作品进行临摹、绘画、摄影、录像，可以不经著作权人许可，不向其支付报酬，但应当指明作者姓名、作品名称，并且不得侵犯著作权人依照本法享有的其他权利。两被告在发表的文章中使用了在室外的“武汉某尔顿酒店”建筑的照片、效果图，《武汉某尔顿酒店》一文载明“图纸版权：上海某设建筑设计有限公司”，但文章使用的照片、效果图并非某东院拍摄或制作，两篇文章也未对建筑的权属作出不实陈述，亦未歪曲、丑化“武汉某尔顿酒店”形象，故两被告未损害某东院所应当享有的合法权益，不构成侵权。二审法院则反对上述观点，认为在没有相反证据证明在先同类作品否定涉案建筑物独创性的情况下，难以否定案涉建筑物不构成建筑作品。

其次，在工程设计图是否构成实质性相似的问题上，一审将涉案工程设计图

① 编者按：《著作权法》（2020年修正）第24条。

与某东院提供的权利作品按照图纸编号进行比较和归纳，形成三种比对结果，更简化、更复杂以及细部有差异。二审以普通观察者的眼光再次进行比对，结合一审的思路分成四种情况：(1) 更简化：就 A-01C-04-03、A-04-10-01，被控侵权图纸更简化，但二者在点、线、面、几何图形以及总体布局上基本相同，虽然标注标尺不同、线条深浅、颜色及阴影绘制略有不同，不影响整体视觉效果，可以认定为实质性相似。(2) 更复杂：A-01C-04-01、A-01C-30-05A、A-01C-70-13，二者整体框架、布局、位置关系相同，整体视觉效果近似，构成实质性相似。(3) 细部有差异：A-01C-70-12、A-01C-71-02、A-01C-20-02A、A-01C-30-02A、A-01C-70-15、A-01C-70-08、A-01C-20-01A，构成实质性近似。(4) 不近似：A-01-01，二者描述的对象不同，某东院图纸描绘的是屋顶机构，被控侵权图纸描绘的是室内空间分割，二者视觉效果完全不同，不构成实质性近似。A-04-20-01，二者的建筑结构外形不同，不构成实质性近似。

诉讼经验总结

一、在建筑作品的判定上，只要具有审美意义的且独立于实用功能的艺术美感，就符合建筑作品的构成要件。创造性高低难以判断，在没有相反证据证明在先同类作品否定涉案建筑物独创性的情况下，不应否定案涉建筑物构成建筑作品。

二、工程设计图纸在创作之时并不受限于已有建筑物，在创造之时的表达并未受限，因此，对于权利作品而言，表达的空间很大。一审法院关于“由于双方描述对象的同一性以及表达的有限性，图纸大框架会存在相似之处，但被告所用图纸上的细部线条或简化或增加或改变，均无法完整再现某东院作品的科学之美”的观点并不合理。

法律规定

《中华人民共和国著作权法》 (2010 年修正)	《中华人民共和国著作权法》 (2020 年修正)
第三条第四项 本法所称的作品，包括以下列形式创作的文学、艺术和自然科学、社会科学、工程技术等作品： (四) 美术、建筑作品；	**第三条第四项** 本法所称的作品，是指文学、艺术和科学领域内具有独创性并能以一定形式表现的智力成果，包括： (四) 美术、建筑作品；

《中华人民共和国著作权法实施条例》（2013 年修订）

第四条第九项 著作权法和本条例中下列作品的含义：

（九）建筑作品，是指以建筑物或者构筑物形式表现的有审美意义的作品；

本案链接

某东建筑设计研究院有限公司与上海某设营造建筑设计事务所有限公司、凌某戈、徐某、武汉生态城某桂园投资有限公司侵害作品信息网络传播权以及虚假宣传纠纷案【（2020）沪 73 民终 187 号】

根据案涉项目的建筑外形图片形象，可以认定武汉某尔顿酒店是以建筑物形式展现的，具有审美意义的且独立于实用功能的艺术美感，符合建筑作品的构成要件。创造性高低难以判断，在没有相反证据证明在先同类作品否定涉案建筑物独创性的情况下，难以否定案涉建筑物不构成建筑作品。案涉项目的工程设计图是特殊职务作品，署名权由作者享有，某东院指控某设公司在微信公众号、官网中以及微信公众号“材某在线”中使用的某东院的工程设计图和建筑作品图片，凌某戈微信公众号中的文章以图片水印的方式在某东院的工程设计图和建筑作品图片上署名“某设设计”，侵害了某东院对案涉工程设计图的署名权，法院不予支持，相应的停止侵害、消除影响、赔礼道歉的诉讼请求，法院亦不予支持。在工程设计图实质性相似的对比中，部分被控侵权图纸更简化，但二者在点、线、面、几何图形以及总体布局上基本相同，虽然标注标尺不同、线条深浅、颜色及阴影绘制略有不同，不影响整体视觉效果，可以认定为实质性相似。另外一些作品的视觉效果完全不同，不构成实质性近似。因此某东院有关侵害工程设计图信息网络传播权的指控，法院部分予以支持。

延伸阅读

裁判规则一：我国著作权法对作品的独创性没有高低或多少的要求，因此董某明对其创作的有着自己独创性表达的《阳朔旅游示意图》享有著作权，其所具有保护范围即其整个作品在整体图形效果、地理要素安排等方面所具有的独创性表达。

案例一：李某斌等与董某明著作权权属纠纷再审案【（2015）桂民提字第 118 号】

我国著作权法所保护的作品，是指文学、艺术和科学领域内具有独创性并能以某种有形形式复制的智力成果。涉案作品以《阳朔行政区划图》和《阳朔风景点示意图》为蓝本，选取了其认为在阳朔地区具有代表性的地理元素，运用线条、符号、文字注记、色彩等组合表现形式，以不统一的比例尺将桂阳公路、阳荔公路等道路和漓江、遇龙河等河流拉伸变形，腾出空间加入经压缩变形的阳朔县城区部分，使阳朔县城区道路与通往阳朔县各乡镇、旅游景区的道路直接连成一体，形成阳朔县城城区与阳朔地区周边主要乡镇、旅游景区的相关地理信息能在同一版面上展现出来的旅游示意图作品。简言之，就是“城乡结合”的表达形式，其改变了以往的阳朔地图都是在地图中将阳朔县城标注成一个圆点，阳朔县城区的道路和城外的道路分开来绘制，城内和城外的道路连接断层的表现形式。法院认为，董某明认为其具有独创性的“城乡结合”的表达形式实则包括两部分：一是将阳朔县城区与周边乡镇、景点、道路结合在一张图上，二是以不统一比例尺将所选取的阳朔县城区与周边乡镇、景点、道路等地理要素和地理信息通过伸缩变形使其展示在同一版面上。目前没有证据证明在其作品之前有完全相同的表达，对该作品的独创性应予确认，我国著作权法对作品的独创性没有高低或多少的要求，因此董某明对其创作的有着自己独创性表达的《阳朔旅游示意图》（2004 年版）享有著作权，其所具有保护范围即其整个作品在整体图形效果、地理要素安排等方面所具有的独创性表达。

裁判规则二：因受建筑本身结构的限制及某兰公司对整体布局的要求，功能区的划分及其表达方式有限，工程设计图中功能区布局相似并不一定构成著作权法意义的实质性相似。

案例二：上海某鸿装饰设计工程有限公司与某兰科技（上海）有限公司、上海某迈建筑装饰集团有限公司著作权权属、侵权纠纷二审民事判决书【（2020）沪 73 民终 175 号】

本案二审的争议焦点为某兰公司、某迈公司是否侵害了某鸿公司九楼设计图的著作权。《中华人民共和国著作权法实施条例》第四条第十二项规定：“图形作品，是指为施工、生产绘制的工程设计图、产品设计图，以及反映地理现象、说明事物原理或者结构的地图、示意图等作品”。某鸿公司为涉案项目绘制的九楼装修设计图是图形作品，某鸿公司是作品的著作权人。某鸿公司主张，被控侵权的设计图与某鸿公司的设计图构成实质性相似，尤其是设计图中的前台部分和沙发部分基本相同，某兰公司、某迈公司构成著作权侵权。而某兰公司、某迈公司则认为，被控侵权的设计图与某鸿公司的设计图不构成实质性相似。被控侵权设计图与某鸿公司设计图的异同点，一审法院已进行比对，法院予以确认。简而言之，两者功能区布局相似；前台及沙发的形状和摆放位置相似。但两者图纸整体差异较大，差异主要包括：汇报厅的外围边界不同，汇报厅内桌椅形状、数量、摆放位置不同；室内其他区域的桌椅形状、数量、摆放位置也有较大差异。此外，屋顶花园的布局、设备不同。法院认为，因受建筑本身结构的限制及某兰公司对整体布局的要求，功能区的划分及其表达方式有限，工程设计图中功能区布局相似并不一定构成著作权法意义的实质性相似。至于某鸿公司在二审中着重强调的设计图中前台及沙发，经比对，两者该部分的图形近似。但前台区仅占整个设计图的一小部分，该部分单独不能构成图形作品，前台区部分图形近似，并不能由此认定某兰公司、某迈公司构成著作权侵权。由于被控侵权设计图和某鸿公司设计图的整体差异较大，故两者不构成实质性相似，某鸿公司关于某兰公司、某迈公司构成著作权侵权的主张，法院难以支持。

033 问答平台的内容被改编成短视频是否构成侵权？

☞ 阅读提示

作为人们的常用软件之一，某乎的问题页面是某乎最主要的页面，在这里用户可以了解、编辑、回答具体问题和信息。某乎回答是某乎用户针对其他用户在某乎平台上所发布问题作出的回答，近年来，某乎回答已发展成为一种较为常见的公众在线分享经验的新方式，与之相关的著作权纠纷也随之增多。“某乎回答”有没有著作权呢？“某乎回答”被改编成短视频，是否侵权？笔者选取相关案例与大家一同探讨。

裁判要旨

某乎文字回答，虽然篇幅较短，但内容如果既不属于思想范畴也不属于有限表达，在文字内容的创作上体现了独创性，属于独创性表达，且可以通过有形形式复制，应被认定为我国著作权法上所列举的文字作品。

认定侵权成立需满足三个要件：权利作品与被诉视频构成实质性相似；被告具有接触权利作品的可能性；被告关于独立创作的抗辩不能成立。

案情简介

一、原告辛某元诉称，2016 年 11 月 24 日，其在“某乎”网站标题为“有哪一瞬间让你觉得××××?”的网帖下，发表了以自己的真实经历为内容创作的文字回答，依法享有著作权。2017 年，辛某元发现新某场公司在新某微博账号“小某书 L××TE”所上传的播放量超过 1400 万次的《第一天的××，一辈子的××》短视频在人物设置、台词、故事情节等方面都和辛某元发表的权利作品一致，同时该被诉视频也在腾某网、优某网进行了上传。后据辛某元了解，被诉视频是新某场公司委托王某摄制的。

二、辛某元认为，被告新某场公司和王某剑不仅共同侵犯了其对权利作品享有的摄制权，还与新某微博的运营方微某公司共同侵犯了其对权利作品享有的信息网络传播权。故辛某元诉至法院，要求新某场公司删除在优某网上发布的被诉视频，同时要求三被告共同赔偿其经济损失 50 万元及合理开支 13709 元。

三、被告新某场公司、王某剑辩称，权利作品属于惯常表达且篇幅较短，缺乏独创性，不认可辛某元为权利作品的作者，同时认为辛某元主张的赔偿额过高，不同意辛某元的全部诉讼请求。被告微某公司辩称，新某微博上仅存在被诉视频的链接，点击播放时会跳转到第三方网站，同时微某公司为信息网络服务平台，被诉视频已经及时删除，微某公司不构成侵权。

四、2019 年 6 月 14 日，北京市海淀区人民法院认定未经辛某元许可，将权利作品拍摄成被诉视频并在信息网络中传播，使公众可以在其个人选定的时间和地点获得被诉视频的行为，侵犯了辛某元就权利作品所享有的摄制权和信息网络传播权，被诉侵权行为成立。被告新某场公司、王某剑应当对其侵权行为承担相应的法律责任。微某公司已履行适当注意义务，不应承担相应侵权责任。

核心裁判要旨

本案争议焦点如下：第一，辛某元对权利作品是否享有著作权；第二，被诉侵权行为是否成立。

首先，辛某元是否享有著作权。

本案中，辛某元主张权利的内容为发表于某乎网上的一段关于“有哪一瞬间让你觉得××××?”的文字回答，虽然篇幅较短，但通过一系列的人物设置及情节串联等完整的描述了男女主角之间的爱情故事，其既不属于思想范畴也不属于有限表达，在文字内容的创作上体现了独创性，属于独创性表达，且可以通过有形形式复制，故应被认定为我国著作权法上所列举的文字作品。

辛某元主张权利作品系其创作发布，并提供了某乎网中用户“X L××××”发布权利作品的证据保全公证书，结合辛某元当庭登录××@ qq. com 的某乎账号，显示账号昵称亦为“X L××××”，可初步证实辛某元与“X L××××”之间的对应关系，故在无相反证据的情况下，可以认定辛某元系权利作品的作者，依法享有著作权，有权提起本案诉讼。

然后，被诉侵权行为是否成立。

法院认为认定侵权成立需满足以下三个要件：

（一）权利作品与被诉视频构成实质性相似

本案中，权利作品属于文字作品，被诉视频则是摄制在一定介质上有伴音的系列画面，可通过一定的方式传播，属于以类似摄制电影的方法创作的作品。二者虽作品形式不同，但亦存在表达上构成实质性相似的可能。

在进行实质性相似判断时，不能简单地将人物设置和故事情节割裂开来进行分析，权利作品是以特定的人物设置及人物之间的特定情节设定串联而成的完整的独创性表达，人物设置与故事情节具有不可分割的关系。

根据辛某元提交的比对表，权利作品和被诉视频中均包含了“男生坚持每天削一个苹果送给女生”“男生以自己要吃苹果为由，母亲开心儿子肯吃水果”“男生犯错误被班主任勒令回家后又返回学校”“男生回到学校被班主任质问后说回来拿东西”“男生走进教室偷偷给女生送苹果”系列故事情节，上述情节通过组合编排构成了权利作品和被诉视频的主要内容，且各个情节中均包含了人物、场景、发展经过及结果等细节，足够具体，已经脱离了抽象的思想范畴，属于具体的独创性表达，应当受到法律保护。此外，王某剑和新某场公司抗辩称被诉视频与权利作品在故事情节上存在多处不同，且有权利作品中不存在的多处情节。法院认为，鉴于权利作品和被诉视频属于不同的作品形式，其创作手法、呈现方式亦不可能完全相同。权利作品作为文字作品仅以书面文字体现表达，被诉视频则由画面、台词等动态影像表达组合而成，内容更为丰富，出现权利作品中不存在的情节，甚至在对同一情节的具体处理上存在不同均不可避免。但一方面辛某元对存在的不同之处并未主张；另一方面，在辛某元主张的相同情节构成独创性表达的前提下，这些不同均不足以影响本院认定被诉视频和权利作品在上述情节的表达上构成实质性相似。

（二）被告具有接触权利作品的可能性

关于接触可能性的认定，通常只要权利人证明作品已经在先发表，处于公众可接触的状态下即可推定接触发生，无需举证证明产生了实际接触。

本案中，根据证据保全公证书和当庭勘验的结果显示，权利作品于 2016 年 11 月 24 日发布于某乎网，且一直在网络中处于公开可见状态。结合王某剑自认被诉视频的创作完成时间为 2017 年 10 月 19 日，故法院认定在创作被诉视频时，王某剑具有接触权利作品的可能性。

（三）被告关于独立创作的抗辩不能成立

王某剑在进行侵权抗辩时亦辩称被诉视频及剧本系独立创作，并提交了剧本底稿。辛某元认为该剧本无形成时间，不能证明是在权利作品发布前创作完成，法院对此予以确认，认定该剧本底稿不具有真实性，不足以证明被诉视频系独立创作。此外，结合辛某元提交的微信聊天记录，其曾就本案被诉侵权行为与王某剑进行协商，对方称愿意道歉并补偿。如被诉视频系独立创作，王某剑作为创作者必然不会做出此种承诺。庭审过程中，王某剑虽否认上述微信聊天记录的真实性，但其不否认微信账号由其所有，且辛某元提交了手机原件进行勘验，综合在案证据，对于微信聊天记录的真实性予以确认。故法院认为，王某剑未提交充足证据证明被诉视频系独立创作。

综合以上分析，被诉视频在人物设置和故事情节上与权利作品构成实质性相似，在具有接触可能且在案证据不足以证明被诉视频系独立创作的基础上，法院认定未经辛某元许可，将权利作品拍摄成被诉视频并在信息网络中传播，使公众可以在其个人选定的时间和地点获得被诉视频的行为，侵犯了辛某元就权利作品所享有的摄制权和信息网络传播权，被诉侵权行为成立。

诉讼经验总结

本案所涉及的某乎回答字数虽少，但通过一系列的人物设置及情节串联等完整地描述了男女主角之间的爱情故事，在文字内容的创作上体现了独创性，属于独创性表达，且可以通过有形形式复制，故应被认定为我国著作权法上所列举的文字作品。对于文字作品而言，包括人物设置与人物关系、情节事件与情节发展、发生环境等作品的表达元素，通常会融入作者的独创性智力劳动，应当受著作权法保护。

法律规定

《中华人民共和国著作权法》（2010 年修正）	《中华人民共和国著作权法》（2020 年修正）
第十条第一款第十二项、第十三项 著作权包括下列人身权和财产权： （十二）信息网络传播权，即以有线或者无线方式向公众提供作品，使公众可以在其个人选定的时间和地点获得作品的权利； （十三）摄制权，即以摄制电影或者以类似摄制电影的方法将作品固定在载体上的权利；	**第十条第一款第十二项、第十三项** 著作权包括下列人身权和财产权： （十二）信息网络传播权，即以有线或者无线方式向公众提供，使公众可以在其选定的时间和地点获得作品的权利； （十三）摄制权，即以摄制视听作品的方法将作品固定在载体上的权利；
第四十七条第六项 有下列侵权行为的，应当根据情况，承担停止侵害、消除影响、赔礼道歉、赔偿损失等民事责任： （六）未经著作权人许可，以展览、摄制电影和以类似摄制电影的方法使用作品，或者以改编、翻译、注释等方式使用作品的，本法另有规定的除外；	**第五十二条第六项** 有下列侵权行为的，应当根据情况，承担停止侵害、消除影响、赔礼道歉、赔偿损失等民事责任： （六）未经著作权人许可，以展览、摄制视听作品的方法使用作品，或者以改编、翻译、注释等方式使用作品的，本法另有规定的除外；

本案链接

辛某元诉北京新某场传媒股份有限公司等侵害著作权纠纷案【（2018）京0108 民初 17683 号】

判断辛某元是否享有著作权的前提是权利作品构成我国著作权法上所保护的“作品”，即属于文学、艺术和科学领域内具有独创性并能以某种有形形式复制的智力成果。本案中，辛某元主张权利的内容为发表于某乎网上的一段关于“有哪一瞬间让你觉得××××?”的文字回答，虽然篇幅较短，但通过一系列的人物设置及情节串联等完整地描述了男女主角之间的爱情故事，其既不属于思想范畴也不属于有限表达，在文字内容的创作上体现了独创性，属于独创性表达，且可以通过有形形式复制，故应被认定为我国著作权法上所列举的文字作品……被诉视频在人物设置和故事情节上与权利作品构成实质性相似，在具有接触可能且在案证据不足以证明被诉视频系独立创作的基础上，本院认定未经辛某元许可，将权利作品拍摄成被诉视频并在信息网络中传播，使公众可以在其个人选定的时间和地点获得被诉视频的行为，侵犯了辛某元就权利作品所享有的摄制权和信息网络传播权，被诉侵权行为成立。

延伸阅读

裁判规则一：情节是文学作品的基础表达，受众欣赏和评判文学作品的创作内容，也以对情节的捕获为直观路径。对文学作品情节给予著作权保护具有重要意义。

案例一：陈某诉余某、湖南经某文化传播有限公司、东阳欢某影视文化有限公司、万某影视传媒有限公司、东阳星某影视文化传媒有限公司著作权侵权纠纷案【（2014）三中民初字第07916号】

文学作品的创作，以特定的人物关系设置为基础，搭配与人物融合的情节安排，基于特定的逻辑连贯、编排而成作品故事发展的整体，并最终形成作品的全貌。人物设置和人物关系是文学作品展现人物冲突、推动情节发展的主要元素。但孤立的人物特征（身份、相貌、性格、爱好、技能等），或者概括性的人物关系（亲属关系、情侣关系、朋友关系等），更倾向属于公知素材，不能因存在在先使用而造成创作垄断的效果。然而，一部具有独创性的文学作品，通常以故事情节与人物的交互作用来呈现个性化的、具体的人物关系，人物关系基于特定情节的发展产生独创性的表现效果，此时特定作品中的这种特定人物关系就将基于作者的独创设计脱离公知素材的维度，而具有独创性并纳入作者对作品享有的著作权保护范畴。特别是在虚构的作品中，作者具有较大的自由创作空间与创作方向，通过描写，塑造鲜明的人物形象，并通过人物关系的发展推动故事情节、展现戏剧矛盾冲突与人物命运。情节是文学作品的基础表达，受众欣赏和评判文学作品的创作内容，也以对情节的捕获为直观路径。基于特定的素材选择、事件设计、人物安排，以特定的因果关系及逻辑关联搭建具体故事情节的工作融入了作者独创智慧，对精彩情节的锻造，是作者创作优秀文学作品的基础前提，是作品为人津津乐道的重要因素，是经典作品长久流传的创作基石，甚至可称文学作品创作的灵魂。因此，对文学作品情节给予著作权保护具有重要意义。就文学作品而言，对于一些不是明显相似或者可归于公知领域的情节及素材，如果仅仅就单一情节及素材进行独立比对，很难直接得出准确结论，但将这些情节及素材的创编做整体对比，则更有利于发现两部作品在创作结构上的相似性。对于文字作品而言，单一情节本身即使不具有足够的独创性，但情节之间的前后衔接、逻辑顺序等却可以将全部情节紧密贯穿为完整的个性化创作表达，并赋予作品整体的独创性。作品情节选择及结构上的巧妙安排和情节展开的推演设计，反映着作者的个性化的判断和取舍，体现出作者的独创性思维成果。基于相同的情节设计，配合不同的故事结构、情节排布、逻辑推演，则可能形成不同的作品。特定的故事结构、情节排布、逻辑推演可以赋予特定作品整体上的独创意义。如果用来比较的先后作品基于相同的内部结构、情节配搭等，形成相似的整体外观，虽然在作品局部情节安排上存在部分差异，但从整体效果看，则可以构成对在先作品的再现或改编。因此，足够具体的人物设计、情节结构、内在逻辑串联无疑是应受著作权法保护的重要元素。本案中，原告就小说《梅花某》及剧本《梅花某》分别列举的17个桥段及21个桥段，基本构成了有因果联系的连续性事件，因此，上述“桥段”应归类为具体的“情节”。

裁判规则二：具有独创性的百科词条属于作品。在判断网络百科词条作品的著作权归属时，不应仅以本词条贡献者署名确定，还应充分考量本词条是否包含其历史版本贡献者的创作成果。

案例二：刘某与北京搜某科技发展有限公司著作权权属、侵权纠纷二审民事判决书【（2019）京73民终3557号】

并非所有的百科词条均是作品。不论是创造词条，还是修改词条，只有具有独创性的外在表达，才能称之为作品。百科词条的编写在体例上往往呈现固定的模板化，如果贡献者仅仅把各种素材进行了搬运和罗列，未进行创作性活动，则该百科词条不具备独创性，不属于作品。结合本案来看，“仓鼠亚科”词条包括文字、图片等元素，对于生物学领域的仓鼠进行了形态特征、栖息环境、生活习性、分布范围（世界、中国）、繁殖方式、下属物种、种群现状、保护级别、人工饲养（条件、禁忌）等方面的描述。刘某在查阅了若干生物数据库和外国文献关于仓鼠的资料后，在自己理解的基础上进行了编写，词条文字部分的个性化表达传递了一定的思想和信息，能够体现刘某一定的智力创造，具有一定的独创性，构成文字作品。在判断某一词条作品的著作权归属时，应充分考察该词条的历史版本，考量该词条中是否存在其他贡献者的创作成果，然后进行综合判断。结合本案来看，在刘某发表涉案词条之前还存在5个贡献者的历史版本。经过比对发现，刘某的版本并非在上述5个历史版本的基础上进行的加工，而是重新创作所形成的作品。比如篇幅大幅度提升，在体系编排上进行了更丰富、细致的分类，在内容上进行了更加详实、具体的描述。涉案词条标注的贡献者是刘某，因此，在搜某公司没有相反证据提交的情况下，法院认定刘某系该词条的作者，享有著作权。

034 截取舞蹈作品片段并使用是否构成侵权？

☞ **阅读提示**

舞蹈作品是我国《著作权法》法定的作品类型之一，通过躯体的活动来表现思想和感情。舞蹈作品并非是指在舞台上的表演，而是指舞蹈的动作设计，因此无论是被记载在纸质上，还是通过录制来表现，对于舞蹈作品而言，其成为作品的本质都在于动作的本身，那么将他人舞蹈动作截图，是否侵犯了相关的权利？笔者将通过案例予以研究。

裁判要旨

舞蹈作品展现的是人体连续的舞蹈动作，被诉装饰图案为静态图案，两者客观表现形式确有不同，但是该种区别并不意味着改变了舞蹈作品的形态，就当然不存在使用舞蹈作品的行为。舞蹈作品的独创性在于每个静态舞蹈动作的连接设计和集合，故每个静态的舞蹈动作亦是舞蹈作品独创性体现的重要组成部分。

案情简介

一、原告云南杨某萍文化传播股份有限公司系涉案舞蹈等作品权利人，该系列作品由我国著名舞蹈艺术家杨某萍创作、表演、投资制作，创作完成于2003年，杨某萍后将涉案系列作品的上述权利授权给杨某萍公司行使。法院认定，极具个人特点和表现力的涉案舞蹈，体现出较高的独创性和艺术价值，属于著作权法规定的舞蹈作品。

二、被告北京心某意诚餐饮管理有限公司、北京心某意诚餐饮管理有限公司海淀餐饮分公司、云某肴（北京）餐饮管理有限公司在其共同运营的“云某肴·云南菜”餐厅装饰物上，使用了一名高盘发髻、身着紧身长裙的女子在月光背景下做出舞蹈动作的人物剪影图，每幅被诉图案仅舞蹈动作存在差异。

三、被告辩称使用的图片源于云南孔雀舞的代表动作，选取公有领域的相关动作图案用于餐厅装饰物并不侵权；同时被诉装饰图案为静态呈现，不具有连续性，不存在侵害舞蹈作品著作权的可能。

四、法院认为：舞蹈作品的独创性体现在每个静态舞蹈动作的连接设计和集合，故每个静态的舞蹈动作亦是舞蹈作品独创性体现的重要组成部分。因此，判断被告是否存在侵害舞蹈作品著作权的行为，关键还在于判断被诉装饰图案是否使用了涉案舞蹈作品的独创性表达。本案中被诉装饰图案使用了《月光》舞蹈作品具有独创性表达的部分内容，因此构成侵权。

核心裁判要旨

本案的争议焦点在于被告采取剪影的方式使用造型的行为是否侵犯舞蹈作品的著作权。我国《著作权法实施条例》规定：“舞蹈作品，是指通过连续的动作、姿势、表情等表现思想情感的作品”。因此被告辩称其将舞蹈动作的连续性去掉后，以静态呈现的使用方式不在著作权法的规制范围之内。

解决这个问题的关键在于对于舞蹈作品的实质予以确定，即著作权法所保护舞蹈作品的实质内容，并不是仅包括以连续动作或画面所表现的视觉作品，而是通过对动作的编排设计过程中所体现的独创性，这其中既包括舞蹈动作之间的连接，也包括各个动作的集合，当然对于已经进入到公有领域的舞蹈动作、造型、顺序等，是无法受到保护的。因此法院认定，涉案舞蹈具有独创性，相关动作造型并未进入公有领域之前，将整个舞蹈中的某些动作截取下来，通过图案进行静态呈现，应当在舞蹈作品控制的权利范围之内，因此虽然舞蹈作品展现的是人体连续的舞蹈动作，被诉装饰图案为静态图案，两者客观表现形式确有不同，但是该种区别并不意味着改变了舞蹈作品的形态，被告的行为构成对著作权侵权。

诉讼经验总结

一、跨作品形态侵权不同于通常的侵权形式，对于作品以不同形态的方式使用，包括某某电影等，此时认定是否构成侵权的关键，不在于作品的表现形式，而在于是否使用了权利作品的独创性表达，而不应当陷入作品形式不同的误区之中。

二、著作权法意义上的舞蹈作品并非是指在舞台上的表演，而是指舞蹈动作的编排、选择、连接等，在处理舞蹈作品侵权时，应当明确舞蹈作品的保护内容，避免与邻接权混淆而导致保护不当。

法律规定

《中华人民共和国著作权法》 （2010 年修正）	《中华人民共和国著作权法》 （2020 年修正）
第三条第三项 本法所称的作品，包括以下列形式创作的文学、艺术和自然科学、社会科学、工程技术等作品： （三）音乐、戏剧、曲艺、舞蹈、杂技艺术作品；	**第三条第三项** 本法所称的作品，是指文学、艺术和科学领域内具有独创性并能以一定形式表现的智力成果，包括： （三）音乐、戏剧、曲艺、舞蹈、杂技艺术作品；

《中华人民共和国著作权法实施条例》（2013 年修订）

第四条第六项 著作权法和本条例中下列作品的含义：

（六）舞蹈作品，是指通过连续的动作、姿势、表情等表现思想情感的作品；

本案链接

杨某萍诉云某肴餐厅装潢案一审判决书【（2018）京 0108 民初 32020 号】

二被告辩称被诉装饰图案源于云南孔雀舞的代表动作，二被告选取公有领域的相关动作图案用于餐厅装饰物并不侵权。首先，二被告提交的现有证据均非被诉装饰图案的实际来源，其未说明、亦未举证证明被诉装饰图案的创作过程或合法来源；其次，本案确认受著作权法保护的舞蹈作品，保护的是将人物造型、月光背景、灯光等元素融合到人体连续的舞蹈动作中予以表达的整体，故二被告提交的关于孔雀舞的文章、视频等证据中展现出的舞蹈动作、月亮等元素，均与涉案舞蹈作品的独创性表达不同，亦与被诉装饰图案不同，均与本案缺乏关联；再次，十余幅被诉装饰图案所体现的舞蹈动作，均能够与涉案舞蹈作品的相应动作一一对应，上述情节整体更加清楚地表明被诉装饰图案是摘取自涉案舞蹈作品，与二被告的辩称明显不符。综上，二被告的相关辩称缺乏事实基础和法律依据。第四，二被告辩称被诉装饰图案为静态呈现，不具有连续性，不存在侵害舞蹈作品著作权的可能。对此，法院认为舞蹈作品展现的是人体连续的舞蹈动作，被诉装饰图案为静态图案，两者客观表现形式确有不同，但是该种区别并不意味着改变了舞蹈作品的形态，就当然不存在使用舞蹈作品的行为。舞蹈作品的独创性在于每个静态舞蹈动作的连接设计和集合，故每个静态的舞蹈动作亦是舞蹈作品独创性体现的重要组成部分。

延伸阅读

裁判规则一：舞蹈作品本身享有的权利和对舞蹈作品表演产生的权利不同，是著作权和邻接权的区别。

案例一：陈某洪诉彭某廷等著作权、名誉权侵权二审民事判决书【（1999）鄂民终字第44号】

对《某某巴人》文字作品（剧本）的著作权与对该剧本进行表演形成权利的关系的认定。《某某巴人》的著作权属陈某洪所有，宜昌市某剧团通过动作编排、服装、道具、设计、音乐、作曲等再创作形成的舞台节目《某某巴人》，其对《某某巴人》享有的只是表演者权，这是一种邻接权，并非一种新的独立的著作权。著作权人享有对其作品的表演权，他可以自己去行使表演权，也可以授予他人行使表演权。当他自己行使时，他既享有表演权，又享有表演者权；当授权他人行使时，则作者享有表演权，表演者享有表演者权。表演者在表演作品时，不得侵犯著作权人的其他权利，如修改权、改编权、录制权等。宜昌市某剧团通过舞台动作编排、服装、音乐的设计和再创作表演的《某某巴人》，是其获得著作权人陈某洪对其表演权的一种转让许可，同时宜昌市某剧团又享有表演者权。但表演者权不是一种独立的完整的著作权，是《某某巴人》著作权的邻接权。一审法院据此认定宜昌市某剧团对《某某巴人》有演绎权不当。

裁判规则二：通过视频表现的舞蹈作品与类电作品的区别在于：影视作品除了具有舞蹈动作所具有的效果外，还能感受到作者对人生、事业的看法，体现作者的性格和写作风格，有人物和简单的情节等。

案例二：王某诉东莞市环某激光工程有限公司等侵犯著作财产权纠纷二审民事判决书【（2011）穗中法民三终字第269号】

关于涉案作品的性质认定和权利归属问题。舞蹈作品、电影作品和以类似摄制电影的方法创作的作品都是著作权法所称的作品。其中，舞蹈作品指的是舞蹈的动作设计及程序的编排，它可以用文字或其他方式来记载；而电影作品和以类似摄制电影的方法创作的作品是指摄制在一定记录介质上，由一系列的伴音或无伴音的画面组成，并借助于适当的装置放映、播放的作品。可见，动作是舞蹈构成的重要元素，而有完整的构思，融入了感情加上合拍的动作形成的舞蹈就成为了舞蹈作品，通常还伴有音乐、灯光、服装等艺术手段的配合。而影视作品除了上述效果外，还能感受到作者对人生、事业的看法，体现作者的性格和写作风格，有人物和简单的情节等。本案中，涉案作品《×××第二套演示节目》、《×××第五套演示节目》是由舞蹈者的动作、配合节奏强烈的音效和不断变换的激光光束所综合而成的作品，符合表演性舞蹈的基本特征，故原审法院将涉案作品定性为舞蹈作品正确。

035 家具的独创性认定及侵权判定标准有哪些？

☞ **阅读提示**

家具是物权的客体，那么家具中蕴含的构思、设计与表达能否成为著作权法中的客体呢？家具是具有功能性的物品，若其已经获得了实用新型或外观设计的专利权，还能否获得著作权法的保护呢？在此基础上，由于家具作品一方面具有艺术美感，另一方面又具有功能用途，二者有时会融为一体难以分离。而在发生侵权之虞时，著作权法绝然不会对其功能用途提供保护，那么此时当如何认定家具作品的著作权侵权？笔者将通过案例予以讨论。

裁判要旨

具有独创性的家具属于著作权法意义上的实用艺术品。实用艺术品具有实用性与艺术性的双重属性，当其实用功能与艺术美感能够相独立，且艺术设计部分达到一定水准的创作高度时，具有美感的立体造型可以作为美术作品获得著作权法保护。涉案部分家具所涉造型的实用功能与艺术美感均能相互独立，实现来源于现实又区别于现实的艺术效果，达到了较高的艺术水准，构成美术作品。在家具的著作权侵权判定问题上，首先应将其艺术性从实用功能中剥离，进而将被控侵权产品的相应造型与原告的家具的独创性造型部分进行比对，该部分构成实质性相似则构成著作权侵权。

案情简介

一、原告某华公司成立于2013年4月，经营范围包括家具生产、制造及销售等。被告某旋1公司成立于2006年11月，经营范围包括室内外装潢及设计、建筑装饰工程、不锈钢制品、玻璃制品等；被告某旋2公司成立于2013年12月，经营范围包括电子设备、金属制品、金属材料、不锈钢制品等。

二、被告某旋1公司位于上海市国展路189号的“明日世界设计中心”场馆陈列的部分家具与原告某华公司相应家具存在相似性，被控侵权产品系某旋1公司设计，由某旋2公司代加工。

三、原告主张涉案15个家具的立体造型构成美术作品，设计图纸中的家具效果图构成美术作品，分解设计图构成图形作品，并称其聘用的厂长将其图纸泄露给了被告，但并无证据予以证明。原告主张被告家具抄袭了原告家具的以下设计：(1) 镜钢核心技术及几何形折边工艺，即在镜钢线条表面做出大量几何形折边块面，呈现出不同层次、不同坡度和高低错落的几何形镜钢抛光效果。(2) 15件家具的设计要点。如ARANYA餐桌的平面共96个三角形块面，立面4条钢脚共76个块面；ARANYA餐椅的座椅共30个块面，立面4条钢脚共64个块面等。

四、上海市浦东新区人民法院于2018年7月23日判决被告立即停止侵权，赔偿原告经济损失20万元及为制止侵权行为支出的合理开支4.1万元。宣判后，双方当事人均提起上诉。上海知识产权法院于2019年7月30日作出（2018）沪73民终452号民事判决：驳回上诉，维持原判。

核心裁判要旨

本案的争议焦点有三：其一，涉案家具的立体造型是否构成作品？其二，假设涉案家具的立体造型构成作品，原告是否对其享有著作权？其三，假设原告对涉案作品享有著作权，被告的行为是否构成著作权法意义上的侵权行为及应承担何种侵权责任？

关于涉案家具的立体造型是否构成作品的问题。根据《中华人民共和国著作权法》的相关规定，作品的成立一方面需要满足独创性的要求，另一方面需要符合法律对作品领域、作品类型的要求。家具作为一种具有储物、摆放等功能的家用器具，具有实用性。同时，其作为一种由线条、平面、颜色及组合构成的立体造型，当其造型具备一定的艺术美感时，则具备艺术性。对于同时具有实用功能和一定艺术美感的家具，属于通常所称的实用艺术品。虽然《著作权法》未将实用艺术品明确列明为保护客体，但若其立体造型符合美术作品的要求，可作为美术作品受《著作权法》保护。

关于原告是否享有著作权的问题。《最高人民法院关于审理著作权民事纠纷案件适用法律若干问题的解释》（2002 年修正）第七条规定："当事人提供的涉及著作权的底稿、原件、合法出版物、著作权登记证书、认证机构出具的证明、取得权利的合同等，可以作为证据。在作品或者制品上署名的自然人、法人或者其他组织视为著作权、与著作权有关权益的权利人，但有相反证明的除外。"本案中，原告为证明其权属情况，向法院提交了《许可协议》、收到设计图纸的邮件、设计图纸及设计费支付凭证，设计师还当庭登录了发送设计图纸的其中两个邮箱，部分邮件内容中还有设计师的署名，且上述证据能相互印证。虽然设计师称因注销而无法登录另一个邮箱，但原告确从该邮箱收到了相应设计图纸，该电子邮箱的名称及邮件内容中的设计师署名与其余证据中的名称一致，结合全案证据亦可证明该电子邮箱系设计师邮箱。在被告不能提交相反证据的情况下，原告提交的证据能够证明涉案设计图纸的著作权人系以上设计师，原告获得了对涉案美术作品的独占性授权，有权对相应侵权行为提起诉讼。

关于被告的行为是否构成侵权的问题。著作权侵权判定规则是"实质性相似+接触"规则。关于"实质性相似"要件，将被控侵权产品的相应造型与原告的家具的独创性造型部分进行比对，从整体外观上看完全相同，拼接成整体造型的几何块面的形状及其组合方式亦均相同。关于"接触"要件，虽无直接证据证明两被告接触了原告的以上家具，但原告的上述 5 件家具分别在 2013 年 9 月和 2015 年 9 月的中国国际家具展览会上展出，其中 4 件产品还接受案外人定制而对外销售，两被告存在接触的可能。同时，两被告作为家具行业经营者，其相应家具的造型尤其是其中具备艺术美感部分的造型与原告的完全相同，两被告无法提供设计图，亦未就此作出合理的解释，根据日常生活经验，有合理的理由相信两被告曾接触到原告的上述家具。概言之，根据"实质性相似+接触"规则可得出被告侵犯原告著作权的结论。

诉讼经验总结

一、本案涉及实用艺术作品的独创性的认定问题。就实用艺术品而言，与绘画、雕塑等其他典型的美术作品相比，其更偏重于实用功能的特性使得在认定是否构成美术作品的标准方面存在特殊之处。首先，实用艺术品中的实用功能与艺术美感必须能够相互独立。著作权法并不保护实用功能，只有当实用艺术品中的艺术成分能够在物理上或观念上独立于其实用功能而存在时，著作权法才对该艺术成分加以保护。其次，实用艺术品的艺术设计部分应当达到一定水准的艺术创作高度，才具备美术作品应具备的独创性要求。

二、本案涉及美术作品的独创性认定问题。《著作权法实施条例》第四条的规定："美术作品是指绘画、书法、雕塑等以线条、色彩或者其他方式构成的有审美意义的平面或立体的造型艺术作品"。根据以上定义，"审美意义"是认定美术作品独创性中的一个重要概念，这也是美术作品作为一种体现了"美"的价值取向的作品类型对于创造性高度的特殊要求。但在实践中，由于对"美"的观念极具个人化、主观特色明显并不断发展变化，对"审美意义"的认定并没有严格而统一的标准。因此，在美术作品的实际认定中，一般认为只要创作者将其对美学的独特观点在物质载体上以可视的方式表现出来，符合最低限度的创造性的要求，就能形成美术作品。

三、实用艺术品作为美术作品受保护的范围是其中具有独创性的美感表达部分而非整个家具。以本案为例，应将被控侵权产品的相应造型与原告家具的独创性造型进行对比，将其独创性造型从功能性设计中剥离出来。具体而言，应对比的是原告 FRACTAL 餐桌、茶几、玄关柜、PLEC 餐桌及 GEOD 在玄关柜中的独创性造型部分和被告的涉案作品，如本案中二者从整体外观上看完全相同，拼接成整体造型的几何块面的形状及其组合方式亦均相同，则可得出侵权成立之结论。

法律规定

《中华人民共和国著作权法》 （2010 年修正）	《中华人民共和国著作权法》 （2020 年修正）
第四十八条第一项 有下列侵权行为的，应当根据情况，承担停止侵害、消除影响、赔礼道歉、赔偿损失等民事责任；同时损害公共利益的，可以由著作权行政管理部门责令停止侵权行为，没收违法所得，没收、销毁侵权复制品，并可处以罚款；情节严重的，著作权行政管理部门还可以没收主要用于制作侵权复制品的材料、工具、设备等；构成犯罪的，依法追究刑事责任：	**第五十三条第一项** 有下列侵权行为的，应当根据情况，承担本法第五十二条规定的民事责任；侵权行为同时损害公共利益的，由主管著作权的部门责令停止侵权行为，予以警告，没收违法所得，没收、无害化销毁处理侵权复制品以及主要用于制作侵权复制品的材料、工具、设备等，违法经营额五万元以上的，可以并处违法经营额一倍以上五倍以下的罚款；没有违法经营额、违

《中华人民共和国著作权法》 （2010 年修正）	《中华人民共和国著作权法》 （2020 年修正）
（一）未经著作权人许可，复制、发行、表演、放映、广播、汇编、通过信息网络向公众传播其作品的，本法另有规定的除外；	法经营额难以计算或者不足五万元的，可以并处二十五万元以下的罚款；构成犯罪的，依法追究刑事责任： （一）未经著作权人许可，复制、发行、表演、放映、广播、汇编、通过信息网络向公众传播其作品的，本法另有规定的除外；

《中华人民共和国著作权法实施条例》（2013 年修订）

第二条 作品是指文学、艺术和科学领域内具有独创性并能以某种有形形式复制的智力成果。

第四条第八项 著作权法和本条例中下列作品的含义：

（八）美术作品，是指绘画、书法、雕塑等以线条、色彩或者其他方式构成的有审美意义的平面或者立体的造型艺术作品；

《最高人民法院关于审理著作权民事纠纷案件适用法律若干问题的解释》 （法释〔2002〕31 号 2002 年 10 月 12 日发布）	《最高人民法院关于审理著作权民事纠纷案件适用法律若干问题的解释》 （法释〔2020〕19 号 2020 年修正）
第七条 当事人提供的涉及著作权的底稿、原件、合法出版物、著作权登记证书、认证机构出具的证明、取得权利的合同等，可以作为证据。 在作品或者制品上署名的自然人、法人或者其他组织视为著作权、与著作权有关权益的权利人，但有相反证明的除外。	**第七条** 当事人提供的涉及著作权的底稿、原件、合法出版物、著作权登记证书、认证机构出具的证明、取得权利的合同等，可以作为证据。 在作品或者制品上署名的自然人、法人或者非法人组织视为著作权、与著作权有关权益的权利人，但有相反证明的除外。

本案链接

某华家具（上海）有限公司与上海某旋实业有限公司等著作权侵权纠纷案民事判决书【（2018）沪 73 民终 452 号】

本案中，原告主张被告抄袭了原告家具的镜钢核心技术、几何形折边工艺及部分具体设计。首先需要判断上述设计是否具备独创性，而这主要取决于上述设计是否具备一定水准的艺术创作高度。原告家具的设计要点在于其多边形块面折边拼接设计及餐桌台面中间的裂缝设计，上述设计通过大量多边形块面以不同的坡度进行折边、堆叠，使其外观从侧面看像岩石斜坡，并因多边形折边时的不同坡度而呈现出一种耸跌起伏、高低错落、险峻陡峭的形态，具有独创性，构成美术作品。将被告家具与原告家具中的独创性造型部分进行比对，从整体外观上看完全相同，拼接成整体造型的几何块面的形状及其组合方式亦均相同，亦即构成实质性相似，因此侵权成立。

延伸阅读

裁判规则一：对实用艺术作品的著作权保护，应从实用艺术作品的实用性和艺术性角度分别予以考虑，对于实用性部分不适用著作权保护，对于艺术性部分可以归入著作权法规定的“美术作品”予以保护。

案例一：某特宜家系统有限公司诉台州市某天塑业有限公司著作权纠纷案【（2008）沪二中民五（知）初字第187号】

对实用艺术作品的著作权保护，应从实用艺术作品的实用性和艺术性角度分别予以考虑，对于实用性部分不适用著作权保护，对于艺术性部分可以归入著作权法规定的“美术作品”予以依法保护，此时应当审查涉案实用艺术作品在审美意义上是否具有美术作品应当具备的艺术高度，从审美意义上分析作品的艺术高度，一般从作品思想、表达方式是否具备独创性等方面考察。本案中，涉案的玛某特儿童椅由椅背、椅垫和椅腿三个部分组成，椅背是由一块梯形的实木和三根矩形木条组成，其中上部的梯形实木占据了整个椅背近二分之一的空间，椅垫是一般椅凳的基本结构，椅腿是由四根立椎体组成，呈上窄、下宽的形状。玛某特儿童凳由凳面和凳腿两部分组成，凳面是上下均等的圆形实体，形状与一般的儿童凳无异，凳腿是四根纺锤状棒体。根据上述事实，玛某特儿童椅和儿童凳从表达形式来讲，设计要点主要体现在造型线条上，简单、流畅的线条力图体现朴实而略带童趣的作品思想，但这样的设计思想并不能与其他普通儿童用品设计思想完全区别开来；从表达的独创性来讲，玛某特儿童椅和儿童凳除了在细节方面立椎体以及纺锤状棒体的凳腿与普通的儿童椅和儿童凳有所区别外，整体外形上与绝大多数普通的儿童椅和儿童凳区别不大。总体而言，玛某特儿童椅和儿童凳属于造型设计较为简单的儿童椅和儿童凳，不具备美术作品应当具备的艺术高度。因此，尽管被告某天公司生产的涉案儿童凳、儿童椅产品与原告某特宜家公司的玛某特儿童椅和儿童凳从整体上看构成相似或者基本相同，也不构成对原告著作权的侵犯。

裁判规则二：实用艺术品所具有的艺术性内容，可受著作权法保护。外观设计并不完全排斥著作权法的保护，一项设计取得外观设计专利权保护后，其设计中蕴含的独创性表达仍然可以受著作权法的保护。

案例二：某信玺利实业股份有限公司北京朝阳分公司诉张某某侵害美术作品著作权纠纷案【（2019）京0491民初21100号】

被告主张涉案作品中的设计元素应通过外观设计专利获得保护，不能再主张著作权保护。对此法院认为，我国法律并未就工业产品外观设计专利保护与著作权保护的关系问题作出明确规定。本案中被告提交的某信玺利公司享有专利权的外观设计，经对比，与涉案作品在元素特征和整体造型上均存在差别。即使二者相似或含有相同的设计元素，二者仍不能等同。外观设计是指对产品的形状、图案或者其结合以及色彩与形状、图案的结合所作出的富有美感并适用于工业应用的新设计。它着眼于产品设计对消费者的吸引力，是一种介于作品与技术方案之间的权利对象，属于专利权范围，需要经过申请、审查和授权方可产生，且要求必须可以通过工业生产方法重复制造、必须及于产品的整体设计而非局部设计。外观设计的效力范围受到产品类别的限制，保护期限为自申请之日起10年，具有严格的排他性，权利人在有效期内可以绝对地排斥他人在相同或相近的产品类别上使用相同的设计。外观设计在构成美感表达时，可以成为著作权法意义上的作品。二者具有重叠的可能性。但专利法对外观设计的保护与著作权法对实用艺术品的保护并不相同。美术作品自完成之时著作权自动产生，保护的是具有独创性并能以某种有形形式复制的智力成果，可以脱离工业产品进行复制，效力范围可以及于一切作品载体，其著作财产权的保护期至少为50年。由于二者法益保护的侧重点不同，构成要件、保护方式和损害结果等方面亦存在差异，外观设计并不天然地排斥著作权法的保护。无论是否允许专利权与著作权的重叠保护，都不能以保护功能性设计的形式，达到实质上保护艺术美感的结果，反之亦然。一项设计取得外观设计专利权保护后，其设计中蕴含的独创性表达仍然可以受到著作权法的保护。因此，权利人有权根据被控侵权行为的实际情况，选择更为有利的权利主张方式。现原告主张依据著作权保护，并无不当，法院对于被告提出的此项抗辩意见不予支持。

法院认为，涉案美术作品属于工业产品，当其同时构成实用艺术品时，亦可能受著作权法保护。其艺术性已经达到足够的创作高度和艺术美感，且上述艺术装饰属性可以在物理上或观念上脱离其负载的工业属性独立存在，不能被实用功能所影响或取代，因此构成实用艺术作品。该实用艺术品所具有的艺术性内容，即作者对该作品的艺术性所作智力投入而产生的成果，受著作权法保护。同时，专利法对外观设计的保护与著作权法对实用艺术品的保护并不相同，外观设计并不天然地排斥著作权法的保护，一项设计取得外观设计专利权保护后，其设计中蕴含的独创性表达仍然可以受到著作权法保护。权利人有权根据被控侵权行为的实际情况，选择更为有利的权利主张方式。

四、侵权抗辩事由

036 KTV 经营者向音集协缴纳费用仍应承担对其他作品的侵权责任吗?

☞ 阅读提示

我国实行著作权集体管理制度，通常 KTV 经营者向某著作权集体管理协会（以下简称“音集协”）缴纳费用后，就可以取得其会员作品的相应授权，但因集体管理制度并非强制，有大量权利人的作品并未加入音集协中，而授权给其他公司代为行使。现实中 KTV 设备中的歌曲往往是由设备生产者提供，在巨量作品中 KTV 经营者很难一一确定权属，而已经向集体管理组织支付费用，尽到一定注意义务的经营者，如何面对大量潜在的侵权诉讼，司法裁判中是否有所回应？笔者将通过案例予以探讨。

裁判要旨

与音集协签订《著作权许可合同》并缴纳著作权使用费，仅取得对音集协代为管理作品的有关授权，而对于非音集协会员的作品，并不能获得权利；基于主动缴纳费用行为所证明其主观支持知识产权保护的心态，以及不具有侵权故意的抗辩并不能成为可采纳的理由，因为知识产权侵权人承担损害赔偿责任并不以其主观状态为要件，故侨某公司是否有侵权故意并不影响责任的承担。

案情简介

一、原告上海灿某文化传媒股份有限公司系涉案作品的权利人；证据表明截至 2018 年 11 月 24 日被告无锡市侨某娱乐有限公司在其经营的 KTV 中提供涉案作品的播放，涉嫌侵犯作品的放映权。

二、灿某公司向一审法院起诉，请求判令侨某公司：1. 停止侵权，立即从曲库中删除《×××在飞》等130部作品；2. 赔偿灿某公司经济损失93818元（含为制止侵权而产生的合理费用2818元）；3. 承担本案诉讼费用。

三、侨某公司主张其已向音集协签订了著作权许可合同并缴纳了使用费，尽到了合理的版权审查义务，无侵权故意，没有过错，不应承担侵权责任。

四、2021年2月18日，二审法院在判决中认为：由于涉案作品并非音集协所集体管理的作品，故不论侨某公司是否已与音集协签订《著作权许可合同》并缴纳版权费，均不影响对其相应行为的认定，原审判决认定事实清楚，适用法律正确，应予维持。

核心裁判要旨

本案的争议焦点在于，侨某公司是否侵犯了灿某公司对涉案作品所享有的放映权，并应承担停止侵权、赔偿损失的责任。

解决本案的争议焦点在于侨某公司主张的抗辩是否成立，在其已经向音集协缴纳费用之后，是否意味着尽到了注意义务，从而不承担侵权责任。在著作权法领域规定了包括合理使用在内等侵权抗辩，但对于尽到注意义务并非法定的抗辩事由，这是因为著作权法侵权责任承担中适用无过错责任原则，即并不考虑当事人主观过错。本案中侨某公司所支付授权费用，仅是针对音集协代为行使权利的作品，音集协等著作权集体管理组织并非国家行政机关，而是为权利人的利益依法设立，根据权利人授权、对权利人的著作权或者与著作权有关的权利进行集体管理的社会团体。因此向其缴纳费用所获得的授权，不能当然延伸到所有作品，以营利为目的使用他人音像作品，应当获得相应权利人的许可。但当事人主张的尽到注意义务虽然不成立侵权抗辩，但在确定赔偿数额等责任承担上，可以进入到责任承担内容的考虑范围。

诉讼经验总结

一、著作权人可以选择通过著作权集体管理组织维护自身权利，同样也可以自行维权，或是授权给其他主体代为行使权利，但在授权内容中不得出现集体管理内容，否则将会被法院以非法行使著作权集体管理职能而被驳回起诉。

二、KTV经营者等主体应当明确，向音集协缴纳费用并不代表尽到全部注意义务，仍有侵权之忧。之所以造成KTV经营者缴纳费用即可高枕无忧的错误认知，在于我国著作权集体管理制度的设计，并非强制要求所有著作权人将作品交于音集协统一管理，但绝大多数著作权人为了节省精力和成本，成为音集协会员，使得KTV经营者等人误认为缴纳费用即可获得所有作品授权。

三、KTV设备中的侵权作品系设备生产者提供，经营者不知其来源是否合法，从而主张其主观没有侵权故意的抗辩，并不是可以成立的抗辩理由。

法律规定

《中华人民共和国著作权法》（2010年修正）	《中华人民共和国著作权法》（2020年修正）
第十条第一款第十项 著作权包括下列人身权和财产权： （十）放映权，即通过放映机、幻灯机等技术设备公开再现美术、摄影、电影和以类似摄制电影的方法创作的作品等的权利；	**第十条第一款第十项** 著作权包括下列人身权和财产权： （十）放映权，即通过放映机、幻灯机等技术设备公开再现美术、摄影、视听作品等的权利；
第八条 著作权人和与著作权有关的权利人可以授权著作权集体管理组织行使著作权或者与著作权有关的权利。著作权集体管理组织被授权后，可以以自己的名义为著作权人和与著作权有关的权利人主张权利，并可以作为当事人进行涉及著作权或者与著作权有关的权利的诉讼、仲裁活动。 著作权集体管理组织是非营利性组织，其设立方式、权利义务、著作权许可使用费的收取和分配，以及对其监督和管理等由国务院另行规定。	**第八条第一款、第四款** 著作权人和与著作权有关的权利人可以授权著作权集体管理组织行使著作权或者与著作权有关的权利。依法设立的著作权集体管理组织是非营利法人，被授权后可以以自己的名义为著作权人和与著作权有关的权利人主张权利，并可以作为当事人进行涉及著作权或者与著作权有关的权利的诉讼、仲裁、调解活动。 著作权集体管理组织的设立方式、权利义务、使用费的收取和分配，以及对其监督和管理等由国务院另行规定。

《著作权集体管理条例》（2013年修订）

第三条 本条例所称著作权集体管理组织，是指为权利人的利益依法设立，根据权利人授权、对权利人的著作权或者与著作权有关的权利进行集体管理的社会团体。

著作权集体管理组织应当依照有关社会团体登记管理的行政法规和本条例的规定进行登记并开展活动。

《最高人民法院关于审理著作权民事纠纷案件适用法律若干问题的解释》（法释〔2002〕31号 2002年10月12日发布）	《最高人民法院关于审理著作权民事纠纷案件适用法律若干问题的解释》（法释〔2020〕19号 2020年修正）
第二十五条 权利人的实际损失或者侵权人的违法所得无法确定的，人民法院根据当事人的请求或者依职权适用著作权法第四十八条①第二款的规定确定赔偿数额。 人民法院在确定赔偿数额时，应当考虑作品类型、合理使用费、侵权行为性质、后果等情节综合确定。 当事人按照本条第一款的规定就赔偿数额达成协议的，应当准许。	（在2020年的修正中仅改变了第一款涉及条文序号）

本案链接

无锡市侨某娱乐有限公司与上海灿某文化传媒股份有限公司著作权权属、侵权纠纷二审民事判决书【（2020）苏民终929号】

对于侨某公司提出其已与音集协签订《著作权许可合同》并缴纳著作权使用费，灿某公司在诉讼前未与其进行交涉，其并无侵权故意，故不应承担赔偿责任的抗辩。本院认为，首先，由于《中国好某某》并非音集协所集体管理的作品，故不论侨某公司是否已与音集协签订《著作权许可合同》并缴纳版权费，均不影响对其相应行为的认定。其次，灿某公司并无在诉讼前与侨某公司进行交涉的义务。最后，根据《著作权法》的相关规定，除该法另有特别规定外，侵权人承担损害赔偿责任并不以其主观状态为要件，故侨某公司是否有侵权故意并不影响责任的承担。

延伸阅读

裁判规则一：主动向著作权集体管理组织缴纳费用的行为因其主观意识可以适当降低赔偿费用。

案例一：福州大某文化传播有限公司、黄岩群某娱乐有限公司侵害作品复制权纠纷二审民事判决书【（2021）浙民终75号】

群某公司已与音集协达成授权许可使用合同，其主观上具有尊重知识产权的

① 编者按：《著作权法》（2020年修正）第49条。

意识，如果要求其就播放的曲库中每一首歌曲的权利状态逐一进行核对，明显超出了其应尽的注意义务和能力，也不利于倡导通过著作权集体管理制度推进音乐作品的付费使用。因此，本院认为，涉案音乐作品的发行时间为 2017 年，且大部分为闽南语歌曲，传唱范围较小，群某公司主观过错程度较低，考虑到大某公司为制止被诉侵权行为支出的合理费用等因素，一审法院确定的赔偿数额较为合理，应予支持。

裁判规则二：以 KTV 设备中的侵权作品系设备生产者提供因此不知其来源是否合法的理由不能成立抗辩。

案例二：贵州歌某娱乐有限公司、某著作权集体管理协会侵害作品放映权纠纷二审民事判决书【（2021）黔民终 109 号】

歌某娱乐公司认为其不侵权的理由是其点唱系统中的涉案作品是向案外人贵州星某视易信息系统有限公司购买，并支付了相应对价，其不清楚点歌系统中的歌曲来源是否合法，主观没有侵权故意；且案外人贵州星某视易信息系统有限公司理应作为第三人或共同被告。经查，首先，歌某娱乐公司既无证据证明其支付的价款中包含了附随涉案作品的放映权许可使用费，也无证据证实点唱系统的制造商或销售商依法享有或者经涉案作品著作权人授权享有这些作品的放映权等相关著作权利，因此，歌某娱乐公司并未取得涉案作品放映权的许可使用。其次，音集协是以歌某娱乐公司未经涉案作品权利人许可在其经营场所向公众提供点播放映服务，从而侵害作品放映权为由主张权利的，该被控侵权行为是由歌某娱乐公司实施的，并非其所称的案外人贵州星某视易信息系统有限公司所为，一审法院未予追加贵州星某视易信息系统有限公司并无不当。故歌某娱乐公司的该项上诉理由不能成立，可以认定歌某娱乐公司在其经营场所提供点播放映案涉作品的行为构成侵犯音集协享有的案涉作品放映权。

裁判规则三：对于消费者通过手机传歌在 KTV 中予以放映的行为，经营者不承担侵权责任。

案例三：福州中某华飞文化传播有限公司、济南金某音乐之声企业管理咨询有限公司著作权权属、侵权纠纷二审民事判决书【（2020）鲁民终 3061 号】

被诉歌曲来源于第三方音乐平台，即使用某米手机 App 扫描点播机系统自动生成的二维码从第三方音乐平台导入被诉歌曲进行播放时，金某音乐之声作为点播机的购买者与使用者，客观上并不具备制止的能力。且根据一审法院现场勘验情况，用某米点播结束后，重新启动点播机，点播机中“已唱”菜单清空，原先搜索不到的歌曲仍然搜索不到，亦证明使用某米 App 从第三方音乐平台导入音乐作品至本地点播机进行播放产生的存储是临时存储，导入的音乐作品只是临时保存在点歌系统中，且该种点歌方式并非针对不特定的公众。这种有别于传统点歌方式的新型点歌方式超出了 KTV 经营者可以控制作品的范围，KTV 经营者并不具备主动停止使用此种点播方式或者监督、制止消费者采取此种点播方式的能力。在此种点歌方式下，KTV 经营者并非提供作品的主体，而是仅仅提供了放映作品的设备，而使用该种点歌方式放映音乐作品的行为也只是消费者一种个人放映行为，而非针对不特定公众公开放映。因此，当被诉歌曲来源于第三方音乐平台时，金某音乐之声不构成侵犯中某华飞公司音乐作品复制权及放映权，不应承担侵权责任。

037 民歌改编取得的著作权可以在什么范围内限制他人的使用？

☞ 阅读提示

少数民族民歌是少数民族聚居地区的劳动人民在长期生产生活过程中不断加工、创作形成并世代流传，是反映一个民族的历史风土人情的音乐表现形式。因民歌传播方式多为口耳相传，大多不具有固定的表达形式。在民歌传唱过程中，每一位传唱者对歌曲的理解与情感不同，对于曲调、歌词的表达各不相同。对民歌进行整理的行为人因为付出了相应的劳动，当产生具有独创性作品时，应当取得著作权，但此时的权利应该在什么范围内行使，对他人的继续使用、整理、改编民歌行为可以在多大程度上予以限制？笔者将尝试通过案例予以探讨。

裁判要旨

依据《著作权法》规定：改编、翻译、注释、整理已有作品而产生的作品，其著作权由改编、翻译、注释、整理人享有，但行使著作权时不得侵犯原作品的著作权。他人对于民歌的使用、改编等行为，若能够证明是在原始样本上进行，取得了不同于他人的独创性成果时，不会受到他人权利限制，但在充足证据表明其行为是在他人已经取得著作权作品基础上进行，则构成侵权。

案情简介

一、原告王某宾系本案涉诉四首歌曲的改编作者，其通过对传统民歌进行记谱译配，取得涉案四首歌曲的著作权。新疆某出版社于1989年10月出版的《某某某的姑娘（新疆抒情歌曲选）》一书中收录了涉案四首歌曲，其中《某某城》标注有“维吾尔族民歌某某记谱译配”的信息，《阿某某汗》、《半个某某爬上来》两首歌曲标注有“维吾尔族民歌某宾编词曲”的信息，《某某某和玛丽亚》标注有“哈萨克族民某某宾编词曲”的信息。在权利人去世后通过继承关系，由本案原告王某成等人继受取得相应著作权。

二、证据表明截至2016年9月28日，被告新疆君某投资有限公司、新疆丝某秀文化产业投资有限公司在其开办的“丝某秀新疆风情大型演艺”的歌舞剧中使用涉案歌曲。

三、王某成、王某向一审法院起诉请求：1. 君某公司、丝某秀公司停止侵权，在自治区级媒体上公开向王某成、王某赔礼道歉；2. 君某公司、丝某秀公司共同向王某成、王某赔偿经济损失200000元。被告主张被控侵权曲目系其在原始民歌基础上自行改编形成，不构成对王某宾涉案作品改编权的侵权，原始民歌不能因为有人改编就禁止他人改编。

四、2020年7月4日，二审法院判决中认为：君某公司、丝某秀公司在其出品的舞台剧《丝某秀》中使用的被控侵权曲目与王某成、王某提交的出版物载明的涉案四首歌曲中词和曲的基本内容构成实质性相似，其中三首都直接使用了王某宾所创作的歌词部分，同时其主张的自行改编并无证据可以证明，因此不予采信。为促进民间音乐发展与传播，应当鼓励对民间音乐进行收集、整理、改编的行为。但在对民间音乐进行传播的过程中，应当尊重他人已付出的智力劳动，不得损害他人已取得的权利。因此一审判决认定君某公司、丝某秀公司构成对王某成、王某对涉案作品著作财产权的侵权并无不当，君某公司、丝某秀公司依法应当承担侵权责任。

核心裁判要旨

本案的争议焦点在于，君某公司、丝某秀公司在其出品的舞台剧《丝某秀》

中使用的被控侵权曲目否侵犯了他人的著作权，并应承担停止侵权、赔偿损失的责任。

该争议焦点的疑难之处在于涉案歌曲著作权的取得，系基于对民歌的收集整理、记谱译配的创作行为取得，因为民歌一般具有世代相传、没有特定作者的特点，民歌被创作和流传时不是表现为简谱形式，歌手可能以不清晰的词语、不同甚至模糊的音调进行演唱。以简谱形式表达民歌，需要确定简谱的音调、节奏、速度等，并确定歌词的明确含义。因此，一般情况下，对民歌的“记谱配词”需要对民歌进行整理、加工，是有创造性的智力劳动，具有一定的独创性，所以应当取得著作权。但此时只能取得其创作作品的权利，而不能对原有民歌主张权利。因此改编人无权限制其他主体以民歌为基础进行相同的创作行为。当考察是否构成侵权时，除了对实质相似性进行鉴定外，还应当考察改编作品的基础。本案中君某公司、丝某秀公司主张《丝某秀》使用的四首歌曲是根据最原始的民间音乐版本改编而来的，不存在侵权之说，但并未提交有效证据证实其对原始民歌进行收集、整理以及改编，形成《丝某秀》中使用的被控侵权歌曲。依据《著作权法》（2010 年修正）第十二条①，“改编、翻译、注释、整理已有作品而产生的作品，其著作权由改编、翻译、注释、整理人享有”，本条在新法中仅改变了条文顺序。同时依据在新著作权法的修订中通过对原第三十五条、第三十七条第二款、第四十条第二款进行整合后的第十六条规定，即对演绎作品的出版、演出和制作录音录像制品，需要取得演绎作品和原作品著作权人的许可。鉴于涉案歌曲之间的相似程度，因此认定君某公司、丝某秀公司构成侵权。

诉讼经验总结

一、对民歌乃至民间文学艺术作品进行收集、整理、改编等创作性行为后，可以对新产生的作品取得著作权，但是应当注意此时的著作权仅针对其独创部分，而不能取得对原作品过大的排他权利。

二、认定他人对上述作品是否侵权时，应当注意鉴别其使用的究竟是他人收集、整理、改编后作品，还是同样是对民间文学艺术作品的合理使用，既要保护著作权人的合法权益，也要避免给予不适当的排他权利。

---

① 编者按：《著作权法》（2020 年修正）第 13 条。

法律规定

《中华人民共和国著作权法》 （2010 年修正）	《中华人民共和国著作权法》 （2020 年修正）
第十条第一款第十四项　著作权包括下列人身权和财产权： （十四）改编权，即改变作品，创作出具有独创性的新作品的权利；	（在 2020 年的修正中并未修改）
第十二条　改编、翻译、注释、整理已有作品而产生的作品，其著作权由改编、翻译、注释、整理人享有，但行使著作权时不得侵犯原作品的著作权。	（在 2020 年的修订中仅改变了条文序号①）
第三十五条　出版改编、翻译、注释、整理、汇编已有作品而产生的作品，应当取得改编、翻译、注释、整理、汇编作品的著作权人和原作品的著作权人许可，并支付报酬。	**第十六条**　使用改编、翻译、注释、整理、汇编已有作品而产生的作品进行出版、演出和制作录音录像制品，应当取得该作品的著作权人和原作品的著作权人许可，并支付报酬。

本案链接

王某成、王某等与王某燕侵害作品改编权纠纷二审民事判决书【（2020）新民终 86 号】

君某公司、丝某秀公司是否系其在原始民歌基础上自行改编形成，不构成对王某宾涉案作品改编权的侵权。根据本案查明的事实，君某公司、丝某秀公司在其出品的舞台剧《丝某秀》中使用的被控侵权曲目与王某成、王某提交的出版物载明的涉案四首歌曲中词和曲的基本内容构成实质性相似。王某成、王某对上述事实已尽到了基本举证责任。君某公司、丝某秀公司抗辩认为其使用行为不构成侵权，对此其应当提供证据加以证明。君某公司、丝某秀公司在一审中提交了网络下载的六首音乐作品以证实原始民歌的曲调。但因该证据无法确定出处、形成时间以及作者身份等，一审法院对此不予确认并无不当。君某公司、丝某秀公司二审中并未提交其他有效证据证明原始民歌的曲调、唱词，亦未提交任何证据证实其对原始民歌进行收集、整理以及改编，形成《丝某秀》中使用的被控侵权歌曲。且君某公司、丝某秀公司在二审中明确认可王某宾对原始民歌的改编在

① 编者按：《著作权法》（2020 年修正）第 13 条。

于对原始民歌配上了歌词，而《丝某秀》中使用的被控侵权曲目其中三首都使用了涉案作品的歌词部分。故君某公司、丝某秀公司上诉主张其不构成侵权的理由不能成立，本院对此不予支持。为促进民间音乐发展与传播，应当鼓励对民间音乐进行收集、整理、改编的行为。但在对民间音乐进行传播的过程中，应当尊重他人已付出的智力劳动，不得损害他人已取得的权利。

延伸阅读

裁判规则一：民间文学艺术衍生作品的表达系独立完成且有创作性的部分，符合著作权法保护的作品特征的，应当认定作者对其独创性部分享有著作权。

案例一：洪某远、邓某香诉贵州五某坊食品有限公司、贵州今某民族文化研发有限公司著作权侵权纠纷一审民事判决书【（2015）筑知民初字第17号】

传统蜡染绘画图案纹样朴实生动，变化多样，主要取材于自然界的花、鸟、虫、鱼等物，但却又不仅仅是对自然物的真实刻画，而是蜡染艺术传承人通过对自然事物的观察、体验、提炼，并融入自己的思想创作出来。本案所涉原告洪某远的《和谐共生××》画作中两只鸟尾部重合，中间采用铜鼓纹花连接而展示对称的美感，而这些正是传统蜡染艺术的自然纹样和几何纹样的主题特征。根据本案现有的证据，可以认定涉案作品显然借鉴了传统蜡染艺术的表达方式，创作灵感直接来源于黄某家蜡染背扇图案。但涉案作品对鸟的外形进行了补充，对鸟的眼睛、嘴巴丰富了线条，使得鸟图形更加传神，对鸟的脖子、羽毛融入了作者个人的独创使得鸟图形更为生动。对中间的铜鼓纹花，作者也融合了自己的构思而有别于传统的蜡染艺术图案。著作权制度从来并不禁止他人适度的模仿，但不能抄袭他人具有独创性的表达。根据《著作权法实施条例》第二条“著作权法所称作品，是指文学、艺术和科学领域内具有独创性并能以某种有形形式复制的智力成果”的规定，本案所涉原告洪某远创作的《和谐共生××》画作属于传统蜡染艺术作品的衍生作品，是对传统蜡染艺术作品的传承与创新，符合著作权法保护的作品特征，在原告洪某远创新的范围内受著作权法的保护。

裁判规则二：民族自治地方的国家政权有权以自己的名义提起针对本民族民间文学艺术作品的侵权诉讼。

案例二：黑龙江省饶河县四排赫哲族乡人民政府诉郭某等侵犯民间文学艺术作品著作权纠纷二审民事判决书【（2003）高民终字第246号】

世代在赫哲族中流传、以《××郎》为代表的音乐曲调，属于民间文学艺术作品，应当受到法律保护。涉案的赫哲族民间文学艺术作品是赫哲族成员共同创作并拥有的精神文化财富。它不归属于赫哲族某一成员，但又与每一个赫哲族成员的权益有关。该民族中的任何群体、任何成员都有维护本民族民间文学艺术作品不受侵害的权利。赫哲族乡政府是依据我国宪法和法律的规定在少数民族聚居区内设立的乡级地方国家政权，可以作为赫哲族部分群体公共利益的代表。故在符合我国宪法规定的基本原则、不违反法律禁止性规定的前提下，赫哲族乡政府为维护本区域内的赫哲族公众的权益，可以以自己的名义对侵犯赫哲族民间文学艺术作品合法权益的行为提起诉讼。

裁判规则三：以同一民间文学艺术为素材和基础再进行创作而成的作品相互之间并不构成侵权。

案例三：李某元诉李某贵、北京某出版社有限公司著作权权属、侵权纠纷一审民事判决书【（2018）川0104民初8478号】

根据本案查明的事实，民间曲调《将军令》属于世代流传的民间音乐曲调，系民间文学艺术作品。民间文学艺术作品的著作权受法律保护。对于民间文学艺术保护，在禁止歪曲和商业滥用的前提下，鼓励对其进行合理开发及利用，使其发扬光大，不断传承发展。《著作权法》第十二条①规定：“改编、翻译、注释、整理已有作品而产生的作品，其著作权由改编、翻译、注释、整理人享有，但行使著作权时，不得侵犯原作品的著作权。”四川扬琴曲牌《将军令》是四川扬琴艺人在民间戏曲《将军令》曲调的基础上，以说唱、器乐伴奏等创作手法再度创作完成。李某才作为四川扬琴的代表，其演奏的《将军令》，经苏某荣或夏某记谱整理，形成不同版本的《将军令》。经李某才、李某元传谱，李某元与项某华共同整理《将军令》于1984发表，李某元作为该作品的合作作者之一，享有其整理版《将军令》的著作权。而李某贵整理版《将军令》，也是源于民间曲调《将军令》，同时李某贵称是在保留和吸收李某才说唱形式的《将军令》基础上，融合李某贵纯器乐独奏《将军令》的演奏技巧和风格整理而成，故李某贵对其整理版《将军令》享有著作权。因此，李某元与李某贵对各自整理的《将军令》享有著作权。李某贵整理版《将军令》与李某元整理版《将军令》存在众多不同之处，并不涉及侵犯李某元整理版《将军令》著作权的问题，故本院对李某元在本案中所持李某贵整理版《将军令》侵犯李某才、李某元传谱，李某元、

---

① 编者按：《著作权法》（2020年修正）第13条。

项某华整理的《将军令》的著作权，并以此要求李某贵及北京某出版社承担相应侵权责任的诉讼主张，不予支持。

038 对公有领域元素进行选择判断取舍后能够构成美术作品吗？

☞ **阅读提示**

产品标签，比如酒类的瓶贴等，通常为了吸引消费者会采取精美的设计，除了其实用价值作为商品的包装、装潢外，是否可以作为美术作品予以保护，要考察该标签是否满足构成著作权法意义上美术作品的标准，即独创性、可复制性和一定的审美意义。在这些标准中，若标签上的元素均不满足独创性的前提下，是否就可以直接认定不构成美术作品呢？笔者将通过案例予以探讨。

裁判要旨

虽然两幅作品中酒樽图案、文字及字体均来自公有领域，并非和某玫瑰公司独创设计，背贴中产品信息说明亦更具有实用性，缺乏艺术性美感，但作品正面瓶贴中通过对酒樽图案、文字及字体等各个元素的排列布局、色彩搭配、整体的结构造型等设计，体现了创作者的选择、判断和取舍，该设计可以与葡萄酒瓶贴的功能性进行区分，使作品整体具有一定审美意义，具有独创性，符合著作权法对于美术作品的要求。

案情简介

一、原告新疆和某玫瑰酒业有限责任公司在其生产葡萄酒上使用了自己设计的瓶贴，并依此瓶贴图案申请了著作权登记，2019 年 5 月 7 日，新疆维吾尔自治区版权局经和某玫瑰公司申请对其作品“和某经典玫瑰香 1”和“和某经典玫瑰香 2”出具了《作品登记证书》。被告新疆沙某皇后酒业有限公司系被控侵权产品沙某皇后玫瑰香红酒的生产者。2019 年 4 月 10 日，原告自洛浦县某客隆超市购得被告公司出品的沙某皇后玫瑰香红酒 6 瓶，每瓶 50 元，总价 300 元，原告向本院提交了其中一瓶，标注的生产日期为 2018 年 12 月 10 日；

二、权利图案为正面瓶贴以金色勾勒瓶贴形状，“和某”文字及树叶标识位居最上方，金色古代酒樽居中，酒樽为圆形、直壁，下有三足，酒樽三足处标注“玫瑰香”，两边标注“新疆和某葡萄酒”，底部为和某玫瑰公司冠名；被控侵权图案底色为黑色，金色勾边，形状不规则，图案排列顺序自上而下为沙某皇后文字及字母，正中为古代酒樽，酒樽亦为圆形、直壁，下有三足，在酒樽三足处标注“玫瑰香”三字，瓶贴两边为“享西域风情，品沙某皇后”。

三、2019 年 10 月 8 日，一审法院受理和某玫瑰公司的诉讼请求如下：1. 判令沙某皇后公司、葡某公司立即停止对和某玫瑰公司登记号为新作登字 2019-F-00000389 号、新作登字 2019-F-00000390 号商品标识的侵权行为；2. 判令沙某皇后公司、葡某公司在《法制日报》上就侵权行为公开向和某玫瑰公司赔礼道歉、消除影响；3. 沙某皇后公司、葡某公司连带赔偿和某玫瑰公司经济损失 200000 元；4. 判令沙某皇后公司、葡某公司连带赔偿和某玫瑰公司调查和制止侵权行为的费用 30000 元；5. 判令沙某皇后公司、葡某公司承担本案诉讼费用、保全费、鉴定费等诉讼费用。

四、2020 年 3 月 16 日，一审法院判决中认为：正标瓶贴最具审美意义的部分即为古代酒樽及“玫瑰香”文字的组合，但古代酒樽是以标准形状体现，圆形、直壁、三足，并在杯口边缘包含两柱，是典型的古代酒樽形像，不具有独创性。“玫瑰香”采用了特殊字体，但目的是体现酒的类型。正标瓶贴整体是不具独创性的图案和线条的组合，缺乏美术作品应具有的审美意义，不具备美术作品应具备的艺术高度和美感”，故涉案作品可作为酒类产品的包装、装潢，但不属于著作权法意义上的美术作品。

五、2020 年 8 月 9 日，二审法院判决中认为：作品正面瓶贴中通过对酒樽图案、文字及字体等各个元素的排列布局、色彩搭配、整体的结构造型等设计，体现了创作者的选择、判断和取舍，该设计可以与葡萄酒瓶贴的功能性进行区分，使作品整体具有一定审美意义，具有独创性，符合著作权法对于美术作品的要求。因此属于著作权法意义上的美术作品。因此被控侵权作品在底色、文字布局、排列组合和图形配色上与权利作品基本相同而构成实质性相似，并在满足接触可能性的基础上，构成对权利作品的侵权。

核心裁判要旨

本案的争议焦点在于涉案作品是否可以作为著作权法意义上的美术作品予以

保护。依据《著作权法实施条例》的规定："美术作品，是指绘画、书法、雕塑等以线条、色彩或者其他方式构成的有审美意义的平面或者立体的造型艺术作品"。同时，构成美术作品的前提还需要满足《著作权法》对于作品的定义，即《著作权法实施条例》第二条所规定的"著作权法所称作品，是指文学、艺术和科学领域内具有独创性并能以某种有形形式复制的智力成果。"

本案中的主要疑难之处是涉案图案上所用元素是否具有独创性，即是否构成作品，而一审法院认定整个瓶贴不能作为美术作品予以保护。但"正标瓶贴整体是不具独创性的图案和线条的组合"，并不一定就"缺乏美术作品应具有的审美意义"，任何创作都不可能是凭空而来，而是在公共领域内元素的基础上进行创作的智力成果，因此考察一个作品是否构成作品或者构成美术作品，也需要对作品整体进行考察，虽然构成元素不具有独创性，但在对元素的选择、排列、搭配上，是通过智力活动完成的，并且其整体效果在没有证据表明与任何既有作品相同的基础上，应当认定其具有独创性；同时基于上述的创作，使得瓶贴除了发挥功能性作用外，同样具备审美意义，因此应当认定为著作权法意义上的美术作品并予以保护。

诉讼经验总结

一、对于美术作品的认定中，常见的疑难之处在于是否具有审美意义。受限于不同主体的审美能力、审美倾向，若为其设置过高的标准，将导致司法裁判的混乱，因此对于是否具有审美意义的考察，通常只要能够体现出对美学的独特观点，即可认为满足"审美意义"。

二、由于物质载体形式的相近性，如何判断美术作品、产品设计图、商标之间的区别应当谨慎，其中最突出的区别主要在于功能性作用与审美意义上的功能区分。

三、是否具有"审美意义"不仅要从构成元素上进行考察，同时还应当对整体进行考察，不能仅因为主要构成元素属于公共领域，就当然认定不构成著作权法意义上的作品。

法律规定

《中华人民共和国著作权法》 （2010 年修正）	《中华人民共和国著作权法》 （2020 年修正）
第三条第四项 本法所称的作品，包括以下列形式创作的文学、艺术和自然科学、社会科学、工程技术等作品： （四）美术、建筑作品；	**第三条第四项** 本法所称的作品，是指文学、艺术和科学领域内具有独创性并能以一定形式表现的智力成果，包括： （四）美术、建筑作品；
第四十八条第一项 有下列侵权行为的，应当根据情况，承担停止侵害、消除影响、赔礼道歉、赔偿损失等民事责任；同时损害公共利益的，可以由著作权行政管理部门责令停止侵权行为，没收违法所得，没收、销毁侵权复制品，并可处以罚款；情节严重的，著作权行政管理部门还可以没收主要用于制作侵权复制品的材料、工具、设备等；构成犯罪的，依法追究刑事责任： （一）未经著作权人许可，复制、发行、表演、放映、广播、汇编、通过信息网络向公众传播其作品的，本法另有规定的除外；	**第五十三条第一项** 有下列侵权行为的，应当根据情况，承担本法第五十二条规定的民事责任；侵权行为同时损害公共利益的，由主管著作权的部门责令停止侵权行为，予以警告，没收违法所得，没收、无害化销毁处理侵权复制品以及主要用于制作侵权复制品的材料、工具、设备等，违法经营额五万元以上的，可以并处违法经营额一倍以上五倍以下的罚款；没有违法经营额、违法经营额难以计算或者不足五万元的，可以并处二十五万元以下的罚款；构成犯罪的，依法追究刑事责任： （一）未经著作权人许可，复制、发行、表演、放映、广播、汇编、通过信息网络向公众传播其作品的，本法另有规定的除外；

《中华人民共和国著作权法实施条例》（2013 年修订）

第四条第一款第八项 著作权法和本条例中下列作品的含义：

（八）美术作品，是指绘画、书法、雕塑等以线条、色彩或者其他方式构成的有审美意义的平面或者立体的造型艺术作品；

本案链接

新疆和某玫瑰酒业有限责任公司与新疆沙某皇后酒业有限公司、新疆葡某酒业有限公司侵害作品复制权纠纷二审民事判决书【（2020）新民终 283 号】

对于涉案作品能否构成我国著作权法保护的美术作品，还应根据法律规定对作品的独创性进行审查。涉案两幅作品均为葡萄酒的瓶贴包装设计，正面瓶贴均为黑色底色，金黄色勾边，最上方为和某商标，商标下方为上下两行排列艺术字体的“××××Wine”及“经典”文字，“经典”两旁画有回字纹，文字及回字纹均为金黄色，瓶贴正中为金色古代酒樽图案，酒樽三足处标注红色汉仪粗豪字体

"玫瑰香"，瓶贴上部两侧分别竖向排列虚线边框长方形，内写有简体汉仪粗篆字体的"新疆和某"及"葡萄酒"文字，最下方从左到右依次标注酒精含量、和某玫瑰公司企业名称以及产品净含量。"和某经典玫瑰香 1"中正面瓶贴呈瓶体形状，商标"HETIAN 和某"上方有黄黑色相间椭圆形树叶形状图案。"和某经典玫瑰香 2"中正面瓶贴呈长方形，商标部分为"和某"文字。两幅作品中背贴的形状均为长方形，底色为黑色，主要内容为产品名称、介绍、成分、产地、质量标准等产品信息说明，产品名称中"玫瑰香"为红色汉仪粗豪字体，其他文字字体颜色均为金黄色。两者不同之处为"和某经典玫瑰香 1"中背贴呈横向，"和某经典玫瑰香 2"背贴呈竖向。虽然两幅作品中酒樽图案、文字及字体均来自公有领域，并非和某玫瑰公司独创设计，背贴中产品信息说明亦更具有实用性，缺乏艺术性美感。但作品正面瓶贴中通过对酒樽图案、文字及字体等各个元素的排列布局、色彩搭配、整体的结构造型等设计，体现了创作者的选择、判断和取舍，该设计可以与葡萄酒瓶贴的功能性进行区分，使作品整体具有一定审美意义，具有独创性，符合著作权法对于美术作品的要求。虽然沙某皇后公司、葡某公司抗辩涉案作品不具有独创性，但其并未提交证据证明涉案作品的表达方式属于同类产品的惯常设计。因此，一审判决仅以作品中酒樽图案、"玫瑰香"文字元素不具有独创性为由，认定和某玫瑰公司主张保护的涉案两幅作品不构成著作权法意义的美术作品缺乏依据，本院对此予以纠正。

延伸阅读

裁判规则一：对是否构成美术作品判断标准中的"审美意义"不应当设置过高要求，创作者将其对美学的独特观点在物质载体之上以可视方式表现出来，符合最低限度创造性的要求，就能形成美术作品。

案例一：怪物某量公司、中山市宏某日用制品有限公司、肖某平等与中山市帝某汽配实业有限公司著作权权属、侵权纠纷一案民事二审判决书【（2019）粤20民终7350号】

关于涉案图案是否属于受著作权法保护的作品的问题。《著作权法实施条例》第四条将"美术作品"定义为"绘画、书法、雕塑等以线条、色彩或者其他方式构成的有审美意义的平面或者立体的造型艺术作品"，尽管"审美意义"是构成美术作品的条件，但因为美的观念因人而异、因时而异，并没有严格的标准，所以只要创作者将其对美学的独特观点在物质载体之上以可视方式表现出来，符合最低限度创造性的要求，就能形成美术作品。本案中，涉案图案或以绘画，或以书法等方式塑造出有其独特审美意义的造型艺术表达，符合最低限度创造性的要求，应认定为美术作品。一审法院认为“该图案由三根骨头组成，从其设计过程及效果图片看，以中国一般公众的视野观察，该图案给人更多的是恐怖感和不安感，并不具有美术作品的美感，且与中国汉字‘川’及表现兽爪的惯常技法基本一致，属进入公有领域的表达，不具有独创性，不构成美术作品”的主张有误，应予纠正。

裁判规则二：对于主要表现产品的结构和造型的产品设计图，因为其是对产品功能性的表达，所体现的艺术性和美感度有限，因此不能作为美术作品予以保护。

案例二：上海冰某工业产品设计有限公司与杨某侵害作品署名权纠纷二审民事判决书【（2020）沪73民终60号】

我国著作权法将美术作品和包括产品设计图在内的图形作品都作为著作权法所保护的作品类型。其中美术作品是指绘画、书法、雕塑等以线条、色彩或者其他方式构成的有审美意义的平面或者立体的造型艺术作品。图形作品包括为施工、生产绘制的产品设计图等作品。因此，倘若一款产品的设计图有一定美感，达到我国著作权法保护的美术作品的审美高度，确实可以既作为美术作品又作为产品设计图予以保护。涉案图片系被上诉人为工业生产绘制的口罩设计图样，该图片展示了口罩的组件构成、结构设计、整体造型、三面视图及使用状态图且在对应部位标注了功能说明文字，在设计布局、结构安排、搭配组合、文字说明等方面，体现了设计者的构思和安排，已形成具有独创性的外在表达，属于我国著作权法保护的图形作品中的产品设计图。但该设计图更多的是展示产品的结构和造型，是对产品功能性的表达，其所体现的艺术性和美感度有限，不能作为美术作品予以保护。一审将涉案图片作为美术作品保护，认定有误，本院予以纠正。

裁判规则三：实用艺术品要构成美术作品，应具备较高的艺术性，能使大众从欣赏者的视角，从审美观的角度认为该作品是艺术上的创作成果，对于没有体现艺术家独特的观点与特殊的创造力，仅体现了大众口味或某种新颖的时尚趋势的设计，则可以依据外观设计专利权加以保护。

案例三：朱某法、上海晨某文具股份有限公司著作权权属、侵权纠纷二审民事判决书【（2019）浙民终1545号】

实用艺术品既具备著作权保护客体所具备的特征，又具备外观设计专利所保护的要素，其获得著作权保护的出发点在于其外表造型有设计者的情感意识在内，保护的是产品的纯艺术价值，即有独创性的造型艺术。美术作品获得的保护力度和期限远远超过外观设计专利权，若不对实用艺术品的“艺术高度”作出一定的要求，而将美感较低的实用艺术品均给予著作权保护，设计者将不再有动力去申请外观设计专利权，导致外观设计专利权的制度设计落空。同时，实用艺术品因具备实用功能，与百姓生活贴近、市场流通性强、产品更新迅速，权利人收回创作成本所需期限较短，若将美感较低的实用艺术品给予著作权保护，也不利于经济利益已经用尽的实用艺术品进入公有领域。因此，实用艺术品要构成美术作品，应具备较高的艺术性，能使大众从欣赏者的视角，从审美观的角度认为该作品是艺术上的创作成果，对于没有体现艺术家独特的观点与特殊的创造力，仅体现了大众口味或某种新颖的时尚趋势的设计，则可以依据外观设计专利权加以保护。从涉案“皇冠笔”来看，其笔身呈细长圆柱形、笔头呈圆锥形，上述形状未脱离笔的常规设计，其艺术成分主要体现在笔顶端的皇冠和珍珠部分，笔身表面的图案和笔头螺纹设计的相关线条和色彩。从皇冠和珍珠的造型来看，其虽对笔顶部的皇冠部分进行了一定的设计，但整体形状未脱离皇冠常见的“皿”字形环形设计，皇冠棱上的珠状凸起以及下部的云形、三角形凹陷图案，虽具有一定的新颖性和美感，但未达到较高的艺术性，笔身的蓝底桃心印花图案和笔头的螺纹设计亦较为简单，从该笔造型的整体而言并未达到较高水准的艺术高度，故本院认为涉案“皇冠笔”不构成美术作品，不受我国著作权法的保护。

039 著作权在满足条件时能否适用善意取得制度？

☞ 阅读提示

我国民法中设立了善意取得制度，即无处分权人将不动产或者动产转让给受让人的，满足以下条件：受让人受让该不动产或者动产时是善意；以合理的价格转让；转让的不动产或者动产依照法律规定应当登记的已经登记，不需要登记的已经交付给受让人。此时受让人取得该不动产或者动产的所有权。现行《民法典》规定了“当事人善意取得其他物权的，参照适用前两款规定”。在这种情况下，著作权或者知识产权在满足上述条件下，能否适用善意取得制度，笔者将通过案例予以探讨。

裁判要旨

我国现行法律并未明确规定知识产权适用善意取得制度，为保障交易安全，保护第三人的利益，善意取得制度的适用范围应取决于其构成要件和价值目标，与财产权客体的具体类型无关。从有关法律规定可以看出，我国建立的是一套全方位的善意取得制度，不仅仅是适用于动产与不动产，还可以适用于其他物权。因此，在没有例外规定的情况下，著作权中财产权利的转让也应当参考《民法典》关于物权善意取得的规定。

案情简介

一、2009年11月4日，原告广州市花某文化传播有限公司与涉案作品作者乔某娜、苏州某纬网络信息科技有限公司、潇某书院原创网签订《著作权合同》，合同载明该涉案作品《某某重楼》为花某文化公司委托乔某娜创作的以出版为目标的文学作品，著作权归花某文化公司所有。

二、证据表明截至2012年11月13日，被告广州市久某数码科技有限公司在其运营网站上向公众提供涉案作品，但其作品是通过潇某书院天津公司于2011年6月23日与乔某娜签署《文学作品独家授权协议》获得作品在全球范围内的复制权、发行权、信息网络传播权等独家权利后，由潇某书院提供给久某数码公司。

三、花某文化公司向一审法院起诉请求：1. 久某数码公司向花某文化公司赔偿因侵犯花某文化公司作品《××重楼》著作权的损失为325千字×100元/千字×8倍=260000元人民币；2. 久某数码公司承担花某文化公司为制止久某数码公司侵权行为所支出的合理费用1000元；3. 久某数码公司承担花某文化公司为制止久某数码公司侵权行为所支出的公证费4800元，折合到本案为400元（4800元/12部）；4. 久某数码公司承担本案全部诉讼费用。

四、一审、二审法院均认为：由于合同签订时间的先后，涉案作品的著作权归花某文化公司所有，乔某娜无权对涉案作品进行处分，故潇某书院无法从乔某娜处继受取得涉案作品的信息网络传播权，久某数码公司亦无法以继受取得的方式从潇某书院处取得涉案作品的信息网络传播权。但久某数码公司已经尽到合理审查义务，主观上无过错，因此无需承担赔偿损失的民事责任。

五、2018 年 12 月 29 日，再审法院在判决中认为：本案不符合善意取得的基本构成要件，久某数码公司不能善意取得涉案作品的信息网络传播权，其未经许可在信息网络上传播涉案作品的行为侵害了花某文化公司的信息网络传播权，除了应当承担停止侵权的民事责任外，还应当承担赔偿损失的民事责任。

核心裁判要旨

本案的争议焦点在于久某数码公司能否以善意取得的方式获得涉案作品的信息网络传播权。依据我国善意取得有关法律规定，受让人取得所有权需要满足以下条件：（一）受让人受让该不动产或者动产时是善意的；（二）以合理价格转让；（三）转让的不动产或者动产依照法律规定应当登记的已经登记，不需要登记的已经交付给受让人。而对于所有权以外的物权，法律规定："当事人善意取得其他物权的，参照前两款规定。"在现有法律规定下，并没有对知识产权是否适用善意取得做出直接规定，所以在满足条件的情况下，应当适用善意取得制度。

首先，基于法律体系的一致性，我国的善意取得制度是一种全面的规定，其目的在于保护信赖利益和维护交易秩序，保护善意第三人的利益。其次，虽然知识产权同物权在行使权利方式、权利类型等诸多方面有所不同，但在交易中，二者均作为公平交易的标的物，因此不存在无法适用善意取得制度的客观障碍。

虽然因为久某数码公司没有提交证据证明其已经支付了合理对价，导致本案不符合善意取得的基本构成要件，久某数码公司不能善意取得涉案作品的信息网络传播权，其未经许可在信息网络上传播涉案作品的行为侵害了花某文化公司的信息网络传播权，但不妨碍司法中赞同将善意取得制度适用于著作权。

诉讼经验总结

一、我国目前并没有明确规定知识产权可以适用善意取得制度，但是在司法裁判中，往往出于对利益平衡、善意取得制度设立目的等方面的考虑，部分法官也不排斥对于善意取得制度的适用。在《著作权法》对于合法来源抗辩的规定中可以看到立法者已经对善意主体进行了一定限度的保护，但这也仅为善意方提供了不侵权抗辩理由，而对于善意取得制度而言，本文认为在满足条件下的知识产权取得所有是对权利人利益的过度侵犯。

二、在个案中如果需要适用善意取得制度来达到利益平衡，仍需要对善意取得要件进行严格考察，其中由于著作权非登记自动取得的特点，对于善意的认定标准应当有所调整，以及由于知识产权不同于物权的移转方式，因此对于已经取得权利的认定也应当具体分析，避免因为生硬地适用善意取得制度而造成利益失衡。

法律规定

《中华人民共和国著作权法》（2010 年修正）	《中华人民共和国著作权法》（2020 年修正）
第十七条 受委托创作的作品，著作权的归属由委托人和受托人通过合同约定。合同未明确约定或者没有订立合同的，著作权属于受托人。	（在 2020 年的修订中仅改变了条文序号①）
第四十八条第一项 有下列侵权行为的，应当根据情况，承担停止侵害、消除影响、赔礼道歉、赔偿损失等民事责任；同时损害公共利益的，可以由著作权行政管理部门责令停止侵权行为，没收违法所得，没收、销毁侵权复制品，并可处以罚款；情节严重的，著作权行政管理部门还可以没收主要用于制作侵权复制品的材料、工具、设备等；构成犯罪的，依法追究刑事责任： （一）未经著作权人许可，复制、发行、表演、放映、广播、汇编、通过信息网络向公众传播其作品的，本法另有规定的除外；	**第五十三条第一项** 有下列侵权行为的，应当根据情况，承担本法第五十二条规定的民事责任；侵权行为同时损害公共利益的，由主管著作权的部门责令停止侵权行为，予以警告，没收违法所得，没收、无害化销毁处理侵权复制品以及主要用于制作侵权复制品的材料、工具、设备等，违法经营额五万元以上的，可以并处违法经营额一倍以上五倍以下的罚款；没有违法经营额、违法经营额难以计算或者不足五万元的，可以并处二十五万元以下的罚款；构成犯罪的，依法追究刑事责任： （一）未经著作权人许可，复制、发行、表演、放映、广播、汇编、通过信息网络向公众传播其作品的，本法另有规定的除外；

① 编者按：《著作权法》（2020 年修正）第 19 条。

《中华人民共和国物权法》 （已废止）	《中华人民共和国民法典》 （2020年5月28日发布）
第一百零六条　【善意取得】无处分权人将不动产或者动产转让给受让人的，所有权人有权追回；除法律另有规定外，符合下列情形的，受让人取得该不动产或者动产的所有权： （一）受让人受让该不动产或者动产时是善意的； （二）以合理的价格转让； （三）转让的不动产或者动产依照法律规定应当登记的已经登记，不需要登记的已经交付给受让人。 受让人依照前款规定取得不动产或者动产的所有权的，原所有权人有权向无处分权人请求赔偿损失。 当事人善意取得其他物权的，参照前两款规定。	**第三百一十一条**　无处分权人将不动产或者动产转让给受让人的，所有权人有权追回；除法律另有规定外，符合下列情形的，受让人取得该不动产或者动产的所有权： （一）受让人受让该不动产或者动产时是善意； （二）以合理的价格转让； （三）转让的不动产或者动产依照法律规定应当登记的已经登记，不需要登记的已经交付给受让人。 受让人依据前款规定取得不动产或者动产的所有权的，原所有权人有权向无处分权人请求损害赔偿。 当事人善意取得其他物权的，参照适用前两款规定。

本案链接

广州市花某文化传播有限公司、广州市久某数码科技有限公司侵害作品信息网络传播权纠纷再审民事判决书【（2017）粤民再244号】

既然乔某娜对涉案作品是无权处分，久某数码公司能否以善意取得的方式获得涉案作品的信息网络传播权？我国现行法律并未明确规定知识产权适用善意取得制度，为保障交易安全，保护第三人的利益，善意取得制度的适用范围应取决于其构成要件和价值目标，与财产权客体的具体类型无关。《中华人民共和国物权法》第一百零六条①规定："无权处分人将不动产或者动产转让给受让人的，所有权人有权追回；除法律另有规定外，符合下列情形的，受让人取得该不动产或者动产的所有权：（一）受让人受让该不动产或者动产时是善意的；（二）以合理价格转让；（三）转让的不动产或者动产依照法律规定应当登记的已经登记，不需要登记的已经交付给受让人。受让人依照前款规定取得不动产或者动产的所有权的，原所有权人有权向无权处分人请求赔偿损失。当事人善意取得其他

① 编者按：《民法典》（2020年发布）第311条。

物权的，参照前两款规定。”从上述法律规定可以看出，我国建立的是一套全方位的善意取得之制度，不仅仅是适用于动产与不动产，还可以适用于其他物权。因此，在没有例外规定的情况下，著作权中财产权利的转让也应当参考物权法关于物权善意取得的规定。善意取得应当符合以下条件：第一，受让人受让该财产时是善意的。所谓“善意”是指“不知情且无重大过失”。不知情是指对真实的权利状态不了解，而是相信、信赖了物权享有的公示推定效力，如不动产的登记效力与动产的占有公信力；无重大过失是指对他人是否享有物权尽到了一般理性人在一般交易场合下的审查义务，而仍然无从发现真实权利状态与公示出来的权利状态不一致。第二，受让人支付了合理对价，即该物权的转让是一种有偿转让，且支付的对价符合交易习惯等。第三，转让的财产依照法律规定应当登记的已经登记，不需要登记的已经交付。本案中，如前所述，乔某娜是涉案作品的推定著作权人，因此作为一般理性人的久某数码公司有理由相信涉案作品的著作权归乔某娜所有，进而相信乔某娜有权对涉案作品进行处分。久某数码公司在网络上传播涉案作品的时候，潇某书院已经与作者签订《文学作品独家授权协议》，可以认定久某数码公司已经尽到合理审查义务，主观上善意且无重大过失。久某数码公司也已经将涉案作品上传至网络平台进行传播，足以证实潇某书院已经将涉案作品交付给久某数码公司。但是久某数码公司没有提交证据证明其已经支付了合理对价。因此，本案不符合善意取得的基本构成要件，久某数码公司不能善意取得涉案作品的信息网络传播权，其未经许可在信息网络上传播涉案作品的行为侵害了花某文化公司的信息网络传播权。

延伸阅读

裁判规则一：未尽到谨慎注意义务的著作权侵权人，不能主张其系善意取得而免除侵权责任。

案例一：苏州万某服饰有限公司等诉爱某国际文化（北京）有限公司著作权权属、侵权纠纷二审民事判决书【（2017）京73民终1400号】

首先，我国《商标法》第三十二条明确规定，申请商标注册不得损害他人现有的在先权利。涉案商标申请日期为2012年3月5日，晚于涉案作品的公开发表时间及办理著作权登记的时间，故可以认定该商标属于侵害他人现有在先权利的注册商标，其权利行使应当受到限制。其次，《著作权法》第五十三条[①]规

① 编者按：《著作权法》（2020年修正）第59条。

定，复制品的出版者、制作者不能证明其出版、制作有合法授权的，应当承担法律责任。万某公司购买涉案商标的手续齐全，且办理了商标转让登记，但该系列转让行为并不属于著作权法意义上的合法授权，商标标识本身不具有合法性基础，系侵权作品。再次，尽管万某公司并非涉案商标注册申请人，没有实施恶意抢注行为，且支付了合理对价，但是，我国著作权法和商标法均没有规定善意取得制度，购买者不能仅因为支付对价而将不合法的侵权商标变得合法化。若如此，商标注册秩序和著作权人专有性权利都将受到巨大冲击，大量侵害他人在先合法权利的注册商标均可藉此方式得以“漂白”，有悖法理。最后，万某公司在注册商标交易过程中，没有充分尽到谨慎注意义务，审查该商标标志本身是否存在权利瑕疵，主观上存在一定过错。另外，如果相关经济损失确系商标注册人造成，万某公司在承担本案侵权责任后，仍可通过相关合同救济权利。综上，对万某公司相关辩称，一审法院不予支持。

二审法院认为：根据本案查明事实，涉案商标申请日期晚于涉案作品的公开发表时间及办理著作权登记的时间，虽然万某公司从商标注册人谢某成处购买涉案商标，并办理了商标转让登记，取得了涉案商标的商标权，但该权利亦不得损害他人现有的在先权利，且我国著作权法和商标法均未规定善意取得制度。涉案商标与涉案作品中文部分“龙某弟”基本相同，且在案证据不能证明涉案商标系经独立创作完成或取得了著作权法意义上的合法授权。万某公司在注册商标交易过程中，未尽到谨慎注意义务，审查该商标标志本身是否存在权利瑕疵，主观上存在一定过错。据此，一审判决认定万某公司侵犯了爱某公司依法享有的著作权并承担侵权责任正确，本院予以确认。关于万某公司的相关上诉主张无事实和法律依据，本院不予支持。

裁判规则二：购买者从合法渠道购得且并不明知产品侵害他人著作权的，可以类推适用《著作权法》第五十九条规定的合法来源抗辩，免除损害赔偿责任的承担。

案例二：河南华某文化科技有限公司诉西安大某西市商业管理有限公司侵害著作权纠纷一审民事判决书【(2017）粤 03 民初 559 号】

一、社会交易条件并不能保证购买者对于商品的知识产权状况进行充分审查。在我国当前的市场环境下，购买者很难审查该商品是否具有著作权人的授权，尤其是对于普通的购买者而言，并非相关商品的专业人士，也不具有在每次交易中审查著作权状况的交易习惯。因此，一律要求购买者承担侵权责任与社会交易条件不符合，也与著作权促进创新、保护公共利益的目的相悖。

二、购买者并非侵权源头，应由直接侵权人承担主要侵权责任，购买者从市场交易取得的商品，该商品如未取得著作权人的许可，商品的制造人或者复制人应为直接侵权人，是侵权行为发生的源头，对于著作权人直接承担侵权责任。且购买者的使用范围小，损害著作权的影响作用也相对较小，相比于发行人和出租人，一般属于相对弱势的市场主体，类推适用该规定，从而实现限制购买者责任的目的，符合举重以明轻的法律解释原则。

三、不知情的购买者主张合法来源抗辩符合善意保护原则。一般认为，我国合法来源抗辩制度是参照 TRIPS 协议有关规定制定的规则。我国《著作权法》中虽未规定使用合法来源抗辩的主观要件，但是商标法在对于合法来源抗辩的规定中明确了“不明知”的前提。《商标法》第六十四条第二款规定：“销售不知道是侵犯注册商标专用权的商品，能证明该商品是自己合法取得并说明提供者的，不承担赔偿责任。”著作权法关于合法来源抗辩的规定与商标法的规定在利益考量以及立法价值、制度构成等方面具有类似性，从体系解释的角度而言，可以参照解释。但是对于不知情的购买人而言，其并无侵害他人著作权的故意，从上面的分析来看，也很难对于是否侵害他人著作权进行审查，因此在能够举证证明商品来源于合法渠道且支付了合理对价的情况下，就不宜再追究过于严格的侵权责任。从民法的一般原则来看，在对产权人进行保护的同时，对于代表动的交易安全的善意第三人往往优先保护，购买人通过善意购买的行为取得商品，不应因此而负担侵权责任。我国《著作权法》第五十三条的规定是对于无违法行为的市场主体的保护，不知情的购买者符合这一立法保护的设定，因此类推适用该规定，具有妥当性与合理性，也符合民事主体平等保护的原则。否则，发行人与出租人得到保护，而善意购买者不能受到保护，对于立法价值和利益衡量上可作类似评价的民事主体赋予不同的责任，不符合民法平等保护的公平精神。

040 作品网络传播领域能否适用发行权用尽原则？

☞ 阅读提示

发行权用尽原则是指合法制作的作品原件或复制件在首次合法投入市场后，著作权人即无法控制该原件或复制件的再次发行。此时作品的原件或复制件的所有权人可以再次以出租、出售等形式进行发行，但是通过信息网络进行传播，是否能够适用发行权用尽原则，如果能适用又应当满足什么要件，笔者将通过案例予以研讨。

裁判要旨

在当前我国著作权立法状况下，将发行权用尽原则引入网络传播领域尚存在障碍，且即便将之引入，其至少亦应满足“原件或复制件所有权转让”和“转让方向他人网络传输数字化作品文件后应删除其存储的该文件”两个限定条件，否则将导致复制件数量不受控制，严重损害权利人的利益。

案情简介

一、2014年6月26日，罗某宇手签授权书“兹授权思维某物公司代理《××思维》系列图书出版发行一切事宜”，授权书有罗某宇签字捺印。罗某宇系思维某物公司法定代表人。2014年6月30日，思维某物公司与原告北京磨某数盟信息技术有限公司签订了《许可合同》，磨某公司获得了合同约定期间内针对涉案作品《××思维》系列图书的独占性信息网络传播权，并有权以自己的名义提起诉讼。

二、2018年1月17日磨某公司通过公证取证的方式，发现在被告厦门市简某开能图书馆所经营的“藏某馆”App平台客户端中可以阅读“我懂你的××××”，即向用户提供了磨某公司享有独占信息网络传播权的涉案作品的电子图书，注册用户可以在个人选定的时间和地点以下载、浏览或者其他方式获得电子书信息内容，该行为属于信息网络传播权涵盖的范围。

三、磨某公司向一审法院提出诉讼：1. 请求判令简某图书馆立即停止侵权，删除其“藏某馆”App上未有合法授权的涉案作品；2. 请求判令简某图书馆赔偿磨某公司经济损失66000元；3. 请求判令简某图书馆赔偿磨某公司为制止简某图书馆的侵权行为所支出的合理费用543元；4. 请求判令简某图书馆承担本案的全部诉讼费用。

四、简某图书馆辩称“藏某馆”App具有一对一借阅管理的功能，未增加作品的复制件，应适用发行权用尽原则，故涉案行为不符合信息网络传播权的特征，不构成侵害信息网络传播权。

五、2020年10月26日，二审法院在判决中认为：本案中“藏某馆”App提供一对一借阅服务，但其所提供的作品面向的仍是不特定的公众，且简某图书馆提交的在案证据不足以证明其在通过信息网络向公众提供作品时删除了其所存储的相应文件，故不具备适用发行权用尽原则的可能性，其行为侵害了磨某公司对涉案作品享有的信息网络传播权。

核心裁判要旨

本案的争议焦点在于简某图书馆是否侵犯了磨某公司对作品享有的信息网络传播权。首先从行为来看，涉案App的注册用户可以在个人选定的时间和地点以下载、浏览或者其他方式获得电子书信息内容，属于信息网络传播权涵盖的范围。其次考虑简某图书馆主张的发行权用尽抗辩是否能够成立。所谓发行权用尽原则，是指著作权人对作品的载体，即原件或复制件行使了一次发行权就无法再次行使。当作品的原件、复制件进入市场后，著作权人无权对后续所有权人的发行行为主张权利。这一原则的设立，是由于互联网兴起前，作品与其载体往往无法分割，而著作权并不会随载体转移，因此当作品发行后就产生了权利的分割，同时存在对载体的所有权和对作品的著作权，为了避免授予著作权人过大的权利，因此在保护其权益同时对发行权设置了一次用尽限制。

具体到本案中，虽然我国对于发行权用尽原则并没有明确规定，但在司法实践中，对于著作权人相应的主张并不会支持，因此该原则可以作为有效的抗辩。但是该原则主要针对前网络时代的发行，而是否能够在网络传播中适用，既无明确规定，又存在相当大程度的障碍。如果认为可以适用，那么也应当满足发行权用尽原则的构成要件，并且不能违背该原则的设立目的。从构成要件来看，如果适用至少应满足“原件或复制件所有权转让”和“转让方向他人网络传输数字化作品文件后应删除其存储的该文件”两个限定条件，否则将导致复制件数量不受控制，严重损害权利人的利益。而在本案中，并没有证据表明简某图书馆在向读者提供后，将存储在其服务器内的内容进行删除，因此从构成要件上无法满足发行权用尽原则，应当认定其行为构成对作品信息网络传播权的侵权。

诉讼经验总结

一、《著作权法》中虽然没有对发行权用尽原则进行明确规定，但在司法实践中，著作权人对于已经发行的作品原件或复制件主张发行权，并不会受到支持，因此著作权人无权对后续行为进行限制。

二、虽然存在发行权用尽原则，但是仍应当满足一定条件，其前提在于作品的流通是由于著作权人已经行使了发行权，对于侵权作品的后续流通，著作权人仍可以主张其权利，对发行行为进行限制。

三、发行权用尽原则适用于网络传播领域还有很多障碍没有解决，因为通常传播行为无法满足发行权用尽的相关要件，主要在于提供作品后并未删除原本储存的文件，如果适用该原则，会导致复制件数量不适当的增加而侵害著作权人的利益，不符合该原则的设立目的。

法律规定

《中华人民共和国著作权法》 （2010 年修正）	《中华人民共和国著作权法》 （2020 年修正）
第三条第一项 本法所称的作品，包括以下列形式创作的文学、艺术和自然科学、社会科学、工程技术等作品： （一）文字作品；	**第三条第一项** 本法所称的作品，是指文学、艺术和科学领域内具有独创性并能以一定形式表现的智力成果，包括： （一）文字作品；
第十条第一款第六项 著作权包括下列人身权和财产权： （六）发行权，即以出售或者赠与方式向公众提供作品的原件或者复制件的权利；	（在 2020 年的修正中并未修改）

本案链接

北京磨某数盟信息技术有限公司与厦门市简某图书馆著作权权属、侵权纠纷二审民事判决书【（2019）京 73 民终 628 号】

本案中，简某图书馆通过其经营的“藏某馆”App 平台客户端向用户提供了磨某公司享有独占信息网络传播权的涉案作品的电子图书，注册用户可以在个人选定的时间和地点以下载、浏览或者其他方式获得电子书信息内容，该行为属于信息网络传播权涵盖的范围。关于简某图书馆所称“藏某馆”App是其行使公共图书馆职能的体现，具有公益性质，且“藏某馆”App具有一对一借阅管理的功能，未增加作品的复制件，应适用发行权用尽原则，故涉案行为不符合信息网络传播权的特征，不构成侵害信息网络传播权的上诉意见。本院认为，发行权用尽原则，系指合法制作的作品原件或复制件在首次合法投入市场后，著作权人即无法控制该原件或复制件的再次发行。该原则旨在协调著作权人的发行权与原件或复制件所有者的所有权之间的冲突。在当前我国著作权立法状况下，将该原则引入网络传播领域尚存在障碍，且即便将之引入，其至少亦应满足“原件或复制件所有权转让”和“转让方向他人网络传输数字化作品文件后应删除其存储的该文件”两个限定条件，否则将导致复制件数量不受控制，严重损害权利人的利益。本案中，即便“藏某馆”App提供一对一借阅服务，但其所提供的作品面向的仍是不特定的公众，且简某图书馆提交的在案证据不足以证明其在通过信息网络向公众提供作品时删除了其所存储的相应文件，故不具备适用前述原则的可能性。另外，根据《著作权法》的相关规定，侵权的构成以及侵权责任的承担不以营利为条件，简某图书馆的公益性质，亦不属于其实施侵权行为的正当理由。综上，本院对简某图书馆的相关抗辩意见，不予采信。

延伸阅读

裁判规则一：就计算机软件这一特殊作品而言，由于软件开发商营销方式的多样性，并非所有的软件合法复制品均存在发行权用尽，需要具体予以分析。

案例一：深圳市大某激光科技股份有限公司诉温州市嘉某激光科技有限公司计算机软件著作权纠纷一审民事判决书【（2005）温民三初字第24号】

根据《计算机软件保护条例》第八条规定，软件著作权人享有发表权、署名权、修改权、复制权、发行权、出租权、信息网络传播权、翻译权等权利。大某公司向柳某星等以出售的方式提供1.0版软件复制件，就是一种发行行为。嘉某公司向正某终端公司出售安装有2000版软件的激光打标机，也属于发行软件行为。根据《著作权法》、《计算机软件保护条例》第二十八条规定，软件发行者只有在不能证明其发行的复制品有合法来源时承担法律责任，换句话说，计算机软件的复制品经合法发行后，复制品的所有人可以再次转让发行，著作权人无权予以制止，也就是说，就合法发行的软件复制品而言，著作权人发行权的权利已经用尽。著作权人发行权权利用尽原则就一般作品来说，人们比较容易理解，但对计算机软件这一特殊作品而言，由于软件开发商营销方式的多样性，并非所有的软件合法复制品均存在发行权用尽，如软件开发商对特定客户以使用许可协议方式约定使用主体和使用范围的条件下提供的合法复制品就不存在发行权用尽。本案中，大某公司向柳某星销售1.0版软件复制品时没有书面约定该软件复制品不得转让，软件安装过程中出现的软件许可证协议中也没有规定软件使用的禁止事项，相反大某公司对其出售的每套软件复制品均配备一枚软件狗，能有效地控制软件的使用范围，应当解释为大某公司仅对每套软件复制品的使用范围作出限制——即一套软件复制品只能在一台激光打标机中安装使用。另外，正如大某公司所举的三份发票证明，其所销售的这三套软件均单独开具销售发票，且每套售价高达80000元，具有高而独立的财产价值。综合上述大某公司销售软件的情况，即使如大某公司所称其软件产品均与其激光打标机一起捆绑销售（姑且不论这种捆绑销售是否违反反不正当竞争法）而没有在市场上单独销售，但是如果同样要求每套软件复制品的使用权利与被捆绑销售的激光打标机的报废一起“捆绑”消亡，尚缺乏合法理由，故大某公司销售的这些软件复制品适用权利用尽原则，合法复制品的所有人可以转让这些复制品。因此，嘉某公司在合法取得1.0版软件复制品及代表软件复制品合法使用权利的软件狗之后，根据《计算机软件保护条例》第十六条第一项规定，有权根据使用的需要把该1.0版软件装入计算机等具有信息处理能力的装置内，也有权再次予以销售。

裁判规则二：适用权利穷竭原则或发行权用尽原则的前提是知识产权产品已进入流通领域，未经首次发行则无法适用该原则。

案例二：某某国际音乐股份有限公司诉上海某某音像器材有限公司等侵害录音录像制作者权纠纷一审民事判决书【（2012）徐民三（知）初字第15号】

根据《合约书》第二条的约定，被告在授权期间内享有涉案专辑的发行权，故被告在1998年10月13日以后不享有涉案专辑的发行权。本案中，另一公司所销售的涉案CD专辑是其于2009年9月1日向被告购买的，被告对此解释为，其确实在1998年10月13日以后向各零售商销售过涉案CD专辑，这些CD专辑一部分是1998年10月12日以前没有销售掉的库存，另一部分是音像零售商的退货。本院认为，发行权的权利穷竭原则又称“首次销售原则”或“发行权一次用尽原则”，是指在作品原件或复制件已经过著作权人授权在市场公开流通的情况下，著作权人不得限制买受人转售其购得的作品原件或复制件。适用权利穷竭原则的一个前提是知识产权产品已进入流通领域。本案中，由于被告的库存专辑未进入流通领域，其销售库存的行为属于首次销售，不适用权利穷竭原则。关于零售商的退货部分，由于退货的本质是商品所有权返还原主，而非商品继续向下游环节流通，故退货专辑回到被告后就属于退出流通领域的商品，被告再次销售这些专辑仍属于将商品投入流通领域的首次销售行为，也不适用权利穷竭原则。因此，被告销售其库存和退货的行为属于著作权法意义上的发行行为，上述行为发生在授权期间以外，构成对原告发行权的侵害。

041 图书馆为陈列或保存版本需要而数字化作品是否构成合理使用？

☞ **阅读提示**

为了防止赋予著作权人过大的权利，导致阻碍文化传播和繁荣，我国《著作权法》中设置了合理使用的有关规定，满足合理使用情形下的作品使用行为，既不需要获得授权，同时也不需要向著作权人支付报酬。在新修订的《著作权法》中，为了更清晰地体现“三步检验法”的精神，借鉴原本规定在《著作权法实施条例》中的有关规定，新法第二十四条中规定：“在下列情况下使用作品，可以不经著作权人许可，不向其支付报酬，但应当指明作者姓名或者名称、作品名称，并且不得影响该作品的正常使用，也不得不合理地损害著作权人的合法权益”，其中图书馆为陈列或者保存版本的需要，复制本馆收藏的作品仍属于合理使用情形之一，对于图书馆以数字化方式复制作品是否合理使用，以及应当采取何种标准，笔者将通过案例予以研究。

裁判要旨

图书馆等特定主体以数字化形式复制作品并在馆舍内进行信息网络传播是否构成合理使用，应当适用《信息网络传播权保护条例》第七条的具体规定，考察是否属于已经损毁或者濒临损毁、丢失或者失窃，或者其存储格式已经过时，并且在市场上无法购买或者只能以明显高于标定的价格购买的作品。同时对于已经损毁或者濒临损毁的认定标准，可以从以下两方面进行考察，一是纸质文献的物理状态是否影响图书馆向公众提供正常借阅服务，二是纸质文献的物理状态是否影响到图书馆以数字化或其他方式进行复制。

案情简介

一、2014年12月1日，詹某智将涉案图书的信息网络传播权及复制权、发行权、汇编权专有使用权授予原告北京三某向版权代理有限公司，授权期限自2014年12月1日到2016年11月30日。三某向公司一审诉讼请求：判令国某图书馆赔偿经济损失71400元，其中包括公证费、律师费11400元。

二、被告国某图书馆将涉案图书以数字化的方式进行了复制，并通过馆内局域网向公众提供该图书的全部内容，其主张涉案图书收藏时间较久，在馆存藏数量有限，已经损毁或濒临损毁，无法满足读者正常的阅读需求和版本保存要求；因此，国某图书馆以数字化形式复制并通过馆内局域网提供全文阅读，符合法律、行政法规关于合理使用的规定。

三、一审法院认为：法律规定图书馆等可为陈列或者保存版本的需要，复制本馆收藏的作品。国某图书馆通过其馆内的计算机系统，向读者提供馆内阅读服务，以及通过其互联网络向公众提供少量文献的在线查阅服务，符合合理使用的要求，其并未损害到作者的权利，相反地能够有效地促进文化传播服务，并未构成侵权。

四、2020年12月25日，二审法院在判决中认为：依据现有证据无法认定国某图书馆以数字化形式复制涉案图书时，涉案图书已构成《信息网络传播权保护条例》第七条第二款中的“已经损毁或濒临损毁”情形，因此将涉案图书以数字化方式复制并通过馆内局域网向公众提供，不构成合理使用，侵犯了三某向公司就涉案图书享有的复制权、信息网络传播权。

核心裁判要旨

本案的争议焦点在于国某图书馆以数字化形式复制并通过馆内局域网提供全文阅读的行为，是否满足合理使用的有关要件。依据《信息网络传播权保护条例》第七条的有关规定，图书馆为陈列或者保存版本需要以数字化形式复制的作品，应当是已经损毁或者濒临损毁、丢失或者失窃，或者其存储格式已经过时，并且在市场上无法购买或者只能以明显高于标定的价格购买的作品。具体到本案中，双方当事人对涉案图书属于馆藏图书，涉案图书在市场上无法购买或者只能以明显高于标定的价格购买一节，并无异议。此外，涉案图书亦不存在丢失或者失窃，或者其存储格式已经过时的情形。因此，判断国某图书馆以数字化形式复制涉案图书并通过馆内局域网向公众提供全文阅读是否构成合理使用，关键在认定涉案图书是否构成“已经损毁或者濒临损毁”的情形。

“已经损毁或者濒临损毁”的认定标准，并不能过度泛化，即出现破损就认定满足条件，这必然导致对著作权人权益不适当的限制，因此对于该标准应当谨慎认定，从立法目的出发，对该标准进行合理认定，可以从以下两方面进行考量，一是纸质文献的物理状态是否影响图书馆向公众提供正常借阅服务，二是纸质文献的物理状态是否影响到图书馆以数字化或其他方式进行复制。同时对于不及时进行复制，则在可预计的一定期间后将难以对其进行复制，无法留存版本，亦可认定为“已经损毁或濒临损毁”。具体到本案中，虽然涉案图书出现纸张明显发黄、机械强度下降等情形，但从图书本身完整性看，并未出现明显缺页或正文页面破损情形。因此从有效平衡著作权人个人利益和社会公共利益，既要合理保障社会公共利益，也不能过度侵蚀著作权人个人利益的角度上，不应当认定其满足“已经损毁或者濒临损毁”的认定标准。国某图书馆的行为侵犯了著作权人的复制权、信息网络传播权。

诉讼经验总结

一、《著作权法》中对于合理使用的有关规定，是为了满足社会对于信息流通的需要，因此对于著作权进行一定的限制，但是依据《著作权法实施条例》第二十一条的有关规定，“依照著作权法有关规定，使用可以不经著作权人许可的已经发表的作品的，不得影响该作品的正常使用，也不得不合理地损害著作权人的合法利益。”在对是否属于合理使用的认定中，应当注意满足“三步检验标准”，避免过度侵害著作权人的利益。

二、依据《信息网络传播权保护条例》第七条的有关规定，图书馆为陈列或者保存版本需要以数字化形式复制的作品时，必须要满足一定条件，首先应当满足“在市场上无法购买或者只能以明显高于标定的价格购买”条件，如果可以直接获得，则不能满足合理使用；其次应当属于两种情况之一，即“已经损毁或者濒临损毁、丢失或者失窃”以及“存储格式已经过时”。其中对于损毁的标准，可以从以下两个方面予以考察：一是纸质文献的物理状态是否影响图书馆向公众提供正常借阅服务，二是纸质文献的物理状态是否影响到图书馆以数字化或其他方式进行复制。

法律规定

《中华人民共和国著作权法》（2010 年修正）	《中华人民共和国著作权法》（2020 年修正）
第二十二条第一款第八项 在下列情况下使用作品，可以不经著作权人许可，不向其支付报酬，但应当指明作者姓名、作品名称，并且不得侵犯著作权人依据本法享有的其他权利： （八）图书馆、档案馆、纪念馆、博物馆、美术馆等为陈列或者保存版本的需要，复制本馆收藏的作品；	**第二十四条第一款第八项** 在下列情况下使用作品，可以不经著作权人许可，不向其支付报酬，但应当指明作者姓名或者名称、作品名称，并且不得影响该作品的正常使用，也不得不合理地损害著作权人的合法权益： （八）图书馆、档案馆、纪念馆、博物馆、美术馆、文化馆等为陈列或者保存版本的需要，复制本馆收藏的作品；

《中华人民共和国著作权法实施条例》（2013 年修订）

第二十一条 依照著作权法有关规定，使用可以不经著作权人许可的已经发表的作品的，不得影响该作品的正常使用，也不得不合理地损害著作权人的合法利益。

《信息网络传播权保护条例》（2013 年修订）

第七条 图书馆、档案馆、纪念馆、博物馆、美术馆等可以不经著作权人许可，通过信息网络向本馆馆舍内服务对象提供本馆收藏的合法出版的数字作品和依法为陈列或者保存版本的需要以数字化形式复制的作品，不向其支付报酬，但不得直接或者间接获得经济利益。当事人另有约定的除外。

前款规定的为陈列或者保存版本需要以数字化形式复制的作品，应当是已经损毁或者濒临损毁、丢失或者失窃，或者其存储格式已经过时，并且在市场上无法购买或者只能以明显高于标定的价格购买的作品。

本案链接

北京三某向版权代理有限公司与国某图书馆二审民事判决书【（2019）京 73 民终 3388 号】

《著作权法》第五十九条规定，计算机软件、信息网络传播权的保护办法由国务院另行规定。《信息网络传播权保护条例》即属于上述由国务院另行规定的信息网络传播权的保护办法。其中，该条例第七条第一款规定，“图书馆、档案馆、纪念馆、博物馆、美术馆等可以不经著作权人许可，通过信息网络向本馆馆舍内服务对象提供本馆收藏的合法出版的数字作品和依法为陈列或者保存版本的需要以数字化形式复制的作品，不向其支付报酬，但不得直接或者间接获得经济利益。当事人另有约定的除外。”同时对于“为陈列或者保存版本的需要以数字化形式复制”的理解，该条第二款规定，“前款规定的为陈列或者保存版本需要以数字化形式复制的作品，应当是已经损毁或者濒临损毁、丢失或者失窃，或者其存储格式已经过时，并且在市场上无法购买或者只能以明显高于标定的价格购买的作品。”据此，图书馆等特定主体以数字化形式复制作品并在馆舍内进行信息网络传播是否构成合理使用，应当适用《信息网络传播权保护条例》第七条的具体规定。本案一审法院未适用该条规定评价被诉侵权行为是否构成合理使用，属于适用法律错误。本案中，双方当事人对涉案图书属于馆藏图书，涉案图书在市场上无法购买或者只能以明显高于标定的价格购买一节，并无异议。此外，涉案图书亦不存在丢失或者失窃，或者其存储格式已经过时的情形。因此，判断国某图书馆以数字化形式复制涉案图书并通过馆内局域网向公众提供全文阅读是否构成合理使用，关键在认定涉案图书是否构成“已经损毁或者濒临损毁”的情形。本院认为，依据现有证据无法认定国某图书馆以数字化形式复制涉案图书时，涉案图书已构成《信息网络传播权保护条例》第七条第二款中的“已经损毁或濒临损毁”情形。具体理由如下：从立法目的看，对图书馆的相关行为适用合理使用制度，其要旨在于保障图书馆有效留存和传承文化资源，保障公众借阅权利的行使。适用合理使用制度是公共利益考量下对私权限制的结果，对该制度使用条件的解释不能脱离制度目的，需有效平衡著作权人个人利益和社会公共利益，既要合理保障社会公共利益，也不能过度侵蚀著作权人个人利益。国某图书馆出于履行其国家总书库的职责，以陈列、保存版本为目的，可以在满足法定条件下，以数字化形式复制纸质图书等文献材料。相关文献“已经损毁或濒临损毁”属于必须满足的法定条件之一，在理解该条件时，不应泛化，不能认为任何纸质文献出现或可能出现任何程度的破损，即满足了该条件。根据普通人一般经验常识，在入馆收藏后的纸质文献，随着时间的推移，在保存、利用过程中难免出现纸张老化情形。如果采纳该标准，意味着馆藏文献通常入馆收藏达到一定年限就可能符合“已经损毁”情形。如将此认定为“已经损毁”，则尚未到达损毁程度的“濒临损毁”将难以合理划定。据此，判断纸质文献是否构成“已经损毁或濒临损毁”情形，可以从以下两方面，一是纸质文献的物理状态是否影响图书馆向公众提供正常借阅服务，二是纸质文献的物理状态是否影响到图书馆以数字化或其他方式进行复制。如果纸质文献出现较多缺页、脱页等情况，又无法通过简单修复方式修复，从而难以正常向公众提供借阅服务，则此种情况下进行复制以保障公众借阅权利，可以认定为“已经损毁或濒临损毁”。如果纸质文献纸张机械强度明显减低，如不及时进行复制，则在可预计的一定期间后将难以对其进行复制，无法留存版本，亦可认定为“已经损毁或濒临损毁”。结合在案证据可知，涉案图书的物理状态既未达到难以正常向公众提供借阅服务的程度，也不属于不及时进行复制，则在可预计的一定期间后将难以对其进行复制，无法留存版本的情形。据此，国某图书馆将涉案图书以数字化方式复制并通过馆内局域网向公众提供，不构成合理使用。对于侵害三某向公司就涉案图书享有的复制权、信息网络传播权一节，国某图书馆应当承担侵权责任。一审法院认定国某图书馆上述行为符合法律规定，并不侵犯三某向公司享有的著作权，认定有误，本院予以纠正。

延伸阅读

裁判规则一：图书馆通过信息网络传播作品的行为构成合理使用时，其传播对象应为本馆馆舍内服务对象。

案例一：上海音某出版社有限公司、上海文某音像电子出版社有限公司等与广州联某电子科技有限公司侵害作品信息网络传播权纠纷一审民事判决书【（2020）粤0192民初36898号】

《信息网络传播权保护条例》第七条规定，图书馆、档案馆、纪念馆、博物馆、美术馆等可以不经著作权人许可，通过信息网络向本馆馆舍内服务对象提供本馆收藏的合法出版的数字作品和依法为陈列或者保存版本的需要以数字化形式复制的作品，不向其支付报酬，但不得直接或者间接获得经济利益。当事人另有约定的除外。前款规定的为陈列或者保存版本需要以数字化形式复制的作品，应当是已经损毁或者濒临损毁、丢失或者失窃，或者其存储格式已经过时，并且在市场上无法购买或者只能以明显高于标定的价格购买的作品。该条规定将图书馆通过信息网络传播的合理使用行为进行了以下限制：1. 传播的对象为本馆馆舍内服务对象；2. 提供的内容为合法出版的数字作品，以及符合特定条件的为陈列或者保存版本的需要以数字化形式复制的作品。对于何为数字作品，《信息网络传播权保护条例》未作定义，现行法律法规也没有相关界定。根据光盘的性质，光盘是利用激光原理进行读、写的设备，是迅速发展的一种辅助存储器，可以存放各种文字、声音、图形、图像和动画等多媒体数字信息。本院认为，涉案随书光盘中的音频制品为多媒体数字信息，并被合法出版，属于图书馆合理使用范畴中能够提供的内容。至于图书馆委托被告在"云某网"上对随书光盘进行展示并提供下载服务的行为，是否超出了其馆舍内服务对象的范围，本院分析如下：《公共图书馆法》第二条规定，本法所称公共图书馆，是指向社会公众免费开放，收集、整理、保存文献信息并提供查询、借阅及相关服务，开展社会教育的公共文化设施。前款规定的文献信息包括图书报刊、音像制品、缩微制品、数字资源等。由此可见，无论是音像制品，还是数字资源，都与图书报刊一样，可以被查询和借阅，并且未被要求限制在图书馆馆舍内。因此，为有效提升服务效能，在采取相应技术控制措施下，图书馆应当可以要求社会公众在依法进行实名注册并获取如电子借阅证等凭证后，通过互联网数字平台在线借阅馆藏数字资源。但是图书馆提供的这种线上服务只能是浏览和阅读，而不应当包含下载。下载本质上属于复制，并非为借阅这一行为所涵括，而且，相关数字资源一旦被下载，则图书馆无法控制其传播范围，不能限定在其服务对象范围内。综上，本院认定图书馆委托被告提供随书光盘的下载服务超出了其馆舍内服务对象的范围。

裁判规则二：在图书馆为陈列或者保存版本的需要而复制作品的合理使用情形中，"复制本馆收藏的作品"中"复制"一词应当包括数字化形式的复制。

案例二：北京三某向版权代理有限公司与国某图书馆二审民事判决书【（2019）京73民终3388号】

依照《著作权法》第二十二条[①]第八项规定，图书馆、档案馆、纪念馆、博物馆、美术馆等为陈列或者保存版本的需要，复制本馆收藏的作品，属于合理使用的具体情形。关于复制的理解，根据《著作权法》（2010年）第十条第一款第（五）项对于复制权的界定，复制包括以印刷、复印、拓印、录音、录像、翻录、翻拍等将作品制作成一份或多份的多种方式。上述具体复制方式的列举系开放式的，而非仅限于上述有限的特定方式。纸质图书的数字化，是指采用高分辨率数字扫描和色彩校正、信息压缩等数字化技术，将纸质图书替换成计算机能识别的二进制系列图像。通过上述数字化形式的复制同样达到了再现作品的效果，

① 编者按：《著作权法》（2020年修正）第24条。

因此数字化形式的复制亦属于复制权的控制范围。与之相对应，在法律未作特别规定予以排除的情况下，合理使用制度中的涉及复制这一作品使用方式，亦应包括数字化形式的复制。据此，三某向公司关于《著作权法》第二十二条①第八项规定“复制”不包括数字化形式的复制的主张，不能成立。

042 图解电影侵权了吗?

☞ 阅读提示

如今，随着人们生活节奏的加快，许多自媒体平台通过剪辑与解说对影视类作品进行整理与二次创作，满足了网友们快速阅读与观看的需求，然而，这背后的版权问题也让人担忧。“某某电影”App 和“某某电影”网站，为一款在线图文电影解说平台，其宣传“十分钟品味一部好电影”，并通过将影视作品制作成网络图片集的方式，在自己的平台上向广大网友传播，笔者选取了全国首例图解电影侵权案，与大家一同分析。

裁判要旨

提供涉案图片集的行为构成提供作品的行为，图片集中附加的文字部分是否构成再创作与图片侵权与否无关。提供图片集的行为不属于合理使用。

案情简介

一、优某网络公司享有涉案剧集《三×××××桃花》的独家信息网络传播权和维权权利。在授权期内，优某网络公司发现“某某电影”App 和“某某电影”网站未经许可提供了名为《三×××××桃花作品 01》的图片集，共包含图片 382 张，均截取自涉案剧集第一集，图片内容基本涵盖第一集视频内容的主要画面和全部情节。优某网络公司认为侵害了自己的信息网络传播权。

二、被告蜀某科技公司辩称，自己仅为信息存储空间，图片属合理引用，并

---

① 编者按：《著作权法》（2020 年修正）第 24 条。

且“某某电影”是图片和文字结合的再创作，核心在文字本身。

三、2019 年 8 月 6 日，一审法院认定蜀某科技公司实施了对涉案剧集的信息网络传播行为，已侵犯优某网络公司对涉案剧集享有的信息网络传播权，且不属于合理使用，被告蜀某科技公司向原告优某网络公司赔偿经济损失 3 万元。

四、蜀某科技公司向北京知识产权法院提出上诉，法院于 2020 年 5 月 11 日作出二审判决，认定蜀某科技公司的涉案行为已侵犯优某网络公司对涉案剧集享有的信息网络传播权，其应当承担赔偿损失的法律责任。驳回上诉，维持原判。

核心裁判要旨

本案的争议焦点：一、将他人类电作品进行截图制作图片集的行为是否属于提供该类电作品的行为。二、被告是否直接实施了提供作品的行为，或仅提供信息存储空间服务。三、图解电影行为是否构成合理使用。

首先，判断蜀某科技公司是否存在提供作品的行为，关键还是在于考察涉案图片集是否使用了涉案剧集具有独创性的表达。本案中，通过比对，“某某电影”图片集过滤了涉案剧集的音效内容，截取了涉案剧集中的 382 幅画面，法院认为其截取的画面并非进入公有领域的创作元素，而为涉案剧集中具有独创性表达的部分内容。因此，提供涉案图片集的行为构成提供作品的行为。被控侵权行为通过网络在线方式，使公众可以在其个人选定时间和地点获得涉案图片集，该行为落入涉案剧集信息网络传播权的控制范围。

其次，蜀某科技公司主张其仅提供信息存储空间服务，涉案剧集为网络用户上传，应该承担相应的举证责任。但其提供的证据显示的网络用户名为网络昵称，并非用户真实姓名；注册邮箱也不确定为实名账户注册；手机 IMEI 号仅是手机序列编号，可用于识别移动设备，但不能据此锁定设备使用者。因此，蜀某科技公司提供的证据不足以证明涉案图片集为真实用户所上传，应承担举证不利的后果。

最后，涉案图片集中是否构成新的作品与本案侵权是否成立无关。本案涉案图片集几乎全部为原有剧集已有表达，虽被告抗辩称属合理引用，但合理引用的判断标准并非取决于引用比例，而应取决于介绍、评论或者说明的合理需要。本案中，涉案图片集目的并非介绍或评论，而是迎合用户在短时间内获悉剧情、主要画面内容的需求，故不属于合理引用。

诉讼经验总结

自媒体平台应加强版权意识，重视版权及侵权风险，应当在取得著作权人许可之后再发布相关的解说类或剪辑视频。在未取得著作权人许可的情形下，恪守合理使用制度规则。首先，在进行影评类作品创作时，使用作品的行为不要超出适当引用的范围；其次，不影响原作品的正常使用，避免使用原作品的行为对原作品产生了替代作用；最后，不存在不合理地损害著作权人合法权益的情形。

法律规定

《中华人民共和国著作权法》（2010 年修正）	《中华人民共和国著作权法》（2020 年修正）
第十条第一款第十二项 著作权包括下列人身权和财产权： （十二）信息网络传播权，即以有线或者无线方式向公众提供作品，使公众可以在其个人选定的时间和地点获得作品的权利；	**第十条第一款第十二项** 著作权包括下列人身权和财产权： （十二）信息网络传播权，即以有线或者无线方式向公众提供，使公众可以在其选定的时间和地点获得作品的权利；
第十五条 电影作品和以类似摄制电影的方法创作的作品的著作权由制片者享有，但编剧、导演、摄影、作词、作曲等作者享有署名权，并有权按照与制片者签订的合同获得报酬。 电影作品和以类似摄制电影的方法创作的作品中的剧本、音乐等可以单独使用的作品的作者有权单独行使其著作权。	**第十七条** 视听作品中的电影作品、电视剧作品的著作权由制作者享有，但编剧、导演、摄影、作词、作曲等作者享有署名权，并有权按照与制作者签订的合同获得报酬。 前款规定以外的视听作品的著作权归属由当事人约定；没有约定或者约定不明确的，由制作者享有，但作者享有署名权和获得报酬的权利。 视听作品中的剧本、音乐等可以单独使用的作品的作者有权单独行使其著作权。

《中华人民共和国著作权法实施条例》（2013 年修订）

第二十一条 依照著作权法有关规定，使用可以不经著作权人许可的已经发表的作品的，不得影响该作品的正常使用，也不得不合理地损害著作权人的合法利益。

《信息网络传播权保护条例》（2013 年修订）

第二十二条 网络服务提供者为服务对象提供信息存储空间，供服务对象通过信息网络向公众提供作品、表演、录音录像制品，并具备下列条件的，不承担赔偿责任：

（一）明确标示该信息存储空间是为服务对象所提供，并公开网络服务提供者的名称、联系人、网络地址；

（二）未改变服务对象所提供的作品、表演、录音录像制品；

（三）不知道也没有合理的理由应当知道服务对象提供的作品、表演、录音录像制品侵权；

（四）未从服务对象提供作品、表演、录音录像制品中直接获得经济利益；

（五）在接到权利人的通知书后，根据本条例规定删除权利人认为侵权的作品、表演、录音录像制品。

《最高人民法院关于审理侵害信息网络传播权民事纠纷案件适用法律若干问题的规定》（法释〔2012〕20号 2012年12月17日发布）	《最高人民法院关于审理侵害信息网络传播权民事纠纷案件适用法律若干问题的规定》（法释〔2020〕19号 2020年修正）
第三条第二款 通过上传到网络服务器、设置共享文件或者利用文件分享软件等方式，将作品、表演、录音录像制品置于信息网络中，使公众能够在个人选定的时间和地点以下载、浏览或者其他方式获得的，人民法院应当认定其实施了前款规定的提供行为。	（在2020年的修正中并未修改）
第六条 原告有初步证据证明网络服务提供者提供了相关作品、表演、录音录像制品，但网络服务提供者能够证明其仅提供网络服务，且无过错的，人民法院不应认定为构成侵权。	（在2020年的修正中并未修改）

本案链接

深圳市蜀某科技有限公司与优某网络技术（北京）有限公司著作权权属、侵权纠纷上诉案【（2020）京73民终187号】

蜀某科技公司主张将涉案剧集进行截图制作图片集的行为不属于提供该类电作品的行为，没有侵犯优某网络公司享有的信息网络传播权，对影视作品的保护不能直接延及到影视作品的截图。对此，本院认为，涉案剧集是连续动态的影视画面，而涉案图片集是静态图片，虽然两者表现形式不同，但并不意味着改变了类电作品的形态就不存在提供作品的行为。且根据现有制作技术，流动画面的类电作品的实质，是静止画面的集合和连续播放，类电作品中一帧帧的画面亦应是该作品的组成部分。因此，判断蜀某科技公司是否存在提供作品的行为，关键还是在于考察涉案图片集是否使用了涉案剧集具有独创性的表达。本案中，涉案图片集截取了涉案剧集中的382幅画面，系涉案剧集中具有独创性表达的内容，构成提供作品的行为，且通过网络在线方式，使公众可以在其个人选定时间和地点获得涉案图片集，一审法院依据现有证据认定，蜀某科技公司实施了对涉案剧集的信息网络传播行为，已侵犯优某网络公司对涉案剧集享有的信息网络传播权，认定正确，本院对此予以确认。另，蜀某科技公司主张涉案图片集核心在于文字对视频内容的诠释，本身构成新的具有独创性表达的作品。对此，本院认为，涉案图片集中是否构成新的作品与本案侵权是否成立无关，故本院对蜀某科技公司的该项上诉意见不予采信。蜀某科技公司还主张涉案图片集属于为介绍、评论某一作品或者说明某一问题，在作品中适当引用他人已经发表的作品之情形，侵权行为不成立。对此，本院认为，《著作权法实施条例》第二十一条规定了合理使用的构成要件，蜀某科技公司提供涉案图片集的行为已超过适当引用的必要限度，亦非出于评论性引用的目的，公众可通过浏览图片集快捷地获悉涉案剧集的关键画面、主要情节，已经影响涉案剧集的正常使用，损害权利人的合法权益，不属于合理使用。

延伸阅读

裁判规则一：网站使用电视剧截图、海报，可以构成合理使用。

案例一：《某某医生》海报、剧照、截图著作权侵权纠纷案【（2017）京0105民初10028号】

在涉案剧照、海报均未显示署名，乐某花儿公司亦未提交相关作品的底稿、原件、取得权利的合同等任何著作权证明的情况下，不能仅凭乐某花儿公司系影视作品著作权人的身份，当然推定其为该影视作品剧照、海报的著作权人。影视作品截图作为从连续动态画面中截取出来的静态画面，不是与影视作品相独立的摄影作品。乐某花儿公司作为涉案电视剧的著作权人，有权对该作品的截图主张权利。网络用户实施的涉案信息网络传播行为虽然未经著作权人许可，但鉴于其并未与作品的正常利用相冲突，也没有不合理地损害著作权人的合法利益，本案中乐某花儿公司也未举证证明涉案行为给其造成了经济损失。因此，该行为属于对乐某花儿公司作品的合理使用，并未构成对乐某花儿公司信息网络传播权的侵犯。鉴于网络用户上传截图的行为并不侵权，豆某公司也不构成侵权。

裁判规则二：电视剧画面截图可以符合著作权法关于作品要件的规定，属于摄影作品。未经许可在其网店中展示著作权人享有著作权的剧照、剧中截图等摄影作品，侵犯了著作权人享有的信息网络传播权。

案例二：广州雪某贸易有限公司、新某电视文化投资有限公司侵害作品信息网络传播权纠纷二审民事判决书【（2018）粤73民终2169号】

首先，电视剧作为一种以类似摄制电影的方法创作的作品，其独创性固然体现在动态图像上，但动态图像在本质上是由逐帧静态图像构成，也就是说，各帧静态图像虽不是静态拍摄完成，但也体现出摄录者对构图、光线等创作要素的选择与安排，当其特定帧图像所体现出的独创性达到著作权法所要求的高度时，该图像便符合著作权法及其实施条例中关于作品和摄影作品构成要件的规定，构成摄影作品。其次，著作权法通过对特定类型作品提供有限度的保护以实现其立法目的，为此，著作权法在赋予权利的同时又会对权利进行限制。但限制权利只是手段，并非目的，在缺乏合理理由的前提下，对符合法定要件的作品不应当拒绝保护。就本案所涉以类似摄制电影方法创作的作品中符合法定要件的特定帧静态图像而言，以摄影作品对其加以保护，不会为权利人带来超出其创造性劳动价值之外的保护，也不会给社会公众添加额外的负担，或损及他人及社会公共利益。再次，《著作权法》第十五条虽然规定电影作品和以类似摄制电影的方法创作的作品的著作权由制片者完整享有，但并未排除制片者对以类似摄制电影方法创作的作品中所包含的其他作品享有著作权的可能性。也就是说，制片者同时对以类似摄制电影方法创作的作品以及该作品中可析出的其他作品享有著作权并不违反现行著作权法的规定。综上，涉案电视剧特定帧画面达到了著作权法所要求的独创性高度，符合著作权法关于作品要件的规定，属于摄影作品。雪某公司作为商品销售者，在其网店页面展示被诉侵权图片的目的不在于展示图片本身，而在于利用这些图片介绍自身所销售产品，达到宣传效果，增加交易机会，这与通常情形下对作品的传播行为在目的上存在区别。但著作权法对信息网络传播行为的界定并无目的性限制，无论是出于直接传播作品的目的，还是借作品实现其他目的，只要符合著作权法所规定的要件，均属信息网络传播行为。本案中，雪某公司未经许可在其网店中展示了新某电视公司享有著作权的剧照、剧中截图等摄影作品，属于通过信息网络向公众提供该作品，使得公众可以在其个人选定的时间与地点自由浏览各该作品，侵犯了新某电视公司享有的信息网络传播权。

043 动物仿真模型能否产生独创性进而构成美术作品？

☞ 阅读提示

针对动物的仿真模型，往往追求更加贴近动物真实造型，希望达到栩栩如生的效果。对于自然界中生物的独特造型，虽然由于个体的独特性具有各种各样的差异，但是对于同种生物而言，其存在共同的特征，这种共同特征属于客观事实，任何人都无法对于这种共性化的造型主张著作权。但是这是否意味着所有动物仿真模型都因此无法取得著作权呢？笔者将通过案例予以讨论。

裁判要旨

涉案作品的仿真性主要体现在动物模型的头部整体比例、骨骼走向、皮肤或皮毛的形态以及眼睛、鼻子、嘴巴等器官的设置上均遵循自然界中动物的自身形态，但涉案作品还融入了创作者自己的独创性、艺术性设计，主要体现在皮肤的纹路走向、面部的肌肉分布、眼睛的形状和位置、牙齿的形态和排列以及由该等元素共同表现出的表情设计等。该等设计包含着创作者的个性化选择、判断、布局等创造性劳动，使涉案作品具有了独特的艺术美感，并有别于自然界中的动物的原始形态，符合我国著作权法有关作品独创性的要求，应当受到著作权法的保护。

案情简介

一、原告新某纳科教玩具有限公司系本案中请求保护的霸王龙、鳄鱼、三角龙、白虎、海豚共五个美术作品的著作权人，其于2018年7月9日在国家版权局登记取得《作品登记证书》，载明作品名称为玩具模型（动物手偶），作品类别为美术作品，作者和著作权人为新某纳公司，创作完成时间为2016年10月1日。诉讼中新某纳公司明确其请求保护的涉案作品为立体作品。

二、公证表明截至2019年4月19日，被告蔡某在其开设的淘宝店铺“新某玩具乐园”中出售被诉侵权的“霸王龙手套”“海豚手套”“鳄鱼手套”和“三角龙手套”，手套上的动物造型经认定，与新某纳公司主张权利作品造型构成实质性相似，汕头市澄海区模某世家玩具厂为上述商品的生产厂家。

三、新某纳公司向一审法院起诉，请求判令模某世家玩具厂、蔡某：1. 立即停止生产、销售侵犯新某纳公司著作权的商品，并销毁所有库存侵权产品；2. 向新某纳公司赔偿经济损失及合理费用共 20 万元；3. 承担本案的诉讼费用。模某世家玩具厂提交了澳洲淡水鳄、湾鳄、宽吻海豚、孟加拉虎、白虎、霸王龙、三角龙等动物的照片或 3D 复原图片以期望证明涉案作品不具有独创性。

四、2020 年 12 月 14 日，二审法院在判决中认为：对模型外观的设计包含着创作者的个性化选择、判断、布局等创造性劳动，使涉案作品具有了独特的艺术美感，并有别于自然界中的动物的原始形态，符合我国著作权法有关作品独创性的要求，应当受到著作权法的保护。模某世家玩具厂侵害了相关涉案作品的著作权。

核心裁判要旨

本案的争议焦点在于涉案的动物仿真模型是否具有独创性进而构成美术作品。依据我国著作权法有关规定，法律意义上的作品需要满足一定条件，其中本案所涉及的条件为作品是否具有独创性。如果作品属于客观事实，不存在创造空间，那么应当认为其属于公有领域的表达，因而无法受到著作权法保护。

具体而言，本案中的动物仿真模型系对自然界中存在的动物进行模仿，虽然同种动物具有共性的造型特点，比如三角龙的特点在于头部角的数量以及位置，抑或是鳄鱼本身四肢的比例以及身上的鳞甲，这些特征属于动物在自然演化下形成的特定外表，因此属于公有领域，任何人无法对这种共性特征主张权利。但是同种生物之间也并非一模一样，而具有各自的特征，这就为动物仿真模型带来了创作空间。此时越贴近真实或复原动物形态的模型，其受制于动物自身造型的约束就越多，其所具有的创作空间就越小，但是至少在细节处留下了可以主张独创性的余地，比如对于三角龙头部角长度、相对位置、弯曲程度等选择，可以使模型表现出不同的气质，进而体现创作者不同的思想感情。此时，对于这种异化特征因为其具有独创性，自然可以成为著作权法意义上的美术作品。因此，尽管涉案作品不能将其仿造的动物共性化造型设计纳入其独创性范围，但是仍可以在细节设置上享有独创性，在这些细节设置上获得著作权法的保护。

诉讼经验总结

一、对动物仿真模型的制作，越贴近真实或复原动物形态的模型，其受制于动物自身造型的约束就越多，其所具有的创作空间就越小；反之，越偏离真实或复原动物形态的模型，其受制于动物自身造型的约束就越少，其所具有的创作空间就越大。

二、对于著作权法意义上的作品认定，应当进行具体分析，对于单纯反映事实的作品无法获得著作权法保护，虽然仿真模型的创作通常在追求贴近客观事实，但是也会留下一定的创作空间，对于这种独创性表达的使用可能构成侵权。

法律规定

《中华人民共和国著作权法》（2010 年修正）	《中华人民共和国著作权法》（2020 年修正）
第三条第四项 本法所称的作品，包括以下列形式创作的文学、艺术和自然科学、社会科学、工程技术等作品： （四）美术、建筑作品；	**第三条第四项** 本法所称的作品，是指文学、艺术和科学领域内具有独创性并能以一定形式表现的智力成果，包括： （四）美术、建筑作品；

《中华人民共和国著作权法实施条例》（2013 年修订）

第四条第八项 著作权法和本条例中下列作品的含义：

（八）美术作品，是指绘画、书法、雕塑等以线条、色彩或者其他方式构成的有审美意义的平面或者立体的造型艺术作品；

本案链接

汕头市澄海区模某世家玩具厂、汕头市新某纳科教玩具有限公司著作权权属、侵权纠纷二审民事判决书【（2020）粤民终 1285 号】

涉案作品要获得著作权法保护，必须满足作品的构成要件，即必须具有独创性。从新某纳公司提交的《作品登记证书》附图可见，新某纳公司在本案中请求保护的涉案作品为五款动物头部的仿真模型。其中有三款为现实中的动物模型，分别为宽吻海豚、白虎、鳄鱼，另外两款为恐龙的复原模型，分别为暴龙和三角龙。无论是仍存活在地球上的动物还是已经灭绝的恐龙，它们均是自然界存在的物种，它们基于生物进化而具有的独特造型属于公有领域范畴，不能纳入著作权法的保护范围。但是，如果以这些动物为创作对象而进行有区别性的独创性设计，则可能获得著作权法的保护。这意味着，对动物仿真模型的制作，越贴近真实或复原动物形态的模型，其受制于动物自身造型的约束就越多，其所具有的创作空间就越小；反之，越偏离真实或复原动物形态的模型，其受制于动物自身造型的约束就越少，其所具有的创作空间就越大。将涉案的五款动物头部仿真模型与现实中的动物造型或复原的恐龙造型进行比对，特别是与模某世家玩具厂提交的动物图片进行比对，涉案作品均具有较高的仿真性。这体现在动物仿真模型的头部整体比例形态、骨骼走向、皮肤皮毛样态、眼睛、牙齿、鼻子、嘴巴器官的设置上均要遵循特定动物自身的外形设定要求。但是同一物种的动物既保留了该物种独有的造型特征，也具有在保留这一物种造型共性之下的差异化特征。具体到涉案作品所指向的动物仿真模型，尽管其独创性空间不能涵盖特定物种的共性化造型设计，但是却可以在该共性化造型的细节上发挥独创性设计，比如皮肤的纹路走向、牙齿的造型颗数排列、模型颜色的选择搭配等。模某世家玩具厂虽然提交了对应动物或恐龙造型的图片，但是它们与涉案作品在细节上仍存在差异，不能据此否定涉案作品不具有独创性。因此，尽管涉案作品不能将其仿造的动物共性化造型设计纳入其独创性范围，但是仍可以在细节设置上享有独创性，在这些细节设置上获得著作权法的保护。《最高人民法院关于审理著作权民事纠纷案件适用法律若干问题的解释》（2002 年）第七条规定："当事人提供的涉及著作权的底稿、原件、合法出版物、著作权登记证书、认证机构出具的证明、取得权利的合同等，可以作为证据。在作品或者制品上署名的自然人、法人或者其他组织视为著作权、与著作权有关权益的权利人，但有相反证明的除外。"涉案作品的《作品登记证书》上载明著作权人为新某纳公司，据此，在无相反证据情况下，一审法院确定新某纳公司为涉案作品的著作权人，并无不当，新某纳公司对涉案作品享有的著作权受法律保护。

延伸阅读

裁判规则一：立体拼图模型的刀线图案设计、模块形状确定、图案色彩搭配、拼接顺序布设和立体造型衔接等无不依托于创作主题和创作者的整体构思，凝结了创作者的智慧和劳动，其行为属一种独立的创作行为，因而具有独创性。

案例一：武汉经某玩具礼品有限公司诉吕某樱等侵犯美术作品著作权纠纷一审民事判决书【（2007）武知初字第 90 号】

美术作品《角龙、剑龙》属立体拼图模型，由文字说明、美术图案和刀线图案三个部分组成。文字说明是对传说中的该种动物及其拼图的提示，其创作对象虽然来源于公有领域，但对这种古老传说的动物形象的文字概括凝结了创作者的智慧和劳动，具有独创性。美术图案是以线条、图案、色彩为表现方法，对传说中的动物龙的形象进行刻画，展现龙的形状、形象，从而让人对该创作对象有一个直观感觉，该美术图案也凝结了创作者的智慧和辛劳，符合《著作权法实施条例》第四条“文字作品，是指小说、诗词、散文、论文等以文字形式表现的作品。美术作品是指绘画、书法、雕塑等以线条、色彩或者其它方式构成的有审美意义的平面或者立体的造型艺术作品”这一规定，分别属于文字作品和美术作品，因而具有独创性。刀线图案是涉案美术作品的关键部分，它由带有不同图案的刀线模版构成。刀线是创作者借以表现创作主题的一种创作工具，如同绘画作品中的笔一样，以这种方式勾画出创作主题的动物形象，以不同色彩进行渲染。刀线图案固定在拼接模板上，以阿拉伯数字标注拼接顺序，是创作者依托其主题构思，按不同场景分解后沿布景外沿线切割，形成刀线线条、图案、色彩为表现方式的美术图案。按照图案所指示的拼接顺序，拼接完成后形成角龙、剑龙的立体造型。刀线图案设计、模块形状确定、图案色彩搭配、拼接顺序布设和立体造型衔接等无不依托于创作主题和创作者的整体构思，凝结了创作者的智慧和劳动，其行为属一种独立的创作行为，因而具有独创性。诉讼中，被告吕某樱、楼某俊虽然提交了广州四某玩具公司关于木制模型的宣传画册，但没有提交其玩具实物及模型拼接方法等资料，无法判断该模型玩具与本案模型玩具是否具有可比性，故两被告辩称“早在十年前，广州四某玩具公司就已开发此类玩具产品”理由的证据不足。神话传说和童话故事是作品所要表达的创作对象之一，而作品的独创性来源于创作者对表达对象的表达方法和表现方式，同一创作对象可以有不同的表达方式和表现方法，创作对象即使相同，但表达方式、表现手法不同，则属不同的作品。因此，两被告提出的“原告的作品要么模仿现实生活中的实物原型，要么来自公共领域广为人知的童话故事，没有独创性”的理由也不能成立。

裁判规则二：实用艺术品要作为美术作品受著作权法保护，除需满足关于作品的一般构成要件及美术作品的特殊构成条件外，还应满足实用性与艺术性可以相互分离的条件，以及满足具有较高美感，至少使一般公众将其视为艺术品的要件。

案例二：雅某·埃某西有限公司、广东卡某尔酒业有限公司侵害作品复制权纠纷、侵害作品发行权纠纷、侵害作品信息网络传播权纠纷二审民事判决书【（2019）粤民终1665号】

关于涉案“Par××××瓶子”是否构成受我国著作权法保护的美术作品的问题。诚如一审法院所述，涉案“Par××××瓶子”系一实用艺术品，兼具实用性与艺术性。由于实用功能属于思想范畴不应受著作权法保护，作为实用艺术作品受到保护的仅仅在于其艺术性。因此，实用艺术品要作为美术作品受著作权法保护，除需满足关于作品的一般构成要件及美术作品的特殊构成条件外，还应满足实用性与艺术性可以相互分离的条件，以及满足具有较高美感，至少使一般公众将其视为艺术品的要件。所谓实用性与艺术性可以相互分离，是指具备实用功能的实用性与体现艺术美感的艺术性在物理上或观念上可相互分离。本案中，涉案“Par××××瓶子”系埃某西公司委托设计师阿涅斯·帝某里所独创的以线条、色彩等方式构成的造型艺术作品。其整体呈扁葫芦形，瓶身两侧各有一条上窄下宽的带状棱边设计，瓶盖上部有一倒圆锥台形，中上部的凹环设计与瓶身的弧形设计相互呼应，整体造型简洁典雅，线条圆润流畅。如果对该瓶子的扁葫芦形状、带状棱边、瓶盖凹环等处设计进行改动，并不会影响该酒瓶子储存酒液的实用功能，因此，涉案“Par××××瓶子”符合实用性与艺术性在观念上可相互分离的要件。此外，从整体艺术效果来看，如前所述，涉案“Par××××瓶子”相关形状、线条设计相互呼应，呈现了作者的选择、设计、布局等创造性劳动，整体造型简洁、典雅、优美，具备美术作品的艺术创作高度，富有欣赏价值，可以使一般公众将之视为艺术品。综上所述，涉案“Par××××瓶子”构成受我国著作权法保护的美术作品。

044 著作权法合法来源抗辩的成立要件有哪些？

☞ 阅读提示

在我国著作权法、商标法和专利法的领域内都规定了合法来源抗辩，在著作权法的领域内，对于销售者能否主张其销售的侵权产品存在合法来源，从而成立不侵权抗辩，需要通过对相关要件予以认定，这涉及对于复制品的发行者等主体、对象的界定。具体在司法裁判中，满足哪些要件可以成立合法来源要件呢？笔者将通过案例予以研究。

裁判要旨

从著作权法律规定及法律理论层面，均无经营者提供了“合法来源”即对著作权侵权行为免责的具体规定和理论。故本案中经营者侵权商品从网络店铺购得，对于案涉侵权来源的淘宝店铺资质、授权、商品价格等的审查，均是推断行为人主观心态为善意的相应证据，而并非提供了明确“来源”或“合法来源”即免除赔偿责任。

案情简介

一、2017 年 10 月 16 日，原告万某儿童文化发展有限公司经著作权人授权，取得在中国境内独占许可使用美术作品《呱某》、《海底某某某标识》、《皮某某》、《巴克某某》的权利，授权范围包括复制权、放映权、展览权、信息网络传播权等，授权时间自 2017 年 10 月 16 日至 2053 年 1 月 31 日止，万某公司有权以自己名义维权。

二、证据表明截至 2019 年 11 月 2 日，被告鞍山四隆广场喜某来面包花园烘焙店所出售蛋糕中，有部分蛋糕上使用了《皮某某》、《巴克某某》等卡通形象装饰，并且喜某来烘焙店认可封存实物为其装饰在涉案蛋糕上的卡通形象，涉案被控侵权产品系喜某来烘焙店从淘宝店铺“金龙烘培某某大世界”和“某某烘焙”处购得。

三、一审法院于 2020 年 8 月 5 日受理万某公司的诉讼请求如下：1. 喜某来烘焙店立即停止侵犯万某公司作品著作权的行为；2. 喜某来烘焙店赔偿万某公司经济损失 5 万元（包含万某公司调查取证、制止侵权、聘请律师所支出的合理费用）；3. 喜某来烘焙店承担本案诉讼费用。

四、2020 年 12 月 14 日，一审法院在判决中认为：因喜某来烘焙店提交的现有证据可以证明其销售蛋糕所附的被诉侵权产品具有合法来源，故其赔偿责任可以免除。

五、2021 年 6 月 10 日，二审法院在判决中认为：被告行为难以认定为法律意义上的“不知情”和善意，故一审法院在比对案涉作品和案涉侵权产品后，认定了案涉侵权产品构成对万某公司著作权的侵害，却援引非著作权法律规定之事由认定行为人喜某来烘焙店免责，缺乏法律依据，依法予以纠正。喜某来烘焙店构成对万某公司著作权的侵犯，应依法承担相应责任。

核心裁判要旨

本案的争议焦点在于喜某来烘焙店能否成立合法来源抗辩。具体而言，《著作权法》（2010 年修正）第五十三条①规定："复制品的出版者、制作者不能证明其出版、制作有合法授权的，复制品的发行者或者电影作品或者以类似摄制电影的方法创作的作品、计算机软件、录音录像制品的复制品的出租者不能证明其发行、出租的复制品有合法来源的，应当承担法律责任。"

首先，本案中，喜某来烘焙店可能构成的身份为复制品的发行者，此处涉及对于法条中发行者的理解，依据《著作权法》所规定的发行权，是指"以出售或者赠与方式向公众提供作品的原件或者复制件的权利"，可知，基于法律的一致性，本案中喜某来烘焙店将装饰品放置在蛋糕上出售的行为，是在购买装饰后再次销售，因此也应当认定其为复制品的发行者。

其次，喜某来烘焙店主张其在淘宝店铺购买时，其向出售者询问是否取得授权，并得到了肯定答复，因此构成合法来源。对于合法来源的认定，《著作权法》并未明确规定如何认定，有观点认为对于合法来源的认定不仅要证明侵权产品系合法取得，同时还应当尽到必要注意义务。在本案中法院采取了这样的观点，认为在淘宝店铺商家未出示相应授权凭证的情况下，喜某来烘焙店未对淘宝店铺商家出售商品的资质、产品价格、产品侵权可能性等问题做出必要考量和审查，难以认定其尽到了必要注意义务。

此外，在最新修订的《著作权法》中，除了在第五十九条第一款中将类电作品修改为视听作品之外，还另行增加了过错推定的制度，即要求被诉侵权人举证证明已经得到许可，更充分有效地保护著作权人的利益，相比于第一款而言扩大了举证责任倒置的主体范围。

诉讼经验总结

一、著作权领域内的合法来源抗辩，目前主流的意见认为，构成合法来源的前提，应当满足主观要件的考察，即尽到必要注意义务，对于明显的三无产品，或价格远低于正常价值的商品，除非有相反证据证明，否则合法来源的抗辩不能成立。

---

① 编者按：《著作权法》（2020 年修正）第 59 条。

二、对于《著作权法》第五十三条[①]所规定的复制品的发行者，应当是包括销售者在内的以销售或赠与方式向公众提供作品复制件的各类主体，对于本案中这样二次销售的主体，也应当认定为复制品的发行者。采取这种解释方式，也与专利法、商标法领域中的合法来源抗辩规定相一致。

法律规定

《中华人民共和国著作权法》（2010年修正）	《中华人民共和国著作权法》（2020年修正）
第五十三条 复制品的出版者、制作者不能证明其出版、制作有合法授权的，复制品的发行者或者电影作品或者以类似摄制电影的方法创作的作品、计算机软件、录音录像制品的复制品的出租者不能证明其发行、出租的复制品有合法来源的，应当承担法律责任。	**第五十九条** 复制品的出版者、制作者不能证明其出版、制作有合法授权的，复制品的发行者或者视听作品、计算机软件、录音录像制品的复制品的出租者不能证明其发行、出租的复制品有合法来源的，应当承担法律责任。 在诉讼程序中，被诉侵权人主张其不承担侵权责任的，应当提供证据证明已经取得权利人的许可，或者具有本法规定的不经权利人许可而可以使用的情形。
《最高人民法院关于审理著作权民事纠纷案件适用法律若干问题的解释》（法释〔2002〕31号 2002年10月12日发布）	**《最高人民法院关于审理著作权民事纠纷案件适用法律若干问题的解释》（法释〔2020〕19号 2020年修正）**
第十九条 出版者、制作者应当对其出版、制作有合法授权承担举证责任，发行者、出租者应当对其发行或者出租的复制品有合法来源承担举证责任。举证不能的，依据著作权法第四十七条[②]、第四十八条[③]的相应规定承担法律责任。	（在2020年的修正中并未修改）

本案链接

万某儿童文化发展有限公司、鞍山四隆广场喜某来面包花园烘焙店著作权权属、侵权纠纷二审民事判决书【（2021）辽民终511号】

---

① 编者按：《著作权法》（2020年修正）第59条。
② 编者按：《著作权法》（2020年修正）第52条。
③ 编者按：《著作权法》（2020年修正）第53条。

根据《著作权法》（2010 年修正）第十条、第二十二条[1]、第二十三条[2]、第四十七条[3]、第四十八条[4]之规定，无合理使用和法定许可使用事由，擅自使用或向公众提供作品或作品的复制品，应承担相应责任。如侵权行为人对于其行为尽到了合理注意义务，则不符合著作权侵权行为的主观要件，即不应被认定构成侵权。从著作权法律规定及法律理论层面，均无经营者提供“合法来源”，即对著作权侵权行为免责的具体规定和理论。故本案中经营者侵权商品从网络店铺购得，对于案涉侵权来源的淘宝店铺资质、授权、商品价格等的审查，均是推断行为人主观心态为善意的相应证据，而并非提供了明确“来源”或“合法来源”即免除赔偿责任。本案现有证据下，结合万某公司享有著作权作品的知名度，相关享有著作权正版商品的出售价格，比对喜某来烘焙店在淘宝店铺以低廉价格购得侵权产品并与蛋糕类食品结合进行销售之事实，即使喜某来烘焙店在淘宝网店购买涉案侵权商品时询问过版权问题，在淘宝店铺商家未出示相应授权凭证的情况下，也不能证明喜某来烘焙店对淘宝店铺商家出售商品的资质、产品价格、产品侵权可能性等问题做了必要考量和审查，作为食品加工和生产经营者，难以认定为法律意义上的“不知情”和善意，故一审法院在比对案涉作品和案涉侵权产品后，认定了案涉侵权产品构成对万某公司著作权权利的侵害，却援引非著作权法律规定之事由认定行为人喜某来烘焙店免责，缺乏法律依据，本院依法予以纠正。喜某来烘焙店构成对万某公司著作权的侵犯，应依法承担相应责任。

延伸阅读

裁判规则一：著作权法合法来源的成立，应当满足主观状态上的“善意”。

案例一：广东咏某动漫股份有限公司、义乌市珂某电子商务有限公司、厦门佰某辰投资管理有限公司侵害作品复制权、发行权、信息网络传播权纠纷一审民事判决书【（2018）浙 0782 民初 4996 号】

浙江省义乌市人民法院经审理认为，原告系“猪某侠”系列美术作品的著作权人，被诉侵权产品上使用的图案与涉案美术作品构成实质性相似，属于侵权产品。本案侵权产品来源于被告珂某公司，其未经原告许可销售侵权产品，侵犯

---

① 编者按：《著作权法》（2020 年修正）第 24 条。
② 编者按：《著作权法》（2020 年修正）第 25 条。
③ 编者按：《著作权法》（2020 年修正）第 52 条。
④ 编者按：《著作权法》（2020 年修正）第 53 条。

了涉案美术作品的发行权，应当承担相应的法律责任。被告佰某辰公司虽然提供了侵权产品来源于被告珂某公司的证据，但涉案美术作品系知名美术作品，其网店产品链接上明确标注了“猪某侠”，且向被告珂某公司购买该侵权产品的价格畸低，不构成著作权法上的合法来源抗辩，仍应承担损害赔偿责任。据此，判决被告珂某公司、被告佰某辰公司各赔偿原告咏某公司经济损失4500元（含合理开支）。

裁判规则二：能够证明具有合法来源的发行者应当停止侵权，但不承担赔偿损失的法律责任。

案例二：傅某与吉林音某出版社有限责任公司、无锡当某网信息技术有限公司著作权权属、侵权纠纷一审民事判决书【（2015）新知民初字第0016号】

被控侵权作品由作为正规出版社的吉林音某出版社公司出版，有明确的书号，并由拥有出版物经营许可证等相应资质的煊某公司向无锡当某网公司提供，因此无锡当某网公司已尽必要的审查义务，可以认定无锡当某网公司所销售的被控侵权图书有合法来源，尽到了合理注意的义务，因此无锡当某网公司无需承担赔偿责任，但无锡当某网公司应停止销售涉案侵权的吉林音某出版社公司版《某某家书》图书。故对于傅某要求无锡当某网公司连带赔偿其制止侵权所支付的合理开支的诉讼请求，本院不予支持。

045 历史题材作品实质性对比中如何排除公有领域内容？

☞ 阅读提示

历史题材的作品在我国文化领域内占有相当大的比例，针对同一历史题材往往存在若干形式相同的作品，由于历史的相对确定性，因此针对同一阶段历史所创作的作品，不可避免地存在大量相似内容，但这并不意味着所有作品都是一样的，不具有独创性。在创作过程中，作者仍然存在一定的创作空间，因此对于以同一史实为基础创作的作品，在实质性对比中应当对公有领域的内容予以排除，然后对其他内容进行实质性对比。那么在排除公有领域内容时应当遵循什么样的标准呢？笔者将通过案例予以研究。

裁判要旨

对史实的使用，表现为对史实进行有针对性的选择、归纳，并进行独立地分析、思考、研究、总结，结合自己的认识重新构建历史情况，从而形成了独创性的表达。这些表达虽然与史实有关，但却不是史实本身，而是被使用的史实与作者的创作融为一体产生的具有独创性的作品，不应视为公有领域素材予以排除。

案情简介

一、原告晓某系《土某某史》（简称《土》）一书主编，该书中载明，主编为晓某，2008 年 9 月第一次出版，晓某完成了第七章第一、二、三节，并对书稿进行了统稿和修改。该书完成后于内蒙古教某出版社出版发行。被告张某龙所著的《阿某某某与土某某》（简称《阿》）一书于 2016 年 3 月由×××出版社出版，并在某东公司平台及其他实体书店销售。

二、晓某向一审法院提出诉讼请求：1. 判令张某龙、×××出版社、某东公司、圆某公司立即停止对侵权作品《阿》的出版和发行，立即对已经出版、发行和销售的《阿》作收回处理；2. 分别在《×××日报》、《××××日报》、×××新闻网、正某方网上就《阿》抄袭、剽窃《土》的事实向晓某公开赔礼道歉；3. 就侵权行为向晓某承担经济损失 118500 元和精神损害抚慰金 10000 元；4. 支付晓某为制止侵权行为所产生的合理开支 110000 元；5. 张某龙、×××出版社、某东公司、圆某公司共同承担本案全部诉讼费。张某龙主张即便存在相同的地方，晓某主张权利的部分均来源于史料或者众所周知的事实，不能为其垄断使用，故对晓某使用了公有领域素材的部分亦应予以排除。

三、2020 年 9 月 28 日，二审法院在判决中认为：《土》书对史实的使用，表现为对史实进行有针对性的选择、归纳，并进行独立的分析、思考、研究、总结，结合自己的认识重新构建历史情况，从而形成了独创性的表达，这些表达虽然与史实有关，但却不是史实本身，而是被使用的史实与作者的创作融为一体产生的具有独创性的作品，不应视为公有领域素材予以排除，因此由于《阿》被控侵权部分所使用表达与《土》中晓某主张权利部分构成实质性相似，所以张某龙的行为构成侵权，一审法院有关认定并无不当，二审法院予以确认。

核心裁判要旨

本案的争议焦点在于涉案权利作品主张权利部分是否为公有领域内容而应当在实质性比对中予以排除。历史题材的作品不可避免地需要使用史实和一些历史文献，对于这些元素的使用如果被直接纳入著作权，是对公有领域元素的侵占。因为对于根据相同历史题材创作作品中的题材主线、史实脉络，通常是被认定为思想范畴，基于思想表达二分法，这一部分并不能受到著作权法保护。但是这并不意味历史题材不存在创作空间，针对同一段史实，选择不同切入点，聚焦不同人物，或是在具体的情节设计、人物关系等都存在可供作者选择的创作空间。

具体到本案中，《土》书的叙事中，使用了明代蒙古土默特部落、万户历史状况，以及阿勒坦汗祖孙四代的情况等史实，对这些史实的使用，表现为对史实进行有针对性的选择、归纳，并进行独立的分析、思考、研究、总结，结合自己的认识重新构建历史情况，从而形成了独创性的表达。此时如果将这种体现作者独创性劳动的表达归入公有领域，不利于鼓励历史题材作品的创作。这些表达虽然与史实有关，但却不是史实本身，而是被使用的史实与作者的创作融为一体产生的具有独创性的作品，不应视为公有领域素材予以排除。同时由于此时虽然史实是固定的，但是并非仅存在有限表达，反而存在一定的创作空间，因此不能适用混同原则而将此类作品的表达排除在著作权法保护范围。

诉讼经验总结

一、对于历史题材作品，应当合理确定其保护范围，基于历史创作的独创性标准应当较高，对于题材主线、史实脉络等，不能纳入著作权的保护范围。

二、对于历史文献，当对浩瀚无边的史料进行选择和提炼，用以论证和描述某一主题而与其他内容形成不可分割、具有独创性的表达之时，就不应当将历史文献部分与其他内容割裂出来不予保护，否则将不当缩小历史记叙类作品的保护范围，进而不利于鼓励此类题材的创作，反而限制历史研究的进行和研究成果的转换。

法律规定

《中华人民共和国著作权法》 （2010 年修正）	《中华人民共和国著作权法》 （2020 年修正）
第十一条 著作权属于作者，本法另有规定的除外。 创作作品的公民是作者。 由法人或者其他组织主持，代表法人或者其他组织意志创作，并由法人或者其他组织承担责任的作品，法人或者其他组织视为作者。 如无相反证明，在作品上署名的公民、法人或者其他组织为作者。	**第十一条** 著作权属于作者，本法另有规定的除外。 创作作品的自然人是作者。 由法人或者非法人组织主持，代表法人或者非法人组织意志创作，并由法人或者非法人组织承担责任的作品，法人或者非法人组织视为作者。 **第十二条** 在作品上署名的自然人、法人或者非法人组织为作者，且该作品上存在相应权利，但有相反证明的除外。 作者等著作权人可以向国家著作权主管部门认定的登记机构办理作品登记。 与著作权有关的权利参照适用前两款规定。
《最高人民法院关于审理著作权民事纠纷案件适用法律若干问题的解释》（法释〔2002〕31 号 2002 年 10 月 12 日发布）	**《最高人民法院关于审理著作权民事纠纷案件适用法律若干问题的解释》（法释〔2020〕19 号 2020 年修正）**
第十五条 由不同作者就同一题材创作的作品，作品的表达系独立完成并且有创作性的，应当认定作者各自享有独立著作权。	（在 2020 年的修正中并未修改）

本案链接

×××出版社等与晓某著作权权属、侵权纠纷二审民事判决书【（2019）京 73 民终 2607 号】

《最高人民法院关于审理著作权民事纠纷案件适用法律若干问题的解释》第十五条规定："由不同作者就同一题材创作的作品，作品的表达系独立完成并且有创作性的，应当认定作者各自享有独立著作权。"不同作者就同一题材特别是历史记叙类题材创作的作品，不可避免地会使用到客观史实和引用历史文献，常常会发生某些内容和表达雷同的情形。张某龙主张晓某作品的内容有两部分不能进行保护，其一为历史史实，其二为引用的历史文献。

一审法院认为，基于著作权法鼓励创作和平衡社会利益的权能，无论是历史史实还是引用的历史文献，均不能为任何人所垄断。然而，对于历史史实，当对某一历史史实进行叙述，形成具有个性化的独创性表达之时，就不应将该部分表达拒之于著作权法保护范围之外。对于历史文献，当对浩瀚无边的史料进行选择和提炼，用以论证和描述某一主题而与其他内容形成不可分割、具有独创性的表达之时，就不应当将历史文献部分与其他内容割裂出来不予保护，否则将不当缩小历史记叙类作品的保护范围，进而不利于鼓励此类题材的创作，反而限制历史研究的进行和研究成果的转换。

二审法院认为：对史料进行有意的选择、裁剪、提炼，并加以归纳、分析，以此为论据证明己方论点的内容，可以形成独创性表达。本案中，《土》《阿》二书均为历史学相关作品，二者对史料的引用构成其内容的相当大部分。《土》书的叙事中，使用了明代蒙古土默特部落、万户历史状况，以及阿勒坦汗祖孙四代的情况等史实，对这些史实的使用，表现为对史实进行有针对性的选择、归纳，并进行独立的分析、思考、研究、总结，结合自己的认识重新构建历史情况，从而形成了独创性的表达。这些表达虽然与史实有关，但却不是史实本身，而是被使用的史实与作者的创作融为一体产生的具有独创性的作品，不应视为公有领域素材予以排除。综上，对于张某龙的此项上诉意见，本院不予采信。

延伸阅读

裁判规则一：以历史人物及相关史实为素材的创作并不意味着由此形成的表达不存在独创性，而不受著作权法的保护。

案例一：陈某诉傅某、北京新某互联信息服务有限公司侵害著作权纠纷二审民事判决书【（2018）京 73 民终 232 号】

在一般情况下，著作权法只保护作者对主题、思想、情感的表达或表现，而不保护作品的主题、思想、情感等。文章结构具有高度概括性，应属作品的“思想”范畴；语言风格亦是作品中的抽象性要素，二者均不属于著作权法保护的“表达”。另外，“万文”系以万贵妃这一特定历史人物为对象创作的评述性文学作品，其中的人物、事件都以史实为基础，因此，在对以同一历史人物为对象创作的被诉侵权文是否构成相同或实质性相似进行认定时，应把万贵妃及其人物关系、人物之间的矛盾表现、历史事件及其发生顺序等对公有领域素材的引用排除。但以历史人物及相关史实为素材的创作并不意味着由此形成的表达均不受著作权法的保护，不意味着就该历史人物及相关史实进行创作而形成的独创性表达也是公有资源，此种独创性表达应属著作权法意义上的作品，受著作权法保护。此外，即使是以相同题材为创作对象，不同的作者对作品的主题的表达一般也不可能出现雷同，“万文”系对万贵妃历史评价的反驳，对该主题形成的表达与以往同类作品完全不同，故其系陈某结合自身创作而形成的独创性表达，应受著作权法保护。陈某另主张的“万文”中其他具体细节的表达，通常系体现作品独创性的部分，亦应落入著作权法保护的范围。从文章整体、核心表达、具体细节表达、错误之处综合来看，被诉侵权文仅对“万文”在表达顺序上进行了个别调整，对部分内容进行增删或拆分，这些改变对文章主要表达均未产生实质性影响，在被诉侵权文对“万文”的使用并非合理使用或适度借鉴的情形下，被诉侵权文与“万文”构成实质性相似。

裁判规则二：根据同一历史题材创作的作品中的题材主线、整体线索脉络是社会共同财富，属于思想范畴，不能为个别人垄断，任何人都有权对此类题材加以利用并创作作品。

案例二：指导案例81号：张某燕诉雷某和、赵某、山东爱某人音像图书有限公司著作权侵权纠纷再审民事裁定书【（2013）民申字第1049号】

关于张某燕提出“雷剧”与“张剧”题材主线相同的主张，因“雷剧”与《骑某某某走天涯》都通过紧扣“英雄末路、骑兵绝唱”这一主题和情境描述了“最后的骑兵”在撤编前后发生的故事，可以认定“雷剧”题材主线及整体线索脉络来自《骑某某某走天涯》。“张剧”“雷剧”以及《骑某某某走天涯》《天某茫》四部作品均系以二十世纪八十年代中期精简整编中骑兵部队撤（缩）编为主线展开的军旅历史题材作品，是社会的共同财富，不能为个别人所垄断，故四部作品的作者都有权以自己的方式对此类题材加以利用并创作作品。因此，即便“雷剧”与“张剧”题材主线存在一定的相似性，因题材主线不受著作权法保护，且“雷剧”的题材主线系来自最早发表的《骑某某某走天涯》，不能认定“雷剧”抄袭自“张剧”。关于张某燕提出“雷剧”与“张剧”人物设置与人物关系相同、相似的主张，鉴于前述四部作品均系以特定历史时期骑兵部队撤（缩）编为主线展开的军旅题材作品，除了《骑某某某走天涯》受短篇小说篇幅的限制，没有三角恋爱关系或军民关系外，其他三部作品中都包含三角恋爱关系、官兵上下关系、军民关系等人物设置和人物关系，这样的表现方式属于军旅题材作品不可避免地采取的必要场景，因表达方式有限，不受著作权法保护。

046 如何认定传记类作品"适当引用"的合理边界？

☞ **阅读提示**

合理使用的判定是著作权侵权纠纷中的常见难题，在传记类作品中合理使用的判定又呈现出一定的特殊性。传记类作品是指以特定人物的真实事迹、贡献、成就等为撰写基础的作品类型，在所记人物为作家的情形下，此类作品不可避免地出现该人物的代表作。在此情形下，若传记作品中所引用的人物作品未获得著作权人许可，是否构成著作权侵权，是否可以构成合理使用呢？本文将对上述问题进行分析和探讨。

裁判要旨

以介绍、鉴赏或评论为目的，全文引用作者具有代表性的个别诗作的，属于合理使用的范畴。如超出介绍、评论作者及其诗作创作特点的必要和限度，对作者的诗作产生替代作用，一定程度上影响作者其他合法出版物的市场价值的，则不构成合理使用。

案情简介

一、原告李某英、汪某任诉称：汪某真系中国当代著名诗人，是中国现代诗歌文学界的代表人物，其先后创作了《某生命》《某想》《某不够快乐》等众多脍炙人口的诗歌作品。汪某真于2015年4月26日去世，原告李某英系汪某真的母亲，原告汪某任系汪某真的儿子，是汪某真去世时仅有的两名第一顺位继承人。原告李某英主张其基于汪某真生前所立遗嘱继承了汪某真对于涉案权利作品享有的著作权，原告汪某任主张基于法定继承继承了汪某真对于涉案权利作品享有的著作权。

二、原告主张被告彭某未经其许可，以营利为目的，在其创作的《某真》一书附录一中使用了《某生命》等59首涉案作品，在该书附录二中使用了《某运城》等4首涉案作品，且对部分作品擅自进行了篡改，侵害了权利人对于涉案权利作品享有的复制权、发行权及保护作品完整权，应承担相应的侵权责任；被告某出版社作为出版机构，未尽到合理注意义务，与被告彭某构成共同侵权，亦应承担相应侵权责任。故提出诉讼请求：（1）判令被告彭某销毁《某真》手稿；（2）判令被告某出版社收回已经发售的中国国某图书馆等17家图书馆馆藏43本《某真》图书并立即销毁；（3）判令二被告在《某广电报》上消除影响，赔礼道歉，登报时间合计10天；（4）判令二被告赔偿损失50万元及合理支出人民币12.7833万元（包括律师费10万元、公证费及检索费23985元、诉讼材料复印费592元及购买涉案侵权图书费用3256元）；（5）诉讼费用由二被告承担。

三、2018年12月26日，一审法院判决被告彭某在其创作的被控侵权图书附录一、附录二中使用涉案权利作品，侵犯了原告享有的复制权和发行权，应当承担停止侵权、赔偿损失等侵权民事责任。被告不服提起上诉，2019年7月1日，二审法院判决驳回上诉，维持原判。

核心裁判要旨

本案的焦点问题在于：一、《某真》中的涉案63首汪某真诗作是否构成合理使用；二、某出版社是否尽到了合理的注意义务；三、若构成侵权，则某出版社应承担何种民事责任。

其一，关于《某真》中的涉案63首汪某真诗作是否构成合理使用的问题。未经他人许可，为介绍、评论他人某一已经发表的作品，在自己的作品中适当引用该作品，是我国著作权法规定的一种“合理使用”情形。确认是否属于“适当引用”，需要考虑该种引用的目的、被引用作品的性质、被引用作品的数量及占作者整体作品的实质程度、引用行为对被引用作品潜在市场和价值的影响等因素。二审法院根据一审法院和该院查明的事实，《某真》一书旨在通过介绍汪某真生平使读者对诗人有更为全面的了解，而通常情况下，在介绍诗人时，不免需要提及其所创作的诗歌。法院认为，以介绍、鉴赏或评论为目的，全文引用诗人具有代表性的个别诗作，属于合理使用的范畴，如《某真》一书前半部分中在介绍汪某真生平时引用了其《某着活》《某喜欢出发》《某雪情思》等作品，对此，李某英、汪某任亦未提起侵权主张。而《某真》附录一虽然对读者了解汪某真的作品有所帮助，但其作为全书的一个独立部分，存在与否并不影响读者对《某真》前半部分的阅读理解，也不影响《某真》前半部分作为独立作品的完整性；即便附录一是《某真》一书不可分割的部分、对读者了解汪某真的创作特点有所助益，引用59首全诗的方式也已超出了介绍、评论诗人及其创作特点的必要，尤其是这59首汪某真诗作包含了汪某真的多首经典作品，将对汪某真诗作产生替代作用。

其二，关于某出版社是否尽到了合理的注意义务的问题。出版者对其出版行为的授权、稿件来源和署名、所编辑出版物的内容应尽合理注意义务。本案中，某出版社上诉主张其对《某真》一书的审查已尽到合理的注意义务，对此，法院不予认可，理由如下：首先，某出版社主张其已与李某英约定出版《汪某真诗文全集》，可见某出版社对汪某真作品及其著作权人的状况是知晓的，完全有条件在出版《某真》一书前向汪某真作品著作权人核实其中使用到的汪某真诗作是否经过授权。其次，某出版社主张其已与彭某签订了《图书出版合同》，且该合同中约定了彭某保证其著作权无瑕疵的条款，即使该书侵犯他人著作权，也应依据合同由彭某承担责任。法院认为，合同效力只及于合同各方，不得以此对抗善意第三人，某出版社可以另行向彭某主张权利，但合同的签订不代表其已对于图书的著作权情况尽到了法定审查义务。再次，根据一审法院和二审法院查明的事实，某出版社对《某真》一书进行过选题申报、发稿、审读、复审等审查，但主要是针对作品内容、作者背景、错别字等方面的审查；选题申报表和发稿单中并未明确提及附录一、二，也没有明确指出其中涉及多首汪某真完整作品，甚至没有设置著作权审查栏目；审读意见和复审意见提到了书中包含评析汪某真作品的内容，但没有提到相关著作权核实情况。综上，现有证据不足以证明某出版社对其出版的《某真》中未经许可使用63首汪某真诗作尽到合理的注意义务，某出版社的相关上诉理由缺乏事实和法律依据，法院不予支持。

其三，关于出版社应当承担的民事责任的问题。二审法院认为，本案中某出版社未经许可，出版的《某真》一书中使用了李某英等享有著作权的63首汪某真诗作，由于未尽到合理的注意义务，主观上存在过错，一审法院判决其应当与彭某共同承担侵权责任，符合法律规定，法院予以维持。此外，赔礼道歉和消除影响均为侵害著作权的民事责任承担方式，一审法院结合本案侵害保护作品完整权的具体情况及李某英的要求，判决某出版社和彭某共同承担赔礼道歉和消除影响的法律责任，并无不当。最后，一审法院在综合考虑涉案作品的知名度、市场价值、侵权方式、印刷册数、图书标价、主观过错等因素后，酌情确定了14万元的经济损失赔偿金额，二审法院予以维持。

需要指出的是，2020年我国对《著作权法》做出了修订，将第二十四条修改为："在下列情况下使用作品，可以不经著作权人许可，不向其支付报酬，但应当指明作者姓名或者名称、作品名称，并且不得影响该作品的正常使用，也不得不合理地损害著作权人的合法权益：（二）为介绍、评论某一作品或者说明某一问题，在作品中适当引用他人已经发表的作品……"而在案件裁判时，适用的是2010年《著作权法》，当时的法律对合理使用的规定是："可以不经著作权人许可，不向其支付报酬，但应当指明作者姓名、作品名称，并且不得侵犯著作权人依照本法享有的其他权利"。可见，在2010年《著作权法》中并未确立"不得影响该作品的正常使用，也不得不合理地损害著作权人的合法权益"的裁判规则，尽管如此，这一规则的合理性和实用性已经在司法实践中广受认可，也被著作权法实施条例吸纳，本案中也正确地适用了该规则，契合了2020年《著作权法》的新规定。

诉讼经验总结

一、著作权法鼓励新作品的创作，但是创作不能以牺牲他人合法权益为代价。某出版社主张《某真》附录一中不仅有汪某真的诗作，还有彭某创作的文字作品，且后者占比更大。对此法院认为，一方面，附录一中包含彭某创作的文字作品并不影响其大量引用汪某真诗作的行为的性质；另一方面，诗歌作品本身具有短小精炼的形式特点，不能仅从诗作占附录字数比例来判断引用是否合理，即便评论、赏析文字数十倍、甚至百倍于附录一的涉案59首诗作，也不是大量、完整使用涉案作品的合理理由。

二、在合理使用的判定中，可以考虑"市场替代"因素。本案中某出版社上诉主张其已与李某英约定出版《汪某真诗文全集》，故《某真》的出版发行不会对汪某真作品在市场上形成竞争。对此法院则认为，《汪某真诗文全集》与《某真》内容虽然并非完全一致，但是后者附录一、二包含了汪某真的63首完整诗作，其中不乏经典诗作。对这63首诗作的完整使用，必然会增强《某真》一书的丰富性和欣赏性，同时客观上阻碍了这63首诗作著作权人独立行使著作权并获得报酬的权利。对于读者而言，《某真》也在一定程度上成为其他汪某真合法出版物的替代选择，其内容、售价、宣传、发行等因素或多或少将对其他汪某真作品的价值产生影响。

三、出版者在未经权利人许可的情况下，将权利人作品予以出版，构成对权利人复制权和发行权的侵权，应当承担停止侵权、返还其侵权所得利润的法律责任。出版者有过错的，包括对其出版行为的授权、稿件来源和署名、所编辑出版物的内容未尽到合理注意义务的，应当根据其过错、侵权程度及损害后果等承担民事赔偿责任。

四、保护诗歌作品完整的标准在一定程度上较其他文学作品更高。诗歌相较于其他文学作品，其特点就在于通过精炼的文字和意象传达作者的情感与意旨，一字一词都体现了诗人的审美选择和文学修养，他人对原作或多或少的改动都可能致使诗作不能准确表达诗人原本的创作精神，甚至在一些作品中存在“差之毫厘，谬以千里”的情形。

法律规定

《中华人民共和国著作权法》（2010 年修正）	《中华人民共和国著作权法》（2020 年修正）
第二十二条第一款第二项 在下列情况下使用作品，可以不经著作权人许可，不向其支付报酬，但应当指明作者姓名、作品名称，并且不得侵犯著作权人依照本法享有的其他权利： （二）为介绍、评论某一作品或者说明某一问题，在作品中适当引用他人已经发表的作品；	**第二十四条第一款第二项** 在下列情况下使用作品，可以不经著作权人许可，不向其支付报酬，但应当指明作者姓名或者名称、作品名称，并且不得影响该作品的正常使用，也不得不合理地损害著作权人的合法权益： （二）为介绍、评论某一作品或者说明某一问题，在作品中适当引用他人已经发表的作品；
第十条第一款第四项 著作权包括下列人身权和财产权： （四）保护作品完整权，即保护作品不受歪曲、篡改的权利；	（在 2020 年的修正中并未修改）

《中华人民共和国著作权法实施条例》（2013 年修订）

第二十一条 依照著作权法有关规定，使用可以不经著作权人许可的已经发表的作品的，不得影响该作品的正常使用，也不得不合理地损害著作权人的合法利益。

本案链接

某出版社等与汪某任等著作权权属、侵权纠纷二审民事判决书【（2019）京73 民终 1263 号】

通常情况下，作品中以介绍、鉴赏或评论为目的，全文引用诗人具有代表性的个别诗作，属于合理使用的范畴，如《某真》一书前半部分中在介绍汪某真生平时引用了其《某着活》《某喜欢出发》《某雪情思》等作品。而《某真》附录一虽然对读者了解汪某真的作品有所帮助，但其作为全书的一个独立部分，存在与否并不影响读者对《某真》前半部分的阅读理解，也不影响《某真》前半部分作为独立作品的完整性；并且，附录一引用59首全诗的方式，也已超出了介绍、评论诗人及其创作特点的必要。至于附录二诗人年谱中引用的4首汪某真完整诗作，并非年谱介绍、评论的对象，亦非上下文叙述的必要基础，故不具有引用的必要性。附录一和附录二完整使用了汪某真63首诗作，其中不乏汪某真的经典诗作，必然会增强《某真》一书的丰富性和欣赏性，同时客观上阻碍了这63首诗作著作权人独立行使著作权并获得报酬的权利，在一定程度上成为其他汪某真合法出版物的替代选择。综上，《某真》附录一、二中引用涉案63首汪某真诗作缺乏必要性和适当性，不属于合理使用。

延伸阅读

裁判规则一：我国《著作权法》所规定合理使用中的适当引用，其目的限于为介绍、评论某一作品或者说明某一问题。若实质性地改变原告作品原本要表达的思想、情感，则构成对保护作品完整权的侵犯。

案例一：北京某月星空网络技术有限公司、天津某山文化传播有限公司与某海美术电影制片厂有限公司等著作权权属、侵权纠纷二审民事判决书【（2019）沪73民终391号】

上诉人还主张，《某篇》中通过滑稽手段，引用《葫某兄弟》部分剧情，是为了评论、讽刺、批评《葫某兄弟》中不合理的情节或中心思想，属于合理使用他人作品的行为。法院认为，著作权法第二十二条①第一款第二项的规定的合理使用，其目的限于为介绍、评论某一作品或者说明某一问题。通观《某篇》，无法得出结论认为作者创作《某篇》的目的是为了介绍、评论《葫某兄弟》或者说明某一问题。上诉人关于合理使用《葫某兄弟》部分内容的主张，法院不予支持。鉴于《某篇》在人物性格、故事结局等方面与《葫某兄弟》存在差别，一审法院认定《某篇》系基于《葫某兄弟》改编的作品，某月星空公司侵害了美影厂公司改编权，具有事实和法律依据，法院对此认同。《著作权法》第十条第四项规定，保护作品完整权，即保护作品不受歪曲、篡改的权利。对作品

① 编者按：《著作权法》（2020年修正）第24条。

的修改实质性地改变了作者在作品中原本要表达的思想、情感，导致作者声誉受到损害，即是对保护作品完整权的侵犯。《某篇》系基于《葫某兄弟》改编而成的作品，但其改编行为已经实质性地改变了《葫某兄弟》原本要表达的思想、情感。《葫某兄弟》动画片中的主角某兄弟机智、勇敢、善良、正直，最终战胜反派蛇精。而《某篇》中的福某娃骄傲自大，最终七兄弟合体成的福某小金刚却与蛇精在一起。上诉人主张，从观众的评论看，《某篇》并未导致《葫某兄弟》作者声誉受损。法院认为，并非所有观众对原作品产生不良印象才能认定作者声誉受损。只要导致公众对原作品的评价降低，即可认定为作者的声誉受损。

裁判规则二：合理引用的判断标准并非取决于引用比例，而应取决于介绍、评论或者说明的合理需要。

案例二：深圳市某黍科技有限公司与优某网络技术（北京）有限公司著作权权属、侵权纠纷上诉案【（2020）京73民终187号】

某黍科技公司抗辩称，涉案图片集核心创作部分是文字，需要有对应图片配合作对应陈述，且300多张图仅能播放几秒钟，按照引用程度来说，属合理引用。《著作权法》第二十二条规定了12种合理使用的情形，其中包括，为介绍、评论某一作品或者说明某一问题，在作品中适当引用他人已经发表的作品。《著作权法实施条例》第二十一条规定，依照著作权法有关规定，使用可以不经著作权人许可的已经发表的作品的，不得影响该作品的正常使用，也不得不合理地损害著作权人的合法利益。上述条款规定了合理使用的构成要件。对于某黍科技公司的上述抗辩意见，一审法院作出如下论述：第一，是否属于适当引用的问题。影评类作品往往需不可避免地介绍影视剧作品本身，并再现影视剧作品部分画面，以进行有针对性的评述。但本案中，涉案图片集几乎全部为原有剧集已有的表达，或者说，虽改变了表现形式，但具体表达内容并未发生实质性变化，远远超出以评论为目的适当引用必要性的限度。

047 公共场所陈列艺术品的合理使用界限在哪里？

☞ 阅读提示

公共场所放置或陈列的艺术品因其处于公共场所，公众在进行拍摄、临摹等行为时，不可避免地会将其纳入其制作成果中，如果赋予著作权人对此类行为的过度的控制能力，将会不合理地侵犯公众的行为自由，因此《著作权法》（2010 年修正）中规定了有关室外陈列艺术品的合理使用，在新著作权法修正中进一步删除了“室外”这一限制，从而将室内公共场所也纳入在合理使用范围内。对设置或者陈列在公共场所的艺术作品进行临摹、绘画、摄影、录像行为，可以不经过著作权人同意，但是对于临摹、绘画等得到的成果，是否可以进行营利性的使用？笔者将通过案例予以研究。

裁判要旨

涉案“非某某擾”属于平面美术作品，华某兄弟公司为宣传目的，将印有涉案“非某某擾”的海报悬挂于室外公用场所，属于设置或者陈列在室外公共场所的艺术作品。著作权人对平面美术作品正常使用的方式相对单一，即自行或授权他人复制作品、在原作品基础上创作演绎作品再加以商业利用。如果认为只要一幅平面美术作品被置于公共场所，他人就可以在拍摄、绘画或临摹之后随意进行商业性使用，势必会严重影响美术作品著作权人对他人发放许可，并威胁到其收入来源，会构成与美术作品正常使用方式的冲突和影响著作权人的合法利益。

案情简介

一、2016 年 1 月 16 日，冯某刚、石某鹰与原告华某兄弟传媒股份有限公司签订《协议书》，称“电影《非某某扰》宣传发行中所使用的宣传海报（包括对电影标题的美术字形设计）的全部著作权归华某兄弟公司所有”，因此华某兄弟公司成为涉案作品“非某某擾”的著作权人。虽然“非某某擾”的图案是作为电影宣传海报的组成部分，但四个经特殊处理的汉字从电影海报单独拿出来看，亦能体现出设计者的独创性，并可单独使用，因此构成美术作品。

二、被告金某于2009年2月16日，向商标局申请注册“非某某擾”商标，2010年9月7日，该商标经商标局核准注册，注册有效期至2020年9月6日，该商标核定使用的服务类别为第45类，包括交友服务、婚姻介绍所等。金某欢作为永嘉县非某某扰婚姻介绍所（普通合伙）合伙人，将其注册商标许可给非某某扰婚介所使用，在其网站上多处使用了“非某某擾婚恋交友”字样，与金某的“非某某擾”注册商标稍有不同，此外在部分位置也直接使用了该注册商标。

三、华某兄弟公司向一审法院起诉，请求法院判决：1. 金某、非某某扰婚介所赔偿华某兄弟公司经济损失100万元；2. 金某、非某某扰婚介所赔偿华某兄弟公司维权合理费用31010元；3. 金某、非某某扰婚介所在非某某扰婚恋交友网站上向华某兄弟公司赔礼道歉。金某、非某某扰婚介所辩称，涉案电影海报属于室外陈列艺术品，其使用行为构成合理使用。

三、2019年4月30日，一审法院在判决中认为：涉案电影海报虽可能展示在室外，但其使用具有一定的时效性，因此并不属于设置或陈列在室外公共场所的艺术作品的范畴，故金某、非某某扰婚介所辩称的其非某某扰婚介所系对“非某某擾”美术作品的合理使用，并无事实及法律依据，侵害了华某兄弟公司对该作品享有的著作权。

四、2020年4月26日，二审法院在判决中认为：本案中悬挂于室外公用场所且印有“非某某擾”图案的海报，属于“设置或者陈列在室外公共场所的艺术作品”。但如果平面美术作品被置于公共场所，他人就可以在拍摄、绘画或临摹之后随意进行商业性使用，势必会严重影响美术作品著作权人对他人发放许可，并威胁到其收入来源，会构成与美术作品正常使用方式的冲突和影响著作权人的合法利益。因此金某、非诚勿扰婚介所的使用行为，不属于《著作权法》第二十二条[①]规定的合理使用行为，其行为不合理地损害了华某兄弟公司对涉案“非某某擾”的合法利益，应当承担侵权的法律责任。

核心裁判要旨

本案的争议焦点在于对陈列在外的电影画报进行拍摄、绘画或临摹后的成果

① 编者按：《著作权法》（2020年修正）第24条。

进行营利性使用，是否构成合理使用。解决这个问题需要分两步予以考察，首先是涉案作品是否构成室外陈列艺术品，当然在新著作权法的规定下，仅需考虑是否构成在公共场所，而不区分室内还是室外；其次是若构成公共场所陈列艺术品，对其拍摄、绘画或临摹后的成果进行注册商标并用于网站的行为是否构成合理使用。

依据《最高人民法院关于审理著作权民事纠纷案件适用法律若干问题的解释》第十八条规定，室外公共场所的艺术作品，“是指设置或者陈列在室外社会公众活动处所的雕塑、绘画、书法等艺术作品。”这一规定是在新著作权法生效前的表述，而在新法生效后，此处也应当修改为陈列在公共场所而不区分室内室外。虽然有观点认为室外陈列艺术品应当满足长久设置的要件①，一审法院也持该观点，但是现行法律并无相关规定，而仅是对室外陈列要件予以规定，笔者认为不适宜将长久性要件引入，因为之所以规定公共场所艺术品的合理使用，主要是因为其设置或陈列在室外，因此避免对公众自由做出过多限制，这与是否长期设置无关，即使在著作权法修正后将室内公共场所也纳入合理使用范围内，也并未改变公共场所的性质，即这些设置或陈列在公共场所的艺术作品本身具有公共及公益价值，因此时效性仍然不应当被纳入考察范围。二审法院也并未接受一审法院因时效性而做出不属于合理使用客体范围的意见。

其次是对合理使用范围的界定，依据《最高人民法院关于审理著作权民事纠纷案件适用法律若干问题的解释》第十八条第二款规定：“对前款规定艺术作品的临摹、绘画、摄影、录像人，可以对其成果以合理的方式和范围再行使用，不构成侵权。”若要求临摹、绘画、摄影、录像人不得以著作权法规定的行为使用作品，则合理使用的规定将被架空，因此，对于以合理的方式和范围再行使用不视为侵权。基于营利性目的的使用是否可以认定为合理的方式和范围，法律并没有明确规定。目前主要的观点为，营利性行为不必然被排除在外，标准在于是否不合理地损害权利人的利益。由于著作权人对平面美术作品正常使用的方式相对单一，因其放置于室外就可以被他人随意临摹、拍摄，并以相同方式使用，必然会不合理地侵犯权利人的利益。

因此二审法院认定，涉案作品虽属于陈列在室外的艺术作品，但后续的营利性使用不能构成合理使用，成立侵权。

---

① 李扬：《著作权法基本原理》，知识产权出版社 2019 年版，第 236 页。

诉讼经验总结

一、在新著作权法修正后，对陈列艺术品的认定中，首先主要是对于公共场所的认定，而无需考虑室内室外问题，聚焦于是否属于公共场所即可。其次在法律没有明确规定之前，不宜直接引入时效性要件。

二、对公共场所放置或陈列艺术品的合理使用，行为仅限于临摹、绘画、摄影、录像，法律规定采取的是穷尽式列举，因此对于其他使用行为，不应当认定为合理使用。

三、对于上述临摹、绘画、摄影、录像得到的成果，即使是营利性的使用也不应当直接认定为不合理损害权利人利益，应当具体问题具体分析，对于可能影响权利人对于作品正常使用的，排除在合理使用范围内，同时在新著作权法修正后，可以依据第二十四条引入的合理使用判断标准“并且不得影响该作品的正常使用，也不得不合理地损害著作权人的合法权益”予以辅助判断。

法律规定

《中华人民共和国著作权法》 （2010 年修正）	《中华人民共和国著作权法》 （2020 年修正）
第二十二条第一款第十项 在下列情况下使用作品，可以不经著作权人许可，不向其支付报酬，但应当指明作者姓名、作品名称，并且不得侵犯著作权人依照本法享有的其他权利： （十）对设置或者陈列在室外公共场所的艺术作品进行临摹、绘画、摄影、录像；	**第二十四条第一款第十项** 在下列情况下使用作品，可以不经著作权人许可，不向其支付报酬，但应当指明作者姓名或者名称、作品名称，并且不得影响该作品的正常使用，也不得不合理地损害著作权人的合法权益： （十）对设置或者陈列在公共场所的艺术作品进行临摹、绘画、摄影、录像；

《中华人民共和国著作权法实施条例》（2013 年修订）

第二十一条 依照著作权法有关规定，使用可以不经著作权人许可的已经发表的作品的，不得影响该作品的正常使用，也不得不合理地损害著作权人的合法利益。

《最高人民法院关于审理著作权民事纠纷案件适用法律若干问题的解释》（法释〔2002〕31号 2002年10月12日发布）	《最高人民法院关于审理著作权民事纠纷案件适用法律若干问题的解释》（法释〔2020〕19号 2020年修正）
第十八条 著作权法第二十二条①第（十）项规定的室外公共场所的艺术作品，是指设置或者陈列在室外社会公众活动处所的雕塑、绘画、书法等艺术作品。 对前款规定艺术作品的临摹、绘画、摄影、录像人，可以对其成果以合理的方式和范围再行使用，不构成侵权。	（在2020年的修正中并未修改）

本案链接

金某等与华某兄弟传媒股份有限公司著作权权属、侵权纠纷二审民事判决书【（2019）京73民终2701号】

《最高人民法院关于审理民事纠纷案件适用法律若干问题的解释》第十八条并未否认商业性使用属于合理使用，这是制定该司法解释的本意，亦未违反《著作权法》第二十二条②之规定。判断“对设置或者陈列在室外公共场所的艺术作品进行临摹、绘画、摄影、录像”的行为是否属于合理使用行为，关键在于判断再次使用行为是否以“合理的方式和范围”进行、是否“影响著作权人对该作品的正常使用”、是否“不合理损害著作权人的合法权益”。

涉案“非某某擾”属于平面美术作品，华某兄弟公司为宣传目的，将印有涉案“非某某擾”的海报悬挂于室外公用场所，属于《最高人民法院关于审理民事纠纷案件适用法律若干问题的解释》第十八条规定的“设置或者陈列在室外公共场所的艺术作品”。著作权人对平面美术作品正常使用的方式相对单一，即自行或授权他人复制作品、在原作品基础上创作演绎作品再加以商业利用。如果认为只要一幅平面美术作品被置于公共场所，他人就可以在拍摄、绘画或临摹之后随意进行商业性使用，势必会严重影响美术作品著作权人对他人发放许可，并威胁到其收入来源，会构成与美术作品正常使用方式的冲突和影响著作权人的合法利益。

综上，金某、非某某扰婚介所的使用行为，不属于《著作权法》第二十二

①② 编者按：《著作权法》（2020年修正）第24条。

条①规定的合理使用行为，其行为不合理地损害了华某兄弟公司对涉案“非某某攗”的合法利益，应当承担侵权的法律责任。

延伸阅读

裁判规则一：对于公共场所放置或陈列艺术品的合理使用判断中，应当考察是否会影响作品的价值或潜在市场，以及是否会影响权利人对作品的正常使用。

案例一：某体育场有限责任公司与熊某烟花集团股份有限公司、浏阳市熊某烟花有限公司、北京市熊某烟花有限公司、北京市城关某达摩托车配件商店侵害著作权纠纷一审民事判决书【（2009）一中民初字第4476号】

虽然《著作权法》第二十二条②第一款第（十）项规定了合理使用的一种特定情形，但是首先，《著作权法》的该项规定明确将这种合理使用限定在“临摹、绘画、摄影、录像”四种方式内，而不包括这四种方式之外的其他使用方式，本案被告对于某体育场设计的使用明显不属于上述使用方式。其次，合理使用制度的目的主要是保护公共利益，被告将原告建筑作品应用于烟花产品上，纯粹是基于商业目的，若将该行为视为合理使用亦不符合合理使用的立法目的。再次，在判断是否构成合理使用时，需要考虑该使用方式是否会影响到作品的价值或者潜在市场，亦即是否会影响权利人对该作品的正常使用。作品的正常使用，是指在一般情况下人们可能合理地预期到的作者利用其作品的各种方式，包括作者所预期的现实存在的作品使用方式和未来可能出现的作品使用方式。将建筑设计应用到其他产品上属于可以预见的使用方式，被告的行为直接影响到原告对其作品的二次商业化利用，会不合理地损害原告的利益。因此，本案被告对某体育场建筑作品的使用行为，不属于《著作权法》第二十二条③第一款第（十）项规定的合理使用的情形，被告熊某公司的该项辩解主张不能成立。

裁判规则二：在使用方式构成合理使用的基础上，若未指明作者姓名、身份的，仍可能会构成对署名权的侵犯。

案例二：深圳市联某空间艺术有限公司与深圳市艺某园艺术有限公司侵犯著作权纠纷二审民事判决书【（2004）粤高法民三终字第88号】

案属室外公共艺术作品著作权侵权纠纷。根据《最高人民法院关于审理著作权民事纠纷案件适用法律若干问题的解释》第十八条规定，室外公共艺术作品是

①②③ 编者按：《著作权法》（2020年修正）第24条。

指设置或者陈列在室外社会公众活动处所的雕塑、绘画、书法等艺术作品。涉案作品是在公共场所的雕塑作品，属室外公共艺术作品。上诉人深圳市联某空间艺术有限公司创作了16幅雕塑作品，其提供了该雕塑作品实物彩页、建造该雕塑的合同，深圳市艺某园艺术有限公司仅对其中的《知某某门》、《后某某日》、《摩某某形》等6幅雕塑作品的独创性提出异议，经审查，该作品是上诉人深圳市联某空间艺术有限公司创作出来的，该作品具有独创性，因此，可以认定上诉人深圳市联某空间艺术有限公司对其创作的16幅雕塑作品均享有著作权，该著作权应依法受到保护。我国著作权法在保护著作权人合法权利的同时，为平衡权利人和公众之间的利益，鼓励有益于社会主义精神文明、物质文明建设的作品的传播，对著作权人的权利进行了某些限制。根据《著作权法》第二十二条①、《最高人民法院关于审理著作权民事纠纷案件适用法律若干问题的解释》第十八条规定，他人对处于公众场所的雕塑作品，可以不经著作权人的同意进行摄影，并对该摄影成果可以在合理的范围内，以合理的方式再行使用，在使用时，可以不向著作权人支付报酬，但应指明作者姓名、作品名称。依据上述规定，被上诉人深圳市艺某园艺术有限公司可以不经上诉人同意，对其创作的上述雕塑作品进行摄影，对该摄影成果可以在合理的范围内再行使用，但在使用时须指明作者姓名、作品名称。被上诉人出于对外招揽业务的商业目的，在其宣传画册上，故意不标明雕塑作品的作者，违反了《著作权法》第二十二条②第一款“应当指明作者姓名”之规定，应当承担停止侵权、指明作者以消除影响的民事责任。

---

①② 编者按：《著作权法》（2020年修正）第24条。

五、“避风港原则”

048 通过链接实现不跳转页面的播放是否构成侵权？

☞ 阅读提示

目前在侵犯作品信息网络传播权的案件中，存在一种通过设置嵌入式深度链接来提供作品的行为模式，虽然涉案数据实际存储于其他已合法取得权利的数据库中，但是行为人通过技术手段在视频播放地址中实际链接至授权数据库，进而提供影视作品的播放服务。由于在这一过程中播放页面并不发生跳转，仍处于侵权人的网站中，网络服务提供者往往以其仅提供链接服务提出不侵权抗辩。在这种情形下应当如何认定这种行为的性质？笔者将通过案例予以探讨。

裁判要旨

尽管实际上影视作品的数据来源于已获得授权的数据库，但通过链接进行播放的行为中，实际上页面并不发生跳转、网址仍是行为人所有域名，因此这种行为并非是单纯链接服务，而应当视为行为人直接提供了影视作品，从而排除“服务器标准”的适用，构成侵犯作品的信息网络传播权。

案情简介

一、2018年10月1日，原告北京某视聚合文化传媒有限公司经捷成某视网聚（常州）文化传媒有限公司授权取得《南某某恋》影视作品的涉案期间独占专有信息网络传播权，授权期限自2018年10月1日至2033年1月7日止。证据表明截至2019年9月3日，被告安阳某云网络科技有限公司在其经营的网站某云网络中提供涉案影片的播放服务。

二、涉案影片在某云网络网站上的播放流程为：在涉案网站中搜索并播放涉案影片后，弹出风格与搜索页面相同的播放页面，页面中有视频播放窗口、《南某某恋》的简介，并附有选择影片来源“腾某、爱某艺、乐某”的按钮，稍等片刻该页面开始播放《南某某恋》影片。

三、涉案影片播放地址为“http：//××××. online/app/index. php？ i = 2&c = entry&op = dianying&url = %2Fm%2FfqTmYRH4ROT6TR. html&link = http%3A%2F%2Fwww. ××××x. com%2Fv_ 19rrTpgep4. html”，其中 link 后为页面的真实地址，表明虽然播放网址包含很多内容，但是 http 协议后接的服务器主机地址仍能够确定为“爱某艺”，即涉案影视作品的实际来源为“爱某艺”。

四、北京某视向一审法院起诉，请求判令安阳某云：1. 立即停止通过其所经营的视频网站“某云网络”提供影视作品《南某某恋》的在线播放服务；2. 赔偿北京某视经济损失 45000 元及律师费用 5000 元，以上合计人民币 50000 元；3. 承担本案全部诉讼费用。

五、2021 年 1 月 11 日，二审法院在判决中认为：由于播放网页的地址开头仍是安阳某云的网络域名，播放页面仍是安阳某云的网站，并没有转到第三方网站。因此安阳某云并不是提供的链接服务，而是提供的案涉作品的播放服务，不论案涉作品数据在哪里存储，最终结果是安阳某云的网站上播放了案涉作品，因此安阳某云侵犯了涉案影片的信息网络传播权，一审判决认定事实清楚，适用法律正确，应予维持。

核心裁判要旨

本案的争议焦点在于设置嵌入式深度链接的行为究竟应当认定为播放行为还是单纯的链接行为，更进一步而言，是法院裁判中对该类案件究竟采取“服务器标准”、“用户感知标准”还是“实质替代标准”的争议。而在本案中，法院虽然没有明示，但实质上明确排除了“服务器标准”，认定安阳某云的行为属于直接提供作品，侵犯了作品的信息网络传播权。

首先说明嵌入式深度链接的概念。嵌入链接是一种技术手段，不同于通常意义上的普通链接，其可以从原网站的页面跳转继而直接访问其他网站。对于通过这种方式提供作品，是否认定为侵权存在以下几种裁判标准。“服务器标准”是通常考察侵犯信息网络传播权的认定标准，判断被诉行为是否为信息网络传播行为，应考虑的是被诉内容是否存储于上诉人的服务器中。无论被诉行为的外在表现形式是否使得用户认为被诉内容系由上诉人提供，只要被诉内容未存储在上诉人服务器中，则不应认定上诉人实施了信息网络传播行为。“用户感知标准”是指判断被诉行为是否为信息网络传播行为，应考虑网络用户的感知，如果被诉行为使得用户认为被诉内容系由上诉人提供，即应认定上诉人实施了信息网络传播行为。该标准通常考虑的是被诉行为的外在表现形式，至于被诉内容是否存储于上诉人服务器中则在所不论。此外还存在“实质替代标准”等新的裁判思路。

本案中，法院虽未明确指出适用何种规则，但在其文书中如此表述：“播放页面仍是安阳某云的网站，并没有转到第三方网站。因此安阳某云并不是提供的链接服务，而是提供的案涉作品的播放服务，不论案涉作品数据在哪里存储，最终结果是安阳某云的网站上播放了案涉作品。”以及“安阳某云被诉视频播放窗口显示影片来源有‘芒某 TV’……无论安阳某云是否对……网络平台构成侵权，均不影响案涉作品在安阳某云网站上播放之侵权事实的认定。”可以看出，本案中法院适用的规则接近于“用户感知标准”和“实质替代标准”，并明确排除了“服务器标准”的适用，以“涉诉网站页面上直接播放而并未跳转页面”为由认定侵犯了作品的信息网络传播权。

在新著作权法的修正中，改变了信息网络传播权的定义，删除了原著作权法中“向公众提供作品”中的“作品”二字，以及“在其个人选定的时间”中的“其个人”三字，在这种修改下有观点认为取消了提供作品的限制从而将提供链接等行为方式纳入到信息网络传播权的控制范围，因此排除了“服务器标准”的适用，但在最新版本的《〈中华人民共和国著作权法〉导读与释义》中，并未对这一修改内容做出直接说明，而是采取“定义直接来自前述《世界知识产权组织版权公约》第八条的表述。”《公约》中有“作品”和“个人选择”的表述，因此在没有明确说明的前提下，笔者认为不宜直接将其认定为排除了“服务器标准”的适用，此处修改应当是在表述中为了精简语句，避免重复使用“作品”一词。在后文中针对信息网络传播权的有关案例中，就不再做出重复说明。

诉讼经验总结

一、虽然在本案中，法院明确排除了“服务器标准”的适用，但目前司法实践和学界的主流观点是应当适用该标准，无论是“用户感知标准”，还是在这个基础上发展而来的“实质替代标准”，均存在着主观评价的因素，导致对于同一事实有不同结论。采取“服务器标准”后，决定是否侵权的关键在于数据是否实际指向其他数据库，实践中可以通过播放地址、来源声明等予以证明。

二、当权利人面对广泛采取“服务器标准”的现实情况时，可以考虑以《反不正当竞争法》来寻求救济，证明的关键在于设链人是否采取了不正当竞争行为，即不当利用他人市场成果、损害他人合法权益来谋求自身竞争优势的行为，诸如去除广告、屏蔽网站以及采取其他手段进行盈利等。

三、设链行为人应当注意，即使目前广泛采用“服务器标准”，将设链行为认定为仅提供链接服务，但仍要注意是否存在帮助侵权的可能性。在提供链接服务的同时，若对内容直接进行编辑、修改、储存等并非单纯提供链接服务的行为，则有可能被认定并非单纯设链行为而承担相应的侵权责任。

法律规定

《中华人民共和国著作权法》 （2010 年修正）	《中华人民共和国著作权法》 （2020 年修正）
第十条第一款第十二项 著作权包括下列人身权和财产权： （十二）信息网络传播权，即以有线或者无线方式向公众提供作品，使公众可以在其个人选定的时间和地点获得作品的权利；	**第十条第一款第十二项** 著作权包括下列人身权和财产权： （十二）信息网络传播权，即以有线或者无线方式向公众提供，使公众可以在其选定的时间和地点获得作品的权利；
《最高人民法院关于审理侵害信息网络传播权民事纠纷案件适用法律若干问题的规定》 （法释〔2012〕20 号 2012 年 12 月 17 日发布）	**《最高人民法院关于审理侵害信息网络传播权民事纠纷案件适用法律若干问题的规定》 （法释〔2020〕19 号 2020 年修正）**
第三条 网络用户、网络服务提供者未经许可，通过信息网络提供权利人享有的网络传播权的作品、表演、录音录像制品，人民法院应当认定其构成侵害信息网络传播权。 通过上传到网络服务器、设置共享文件或者利用文件分享软件等方式，将作品、表演、录音录像制品置于信息网络中，使公众能够在个人选定的时间和地点以下载、浏览或者其他方式获得的，人民法院应当认定其实施了前款规定的提供行为。	（在 2020 年的修正中并未修改）

《最高人民法院关于审理侵害信息网络传播权民事纠纷案件适用法律若干问题的规定》（法释〔2012〕20号 2012年12月17日发布）	《最高人民法院关于审理侵害信息网络传播权民事纠纷案件适用法律若干问题的规定》（法释〔2020〕19号 2020年修正）
第四条 网络服务提供者能够证明其仅提供自动接入、自动传输、信息存储空间、搜索、链接、文件分享技术等网络服务，主张其不构成共同侵权行为的，人民法院应予支持。	（在2020年的修正中并未修改）
第五条 网络服务提供者以提供网页快照、缩略图等方式实质替代其他网络服务提供者向公众提供相关作品的，人民法院应当认定其构成提供行为。 前款规定的提供行为不影响相关作品的正常使用，且未不合理损害权利人对该作品的合法权益，网络服务提供者主张其未侵害信息网络传播权的，人民法院应予支持。	（在2020年的修正中并未修改）
第六条 原告有初步证据证明网络服务提供者提供了相关作品、表演、录音录像制品，但网络服务提供者能够证明其仅提供网络服务，且无过错的，人民法院不应认定为构成侵权。	（在2020年的修正中并未修改）

本案链接

安阳某云网络科技有限公司、北京某视聚合文化传媒有限公司侵害作品信息网络传播权纠纷二审民事判决书【（2020）豫知民终657号】

北京某视一审中提交的《可信时间戳认证证书》等证据证明，安阳某云开设“某云网络”网站，可完整播放影片《南某某恋》，该播放过程未发生跳转。从上述事实可以看出，播放网页的地址开头仍是http：//moyun. online，该网址是安阳某云的网络域名，播放页面仍是安阳某云的网站，并没有转到第三方网站。因此安阳某云并不是提供的链接服务，而是直接提供了作品，不论案涉作品数据在哪里存储，最终结果是安阳某云的网站上播放了案涉作品。安阳某云未经合法授权，擅自在其运营的网站中播放北京某视享有播放权的案涉作品构成侵权，应当承担民事法律责任。

延伸阅读

裁判规则一：“服务器标准”仍是目前在学界与司法裁判中主流的适用原则，其他标准的适用存有争议。

案例一：北京某联伟达科技有限公司与深圳市某讯计算机系统有限公司侵害作品信息网络传播权纠纷二审民事判决书【（2016）京73民终143号】

“服务器标准”是信息网络传播行为认定的合理标准，就本案所涉链接行为而言，链接行为的本质决定了无论是普通链接，还是深层链接行为，其均不涉及对作品任何数据形式的传输，而仅仅提供了某一作品的网络地址。用户是否可以获得作品完全取决于被链接网站，如果被链接网站删除了作品，即使该链接地址仍然存在，网络用户仍不可能获得作品。但反之，如果链接提供者删除了该链接，则只要被链接网站实施了初始上传作品于信息网络的行为，且未删除该作品，则该作品仍然处于公开传播状态，用户仍然可以获得这一作品。这一情形充分说明，任何链接行为本身均不会使用户真正获得作品，无法如初始上传行为一样，满足信息网络传播权定义中有关使用户“获得作品”的要求。

“用户感知标准”强调的“看起来”是，而非“实际上”是谁在实施提供行为，这一特点使得该标准天然缺乏客观性。不同用户可能具有的不同网络认知程度，很可能使得针对同一事实得出不同结论，由此可见，该标准不仅不具有客观性，亦无法确保客观事实认定的确定性，从而与信息网络传播行为所具有的客观事实的特性并不契合。但与“用户感知标准”不同，“服务器标准”强调的是“实际上”是谁在实施提供行为，在证据相同的情况下，不存在因网络用户认知能力的不同而产生不同认定结论的情形，因此，该标准符合著作权权利性质，也更能准确反映事实的客观性及确定性。

裁判规则二：适用“服务器标准”规则时不认定为侵权的嵌入式深层链接行为，但存在故意绕开广告等行为，可以受到《反不正当竞争法》的规制。

案例二：上海某网络技术发展有限公司与飞某信息技术（天津）有限公司等不正当竞争纠纷二审民事判决书【（2017）沪73民终55号】

本案中，权利人通过收取广告主的广告费及用户的会员费获得收益，广告的播放量将直接影响到两被上诉人的商业利益，而用户的数量亦决定广告播放量。侵权人的行为系其电某猫视频软件在链接播放来源于搜某视频网站视频内容时，仅向公众传播搜某视频网站视频内容，而绕开了两被上诉人设置的片前广告、视频暂停时广告，上诉人的上述行为实质上是将搜某视频网站视频内容与搜某网设置的与视频内容共同播放的片源广告、视频暂停的广告相分离，足以使不愿意观看广告也不愿意支付两被上诉人会员费但又想观看搜某视频网站中视频的用户转而使用电某猫视频软件，严重损害被上诉人的利益。上述行为并同时造成其播放视频时未呈现两被上诉人在其视频播放框下设置的搜某视频网站其他视频介绍、评论、链接等以及穿插的商业广告条幅等。上诉人的整体行为本质上属于不当利用他人市场成果、损害他人合法权益来谋求自身竞争优势，上诉人的该种竞争行为有违诚实信用原则以及公认的商业道德，构成不正当竞争。

裁判规则三：适用“服务器标准”基础上不成立直接侵权的行为，仍存在帮助侵权的可能性。

案例三：上海幻某信息科技有限公司、北京奇某世纪科技有限公司侵害作品信息网络传播权纠纷二审民事判决书【（2015）沪知民终字第213号】

本案幻某公司通过技术手段为涉案节目的传播提供搜索、链接服务，并不存在将作品置于网络中的行为，未直接提供作品，故不构成作品提供行为，亦不涉及直接侵权责任问题。现有法律规定信息网络传播权所控制的行为应具备向公众提供作品即将作品置于信息网络中之条件，并未规定社会公众感知标准。同时，幻某公司虽然属于网络服务提供者，但对于所搜索、链接的涉案节目播放未进行网页跳转以指引用户在被链网站上观看，亦未向用户提示涉案节目源自其他网站。在所指向的数据并未取得授权的基础上，幻某公司主观上应当知道该节目具有较大侵权可能性，客观上对于未经授权的涉案节目未采取任何预防或者避免侵权发生的措施，从而帮助了涉案节目侵权后果的扩大。因此，幻某公司的行为侵犯了奇某公司的信息网络传播权，构成侵权，应承担赔偿责任。

049 在公众号中通过设链跳转到直接侵权网站的行为是否构成侵权?

☞ **阅读提示**

目前存在这样一种获取盗版视频资源的方式，即通过微信公众号中提供的链接，跳转到特定网站获取盗版视频，这些资源主要为电影、电视剧等形式的作品。特定网站因为未经许可提供视频，侵犯了相应作品的著作权是毋庸置疑的，但是对于微信公众号提供链接的行为，究竟应当认定为帮助侵权，还是直接侵权，或者是不成立侵权，笔者将通过案例予以讨论。

裁判要旨

《著作权法》(2010 年修正) 中所规定的信息网络传播权，是指以有线或者无线方式向公众提供作品，使公众可以在其个人选定的时间和地点获得作品的权利。判断是否侵犯信息网络传播权的关键之一在于是否提供了作品。[①] 对于通过微信公众号链接提供播放盗版视频网址的行为，虽然并没有直接提供影视作品的资源储存，也未参与录制、上传，但其设置链接时，应当对于被链网站的内容是否具有合法来源具有较高的注意义务，在未尽到合理的注意义务且主观故意明显时，应当承担侵权责任。

案情简介

一、原告捷某华视网聚（常州）文化传媒有限公司分别于 2015 年 7 月 15 日通过安某（北京）电影发行有限公司、2014 年 7 月 18 日通过福建恒某电影发行有限公司、2014 年 12 月 1 日通过万某影视传媒有限公司的授权取得了《某某记》《京×××号》《某某诀》影视作品的信息网络传播权及其分许可权、维权的权利。

---

① 编者按：有关信息网络传播权定义修改的影响，详见本书《48. 通过链接实现不跳转页面的播放是否构成侵权?》

二、被告光山微某卡电子商务有限公司是微信公众号“某某电影”的经营者，证据表明截至2018年5月15日，涉案公众号下部设置有菜单“有片”，在菜单内可以通过链接进入到一个“院线电影1”的页面。页面显示的内容为“点击下方阅读原文观看热播电影”。点击阅读原文后进入到“某某视频”网页，并在该网页上提供涉案视频的在线播放服务。

三、捷某华视公司向一审法院起诉请求判令：1. 微某卡公司停止通过其所经营的微信公众号“某某电影”提供影视作品《京×××号》《某某诀》《某某记》的在线播放服务；2. 微某卡公司赔偿捷某华视公司经济损失14万元，及律师费用9000元，以上合计人民币149000元；3. 微某卡公司承担本案全部诉讼费。

四、2021年3月10日，二审法院在判决中认为：公众号通过链接影视剧吸引网络用户浏览网页，具有经营盈利的目的。对此，作为微信公众号，其设置“某某影视”栏目时，对于被链网站的内容是否具有合法来源应具有较高的注意义务，但其未尽到合理的注意义务，主观故意明显，故微某卡公司的行为构成了对捷某华视公司信息网络传播权的侵害，应承担停止侵权、赔偿损失的民事责任，一审判决认定事实清楚，适用法律正确，应予维持。

核心裁判要旨

本案的争议焦点在于，微某卡公司的行为是否成立侵权。具体而言，本案疑难之处在于，提供链接的行为并非一般意义上的提供作品行为，进而在是否侵犯信息网络传播权的认定上产生异议。

首先应当考察，本案中提供链接的行为是否属于提供作品。本案中被告采取的是设置指向直接侵权网站链接的行为，虽然依据《信息网络传播权保护条例》（2013年修订）等有关规定，仅提供链接服务的网络服务提供者，在承担相应“通知-移除”义务后，不承担侵权责任。但同时若“有证据证明网络服务提供者与他人以分工合作等方式共同提供作品、表演、录音录像制品，构成共同侵权行为的，人民法院应当判令其承担连带责任”，以及明知或应知他人侵权行为的可能构成帮助侵权。

具体到本案中，通过公众号设置的菜单以及相关行为，采取的行为模式、权利作品的知名度等，能够确定被告人并非仅单独提供了链接服务，而在运营者明知或应知所链接作品侵权的事实前提下，应当认定为直接故意的提供作品，只不过是以设置链接的手段来变相提供，因此应承担共同侵权责任。甚至在无法确定公众号运营者与侵权网站的关系下，也可以根据其提供链接行为以及对其主观上应知或明知的考察，而认定当事人提供了帮助侵权的行为。

诉讼经验总结

一、公众号设置链接时，应当对所指向目标是否侵权承担相应注意义务，因为公众号的设链行为不同于搜索网站等提供的链接服务，具有主动性，因此不知目标网站侵权并不能成为可接受的抗辩理由。

二、公众号通过设链跳转至侵权网站的行为并不能适用“避风港原则”，因为首先公众号并非网络服务提供者，其次考察公众号经营者的主动设链行为符合明知或应知侵权行为存在的情形，因此应当适用“红旗原则”。

三、对于设链行为，根据公众号经营者的行为模式，可能成立直接侵权，也可能成立帮助侵权。判断的关键在于认定经营者系通过设链行为来进行侵权还是仅提供了定向链接服务。

法律规定

《中华人民共和国著作权法》（2010年修正）	**《中华人民共和国著作权法》（2020年修正）**
第十条第一款第十二项　著作权包括下列人身权和财产权： （十二）信息网络传播权，即以有线或者无线方式向公众提供作品，使公众可以在其个人选定的时间和地点获得作品的权利；	**第十条第一款第十二项**　著作权包括下列人身权和财产权： （十二）信息网络传播权，即以有线或者无线方式向公众提供，使公众可以在其选定的时间和地点获得作品的权利；
《最高人民法院关于审理侵害信息网络传播权民事纠纷案件适用法律若干问题的规定》（法释〔2012〕20号　2012年12月17日发布）	**《最高人民法院关于审理侵害信息网络传播权民事纠纷案件适用法律若干问题的规定》（法释〔2020〕19号　2020年修正）**
第三条　网络用户、网络服务提供者未经许可，通过信息网络提供权利人享有信息网络传播权的作品、表演、录音录像制品，除法律、行政法规另有规定外，人民法院应当认定其构成侵害信息网络传播权行为。 通过上传到网络服务器、设置共享文件或者利用文件分享软件等方式，将作品、表演、录音录像制品置于信息网络中，使公众	（在2020年的修正中并未修改）

《最高人民法院关于审理侵害信息网络传播权民事纠纷案件适用法律若干问题的规定》(法释〔2012〕20号 2012年12月17日发布)	《最高人民法院关于审理侵害信息网络传播权民事纠纷案件适用法律若干问题的规定》(法释〔2020〕19号 2020年修正)
能够在个人选定的时间和地点以下载、浏览或者其他方式获得的，人民法院应当认定其实施了前款规定的提供行为。 **第四条** 有证据证明网络服务提供者与他人以分工合作等方式共同提供作品、表演、录音录像制品，构成共同侵权行为的，人民法院应当判令其承担连带责任。网络服务提供者能够证明其仅提供自动接入、自动传输、信息存储空间、搜索、链接、文件分享技术等网络服务，主张其不构成共同侵权行为的，人民法院应予支持。 **第七条** 网络服务提供者在提供网络服务时教唆或者帮助网络用户实施侵害信息网络传播权行为的，人民法院应当判令其承担侵权责任。 网络服务提供者以言语、推介技术支持、奖励积分等方式诱导、鼓励网络用户实施侵害信息网络传播权行为的，人民法院应当认定其构成教唆侵权行为。 网络服务提供者明知或者应知网络用户利用网络服务侵害信息网络传播权，未采取删除、屏蔽、断开链接等必要措施，或者提供技术支持等帮助行为的，人民法院应当认定其构成帮助侵权行为。 **第十六条** 本规定施行之日起，《最高人民法院关于审理涉及计算机网络著作权纠纷案件适用法律若干问题的解释》(法释〔2006〕11号)同时废止。 本规定施行之后尚未终审的侵害信息网络传播权民事纠纷案件，适用本规定。本规定施行前已经终审，当事人申请再审或者按照审判监督程序决定再审的，不适用本规定。	

《信息网络传播权保护条例》(2013年修订)

第二十三条 网络服务提供者为服务对象提供搜索或者链接服务，在接到权利人的通知书后，根据本条例规定断开与侵权的作品、表演、录音录像制品的链接的，不承担赔偿责任；但是，明知或者应知所链接的作品、表演、录音录像制品侵权的，应当承担共同侵权责任。

本案链接

光山微某卡电子商务有限公司、捷某华视网聚（常州）文化传媒有限公司侵害作品信息网络传播权纠纷二审民事判决书【（2020）豫知民终733号】

侵害信息网络传播权的行为，是指网络用户、网络服务提供者未经许可，通过信息网络提供权利人享有信息网络传播权的作品、表演、录音录像制品，或通过上传到网络服务器、设置共享文件或者利用文件分享软件等方式，将作品、表演、录音录像制品置于信息网络中，使公众能够在个人选定的时间和地点以下载、浏览或者其他方式获得。如果网络服务提供者能够证明其仅提供网络服务，且无过错的，不应认定为构成侵权。本案中，联合信任时间戳服务中心出具的可信任时间戳认证证书中的认证录像显示，在微信公众号“三某书亭”界面点击“某某影视”电影首页，进入“某某视频”界面，输入“某某记”、“京某某某号”、“某某诀”，即可观看涉案影片。该链接应属于定向链接行为，其形式不同于“全网链接”或“开放式链接”。通过该定向链接行为，相关公众可以在个人选定的时间和地点予以下载、浏览或者其他方式获得其所需要的影视剧。而“三某书亭”公众号通过链接影视剧吸引网络用户浏览网页，具有经营盈利的目的。对此，作为微信公众号，其设置“某某影视”栏目时，对于被链网站的内容是否具有合法来源应具有较高的注意义务，但其未尽到合理的注意义务，主观故意明显。故微某卡公司的行为构成了对捷某华视公司信息网络传播权的侵害，应承担停止侵权、赔偿损失的民事责任。

延伸阅读

裁判规则一：微信公众号的设链行为，在未尽到应有的注意义务时，未对所设置链接对象进行合理审查时，可能会构成直接侵权的帮助侵权行为。

案例一：北京华某聚合文化传媒有限公司与杭州楚某生物科技有限公司、刘某侵害作品信息网络传播权纠纷一审民事判决书【（2020）浙0192民初1828号】

普通链接作为仅向公众提供被链网页或作品的网络地址信息，它并不直接引发作品提供行为，而是引导网络用户跳转至被链网站获得作品，其行为并不构成直接侵犯信息网络传播权，但仍然可能涉及间接侵权责任或共同侵权责任。对于楚某公司在微信公众号“某某多省”设链行为，即使如楚某公司所陈述的被链网站系第三方网站，楚某公司作为设链网站主体，亦应当知晓被链网站为不正规、不合法的网站，对于众多权属来源存疑的电影在被链网站播放可能会构成较大的侵权风险，应有相应的法律常识，其应对设链行为保持高度谨慎和注意义务，但其仍通过设立“VIP 影视”该菜单栏进行设链行为，使得不特定的公众在选定的时间和地点可以搜索到涉案影片，应当认定楚某公司的上述行为具有较大的过错程度导致侵权行为的发生，构成直接侵权的帮助侵权行为，应承担停止侵权和赔偿经济损失的责任。

裁判规则二：微信公众号的设链行为，在公众号系通过链接指向网站实施侵权行为的证据充分前提下，可以认定为直接侵权。

案例二：新昌国某商务信息咨询有限公司、北京华某聚合文化传媒有限公司侵害作品信息网络传播权纠纷二审民事判决书【（2020）浙民终 956 号】

从“某星客”公众号点击进入“影视中心”过程中，公众号页面发生跳转，且跳转后的网址为“move. qixke. top/app/index. php？ i=…”，在该页面搜索涉案影片名称，网站页面未发生跳转，可直接观看。从上述点播路径可以认定国某公司所运营的公众号具有向不特定用户提供链接的行为，该链接针对特定的网站，属于定向链接行为。且国某公司在一审庭审中陈述涉案影视网站接入其所运营公众号的行为系经其同意，涉案影视网站名称为“某某影院”，与国某公司公众号名称高度一致。同时，国某公司认为涉案影视网站系采用类似淘宝“分裂-收集”方式获取资源。最后，涉案公众号对自身描述如下“全网视频 VIP 资源随心看！最新影视剧，大片在线观看”，结合涉案公众号内发布有“影视 VIP 年卡超优惠”的信息，可以认定涉案公众号就涉案影视网站以收取年卡费用的方式获取经济利益之高度盖然性。根据《最高人民法院关于审理侵害信息网络传播权民事纠纷案件适用法律若干问题的规定》第十一条第一款“网络服务提供者从网络用户提供的作品、表演、录音录像制品中直接获得经济利益的，人民法院应当认定其对该网络用户侵害信息网络传播权的行为负有较高的注意义务”之规定，国某公司应当对被链网站的内容负有较高的注意义务。鉴于被链网站并非受众范围广的知名网站，在该网站传播涉案作品未获得权利人授权的可能性较大，且国某公司对类似获取影视资源的技术具有一定了解。在此情况下，国某公司通过其运营的微信公众号，向用户提供涉案影视网站的链接的行为，符合《最高人民法院关于审理侵害信息网络传播权民事纠纷案件适用法律若干问题的规定》第三条第一款“网络用户、网络服务提供者未经许可，通过信息网络提供权利人享有信息网络传播权的作品、表演、录音录像制品，除法律、行政法规另有规定外，人民法院应当认定其构成侵害信息网络传播权行为”之规定，构成侵权。

裁判规则三：微信公众号的设链行为，在无法认定公众号与侵权网站存在合作关系的前提下，也可能构成帮助侵权。

案例三：天津金某文化传播有限公司诉宁波千某网络科技有限公司侵害作品信息网络传播权纠纷案二审民事判决书【（2017）津02民终5499号】

即使千某公司与“在线片库”经营者不存在合作关系，千某公司提供链接的行为也构成帮助侵权，理由如下：《信息网络传播权保护条例》第二十三条规定：“网络服务提供者为服务对象提供搜索或者链接服务，在接到权利人的通知书后，根据本条例规定断开与侵权的作品、表演、录音录像制品的链接的，不承担赔偿责任；但是，明知或者应知所链接的作品、表演、录音录像制品侵权的，应当承担共同侵权责任”。首先，在千某公司经营的涉案网站上搜索包括涉案电视剧在内的大量作品名称后均可得到对应作品的搜索结果，尽管显示不同的播放源，但在不同播放源下点击剧集后均跳转至同一网站，即××。因此，千某公司虽然在本案中所提供服务表现为链接服务，但其提供的是一对一的定向链接服务，该定向链接服务不同于“全网链接”或“开放式链接”，具有特定性、针对性和指向性的特点，千某公司应当且有能力注意到被链接网站及被链接内容的情况。同时，在网址为××的网站未经ICP备案，亦未标注经营者备案信息的情况下，千某公司显然应当负有更高的注意义务。另外，千某公司还在“千某影视大全”网站设置了“电视剧”、“电影”、“综艺”、“动漫”、“排行榜”等栏目，同时制作了各种排行榜。涉案电视剧即在其设置的“2016年电视剧排行榜”榜单中，点击后可见到该电视剧的导演、主演、编剧、剧情简介、海报等内容，说明千某公司对网站上的影视作品特意进行过选择、编辑、组织、整理、归类，其应当知道被链接网站的侵权行为，主观上存在过错。其次，千某公司通过定向链接的方式为侵权作品的传播提供了便利，使用户得以在线点播观看涉案电视剧，从而使被链接网站的侵权行为得以实施和扩大，因此，千某公司客观上帮助了被链接网站实施侵权行为。综上，千某公司主观上存在过错，客观上帮助被链接网站实施了侵害信息网络传播权的行为，故应当承担侵权责任。

050 直播平台作为网络服务提供者承担注意义务的限度范围如何确定?

☞ 阅读提示

近年来直播行业发展迅速，直播平台中同时往往有巨量的主播向公众提供服务，在直播服务的众多形式中，还存在着转播等形式，对于其中是否存在侵权行为，平台方应当具有一定的注意义务，但是在侵权行为不明显，且仅收到不符合标准的通知情形下，对于网络服务提供者而言，应当如何判断其是否承担侵权责任，如何确定承担注意义务的范围，笔者将通过案例予以讨论。

裁判要旨

如果对于网络服务提供者要求过高的注意义务，进而导致其负担过载的义务，意味着其将承受与其提供服务性质、收益等不匹配的责任，各方本应自行承担的风险也将轻易被转移给网络服务提供者，进而动摇网络服务提供者的经营基础，不利于行业的维护和稳定。因此在判断其是否进到注意义务，满足“通知-移除”原则时，应当综合考虑通知形式是否满足条件、认定明知或应知的证据是否充足等因素。

案情简介

一、2016年5月，原告北京新某互联信息服务有限公司经电影事业基金会授权，有权在中华人民共和国大陆地区单独以自己名义对第三方侵犯第52届金马奖颁奖典礼及星光大道著作权的行为采取任何形式的法律行为，包括向侵权方收取和解金、调解金、赔偿金等，对该授权书签署之前及之后可能已经在大陆地区出现的侵权行为亦涵盖在内。新某公司一审诉讼请求：广州华某网络科技有限公司赔偿新某公司经济损失及合理支出共计10万元。

二、被告广州华某公司作为虎某直播平台的经营者，平台中对主播在直播过程中所收虚拟礼物，可以通过平台确定的分成与提现体系获得收益。2015年11

月21日，通过公证认证，在某牙直播网站中存在主播直播第52届金马奖颁奖典礼的行为，而颁奖典礼影像并非对现场活动的简单、机械录制，亦非仅对机位设置、场景选择、镜头切换等的简单调整，其所呈现的连续画面恰恰反映了制片者的构思，融入了创作者的创造性智力劳动，其独创性程度已经达到了作品的保护高度，应当认定为系以类似摄制电影的方法创作的作品。

三、某牙直播平台在与用户协议中约定了不得侵犯第三方的知识产权，并在《欢某时代版权保护投诉指引》中设置了以邮寄书面通知书方式的投诉通道和处罚规则，并且规定了对侵权行为施加删除视频、冻结直播权限、永久停封等处罚措施。同时还采取了关键词过滤、自动监控系统和审核员对直播内容、评论弹幕等进行24小时不间断实时监控、对严重违规行为纳入黑名单等防控措施，防止侵权行为发生、

五、一审法院认为：广州华某公司未尽合理注意义务，应就主播行为承担帮助侵权责任，向新某公司赔偿损失。2021年3月22日，二审法院在判决中认为：虽然新某公司发送了通知，但选择通过商务合作邮箱发送权利预警函，且未留有充足时间以供直播平台采取有效措施的情况下，认定新某公司发送的权利预警函不符合要求，难以要求广州华某公司因此承担相应的协助义务，最终认定广州华某公司不承担帮助侵权的责任。

核心裁判要旨

本案的争议焦点在于广州华某公司是否成立帮助侵权。解决该争议焦点的关键在于对“通知-移除”原则的义务范围认定。本案中新某公司采取了预警的方式进行了通知，但广州华某公司并未及时做出相应措施，因此一审法院认定因其未尽合理注意义务，应就主播行为承担帮助侵权责任。

二审法院对双方行为进行了重新考察，认为权利义务具有对等性，对于未实施主动行为、仅提供中立技术服务并基于服务产生收益的网络服务提供者，其应尽到的义务也应是具有中立性质的协助、转递义务，即基于合格的通知和说明而及时采取断开、恢复相应服务以及交换材料的义务。而新某公司的通知是采取预警函形式发送至商业邮箱，并且限于时间问题，不应当认定为合格的通知。同时针对平台的监管，在涉案主播并非重复侵权，同时选择播放频道为游戏频道，吸引观众流量并不大，考虑到直播平台同时段直播行为的数量巨大，涉案金马奖颁奖典礼的直播并不足以明显到引起广州华某公司的注意，不应当认定其对侵权行

为明知或应知，因此应当适用“避风港原则”，不成立帮助侵权。

诉讼经验总结

一、适用“通知-移除”原则时，考察网络服务提供者是否正确履行了移除义务之前，还应当认定权利人采取的通知形式是否满足条件，“避风港原则”的设置是为了给网络服务提供者以抗辩权，避免对其施加过高的义务，因此在适用时应当注意出发点，避免导致利益失衡，将其他主体应当承担的义务不合理地施加在网络服务提供者身上。

二、权利人通过预警等方式行使权利时，预警函需要符合一定的条件，其条件设置应基本与通知的要求相对应：第一，提供有效的权属证据，使得平台足以对侵权可能性进行充分判断；第二，对侵权可能发生的范围以及要求平台协助的行为进行合理的限定，即为平台提供充分的指示性依据和合理、具体的协助范围；第三，预警函的发送时间和途径等应当合理，给予平台判断和响应的时间。当满足上述条件时，则可以要求平台实施相应的提前制止侵权的协助行为。

三、本案中还涉及对直播行为应当适用何种权利予以规制，因为鉴于网络直播行为的行为特征并不同于现行著作权法框架下信息网络传播权和广播权控制的行为，无法通过信息网络传播权、广播权加以调整，在无著作权法具体权项进行适用的情况下，考虑到该行为确有规制之必要，且为保护权利人利益，可由著作权人享有的其他权利对该行为加以调整。

法律规定

《中华人民共和国著作权法》 （2010年修正）	《中华人民共和国著作权法》 （2020年修正）
第十条第一款第十二项 著作权包括下列人身权和财产权： （十二）信息网络传播权，即以有线或者无线方式向公众提供作品，使公众可以在其个人选定的时间和地点获得作品的权利；	**第十条第一款第十二项** 著作权包括下列人身权和财产权： （十二）信息网络传播权，即以有线或者无线方式向公众提供，使公众可以在其选定的时间和地点获得作品的权利；①

① 编者按：有关信息网络传播权定义修改的影响，详见本书《48. 通过链接实现不跳转页面的播放是否构成侵权？》

《最高人民法院关于审理侵害信息网络传播权民事纠纷案件适用法律若干问题的规定》（法释〔2012〕20 号　2012 年 12 月 17 日发布）	《最高人民法院关于审理侵害信息网络传播权民事纠纷案件适用法律若干问题的规定》（法释〔2020〕19 号　2020 年修正）
第三条　网络用户、网络服务提供者未经许可，通过信息网络提供权利人享有的网络传播权的作品、表演、录音录像制品，人民法院应当认定其构成侵害信息网络传播权。 通过上传到网络服务器、设置共享文件或者利用文件分享软件等方式，将作品、表演、录音录像制品置于信息网络中，使公众能够在个人选定的时间和地点以下载、浏览或者其他方式获得的，人民法院应当认定其实施了前款规定的提供行为。	（在 2020 年的修正中并未修改）
第四条　网络服务提供者能够证明其仅提供自动接入、自动传输、信息存储空间、搜索、链接、文件分享技术等网络服务，主张其不构成共同侵权行为的，人民法院应予支持。	（在 2020 年的修正中并未修改）

《信息网络传播权保护条例》（2013 年修订）

第二十三条　网络服务提供者为服务对象提供搜索或者链接服务，在接到权利人的通知书后，根据本条例规定断开与侵权的作品、表演、录音录像制品的链接的，不承担赔偿责任；但是，明知或者应知所链接的作品、表演、录音录像制品侵权的，应当承担共同侵权责任。

本案链接

广州华某网络科技有限公司与北京新某互联信息服务有限公司著作权权属、侵权纠纷二审民事判决书【（2019）京 73 民终 3019 号】

新某公司未提供权属材料，也未对平台协助行为划定合理的范围。从发送渠道看，涉案网站首页显示有版权投诉指引，新某公司应当知道广州华某公司公开的具体版权投诉方式以及广州华某公司有专门的版权投诉负责部门，但其仍然选择通过商务合作邮箱发送权利预警函。从发送时间看，其系在第 52 届金马奖颁奖典礼举办前一天及当天向广州华某公司发送权利预警函，这意味着，如广州华某公司版权投诉负责部门在涉案直播行为发生前收到了函件，那么，其需要在相当短的时间内采取有效措施，方能防止侵权行为的发生，而新某公司未向本院说明其发送时间的选择存在合理理由。可见，新某公司发送的权利预警函不符合要求，难以要求广州华某公司因此承担相应的协助义务。此外，虽然直播行为具有实时性，但涉案平台经登录后可进行在线举报，在线举报可以作为接受侵权通知的渠道，而“需经注册登录”这一举报前提符合行业的一般认知，并不构成便捷性的障碍。新某公司作为主张权利方，尤其是在已经有预警意识的情况下，去积极了解涉案平台的具体规则或者进一步向平台获取便捷投诉渠道并非难事，其未选择积极关注侵权动态、利用举报功能，而仅通过权利预警函将义务全部负担于平台，不甚合理。据此，本院认为，广州华某公司对被诉侵权行为不构成应知。

延伸阅读

裁判规则一：权利人向网络服务提供者发出的通知应当满足有效要件，否则不能以网络服务提供者未及时采取措施而要求承担侵权责任。

案例一：广州市壹某融汽车贸易有限公司、壹某融（广州）新能源汽车服务有限公司网络侵权责任纠纷二审民事判决书【（2020）粤 01 民终 21285 号】

《最高人民法院关于审理利用信息网络侵害人身权益民事纠纷案件适用法律若干问题的规定》（2014 年发布）第五条①规定：“依据侵权责任法第三十六条②第二款的规定，被侵权人以书面形式或者网络服务提供者公示的方式向网络服务提供者发出的通知，包含下列内容的，人民法院应当认定有效：（一）通知人的姓名（名称）和联系方式；（二）要求采取必要措施的网络地址或者足以准确定位侵权内容的相关信息；（三）通知人要求删除相关信息的理由。被侵权人发送的通知未满足上述条件，网络服务提供者主张免除责任的，人民法院应予支持。”根据上述法律规定，网络服务提供者在收到通知后，需要对被侵权人的姓名（名称）、联系方式进行核实，由于壹某融贸易公司、壹某融服务公司发送给新某公司的通知邮件中是以“罗某荣”名义发送的，并无相关授权材料，故新某公司回复要求提供加盖公章的企业营业执照复印件并未超出合理范畴。此外，虽然罗某荣在通知中发送了链接地址，但是该地址上包含文章和回复两部分，对于要求删除具体何处内容，未作具体明确。一审法院据此认定罗某荣所发的通知不符合要求，视为未通知并无不当，本院予以确认。壹某融贸易公司、壹某融服务公司未举证证明新某公司在收到一审法院诉讼材料后怠于采取必要措施，且新某公司

① 编者按：《最高人民法院关于审理利用信息网络侵害人身权益民事纠纷案件适用法律若干问题的规定》（2020 修订）第 4 条。

② 编者按：《民法典》（2020 年发布）第 1195 条。

已经删除了相关评论，壹某融贸易公司、壹某融服务公司上诉主张新某公司未及时删除相关信息侵犯其名誉权，要求新某公司承担侵权责任依据不足，本院不予支持。

裁判规则二：对于侵犯纳入版权保护预警名单的作品的情形，通常可以认定网络服务提供者应知其存在侵权可能性而成立帮助侵权。

案例二：上海千某网络技术发展有限公司、心某想（上海）信息科技有限公司侵害作品信息网络传播权纠纷二审民事判决书【（2020）津 03 民终 1802 号】

应用市场的经营者虽然对其平台内的第三方应用程序中是否存在侵权内容没有主动审查的义务，仍应在其管理信息能力范围内对其平台是否存在侵权内容负有相应的注意义务。本案中，第三方应用程序提供的内容是包括涉案节目在内的 2016 年里约奥运会，该赛事节目本身即具有相当高的关注度，且为国际奥委会向中央电视台的专有许可，并已为国家版权局列入 2016 年度第 6 批重点作品版权保护预警名单。由此可见，与 2016 年里约奥运会赛事节目相关的内容通常需要经过权利人许可才能使用而不存在“免费”传播的可能，对此心某想公司理应知晓，但作为一家专业的互联网电视服务提供商，心某想公司就涉案赛事节目设置了“奥运会直播回看大集合”专区，并提供相应视频软件的下载服务，这一行为使其对于该栏目内容具有较之其他栏目更高的注意义务。综上，心某想公司虽然没有直接提供涉案体育赛事节目，但其在应当知晓涉案“电某猫视频”中的内容为第三方开发商未经许可而提供的情况下，将“电某猫视频”置于其所设置的“奥运会直播回看大集合”专区中，能够促使相关用户和公众较为容易地查找到涉案的“电某猫视频”软件并进行涉案节目的观看和播放，未尽到其应有的注意义务，为他人实施侵权行为提供了帮助，主观上具有过错，故其行为构成帮助侵权。

051 "避风港原则"框架下如何判定原告是否作出了"有效通知"及平台是否采取了"合理措施"？

☞ 阅读提示

在自媒体兴起的背景下，短视频平台日益成为人们生活中的一部分，而短视频平台上涌现的著作权侵权现象不容忽视。在短视频平台中，许多自媒体 up 主上传的并非独立创作的作品，而是从其他视频网站中直接搬运，该行为构成著作权侵权毋庸置疑。问题是在此情形下，承载着侵权短视频的平台是否要承担帮助侵权责任？在什么样的情形下承担帮助侵权责任？由于短视频平台并不是直接侵权的主体，要求其对每一个上传的视频都进行事先审查并不现实，因此诞生了"避风港原则"，在这一规则框架下，何种通知方可被认定为"有效通知"？何种措施方可被认定为"合理措施"呢？笔者将通过案例予以讨论。

裁判要旨

关于"有效通知"，并非只有删除侵权视频的要求属于法定的有效通知，明确侵权用户、侵权视频链接地址、权利视频链接地址、权利人信息等方式使得平台能够准确识别权利人、准确快速定位侵权内容并易于对被投诉的内容作出判断，均属于相关法律和司法解释规定的有效通知。关于"合理措施"，网络服务提供者应依据已知信息做出一般性合理判断，在技术能力可达的范围内采取相应的必要措施。在不同的争议场景中，应当结合被侵害的权利性质、侵权的具体情形以及网络服务提供者的技术能力综合判断网络服务提供者所采取的措施能否匹配其面对的投诉场景。

案情简介

一、本案原告为新某视公司，被告为某跳动公司。新某视公司提供的涉案视频播放页面截图显示，播放链接为 www. ××××video. com/video_ ×××××××，视频标题为"某某当街狂跳鬼步舞"，上传时间是"2017-05-21 10：09"，旁边有

“我某拍拍拍客”字样，视频左上角有“梨某频”标识。

二、原告指控多个某跳动公司平台用户（包括用户“某葡没有架”在内）涉嫌侵犯新某视公司享有的著作权。2017 年 5 月 24 日，新某视公司的委托代理人向上海市东方公证处提出保全证据公证申请，公证人员使用公证处电脑登录 toutiao. com 网站，在该网站搜索栏输入“某葡没有架”，出现多个搜索结果，选择点击播放标题名为“某某当街狂跳鬼步舞”的视频，视频播放前有若干时间的片前广告，视频开头有“梨某频”的标识，视频结尾处显示“梨某频拍客中心，版权归梨某频所有，请勿转载”字样，视频框下方显示上传者为“某葡没有架”。

三、2017 年 5 月 2 日，新某视公司通过某跳动公司经营的网站的投诉指引栏目，投诉包括用户“某葡没有架”在内的多个某跳动公司平台用户涉嫌侵犯新某视公司享有的著作权。2017 年 5 月 3 日、5 月 10 日，新某视公司通过邮件方式向某跳动公司邮寄包括用户“某葡没有架”在内的“关于停止侵犯视频版权的函”，某跳动公司确认收到上述函件。双方的争议焦点在于原告是否履行了法律意义上的“通知”义务。

四、2018 年 1 月，新某视公司向法院提起诉讼。2019 年 2 月 7 日，上海市杨浦区人民法院判决被告某跳动科技有限公司赔偿原告上海新某视网络科技有限公司经济损失 4000 元及合理费用 3000 元。被告不服，向上海知识产权法院提起上诉。2020 年 2 月 24 日，二审法院判决驳回上诉，维持原判。

核心裁判要旨

本案中，涉案视频通过机械、光学等科学技术手段，将作品音响及图像记录在磁盘或其他载体上，系录音录像制品，应当受到著作权法的保护。如无相反证明，在作品上署名的公民、法人或者其他组织为作者。本案中，涉案视频由章某俊上传至梨某频平台，视频播放页面标注有“梨某频”标识，同时新某视公司提供了章某俊的拍客协议、章某俊出具的涉案视频的作品声明，结合梨某频网站的主办单位是新某视公司的全资子公司薇某公司，薇某公司亦声明梨某频平台上版权内容的管理、创作由新某视公司负责，其负责平台运营，对梨某频平台上的作品不享有权利的事实，在某跳动公司没有相反证据的情况下，一审法院认定涉案录像制品的权利由新某视公司享有。

就某跳动公司主张新某视公司没有履行法定通知义务的上诉请求，二审法院认为：

其一，新某视公司已通过网站投诉及发送邮件的方式三次向某跳动公司针对用户“某萄没有架”及相应侵权视频进行通知投诉，该三次通知通过明确侵权用户、侵权视频链接地址、权利视频链接地址、权利人信息等方式使得某跳动公司能够准确识别权利人、准确快速定位侵权内容并易于对被投诉的内容作出判断，属于相关法律和司法解释规定的有效通知。某跳动公司在收到上述三次通知后，已经足以确定网络用户“某萄没有架”在短时间内频繁多次上传针对同一权利人的侵权视频，其行为已构成重复侵权行为。

其二，网络用户“某萄没有架”明知其上传的内容因被指控侵权而被删除，其不但不作出“反通知”的回应或提出申辩，反而进一步增加侵权内容，此时仅针对其上传的每个具体的侵权内容进行逐一删除已不足以起到阻断新的侵权行为的发生、防止侵权损害扩大的作用。在此情况下，若还要求新某视公司一次次地针对每次出现的不同的侵权内容进行查找、比对再至通知并将此程序反复进行，显然对权利人的维权行为过于苛责。此时合理、必要的措施应是对该用户采取禁言、封号等能够便捷快速地阻断侵权行为发生的措施。而从某跳动公司给法院的书面陈述以及其在两个多月后对用户“某萄没有架”的处罚措施来看，封禁账号本就是在其技术能力范围内的在日常管理活动中可采取的常规措施。

其三，网络服务提供者采取措施是否及时也直接关系到侵权行为能否被及时制止、损害后果能否及时得到控制。确实，现行的法律及司法解释并未对网络服务提供者采取必要措施的合理期限作出明确的限定。但法院注意到，新某视公司第三次投诉内容中提到了某跳动公司在 8 天内就采取了针对其他侵权视频的删除措施。可见，几日的期限应是某跳动公司知道侵权信息后作出有效应对的合理期限。但某跳动公司直至两个多月后才对用户“某萄没有架”作出封禁账号的处理，以至于该网络用户在此期间又上传了涉案侵权视频。

诉讼经验总结

一、在“通知-删除”规则的框架下，“有效通知”的认定尤为重要。本案中，权利人新某视公司并未针对具体的涉案侵权视频向网络服务提供者某跳动公司发出要求删除侵权视频链接的通知，而是基于同一网络用户“某萄没有架”存在多次侵权行为的情况而要求某跳动公司对该网络用户采取封禁账号等防止侵权行为再次发生的合理措施。某跳动公司在收到涉案通知后两个多月才对该网络用户采取封禁账号的措施，其间该网络用户又上传了涉案视频。由于某跳动公司对于已收到涉案通知的事实予以确认，其与新某视公司仅就收到通知后的处理存在不同看法。因此，本案中需要判断的是：在上述情形下，某跳动公司是否属于明知或者应知该网络用户利用其网络服务侵害他人民事权益却未采取必要措施而构成帮助侵权行为。本案中，新某视公司已通过网站投诉及发送邮件的方式三次向某跳动公司针对用户“某萄没有架”及相应侵权视频进行通知投诉，该三次通知通过明确侵权用户、侵权视频链接地址、权利视频链接地址、权利人信息等方式使得某跳动公司能够准确识别权利人、准确快速定位侵权内容并易于对被投诉的内容作出判断，属于相关法律和司法解释规定的“有效通知”。本案裁判对于著作权法实践关于“有效通知”的认定具有重要借鉴价值。

二、在构成“有效通知”的基础上，平台是否采取了“合理措施”的判定是第二个重要问题。在这一点上，《中华人民共和国侵权责任法》① 及《最高人民法院关于审理侵害信息网络传播权民事纠纷案件适用法律若干问题的规定》对网络服务提供者明知或者应知网络用户利用网络服务侵害信息网络传播权时应当采取的必要措施采取了开放性规定，即网络服务提供者应依据已知信息做出一般性合理判断，在技术能力可达的范围内采取相应的必要措施。在不同的争议场景中，应当结合被侵害的权利性质、侵权的具体情形以及网络服务提供者的技术能力综合判断网络服务提供者所采取的措施能否匹配其面对的投诉场景。

三、在此类案件中，“合理措施”的及时与否对于平台帮助侵权的认定也至关重要。措施采取的及时与否直接关系到侵权行为能否被及时制止、损害后果能否及时得到控制，而现行的法律及司法解释并未对网络服务提供者采取必要措施的合理期限作出明确的限定。以本案为例，新某视公司第三次投诉内容中提到了某跳动公司在 8 天内就采取了针对其他侵权视频的删除措施。可见，几日的期限应是某跳动公司知道侵权信息后作出有效应对的合理期限。但某跳动公司直至两个多月后才对用户“某萄没有架”作出封禁账号的处理，以至于该网络用户在此期间又上传了涉案侵权视频。依照实践中的一般经验，封禁账号对于某跳动公司已有的技术能力来说并不会比删除侵权内容更为复杂或者难以操作。因此，在司法实践中的类似情形下，可以判定被告采取的措施未满足及时的要求。

① 编者按：已废止。

法律规定

《中华人民共和国著作权法》 （2010年修正）	《中华人民共和国著作权法》 （2020年修正）
第十条第一款第十二项 著作权包括下列人身权和财产权： （十二）信息网络传播权，即以有线或者无线方式向公众提供作品，使公众可以在其个人选定的时间和地点获得作品的权利；	**第十条第一款第十二项** 著作权包括下列人身权和财产权： （十二）信息网络传播权，即以有线或者无线方式向公众提供，使公众可以在其选定的时间和地点获得作品的权利；①

《中华人民共和国民法典》（2020年5月28日发布）

第一千一百九十五条 网络用户利用网络服务实施侵权行为的，权利人有权通知网络服务提供者采取删除、屏蔽、断开链接等必要措施。通知应当包括构成侵权的初步证据及权利人的真实身份信息。

网络服务提供者接到通知后，应当及时将该通知转送相关网络用户，并根据构成侵权的初步证据和服务类型采取必要措施；未及时采取必要措施的，对损害的扩大部分与该网络用户承担连带责任。

权利人因错误通知造成网络用户或者网络服务提供者损害的，应当承担侵权责任。法律另有规定的，依照其规定。

《最高人民法院关于审理侵害信息网络传播权民事纠纷案件适用法律若干问题的规定》 （法释〔2012〕20号 2012年12月17日发布）	《最高人民法院关于审理侵害信息网络传播权民事纠纷案件适用法律若干问题的规定》 （法释〔2020〕19号 2020年修正）
第七条 网络服务提供者在提供网络服务时教唆或者帮助网络用户实施侵害信息网络传播权行为的，人民法院应当判令其承担侵权责任。 网络服务提供者以言语、推介技术支持、奖励积分等方式诱导、鼓励网络用户实施侵害信息网络传播权行为的，人民法院应当认定其构成教唆侵权行为。 网络服务提供者明知或者应知网络用户利用网络服务侵害信息网络传播权，未采取删除、屏蔽、断开链接等必要措施，或者提供技术支持等帮助行为的，人民法院应当认定其构成帮助侵权行为。	（在2020年的修正中并未修改）

① 编者按：有关信息网络传播权定义修改的影响，详见本书《48. 通过链接实现不跳转页面的播放是否构成侵权？》

《最高人民法院关于审理侵害信息网络传播权民事纠纷案件适用法律若干问题的规定》（法释〔2012〕20号 2012年12月17日发布）	《最高人民法院关于审理侵害信息网络传播权民事纠纷案件适用法律若干问题的规定》（法释〔2020〕19号 2020年修正）
第八条 人民法院应当根据网络服务提供者的过错，确定其是否承担教唆、帮助侵权责任。网络服务提供者的过错包括对于网络用户侵害信息网络传播权行为的明知或者应知。 网络服务提供者未对网络用户侵害信息网络传播权的行为主动进行审查的，人民法院不应据此认定其具有过错。 网络服务提供者能够证明已采取合理、有效的技术措施，仍难以发现网络用户侵害信息网络传播权行为的，人民法院应当认定其不具有过错。	（在2020年的修正中并未修改）
第九条 人民法院应当根据网络用户侵害信息网络传播权的具体事实是否明显，综合考虑以下因素，认定网络服务提供者是否构成应知： （一）基于网络服务提供者提供服务的性质、方式及其引发侵权的可能性大小，应当具备的管理信息的能力； （二）传播的作品、表演、录音录像制品的类型、知名度及侵权信息的明显程度； （三）网络服务提供者是否主动对作品、表演、录音录像制品进行了选择、编辑、修改、推荐等； （四）网络服务提供者是否积极采取了预防侵权的合理措施； （五）网络服务提供者是否设置便捷程序接收侵权通知并及时对侵权通知作出合理的反应； （六）网络服务提供者是否针对同一网络用户的重复侵权行为采取了相应的合理措施； （七）其他相关因素。	（在2020年的修正中并未修改）

本案链接

北京某跳动科技有限公司与上海新某视网络科技有限公司侵害录音录像制作者权纠纷民事判决书【（2019）沪73民终124号】

网络服务提供者本身可以也应当在法律规定的范围内根据自身经营的网络服务的类型及特点、技术成本及可行性，对于在何种侵权情形下采取何种不同的管理措施来有效制止侵权行为制定具体的管理规则，该规则也可向其平台的网络用户及权利人公示，成为网络用户在该平台上进行网络活动以及权利人发出侵权通知时的行为参照。本案中，在封禁账号已是平时采用的惯常管理措施的情况下，某跳动公司未向法院举证证明其在日常经营管理中采取或不采取该措施，以及何时采取该措施是一种依规的管理行为而非没有合理理由的随意举措，难谓其是在兼顾了用户利益及权利人利益后尽到了注意义务、及时采取了必要措施。概言之，某跳动公司在接到本案新某视公司的三次投诉通知后，根据通知的内容应当知道用户"某蓟没有架"利用网络服务重复侵害同一权利人的信息网络传播权，其未及时采取合理的必要措施，导致侵权行为再次发生，主观上具有过错，客观上帮助了网络用户"某蓟没有架"实施侵权行为，构成帮助侵权行为，应当承担相应的侵权责任。

延伸阅读

裁判规则一："通知-删除"规则的可操作性在于，网络服务提供者对存储于其平台上的作品等信息具有直接或较强的控制能力，自动接入、自动缓存、自动传输服务提供者不受"通知-删除"规则约束。"必要措施"应遵循审慎、合理的原则，根据所侵害权利的性质、侵权的具体情形和网络服务提供者的技术条件、能力等来加以综合确定，云服务器租赁服务提供商并非必须采取与"删除、屏蔽或者断开链接"等效的"关停服务器"或"强行删除服务器内全部数据"的措施。

案例一：阿某云服务器著作权侵权纠纷民事判决书【（2017）京73民终1194】

"通知-删除"规则的可操作性在于，网络服务提供者对存储于其平台上的作品等信息具有直接或较强的控制能力。因此，就《信息网络传播权保护条例》规定的四类网络服务提供者，"通知-删除"规则仅适用于信息存储空间、搜索链接服务提供者，即自动接入、自动缓存、自动传输服务提供者不受“通知-删除”规则约束。此外，北京知识产权法院也认为，对于提供其他性质服务的网络服务提供者，其在接到侵权通知后，应当在技术可能做到的范围内采取必要措施，如果采取这些措施会使其违反普遍服务义务，在技术和经济上增加不合理的负担，该网络服务提供者可以将侵权通知转送服务对象。“必要措施”应遵循审慎、合理的原则，根据所侵害权利的性质、侵权的具体情形和网络服务提供者的技术条件、能力等来加以综合确定。基于上述原则，法院认为，云服务器租赁服务提供商并非必须采取与“删除、屏蔽或者断开链接”等效的“关停服务器”或“强行删除服务器内全部数据”的措施，因为“关停服务器”或“强行删除服务器内全部数据”的严厉程度远超过“删除、屏蔽、断开链接”，是互联网领域可以采取的最严厉措施之一。

裁判规则二：网络服务提供者采取“删除”等措施并不必然能够免除侵权责任。

案例二：在某恋公司诉某宝公司、杜某发侵犯商标权民事判决书【（2011）沪一中民五（知）终字第40号】

网络服务提供者接到通知后及时删除侵权信息是其免于承担赔偿责任的条件之一，但并非是充分条件。网络服务提供者删除信息后，如果网络用户仍然利用其提供的网络服务继续实施侵权行为，网络服务提供者则应当进一步采取必要的措施以制止继续侵权。哪些措施属于必要的措施，应当根据网络服务的类型、技术可行性、成本、侵权情节等因素确定。

本案中，首先，在案证据证明被上诉人从2006年起就某宝网上的商标侵权向上诉人投诉，而且投诉量巨大，然而至2009年11月，某宝网上仍然存在大量被投诉侵权的商品信息，况且在上诉人删除的被投诉商品信息中，遭到卖家反通知的比率很小，由此可见，上诉人对于在某宝网上大量存在商标侵权商品之现象是知道的，而且也知道对于被上诉人这样长期大量的投诉所采取的仅作删除链接的处理方式见效并不明显。其次，被上诉人的投诉函明确了其认为侵权的商品信息链接及相关的理由，虽然被上诉人没有就每一个投诉侵权的链接说明侵权的理由或提供判断侵权的证明，但是被上诉人已经向上诉人提供了相关的权利证明、投诉侵权的链接地址，并说明了侵权判断的诸多理由，而且被上诉人向上诉人持续投诉多年，其所投诉的理由亦不外乎被上诉人在投诉函中所列明的几种情况，因此上诉人实际也知晓一般情况下的被上诉人投诉的侵权理由类型。上诉人关于被上诉人未提供判断侵权成立的证明，其无法判断侵权成立的上诉理由不能成立；上诉人在处理被上诉人的投诉链接时，必然要查看相关链接的商品信息，从而对于相关商品信息是否侵权有初步了解和判断。因此，通过查看相关链接信息，作为经常处理商标侵权投诉的上诉人也应知道某宝网上的卖家实施侵犯被上诉人商标权的行为。再次，在案的公证书表明被上诉人购买被控侵权商品时杜某发在其网店内公告："本店所出售的部分是专柜正品，部分是仿原单货，质量可以绝对放心……"，从该公告内容即可明显看出杜某发销售侵权商品，上诉人在处理相关被投诉链接信息时对此当然是知道的，由此亦能证明上诉人知道杜某发实施商标侵权行为。最后，判断侵权不仅从投诉人提供的证据考查，还应结合卖家是否反通知来进行判断，通常情况下，经过合法授权的商品信息被删除，被投诉人不可能会漠然处之，其肯定会作出积极回应，及时提出反通知，除非确实是侵权商品信息。故本案上诉人在多次删除杜某发的商品信息并通知杜某发被删除原因后，杜某发并没有回应或提出申辩，据此完全知道杜某发实施了销售侵权商品行为。

裁判规则三：网络服务提供者应当采取"转通知"的措施。

案例三：威海某易烤生活家电有限公司与永康市金某德工贸有限公司、浙江某猫网络有限公司侵害发明专利权纠纷民事判决书【（2015）浙知终字第186号】

将有效的投诉通知材料转达被投诉人并通知被投诉人申辩当属某猫公司应当采取的必要措施之一。否则权利人投诉行为将失去任何意义，权利人的维权行为也将难以实现。网络服务平台提供者应该保证有效投诉信息传递的顺畅，而不应成为投诉信息的黑洞。

052 网络主播未经授权播放他人音乐作品，直播平台是否承担侵权责任？

☞ **阅读提示**

网络直播平台作为诸多网络平台的一种，在数字经济的大背景下发展令人瞩目，网络直播平台以最包容的姿态、超低门槛的限制欢迎各类主播进驻。但不可忽视的是，网络主播在直播中是否可以随心所欲，网络主播未经授权播放他人音乐作品，直播平台是否承担侵权责任？如果发生侵权行为，网络主播所依托的直播平台是否能够靠“避风港原则”全身而退？笔者在这里通过案例与大家一同探讨。

裁判要旨

虽然主播是视频的制作者和上传者，但根据《直播协议》约定，被告不仅是网络服务提供者，还是平台上音视频产品的权利人，根据权利义务相对等原则，直播平台应对直播成果产生的法律后果承担相应责任。

案情简介

一、某网络主播在被告某鱼公司经营的直播平台进行在线直播，其间播放了歌曲《恋某心》(播放时长1分10秒)。直播结束后，主播将直播过程制作成视频并保存在某鱼公司直播平台上，观众可以通过直播平台进行观看和分享。网络主播与某鱼公司签订的《直播协议》约定，主播在直播期间产生的所有成果均由某鱼公司享有全部知识产权、所有权和相关权益。

二、歌曲《恋某心》的词曲作者与某音乐著作权协会签订有《音乐著作权合同》，某音乐著作权协会可对歌曲《恋某心》行使著作权。原告某音乐著作权协会认为，某鱼公司直接侵害了其对歌曲享有的信息网络传播权，起诉要求某鱼公司赔偿著作权使用费及律师费、公证费等合理开支。

三、2018年12月27日，一审法院认为被告某鱼公司应对其平台上的涉案视频承担相应的侵权责任。某鱼公司向北京知识产权法院提出上诉，法院于2019年7月11日作出二审判决，认为某鱼公司直接提供了包含涉案歌曲《恋某心》的涉案视频，侵害了某音乐著作权协会享有的信息网络传播权，驳回上诉，维持原判。

核心裁判要旨

本案的争议焦点为关于被诉侵权行为主体及其性质的认定。

（一）被诉侵权行为的责任主体探究——网络主播还是某鱼公司直播平台

根据某鱼公司提交的《直播协议》，双方约定主播在直播期间产生的所有成果均由某鱼公司享有全部知识产权、所有权和相关权益，这里面的“所有成果”当然包括涉案视频在内的上传并存放于某鱼公司直播平台的视频。根据权利义务相一致原则，既然某鱼公司是这些成果的权利人，享有相关权益，其自然应对因该成果产生的法律后果承担相应责任。从某鱼公司与主播之间的协议约定上看，主播实质上是在为某鱼公司创作作品，作品一旦完成，权利就属于某鱼公司。

（二）某鱼公司直播平台是否为仅需履行“通知-删除”义务的网络服务提供商。

一般情况下，网络服务提供者如果仅提供的是自动接入、自动传输、信息存储空间、搜索、链接、文件分享技术等网络服务，当网络用户利用网络服务实施侵权行为的，在接到被侵权人通知后，网络服务提供者及时采取删除、屏蔽、断开链接等必要措施后，则可以免责。而某鱼公司所有的某鱼公司直播平台不同，某鱼公司虽不参与创作，但直播方成果的权利属于某鱼公司，这说明某鱼公司不仅是网络服务的提供者，还是平台上音视频产品的所有者和提供者，并享有这些成果所带来的收益，在这种情况下，虽然其在获悉涉案视频存在侵权内容后及时删除了相关视频，也不能就此免责。

（三）海量用户带来的监管不易，可否成为某鱼公司直播平台的免责事由。

既然某鱼公司与每一位在平台上注册的直播方约定直播方在直播期间的所有成果的全部知识产权及相关权益均由某鱼公司享有，那么其当然应对直播成果的合法性负有更高的注意义务和审核义务。况且，海量用户的存在还会带来巨大的影响和收益，某鱼公司不应一方面享受利益，另一方面又以直播注册用户数量庞大及直播难以监管而逃避审核、放弃监管，放任侵权行为的发生，拒绝承担与其所享有的权利相匹配的义务。

诉讼经验总结

一、直播平台在受益于运营的同时，其他权利人的现有知识产权必须得到充分尊重和保护。网络直播平台应加强对网络主播的正常监管和法律指导，积极履行平台义务，以网络直播平台为主体，通过与著作权人协商等方式，提前获得使用作品的法律授权，并主动与音著协等管理机构达成版权合作。

二、根据目前的相关行业规范及行业事件，网络直播平台可能无法适用“避风港原则”，其应设置相关知识产权审查制度，避免因此承担法律责任。至于主播，在一般情况下，如果只使用了音乐作品的几段和几句歌词，而没有实质上再现作品的完整表现和音乐的独特表现，法院认为，这种使用对音乐作品的市场价值没有造成不良影响，也不会对著作权人的利益造成实质性损害，应认定为构成合理使用。

法律规定

《中华人民共和国著作权法》 （2010 年修正）	《中华人民共和国著作权法》 （2020 年修正）
第八条第一款 著作权人和与著作权有关的权利人可以授权著作权集体管理组织行使著作权或者与著作权有关的权利。著作权集体管理组织被授权后，可以以自己的名义为著作权人和与著作权有关的权利人主张权利，并可以作为当事人进行涉及著作权或者与著作权有关的权利的诉讼、仲裁活动。	**第八条第一款** 著作权人和与著作权有关的权利人可以授权著作权集体管理组织行使著作权或者与著作权有关的权利。依法设立的著作权集体管理组织是非营利法人，被授权后可以以自己的名义为著作权人和与著作权有关的权利人主张权利，并可以作为当事人进行涉及著作权或者与著作权有关的权利的诉讼、仲裁、调解活动。
第十条第十二项 著作权包括下列人身权和财产权： （十二）信息网络传播权，即以有线或者无线方式向公众提供作品，使公众可以在其个人选定的时间和地点获得作品的权利；	（在 2020 年的修正中并未修改）
第十条第一款第十二项 著作权包括下列人身权和财产权： （十二）信息网络传播权，即以有线或者无线方式向公众提供，使公众可以在其选定的时间和地点获得作品的权利；①	（在 2020 年的修正中并未修改）
《最高人民法院关于审理侵害信息网络传播权民事纠纷案件适用法律若干问题的规定》 （法释〔2012〕20 号 2012 年 12 月 17 日发布）	**《最高人民法院关于审理侵害信息网络传播权民事纠纷案件适用法律若干问题的规定》 （法释〔2020〕19 号 2020 年修正）**
第三条 网络用户、网络服务提供者未经许可，通过信息网络提供权利人享有信息网络传播权的作品、表演、录音录像制品，除法律、行政法规另有规定外，人民法院应	（在 2020 年的修正中并未修改）

① 编者按：有关信息网络传播权定义修改的影响，详见本书《48. 通过链接实现不跳转页面的播放是否构成侵权?》

《最高人民法院关于审理侵害信息网络传播权民事纠纷案件适用法律若干问题的规定》（法释〔2012〕20号 2012年12月17日发布）	《最高人民法院关于审理侵害信息网络传播权民事纠纷案件适用法律若干问题的规定》（法释〔2020〕19号 2020年修正）
当认定其构成侵害信息网络传播权行为。 通过上传到网络服务器、设置共享文件或者利用文件分享软件等方式，将作品、表演、录音录像制品置于信息网络中，使公众能够在个人选定的时间和地点以下载、浏览或者其他方式获得的，人民法院应当认定其实施了前款规定的提供行为。	
第八条 人民法院应当根据网络服务提供者的过错，确定其是否承担教唆、帮助侵权责任。网络服务提供者的过错包括对于网络用户侵害信息网络传播权行为的明知或者应知。 网络服务提供者未对网络用户侵害信息网络传播权的行为主动进行审查的，人民法院不应据此认定其具有过错。 网络服务提供者能够证明已采取合理、有效的技术措施，仍难以发现网络用户侵害信息网络传播权行为的，人民法院应当认定其不具有过错。	（在2020年的修正中并未修改）

《中华人民共和国民法典》（2020年5月28日发布）

第一千一百九十四条 网络用户、网络服务提供者利用网络侵害他人民事权益的，应当承担侵权责任。法律另有规定的，依照其规定。

第一千一百九十五条 网络用户利用网络服务实施侵权行为的，权利人有权通知网络服务提供者采取删除、屏蔽、断开链接等必要措施。通知应当包括构成侵权的初步证据及权利人的真实身份信息。

网络服务提供者接到通知后，应当及时将该通知转送相关网络用户，并根据构成侵权的初步证据和服务类型采取必要措施；未及时采取必要措施的，对损害的扩大部分与该网络用户承担连带责任。

权利人因错误通知造成网络用户或者网络服务提供者损害的，应当承担侵权责任。法律另有规定的，依照其规定。

本案链接

武汉某鱼网络科技有限公司与某音乐著作权协会著作权权属、侵权纠纷上诉案【（2019）京73民终1384号】

主播与某鱼公司之间虽然并无劳动或劳务关系，但主播系为某鱼公司创作涉案视频，某鱼公司作为涉案视频的权利人，享有相关权利，亦应对因涉案视频产生的法律后果承担相应责任。某鱼公司为涉案视频这一成果的权利人，涉案视频存储于某鱼公司的服务器中，在某鱼公司的控制下向公众传播，某鱼公司应当对涉案视频存在侵权内容承担责任。

延伸阅读

裁判规则一：直播平台上存放的涉案视频中存在未经权利人许可播放的歌曲的内容，平台应承担相应的侵权责任。

案例一：武汉某鱼网络科技有限公司与某音乐著作权协会著作权权属、侵权纠纷二审民事判决书【（2019）京73民终2730号】

直播过程中，主播播放了涉案歌曲《某某是老虎》，直播结束后，视频被主播制作并保存在某鱼公司直播平台上，观众可以通过登录某鱼公司直播平台随时随地进行播放、观看和分享。在某鱼公司直播平台上存储的涉案视频中存在未经权利人许可播放涉案歌曲的内容，公众能够在个人选定的时间和地点通过登录某鱼公司直播平台进行浏览、观看、分享，属于未经许可对涉案歌曲实施的信息网络传播行为，侵害了权利人对涉案歌曲享有的信息网络传播权。主播与某鱼公司之间虽然并无劳动或劳务关系，但主播系为某鱼公司创作涉案视频，某鱼公司作为涉案视频的权利人，享有相关权利，亦应对因涉案视频产生的法律后果承担相应责任。某鱼公司为涉案视频这一成果的权利人，涉案视频存储于某鱼公司的服务器中，在某鱼公司的控制下向公众传播，某鱼公司应当对涉案视频存在侵权内容承担责任。

裁判规则二：主播未经授权在直播平台演唱他人歌曲，直播平台需承担侵权责任。

案例二：武汉某鱼网络科技有限公司与北京某童文化传播有限责任公司侵害录音录像制作者权纠纷二审民事判决书【（2020）京73民终1252号】

根据一审法院查明的事实，直播方与某鱼公司平台签订的《某鱼公司直播协议》中，详细约定双方的权利义务、服务费用结算以及直播方应承担的违约责任，同时约定了某鱼公司享有直播视频文件排他的、不可撤销的、免费的授权许可。某鱼公司应当有义务审查被许可使用的直播视频内容是否侵害他人的知识产权。某鱼公司未尽到合理的审查义务，将网络主播使用涉案歌曲《小跳某》的视频内容通过网络进行播放和分享，使公众可以在选定的时间和地点进行观看和分享，侵害了某童公司对涉案歌曲《小跳某》录音制品的信息网络传播权，应当承担侵权的法律责任。

053 以虚拟货币奖励引导他人实施侵权行为的平台是否成立直接侵权？

☞ **阅读提示**

由于我国过去对于知识产权的保护意识不足，存在大量以分享盗版资源为主要目的的网络平台。不同于用户侵权行为的认定，网络平台的侵权因为其自身特点而有所不同，由于众多的用户和海量的内容，网络服务平台很难一一审查，因此网络服务提供者对于其不知情的侵权行为，只需要承担通知后的删除义务，即可免责，该规则被称为“避风港原则”。但是实践中，部分侵权人往往采取多种途径来尝试获得“避风港原则”的庇护，比如以虚拟货币来鼓励用户实施侵权行为的平台是否构成侵权，笔者接下来将予以讨论。

裁判要旨

网络服务提供者涉嫌侵权时，若想适用“避风港原则”应当符合相关条件，首先对于主体而言，必须是“提供信息存储空间或者提供搜索、链接服务的网络服务提供者”，而通过各种形式进行的侵权行为，并不能适用该原则。本案中，虽然平台并非采取通常直接提供金钱奖励的形式，而是使用平台虚拟货币进行激励，但仍然构成雇佣关系，因此应当成立直接侵权而不能适用“避风港原则”。

案情简介

一、2017年9月7日，授权方幻某公司与原告心某网络股份有限公司签订授权书，约定授权方将某某游戏的全球运营权、复制权、发行权、信息网络传播权、维权权利等授予心某公司独家经营，授权期限为十年，自2017年9月7日至2027年9月6日。

二、被告广州侠某网络科技有限公司系“葫某侠”网站的主办单位。2018年9月18日，经心某公司申请公证保全，“葫某侠”网站所发布“招聘说明”的内容大意为：因人手不足，招收“圣诞老人”并免费提供资源途径和教学方案，工资福利根据不同头衔按月发放平台虚拟货币。

三、一审法院于2017年11月15日受理心某公司的诉讼请求如下：1. 判令侠某公司立即停止通过“葫某侠”软件提供某某游戏手机版的下载服务；2. 判令侠某公司赔偿心某公司的直接经济损失1000000元；3. 判令侠某公司赔偿心某公司维权的合理费用35000元。

三、证据表明截至2017年10月27日，“葫某侠”网站中存在某某游戏的盗版资源，来源为该网站用户通过网盘链接予以提供，并且发布资源用户昵称后标有“葫某侠”网站所设置的头衔。

四、2019年8月6日，二审法院在判决中认为：侠某公司的招聘说明表明，侠某公司与带有“剩蛋”称号的用户之间已经构成了雇佣关系，因此，带有“剩蛋”称号的用户为其他用户提供相关咨询、资源、教学的服务应视为是侠某公司提供的，因此侠某公司并非网络服务提供者，其直接实施了侵权行为，原审判决认定事实清楚，适用法律正确，应予维持。

核心裁判要旨

本案的核心焦点在于，侠某公司是否成立直接侵权，解决这个问题的关键在于理清平台方与提供资源者之间的关系。对于用户实施侵权行为时，平台方是否成立侵权以及如何承担责任的界定，在现有法律规定下存在三种可能。

第一种，“避风港原则”的适用：对于平台方仅提供信息存储空间或者提供搜索、链接服务，而用户直接实施侵权行为的情况下，平台方仅需履行“通知-移除”义务即可免责，这是因为平台方客观上不可能对所有的内容进行审查，因此应当设定免责情形；第二种，“红旗原则”的适用：平台方虽然仅提供信息存储空间或者提供搜索、链接服务，但明知或者应知侵权行为存在的，应当承担侵权责任，“红旗原则”是对“避风港原则”的限制，为了避免平台方利用“避风港原则”来肆意侵权，当侵权事实是显而易见的像是红旗一样飘扬，平台方就不能以不知情来主张免责；第三种，平台成立直接侵权的情形：平台方与用户以各种形式共同实施侵权行为，平台方应当承担侵权责任。

而在本案中，不同于通常形式，用户和平台之间存在一定的联系，即平台方向带有“剩蛋”称号的用户发放虚拟货币，并且在“招聘说明”中指出“免费提供资源途径，应聘用户只需自带某度云账号，侠某公司给予该些用户奖励。”即使不考虑资源途径系“葫某侠”网站所提供，虽然平台并非采取通常直接提供金钱奖励的形式，而是使用平台虚拟货币进行激励，但是依然应当认定为存在雇佣关系，在主观上平台方有诱使他人实施侵权行为的故意，而并非仅提供平台服务，因此该平台与用户一起构成共同侵权。

诉讼经验总结

一、权利人在网络中发现侵权行为时，应当注意侵权的形式，并采取相应措施。对于平台用户自行实施的侵权行为，应当先通知平台方，要求其采取一定的措施，包括删除、屏蔽等，若平台方未承担相关义务，应当对损失扩大部分担责；当平台对于侵权事实明知或应知时，并不能免责，而必须承担侵权责任；对于平台直接或与用户一同实施侵权行为，权利人应当请求两者共同承担责任。

二、平台方对于用户实施侵权行为时，注意必须要承担的注意义务，对于明知或应知的侵权行为，平台方也要承担侵权责任。而在适用“避风港原则”的情形下，平台方也应当注意遵守“通知-移除”规则。

三、网络服务提供者可能涉及的侵权中，在《民法典》的补充下，已经形成了基本完整的体系。各类主体如何行使权利、履行义务、承担责任，包括以下内容：“红旗规则”对“避风港原则”的限制、权利人的通知权、权利人错误通知后赔偿责任、平台方的“通知-移除”义务、网络用户的反通知权等。

法律规定

《中华人民共和国著作权法》 （2010年修正）	《中华人民共和国著作权法》 （2020年修正）
第十条第一款第十二项　著作权包括下列人身权和财产权： （十二）信息网络传播权，即以有线或者无线方式向公众提供作品，使公众可以在其个人选定的时间和地点获得作品的权利；	**第十条第一款第十二项**　著作权包括下列人身权和财产权： （十二）信息网络传播权，即以有线或者无线方式向公众提供，使公众可以在其选定的时间和地点获得作品的权利；①

① 编者按：有关信息网络传播权定义修改的影响，详见本书《48. 通过链接实现不跳转页面的播放是否构成侵权?》。

《最高人民法院关于审理侵害信息网络传播权民事纠纷案件适用法律若干问题的规定》（法释〔2012〕20号 2012年12月17日发布）	《最高人民法院关于审理侵害信息网络传播权民事纠纷案件适用法律若干问题的规定》（法释〔2020〕19号 2020年修正）
第三条第一款 网络用户、网络服务提供者未经许可，通过信息网络提供权利人享有信息网络传播权的作品、表演、录音录像制品，除法律、行政法规另有规定外，人民法院应当认定其构成侵害信息网络传播权行为。	（在2020年的修正中并未修改）
第四条 ……网络服务提供者能够证明其仅提供自动接入、自动传输、信息存储空间、搜索、链接、文件分享技术等网络服务，主张其不构成共同侵权行为的，人民法院应予支持。	（在2020年的修正中并未修改）

《信息网络传播权保护条例》（2013年修订）

第十五条 网络服务提供者接到权利人的通知书后，应当立即删除涉嫌侵权的作品、表演、录音录像制品，或者断开与涉嫌侵权的作品、表演、录音录像制品的链接，并同时将通知书转送提供作品、表演、录音录像制品的服务对象；服务对象网络地址不明、无法转送的，应当将通知书的内容同时在信息网络上公告。

第二十三条 网络服务提供者为服务对象提供搜索或者链接服务，在接到权利人的通知书后，根据本条例规定断开与侵权的作品、表演、录音录像制品的链接的，不承担赔偿责任；但是，明知或者应知所链接的作品、表演、录音录像制品侵权的，应当承担共同侵权责任。

本案链接

广州侠某网络科技有限公司、心某网络股份有限公司侵害计算机软件著作权纠纷二审民事判决书【（2019）最高法知民终32号】

首先，发布某某游戏某度网盘下载链接的均系带有“剩蛋”称号的用户，而该些用户系侠某公司所招募。其次，侠某公司网站发布的招聘说明中，明确载明其免费提供资源途径，应聘用户只需自带某度云账号，侠某公司给予该些用户奖励。本案中，虽然侠某公司辩称带有“剩蛋”称号用户发布的资源均系用户自行提供，但其一，该辩称与其在网站中的招聘说明不符。故在侠某公司未提供进一步证据的情况下，综合上述情况，基于民事诉讼高度可能性的证明标准，在案证据可以证明提供涉案游戏下载服务的用户均由侠某公司所招募，且涉案游戏资源亦由侠某公司所提供。其二，即使如侠某公司所言，带有“剩蛋”称号用户发布的资源来源于该用户本身，侠某公司的招聘说明表明，侠某公司与带有“剩蛋”称号的用户之间已经构成了雇佣关系，由带有“剩蛋”称号的用户代表侠某公司，为其他用户提供相关咨询、资源及教学服务，因此，带有“剩蛋”称号的用户为其他用户提供相关咨询、资源、教学的服务应视为是侠某公司提供的。综上，侠某公司并非网络服务提供者，其直接实施了侵权行为。

延伸阅读

裁判规则一：网络服务提供者在并非明知或应知侵权事实存在的前提下，尽到“通知-移除”义务后，不应当承担侵权责任。

案例一：秦皇岛市宝某科技有限公司与北京一某科技有限公司著作权权属、侵权纠纷二审民事判决书【（2019）京73民终3193号】

一某公司主办并经营涉案App，属于网络服务提供者，只有在应知或明知网络用户利用网络服务侵害信息网络传播权，才承担法律责任。本案中，涉案视频时长较短，制作成本及制作门槛不高，宝某公司未提交充分证据证明涉案视频具有较高的知名度，亦未提交其他证据证明一某公司对涉案视频在涉案App当中存在具有明知或应知的主观过错。根据一某公司提供的证据，在收到宝某公司的投诉后，一某公司及时对涉案侵权视频进行了下线，及时采取了必要措施。故法院认定作为网络服务提供者，一某公司尽到了“通知-删除”义务。综上所述，宝某公司主张一某公司就涉案侵权行为承担赔偿责任，法院不予支持。

裁判规则二：网络服务提供者在明知或应知侵权事实存在时，不能适用“避风港原则”。

案例二：黄某阳与广州网某计算机系统有限公司著作权权属、侵权纠纷二审民事判决书【（2015）粤知法著民终字第32号】

涉案应用程序下载页面中配有《二某某长》的封面图片以及该书简介，在显著的位置可以看到“黄某阳”作者信息，这足以引起网某公司审查人员对该应用程序存在是否侵犯他人著作权问题的合理关注，认识到该应用程序存在侵犯著作权的极大可能性。网某公司网站上前后共有35个涉及《二某某长》书籍内容的应用程序，分别由不同的发布者上传、发布。在这种反复上传、发布的情况下，网某公司更应当引起注意并对上传内容进行著作权的必要审核。网某公司以一般理性人的标准只需要施以普通的注意义务，即可容易地发现该应用程序取得著作权人授权的可能性极低，具有相当大的侵权可能性。涉案应用程序存放于“阅读”类别之下，网某公司完全有条件、有能力核实其权利来源，避免侵权应用程序的传播，却怠于行使该义务，放任侵权行为的发生。因此，对于涉案应用程序被上传至其经营的网站中进行传播，网某公司主观上存在过错，其行为客观上为他人实施侵权行为提供了帮助，不应适用《信息网络传播权保护条例》中免除赔偿责任之规定，依法应承担赔偿损失的民事责任。网某公司抗辩其行为应适用“避风港原则”不应承担赔偿责任与法律规定不符，对此原审法院不予采纳。

六、计算机软件著作权

054 软件公司员工私装盗版软件，公司是否承担责任？

☞ 阅读提示

盗版软件不仅危害企业自身安全，也会给企业带来法律风险。我国现行《著作权法》将未经合法授权或者超过许可范围商业使用计算机软件的行为定位成“未经著作权人许可，复制作品的行为”，也就是说，无论单位或者个人，使用盗版软件或者使用未经授权的软件都侵犯了著作权人对计算机软件享有的复制权。因未经授权而使用他人软件，导致的著作权侵权纠纷的案件数量增多，成为企业与员工共同需要关注的问题。其中，软件公司的员工未经授权，私装盗版软件，引发纠纷，公司是否需要承担责任赔偿损失？笔者在这里通过案例和大家一同探讨。

裁判要旨

作为专业的服务器销售者，应当知晓未经授权或许可，擅自复制、破解他人享有著作权的计算机软件系侵权行为，即使购买人要求安装，亦应予以拒绝。安装有涉案软件的服务器系缪某在戴某公司工作期间，以戴某公司的名义对外售出，故缪某实施的被诉侵权行为系其在戴某公司工作期间履行职务的行为，故应当认定戴某公司存在以经营为目的未经许可复制并销售涉案软件的行为。

案情简介

一、原告某软公司系涉案软件著作权人。某软公司经调查发现，被告戴某公司未经某软公司许可，擅自在其销售的服务器上安装某软公司拥有著作权的××

×、×××算机办公软件。戴某公司的侵权行为使某软公司遭受了巨大的经济损失，故某软公司向法院提起诉讼。

二、被告戴某公司辩称：安装被诉侵权软件的行为系戴某公司员工缪某个人的行为，其安装的被诉侵权软件系从某软公司官网下载的软件，只是其私自对软件进行了破解；戴某公司虽作为雇佣单位需对员工的侵权行为承担相应责任，但戴某公司本身不存在侵权故意，且愿意承担与自身管理缺失相称的侵权责任；案外人可能存在诱骗甚至串谋实施侵权行为的可能，本案的发生实属个例。

三、一审法院认为戴某公司作为服务器销售者，未经某软公司许可，擅自在其销售的服务器上安装某软公司拥有著作权的两款计算机办公软件。且戴某公司确认两款计算机软件均由其员工缪某在未获得授权或许可的情况下进行了破解。戴某公司的行为侵害了某软公司对涉案计算机软件享有的著作权。戴某公司向最高人民法院提出上诉，最高人民法院于2020年9月17日作出二审判决，认为戴某公司侵害了涉案软件著作权，原审法院判决戴某公司承担赔偿某软公司经济损失50万元的侵权责任并无不当。驳回上诉，维持原判。

核心裁判要旨

本案的争议焦点在于戴某公司是否构成侵权。

首先，安装有涉案软件的服务器系缪某在戴某公司工作期间，以戴某公司的名义对外售出，故缪某实施的被诉侵权行为系其在戴某公司工作期间履行职务的行为，故应当认定戴某公司存在以经营为目的的未经许可复制并销售涉案软件的行为。

其次，关于戴某公司所述涉案软件来自某软公司官方网站的上诉主张，戴某公司作为服务器销售商应当知道且根据其员工证言，事实上知道其所销售的服务器预装涉案软件应当得到权利人许可，故某软官网提供的180天评估版本的下载及安装过程中是否有明确告知下载、安装、使用等相关限制要求，并不能成为其不侵权的抗辩理由，且根据缪某的证言及勘验结果，安装在涉案服务器上的软件系涉案软件的破解版。

再次，戴某公司所述缪某与案外人串谋行为仅是其单方面猜测，其既没有提交相关证据予以证明，本案中亦不存在能够支持其主张的相关事实。故法院认定戴某公司侵害了涉案软件著作权。

诉讼经验总结

一、加强公司管理，增强员工的知识产权保护意识，规范员工工作行为，禁止销售过程中提供附带服务，未经授权或者许可，即使客户要求安装，也应拒绝。禁止擅自破解软件，严禁安装销售盗版软件。不能认为员工个人行为与公司无关，认为公司也是“躺着中枪”，这种辩解并不能让公司免责。企业要规范经营行为，提高正版化意识。

二、当事人对于欺诈、胁迫、恶意串通事实的证明，应当达到能够排除合理怀疑的程度。企业如果想要主张存在员工与案外人串谋的情况，不能仅凭猜测，需要向法院提供相关证据予以证明。证据应真实、全面，具有相关性。

三、企业在收到律师函后，应该积极以各种方式解决问题。如果主体信息正确且指控基于事实，应立即进行自我检查和专业咨询。如果企业存在使用盗版软件或未经授权涉嫌侵权的事实，应当积极处理，及时清除侵权软件，停止侵权行为。在许多情况下，被告及时停止侵害是法院酌定减少赔偿数额时一个重要的考虑因素。

法律规定

《中华人民共和国著作权法》 （2010 年修正）	《中华人民共和国著作权法》 （2020 年修正）
第十条第一款第五项 著作权包括下列人身权和财产权： （五）复制权，即以印刷、复印、拓印、录音、录像、翻录、翻拍等方式将作品制作一份或者多份的权利；	**第十条第一款第五项** 著作权包括下列人身权和财产权： （五）复制权，即以印刷、复印、拓印、录音、录像、翻录、翻拍、数字化等方式将作品制作一份或者多份的权利；

《计算机软件保护条例》（2013 年修订）

第五条第三款 外国人、无国籍人的软件，依照其开发者所属国或者经常居住地国同中国签订的协议或者依照中国参加的国际条约享有的著作权，受本条例保护。

第八条第一款第四项 软件著作权人享有下列各项权利：

（四）复制权，即将软件制作一份或者多份的权利；

第二十四条第一款第一项 除《中华人民共和国著作权法》、本条例或者其他法律、行政法规另有规定外，未经软件著作权人许可，有下列侵权行为的，应当根据情况，承担停止侵害、消除影响、赔礼道歉、赔偿损失等民事责任；同时损害社会公共利益的，由著作权行政管理部门责令停止侵权行为，没收违法所得，没收、销毁侵权复制品，可以并处罚款；情节严重的，著作权行政管理部门并可以没收主要用于制作侵权复制品的材料、工具、设备等；触犯刑律的，依照刑法关于侵犯著作权罪、销售侵权复制品罪的规定，依法追究刑事责任：

（一）复制或者部分复制著作权人的软件的；

《最高人民法院关于审理著作权民事纠纷案件适用法律若干问题的解释》（法释〔2002〕31号 2002年10月12日发布）	《最高人民法院关于审理著作权民事纠纷案件适用法律若干问题的解释》（法释〔2020〕19号 2020年修正）
第二十五条第一款、第二款 权利人的实际损失或者侵权人的违法所得无法确定的，人民法院根据当事人的请求或者依职权适用著作权法第四十八条第二款的规定确定赔偿数额。 人民法院在确定赔偿数额时，应当考虑作品类型、合理使用费、侵权行为性质、后果等情节综合确定。	**第二十五条第一款、第二款** 权利人的实际损失或者侵权人的违法所得无法确定的，人民法院根据当事人的请求或者依职权适用著作权法第四十九条①第二款的规定确定赔偿数额。 人民法院在确定赔偿数额时，应当考虑作品类型、合理使用费、侵权行为性质、后果等情节综合确定。

本案链接

上海戴某信息技术有限公司、某软公司侵害计算机软件著作权纠纷二审民事判决书【（2020）最高法知民终404号】

安装有涉案软件的服务器系缪某在戴某公司工作期间，以戴某公司的名义对外售出，故缪某实施的被诉侵权行为系其在戴某公司工作期间履行职务的行为，戴某公司在二审中对此亦予以确认，故在本案中应当认定戴某公司存在以经营为目的的未经许可复制并销售涉案软件的行为。戴某公司作为服务器销售商应当知道且根据其员工证言，事实上知道其所销售的服务器预装涉案软件应当得到权利人许可，故某软官网提供的180天评估版本的下载及安装过程中是否有明确告知下载、安装、使用等相关限制要求，并不能成为其不侵权的抗辩理由，且根据缪某的证言及勘验结果，安装在涉案服务器上的软件系涉案软件的破解版，故戴某公司的所述涉案软件来自某软公司官方网站的上诉主张不能成立。

延伸阅读

裁判规则一：被告水某公司为了实现其经营目的，未经原告奥某比公司的许可，在业务活动中使用了涉案计算机软件，侵害了原告相应的涉案计算机软件著作权，依法应当承担相应的侵权责任。

---

① 编者按：《著作权法》（2020年修正）第54条。

案例一：奥某比公司诉水某动画股份有限公司侵害计算机软件著作权纠纷案【（2013）徐民三（知）初字第901号】

被告水某公司就涉案侵害原告计算机软件著作权行为是否应当承担侵权责任，应综合被告水某公司的经营范围、业务需求、监管职责以及诉前证据保全客观情况，对其是否将涉案计算机软件予以商业使用进行评判。第一，被告水某公司经营范围为动画设计、漫画设计、美术设计，动漫软件的开发，计算机软件、硬件的开发，各类广告的设计、制作等，其官方网站也自称拥有近千专业动画制作人员，是中国最大的原创动画制作公司。涉案AFP系列计算机软件集动画创作与应用开发于一身，为创建数字动画、交互式Web站点、桌面应用程序以及手机应用程序开发提供了功能全面的创作和编辑环境，涉案计算机软件的功能与被告水某公司的经营活动相关。第二，被告水某公司在招聘动画制作类的Flash背景设计师组长信息中，明确提出该岗位需要熟练应用flash软件及ps等要求，在招聘Flash动画培训师的信息中，也提出掌握并能熟练使用ps、flash等动漫设计软件，能独立完成flash动画短片制作等要求。从被告水某公司发布的上述工作岗位职位要求可以认定，被告水某公司不仅业务范围与涉案AFP系列计算机软件功能相关，被告也明确知晓其日常经营活动必须使用涉案计算机软件，故在招聘信息中对于职工必须掌握的工作能力、技巧及经验提出了明确的、详细的要求。第三，诉前证据保全中，在被告水某公司的计算机中查获了涉案侵权计算机软件，证明了被告的日常经营活动需要使用涉案计算机软件，也证实了被告关于相关业务发包给其他单位制作，被告不需要使用涉案计算机软件的辩解缺乏依据。并且该节事实也佐证了被告关于招聘信息的辩解与客观事实不符。第四，被告水某公司主张涉案侵权计算机软件系其职工擅自安装使用，但未向法院提供证据予以证实，不予采信。被告主张其无需承担侵权责任，提供了其与案外人签订的计算机系统安装维护托管合同及被告关于禁止员工自行安装盗版软件的规定，法院在证据论证中对此作出评判，在此不再赘述，即使被告能够证实上述证据具备证据效力，恰恰说明了被告明知在其经营活动中应该使用正版计算机软件，并负有向其职工提供正版计算机软件的义务以及不定期检查公司计算机的职责，但其在实际经营时并未能履行相应义务。

裁判规则二：软件的复制品持有人以商业目的使用盗版软件，且无法提供合法来源，应承担停止侵权、赔偿损失的民事责任。

案例二：北京北大某电子有限公司与蒋某玲计算机软件著作权侵权纠纷案【（2007）宁民知终字第5号】

根据我国著作权法规定，计算机软件著作权受法律保护，未经著作权人许可不得擅自复制、使用计算机软件，否则应承担停止侵害、赔偿损失等民事责任。计算机软件著作权人享有的复制权，是指将计算机软件制作一份或者多份的权利。上诉人系某正××V4.1计算机软件的著作权人之一。上诉人享有的计算机软件著作权应受法律保护。被上诉人使用了某正××V4.1计算机软件，其作为最终用户，有义务和责任举证证明其使用的软件具有合法授权。鉴于被上诉人不能举证证明其使用的软件经过合法授权，故认定其使用的软件为侵权复制品。由于被上诉人不能提供该软件的合法来源，法院无法判断其是否存在属于“不知道也没有合理理由应当知道”其使用的软件系侵权复制品的事实。被上诉人以商业目的使用盗版软件，且无法提供合法来源，应承担停止侵权、赔偿损失的民事责任。鉴于上诉人未能举证证明由于被上诉人的侵权行为给上诉人造成经济损失的金额，或被上诉人因此获利的金额，故上诉人诉请被上诉人赔偿经济损失18360元的请求，法院不予全额支持。被上诉人使用涉案软件的性质，属于经营性使用行为。法院考虑被上诉人使用涉案软件的性质、实施侵权行为的主观过错、情节、后果及上诉人销售某正××V4.1正版软件的市场价格等因素，包括上诉人主张的制止侵权的合理支出部分，酌情判定被上诉人应承担的赔偿金额。

055 GPL[①] 等开源协议下计算机软件的著作权如何保护?

☞ 阅读提示

计算机从诞生之日起，自由、开源、分享的理念就同技术一起发展、壮大。在这一领域内，存在大量的开源软件以及开源协议，很多时候作者无须许可就能在他人程序的基础上创作，并会无偿分享其成果，但前提往往是作者加入了相关的协议并遵守协议的约定让渡自己的部分权利。在这种开源模式下，计算机软件的权利人在何种情况下享有著作权，在什么条件下不能主张其权利，开源协议与法律规定之间又是什么样的关系？笔者将通过该案例予以讨论。

① GPL，是GNU General Public License的缩写，译作GNU通用公共许可证。

裁判要旨

GPL协议的“传染性”是指GPL协议的许可客体不仅限于受保护程序本身，还包括受保护程序的衍生程序或修订版本，但不包括与其联合的其他独立程序。在当事人参与有关开源协议的情况下，应当视为权利人自愿对其有关权利做出处置。本案中虽然在软件前端代码中使用了GPL协议下的开源代码，但权利人仅主张保护其后端代码。在后端代码是属于独立于前端代码的程序时，其并不受到GPL协议的约束，因此无需强制开源。

案情简介

一、2014年3月原告不某买电子商务（北京）有限公司成立。2014年8月10日，不某买公司网站上线。2016年8月23日，国家版权局颁发计算机软件登记证书，显示软件名称为“不某买时尚海淘软件（PC版）”，著作权人为不某买公司，开发完成日期为2015年3月27日，首次发表日期为2015年3月27日。主张被告北京某亮时尚信息技术有限公司所运营网站侵犯了其享有的著作权。

二、不某买公司向原审法院提起诉讼，原审法院于2016年11月3日立案受理。不某买公司起诉请求：（一）判令某亮时尚公司立即停止使用侵权软件；（二）判令某亮时尚公司在《人民日报》、《光明日报》及其官方媒体上向不某买公司公开赔礼道歉；（三）判令某亮时尚公司赔偿不某买公司经济损失50万元；（四）判令某亮时尚公司承担不某买公司因本案的合理支出119260元。

三、依据“接触-实质性相似”的侵权认定标准进行考察：某亮时尚公司具有接触到不某买公司涉案权利软件的可能性；通过对双方网站源代码的比对结果及技术分析可知，抽样比对的绝大部分程序文件在程序逻辑和结构方面实质相同，函数变量命名特点相同或相似，且某亮时尚公司不同文件的代码中多次出现与不某买公司程序中相同的注释错误。因此某亮时尚公司未经不某买公司许可使用涉案软件的行为涉嫌侵犯软件的复制权及修改权。

四、某亮时尚公司主张虽然满足“接触-实质性相似”的认定标准，但不某买公司网站的前端代码中使用了GPL许可协议下的开源代码。根据GPL许可协议相关内容，GPL许可协议的基本要求为：软件所修改的内容源于遵循GPL的程序，该修改内容的整体就必须按照GPL流通，需要向社会公开，并放弃相应的著作权。当然协议内也对这种开源的“传染性”做了一定的限制，因此某亮时尚公司主张不某买公司无权对其网站整个软件主张著作权。

五、2019 年 12 月 23 日，二审法院在判决中认为：不某买公司主张的权利的后端代码中已排除开源代码，不某买公司虽在其前端代码中使用了开源代码，但其后端代码程序并非其前端程序的衍生品或修订版本，故根据 GPL 协议的相关规定，该协议对涉案权利代码并无拘束力。据此，某亮时尚公司的相关抗辩理由不能成立，原审判决认定事实清楚，适用法律无误，应予维持。

核心裁判要旨

本案的争议焦点为基于开源协议开发的软件，其著作权在特定情形下能否受到著作权的保护。GPL 协议系开源协议，任何人均可以使用该协议下的软件，并自由修改，但相应的对价是以协议下软件为基础开发的新软件，也必须遵守 GPL 协议，这种特点被称作 GPL 协议的“传染性”。本案中，不某买公司的网站代码使用了 GPL 协议中的开源代码，依据其“传染性”，不某买公司的网站代码似乎应当也被视作开源，而无法主张其权利，但认定网站代码实际上是否能够受到《著作权法》的保护，关键在于解决两个问题：一是 GPL 协议的法律效力，二是 GPL 协议的效力范围。

第一个问题，虽然在学理上对于 GPL 协议有关纠纷究竟适用侵权理论还是合同的概念还有争议，但是纵观近年来法院的裁判，对于开源协议的效力都予以默认，因此当事人应当受到协议的约束。在本案中，法院虽未明确说明，但是其解决争议的路径系对 GPL 协议有关内容予以梳理，可见本案中，法院是认可开源协议对当事人的约束力。

第二个问题，虽然 GPL 协议具有“传染性”，但其“传染”能力并非无限大，在协议中也存在相应的限制。其中特别定义了“聚合体”概念，其表述为：“一个在存储或分发媒介上的受保护作品和其他分离的单体作品的联合作品，在既不是该受保护作品的自然扩展，也不以构筑更大的程序为目的，并且自身及其产生的版权并非用于限制单体作品给予联合作品用户的访问及其他合法权利时，称为‘聚合体’。在聚合作品中包含受保护作品并不会使本协议影响聚合作品的其他部分。"① 通俗地讲，聚合体是指虽然在这一整体内存在着开源协议下的程序，但是因为其他程序并非是开源程序的产物，也不是为了构建成一个整体程序，那么此时“传染性”受到限制。具体到本案中，根据聚合体的概念，不某买公司虽在其前端代码中使用了开源代码，但其后端代码程序并非其前端程序的衍生品或修订版本，故根据GPL协议的相关规定，该协议对涉案权利代码并无拘束力。

诉讼经验总结

一、作为广泛应用的开源协议，GPL协议在不违反现有法律规定的情况下，参与该协议的行为应当产生相应的法律后果，即著作权人有条件地将其复制、修改、信息网络传播等权利让渡给公众，但此时并非直接令作品进入公共领域，著作权人仍然享有其权利，仅因意思自治的原则，将部分权利许可给公众，整体上软件仍然受到著作权法的保护。

二、当著作权人的软件受到GPL协议约束时，应当注意以下事项：①协议中禁止反悔原则，当软件开源后，通常权利人就失去了将其收回的可能性；②注意GPL协议的“传染性”与“聚合体”概念，避免造成违背意愿的开源结果；③遵守该协议并不意味着作品彻底进入公共领域，权利人的署名权等仍然受到保护；④著作权人在享受其他开源软件带来的便利时，也应当履行相关的义务，包括“保留声明、注明修改信息等”。

三、诉讼中的抗辩：不同于国外的情形，开源协议涉及的纠纷在我国展现出了不同的聚焦点，并不关注著作权人对于开源义务的违反，更多的是以开源协议作为侵权的抗辩理由。而抗辩理由的成立与否，集中在对于“聚合体”、“传染性”的认定上，集中在对技术问题的法律认证上，此时法院如何做出有说服力的认定，应当尝试从技术本身出发，因此司法鉴定在这其中发挥着至关重要的作用，需要慎重对待。

---

① 《GPL v3.0协议》原文表述为："A compilation of a covered work with other separate and independent works, which are not by their nature extensions of the covered work, and which are not combined with it such as to form a larger program, in or on a volume of a storage or distribution medium, is called an 'aggregate' if the compilation and its resulting copyright are not used to limit the access or legal rights of the compilation's users beyond what the individual works permit. Inclusion of a covered work in an aggregate does not cause this License to apply to the other parts of the aggregate."

法律规定

《中华人民共和国著作权法》（2010 年修正）	《中华人民共和国著作权法》（2020 年修正）
第十条第二款、第三款 著作权人可以许可他人行使前款第（五）项至第（十七）项规定的权利，并依照约定或者本法有关规定获得报酬。 著作权人可以全部或者部分转让本条第一款第（五）项至第（十七）项规定的权利，并依照约定或者本法有关规定获得报酬。	（在 2020 年的修正中并未修改）
第四十八条第一项 有下列侵权行为的，应当根据情况，承担停止侵害、消除影响、赔礼道歉、赔偿损失等民事责任；同时损害公共利益的，可以由著作权行政管理部门责令停止侵权行为，没收违法所得，没收、销毁侵权复制品，并可处以罚款；情节严重的，著作权行政管理部门还可以没收主要用于制作侵权复制品的材料、工具、设备等；构成犯罪的，依法追究刑事责任： （一）未经著作权人许可，复制、发行、表演、放映、广播、汇编、通过信息网络向公众传播其作品的，本法另有规定的除外；	**第五十三条第一项** 有下列侵权行为的，应当根据情况，承担本法第五十二条规定的民事责任；侵权行为同时损害公共利益的，由主管著作权的部门责令停止侵权行为，予以警告，没收违法所得，没收、无害化销毁处理侵权复制品以及主要用于制作侵权复制品的材料、工具、设备等，违法经营额五万元以上的，可以并处违法经营额一倍以上五倍以下的罚款；没有违法经营额、违法经营额难以计算或者不足五万元的，可以并处二十五万元以下的罚款；构成犯罪的，依法追究刑事责任： （一）未经著作权人许可，复制、发行、表演、放映、广播、汇编、通过信息网络向公众传播其作品的，本法另有规定的除外；

本案链接

北京某亮时尚信息技术有限公司、不某买电子商务（北京）有限公司侵害计算机软件著作权纠纷二审民事判决书【（2019）最高法知民终 663 号】

第一，前端代码与后端代码是可以分别独立打包、部署的。因此，前端代码与后端代码在展示方式、所用技术、功能分工等上均存在明显不同，不能因前端代码与后端代码之间存在交互配合就认定二者属于一体。第二，不某买公司作为权利人在本案中明确放弃以前端代码主张权利，仅以后端代码主张权利，因此涉案软件仅为后端代码而非某亮公司所称前端文件和后端文件共同构成涉案软件。第三，根据 2007 年 6 月 29 日发布的 GPL 协议第 3 版第 5 条关于“一个受保护程序和其它独立程序的联合作品，在既不是该程序的自然扩展，也不是为了生成更大的程序，且联合作品和产生的版权未用于限制编译用户的访问或超出个别程序许可的合法权利时，被称为聚合体。包含受保护程序的聚合体并不会使本许可应用于该聚合体的其他部分”的规定，某亮时尚公司所称GPL协议的“传染性”应当是指GPL协议的许可客体不仅限于受保护程序本身，还包括受保护程序的衍生程序或修订版本，但不包括与其联合的其他独立程序。本案中，虽然不某买公司认可其前端代码中使用了GPL协议下的开源代码，但其主张权利的是后端代码，其后端代码是独立于前端代码的其他程序，并不受GPL协议的约束，无需强制开源。综上，某亮时尚公司的上诉理由不能成立。

延伸阅读

裁判规则一：开源的计算机语言并不必然导致以此语言编写软件的开源。

案例一：浙江阿某提电子商务有限公司与天津市某科技有限责任公司等侵害计算机软件著作权纠纷二审民事判决书【（2017）浙02民终3852号】

权利人主张著作权保护的S×××NC电商系统计算机软件虽由PHP语言编写，但计算机语言本身具有工具属性，以特定计算机语言编写的S×××NC软件作品通过作者创造性的智力劳动所表现的作品独创性与计算机语言之间，并未体现以后者为基础的派生关系，故也并不属于PHP语言演绎作品。即使以演绎作品的角度审查，CC许可证的上述开源传导性，指向的是原作品的演绎作品，涉案S×××NC软件也并不受软件手册CC许可证开源义务的约束。

裁判规则二：以开源协议抗辩的关键在于涉诉程序应当被认定为开源的衍生产品或修订版本，还是被认定为独立软件。

案例二：柚某（北京）移动技术有限公司等与数字某（北京）网络技术有限公司二审民事判决书【（2018）京民终471号】

因数字某公司主张柚某科技公司、柚某移动公司使用的是H××××der软件中的三个插件，而该三个插件属于独立的软件作品，因此，需要判断的是该三个插件是否是受GPL协议限制。一审庭审中，柚某科技公司、柚某移动公司认可该三个插件均处于独立的文件夹中，该文件夹中并无GPL开源协议文件。不仅如此，在H××××der软件的根目录下亦不存在GPL开源协议文件。根据GPL协议的相关规定，GPL协议的许可客体是在GPL协议许可下批准的受版权保护的程序以及基于该程序的衍生产品或修订版本。对于数字某公司涉案三个插件而言，在其所处文件夹中并无 GPL 开源协议文件，而 H××××der 软件的根目录下亦不存在 GPL 开源协议文件的情况下，尽管 H××××der 软件其他文件夹中包含 GPL 开源协议文件，但该协议对于涉案三个插件并无拘束力，据此，涉案三个插件并不属于该协议中所指应被开源的衍生产品或修订版本，柚某科技公司、柚某移动公司认为数字某公司软件为开源软件的相关抗辩理由不能成立。被诉行为构成对著作权人复制权、改编权及信息网络传播权的侵犯。

056 计算机软件调用的内容能否同时作为软件予以保护？

☞ **阅读提示**

对于计算机软件是否属于作品，各国曾经存在立法的分歧，在我国现行法律规定，计算机软件包括计算机程序及其有关文档，属于法定的作品种类。计算机软件分为两部分，即程序和有关文档，而计算机程序并非单纯代码指令，在其中往往还会包含图像、视频、音乐等内容，这部分内容究竟是一同作为计算机软件予以保护，还是单独依据美术作品、音乐作品等进行保护，笔者接下来将通过案例予以探讨。

裁判要旨

《著作权法》中规定，软件作为一类独立的作品受到法律保护，同时在《计算机软件保护条例》中对软件进行了定义：计算机软件是指计算机程序及其有关文档。而对于在计算机软件中所调用的音乐、图像、视频等，并不属于程序也不属于有关文档，因此应当单独适用其他作品种类的有关规定，而不能作为软件统一保护。

案情简介

一、原告福建水某方三维数字科技有限公司系“××××虚拟仿真软件 V1.0”、“某某 AR 增强现实实训软件系统 V1.0”计算机软件的著作权人，分别于 2016 年 2 月 15 日向国家版权局登记取得“××××虚拟仿真软件 V1.0”计算机软件著作权登记证书，标注开发完成和首次发表日期为2015年12月14日；于2018年2月1日向国家版权局登记取得“某某AR增强现实实训软件系统V1.0”计算机软件著作权登记证书，标注开发完成日期为2017年11月10日、首次发表日期为2017年11月15日。

二、被告复某智能科技（上海）有限公司于2018年6月向国家版权局登记取得“某某实训虚拟仿真软件系统V1.0”计算机软件著作权登记证书，标注开发完成日期为2018年2月28日。

三、水某方公司向原审法院提起诉讼，原审法院于2018年9月28日立案受理。水某方公司起诉请求：1. 琨某公司停止侵害水某方公司计算机软件著作权及不正当竞争行为；……8. 琨某公司、复某公司和某学院承担本案诉讼费用。水某方公司当庭明确其主张保护的软件为“××××虚拟仿真软件V1.0”和“某某AR增强现实实训软件系统V1.0”。水某方公司主张被诉侵权软件中的动画效果（庭后主张为动画脚本）与其权利软件中的动画效果实质性相似，侵害其软件的修改权、复制权、发行权、放映权。

四、2019年12月31日，二审法院在判决中认为：动画和3D画面效果本质上均不属于《计算机软件保护条例》所规定的程序，也不是程序的文档，不属于计算机软件著作权的保护范畴。因此水某方公司关于涉案计算机软件中的动画、3D画面效果属于计算机软件，应受《计算机软件保护条例》保护的主张不能成立，原审判决认定事实清楚，适用法律正确，应予维持。

核心裁判要旨

本案中的争议焦点为，水某方公司主张以动画、3D画面效果为涉案软件著作权的保护客体的观点是否成立。即其认为动画、3D画面效果与涉案软件有密切关系，不应以美术作品或以类似摄制电影的方法创作的作品来进行保护。

水某方公司经法院释明后仍未改变其诉讼请求，原因在于其认为涉案软件属于虚拟仿真软件，开发平台系公共平台，而软件核心在于虚拟动画效果，对于该动画、3D画面效果应该作为软件予以保护。但依据现行法律规定，计算机软件的保护范围是法定的，仅包括程序和有关文档。很明显，涉案软件中的动画及动画效果，并不属于计算机软件，也不属于有关文档。不仅是本案中所涉及的动画，对于计算机软件通常所调动的音乐、视频等相关的侵权，都不应当作为计算机软件得到有关法律的救济。当然不能作为软件保护并不意味着不能得到救济，因为如果软件所调动的内容符合《著作权法》对于作品的规定，那就应当以相应路径进行保护，而不能贸然扩大软件的保护范围。

诉讼经验总结

一、权利人在涉及计算机软件侵权时，应当注意自己的诉讼请求，明确自己想要保护的对象，软件著作权的保护客体局限于计算机程序及其文档，对于与计算机程序及其文档无关的，但具有独创性、符合作品的构成要件，可以受到著作权法保护的视频、图像、音乐等，权利人可以将其从计算机软件中单独分割出来，对应著作权法规定的作品类型请求给予保护。

二、计算机软件中的有关文档，是指用来描述程序的内容、组成、设计、功能规格、开发情况、测试结果及使用方法的文字资料和图表等，如程序设计说明书、流程图、用户手册等。因此对于计算机软件中所附带的数据文件并不应当被视为计算机程序的同时，通常也很难被认定为有关文档从而作为计算机软件受到保护。

三、计算机软件所享有的著作权中并不包括其他作品可能享有的表演权、放映权，因此准确界定计算机软件和计算机软件中调用的其他作品非常重要，是确定权利人权利边界的重要前提。

法律规定

《中华人民共和国著作权法》 (2010年修正)	《中华人民共和国著作权法》 (2020年修正)
第三条第八项 本法所称的作品，包括以下列形式创作的文学、艺术和自然科学、社会科学、工程技术等作品： (八)计算机软件；	**第三条第八项** 本法所称的作品，是指文学、艺术和科学领域内具有独创性并能以一定形式表现的智力成果，包括： (八)计算机软件；

《计算机软件保护条例》(2013年修订)

第二条 本条例所称计算机软件(以下简称软件)，是指计算机程序及其有关文档。

第三条第一项、第二项 本条例下列用语的含义：

(一)计算机程序，是指为了得到某种结果而可以由计算机等具有信息处理能力的装置执行的代码化指令序列，或者可以被自动转换成代码化指令序列的符号化指令序列或者符号化语句序列。同一计算机程序的源程序和目标程序为同一作品。

(二)文档，是指用来描述程序的内容、组成、设计、功能规格、开发情况、测试结果及使用方法的文字资料和图表等，如程序设计说明书、流程图、用户手册等。

本案链接

福建水某方三维数字科技有限公司、琨某国际贸易（上海）有限公司侵害计算机软件著作权纠纷二审民事判决书【（2019）最高法知民终773号】

本案水某方公司主张被诉侵权软件与水某方公司涉案软件的动画、3D画面效果相似，侵害其计算机软件著作权。就水某方公司请求保护的动画和3D画面效果而言，动画系采用逐帧拍摄对象并连续播放而形成运动的影像技术，与以类似摄制电影的方法创作的作品有着非常相似的表现形式，而3D画面效果系利用图像处理软件完成的由色彩、线条、图案或者其他方式构成的立体造型画面，一定程度上可以认定为美术作品。因此，动画和3D画面效果本质上均不属于《计算机软件保护条例》所规定的程序，也不是程序的文档，不属于计算机软件著作权的保护范畴。水某方公司关于涉案计算机软件中的动画、3D画面效果属于计算机软件，应受《计算机软件保护条例》保护的上诉主张不能成立。著作权法根据作品的类型设定了不同的保护路径，囿于作品法定类型的限制，在《计算机软件保护条例》已对保护客体作出明确限定的情况下，再将其他法定类型的作品纳入计算机软件的保护范畴，将破坏、冲击著作权法保护的体系性和协调性。经本院释明，水某方公司仍然坚持被诉侵权软件中的动画、3D画面效果侵害其涉案计算机软件著作权，对于水某方公司的该项主张，本院予以驳回。对被诉侵权软件中的动画、3D画面效果与水某方公司涉案软件中的动画、3D画面效果是否相似，是否侵害水某方公司对美术作品和以类似摄制电影的方法创作的作品的著作权，本院不再予以审查。

延伸阅读

裁判规则一：计算机软件著作权人为实现软件与机器的捆绑销售，将软件运行的输出数据设定为特定文件格式，以限制其他竞争者的机器读取以该特定文件格式保存的数据，从而将其在软件上的竞争优势扩展到机器，不属于著作权法所规定的著作权人为保护其软件著作权而采取的技术措施。他人研发软件读取其设定的特定文件格式的，不构成侵害计算机软件著作权。

案例一：指导案例48号：北京精某科技有限公司诉上海奈某电子科技有限公司侵害计算机软件著作权纠纷二审民事判决书【（2006）沪高民三（知）终字第110号】

关于第一点。本案中，Eng 文件是 JD×××nt 软件在加工编程计算机上运行所生成的数据文件，其所使用的输出格式即 Eng 格式是计算机 JD×××nt 软件的目标程序经计算机执行产生的结果。该格式数据文件本身不是代码化指令序列、符号化指令序列、符号化语句序列，也无法通过计算机运行和执行，对 Eng 格式文件的破解行为本身也不会直接造成对 JD×××nt 软件的非法复制。此外，该文件所记录的数据并非原告精某公司的 JD×××nt 软件所固有，而是软件使用者输入雕刻加工信息而生成的，这些数据不属于 JD×××nt 软件的著作权人精某公司所有。因此，Eng 格式数据文件中包含的数据和文件格式均不属于 JD×××nt 软件的程序组成部分，不属于计算机软件著作权的保护范围。

关于第二点。根据《著作权法》第四十八条第一款第六项①、《计算机软件保护条例》第二十四条第一款第三项的规定，故意避开或者破坏著作权人为保护其软件著作权而采取的技术措施的行为，是侵犯软件著作权的行为。上述规定主要限制的是针对受保护的软件著作权实施的恶意技术规避行为。著作权人为输出的数据设定特定文件格式，并对该文件格式采取加密措施，限制其他品牌的机器读取以该文件格式保存的数据，从而保证捆绑自己计算机软件的机器拥有市场竞争优势的行为，不属于上述规定所指的著作权人为保护其软件著作权而采取技术措施的行为。他人研发能够读取著作权人设定的特定文件格式的软件的行为，不构成对软件著作权的侵犯。

根据本案事实，JD×××nt 输出的 Eng 格式文件是在精某公司的“精某 CNC 雕刻系统”中两个计算机程序间完成数据交换的文件。从设计目的而言，精某公司采用 Eng 格式而没有采用通用格式完成数据交换，并不在于对 JD×××nt 软件进行加密保护，而是希望只有“精某 CNC 雕刻系统”能接收此种格式，只有与“精某 CNC 雕刻系统”相捆绑的雕刻机床才可以使用该软件。精某公司对 JD×××nt 输出文件采用 Eng 格式，旨在限定 JD×××nt 软件只能在“精某 CNC 雕刻系统”中使用，其根本目的和真实意图在于建立和巩固 JD×××nt 软件与其雕刻机床之间的捆绑关系。这种行为不属于为保护软件著作权而采取的技术保护措施。如果将对软件著作权的保护扩展到与软件捆绑在一起的产品上，必然超出我国著作权法对计算机软件著作权的保护范围。精某公司在本案中采取的技术措施，不是为保护 JD×××nt 软件著作权而采取的技术措施，而是为获取著作权利益之外利益而采取的技术措施。因此，精某公司采取的技术措施不属于《著作权法》《计算机软

① 编者按:《著作权法》(2020 年修正) 第 53 条第 1 款第 6 项。

件保护条例》所规定著作权人为保护其软件著作权而采取的技术措施，奈某公司开发能够读取JD×××nt软件输出的Eng格式文件的软件的行为，并不属于故意避开和破坏著作权人为保护软件著作权而采取的技术措施的行为。

裁判规则二：字库应作为计算机软件而不是美术作品受到著作权法的保护，计算机中文字库运行后产生的单个汉字，只有具有著作权法意义上的独创性时方能认定其为美术作品。

案例二：北京北某某正电子有限公司与暴某娱乐股份有限公司、九某互动信息技术（上海）有限公司、上海某城市信息技术有限公司、北京某文图书有限公司侵害著作权纠纷二审民事判决书【（2010）民三终字第6号】

根据著作权法实施条例第二条的规定，著作权法意义上的作品是指文学、艺术和科学领域内具有独创性并能以某种有形形式复制的智力成果。本案中，诉争的字库由某正兰亭字库V5.0版中的某正北魏楷体GBK、某正细黑—GBK、某正剪纸GBK，某正兰亭字库V3.0版中的某正隶变GBK，某正兰亭字库VI.0版中的某正隶变GB字体共五款字体组成。根据北某某正公司陈述的字库制作过程，其字库中相关字体是在字型原稿的基础上，由其制作人员在把握原创风格的基础上，按照印刷字的组字规律，将原创的部件衍生成一套完整的印刷字库后，再进行人工调整后使用Truetype指令，将设计好的字型用特定的数字函数描述其字体轮廓外形并用相应的控制指令对字型进行相应的精细调整后，编码成Truetype字库。根据其字库制作过程，由于印刷字库中的字体字型是由字型原稿经数字化处理后和由人工或计算机根据字型原稿的风格结合汉字组合规律拼合而成，其字库中的每个汉字的字型与其字型原稿并不具有一一对应关系，亦不是字型原稿的数字化，且在数量上也远远多于其字型原稿。印刷字库经编码形成计算机字库后，其组成部分的每个汉字不再以汉字字型图像的形式存在，而是以相应的坐标数据和相应的函数算法存在。在输出时经特定的指令及软件调用、解释后，还原为相应的字型图像。

根据《计算机软件保护条例》第二条之规定，计算机软件是指计算机程序及有关文档。该条例第三条第一项规定，计算机程序是指为了得到某种结果而可以由计算机等具有信息处理能力的装置执行的代码化指令序列，或者可以被自动转换成代码化指令序列的符号指令序列或者符号化语句序列。本案中，诉争字库中的字体文件的功能是支持相关字体字型的显示和输出，其内容是字型轮廓构建指令及相关数据与字型轮廓动态调整数据指令代码的结合，其经特定软件调用后产生运行结果，属于计算机系统软件的一种，应当认定其是为了得到可在计算机及相关电子设备的输出装置中显示相关字体字型而制作的由计算机执行的代码化指令序列，因此其属于《计算机软件保护条例》第三条第一项规定的计算机程序，属于著作权法意义上的作品。鉴此，本院认为，一审法院以“字库中对数据坐标和函数算法的描述并非计算机程序所指的指令，并且字库只能通过特定软件对其进行调用，本身并不能运行并产生某种结果”为由，认定诉争字库不属于《计算机软件保护条例》所规定的程序，缺乏事实和法律依据，应予以纠正。北某某正公司关于其诉争字库属于计算机软件的上诉主张，应以支持。暴某公司、某城市公司关于诉争字库不属于计算机软件的答辩意见，无事实和法律依据，本院不予支持。

关于诉争某正兰亭字库是否是著作权法意义上的美术作品的问题。《著作权法实施条例》第四条第八项规定，美术作品是指绘画、书法、雕塑等以线条、色彩或者其他方式构成的有审美意义的平面或者立体的造型艺术作品。本案中，诉争某正兰亭字库由某正北魏楷体 GBK、某正细黑—GBK、某正剪纸 GBK，某正兰亭字库 V3.0 版中的某正隶变 GBK，某正兰亭字库 V1.0 版中的某正隶变 GB 字体（字库）组成。每款字体（字库）均使用相关特定的数字函数，描述常用的5000 余汉字字体轮廓外形，并用相应的控制指令及对相关字体字型进行相应的精细调整，因此每款字体（字库）均由上述指令及相关数据构成，并非由线条、色彩或其他方式构成的有审美意义的平面或者立体的造型艺术作品，因此其不属于著作权法意义上的美术作品。此外，根据诉争相关字体（字库）的制作过程，字库制作过程中的印刷字库与经编码完成的计算机字库及该字库经相关计算机软件调用运行后产生的字体属于不同的客体，且由于汉字本身构造及其表现形式受到一定限制等特点，经相关计算机软件调用运行后产生的字体是否具有著作权法意义上的独创性，需要进行具体分析后尚能判定。一审法院以字库的字型均采用统一的风格及笔形规范进行处理，而认定字库中的每个字型的制作体现出作者的独创性而成为著作权法意义上的作品，是将北某某正公司制作计算机字库过程中的印刷字库与最终完成计算机字库及该字库运行后产生的字体混为一体，且对该字库经计算机程序调用运行后产生的汉字是否具有独创性没有进行分析判定，进而影响了其对诉争字库（字型）性质的认定，导致认定事实、适用法律均有错误，本院予以纠正。

057 计算机软件开发合同中如何行使单方解除权?

☞ 阅读提示

在司法实践中，著作权纠纷的解决并不能仅依赖于、局限于《著作权法》，基于其私法属性而常常需要寻求民事一般法的解决途径。在计算机软件开发合同的履行过程中，一方不能交付作品或者另一方拒绝支付报酬等情形均可能造成合同的解除。此外，当事人亦可在委托创作合同中就解除合同的条件做出具体约定。在发生争议时，如何确定项目的付款条件是否已经成就？如何认定是否存在延迟交付以及交付是否合格？如何认定计算机软件开发合同的解除及其解除后果？本文将对上述相关问题展开分析和探讨。

裁判要旨

当事人可以约定一方解除合同的条件。解除合同的条件成就时，解除权人可以解除合同。合同解除后，尚未履行的，终止履行；已经履行的，根据履行情况和合同性质，当事人可以要求恢复原状、采取其他补救措施，并有权要求赔偿损失。合同解除后，未履行的部分双方均不再履行，已经履行的部分可以要求恢复原状、赔偿损失。在合同内容是基于委托方特定需求量身定制的情形下，对于已履行部分，不适用恢复原状的赔偿责任。

案情简介

一、秦某与西某网络公司于2016年3月15日就“美食帮饮食业OTO移某App系统软件开发”项目（简称“涉案软件”）签订了《技术开发合同书》（简称“涉案合同”）。涉案合同约定技术目标为：在本合同签署之前甲乙双方洽谈的软件功能点细分的基础上，由甲方制定具体的名称定义、软件架构及界面逻辑设计草图，乙方按此架构进行界面设计和软件编程开发。

二、2016年8月30日，西某网络公司向秦某发送电子邮件，附件为《中止函》，邮件内容为：1. 我方已经履行了合同第一期项目，并于6月7日提交验收，贵方验收至今早已超期；2. 秦某对一期项目增项不沟通、不认可并拒不支付费用；3. 第二期草图下半部分不明确的，秦某不予提交；4. 秦某擅自修改后台用户、密码，造成开发人员无法正常工作；5. 秦某只支付了 2 万元的定金，但二期项目已经完成约 70%。我方行使先履行抗辩权和不安抗辩权，暂时中止合同的履行，中止期以一个月为限。2016 年 9 月 2 日，秦某回复上述邮件，称已收到《中止函》，督促西某网络公司履行合同义务，在 3 日内予以回复，否则将提起诉讼，并在邮件内附上“证据清单”“民事起诉状”作为附件，其中“民事起诉状”内写明要求杜某承担连带责任。

三、2017 年 11 月 10 日，原告向法院提起诉讼。2020 年 6 月 20 日，一审法院判决确认秦某与北京西某网络公司签订的《技术开发合同书》自 2020 年 6 月 4 日起解除；北京西某网络公司、杜某于本判决生效之日起十日内，共同向秦某返还定金 2 万元；并驳回秦某的其他诉讼请求。2020 年 12 月 28 日，二审法院维持原判。

核心裁判要旨

首先，涉案合同约定的第一期、第二期款项的付款条件是否成就的问题。依据涉案合同第四条的约定，秦某就第一期软件开发完成共需支付 18 万元（包含定金 4 万元）。涉案合同签订后，秦某已经分笔向西某网络公司支付了第一期软件开发的费用，西某网络公司亦认可收到上述款项。但秦某认为西某网络公司未向其交付符合合同约定的第一期项目成果，应当返还已经支付的款项并承担违约责任，而西某网络公司则主张已经交付并验收完成所有的第一期项目开发，秦某所称的未完成内容属于涉案合同约定之外的额外需求。一审法院认为，在本案中，应当由西某网络公司承担其已经完成了一期项目的开发工作的举证责任。根据法院查明的事实，至迟于 2016 年 6 月 6 日，一期项目软件已经由秦某验收功能并检测交付文档，西某网络公司已经交付全部代码及文档，且秦某已经确认无权要求西某网络公司退还已经产生并验收合格的第一期开发费用。根据双方履行过程中达成的合意，对于第一期未开发的功能挪在第二期开发，2016 年 7 月 21 日，秦某亦已经通过邮件确认第一期剩余功能已开发完毕。故，综合上述事实，法院认为西某网络公司提交的证据足以证明其尽到了相应的举证责任，已经完成了第一期项目的开发工作，涉案合同约定的第一期项目的付款条件已经成就。

关于涉案软件第二期项目的履行情况。秦某已经支付第二期项目的定金 2 万元，但主张西某网络公司未进行第二期项目的开发，未向其交付合格的软件。西某网络公司认可已经收到定金 2 万元，但主张已经完成了第二期项目工程进度的 70%，要求秦某支付第二期项目剩余款项。对此，法院认为，西某网络公司应该就第二期项目的开发成果举证，根据西某网络公司提交的证据，虽然在双方的邮件往来过程中，西某网络公司曾多次向秦某提及第二期项目已经完成约 70%，但并未举证证明其已经向秦某交付、验收、测试相应的开发软件成果，亦未向法院提交相应证据。故，在西某网络公司未就其履行合同义务进行充分举证的情况下，应当承担不利后果。法院认定，西某网络公司未履行第二期开发义务，未达到涉案合同第四条的约定的第二期合同款项的付款条件。

其次，关于涉案合同是否解除的问题。原审法院认为，根据涉案合同第 11.3 条的约定，若西某网络公司超过 44 个工作日未能完成开发，秦某有权行使单方解除权，如前所述，西某网络公司未履行完成第二期开发义务，秦某可以据此主张解除涉案合同。另一方面，秦某已经支付完成第一期项目款项和第二期定金，且项目履行未达到第二期合同款项的付款条件，西某网络公司未举证证明秦某存在《合同法》第九十四条①第二、四项的违约情形，故本案不符合法定解除之情形。本案属于《合同法》第九十三条②第二款规定的约定解除，秦某有权解除涉案合同。秦某于 2020 年 6 月 4 日的原审庭审笔录中明确表示合同解除，根据《合同法》第九十六条规定，该解除通知即时到达至西某网络公司，因此，原审法院确认涉案合同及其附件于 2020 年 6 月 4 日起解除。

二审中，关于西某网络公司是否存在迟延交付以及交付涉案软件不合格的违约行为的问题，二审法院认为虽然涉案合同约定西某网络公司应在 2016 年 4 月 25 日前完成第一期开发内容及测试并同日之前提交秦某验收，2016 年 5 月 5 日第一期系统上线试运行，但是涉案合同关于迟延交付的违约责任条款约定“双方在执行合同中出现争议，且未达成一致的情况下导致的拖延除外”，秦某二审确认存在多次设计方面的沟通，故一期项目延期是由于双方在合同履行过程中就产品需求和开发未达成一致所造成，属于迟延交付的例外情况，且秦某在 2016 年 6 月 6 日及之后多次通过电子邮件确认一期项目完整验收，因此西某网络公司不存在迟延交付的违约行为。至于秦某主张的西某网络公司交付涉案软件不合格的问题，如前所述，秦某在电子邮件中已经确认一期项目完整验收，即已认可对方交

---

① 编者按：《民法典》（2020 年）第 563 条。

② 编者按：《民法典》（2020 年）第 562 条。

付合格软件。因此，秦某关于西某网络公司存在迟延交付以及交付涉案软件不合格的违约行为的主张缺乏事实依据。

诉讼经验总结

一、当事人对自己提出的主张，有责任提供证据。《最高人民法院关于适用〈中华人民共和国民事诉讼法〉的解释》第九十条第一款规定："当事人对自己提出的诉讼请求所依据的事实或者反驳对方诉讼请求所依据的事实，应当提供证据加以证明，但法律另有规定的除外。"第二款规定："在作出判决前，当事人未能提供证据或者证据不足以证明其事实主张的，由负有举证证明责任的当事人承担不利的后果。"本案中，秦某主张西某网络公司未履行涉案合同一期项目义务，并提交了《技术开发合同书》等证据，相应地，西某网络公司负有证明其已履行涉案合同一期项目义务的举证责任，否则将承担举证不能的法律后果。

二、合同的约定解除不同于法定解除。《合同法》第九十三条[①]第二款规定：当事人可以约定一方解除合同的条件。解除合同的条件成就时，解除权人可以解除合同。《合同法》第九十四条[②]第二、四项规定：有下列情形之一的，当事人可以解除合同：（二）在履行期限届满之前，当事人一方明确表示或者以自己的行为表明不履行主要债务；（四）当事人一方迟延履行债务或者有其他违约行为致使不能实现合同目的。本案中，秦某主张依据涉案合同第11.3条的约定解除涉案合同，请求确认涉案合同于2020年6月4日解除。西某网络公司同意涉案合同于2020年6月4日解除，但主张适用《合同法》第九十四条[③]第二、四项法定解除。对此法院指出，根据涉案合同第11.3条的约定，若西某网络公司超过44个工作日未能完成开发，秦某有权行使单方解除权。另一方面，秦某已经支付完成第一期项目款项和第二期定金，且项目履行未达到第二期合同款项的付款条件，西某网络公司未举证证明秦某存在《合同法》第九十四条[④]第二、四项的违约情形，故本案不符合法定解除之情形。

三、关于合同解除的法律后果。《合同法》第九十七条[⑤]规定：合同解除后，尚未履行的，终止履行；已经履行的，根据履行情况和合同性质，当事人可以要

---

① 编者按：《民法典》（2020年）第562条。

②③④ 编者按：《民法典》（2020年）第563条。

⑤ 编者按：《民法典》（2020年）第566条。

求恢复原状、采取其他补救措施，并有权要求赔偿损失。双方涉案合同解除后，未履行的部分双方均不再履行，已经履行的部分可以要求恢复原状、赔偿损失。在本案的第一期项目中，考虑到本案涉案合同约定的项目开发成果为秦某量身定做，本案涉案合同的性质决定了当事人双方付出的成本和劳动已经全部凝结在已交付的涉案合同项目成果中，就此而言，本案涉案合同不可适用恢复原状。就第二期项目的履行情况而言，西某网络公司未履行完成第二期开发义务，未达到涉案合同第四条的约定的第二期合同款项的付款条件。西某网络公司无权要求秦某另行支付二期开发费用7万元。

法律规定

《中华人民共和国合同法》（已废止）	《中华人民共和国民法典》（2020年5月28日发布）
第九十三条第二款 当事人可以约定一方解除合同的条件。解除合同的条件成就时，解除权人可以解除合同。	**第五百六十二条第二款** 当事人可以约定一方解除合同的条件。解除合同的条件成就时，解除权人可以解除合同。
第九十四条第二款、第四款 有下列情形之一的，当事人可以解除合同： （二）在履行期限届满之前，当事人一方明确表示或者以自己的行为表明不履行主要债务； （四）当事人一方迟延履行债务或者有其他违约行为致使不能实现合同目的。	**第五百六十三条第二款、第四款** 有下列情形之一的，当事人可以解除合同： （二）在履行期限届满之前，当事人一方明确表示或者以自己的行为表明不履行主要债务； （四）当事人一方迟延履行债务或者有其他违约行为致使不能实现合同目的。

本案链接

秦某、北京西某网络科技有限公司计算机软件开发合同纠纷二审民事判决书【（2020）最高法知民终1561号】

虽然涉案合同约定西某网络公司应在2016年4月25日前完成第一期开发内容及测试并同日之前提交秦某验收，2016年5月5日第一期系统上线试运行，但是涉案合同关于迟延交付的违约责任条款约定“双方在执行合同中出现争议，且未达成一致的情况下导致的拖延除外”，秦某二审确认存在多次设计方面的沟通，故一期项目延期是由于双方在合同履行过程中就产品需求和开发未达成一致所造成，属于迟延交付的例外情况，且秦某在2016年6月6日及之后多次通过电子邮件确认一期项目完整验收，因此西某网络公司不存在迟延交付的违约行为。至于秦某主张的西某网络公司交付涉案软件不合格的问题，如前所述，秦某在电子邮件中已经确认一期项目完整验收，即已认可对方交付合格软件。因此，秦某关于西某网络公司存在迟延交付以及交付涉案软件不合格的违约行为的主张缺乏事实依据，法院不予支持。

延伸阅读

裁判规则一：在双方当事人达成作品委托创作合同且乙方向甲方交付初稿后，甲方单方终止委托，并另行委托他人以原告创意及制作的剧本文稿、素材图片、视频样片为基础，制作新的宣传视频，在满足实质性相似要件的前提下，构成版权侵权。

案例一：北京博某风行文化传媒有限公司与中国移某通信集团公司著作权权属、侵权纠纷【（2017）京 0102 民初 15080 号】

2016 年 8 月，被告中国移某公司下属子公司咪某视讯公司向原告博某风行公司发出宣传比稿事宜，2016 年 9 月达成口头委托合同，约定由博某风行公司按照咪某视讯公司的要求为被告制作宣传视频。当原告博某风行公司将剧本文稿、素材图片、样片等素材交付咪某视讯公司后，咪某视讯公司没有交付报酬，且单方终止委托，并另行委托他人以原告创意及制作的剧本文稿、素材图片、视频样片为基础，制作了新的宣传视频。该视频与原告创作的视频构成实质性相似，因此被告侵犯了原告的著作权。

裁判规则二：对于被控侵权软件是否属于合同范围的理解，不应机械、静态地分析其是属于线上还是线下软件，特别是考虑到合同履行过程中，当事人根据业务需求以及软件开发的进程，亦有可能对开发范围进行调整，应该综合考虑涉案合同的目的、被控侵权软件与合同软件的功能配套性以及合同履行情况进行判断。

案例二：某奇智威信息科技有限公司与浙江某发科技有限公司、宁波海某耀广理发店侵害计算机软件著作权纠纷二审民事判决书【（2019）最高法知民终 694 号】

本案中，对于被控侵权软件是否属于合同范围的理解，不应机械、静态地分析其是属于线上还是线下软件，特别是考虑到合同履行过程中，当事人根据业务需求以及软件开发的进程，亦有可能对开发范围进行调整，应该综合考虑涉案合同的目的、被控侵权软件与合同软件的功能配套性以及合同履行情况进行判断。法院认为涉案合同并未明确界定何为线上，即使如某奇智威公司所述被控侵权软件并非线上软件，也并不必然得出其不属于合同范围的结论。因为在软件开发合同的履行过程中，完全可能对原本约定的功能需求进行变更和增加，软件开发的内容和范围并非一成不变。事实上，在涉案合同履行过程中，基于某发公司需求，某奇智威公司开发完成了被控侵权软件，除非有相反的特别约定，否则应当认定被控侵权软件属于合同范围。综上，本案原告某奇智威公司虽已举证证明其主张权属的上传于云盘的涉案软件早于被控侵权软件；且经司法鉴定被控侵权软件与该公司上传于云盘的软件多处重合一致，具有实质性的相似，某奇智威公司亦在庭审中陈述被控侵权软件代码中嵌入了该公司名称信息，某发公司亦接触了开发该软件的技术人员，有接触涉案软件的事实，但因双方当时存在"QCHouses 线上平台开发"软件开发合同关系，在一系列证据及事实可证明该涉案软件具有高度概然性属于该合同项下开发内容的情况下，法院认为，涉案软件属于合同项下的软件，依合同约定权属不属于某奇智威公司。

058 计算机软件侵权纠纷中如何适用举证责任倒置？

☞ **阅读提示**

举证责任倒置是民事诉讼法中的特殊规制，该规制为存在证据距离和举证难度的原告减轻了举证负担，同时对被告施加了更高的举证要求，因此在具体的适用中须兼顾原被告双方的举证难度情况。计算机软件侵权纠纷与普通民事侵权案件不同，亦与普通的著作权侵权纠纷不同，此类案件具有高技术性、高行业性的特点，复杂技术的介入会为此类案件中原告的初步举证责任和举证责任倒置规则带来什么不同呢？本文将对相关问题展开分析和探讨。

裁判要旨

计算机软件程序包含源程序和目标程序，同一计算机程序的源程序和目标程序为同一作品。同时根据《计算机软件保护条例》第二十四条的规定，计算机软件程序或文档存在相同或实质性相似是判断是否构成侵权的基础。对软件相同或实质相似既要尽力查明客观事实，同时也需充分考虑当事人的举证能力，根据个案具体情况进行区别处理，不能将源程序的比对作为确定软件相同或实质相似的唯一标准。如果权利人已经举证证明被诉侵权软件与主张权利的软件界面高度近似，或者被诉侵权软件存在相同的权利管理信息、设计缺陷、冗余设计等特有信息，可以认为权利人完成了初步举证责任，此时举证责任转移至被诉侵权人，应由其提供相反证据以证明其未实施侵权行为。

案情简介

一、原告某思公司总部设在美国加利福尼亚州，为全球电子市场提供技术先进的IC设计与验证平台，致力于复杂的芯片上系统的开发，为全球集成电路设计提供电子设计自动化（EDA）软件工具。某C是原告开发的具有新一代布局布线系统的软件，通过将物理综合扩展到整个布局和布线过程以及签核驱动的设计收敛，来保证卓越质量并缩短设计时间，采用基于TCL的同一架构，实现创新并利用了若干优秀核心技术。作为一套完整的布局布线设计系统，它包括了实现下一代设计所必需的一切功能，如物理综合、布局、布线、时序、信号完整性（SI）优化、低功耗、可测性设计（DFT）和良率优化。某C软件已经在美国申请版权登记，原告拥有该软件的著作权。近年来，原告通过被告武汉某动科技有限公司的网络招聘信息、与被告前员工的谈话，初步证实被告未经许可，擅自复制、安装并使用了原告的计算机软件。

二、2016年，原告向法院提起诉讼，被告的抗辩理由主要为：1. 原告未提供有效的软件权利证据，其诉讼代理人授权存在瑕疵，授权人并非原告对外公开确认的公司负责人；2. 诉前证据保全取得的截屏信息已经说明被控软件不能运行，原告拒绝演示其软件正常运行过程进行对比，并无证据证明原告正版软件安装后的文件与被告处保全取得的文件一致；3. 被告承担多个国家级系统项目研制，即使有免费软件，被告也不可能使用，以免造成安全隐患。

三、2019年8月23日，一审法院判决被告于本判决生效之日立即停止侵权，删除与某C软件有关的电脑内容并赔偿相应损失。被告不服并向最高人民法院提起上诉。2021年2月25日，最高人民法院判决驳回上诉维持原判。

核心裁判要旨

首先，关于某思公司行使诉权是否合法有效的问题。某思公司作为美国公司在中国提起软件侵权之诉，其诉权行使是否合法有效，需根据涉案软件著作权人证明以及诉讼委托代理事项的相关证据予以确认。关于涉案软件著作权人证明，某思公司提交了包括涉案某C软件在内的程序光盘，根据该软件运行安装后勘验信息显示，涉案软件通过版权署名方式指明某思公司为版权所有者，某思公司针对委托代理诉讼事项提交了两份授权委托书，其中，一份是某思公司法律总顾问助理 Nash 以公证方式签署授权书，另一份是某思公司的总法律顾问 Runkel 签署的授权书，确认了前述公证中 Nash 授权萧某国的行为属于职务行为，符合美国特拉华州法律规定以及某思公司章程，并再次明确授权张某显律师、吴某江律师代表原告参加诉讼。因此，某思公司可以作为涉案某C软件的著作权人委托中国律师，针对被控侵权行为提起本案民事诉讼。

其次，关于被告经营场所使用电脑经输入软件命令后取得探查结果能否证明被告复制、使用原告主张的某C软件的问题。本案中，涉案软件安装在 Linux 计算机操作系统中，通过输入命令完成运行，运行所反馈信息可以确定计算机软件在电脑中的状态。针对被控电脑中的软件，原告在证据保全时通过输入探查命令来查询涉案软件的客观状态，其探查命令可分为两类，一类是"which"、"Is-al"等 Linux 系统通用命令，作为通用命令可以查询目录里符合条件的文件，并可输出文件信息至显示器。针对涉案某C软件，在使用"whichicc_ shell"命令查找"某C"运行文件时，可以查询得到该文件的目录位置位于该计算机的"softs/synopsys/某 CvJ-2014. 09-SP1/bin"目录下；再通过"Is-al"命令，可以显示该文件夹目录下的文件状态，存在与原告软件相同结构的文件目录配置形态，该探查结果具有确定性，可以说明被控电脑安装有与原告某C软件同样名称的文件夹及文件目录。另一类命令是"icc_ shell"自定义命令，其运行结果取决于计算机软件中对应该命令自行编制脚本文件的设置内容，证据保全时运行该命令查询结果为"ICC 无法使用，退出 ICC 编译器"或"不支持该脚本"，亦是该脚本文件预先设置的反馈信息，说明被控软件不能进行运行。与之对应的是勘验过程中原告亦提供的某C软件进行完整安装，在未连接 License 服务器端的情况下输入上述查询命令亦可以得到上述查询结果，说明"icc_ shell"命令查询结果并不能直接确认涉案软件必然缺少程序语句。另外，运行非 Linux 系统自带的软件一般需要在"PATH"中手动设置路径，而被控服务器中"PATH"环境变量中亦存在包含有原告软件版本名称的设置内容，说明被控电脑为运行涉案软件亦曾进行过主动设置。根据计算机软件设计的一般性原理，计算机软件名称、目录结构均是开发者进行软件编译设计后所展现的独立表现形式，从技术上讲其他软件名称、目录结构与其相同的可能性几乎不存在。而上述探查结果获得的涉案软件的版本信息、目录结构均与原告软件相同，设置路径方式亦是为了运行涉案软件，故原告对软件名称、文件目录的探查结果可以初步证明被控电脑存在复制、运行涉案某 C 软件的结果。

虽然在勘验过程中，被告亦提供其复制于被保全电脑中的软件目录用于进行比对，其勘验结果显示在对电脑中仅有文件目录的软件路径通过上述探查命令亦可以查询得到证据保全时相同反馈信息，说明被保全电脑存在缺少软件程序文件的可能性。但因被告提供勘验电脑内容系在证据保全之后自行复制完成，存在事后进行修改设置可能，而对于其经营场所电脑中涉案软件的文件目录来源，被告自述复制于客户电脑的事实，并无相关企事业单位予以有效确认，亦与被告强调参与多个涉密项目不会使用涉案软件的主张自相矛盾，故被告辩称仅在环境变量等运行环境下复制客户软件目录的说法缺乏合理性的判断依据。因此，被告的上述证据不足以证明其抗辩理由，被告对此应承担举证不能的责任。

综上，原告提交的证据保全记录以及勘验比对结果可以证实被控电脑探查路径下的软件与原告某 C 软件存在文件名称、版本号、目录结构、错误信息均相同，两者构成实质性相似，被告仅复制软件目录的说法缺乏合理性判断依据，故本案可以认定被控电脑复制了原告享有著作权的某 C 软件。

诉讼经验总结

一、构成计算机软件著作权侵权的前提是计算机软件的程序和文档存在相同或实质性相似。从计算机软件特点来说，计算机软件一般由设计者独立开发完成，基于操作系统的运行要求既会设置有关通用命令的程序架构，同时还会设置包括独立脚本运行在内实现软件功能的相关应用，以便实现软件的功能目的，其运行结果当中亦包括软件版本、版权归属和帮助文档等独有信息显示内容。因此，作为判断软件相同或实质性相似的依据，既包括两个软件的源代码、目标程序代码和文档的相同或相似，也包括软件运行命令后整体上的组织结构、输出和输入形式等方面的相同或相似。

二、在计算机软件的举证方面，原告可以通过举证证明被控软件存在原告软件独有的或错误的信息内容，从而确认两者软件的相同或相似程度，被告则需要对所查询软件的存在与否以及是否具有合法来源承担举证责任。

法律规定

《计算机软件保护条例》（2013 年修订）

第二十四条第一款第一项 除《中华人民共和国著作权法》、本条例或者其他法律、行政法规另有规定外，未经软件著作权人许可，有下列侵权行为的，应当根据情况，承担停止侵害、消除影响、赔礼道歉、赔偿损失等民事责任；同时损害社会公共利益的，由著作权行政管理部门责令停止侵权行为，没收违法所得，没收、销毁侵权复制品，可以并处罚款；情节严重的，著作权行政管理部门并可以没收主要用于制作侵权复制品的材料、工具、设备等；触犯刑律的，依照刑法关于侵犯著作权罪、销售侵权复制品罪的规定，依法追究刑事责任：

（一）复制或者部分复制著作权人的软件的；

《中华人民共和国著作权法》（2010 年修正）	《中华人民共和国著作权法》（2020 年修正）
第四十八条第一项 有下列侵权行为的，应当根据情况，承担停止侵害、消除影响、赔礼道歉、赔偿损失等民事责任；同时损害公共利益的，可以由著作权行政管理部门责令停止侵权行为，没收违法所得，没收、销毁侵权复制品，并可处以罚款；情节严重的，著作权行政管理部门还可以没收主要用于制作侵权复制品的材料、工具、设备等；构成犯罪的，依法追究刑事责任： （一）未经著作权人许可，复制、发行、表演、放映、广播、汇编、通过信息网络向公众传播其作品的，本法另有规定的除外；	**第五十三条第一项** 有下列侵权行为的，应当根据情况，承担本法第五十二条规定的民事责任；侵权行为同时损害公共利益的，由主管著作权的部门责令停止侵权行为，予以警告，没收违法所得，没收、无害化销毁处理侵权复制品以及主要用于制作侵权复制品的材料、工具、设备等，违法经营额五万元以上的，可以并处违法经营额一倍以上五倍以下的罚款；没有违法经营额、违法经营额难以计算或者不足五万元的，可以并处二十五万元以下的罚款；构成犯罪的，依法追究刑事责任： （一）未经著作权人许可，复制、发行、表演、放映、广播、汇编、通过信息网络向公众传播其作品的，本法另有规定的除外；

本案链接

某思科技有限公司、武汉某动科技有限公司侵害计算机软件著作权纠纷二审民事判决书【（2020）最高法知民终 1164 号】

计算机软件程序包含源程序和目标程序，同一计算机程序的源程序和目标程序为同一作品。同时根据《计算机软件保护条例》第二十四条的规定，计算机软件程序或文档存在相同或实质性相似是判断是否构成侵权的基础。对软件相同或实质相似既要尽力查明客观事实，同时也需充分考虑当事人的举证能力，根据个案具体情况进行区别处理，不能将源程序的比对作为确定软件相同或实质相似的唯一标准。如果权利人已经举证证明被诉侵权软件与主张权利的软件界面高度近似，或者被诉侵权软件存在相同的权利管理信息、设计缺陷、冗余设计等特有信息，可以认为权利人完成了初步举证责任，此时举证责任转移至被诉侵权人，应由其提供相反证据以证明其未实施侵权行为。

延伸阅读

裁判规则一：计算机软件侵权纠纷中，原告应当完成权属证明、接触要件的证明和实质性相似的证明，否则应承担举证不能的法律后果。

案例一：浙江某林电子电气股份有限公司、中国某银行股份有限公司侵害计算机软件著作权纠纷【（2019）最高法知民终627号】

某林公司提交了计算机软件著作权登记证书，可以证明其为涉案软件著作权人，对于某林公司是否完成了上述第2、3点事实的举证责任，法院分析如下：

首先，关于接触的问题，某林公司主张其在参加某行浙江省分行自助回单打印系统设备开发测试的过程中交付了涉案软件，五被上诉人因此获得了涉案软件并未经许可进行使用，某林公司为证明其主张提供了派遣函、公证书、打印设备界面照片等。派遣函结合五被上诉人二审期间提供的证据共同可以证明某林公司参加了某行浙江省分行自助回单打印系统设备的联调测试工作，但自助回单打印设备接口软件安装在某林公司的打印设备中，上述证据尚不能证明某林公司向某行浙江省分行交付了涉案软件，五被上诉人不具备接触条件。

其次，关于相同或实质相似的问题，《计算机软件保护条例》第二条规定："本条例所称计算机软件（以下简称软件），是指计算机程序及其有关文档。"该条例第六条规定："本条例对软件著作权的保护不延及开发软件所用的思想、处理过程、操作方法或者数学概念等。"依据上述规定，计算机软件的著作权保护同样适用思想、表达二分法，计算机程序和文档受软件著作权保护，而其中的思想不受保护。某林公司主张五被上诉人使用自助回单打印系统设备必然使用自助回单打印设备接口软件，但即使同为自助回单打印设备接口软件，不同开发者对基于同样的处理过程、操作方法等思想内容独立开发完成的软件享有各自独立的著作权。某林公司提供的公证书、打印设备照片等可以证明五被上诉人使用了自助回单打印系统设备，但不能反映该设备所安装的自助回单打印程序的内容，没有完成证明被诉侵权软件与涉案软件构成相同或实质相似的举证责任。

最后，五被上诉人二审期间提交的新证据可以证明某行浙江省分行经联调测试后，确定由案外人某达公司、某马公司、某维公司提供已经完成软件固化的自助回单系统终端。综上，某林公司不能证明其向某行浙江省分行交付了涉案软件，也不能证明被诉侵权软件与涉案软件构成相同或实质相似，理应承担不利后果，法院对某林公司关于五被上诉人侵害其涉案软件著作权的主张不予支持。

概言之，本案中某林公司提供的公证书、打印设备照片等可以证明五被上诉人使用了自助回单打印系统设备，但不能反映该设备所安装的自助回单打印程序的内容，没有完成证明被诉侵权软件与涉案软件构成相同或实质相似的举证责任。某林公司不能证明其向某行浙江省分行交付了涉案软件，也不能证明被诉侵权软件与涉案软件构成相同或实质相似，理应承担不利后果。

裁判规则二：只有在能证明被诉侵权软件与权利人要求保护的计算机软件相同或实质性相似的情况下，才考虑与被诉侵权软件直接相关的实施主体的被诉行为能否认定构成侵权。

案例二：天津某诺科技股份有限公司、北京某趣科技有限公司侵害计算机软件著作权纠纷二审民事判决书【（2019）最高法知民终816号】

本案系侵害计算机软件著作权纠纷，在分析被诉侵权行为能否成立时，首先需依据权利人的举证，对需要保护的计算机软件著作权的客体、保护范围予以确定，再分析被诉侵权主体实施的与计算机软件相关的行为，考虑被诉侵权软件以何种方式与权利人享有著作权的计算机软件进行比对，得出二者是否相同或者实质性相似的结论。只有在能证明被诉侵权软件与权利人要求保护的计算机软件相同或实质性相似的情况下，才考虑与被诉侵权软件直接相关的实施主体的被诉行为能否认定构成侵权。即，提起侵权之诉的计算机软件著作权人，要完成的初步举证义务包括：1. 主张保护的计算机软件的名称、版本和具体内容；2. 确定被诉侵权的计算机软件的名称、版本和具体内容；3. 被诉侵权计算机软件与被告之间的关系。

关于与某陵区医院相关的指控，首先，天津某诺公司并无证据证实深圳某奥乐公司系通过某趣网下载某度医生软件，故意避开或破坏天津某诺公司为某诺医生软件系统采取的保护权利的技术措施，将其安装在某陵区医院的相关设备中。其次，天津某诺公司通过公证取证的方式获得某陵区医院的一体机两台，因天津某诺公司自认深圳某奥乐公司为其贴牌生产过血糖仪，二者曾存在合作关系，该一体机是否侵权产品暂无其他证据支持。再次，该一体机虽经公证保全，固定了开机界面、运行界面功能模块等内容，但仅以开机界面、运行界面功能模块内容比对结果作为计算机软件相同或实质相似，没有事实和法律依据。最后，从一体机本身来看，需要与后台管理系统软件进行交互，方能实现相关功能，天津某诺公司自认已对某陵区医院恢复了某诺医生软件的正常使用，未能提供该医院使用某度医生软件的实际版本，以及举证一体机涉及的软件操作系统和具体版本。

根据计算机软件常识，一体机运行界面呈现的结果，显然依赖于与后台管理系统的交互，在界面呈现的软件功能模块结构大致相同的情况下，不排除后台管理系统软件构成相同或实质性近似，但对后台管理系统软件判定是否相同或实质性近似的前提基础是，原告应向法院提交初步的证据，既需要举证其享有著作权的软件源程序，也需要举证被诉侵权软件的源程序内容。但从天津某诺公司举证的情况看，一方面，其称发现某陵区医院的软件被替换后，其进行了恢复操作，即其本可以对某陵区医院的相关计算机或硬件设施采取措施，固定被诉侵权软件的源程序内容，但其并未实施；另一方面，其也可以通过其他方式获取被诉侵权软件的源程序，但其亦未提交。

根据天津某诺公司和深圳某奥乐公司的举证，在未固定某度医生软件的具体版本及相关内容的情况下，考虑到深圳某奥乐公司自身享有血糖仪系统的软件著作权，且存在曾与天津某诺公司合作的情形，某陵区医院使用的血糖仪检测软件是什么软件（是院内医生端还是院外医生端）、与后台管理系统软件是否相关，能否指向深圳某奥乐公司，还是直接指向深圳某奥乐公司的子公司某度健康科技（深圳）有限公司，天津某诺公司对此均需完成初步的举证。故，在天津某诺公司举证不足的情况下，相关事实无法查明，从而无法认定深圳某奥乐公司的被诉侵权行为成立。

本案因天津某诺公司并未完成初步举证，原审法院依据举证责任的分配，判定天津某诺公司对此承担举证不能的不利后果，从而驳回天津某诺公司的诉讼请求，并无不当，二审法院对此予以维持。至于天津某诺公司二审新提交的证据，如确有明确指向的被告、被诉侵权行为以及计算机软件著作权侵权的事实，可另循途径维护权益。

059 计算机软件开发合同中出现传销条款，合同是否自始无效？

☞ 阅读提示

近年来，新技术开发应用于传销行为的软件等违法行为渐渐涌现，且具有相当的技术复杂性和隐蔽性，那么计算机软件开发合同中出现涉传销条款则该合同是否归于无效？为有效遏制披着技术外衣的各种新类型传销行为，维护正常的社会经济秩序及公共利益，需通过个案处理表明司法对此类行为的否定态度。本案倡导遵守法律、行政法规的法律精神，并严格贯彻“任何人不得因违法行为获益”的基本法理，本文将对相关问题展开分析和探讨。

裁判要旨

依据法律规定，合同无效的后果为自始无效，因该合同取得的财产，应当予以返还；不能返还或者没有必要返还的，应当折价补偿。涉案合同因违反法律、行政法规的强制性规定，被认定无效后，若判令将软件开发款返还委托方，无异于纵容当事人通过非法行为获益，违背了任何人不得因违法行为获益的基本法理，亦会导致披着技术外衣的各种新类型传销行为不能得到有效遏制。法院通过另行制作民事制裁决定书的方式，对涉案软件开发款予以收缴。

案情简介

一、2018年9月，某度公司委派员工余某（甲方）与许某（乙方）签订了《合作研发协议书》。主要内容有：一、甲方同意委托乙方开发CMS客户管理系统项目，乙方愿意承接甲方上述开发项目，并保证按时、按质地完成开发任务。二、软件开发的内容和目标。三、双方责任，开发费用及付款方式。四、验收。……其他。2018年9月27日，某度公司两次通过支付宝转账给了余某91000元，摘要处备注有“昆山系统开发费用”。随后，余某将91000元支付给了许某。后余某向某度公司法定代表人发送网络地址，并把账号和密码转告某度公司，说系统已经开发完成，但经过某度公司使用，该系统无法使用，修改后仍不具有涉案

《合作研发协议书》附件 1 所要求的诸多功能。

二、某度公司认为许某已经构成违约，且某度公司现已使用其他系统代替，该协议失去履行的意义，合同目的已无法实现，故诉至法院，请求判令：1. 解除某度公司委派余某与许某于 2018 年 9 月签订的《合作研发协议书》；2. 许某返还某度公司合同价款 91000 元；3. 许某赔偿某度公司经济损失，以 91000 元为基数，以中国人民银行同期同档次贷款利率为标准，自本案起诉材料送达许某起算，计算至实际履行为止；4. 本案诉讼费用由许某承担。许某亦向法院提出反诉请求，请求判令：1. 确认许某与某度公司委派的余某于 2018 年 9 月签订的《合作研发协议书》合法有效；2. 某度公司继续履行 2018 年 9 月签订的《合作研发协议书》，并向许某支付项目开发尾款 39000 元；3. 反诉费用由某度公司承担。

三、宁波市中级人民法院经审理认为，本案的争议焦点在于涉案《合作研发协议书》中约定开发的内容涉嫌传销，违反法律、行政法规的强制性规定，应属绝对无效。在某度公司具有明显主观过错的情况下，其基于非法原因向许某给付的款项不能产生民法上返还的法律后果。法院将另行制作决定书，对许某在合同履行过程中收取的软件开发款 91000 元予以收缴。综上，法院于 2019 年 12 月 25 日作出判决，驳回本诉原告某度公司及反诉原告许某的诉讼请求。该判决现已生效，被告许某亦已主动缴纳非法获利 91000 元。

核心裁判要旨

关于涉案《合作研发协议书》是否有效的问题。根据合同法的相关规定，当事人之间订立合同，可以采取书面形式、口头形式和其他形式，也可以委托代理人订立合同。当事人采用合同书形式订立合同的，自双方当事人签字或者盖章时合同成立。本案中，许某与某度公司委托代理人余某签订了涉案协议书，虽协议书上非许某本人签名，但许某自认系其委托朋友代签，其按照协议书内容要求进行了软件开发，并确认收到了某度公司支付的合同首付款。故可以认定涉案协议书系某度公司与许某真实意思表示，经双方代理人签字后即已成立，并实际履行。至于某度公司在庭审中提出余某与许某串通骗取公司的合同开发款，即余某是否存在与许某合谋侵占某度公司的财产的行为，系另外的法律关系，并不属于本案计算机软件开发合同纠纷的审理范围，法院对此不予置评，某度公司可另案诉讼予以主张。

至于涉案协议内容是否有效，法院评判如下：本案中，各方当事人对于合同内容，即协议书中约定开发的 CMS 客户管理系统项目并无异议，均认可以协议书附件 1 功能清单和附件 2 机制的内容为准。经审查附件 1 和附件 2 的相关内容，涉案协议书约定开发的软件，用户需要购买激活码进行注册，并在注册成为会员后，可以进行购买盟宝、转入盟宝基金、盟宝理财、盟宝提现等操作，盟宝还可以在会员间互转或用于盟宝商城消费。盟宝用户分为 M1-M9 等多个等级，根据成功推荐并有效注册的盟宝会员数量不同逐级进阶，每向上进阶一个等级，均对其有发展下一等级用户的数量要求，且随着等级越高，分享收益的比例亦更高，想要获得丰厚的收益，就要邀请更多的人成为会员，加入团队。显然，前述发展进阶等级、分级计酬模式，与“缴入门费、拉人头、团队计酬”的传销特征极为吻合。根据《合同法》第五十二条第五项①规定，和《民法总则》第一百五十三条②第一款的规定，涉案《合作研发协议书》中约定开发的内容涉嫌传销，违反法律、行政法规的强制性规定，应属绝对无效。

关于涉案《合作研发协议书》无效后的法律责任。合同无效的后果为自始无效，双方当事人不得基于合意行为获得其所期待的合同利益。某度公司关于解除协议的诉讼请求以及许某关于确认协议有效并要求某度公司继续履行协议书支付项目开发尾款的反诉请求，均缺乏事实和法律依据。此外，本案中某度公司委托开发的软件涉嫌传销行为，由于该软件尚处于开发阶段即因故涉诉，并未实际投入市场应用，故暂不涉及行政、刑事责任问题。但从结果来看，其自愿支付软件开发款 91000 元表明其能够通过合同的订立和履行获取更高的收益，判令将软件开发款返还某度公司，无异于纵容当事人通过非法行为获益，违背了任何人不得因违法行为获益的基本法理，亦会导致披着技术外衣的各种新类型传销行为不能得到有效遏制。故对某度公司要求返还合同开发款并赔偿经济损失的诉请，法院未予支持。

诉讼经验总结

一、在涉传销内容的认定方面，组织者或者经营者通过发展人员，要求被发展人员发展其他人员加入，对发展的人员以其直接或者间接滚动发展的人员数量

① 编者按：《民法典》（2020 年）第 153 条第 1 款。
② 编者按：《民法典》（2020 年）第 153 条。

为依据计算和给付报酬（包括物质奖励和其他经济利益，下同），牟取非法利益的；组织者或者经营者通过发展人员，要求被发展人员交纳费用或者以认购商品等方式变相交纳费用，取得加入或者发展其他人员加入的资格，牟取非法利益的；组织者或者经营者通过发展人员，要求被发展人员发展其他人员加入，形成上下线关系，并以下线的销售业绩为依据计算和给付上线报酬，牟取非法利益的，均属于传销。

二、在某度公司具有明显主观过错的情况下，其基于非法原因向许某给付的款项不能产生民法上返还的法律后果。而对于许某，其辩称将涉案软件当作一款普通的软件进行开发并为此付出了劳动，即使合同无效，其仍可依约获得相应费用的主张，表明其缺乏法律意识，仅追求个人利益。为倡导遵守法律、行政法规的法律精神，发挥司法裁判价值导向和社会指引功能，同时考虑到本案呈现出运用新技术开发应用于传销行为的软件，具有相当的技术复杂性和隐蔽性，一旦该软件被应用，将对社会经济秩序及公共利益造成严重的损害，需通过个案的处理表明司法对此类行为的否定态度，法院另行制作决定书，对许某在合同履行过程中收取的软件开发款 91000 元予以收缴。

法律规定

《禁止传销条例》（2005 年 8 月 23 日发布）

第七条 下列行为，属于传销行为：

（一）组织者或者经营者通过发展人员，要求被发展人员发展其他人员加入，对发展的人员以其直接或者间接滚动发展的人员数量为依据计算和给付报酬（包括物质奖励和其他经济利益，下同），牟取非法利益的；

（二）组织者或者经营者通过发展人员，要求被发展人员交纳费用或者以认购商品等方式变相交纳费用，取得加入或者发展其他人员加入的资格，牟取非法利益的；

（三）组织者或者经营者通过发展人员，要求被发展人员发展其他人员加入，形成上下线关系，并以下线的销售业绩为依据计算和给付上线报酬，牟取非法利益的。

《中华人民共和国合同法》 **（已废止）**	**《中华人民共和国民法典》** **（2020 年 5 月 28 日发布）**
第五十二条第五项 【合同无效的法定情形】 有下列情形之一的，合同无效： （五）违反法律、行政法规的强制性规定的，合同无效。	**第一百五十三条第一款** 违反法律、行政法规的强制性规定的民事法律行为无效。……

本案链接

2019 年度宁波法院十大知识产权司法保护创新案例之六：温州市某度商务咨询有限公司与被告许某、第三人余某计算机软件开发合同纠纷案一审判决书【（2019）浙 02 民初 30 号】

近年来，新技术开发应用于传销行为的软件等违法行为渐渐涌现，且具有相当的技术复杂性和隐蔽性。为有效遏制披着技术外衣的各种新类型传销行为，维护正常的社会经济秩序及公共利益，需通过个案处理表明司法对此类行为的否定态度。本案倡导遵守法律、行政法规的法律精神，并严格贯彻“任何人不得因违法行为获益”的基本法理，切实发挥司法裁判的价值导向和社会指引功能，具有典型意义和导向作用。依据法律规定，合同无效的后果为自始无效，因该合同取得的财产，应当予以返还；不能返还或者没有必要返还的，应当折价补偿。涉案合同因违反法律、行政法规的强制性规定，被认定无效后，若判令将软件开发款返还委托方，无异于纵容当事人通过非法行为获益，违背了任何人不得因违法行为获益的基本法理，亦会导致披着技术外衣的各种新类型传销行为不能得到有效遏制。法院通过另行制作民事制裁决定书的方式，对涉案软件开发款予以收缴。

延伸阅读

裁判规则：此类案件审理时应综合考虑软件行业的实际开发状况，明确在软件开发过程中对软件内容和功能进行调整符合一般行业惯例，软件开发者如能及时纠正技术差错，或者为适应情况变化作出必要技术调整，不影响合同目的实现的，不应认定为违约行为。

案例：浪潮某科（山东）信息技术有限公司与山东某远重工有限公司计算机软件开发合同纠纷案【（2019）鲁 0191 民初 3795 号】

首先，由于原告应当交付的软件包括了迭代一期、二期、三期的项目，而迭代三期的项目需求在 2019 年 1 月 17 日才经双方确认，合同履行期限应相应顺延。2019 年 3 月 15 日，原告将开发完成的软件代码提交某远公司验收，应视为其已经按期交付软件。其次，涉案合同中并未明确约定初验的要求，对于涉案软件是否符合初验要求的认定，应当考虑软件是否能够实现合同目的、存在问题是否属于软件基本缺陷以及相关行业惯例等因素。某远公司发送给原告的三次反馈意见，涉及的问题基本为对现有软件功能或界面的优化需求，不属于“软件基本缺陷”，且软件已经注册上线并使用，表明浪潮某科公司交付的软件符合初验标准。故判决某远公司支付初验款 20 万元。

计算机软件开发合同案件审理难度大，涉及合同约定不明确、软件需求变化多、后期修改多、技术问题多等问题，本案对该类型案件的审理具有一定的典型意义。通过审查认定微信聊天记录、电子邮件等关键电子证据，综合考虑软件行业的实际开发状况，明确在软件开发过程中对软件内容和功能进行调整符合一般行业惯例，软件开发者如能及时纠正技术差错，或者为适应情况变化作出必要技术调整，不影响合同目的实现的，不应认定为违约行为。

060 诚实信用原则如何在计算机软件开发合同纠纷案中适用？

☞ 阅读提示

计算机软件类合同纠纷案件事实查明难度大、合同履行情况还原程度低，由此导致的案件审理周期普遍较长，这是由计算机软件合同履行标的具有技术性、无形性、履行密集交互性造成的。技术合同类纠纷的双方当事人原本是相互认识的，他们通常通过电子邮件、QQ 群、微信群确认合同履行的各个方面，包括确认、变更、延期、提前等。他们通过服务器、云存储、工作日志来记录工作成果，这些交互的数据量大，内容繁琐，要从只言片语中总结出合同未能如期履行的原因，还原事实真相，单靠法官是远远不够的，此时当事人的举证有着举足轻重的意义。在庭审过程中，若一方当事人违背诚实信用原则，那么是否应当赔偿对方额外的诉讼成本？当事人违反诚实信用义务的赔偿责任是在同一案件中处理还是另案处理？本文将对上述问题展开分析和探讨。

裁判要旨

诉讼参与人之间在进行民事诉讼活动过程中形成的民事诉讼法律关系，与民事法律关系无法割裂，基于民事诉讼法律关系而依法产生的责任、权利，人民法院可在同一案件中一并处理。技术合同类纠纷案件因履行标的技术性、无形性，履行过程的密集交互性，导致查明事实难度大，对诚实信用的民事诉讼基本原则具有更紧迫的需求。在举证质证过程中，一方当事人故意或者过失不实陈述，导致增加诉讼活动，另一方当事人可以要求其补偿因增加诉讼活动而支付的交通、住宿、餐费、误工、证人出庭等必要费用。

案情简介

一、本案中原告：某德克斯公司。被告：上海某仓网络科技有限公司。2016年1月14日，被告与原告签订技术咨询服务合同书，约定服务内容为原告向被告提供网站及App建设服务、软件技术咨询、指导服务，技术咨询服务费由原告按每月实际服务内容出具账单，经被告确认为准。2017年8月29日，原告提交原告员工在被告项目中的工作日志，以证明原告公司员工在2016年9月至12月期间仍然在为被告提供服务。2018年5月10日，被告提供被告服务器对原告员工上传的工作日志进行现场勘验。原告确认，2016年9月28日以后的工作日志在另外的服务器上，且该服务器已被删除，原告只能提供本地的工作日志，且在2016年9月28日以后有关项目均未与被告员工联系。

二、2017年9月1日，原告出具情况证明，声明康某在本案涉及的技术服务合同履行过程中对涉案资金的确认行为自始至终均有原告明确授权，康某在涉案技术服务合同履行期间，有权代表原告对合同所涉金额与被告进行确认。2016年9月，原告向被告发送技术服务费发票以及账单经被告确认后，被告未将服务费交付给原告。2017年3月，原告诉至上海知识产权法院，请求判令被告支付所欠技术咨询服务费人民币425280元，其中2016年9月技术咨询服务费为275280元，2016年10月技术咨询服务费为15万元。

三、2018年5月，上海知识产权法院判决被告某仓公司自本判决生效之日起10日内支付原告某德克斯公司技术咨询服务费61050元；原告某德克斯公司自判决生效之日起10日内补偿被告某仓公司额外诉讼成本1万元；驳回原告某德克斯公司其余诉讼请求。一审判决后，双方均未上诉，判决已生效。

核心裁判要旨

上海知识产权法院认为，本案的争议焦点主要在于被告是否需要支付2016年9月、10月的技术咨询服务费。本案中，康某在涉案合同履行过程中具有双重身份，在原告确认康某能作为其代理人的情况下，当被告对于涉案技术服务费的结算产生争议时，康某的观点无法代表被告。因此，原告以康某已经确认支付2016年9月技术服务费为由，主张康某对服务费的确认视为被告的确认，对此上海知识产权法院不予采纳。

经勘验，2016年9月28日后，原告提交的所有工作内容均与项目有关，原告员工为项目的文件上传工作日志，原告有权查看，但被告无权查看。涉案合同约定技术咨询服务费由原告按每月实际服务内容出具账单，经被告确认为准。该约定的言下之意就是，被告作为原告提供技术开发服务的购买方，在结算相关技术咨询服务费之前，应有条件确认原告的服务内容。原告在本案涉讼之前未能出具2016年9月28日之后的账单，而被告对原告员工的工作无法进行管理，客观上无法确认其工作内容。因此，原告以在本案涉讼过程中提交的项目工作日志，主张被告支付2016年9月28日以后有关项目的技术咨询服务费，客观上难以符合双方之间的涉案合同约定，原告亦未举证证明被告存在怠于确认原告工作量的过错，故对原告主张2016年9月28日以后的技术咨询服务费不予支持。

关于2016年9月的技术咨询服务费，在被告服务器上存在原告相关人员的工作日志。此外，双方庭审过程中均表示，原告员工整体在2016年9月27日撤出被告工作。据此，上海知识产权法院有理由相信，在2016年9月，存在原告相关人员为被告工作，被告理应支付相应技术服务费用。被告抗辩，原告开发的网站与App计算机程序中出现了大量BUG，原告的技术服务质量有重大瑕疵，被告不予确认原告的技术服务成果，因此不应支付任何技术服务费用。上海知识产权法院认为，双方之间建立的是以技术性智力服务劳务为标的合同，而非以网站与App计算机程序为交付标的。即便原告的服务质量存在瑕疵，被告不满意原告的技术服务质量，被告有权随时拒绝原告继续提供服务，终止双方之间的技术服务合同关系，但被告无权拒绝向原告支付已经提供劳务的报酬。

被告主张原告在本案提交了假证据，理由有三：1. 将被告的员工谎称为原告的员工，从而主张原告的工作时间；2. 极度夸大每一条工作日志的工作时间；3. 2016年9月28日以后不是为被告工作而假充是给被告提供服务。据此，被告申请原告赔偿58382元，包括2018年3月7日远程听证、2018年5月10日勘验，以及阅读分析原告证据、搜集整理证据用以证明原告不实陈述、构思书写质证意见、代理意见等工作。在庭审中，原告放弃主张某F和某J为原告员工，上海知识产权法院对原告提交工作日志中体现的工作时间的客观性未能予以认可。此外，经庭审核实，未发现原告提交的工作日志与在线版本不一致，上海知识产权法院难以认定原告伪造了证据或者提供了虚假证据。但是，原告的委托诉讼代理人未能进行审慎核实，将被告工作人员某 F 和某 J 的工作日志作为原告的证据提交，未能遵守诚实信用的民事诉讼原则。

综上，上海知识产权法院判决被告某仓公司自本判决生效之日起 10 日内支付原告某德克斯公司技术咨询服务费 61050 元；原告某德克斯公司自判决生效之日起 10 日内补偿被告某仓公司额外诉讼成本 1 万元；驳回原告某德克斯公司其余诉讼请求。

诉讼经验总结

一、技术合同类纠纷的双方当事人原本是相互认识的，他们通常通过电子邮件、QQ 群、微信群确认合同履行的各个方面，包括确认、变更、延期、提前等。他们通过服务器、云存储、工作日志来记录工作成果，这些交互的数据量大，内容繁琐，要从只言片语中总结出合同未能如期履行的原因，还原事实真相，单靠法官是远远不够的。计算机软件类合同纠纷案件事实查明难度大、合同履行情况还原程度低，由此导致的案件审理周期普遍较长，这是由计算机软件合同履行标的具有技术性、无形性、履行密集交互性造成的。

二、当事人做不实陈述应当赔偿对方额外的诉讼成本。在具体的认定中，可参考延期举证应赔偿对方增加的交通、住宿、就餐、误工、证人出庭作证等必要费用的规定，在举证质证过程中，一方当事人故意或者过失不实陈述，导致增加诉讼活动，另一方当事人可以要求其补偿因增加诉讼活动而支付的交通、住宿、餐费、误工、证人出庭等必要费用。在知识产权诉讼案件中，聘请律师代理民事诉讼是正当的维权措施，因此，合理的律师费开支也可认定为必要费用。大陆法系国家中对此就有相关规定，比如德国《民事诉讼费用法》第三十九条规定，如果当事人违反真实义务，致使诉讼迟延，应负担因此产生的费用。

三、当事人违反诚实信用义务的赔偿责任可以在同一案件中处理。对此，审理中存在两种不同的意见。第一种意见认为，本案诉讼标的与违反诚实信用的赔偿责任案由不同，诉讼标的不同，被告认为原告构成不实陈述，可以另案向原告索赔。第二种意见认为，另案处理无法起到制止“法庭是谎言的天堂”的效果，不符合制度设计目的，法官是当事人不实陈述的见证者，法官查明了当事人不实陈述后，应当在同案中一并处理。犹如诚实信用条款是民法的“帝王条款”一样，诚实信用原则是民事司法领域的“帝王规则”。人民法院要通过公正高效的民商事审判、执行活动，加大对诚信行为的保护和对失信行为的制裁。如果不赔偿对方的经济损失，仅仅采取训诫、罚款等法律制裁措施，不利于调动对方当事人举报、发现不实陈述的积极性。本案采取了第二种做法。法院认为，民事诉讼活动的目的是审理民事法律关系，诉讼参与人在进行民事诉讼活动过程中又形成了民事诉讼法律关系，二者无法割裂，据此，基于民事诉讼法律关系而依法产生的责任、权利，人民法院可在同一案件中一并予以处理。

法律规定

《中华人民共和国民法总则》（已废止）

第一百四十三条　【民事法律行为有效要件】具备下列条件的民事法律行为有效：

（一）行为人具有相应的民事行为能力；

（二）意思表示真实；

（三）不违反法律、行政法规的强制性规定，不违背公序良俗。

第一百七十六条　民事主体依照法律规定和当事人约定，履行民事义务，承担民事责任。

《中华人民共和国合同法》 （已废止）	**《中华人民共和国民法典》 （2020年5月28日发布）**
第六十条　【严格履行与诚实信用】当事人应当按照约定全面履行自己的义务。 当事人应当遵循诚实信用原则，根据合同的性质、目的和交易习惯履行通知、协助、保密等义务。	**第五百零九条第一款、第二款**　当事人应当按照约定全面履行自己的义务。 当事人应当遵循诚信原则，根据合同的性质、目的和交易习惯履行通知、协助、保密等义务。
第九十七条　【解除的效力】合同解除后，尚未履行的，终止履行；已经履行的，根据履行情况和合同性质，当事人可以要求恢复原状、采取其他补救措施，并有权要求赔偿损失。	**第五百六十六条第一款**　合同解除后，尚未履行的，终止履行；已经履行的，根据履行情况和合同性质，当事人可以要求恢复原状或者采取其他补救措施，并有权请求赔偿损失。
第一百零七条　【违约责任】当事人一方不履行合同义务或者履行合同义务不符合约定的，应当承担继续履行、采取补救措施或者赔偿损失等违约责任。	**第五百七十七条**　当事人一方不履行合同义务或者履行合同义务不符合约定的，应当承担继续履行、采取补救措施或者赔偿损失等违约责任。
《中华人民共和国民事诉讼法》 （2017年修订）	**《中华人民共和国民事诉讼法》 （2021年修订）**
第十三条　民事诉讼应当遵循诚实信用原则。	**第十三条第一款**　民事诉讼应当遵循诚信原则。

本案链接

某德克斯国际公司诉上海某仓网络科技有限公司计算机软件开发合同纠纷案一审判决书【（2017）沪73民初219号】

诉讼参与人之间在进行民事诉讼活动过程中形成的民事诉讼法律关系，与民事法律关系无法割裂，基于民事诉讼法律关系而依法产生的责任、权利，人民法院可在同一案件中一并处理。技术合同类纠纷案件因履行标的技术性、无形性，履行过程的密集交互性，导致查明事实难度大，对诚实信用的民事诉讼基本原则具有更紧迫的需求。在举证质证过程中，一方当事人故意或者过失不实陈述，导致增加诉讼活动，另一方当事人可以要求其补偿因增加诉讼活动而支付的交通、住宿、餐费、误工、证人出庭等必要费用。

延伸阅读

裁判规则一：开发软件过程中证明软件权属的有力证据是软件开发过程中的建档日志和相应的源代码。

案例一：广州某网数码科技有限公司与中国某合网络通信有限公司广东省分公司侵害计算机软件著作权纠纷案【（2018）粤民终243号】

软件开发者仅凭计算机软件著作权登记证书主张著作权具有很大的风险。一般情况下，相对一方很难推翻计算机软件著作权登记证书记载的事实，但是在软件开发中，合同双方都可能持有软件的源代码，而且软件源代码会有委托开发人的信息，在双方没有合同且均有开发能力的情况下，仅凭计算机软件著作权登记证书来证明软件的权属存在很大的风险。本案中，某网公司证明自己是著作权人的主要证据即为计算机软件著作权登记证书，而没有其他有力的证据，最终败诉。开发软件不会一蹴而就，必然有相应的过程，而开发过程中证明软件权属的有力证据就是软件开发过程中的建档日志和相应的源代码。本案中，某网公司表示因更换新的开发服务器，无法提供开发过程中的软件源代码的早期记录或文件，而某通分公司则提交了建档日期较早且与诉争软件源代码相似度达到80%左右的源代码，占有了证据优势。

裁判规则二：在涉及嵌入式软件的侵权案件中，原告的权属审查会相对复杂。在现有条件下，只能就该登记部分的源程序与原告自身提供电子版源程序的相对应部分进行对比，以确定两者是否一致。

案例二：某莱公司诉某征科技公司等侵犯计算机软件著作权纠纷案【（2008）苏民三终字第0079号】

二审法院认为，鉴于我国现行的软件登记制度要求著作权人在登记时仅需登记部分源程序，某莱公司在穷尽其举证能力的情形下，也只能提供该部分具有法定公示效力的软件源程序。如果要求其提供全部具有法定公示效力的软件源程序，明显对其举证要求过于苛严，实际上也无法做到。因此在现有条件下，只能就该登记部分的源程序与某莱公司自身提供电子版源程序的相对应部分进行对比，以确定两者是否一致。因此，本案二审鉴定方法并无不当，在此基础上作出的鉴定结论应予采信。本案中，某征科技公司既未举证证明登记部分的软件源程序属于通用程序，也未指明涉案软件中属于核心程序部分的具体内容及位置，因此其相关异议不应采纳。

061 计算机软件开发合同中合同解释与变更如何认定？

☞ **阅读提示**

计算机软件开发往往涉及高科技团队的协作并存在较长的研发周期，在计算机软件研发的过程中，往往会因合同约定不明而产生纠纷。本案判决通过合理应用合同解释方法及规则，考量市场交易活动的实际情形，合理探求移动互联网背景下商业模式创新的真实运用，切实斟酌涉案争议软件开发过程中的命名、时间线、开发团队、自身定位及属性等多项细节，并合理应用民事诉讼高度盖然性的举证规则进行审查判断，体现了谨慎中立的司法立场、严谨细致的司法判断及成熟完备的司法智慧。

裁判要旨

对于被控侵权软件是否属于合同范围的理解，不应机械、静态地分析其是属于线上还是线下软件，特别是考虑到合同履行过程中，当事人根据业务需求以及软件开发的进程，亦有可能对开发范围进行调整，应该综合考虑涉案合同的目的、被控侵权软件与合同软件的功能配套性以及合同履行情况进行判断。

案情简介

一、原告：宁波某奇智威信息科技有限公司。被告：浙江某发科技有限公司、宁波海曙某广理发店。

二、原告某奇智威公司诉称，原告组织技术团队于2015年9月开发出一套针对理发快剪门店的某剪购票机计算机软件系统。2016年3月至今，在未经原告授权许可的情况下，某发公司将原告开发的某剪购票机软件大量复制、安装于其自行生产或采购的购票机硬件上，然后销售给其全国各地理发直营店、加盟店，获利巨大。因某发公司的侵权行为导致原告在巨大投入研发出该软件系统后却无法正常销售、经营，损失巨大。某广理发店是某发公司的加盟店，其从某发公司处采购了某剪购票机，并在该机器中使用了原告开发的某剪购票机软件系统。原告认为，原告对涉案软件享有专有的计算机软件著作权，应受法律保护。某发公司未经许可，在网络平台及微信公众号上传播该计算机软件，侵犯了原告的信息网络传播权；擅自复制、修改原告的软件并将某发公司登记为著作权人，侵犯了原告的修改权及署名权；某发公司大量复制原告软件并将其安装或提供安装包安装于购票机硬件上，销售给各门店，侵犯了原告的复制、发行权。

三、被告某发公司和某广理发店辩称：1. 某发公司也拥有自主研发的计算机管理系统；2. 某发公司对该公司速剪业务计算机软件系统特别是对购票机软件系统享有自主知识产权，不侵犯原告著作权；3. 技术开发合同的开发成果包括购票机的软件源代码“QCH0USE1111”“QC-HOUSE”及“QCHOUSE20160127修改前”；4. 原告针对某发购票机软件系统不享有任何著作权及其他知识产权，其诉讼理由缺乏事实基础及法律依据，依法不能成立；5. 本案属于原告恶意提起的知识产权诉讼，意图是通过恶意诉讼干扰某发公司的正当维权行为。请求驳回原告诉讼请求。

四、宁波市中级人民法院于2019年8月9日作出一审判决，驳回原告诉讼请求。原告不服提起上诉。最高人民法院于2019年12月30日作出二审判决，驳回上诉，维持原判。

核心裁判要旨

最高人民法院认为本案争议焦点主要在于：涉案合同约定的开发软件内容是否包括属于线下门店中安装于安卓机器的涉案争议软件。

一审法院认为，首先，原告主张权属的软件在上传云盘后命名为“QC-HouseMachine”，而“QCHouse”是被告某发公司为快剪业务项目命名所臆造的英文词，在双方软件开发合同中即明确约定合同开发项目名为“QCHous-es 线上平台开发”。在双方纠纷发生之前，原告公司当时员工徐某强、林某杰作为双方合同软件的主要开发人员上传云盘进行软件备份是常见的软件工程工作做法，此时上传软件的最初命名能一定程度上反映开发人员对该软件开发目的、权属的真实认识，在同一云盘中其他合同项下软件亦有相似的与某发公司有关的命名，亦一定程度上证明了该争议软件与其他合同项下软件具有相同的工作性质。

其次，1. 在时间线上，原告主张著作权的软件上传时间正值双方软件合同履行过程中，至 2016 年底左右，多个合同项下软件在原告公司徐某强团队主导下上传至合同约定线上云盘等。故在时间前后逻辑上，并非原告在双方合同软件完成后，再独立另行开发完成，而是与合同软件同步开发完成。2. 涉案争议软件与双方合同软件的开发团队人员基本一致。3. 门店中的购票机软件需与某发公司服务器联网才能正常使用，具有线上属性。4. 涉案争议软件作为整个软件架构的必要组成子系统部分，并非是原告独自构思成形的智力成果，也显然应在双方商定的软件结构之中，属于合同第一条约定开发的内容。5. 被告某发公司深度参与了该讼争软件的开发，如果不是出于认为此软件当属合同项下一部分的认知，被告当时此种深度参与行为不具有合理性。6. 门店安卓机器操作系统为安卓 4.4.2，符合合同约定要求“Android：适配系统：Android4.0 以上”。原告供货的 40 台机器及被告二门店中安卓机器操作系统均是安卓 4.4.2，符合涉案合同约定要求。至于合同约定“适配机型：市面上大部分主流机型”，此条款并未限定于手机端。

此外，本案中涉案合同第 13 条保密义务，包括“甲方的机密信息及项目的技术内容”。如上所述，讼争软件既属于被告某发公司整体软件架构的子系统，其开发完成也依赖于被告某发公司的深度参与，此种深度参与所披露的内容，显然包括“甲方的机密信息及项目目的技术内容”，故在涉案软件本身可能包含保密内容的情况下，对原告以及被告某发公司而言，更无动机独立于合同之外而开发。

最高人民法院认为，本案中对于被控侵权软件是否属于合同范围的理解，不应机械、静态地分析其是属于线上还是线下软件，特别是考虑到合同履行过程中，当事人根据业务需求以及软件开发的进程，亦有可能对开发范围进行调整，应该综合考虑涉案合同的目的、被控侵权软件与合同软件的功能配套性以及合同履行情况进行判断。法院认为涉案合同并未明确界定何为线上，即使如某奇智威公司所述被控侵权软件并非线上软件，也并不必然得出其不属于合同范围的结论。因为在软件开发合同的履行过程中，完全可能对原本约定的功能需求进行变更和增加，软件开发的内容和范围并非一成不变。事实上，在涉案合同履行过程中，基于某发公司需求，某奇智威公司开发完成了被控侵权软件，除非有相反的特别约定，否则应当认定被控侵权软件属于合同范围。

综上，原告已举证证明原告主张权属的上传于云盘的涉案软件早于被控侵权软件；且经司法鉴定，被控侵权软件与原告上传于云盘的软件多处重合一致，具有实质性相似，原告亦在庭审中陈述被控侵权软件代码中嵌入了原告公司名称信息；被告亦接触了开发该软件的技术人员，有接触涉案软件的事实。但因原告与被告某发公司当时存在“QCHouses 线上平台开发”软件开发合同关系，在一系列证据及事实可证明该涉案软件具有高度概然性属于该合同项下开发内容的情况下，法院认为，被告抗辩理由成立，该涉案软件属于合同项下的软件，依合同约定权属属于被告。原告之诉证据不足，诉称理由不能成立，不予支持。

诉讼经验总结

一、合同解释需在实践中结合案情进行综合性的价值判断与考量权衡，才能达到合法、合理、合情的效果。为此，需要明晰合同解释与相关概念的异同，并注重其核心内容的解读。德国民法学家卡尔·拉伦茨指出：“在解释法律时，双方当事人的理解如何并不重要，重要的是从立法背景、法典体系乃至立法目的来诠释法律的前后脉络关系、背后隐含着的立法意图、法律的理性原则及避免价值矛盾的判断等；而合同解释主要涉及的问题是，为表示及受领表示的双方当事人对表示的意指及理解不同，因而争论的意义为何。”法律解释通常与案件具体事实密切相关，并体现某种价值判断或者价值选择的过程；且基于对法律一致性、稳定性及可预期性的追求，更加崇尚构建放之四海而皆准的普适性标准。合同解释的目的则在于更好地规范当事人的言行，确保其适当地履行权利及义务，以实现缔约时所欲实现的目标，故而更重视在意思自治的框架内保障当事人个案权利的圆满。

二、关于合同解释中的“当事人真意”，法条规定似乎倾向于探求当事人主观上的真实意思，但多数观点认为，当事人的立约真意并非指其内心的主观意思，而是应当从维护善意相对人合理信赖及保障交易安全的立场，从意思表示受领人的角度出发，认定“客观表示价值”；还有观点认为，应避免过于强调合同一方当事人的主观认知，而应探求双方共同的主观意思。

三、在具体的解释方法上，《合同法》第一百二十五条第一款[①]规定：“当事人对合同条款的理解有争议的，应当按照合同所使用的词句、合同的有关条款、合同的目的、交易习惯以及诚实信用原则，确定该条款的真实意思”。也即，对争议条款的合同解释，应以合同条款所表达的文义解释为基础，结合合同文本的相关条款，通过整体解释明确当事人的真实意思，并借助合同目的解释进行适当的判断印证，同时要以交易习惯、诚实信用、公平原则等确定争议条款的真实含义，以确保合理平衡双方当事人之间的利益冲突。

法律规定

《计算机软件保护条例》（2013 年修订）

第二十四条第一款第一项 除《中华人民共和国著作权法》、本条例或者其他法律、行政法规另有规定外，未经软件著作权人许可，有下列侵权行为的，应当根据情况，承担停止侵害、消除影响、赔礼道歉、赔偿损失等民事责任；同时损害社会公共利益的，由著作权行政管理部门责令停止侵权行为，没收违法所得，没收、销毁侵权复制品，可以并处罚款；情节严重的，著作权行政管理部门并可以没收主要用于制作侵权复制品的材料、工具、设备等；触犯刑律的，依照刑法关于侵犯著作权罪、销售侵权复制品罪的规定，依法追究刑事责任：

（一）复制或者部分复制著作权人的软件的；

《中华人民共和国著作权法》（2010 年修正）	**《中华人民共和国著作权法》（2020 年修正）**
第四十八条第一项 有下列侵权行为的，应当根据情况，承担停止侵害、消除影响、赔礼道歉、赔偿损失等民事责任；同时损害公共利益的，可以由著作权行政管理部门责令停止侵权行为，没收违法所得，没收、销毁侵权复制品，并可处以罚款；情节严重的，著作权行政管理部门还可以没收主要用于制作侵权复制品的材料、工具、设备等；构成犯罪的，依法追究刑事责任：	**第五十三条第一项** 有下列侵权行为的，应当根据情况，承担本法第五十二条规定的民事责任；侵权行为同时损害公共利益的，由主管著作权的部门责令停止侵权行为，予以警告，没收违法所得，没收、无害化销毁处理侵权复制品以及主要用于制作侵权复制品的材料、工具、设备等，违法经营额五万元以上的，可以并处违法经营额一倍以上五倍以下的罚款；没有违法经营额、违

① 编者按：《民法典》（2020 年发布）第 466 条第 1 款。

《中华人民共和国著作权法》（2010 年修正）	《中华人民共和国著作权法》（2020 年修正）
（一）未经著作权人许可，复制、发行、表演、放映、广播、汇编、通过信息网络向公众传播其作品的，本法另有规定的除外；	法经营额难以计算或者不足五万元的，可以并处二十五万元以下的罚款；构成犯罪的，依法追究刑事责任： （一）未经著作权人许可，复制、发行、表演、放映、广播、汇编、通过信息网络向公众传播其作品的，本法另有规定的除外；
《中华人民共和国合同法》（已废止）	**《中华人民共和国民法典》（2020 年 5 月 28 日发布）**
第一百二十五条第一款 当事人对合同条款的理解有争议的，应当按照合同所使用的词句、合同的有关条款、合同的目的、交易习惯以及诚实信用原则，确定该条款的真实意思。	**第一百四十二条第一款** 有相对人的意思表示的解释，应当按照所使用的词句，结合相关条款、行为的性质和目的、习惯以及诚信原则，确定意思表示的含义。 **第四百六十六条第一款** 当事人对合同条款的理解有争议的，应当依据本法第一百四十二条第一款的规定，确定争议条款的含义。

本案链接

某奇智威信息科技有限公司与被告浙江某发科技有限公司、宁波海曙某广理发店侵害计算机软件著作权纠纷二审民事判决书【（2019）最高法知民终 694 号】

本案中，对于被控侵权软件是否属于合同范围的理解，不应机械、静态地分析其是属于线上还是线下软件，特别是考虑到合同履行过程中，当事人根据业务需求以及软件开发的进程，亦有可能对开发范围进行调整，应该综合考虑涉案合同的目的、被控侵权软件与合同软件的功能配套性以及合同履行情况进行判断。法院认为涉案合同并未明确界定何为线上，即使如某奇智威公司所述被控侵权软件并非线上软件，也并不必然得出其不属于合同范围的结论。因为在软件开发合同的履行过程中，完全可能对原本约定的功能需求进行变更和增加，软件开发的内容和范围并非一成不变。事实上，在涉案合同履行过程中，基于某发公司需求，某奇智威公司开发完成了被控侵权软件，除非有相反的特别约定，否则应当认定被控侵权软件属于合同范围。综上，本案原告某奇智威公司虽已举证证明其主张权属的上传于云盘的涉案软件早于被控侵权软件；且经司法鉴定被控侵权软件与该公司上传于云盘的软件多处重合一致，具有实质性的相似，某奇智威公司亦在庭审中陈述被控侵权软件代码中嵌入了该公司名称信息，某发公司亦接触了开发该软件的技术人员，有接触涉案软件的事实，但因双方当时存在“QCHouses 线上平台开发”软件开发合同关系，在一系列证据及事实可证明该涉案软件具有高度概然性属于该合同项下开发内容的情况下，法院认为，涉案软件属于合同项下的软件，依合同约定权属不属于某奇智威公司。

延伸阅读

裁判规则一：当事人可以约定一方解除合同的条件。解除合同的条件成就时，解除权人可以解除合同。在合同内容是基于委托方特定需求量身定制的情形下，对于已履行部分，不适用恢复原状的赔偿责任。

案例一：秦某玉、北京某岐网络科技有限公司计算机软件开发合同纠纷二审民事判决书【（2020）最高法知民终 1561 号】

本案中，秦某玉主张某岐网络公司未履行涉案合同一期项目义务，并提交了《技术开发合同书》等证据，相应地，某岐网络公司负有证明其已履行涉案合同一期项目义务的举证责任。根据双方往来的电子邮件内容，杜某于 2016 年 6 月 6 日向秦某玉发送电子邮件，该电子邮件载明“美食帮项目第一期功能开发已经按照合同约定开发测试完毕，由秦某玉验收功能并检测交付文档，双方完全认可，某岐网络公司已经交付全部代码及文档，秦某玉已经支付全部开发费用”“双方均认可第一期项目需求已经全部完成并验收合格，秦某玉无权要求某岐网络公司退还已经产生并验收合格的第一期开发费用”等内容，秦某玉也在同日回复确认上述条款内容。对于第一期未开发的功能，双方同意放在第二期完成，且 2016 年 7 月 20 日、7 月 21 日的电子邮件中，双方也确认一期项目剩余部分已经开发完毕。二审诉讼过程中，秦某玉提出其之所以在上述电子邮件中回复确认，是因为如果不回复确认，某岐网络公司就不继续履行合同，但秦某玉对于这一主张没有提交证据予以证明，法院不予支持。因此，在案证据已足以证明涉案合同一期项目付款条件已经成就，秦某玉关于一期项目付款条件尚未成就的上诉理由缺乏依据，法院不予支持。

关于某岐网络公司是否存在迟延交付以及交付涉案软件不合格的违约行为。虽然涉案合同约定某岐网络公司应在 2016 年 4 月 25 日前完成第一期开发内容及测试并同日之前提交秦某玉验收，2016 年 5 月 5 日第一期系统上线试运行，但是涉案合同关于迟延交付的违约责任条款约定“双方在执行合同中出现争议，且未达成一致的情况下导致的拖延除外”，秦某玉二审确认存在多次设计方面的沟通，故一期项目延期是由于双方在合同履行过程中就产品需求和开发未达成一致所造成，属于迟延交付的例外情况，且秦某玉在2016年6月6日及之后多次通过电子邮件确认一期项目完整验收，因此某岐网络公司不存在迟延交付的违约行为。至于秦某玉主张的某岐网络公司交付涉案软件不合格的问题，如前所述，秦某玉在电子邮件中已经确认一期项目完整验收，即已认可对方交付合格软件。因此，秦某玉关于某岐网络公司存在迟延交付以及交付涉案软件不合格的违约行为的主张缺乏事实依据，法院不予支持。

裁判规则二：在双方当事人达成作品委托创作合同且乙方向甲方交付初稿后，甲方单方终止委托，并另行委托他人以原告创意及制作的剧本文稿、素材图片、视频样片为基础，制作新的宣传视频，在满足实质性相似要件的前提下，构成版权侵权。

案例二：北京某纳风行文化传媒有限公司与中国某动通信集团公司著作权权属、侵权纠纷【（2017）京0102民初15080号】

2016年8月，被告中国某动公司下属子公司某咕视讯公司向原告某纳风行公司发出宣传比稿事宜，2016年9月达成口头委托合同，约定由某纳风行公司按照某咕视讯公司的要求为被告制作宣传视频。当原告某纳风行公司将剧本文稿、素材图片、样片等素材交付某咕视讯公司后，某咕视讯公司没有交付报酬，且单方终止委托，并另行委托他人以原告创意及制作的剧本文稿、素材图片、视频样片为基础，制作了新的宣传视频。且该视频与原告创作的视频构成实质性相似，因此被告侵犯了原告的著作权。

七、电子游戏作品

062 电子游戏画面是否应当归类为视听作品而受到著作权法保护？

☞ 阅读提示

随着电子游戏产业的光速发展，电子游戏之间的抄袭情况越发多见，在《著作权法》并未单独规定出游戏这一作品类别的前提下，电子游戏由于其独创性等因素，应当受到著作权法的保护已经成为共识。此时将其作为何种作品类型进行保护，是将其作为一个整体进行保护，还是将其涉及的美术、音乐作品等单独进行保护，仍有一定争议，但在《著作权法》新修改的背景下，目前司法裁判中已经逐渐形成共识，笔者将通过案例予以研究。

裁判要旨

随着科学技术的发展，新的创作方法和传播利用方式会不断出现。当新的作品表达与法定作品类型都不相符时，应当根据知识产权法激励理论的视角，允许司法按照知识产权法的立法本意，遵循诚实信用和公平正义的原则，选择相对合适的法定作品类型予以保护。在电子游戏并未被明确规定为一种作品类型的基础上，现有司法实践中通常将电子游戏画面认定为类电作品，而在《著作权法》修正后，应当认定为视听作品。

案情简介

一、2000 年 9 月 1 日原告娱某德有限公司完成了“Leg××××fMirII”游戏

（中文版名称为《传某》或《热血传某》）的创作、开发，并于2000年11月10日完成了《传某》在韩国的著作权登记，与亚某士软件有限公司为《传某》游戏软件的著作权共有人。2016年3月25日，亚某士公司书面确认娱某德公司可以单独维权。2017年5月23日，娱某德公司分立，成立株某会社传奇IP（以下简称“传奇株某会社”）。根据分立安排，传奇株某会社自分立完成之日起从娱某德公司处承继《热血传某》游戏相关的全部知识产权。被告广州三某互娱科技有限公司、上海冠某网络科技有限公司系游戏《王城某某》的实际运营人。

二、娱某德公司、传奇株某会社于2019年10月24日向法院提出诉讼请求：1. 判令三某公司、冠某公司立即停止侵害原告著作权及不正当竞争的行为；2. 判令三某公司、冠某公司连带向原告赔偿经济损失包括合理费用支出暂计人民币1000万元；3. 判令三某公司、冠某公司在网站上刊登声明以消除影响。原告娱某德公司和传奇株某会社明确其主张《热血传某》游戏整体作为类似摄制电影的方法创作的作品进行保护，而不主张对游戏素材以美术作品等类型进行单独保护，认为被告三某公司、冠某公司侵犯了关于类电作品的改编权、信息网络传播权。

三、2021年3月24日，法院在判决中认为：《热血传某》游戏虽然不是通过摄制方法固定在一定介质上，但是，《保护文学和艺术作品伯尔尼公约》第二条第1项指出类电作品强调的是表现形式而非创作方法。因此，在符合一系列有伴音或者无伴音的画面组成的特征，并且可以由用户通过游戏引擎调动游戏资源库呈现出相关画面时，《热血传某》游戏整体宜认定为类电作品。在对场景、角色、战斗模式等五个方面进行比对后，认为两款游戏在整体上不构成实质性相似，因此不构成对游戏整体著作权侵权。

核心裁判要旨

本案的争议焦点在于游戏是否可以受到著作权法保护，以及如果受到保护，应当作为何种作品类型受到保护。

首先，《著作权法实施条例》第二条规定：“著作权法所称作品，是指文学、艺术和科学领域内具有独创性并能以某种有形形式复制的智力成果。”依据该标准，电子游戏的主要用途是为玩家提供娱乐、休闲等服务，具有文化艺术领域范畴的特性；在不同于在先作品的基础上，电子游戏自然具有较高的独创性；而从载体类型来看，玩家往往可以通过多种平台和设备进行适用，是可以通过有形形式予以复制的智力成果。综上所述，电子游戏应当受到著作权法的保护。

在能够受到保护的基础上，电子游戏究竟应当归属于何种作品类型。目前有多种路径，常见的是两种方式，一种方式是不将其作为整体，而只是依据其中包含的音乐、画面等确定相应的类型予以保护；另外一种方式则是将其作为一个整体进行保护，而这目前也在司法裁判中逐渐成为主流。考虑到从最终呈现效果来看，网络游戏最终显示在屏幕上的整体画面，是以其计算机程序为驱动，将文字、音乐、图片、音频、视频等多种素材，以体现和服务游戏玩法和游戏规则为目的形成的有机、连续、动态组合的呈现，是一种集合型作品。而依据原类电作品的概念，即根据《著作权法实施条例》第四条第十一项的规定，电影或类电作品是指摄制在一定介质上，由一系列有伴音或者无伴音的画面组成，并且借助适当装置放映或者以其他方式传播的作品。新《著作权法》将其修改为视听作品，主要是因为“摄制”一词已经无法涵盖适当对象，在无明确规定下，选择相对合适的法定作品类型予以保护并无不当，因此应当将其认定为类电作品（视听作品）。

诉讼经验总结

一、目前司法实践中，虽然将电子游戏作为一个整体，归类于类电作品（视听作品）予以保护，但是也有将其拆分进行保护的情况，两者保护的重点不同，应当根据侵权具体情况，确定以何种形式申请救济。

二、电子游戏作为类电作品（视听作品）保护已经成为主流，在新《著作权法》修改的背景下，从类电作品到视听作品，对电子游戏的归类更加逻辑顺畅，但是对于相似性的认定，不同于类电作品（视听作品），应当根据电子游戏的特殊性有所调整，在后续裁判规则中将有所涉及。

法律规定

《中华人民共和国著作权法》 （2010 年修正）	《中华人民共和国著作权法》 （2020 年修正）
第三条第六项　本法所称的作品，包括以下列形式创作的文学、艺术和自然科学、社会科学、工程技术等作品： （六）电影作品和以类似摄制电影的方法创作的作品；	**第三条第六项**　本法所称的作品，是指文学、艺术和科学领域内具有独创性并能以一定形式表现的智力成果，包括： （六）视听作品；

《中华人民共和国著作权法实施条例》(2013年修订)

第二条 著作权法所称作品，是指文学、艺术和科学领域内具有独创性并能以某种有形形式复制的智力成果。

第四条第十一项 著作权法和本条例中下列作品的含义：

(十一)电影作品和以类似摄制电影的方法创作的作品，是指摄制在一定介质上，由一系列有伴音或者无伴音的画面组成，并且借助适当装置放映或者以其他方式传播的作品；

本案链接

娱某德有限公司、株某会社传奇IP等与广州三某互娱科技有限公司等著作权权属、侵权纠纷、商业贿赂不正当竞争纠纷一审民事判决书【(2019)粤0192民初38509号】

(一)《热血传某》游戏是否属于著作权法保护的作品。《著作权法实施条例》第二条规定："著作权法所称作品，是指文学、艺术和科学领域内具有独创性并能以某种有形形式复制的智力成果。"本院认为，审查《热血传某》游戏是否构成作品，一般考虑如下因素：(1)是否属于在文学、艺术和科学范围内的创作；(2)是否具有独创性；(3)是否具有一定的表现形式。本案中，《热血传某》网络游戏属于大型多人在线角色扮演类游戏，玩家要扮演一个虚构角色，并控制该角色进行许多游戏任务和互动娱乐，融合动作游戏、角色扮演游戏与冒险游戏的素材，具有较高的角色带入感和多玩家交互性。从《热血传某》的整体目的来看，主要用途是为玩家提供娱乐、休闲、交流等服务，具有文化艺术领域范畴的特性；从《热血传某》的创作过程来看，需要耗费大量人力、物力、财力，创作过程非常复杂，且未有相反证据证明存在在先创作，故具有极高的独创性；从《热血传某》的载体类型来看，《热血传某》是客户端游戏，即玩家需要通过互联网在电脑上下载安装游戏客户端软件才能在线运行游戏，可以通过有形形式予以复制。据此，从游戏整体目的、文化领域、创作过程、表现形式等多个角度来看，《热血传某》游戏属于我国著作权法意义上的作品。

(二)《热血传某》游戏在我国著作权法下的作品类型。本院认为，从最终呈现效果来看，网络游戏最终显示在屏幕上的整体画面，是以其计算机程序为驱动，将文字、音乐、图片、音频、视频等多种素材，以体现和服务游戏玩法和游戏规则为目的形成的有机、连续、动态组合的呈现，是一种集合型作品。三原告主张《热血传某》游戏整体构成类电作品，根据《著作权法实施条例》第四条第十一项的规定，电影或类电作品是指摄制在一定介质上，由一系列有伴音或者无伴音的画面组成，并且借助适当装置放映或者以其他方式传播的作品。一般而言，电影或类电作品的连续活动画面事先已经形成并且固定在有形物质载体上。观众对于电影或类电作品的体验主要在于视听，无法亲自置身和实际参与电影和类电作品所建构的虚拟世界。显然，《热血传某》游戏整体具有与传统电影作品不一样的特点，也没有包含在《著作权法》（2010 年修正）第三条规定的其他法定作品类型中。虽然《著作权法》（2010 年修正）第三条第九项规定有“其他作品”①，但因这一规定中的“其他作品”需要符合“法律、行政法规规定”这一前提，故法院在著作权法第三条规定的法定作品类型之外，无权设定其他作品类型。对于《热血传某》游戏整体是否应该归为类电作品，本院认为，随着科学技术的发展，新的创作方法和传播利用方式会不断出现。当新的作品表达与法定作品类型都不相符时，应当根据知识产权法激励理论的视角，允许司法按照知识产权法的立法本意，遵循诚实信用和公平正义的原则，选择相对合适的法定作品类型予以保护。《热血传某》游戏虽然不是通过摄制方法固定在一定介质上，但是，《保护文学和艺术作品伯尔尼公约》第二条第 1 项将类电作品描述为“similated works expressed by a process analogous to photography”，即以类似摄制电影的方法表现的作品，强调的是表现形式而非创作方法。因此，在符合一系列有伴音或者无伴音的画面组成的特征，并且可以由用户通过游戏引擎调动游戏资源库呈现出相关画面时，《热血传某》游戏整体宜认定为类电作品。对此，三某公司、冠某公司亦无异议，本院予以确认。

延伸阅读

裁判规则一：在对游戏画面难以逐帧进行比对的情况下，可以将游戏玩法具体设计作为游戏的基本表达和是否构成实质性相似的判断方法。

案例一：娱某德有限公司、株某会社传奇 IP 等与广州三某互娱科技有限公司等著作权权属、侵权纠纷、商业贿赂不正当竞争纠纷一审民事判决书【（2019）粤 0192 民初 38509 号】

本院亦认可在现行著作权法体系下，《热血传某》游戏整体应当认定为类电作品。实践中，对于类电作品的比对一般都是直接比对整体画面，但是对于《热血传某》这类多人在线的网络游戏而言，在非挂机状态下，因用户选择和调用不同的游戏资源，将再现出不同的丰富多彩的连续活动画面，包括不同的画面细节、人物外形、动作姿态、技能释放效果等，且伴随着游戏进程的推进，玩家之

① 编者按：《著作权法》（2020 年修正）修改为“符合作品特征的其他智力成果”。

间的互动不断，游戏整体画面在某种意义上讲难以穷尽，因此涉案两款游戏无法像传统电影作品一样对画面进行逐帧比对，必须结合游戏自身的特点找到判断两款游戏是否构成实质性相似的比对方法。

游戏重要特征是其互动性，如果没有玩家的参与，游戏无法像其他电影或类电作品一样直接呈现。玩家参与游戏的过程就是展现游戏画面的过程，而玩家如何参与游戏是由游戏玩法的具体设计决定。游戏玩法的具体设计是指游戏开发者开发创设供玩家共同遵守的一套细化的游戏方法、制度或规则，需要开发者通过计算机编程，并添加文字、音乐、美术等素材最终形成可视听的网络游戏作品，在玩家操作游戏的过程中，游戏的诸多美术、音乐素材通过玩法设计串联、衔接、组合形成连续的动态画面，玩家可以在特定的玩法设计框架内实现各种互动。游戏玩法的具体设计不同于抽象的游戏规则，后者是不能获得著作权法保护的思想，以足球游戏为例，足球比赛中“进球更多的一方获胜”“越位”“得红牌就罚下”等规则本身不能构成独创性的表达，只有抽象规则之外的内容，比如对于不同类型球员的配备、球员的进攻防守技能等极具个性化的设计，才有可能脱离思想范畴，成为受著作权法保护的内容。需要指出的是，虽然开发者在设计时会尽量增加游戏的趣味性，但这种趣味性的设计不同于功能性表达，因为让游戏更“好玩”与小说作者在创作时追求小说更“好读”，词曲作者希望音乐作品的旋律更“动听”一样，其目的是相似的，故不能以游戏设计是为了更具有趣味性就认为是一种功能性表达而不能获得著作权法保护。对于网络游戏而言，玩法的具体设计是网络游戏的核心与灵魂，亦是此游戏区别于彼游戏之所在。玩家进入游戏后，为了获得胜利，会努力学习不同的角色技能、了解熟悉各类人物属性，这些具体设计是玩家沉浸于游戏之中的重要因素，尽管玩家的交互行为会带来游戏画面的难以穷尽，但是游戏的具体玩法设计是恒定的，不同游戏之间是否会给玩家带来相似的操作体验，关键在于玩法的具体设计是否相似。因此，在对游戏画面难以逐帧进行比对的情况下，可以将游戏玩法具体设计作为游戏的基本表达和是否构成实质性相似的判断方法。

裁判规则二：游戏地图在满足相应要求前提下，可以被归入图形作品，其独创性的整体构图、内部组合结构和布局安排，属于应受法律保护的图形作品具体表达。

案例二：深圳市腾某计算机系统有限公司与畅游云某（北京）科技有限公司著作权侵权纠纷一审民事判决书【2017）粤03民初559号】

游戏场景地图的具体表达，可分为“外在表现形式”和“内在结构中的综合表达”两个层次。第一个层次是最为直接的外在表现形式，即一般公众首先看到的由颜色、线条、图案等表现的模拟场景，如船、广场等。另一个层次是游戏场景地图的整体构图、轮廓、地图内部路径、障碍物形状及布局、掩体形状及布局，而路径、掩体或者通道正是玩家最终关注并实际选择使用从而完成游戏任务。不同的游戏地图，在线条轮廓、构图、地图内部素材选择、内部结构安排、布局安排、色彩搭配等方面具有独创性空间。因此游戏场景地图具备认知性作品的特征，如同地图、产品设计图等图形作品一样具备认知价值，可以满足玩家的认知需求——向玩家传递虚拟战场环境信息，并且属于艺术和科学领域内具备一定表现形式的可复制的智力成果，满足著作权法规定的作品构成要件，应当给予著作权法保护。从游戏场景地图的设计和使用方式看，它的功能并非是以线条、图案或颜色等具有审美意义的平面或者立体的造型艺术作品来吸引观众，而是游戏玩家进入游戏设计的布局设计实现预设任务。当然，为了增加画面美感和玩家对游戏的代入感，游戏场景地图也会通过对白盒的美化，包括展示的色彩、布局、造型和线条等元素具有一定程度上的审美意义。但从游戏场景地图整体构图轮廓以及地图场景内部各构成元素的组合结构和布局造型设计的功能来看，无论是射击类游戏职业游戏玩家视角，还是从一般公众视角，地图场景表层的美术效果并不是其关注重点，玩家或一般公众对游戏场景地图重点是完整感知其整体轮廓造型、游戏场景内部元素（建筑物、门、桥、封闭通道、障碍物、沟渠、路径等）的形状、组合结构设计以及相对空间位置的布局安排。游戏地图的整体构图、内部结构和布局安排，显然属于可以被感知的具体表达，而非抽象思想。游戏地图的构图、内部结构、布局安排以及同一地图之间各结构之间的布局关系是游戏地图的核心表达。并且，从游戏玩家视角而言，游戏地图整体构图、内部结构和布局方面的取舍、组合与设计，对游戏体验的影响相较于游戏地图表层美术效果更为显著，也更能体现游戏地图创作者设计水平、独创性程度之高低。因此，游戏场景地图的整体构图、内部组合结构和布局安排，不仅属于游戏地图的基本表达，更是核心表达。从创作意图来看，《穿越某某》游戏地图作品创作者，除了向游戏玩家传递美感表达以外，还希望通过游戏地图向玩家呈现其预设的特定游戏战术空间构造，以利于玩家创造和发挥战术想象力。因此，游戏地图承载了部分认知属性，地图创作者将抽象的游戏战斗环境通过线条、图形、光影等手法形象化、具体化，使玩家可以具体认知到游戏地图整体以及内在结构和布局。将抽象战术场景的进行形象化、具体化的表达的属性，与地图、示意图实质性特征相同，应当被归入图形作品，其独创性的整体构图、内部组合结构和布局安排，属于应受法律保护的图形作品具体表达。故本院认为，在现行《著作权法》的立法下，游戏场景地图符合《著作权法》关于图形作品中“说明事物原理或结构”的“示意图”的类型。

063 模仿卡牌游戏规则、游戏设定构成著作权侵权吗？

☞ 阅读提示

“某杀”是曾经红极一时的卡牌游戏，不仅在青少年中受到广泛欢迎，还被一些高校列为策略类选修课程，因此也出现了许多试图模仿“某杀”卡牌游戏规则和设定的新游戏。那么，卡牌游戏规则能否成为受著作权法保护的作品？若认为游戏规则应归属于思想/表达二分法中的思想，那么在游戏规则的基础上作出的游戏设定和内容能否受到著作权法的保护？模仿“某杀”的游戏是否侵犯了该游戏的著作权？笔者将通过案例予以讨论。

裁判要旨

用以描述出牌规则、胜负条件、模式等的文字内容属于对游戏玩法规则的概括性、一般性描述，与当下流行的各种“警匪游戏”等桌面推理游戏的玩法规则大同小异，此种概括性的玩法规则作为思想的一部分应当从作品中抽象出来，不受著作权法保护。游戏中来源于公有领域的素材是社会共同财富，也不能为个别人所垄断，但是，任何人都可以在这些素材的基础上进行再创作。故权利游戏中的人物角色名称及其事迹本身不属于著作权法保护的对象，但对这些素材具有独创性的表达可以归入著作权法的保护范畴。在卡牌游戏规则及设定的侵权判定中，应将权利游戏的思想部分抽象出去并把属于公有领域的部分过滤掉后，对剩余的部分再进一步判断是否符合作品独创性的要求。

案情简介

一、原告享有权利的游戏是一款名为《某杀》的卡牌游戏。该游戏选择三国背景主题并将游戏的主要内容设定如下：游戏人数是2-10人，有4个身份(主公、忠臣、反贼、内奸)；权某游戏对卡牌进行分类，并增加了判定的概念和武将势力的设计等。权某游戏中的武将名称来源于中国古代三国演义故事中的人物，武将技能则是根据相关人物的历史典故进行创作，将武将的生平或其人物精神风貌概括凝缩，提炼出两个字作为其技能名称，进而通过技能内容描述为其设定相应的使用规则。

二、被告某游公司于2012年12月26日注册成立，开发了名称为《某KILL》V1.0和《常游iOS版某KILL》的游戏软件。被告某娱公司于2014年11月4日注册成立，2016年7月22日，被告某娱公司取得了软件名称为《大娱某三国卡牌竞技软件》（简称《某三国》V4.0）的《计算机软件著作权登记证书》，开发完成和首次发表日期为2016年5月30日。2016年8月19日，某娱公司又取得了软件名称为《大娱某KILL卡牌竞技软件》（简称《某KILL》V4.0）的《计算机软件著作权登记证书》。

三、被控侵权游戏为卡牌类的手机游戏，结合桌面推理游戏的规则，融入中国历史三国文化。被告某游公司、某娱公司自述：1. 某游公司于2013年开始运营被控侵权游戏，2014年至2015年两被告共同运营游戏，2016年游戏转让与某娱公司；2. 为执行国家新闻出版广电总局和中国音像与数字出版协会的相关规定，某娱公司于2017年4月1日在网站发布公告，将该款游戏更名为《某三国》。某娱公司负责游戏策划的工作人员韩某成到庭述称，其于2016年5月入职某娱公司，参与设计了《某三国online》游戏，该游戏版本于2017年底上线，几个月后下线，被控侵权游戏没有收益。

四、截至2017年1月13日，被控侵权游戏《某KILL》在9X游戏网的下载安装次数9111次，某用平台的下载数量25万次，某OL手机应用平台的下载次数310610次，某趣平台的下载次数38万+，某豆荚平台的下载次数240万次，某讯应用宝平台的下载次数99万次，某apTap平台的下载次数4483次。截至2018年7月25日，被控侵权游戏《某三国》在某讯应用宝平台的下载次数132万次，某60手机助手平台的下载次数134万次。在本案诉讼过程中，不同版本的被控侵权游戏《某KILL》（含更名后的《某三国》）在多个游戏网站依然可以下载。

五、2019年1月10日，一审法院判决被告立即停止侵权行为并赔偿原告经济损失50万元，被告不服提起上诉；2019年4月23日立案后，二审法院依法组成合议庭进行了审理，并经各方当事人同意委托上海经贸商事调解中心就各方之间的争议进行调解。审理过程中，上诉人以两上诉人已与被上诉人自行和解为由，向法院提出撤回上诉申请。2019年9月24日，二审法院做出准许撤回上诉的裁定。

核心裁判要旨

本案中，原告主张被告侵权的内容主要包括三项：一是武将名称及其技能名称和技能内容；二是基本牌、锦囊牌、装备牌的名称和内容；三是权利游戏的战功系统与被控侵权游戏成就系统。在进行著作权侵权判定之前，首先须完成对《某杀》卡牌游戏构成作品的证成。按照著作权法对独创性的要求，作品的表达形式及/或内容应当是作者独立完成且不同于公有领域业已存在或他人在先作品。本案权利游戏的时代背景为中国古代三国时期，游戏中的人物（武将等）角色及其事迹大多来源于《三国演义》等文学作品、《三国志》等史料及关于三国的民间传说，这些人物及其事迹千百年来已广为流传，并非游戏作者独创，属于公有领域的素材，是社会共同财富，不能为个别人所垄断，任何人都可以在这些素材的基础上进行再创作。故权利游戏中的人物角色名称及其事迹本身不属于著作权法保护的对象，但对这些素材具有独创性的表达可以归入著作权法的保护范畴。

本案中，权利游戏对基本牌、装备牌、锦囊牌的具体名称和内容的表达具有一定独创性。如“桃、闪、杀”等基本牌、“诸葛连弩、雌雄双股剑、麒麟弓”等武器牌、“桃园结义、无中生有、万箭齐发”等锦囊牌。此外，权利游戏对武将角色的选取及其技能名称、战功称号的设计表达也具有一定独创性。三国时期有名有姓的人物千余名，人物典故更是不胜枚举，不同作者对同一人物的同一典故的理解和诠释也是不同的，作者在描述人物历史背景、根据人物特点提炼设计技能名称、战功称号等方面有非常大的创作空间。权利游戏中用以描述武将技能内容、战功获得条件等的文字内容同样具有一定的独创性。如武将关羽的战功“武圣显灵”的获得条件描述为“使用关羽在一局游戏中发动青龙偃月刀特效击败至少1名角色”，该种表达足够具体，且体现了作者对相应素材的编排和设计，可以受到著作权法保护。

经比对分析，被控侵权游戏中有 108 张武将牌的文字内容（包括武将名称、武将技能名称、武将技能内容）与权利游戏完全相同或高度近似，这些武将的角色名称几乎完全相同，武将技能名称及用以描述技能内容的文字在表达上虽略有不同，但文义无实质性差别。权利游戏的 6 张基本牌、7 张坐骑牌、15 张武器/防具牌、15 张锦囊牌在被控侵权游戏中均有一一对应且文字内容几乎完全相同的卡牌。此外，被控侵权游戏中还有至少 55 张武将成就卡牌的文字内容与权利游戏完全相同或高度近似。整体而言，两款游戏的卡牌名称大部分相同、卡牌的文字内容高度雷同，二者相同、相似的部分在权利游戏中比例较高，最终促成了被告的败诉结果。

诉讼经验总结

一、用以描述出牌规则、胜负条件、模式等的文字内容属于对游戏玩法规则的概括性、一般性描述，与当下流行的各种“警匪游戏”等桌面推理游戏的玩法规则大同小异，此种概括性的玩法规则作为思想的一部分应当从作品中抽象出来，不受著作权保护。在本案中，权利游戏标准版游戏手册的“新手上路”部分主要用于说明游戏玩家如何确定身份、挑选武将、分发起始手牌、进行回合流程（每个玩家的回合可以分为回合开始阶段、判定阶段、摸牌阶段、出牌阶段、弃牌阶段和回合结束阶段六个阶段）、武将死亡、奖励与惩罚、游戏结束，该部分不受著作权法保护。

二、按照著作权法对独创性的要求，作品的表达形式及/或内容应当是作者独立完成且不同于公有领域业已存在或他人在先作品。本案权利游戏的时代背景为中国古代三国时期，游戏中的人物（武将等）角色及其事迹大多来源于《三国演义》等文学作品、《三国志》等史料及关于三国的民间传说，这些人物及其事迹千百年来已广为流传，并非游戏作者独创，属于公有领域的素材，是社会共同财富，不能为个别人所垄断，任何人都可以在这些素材的基础上进行再创作。故权利游戏中的人物角色名称及其事迹本身不属于著作权法保护的对象，但对这些素材具有独创性的表达可以归入著作权法的保护范畴，实践中权利人应重视在公有领域素材的基础上进行独立创作。

三、在卡牌游戏规则及设定的侵权判定中，应将权利游戏的思想部分抽象出去并把属于公有领域的部分过滤掉后，对剩余的部分再进一步判断是否符合作品独创性的要求，谓之抽象分析法，能够有效避免将原本属于公共领域的内容不当划入原告的权利范围。

法律规定

《中华人民共和国著作权法》（2010 年修正）	《中华人民共和国著作权法》（2020 年修正）
第十条第一款第十二项 著作权包括下列人身权和财产权： （十二）信息网络传播权，即以有线或者无线方式向公众提供作品，使公众可以在其个人选定的时间和地点获得作品的权利；	**第十条第一款第十二项** 著作权包括下列人身权和财产权： （十二）信息网络传播权，即以有线或者无线方式向公众提供，使公众可以在其选定的时间和地点获得作品的权利；①
第十条第三款 著作权人可以全部或者部分转让本条第一款第（五）项至第（十七）项规定的权利，并依照约定或者本法有关规定获得报酬。	（在 2020 年的修正中并未修改）
第四十八条第一项 有下列侵权行为的，应当根据情况，承担停止侵害、消除影响、赔礼道歉、赔偿损失等民事责任；同时损害公共利益的，可以由著作权行政管理部门责令停止侵权行为，没收违法所得，没收、销毁侵权复制品，并可处以罚款；情节严重的，著作权行政管理部门还可以没收主要用于制作侵权复制品的材料、工具、设备等；构成犯罪的，依法追究刑事责任： （一）未经著作权人许可，复制、发行、表演、放映、广播、汇编、通过信息网络向公众传播其作品的，本法另有规定的除外；	**第五十三条第一项** 有下列侵权行为的，应当根据情况，承担本法第五十二条规定的民事责任；侵权行为同时损害公共利益的，由主管著作权的部门责令停止侵权行为，予以警告，没收违法所得，没收、无害化销毁处理侵权复制品以及主要用于制作侵权复制品的材料、工具、设备等，违法经营额五万元以上的，可以并处违法经营额一倍以上五倍以下的罚款；没有违法经营额、违法经营额难以计算或者不足五万元的，可以并处二十五万元以下的罚款；构成犯罪的，依法追究刑事责任： （一）未经著作权人许可，复制、发行、表演、放映、广播、汇编、通过信息网络向公众传播其作品的，本法另有规定的除外；

《中华人民共和国著作权法实施条例》（2013 年修订）

第二条 作品是指文学、艺术和科学领域内具有独创性并能以某种有形形式复制的智力成果。

---

① 编者按：有关信息网络传播权定义修改的影响，详见本书《48. 通过链接实现不跳转页面的播放是否构成侵权?》

本案链接

杭州某卡网络技术有限公司诉广州某游信息科技有限公司等侵害著作权及不正当竞争纠纷民事判决书【（2019）沪73民终176号】

用以描述出牌规则、胜负条件、模式等的文字内容属于对游戏玩法规则的概括性、一般性描述，与当下流行的各种“警匪游戏”等桌面推理游戏的玩法规则大同小异，此种概括性的玩法规则作为思想的一部分应当从作品中抽象出来，不受著作权法保护。此外，游戏中来源于公有领域的素材是社会共同财富，也不能为个别人所垄断，但是，任何人都可以在这些素材的基础上进行再创作。故权利游戏中的人物角色名称及其事迹本身不属于著作权法保护的对象，但对这些素材具有独创性的表达可以归入著作权法的保护范畴。在卡牌游戏规则及设定的侵权判定中，应将权利游戏的思想部分抽象出去并把属于公有领域的部分过滤掉后，对剩余的部分再进一步判断是否符合作品独创性的要求。

延伸阅读

裁判规则一：在判定游戏作品的侵权问题上，应将被控侵权作品与原告享有权利作品的有独创性部分进行比对，若二者构成实质性相似，但被告在原告作品的基础上进行了新的创作，则被控侵权作品不是原告游戏的复制品，不构成对其复制权、信息网络传播权的侵犯。基于不告不理原则，当事人未主张的人民法院不能迳行裁判。因此，对于两款网络游戏的实质性相似是否对作品其它权利的侵犯，著作权人可另行主张。

案例一：上海某狐网络科技有限公司与某尔果斯侠某谷信息科技有限公司、深圳侠某谷科技有限公司著作权权属、侵权纠纷一审民事判决书【（2018）粤0192民初1号】

《昆仑×》游戏与《青云灵××》等被诉五款游戏有显著的不同，具有不同名字不同形象的游戏主角在不同的故事背景和场景之下，使用不同的技能，通过与不同的NPC人物的不同对话完成不同的任务。就好比电影中不同的演员说着不同的对白在不同的场景下演绎着不同的故事。这种不同表现在影像画面上，就会给观众在视觉和听觉上带来明显的差异。但是，连续的影像不仅需要考察单个的画面，也需要进行整体认定和综合判断。虽然作品是由各种原始素材以及表现手段等构成，但作品的整体并不等于其组成元素的简单累加，人物特征、人物关系、与之相适应的情节的演进，以及每一个画面呈现的先后顺序，为有机结合的整体。两部电影是否构成实质性相似，从一般受众的角度，需要在思想的表达上进行全面分析，判断受众在欣赏体验在后作品时，是否存在与在先作品相同或近似的感受。这种感受不独体现在视觉和听觉上，也反映在心理以及实际的体验上。即使两部电影的影像画面有较大区别，但是故事发生的逻辑，人物出场顺序及其相互关系，由具体事件的发展进程所构成的情节等都相同或相似，则带给受众的观感体验也会相同或相似。如果两部电影中的这些相同或近似的情节、结构和故事推进过程等的设计能反映出创作者独特的选择、判断和取舍，构成了著作权法意义上的表达，则可判断两者在整体观感上构成实质性相似。同样的，对于角色扮演类游戏通过挂机形成的画面，如果带给普通观察者相同或相近的欣赏体验的感受，也可能构成整体观感上的实质性相似，当然前提是需要存在实质性相似的表达。

涉案五款游戏与原告的《昆仑×》构成整体观感上的实质性相似，但也有部分不同，在《昆仑×》的基础上进行了新的创作，体现了一定的独创性。被诉的《灵剑××》等五款游戏并不是《昆仑×》游戏的复制品，不构成对其复制权的侵犯，也不构成对其信息网络传播权的侵犯。至于两者整体观感上构成实质性相似，是否对原告作品其它权利的侵犯，本案中不予处理，原告可另行主张。故一审判决驳回了原告某狐公司的全部诉讼请求。该案法官指出，网络游戏与传统的作品形式存在较大的差异，游戏整体画面能否适用著作权法进行保护，尚无定论。本案中，法庭通过全面比对，发现《昆仑×》和《灵剑××》等五款游戏构成整体观感上的实质性相似，可以初步判断被告涉嫌侵权。但著作权案件应紧紧围绕当事人主张进行审理，当事人未主张的，不能迳行裁判。

裁判规则二：游戏的基本规则往往因其并非著作权法意义上的表达而不能构成作品，但是游戏中具体的设定、人物刻画等内容可以因其具有独创性而受著作权法保护。

案例二：某雪娱乐有限公司等诉成都某游科技有限公司等著作权侵权及不正当竞争纠纷案【（2015）粤知法著民初字第 2-1 号】

原告某雪娱乐是享有“全球第一网络游戏”称号的《魔兽××》系列游戏的著作权人，该系列游戏中所包含的英雄人物、怪兽、副本、场景、装备等美术作品、地图作品、文字作品、类电影作品等游戏元素以及《魔兽××》系列小说，皆为该原告所独立创作完成并享有著作权的作品。原告某易公司是《魔兽××》

在中国大陆地区的独家运营商。被诉游戏《全民××》（原名《酋长××》）由被告某游公司开发、被告分某时代独家运营，并由被告动某公司提供下载。该游戏利用《魔兽××》的故事背景，抄袭了原告游戏中的18个英雄和7个怪兽形象，侵害了原告美术作品的著作权。同时，该游戏还使用《全民××：决战×××》的游戏名称、酋长萨某的人物名称以及与《魔兽××》相似的游戏设定。将被诉游戏相关英雄和怪兽形象与原告主张的英雄和怪兽形象进行比较，两者构成实质相似。被告未经原告许可，在被诉游戏中使用这些英雄和怪兽形象，侵犯了原告美术作品的复制、发行及信息网络传播等权利。

064 游戏名称、通关语及App图标的独创性认定及侵权判定标准有哪些？

☞ **阅读提示**

游戏名称能否成为受著作权法保护的作品？通常而言，游戏名称具有简洁明了的特点，这一特点大大限制了游戏名称的独创性空间，因此其能否构成作品的问题值得探讨。其次，游戏通关语能否获得著作权法的保护？游戏通关语往往是一个短句，虽较游戏名称而言更长，但总体而言其独创性空间仍然较小。此外，生活中常见的App图标能否获得著作权法的保护？当如何认定相关的著作权侵权问题呢？笔者将通过案例予以讨论。

裁判要旨

简短的游戏名称表达过于简单，难以体现作者的选择、取舍和安排，难以达到著作权法所要求的独创性。单一的游戏通关语同样难逃这一问题，但将所有关卡的游戏通关语组成一个整体，则其整体的设计与编排具有独创性，可以视为游戏说明书而作为著作权法所规定的文字作品予以保护。关于游戏App图标是否构成美术作品，根据著作权法对美术作品的规定，只要是作者独立创作，具有最低限度的审美意义，且不属于公有领域的造型艺术，均应视为满足了作品的独创性要求。

案情简介

一、原告某梦天地公司主张权利的游戏《某点点消》系某 Games 公司授权其对游戏《某 Blast》本土化运营的游戏产品，其对游戏《某点点消》享有独占运营权。

本案中，某梦天地公司主张涉案作品为文字作品及美术作品，作品名称系游戏《某点点消》，具体主张作品内容如下：1. 游戏名称“某点点消”。某梦天地公司主张游戏名称“某点点消”系其公司内部征名活动而来的，该名称将游戏的玩法特点和游戏所传达的快感结合起来，并与游戏的代言人快乐家族核心人物何某紧密结合，系其原创的文字作品。2. 游戏第 1 关、第 2 关的通关提示语。某梦天地公司主张游戏通关提示语系其原创的文字作品，采用了精简、轻松、诙谐的表达，其认为涉案主张的通关语应作为一个整体的文字作品予以保护。3. 游戏 App 图标。某梦天地公司主张游戏 App 图标系其原创的美术作品，该图标系由九个方块元素以及飞弹道具、小火车道具和电钻道具元素构成的九宫格图形，该 App 图标第一行左侧为小火箭道具，其右侧为粉红色方块，第二行左侧为蓝色方块，中间为橘色方块，右侧为气泡裹成的小火车道具，第三行左侧为气泡包裹的小电钻道具，中间为绿色方块，右侧为黄色内嵌星星方块。

二、将原告游戏作品与被控侵权游戏的相关内容进行比对，可见：1. 游戏名称。某梦天地公司请求保护的游戏名称系“某点点消”，被控侵权游戏的名称系“某点点消（单机游戏）”。2. 游戏通关提示语。经对比，与某梦天地公司请求保护的游戏第 1 关、第 2 关的通关提示语表达的意思一致，但在文字的表达上做了替换和修改。3. 游戏 App 图标。被控侵权游戏的图标亦是由九宫格组成，该 App 图标第一行左侧为小火箭道具，其右侧为粉红色方块，第二行左侧为蓝色方块，中间为橘色方块，右侧为气泡裹成的道具，第三行左侧为气泡包裹的道具，中间为绿色方块，右侧为黄色方块，其中，与某梦天地公司主张保护的游戏相比较，仅每个方块内嵌的图案有所不同。

三、深圳市南山区人民法院判决：一、被告某翻公司、某比阁公司赔偿原告某梦天地公司经济损失人民币 20 万元，维权合理费用人民币 4 万元，合计人民币 24 万元。一审宣判后，某翻公司、某比阁公司不服，提起上诉。深圳市中级人民法院判决：驳回上诉，维持原判。

核心裁判要旨

本案中，某梦天地公司请求保护三类作品：其一是游戏名称“某点点消”；其二是游戏通关语；其三是游戏 App 图标。关于游戏名称“某点点消”是否构成文字作品。著作权法保护的作品必须满足“独创性”的要求，即能体现作者独特的智力判断和选择。本案中游戏名称“某点点消”表达过于简单，难以体现作者的选择、取舍和安排，难以达到著作权法所要求的独创性。简短的游戏通关语同样难逃这一问题，但是涉案游戏方块上的文字说明即游戏通关语系用于说明方块和道具在游戏中所具备的技能和功能，将其组成一个整体，可以视为游戏说明书而作为著作权法所规定的文字作品予以保护。关于游戏 App 图标是否构成美术作品，根据著作权法对美术作品的规定，只要是作者独立创作，具有最低限度的审美意义，且不属于公有领域的造型艺术，均应视为满足了作品的独创性要求。本案中，某梦天地公司请求保护的作品属于以线条、色彩等构成的平面造型艺术，应受法律保护。

在侵权判定的问题上，首先是“游戏通关语”的侵权判定，某梦天地公司请求的“游戏通关语”整体上属于文字作品，依法应受著作权法保护。根据比对，被控侵权游戏的通关语和某梦天地公司主张的游戏通关语意思表达一致，但在文字上作了替换和修改。由于游戏通关语系由游戏规则和玩法所决定的，因此表达的可选择空间极其有限，涉案两个游戏均属消消乐游戏，因此不可避免会使用较为接近的表达，且某梦天地公司的游戏通关语就每一关而言，独创性太低，只有被控侵权游戏完全抄袭了某梦天地公司主张的游戏通关语，才能认定侵害了某梦天地公司游戏通关语的著作权，而本案的情形并非如此，综上，对某梦天地公司的该项主张不予支持。

关于游戏 App 图标的侵权判定。某梦天地公司请求保护的游戏 App 图标属于美术作品，依法应受著作权法的保护。根据法院的比对，被控侵权游戏 App 图标整体的九宫格设计、颜色布局与某梦天地公司主张的 App 图标相同，给人以相同的美感，虽然个别方块的内嵌图案不同，但实属细微差异，不影响两者之间构成实质性相似。故认定被控侵权游戏 App 图标在游戏界面上属于对某梦天地公司美术作品的抄袭，侵害了某梦天地公司所享有的著作权。

诉讼经验总结

一、在游戏名称能否获得著作权法保护的问题上，根据《中华人民共和国著作权法实施条例》的规定，作品是指文学、艺术和科学领域内具有独创性并能以某种有形形式复制的智力成果，并按照表现形式的不同对作品类型进行了划分，文字作品是指小说、诗词、散文、论文等以文字形式表现的作品。因此，著作权法保护的作品必须满足“独创性”的要求，即能体现作者独特的智力判断和选择。本案中，某梦天地公司主张涉案游戏名称“某点点消”系其公司内部征名活动得来的，且不论某梦天地公司提交公司内部征名活动邮件的真伪，作为仅有几个字的游戏名称“某点点消”，其表达过于简单，难以体现作者的选择、取舍和安排，难以达到著作权法所要求的独创性，因此游戏公司欲使其游戏名称得到法律保护，应当选择具有独创性的表达。

在游戏关卡设置的游戏通关语能否构成作品的问题上，某梦天地公司主张的游戏通关语，其实质是游戏的规则和玩法。鉴于著作权法仅保护思想的表达，而不延及思想本身，因此法院不予保护游戏规则和玩法。对于每一关的游戏通关语而言，其表达过于简单，难以达到著作权法所要求的独创性的高度，但是涉案游戏方块上的文字说明即游戏通关语系用于说明方块和道具在游戏中所具备的技能和功能，将其组成一个整体，可以视为游戏说明书而作为著作权法所规定的文字作品予以保护，因此游戏公司在提起诉讼时，应注意将全部关卡的游戏通关语整合为一套系统请求著作权法的保护。

二、在游戏 App 图标是否构成美术的作品上，根据著作权法的规定，美术作品均是由色彩、线条、图案构成的平面造型艺术；根据《著作权法实施条例》的规定，美术作品是指绘画、书法、雕塑等以线条、色彩或者其他方式构成的有审美意义的平面或者立体的造型艺术作品。而对于美术作品独创性的判断，只要是作者独立创作，具有最低限度的审美意义，且不属于公有领域的造型艺术，均应视为满足了作品的独创性要求。本案中，某梦天地公司请求保护的 App 属于以线条、色彩等构成的平面造型艺术，属于著作权法意义上的作品，应受法律保护，因此游戏公司在设计 App 图标时，应注意作出自己独创的设计。

三、在游戏通关语和 App 图标的侵权判定问题上，由于游戏通关语系由游戏规则和玩法所决定的，因此表达的可选择空间极其有限，涉案两个游戏均属消消乐游戏，因此不可避免会使用较为接近的表达，且某梦天地公司的游戏通关语就每一关而言，独创性太低，只有被控侵权游戏高度抄袭了某梦天地公司主张的游戏通关语，才能认定侵害了某梦天地公司游戏通关语的著作权。而被控侵权游戏App图标整体的九宫格设计、颜色布局与某梦天地公司主张的App图标给人以相同的美感，虽然个别方块的内嵌图案不同，但实属细微差异，不影响两者之间构成实质性相似。

法律规定

《中华人民共和国著作权法》（2010年修正）	《中华人民共和国著作权法》（2020年修正）
第四十八条第一项 有下列侵权行为的，应当根据情况，承担停止侵害、消除影响、赔礼道歉、赔偿损失等民事责任；同时损害公共利益的，可以由著作权行政管理部门责令停止侵权行为，没收违法所得，没收、销毁侵权复制品，并可处以罚款；情节严重的，著作权行政管理部门还可以没收主要用于制作侵权复制品的材料、工具、设备等；构成犯罪的，依法追究刑事责任： （一）未经著作权人许可，复制、发行、表演、放映、广播、汇编、通过信息网络向公众传播其作品的，本法另有规定的除外；	**第五十三条第一项** 有下列侵权行为的，应当根据情况，承担本法第五十二条规定的民事责任；侵权行为同时损害公共利益的，由主管著作权的部门责令停止侵权行为，予以警告，没收违法所得，没收、无害化销毁处理侵权复制品以及主要用于制作侵权复制品的材料、工具、设备等，违法经营额五万元以上的，可以并处违法经营额一倍以上五倍以下的罚款；没有违法经营额、违法经营额难以计算或者不足五万元的，可以并处二十五万元以下的罚款；构成犯罪的，依法追究刑事责任： （一）未经著作权人许可，复制、发行、表演、放映、广播、汇编、通过信息网络向公众传播其作品的，本法另有规定的除外；

《中华人民共和国著作权法实施条例》（2013年修订）

第二条 作品是指文学、艺术和科学领域内具有独创性并能以某种有形形式复制的智力成果。

第四条第八项 著作权法和本条例中下列作品的含义：

（八）美术作品，是指绘画、书法、雕塑等以线条、色彩或者其他方式构成的有审美意义的平面或者立体的造型艺术作品；

本案链接

杭州某翻科技有限公司、杭州某比阁科技有限公司与深圳市某梦天地科技有限公司侵害著作权及不正当竞争纠纷民事判决书【（2019）沪73民终176号】

简短的游戏名称表达过于简单，难以体现作者的选择、取舍和安排，难以达到著作权法所要求的独创性。单一的游戏通关语同样难逃这一问题，但将所有关卡的游戏通关语组成一个整体，则其整体的设计与编排具有独创性，可以视为游戏说明书而作为著作权法所规定的文字作品予以保护。关于游戏 App 图标是否构成美术作品，根据著作权法对美术作品的规定，只要是作者独立创作，具有最低限度的审美意义，且不属于公有领域的造型艺术，均应视为满足了作品的独创性要求，若两 App 图标给人以相同的美感，虽然个别方块的内嵌图案不同，但实属细微差异，则不影响两者之间构成实质性相似。

延伸阅读

裁判规则一：根据思想/表达二分法，游戏规则属于思想的范畴，不受著作权法的保护。电子游戏对于其规则的说明文字是对游戏内容、抽象规则的客观反映，类似于说明书，一般情况下没有独创性或独创性很低。如果游戏的文字规则能够体现出作者的取舍、选择、安排、设计，达到作品的独创性高度，则可以认定为文字作品。

案例一：北京某赐之恒网络科技有限公司等与上海某天网络科技有限公司二审民事判决书【（2019）京 73 民终 2613 号】

游戏规则形成的文字是对于游戏游玩过程的说明性文章，类似于产品说明书，该说明性文章的独创性较低，任何人在对游戏进行说明时，都无法避免对于游戏的架构、人物、功能、参数进行介绍，如认为这类文章具有独创性势必会造成他人今后无法对游戏进行说明。关于新手引导，原审原告主张其构成类电作品，关于该视频介绍也是类似于说明性文章，其未注意到类电作品的本质在于类似摄制电影的方法创作，其将介绍游戏过程中截取的若干片段和功能性介绍作为主画面的视频，企图以类电作品来保护，有悖于类电作品的立法初衷。关于游戏设计，按照思想表达二分法，游戏设计属于思想，除非其将游戏设计固化为文字则可以获得保护，单纯的游戏设计行为应当通过其他法律规范来保护。但经过比对，本案中两款游戏的人物形象不同，其相似或者相同之处在于游戏的角色设定数值上，此外人物和属性左右分置的界面设计仍然不属于独创性设计，而数值也不属于著作权法保护的范围。

裁判规则二：为制造特定产品而绘制的产品设计图，受到产品本身结构及产品整体要求的限制，本身独创性空间较小，且本案涉诉设计图线条的纹路、组成等均是该领域的公知设计图案，在设计过程中的取舍、选择、布局等均是根据被告的要求进行，此类设计图不符合我国著作权法有关作品独创性要求。

案例二：青岛某欧铜饰工程有限公司与莱州市城港路某鹤酒店、王某及某瑞公司著作权权属、侵权纠纷民事判决书【（2020）鲁 0282 民初 7202 号】

《著作权法》所称作品，是指文学、艺术和科学领域内具有独创性并能以某种有形形式复制的智力成果。《著作权法实施条例》第四条第十二项规定，图形作品，是指为施工、生产绘制的工程设计图、产品设计图，以及反映地理现象、说明事物原理或者结构的地图、示意图等作品。工程设计图、产品设计图为施工、生产所绘制，其必然蕴含着相应的技术方案，但实用功能、技术方案等均属于著作权法不保护的思想范畴，故著作权法保护的是图形作品所展示的其点、线、面等因素组合而成后产生的科学之美。产品设计图获得著作权法保护首先要以具备最低限度的独创高度为条件，综合考虑作品属性、所属领域的作品现状、创作空间等因素，对技术性作品独创性高度的要求高于文学艺术作品独创性通常适用的独立创作标准。本案中，原告某欧公司所主张的设计图由特定的点、线等要素组成，体现了一定的科学之美。但是该设计图是按照被告某鹤酒店特定新中式铜门的要求而绘制，属于为制造铜门而绘制的产品设计图，受到铜门本身结构及被告某鹤酒店对铜门整体要求的限制，本身独创性空间较小，且本案涉诉设计图线条的纹路、组成等均是中式铜门设计的公知设计图案，在设计过程中的取舍、选择、布局等均是根据被告王某的要求进行，因此，原告所诉的两设计图不符合我国著作权法有关作品独创性要求。

本案即使原告某欧公司的设计图构成作品，受到著作权法的保护，但是经比对原告某欧公司和被告某瑞公司的设计图及产品实物，图中所显示铜门的主体颜色、部分线条相似外，门框造型、把手样式等均不相似，部分图形近似并不能认定被告某鹤酒店、王某、某瑞公司构成著作权侵权，由于被控侵权设计图及实物和原告某欧公司设计图整体差异较大，不构成实质性相似。

065 提供云游戏服务是否侵犯信息网络传播权?

☞ 阅读提示

云游戏是以云计算为基础的游戏方式，本质为交互的在线视频流。游戏在云端服务器上运行，将渲染完毕的画面或指令压缩，通过网络传送给用户。云游戏的出现，成功解决了传统大型游戏与手机游戏的局限性，并融合两者优势，集便捷、体验于一体，让用户感受随时随地在各类移动设备上尽享游戏的畅快。但是这种传输行为没有得到游戏权利人许可的情况下，是否会构成对信息网络传播权的侵犯？笔者将通过案例予以研究。

裁判要旨

信息网络传播权调整的是发生在互联网环境下的交互式传播行为，核心构成要件在于通过信息网络提供作品和公众获得作品的交互性。一方面本案中无论是服务器的客观事实属性，还是从用户感知角度切入，都足以认定系由点某公司提供涉案作品；另一方面，涉案作品通过点某公司的上述提供方式，是可供用户获得并使用的，用户能够以点对点的方式根据个人需要获得涉案两款游戏，因此使公众能以个人选定的时间和地点获得作品，也即体现“交互式传播”。综上所述，涉案行为构成对信息网络传播权的侵犯。

案情简介

一、2016年原告深圳市腾某计算机系统有限公司（以下简称“腾某计算机公司”）通过利某游戏公司授权，取得了《某某联盟》游戏自2016年5月1日至2019年4月30日的著作权授权，后通过续签，延续到2022年4月30日。腾某计算机公司与腾某科技（深圳）有限公司（以下简称“腾某科技公司”）通过协议自2017年3月4日起，在中国大陆地区联合运营《某某联盟》游戏并享有相应著作权。2017年10月18日，腾某科技公司通过授权取得《某某飞车》游戏自2017年10月18日至2027年10月17日的相应著作权。

二、被告广州点某科技有限公司（以下简称“点某公司”）系点某某鸡网站的主办单位。点某公司运营的云游戏平台包括名称为“某鸡”的移动端软件以及名称为“某鸡游戏”的电脑端软件，并在各版本平台中提供多款游戏的云服务。在各种版本的“某鸡游戏”平台中试玩的《某某联盟》和《某某飞车》与二原告主张权利的两款游戏在游戏主页、游戏角色、游戏环节、竞技系统、场景设置、操作模式、游戏环节、版权声明、充值路径等均一致。

三、法院于2020年3月23日受理的腾某计算机公司、腾某科技公司诉讼请求如下：1. 点某公司停止通过其官方网站、“某鸡”云游戏平台（包括windows网页版、安卓端、iOS端）向用户提供涉案游戏作品、相关增值服务（付费时长、高画质、付费排队）及进行相关宣传；2. 点某公司删除其收集和存储的涉案游戏用户数据（含使用涉案游戏的“某鸡游戏”平台用户数据、“上号助手”收集到的涉案游戏用户数据及其他与涉案游戏有关的用户数据，用户数据类型主要包括注册数据、游戏使用数据）；3. 点某公司赔偿腾某计算机公司、腾某科技公司因实施涉案侵害作品信息网络传播权行为和不正当竞争行为所致经济损失及合理支出共计480万元；4. 点某公司承担本案全部诉讼费用。

四、2020年8月12日，法院在判决中认为：纵观涉案两款游戏，相关故事背景、场景设置、情节设定的选择与安排类似于电影剧本的创作，随着玩家操作形成的一系列有伴音或者无伴音的连续动态画面，类似于电影的摄制和成像过程，游戏创作完成后亦可存储在一定介质上，并可借助计算机等数字播放硬件设备予以传播，基于以上特征，涉案两款游戏应作为著作权法规定的以类似摄制电影的方法创作的作品予以保护。在点某公司运营的涉案各客户端中，相关公众可根据个人选定的时间和地点，通过信息网络获得涉案作品，符合信息网络传播行为的特征，因此其行为侵犯了有关著作权。

核心裁判要旨

本案的争议焦点在于点某公司的行为是否侵害涉案作品的信息网络传播权。具体而言，在法院认定游戏可以作为类电作品（视听作品）保护的前提下，已经将本案的争议焦点限缩为通过网络传输游戏画面和玩家操作反馈是否构成通过信息网络提供作品的行为。依据《著作权法》和《最高人民法院关于审理侵害信息网络传播权民事纠纷案件适用法律若干问题的规定》的有关规定，认定是否侵犯信息网络传播权有两个要件，一是是否通过信息网络提供作品①，二是公众获得作品的交互性。

首先是对于提供作品的认定，主流的观点采取服务器标准，即看作品是否被实际置于服务器之中，本案中由于云游戏的技术特点，无疑游戏客户端是保存在云服务器中，同时游戏画面是作为代码方式存储在计算机或云服务器上的，并向用户传输；此外从用户感知标准出发，点某公司的行为都构成通过信息网络提供作品。其次是对于交互性的考察，所谓交互性是指公众可以在个人选定的时间和地点获得作品，本案中用户通过登录，即可自由地进行“点对点式的按需点播”。因此该行为落入信息网络传播权的规制范围。

接下来考察点某公司行为能否构成合理使用中的适当引用。需要考察作品使用目的、使用性质是否为适当引用，以及是否影响作品的正常使用或造成实质性替代，损害权利人的正当利益。由于本案中点某公司的行为是提供完整而全面的作品而非适当引用；并且使用并非是为了介绍、评论或说明问题；最后使用行为明显影响权利人对相关涉案游戏的正常使用，造成涉案游戏的运行脱离了权利人的控制，损害其合法利益。因此无法构成合理使用。

综上所述，点某公司的行为构成对涉案作品信息网络传播权的侵犯。

诉讼经验总结

一、现有对云游戏的侵权认定是建立在将电子游戏界定为类电作品（视听作品）的基础上，这种归类虽然已经被司法实践所接受，但是考虑到这仅是在没有明确作品类型下的权宜之策，若在司法实践及理论研究中对电子游戏作品种类认定发生了变化，要注意是否可能会对云游戏侵权认定产生影响。

二、云游戏这一新颖模式，可能带来一系列的著作权侵权风险，除去最主要的信息网络传播权外，由平台进行传输行为时对于画质的限制、不同平台的按键映射等行为，还可能侵犯权利人的修改权、保护作品完整权、复制权等权利。

三、云游戏行业除了著作权侵权的较高可能性以外，也有可能因为其添附内容、限制网速、设置链接等行为受到反不正当竞争法的规制。但在《著作权法》框架下对有关利益已经实现平衡的，不宜再在《反不正当竞争法》中寻求额外的保护。

---

① 编者按：有关信息网络传播权定义修改的影响，详见本书《48. 通过链接实现不跳转页面的播放是否构成侵权？》

法律规定

《中华人民共和国著作权法》 （2010 年修正）	《中华人民共和国著作权法》 （2020 年修正）
第三条第六项 本法所称的作品，包括以下列形式创作的文学、艺术和自然科学、社会科学、工程技术等作品： （六）电影作品和以类似摄制电影的方法创作的作品；	**第三条第六项** 本法所称的作品，是指文学、艺术和科学领域内具有独创性并能以一定形式表现的智力成果，包括： （六）视听作品；
第十条第一款第十二项 著作权包括下列人身权和财产权： （十二）信息网络传播权，即以有线或者无线方式向公众提供作品，使公众可以在其个人选定的时间和地点获得作品的权利；	**第十条第一款第十二项** 著作权包括下列人身权和财产权： （十二）信息网络传播权，即以有线或者无线方式向公众提供，使公众可以在其选定的时间和地点获得作品的权利；①

《中华人民共和国著作权法实施条例》（2013 年修订）

第四条第十一项 著作权法和本条例中下列作品的含义：

（十一）电影作品和以类似摄制电影的方法创作的作品，是指摄制在一定介质上，由一系列有伴音或者无伴音的画面组成，并且借助适当装置放映或者以其他方式传播的作品；

第二十一条 依照著作权法有关规定，使用可以不经著作权人许可的已经发表的作品的，不得影响该作品的正常使用，也不得不合理地损害著作权人的合法利益。

《最高人民法院关于审理侵害信息网络传播权民事纠纷案件适用法律若干问题的规定》 （法释〔2012〕20 号　2012 年 12 月 17 日发布）	《最高人民法院关于审理侵害信息网络传播权民事纠纷案件适用法律若干问题的规定》 （法释〔2020〕19 号　2020 年修正）
第三条 网络用户、网络服务提供者未经许可，通过信息网络提供权利人享有信息网络传播权的作品、表演、录音录像制品，除法律、行政法规另有规定外，人民法院应当认定其构成侵害信息网络传播权行为。 通过上传到网络服务器、设置共享文件或者利用文件分享软件等方式，将作品、表演、录音录像制品置于信息网络中，使公众能够在个人选定的时间和地点以下载、浏览或者其他方式获得的，人民法院应当认定其实施了前款规定的提供行为。	（在 2020 年的修正中并未修改）

---

① 编者按：有关信息网络传播权定义修改的影响，详见本书《48. 通过链接实现不跳转页面的播放是否构成侵权？》

本案链接

深圳市腾某计算机系统有限公司、腾某科技（深圳）有限公司等与广州点某科技有限公司侵害作品信息网络传播权纠纷一审民事判决书【（2020）浙0192民初1329号】

信息网络传播权调整的是发生在互联网环境下的交互式传播行为，核心构成要件在于通过信息网络提供作品和公众获得作品的交互性。在判断点某公司的涉案行为是否应受信息网络传播权规范时，首要条件需要明晰云游戏的传输模式及云游戏内容的承载介质是否存在于信息网络环境中。传统大型网络游戏的体验场景局限于家庭、网吧等特定地点，且需要提前从游戏服务器上下载客户端安装后方可操作使用，用户对游戏相关作品的体验感有赖于下载到用户本地的终端设备性能。然而云游戏运行模式下的体验场景不再局限于此，原本需要在游戏玩家本地计算机设备存储的大型主机类游戏转为呈现在云端服务器上，游戏的安装包位于云服务器端，用户不再感知操作系统，即不可篡改游戏的安装包，游戏计算、渲染均在云端服务器完成，其使用的主要技术包括云端完成游戏运行与画面渲染的云计算技术以及云端与玩家终端间的流媒体传输技术，在这个过程中，用户对游戏相关作品的体验感更依赖于网络传输性能，云游戏运行模式实现了多终端设备打通特性，不管是用户通过输入设备在“某鸡”云游戏平台对游戏进行实时操作，还是游戏的画面与声音在云服务器和不同用户终端之间的相互传输，均系在互联网环境下通过信息网络进行传输。同时，云游戏画面的介质以玩家操作指令数据代码及音频流、视频流的组合构成，需要传输到云服务器上再解压传输到用户终端。具体来说，游戏画面是作为代码方式存储在计算机或云服务器上的，可以通过复制游戏画面的代码、算法等方式实现复制游戏画面，将其固定在其他介质之上。这一载体的特殊性并不影响其客观上游戏整体画面存在并可被复制。有鉴于此，云端服务器更类似于涉案作品存在的载体，亦未改变系存在于互联网环境中的这一事实。其次，涉案行为是否系通过信息网络向公众提供作品。众所周知，行为人通过上传到网络服务器的方式并将作品置于信息网络中是典型的“提供”行为。随着云空间服务、移动互联网技术的发展，网络新技术得以广泛应用。本案中，就作品存储的载体而论，云服务器应属“网络服务器”广义概念之范畴，其作为作品存储的载体毋庸置疑。而从提供手段来看，点某公司作为服务提供方将涉案两款游戏“上传”至或放置在其云服务器中，通过上传行为和开放行为，以通过不同终端的云游戏平台提供作品。由此可见，无论是服务器的客观事实属性，还是从用户感知角度切入，都足以认定系由点某公司提供涉案作品。再次，涉案行为是否能使公众以个人选定的时间和地点获得作品，也即体现“交互式传播”。结合云游戏的便捷体验的特点，用户在某鸡平台网页端以外的电脑端和移动客户端所下载的软件并非游戏本身的安装包，而是某鸡平台的安装包，用户不需要在本地计算机或移动设备上安装涉案两款游戏，只需要通过点某公司提供的涉案平台渠道就可以直接操作涉案两款游戏，游戏软件在云端服务器根据用户指令调用资源库里的素材然后向用户客户端返回的一系列声音、视频影像即上文论述的以类似摄制电影的方法创作的作品。一般而言，获得作品包括以下载、浏览或者其他方式，虽然涉案云游戏不需要下载安装，但云游戏软件的在线运行亦是用户获得的方式。显然，涉案作品通过点某公司的上述提供方式，是可供用户获得并使用的，用户能够以点对点的方式根据个人需要获得涉案两款游戏。综上，在点某公司运营的涉案各客户端中，相关公众可根据个人选定的时间和地点，通过信息网络获得涉案作品，符合信息网络传播行为的特征。

认定合理使用作品的构成要件为，一是作品使用行为的目的是为介绍、评论某一作品或者说明某一问题，二是作品使用的性质为适当引用，三是不得影响作品的正常使用或造成实质性替代，损害权利人的正当利益。本案中，点某公司未经许可在被诉侵权平台运营涉案游戏并获得相关盈利，使用目的显然不是为了介绍、评论作品或说明问题；其在被诉侵权平台上提供的是全面完整的涉案作品，其亦确认涉案游戏的整体与对应涉案作品均构成相同，故使用方式亦非适当引用；点某公司的行为明显影响腾某计算机公司和腾某科技公司对相关涉案游戏的正常使用，造成涉案游戏的运行脱离了权利人的控制，损害其合法利益。由此可见，被诉侵权行为不符合著作权法上合理使用的情形。点某公司关于其不构成相关侵权的抗辩意见，无事实和法律依据，本院不予采纳。

延伸阅读

裁判规则一：网络游戏连续动态画面整体构成“以类似摄制电影的方法创作的作品”，应获得著作权法保护。

案例一：广州网某计算机系统有限公司与广州华某网络科技有限公司侵害著作权及不正当竞争纠纷二审民事判决书【（2018）粤民终 552 号】

涉案游戏的游戏画面符合作品的构成要件，属于著作权法保护的作品。涉案游戏在运行过程中呈现在终端设备上的游戏画面属于文学、艺术领域的综合表达，其表达融合了故事情节对话、人物角色形象、场景地图设计、技能法术动画、背景音乐音效等可感知的对象，勾勒出以《西游记》取经故事为背景的“人、仙、魔”三界各门派争斗、合作、发展的虚拟社会，体现了游戏开发者对于游戏故事体系、具体玩法规则及整体艺术风格的综合考虑，体现出游戏开发者富有个性的选择与安排，具有较高的独创性。涉案游戏的核心内容可分为游戏引擎和游戏资源库，前者是由指令序列组成的计算机软件程序，后者是含有各种音频、视频、图片、文字等素材片段组成的资料库。涉案游戏由用户在终端设备上被登入、操作后，游戏引擎系统自动或应用户请求，调用资源库的素材在终端设备上呈现产生一系列连续动态画面。以上各种计算机程序和游戏素材以文件形式固定于计算机或其他设备，具有可复制性。游戏画面系由游戏引擎调用资源库中的各种素材而形成，游戏画面具有可复制性。从表现形式来看，其是集合了文字、声音、图像、动画等素材的连续动态画面，游戏故事情节随着玩家的具体操作而不断展开，游戏整体画面完整地表达创作者对于游戏设计的思想特征，同时给予玩家电影般的视听体验。因此，涉案游戏整体画面符合类电作品“由一系列有伴音或者无伴音的画面组成”的核心特征，其复杂制作过程和最终视听表达有较高的创作高度，亦符合类电作品的独创性标准，可将涉案游戏的游戏画面认定为类电作品。

华某公司称涉案游戏的游戏画面不符合“摄制在一定介质上”而无法构成类电作品。对此本院认为，如前所述，构成游戏整体画面的各种游戏素材，以及调用这些素材的游戏引擎均已固定于计算机或其他设备，游戏画面符合“固定在一定介质上”的要件。至于“摄制”，“摄制”的特点符合人们对电影的传统认知，然而随着产业技术发展，不少电影已经脱离摄像机拍摄技术而采用新型制作工艺，比如一些科幻或动画电影，全部或绝大部分镜头均在计算机中绘制、编辑、合成，电影或类电作品的创作手段已随技术进步呈现多样化趋势，故不宜对“摄制”作字面文义的狭隘理解，以制作工艺来限制对作品的保护。华某公司称涉案游戏的游戏画面不会自己产生，只有在玩家进行操作时才会形成，因此不具有“可复制性”。对此本院认为，虽然游戏画面的生成有赖于“被操作”，不同的操作也会呈现出不同的游戏画面，但这些不同操作形成的不同游戏画面并非随机产生、凭空存在，只是调用了游戏引擎和游戏资源库作用形成的游戏画面中的一种可能性，均未超出该款游戏在画面表达层面上的预设内容。游戏画面的内容来源于对游戏软件的客观操作结果。因此，华某公司称涉案游戏画面不具有可复制性的上诉意见依据不足，本院不予采纳。华某公司称涉案游戏的游戏画面不符合“穷尽性”“戏剧性”或“思想性与故事性”等特点而无法构成类电作品，但法律未对类电作品提出“穷尽性”“戏剧性”或“思想性与故事性”等要求，其并非类电作品的构成要件。华某公司关于玩家操作涉案游戏形成的游戏画面不构成类电作品及网某公司不享有著作权的上诉意见依据不足，本院不予支持。

裁判规则二：云公司提供的云服务器租赁服务不同于信息存储空间服务，云服务器租赁服务也不同于《信息网络传播权保护条例》规定的自动接入、自动传输和自动缓存服务。阿某云公司提供的云计算服务不属于《信息网络传播权保护条例》规定的网络服务提供者类型。

案例二：阿某云计算有限公司与北京乐某卓越科技有限公司侵害作品信息网络传播权纠纷二审民事判决书【（2017）京73民终1194号】

《信息网络传播权保护条例》规定了的四类网络服务提供者，包括网络自动接入和传输服务提供者、自动缓存服务提供者、链接和搜索服务提供者、网络空间存储服务提供者。条例分别设定了不同的注意义务。但近年来随着技术发展，出现了很多新的网络服务，云服务即是其中一种。从云服务的技术性质来看，云服务器提供商是将基础设施的虚拟化使诸如光驱、硬盘等硬件成为随网提供，这种网络服务提供方式是一种新型服务。信息存储空间与云服务器租赁服务在网络服务中处于不同的业务流程和技术层级，信息存储空间是服务提供者利用传统模式或云计算模式，在购买或租用服务器、带宽资源后，通过接入商接入互联网，为公众提供门户平台、电商平台等服务。而云计算服务只负责提供基础设施、保障前者的合同利益，而不参与也不可能参与前者的经营活动，与前者存在本质的差异。云服务器与自动接入和自动传输服务在技术特征和行业监管层面也有明显不同。由此可见，云服务器并不能简单地归类为现有的几类网络服务提供者。

云服务器租赁服务与信息存储空间服务属于性质完全不同的服务，对此可以从技术特征层面及法律法规规定、行业监管层面进行比较。云服务器租赁服务在对具体内容控制能力层面，接近于自动接入、自动传输服务和自动缓存服务，即通过关停服务器、停止传输、清除缓存等方式对存储、传输或缓存的内容进行无甄别的整体处理。但是，云服务租赁服务与自动接入、自动传输服务和自动缓存服务在技术特征和行业监管规则层面仍有明显不同。在技术特征方面，相对于自动接入、自动传输服务，云服务器租赁服务被用于搭建网站、网络平台和网络应用，云服务器承租人存储在云服务器中的指定内容将专门提供给云服务器承租人以外的其他网络用户。而相对于自动缓存服务，云服务器承租人租用云服务器的运营目的显然不是为“提高网络传输效率，自动存储从其他网络服务提供者获得的作品、表演、录音录像制品”，而主要是用于向其他网络用户提供网站、网络平台和网络应用，进而提供作品、表演、录音录像制品等内容。

066 游戏算法生成的角色形象独创性的认定标准有哪些？

☞ **阅读提示**

创新发展的数字技术给文化创作及文化产品消费带来新形式，不断塑造产业新生态。本案反映游戏领域著作权保护的新业态趋势，基于网络游戏平台算法，游戏玩家出于个人喜好选择而在游戏中生成具有美感的美术形象，进而形成虚拟产品产业链，新技术的出现赋予消费者更多参与网络游戏的方式，丰富了游戏体验，而该种美术形象能否获得著作权法上的保护成为亟待明确的问题。本案中，法院在考量加强知识产权尤其是著作权保护的同时，兼顾文化发展与繁荣、公众创作自由因素，通过对作品独创性的认定标准进行有益探索，明确玩家在操作游戏时产生的衍生利益并不一定成为受著作权法保护的智力成果，不能以此对抗游戏版权方、运营方所享有的权利基础，回应了现代信息技术带来的虚拟形象著作权保护前沿问题。本文将对该案涉及的具体问题展开分析。

裁判要旨

我国著作权法保护作品的基本理念在于保护思想的独创性表达但不保护思想，由于国家版权局对于申请登记的内容只作形式审查，并不对其是否构成作品进行实质审查和认定，因此在认定是否构成美术作品时，要审查是否具有独创性这一作品受保护的实质要件，而独创性必须系作者独立完成并能体现作者特有的选择和安排。通过游戏捏脸系统生成的角色形象，系玩家在游戏算法规则所载初始形象基础上所作的二次创作，只有当新形象能体现玩家新的表达、个性化创作，且与他人已有表达区别明显时，才能达到一定的创作高度，方可被纳入著作权法保护的范围。

案情简介

一、杭州网某某火科技有限公司开发的《楚某香》手机游戏，后更名为《一梦××》，该游戏的主要特色和卖点为捏脸系统，原告陶某通过操作上述游戏捏脸系统，制作产生游戏人物形象，其中人物发饰、服饰、身形均系游戏系统自带可选项。国家版权局登记的《作品登记证书》载明："登记号：国作登字-2019-F-00700112，作品名称：楚某香新版捏脸【素月】，作品类别：美术作品，作者：陶某，著作权人：陶某，创作完成时间：2018 年 9 月 28 日，首次发表时间：2018 年 9 月 28 日，登记日期：2019 年 2 月 19 日"，并附所载作品图案两个。原告陶某在本案中主张权利的系上述图案的脸型及五官，且两个图案中的脸型及五官均分别一致。

二、在被告敖某经营的淘宝网店中【月如】楚某香捏脸成女新版通用华山云梦暗香高冷气质女生-霞"的宝贝链接，显示店铺名称为"月如捏脸"，商品详情页显示累计评论数为 321，交易成功数为 201，并在该页面缩略图的主图和介绍内容中均附有注明"月如捏脸"和"霞"的人物形象，在阿里旺旺聊天记录中显示上述订单已送达，并附有数据字符串，另还有多家非涉案店铺的浏览记录。

三、2018 年 11 月至 2019 年 3 月期间，被告敖某经营的网络店铺存在上述侵权链接，至庭审时确认已被删除。原告陶某认为敖某未经授权擅自使用其作品，侵害其对文字作品享有的信息网络传播权，遂诉至法院，请求判令敖某停止侵权，在全国范围内公开赔礼道歉，赔偿经济损失 25000 元。

四、2019 年 12 月 20 日，一审法院驳回原告陶某的诉讼请求。原告不服并提起上诉，二审法院认为陶某的上诉请求不能成立，应予驳回，并判决维持原判。

核心裁判要旨

一审法院认为，本案中，结合捏脸环节的游戏操作体验，一方面，从"独"的表现来看，捏脸环节所呈现的基本素材和微调范围均为游戏内置和已设定的玩法，默认设置的基础人物形象已呈现发型、脸型、五官、服装的搭配效果，游戏玩家在对角色形象特别是脸型、五官进行捏脸时所独立完成的表达更多是程式化的，其选择余地较为有限，且并非由玩家自行创作产生五官或妆容的新素材，由此产生的角色形象有别于从无到有创造的劳动成果，而在已有人物形象上所作的参数调整，就原告在本案中主张受保护的脸型和五官来看，由此产生的劳动成果与基础人物形象之间的差异过于细微；另一方面，就“创”的表现而言，只有当表达形成的过程中有取舍、选择、安排、设计的余地，且作者独特的智力判断与选择以及展示作者的个性达到一定高度时，该表达才具备独创性。诚然，在对游戏中的上述各项可供微调的部分进行各式操作选择，会产生形象各异、美丑有别的人物形象，但就审美意义而言，具有美感的女性角色形象所应具备的脸型和五官要素上的取舍、选择较为分明、确定，选择余地比较有限，这也意味着据此生成的角色形象之间会存在一定的相似性，在剔除发型、发饰、服装对人物形象的作用后，相似度更甚，从涉案游戏捏脸系统的设置来看，存在生成较为雷同的角色形象的可能性，不同组合的五官、脸型甚至可能存在不易被客观识别的细微差异。综上，原告主张的涉案人物形象中的脸型和五官，未能达到作品独创性的要求，不能构成我国著作权法意义上的美术作品。

二审法院认为，陶某主张保护的涉案形象是其在《一梦××》游戏捏脸系统中捏出的“楚某香新版捏脸”（女版素月）的“脸型和五官”形象，其认为在该人物形象的脸型、五官、妆容等多处细节均进行了数次精细调整及搭配，耗费了巨大精力，每次调整均体现了作者的思想和审美以及特有的取舍、选择、安排和设计等，其涉案形象满足最低限度的独创性要求，系我国著作权法保护的作品。对此，法院认为，根据《一梦××》游戏捏脸系统的玩法规则分析，该捏脸系统已经为游戏玩家提供了一个初始人物形象，游戏玩家可以在游戏给定的选项中对初始人物形象的“发型”、“妆容”、“五官”、“脸型”等各个元素进行选取、搭配和微调。本案中涉案形象的面部脸型和五官的塑造均建立在该捏脸系统本身所提供的初始人物形象的基础上，且选取、搭配的眉毛、眼睛、嘴巴、耳朵等五官及眉妆、瞳色等妆容的微调的基本素材都是捏脸系统本身所设置和提供，并非玩家自行创作产生新的素材。虽然不同玩家有不同的选择和搭配，呈现出的形象表达也有多种不同，但个性化的选择并不当然成为有独创性的作品。因为个性化选择的多少既受创作主体主观因素的影响，亦受客观因素的制约。通常情况下，客观限制因素越多，则表达的个性化选择空间越少，独创性程度越低。从本案捏脸系统的玩法设置可见，可供游戏玩家选择的素材选项虽然很多，但微调的范围仅仅体现在眉妆、瞳色、唇妆等有限参数，玩家独创性的高度广度均有限。本案涉及的捏脸过程不是一种从无到有的独立思考创作，而是在现有设置素材的基础之上进行的创作，已经承载着游戏开发者个性化的设计、构思，该捏脸是在已有他人独特思想的表达之上。故对于“创”的要求相应会提高，捏出的五官和脸型形象应该能体现出作者独特的判断与选择。只有该形象能体现作者新的表达，体现个性化的创作，与初始人物形象区别明显，才能达到一定的创作高度。本案中，涉案形象与《一梦××》初始人物形象相比，在剔除发型、着装等之后，两者的脸型和五官虽然存在少许的差异，但是这样的差异太过细微，无法客观识别，不符合“独创性”中“独”和“创”的要求，故不构成我国著作权法上的作品。鉴于涉案形象不构成著作权上的作品，本案的权利基础已经不存在，本案其他争议问题就不予赘述。对于陶某的相关诉求，不予支持。

诉讼经验总结

一、作品需要具备独创性和可复制性。本案涉及的请求保护客体（涉案形象）的可复制性问题并无争议，核心问题在于涉案形象能否满足著作权法对作品的独创性要求。由于国家版权局对于申请登记的内容只作形式审查，并不对其是否构成作品进行实质审查和认定，因此在认定是否构成美术作品时，要审查是否具有独创性这一作品受保护的实质要件，作品的独创性强调独立完成和创作性。独立完成是指作品由作者通过独立思考创作产生；创作性是指作品应当能够体现作者独特的判断与选择。且著作权法保护的是具有独创性的表达，而非作者的思想、创意等。

二、游戏中捏脸环节所呈现的基本素材和微调范围均为游戏内置和已设定的玩法，默认设置的基础人物形象已呈现发型、脸型、五官、服装的搭配效果，游戏玩家在对角色形象特别是脸型、五官进行捏脸时所独立完成的表达更多是程式化的，其选择余地较为有限，且并非由玩家自行创作产生五官或妆容的新素材，由此产生的角色形象有别于从无到有创造的劳动成果，而是在已有人物形象上所作的参数调整，仅是在现有设置素材的基础之上进行的创作，仍承载有游戏开发者个性化的设计、构思，该捏脸是在他人已有独特思想的表达之上所进行的再创作。从陶某在本案中主张受保护的脸型和五官来看，由此产生的劳动成果与游戏内置的基础人物形象之间的差异过于细微。

三、在我国著作权法框架下，只有当表达形成的过程中有取舍、选择、安排、设计的余地，且作者独特的智力判断与选择以及展示作者的个性达到一定高度时，该表达才具备独创性。在对游戏中的上述各项可供微调的部分进行各式操作选择，会产生形象各异、美丑有别的人物形象，但就审美意义而言，具有美感的女性角色形象所应具备的脸型和五官要素上的取舍、选择较为分明、确定，选择余地比较有限，这也意味着据此生成的角色形象之间会存在一定的相似性，在剔除发型、发饰、服装对人物形象的作用后，相似度更甚，作者在创作过程中个性化的判断和选择，对于该种思想来说，仅系较为有限的“简单表达”，涉案人物形象中的脸型和五官，不具有独创性。

法律规定

《中华人民共和国著作权法》（2010 年修正）	《中华人民共和国著作权法》（2020 年修正）
第三条第四项 本法所称的作品，包括以下列形式创作的文学、艺术和自然科学、社会科学、工程技术等作品： （四）美术、建筑作品；	**第三条第四项** 本法所称的作品，是指文学、艺术和科学领域内具有独创性并能以一定形式表现的智力成果，包括： （四）美术、建筑作品；

《中华人民共和国著作权法实施条例》（2013 年修订）

第二条 著作权法所称作品，是指文学、艺术和科学领域内具有独创性并能以某种有形形式复制的智力成果。

第四条第八项 著作权法和本条例中下列作品的含义：

（八）美术作品，是指绘画、书法、雕塑等以线条、色彩或者其他方式构成的有审美意义的平面或者立体的造型艺术作品；

本案链接

陶某、敖某侵害作品信息网络传播权纠纷二审民事判决书【（2020）浙 01 民终 1426 号】

该案主要争议焦点为陶某主张的涉案人物脸型及五官是否构成美术作品，若构成作品，则陶某是否为著作权人及敖某实施的涉案行为是否侵害作品信息网络传播权。我国著作权法保护作品的基本理念在于保护思想的独创性表达但不保护思想，由于国家版权局对于申请登记的内容只作形式审查，并不对其是否构成作品进行实质审查和认定，因此在认定是否构成美术作品时，要审查是否具有独创性这一作品受保护的实质要件，而独创性必须系作者独立完成并能体现作者特有的选择和安排。通过分析《一梦××》游戏捏脸系统的玩法规则可知，该捏脸系统已经为游戏玩家提供了一个基础人物形象，游戏玩家进入涉案游戏，在选定门派后可以通过游戏内置的捏脸系统开始捏脸环节，选定角色性别后会有相应默认设置的基础人物形象可供选择，还细化为脸部、发型、五官、妆容上可作微调，其中五官主要包括眉毛、眼睛、嘴巴、耳朵，女性角色还可在眉妆、眼妆、瞳色、唇妆等方面进行妆容微调。作品的独创性强调独立完成和创作性。本案中捏脸环节所呈现的基本素材和微调范围均为游戏内置和已设定的玩法，默认设置的基础人物形象已呈现发型、脸型、五官、服装的搭配效果，游戏玩家在对角色形象特别是脸型、五官进行捏脸时所独立完成的表达更多是程式化的，其选择余地较为有限，不满足独创性之要求。

延伸阅读

裁判规则一：著作权法保护的“表达”不仅指“表达形式”，还包括具有独创性的“表达内容”。网络游戏通过具有独创性的界面布局、文字、交互等设计，以及对其他公有领域、有限表达等要素的选择、排列、组合所构成的新的界面布局、文字、交互等设计，实现了对游戏具体玩法规则的特定呈现方式，如果该特定呈现方式已经可以达到区别于其他游戏的创作性特征，则可以被认定为著作权法保护的具有独创性的“表达”范畴。

案例一：苏州蜗某数字科技股份有限公司诉成都某象互动科技有限公司、北京爱某艺科技有限公司著作权侵权纠纷案二审民事判决书【江苏高院（2018）苏民终1054号】

涉案《太某熊猫》游戏运行动态画面整体构成以类似摄制电影的方法创作的作品。著作权法保护的“表达”不仅指“表达形式”，还包括具有独创性的“表达内容”。网络游戏通过具有独创性的界面布局、文字、交互等设计，以及对其他公有领域、有限表达等要素的选择、排列、组合所构成的新的界面布局、文字、交互等设计，实现了对游戏具体玩法规则的特定呈现方式，如果该特定呈现方式已经可以达到区别于其他游戏的创作性特征，则可以被认定为著作权法保护的具有独创性的“表达”范畴。游戏的整体运行画面可以认定为类似摄制电影的方法创作的作品。网络游戏结构、玩法规则、数值策划、技能体系、界面布局及交互等设计属于整个游戏设计中的核心内容，而游戏角色形象、配音配乐等内容则属于形象设计，相当于游戏的皮肤或者衣服。“换皮”抄袭一般是指在后游戏使用与在先游戏不同的角色形象、音乐等元素，而在玩法规则、数值策划、技能体系、操作界面等方面与在先游戏相同或者实质性相似，是对游戏具体玩法规则涉及的特定表达整体照搬和复制，构成著作权侵权。

裁判规则二：简短的游戏名称表达过于简单，难以体现作者的选择、取舍和安排，难以达到著作权法所要求的独创性。单一的游戏通关语同样难逃这一问题，但将所有关卡的游戏通关语组成一个整体，则其整体的设计与编排具有独创性。

案例二：杭州某翻科技有限公司、杭州游某阁科技有限公司与深圳市某梦天地科技有限公司侵害著作权及不正当竞争纠纷民事判决书【（2019）粤03民终11027号】

简短的游戏名称表达过于简单，难以体现作者的选择、取舍和安排，难以达到著作权法所要求的独创性。单一的游戏通关语同样难逃这一问题，但将所有关卡的游戏通关语组成一个整体，则其整体的设计与编排具有独创性，可以视为游戏说明书而作为著作权法所规定的文字作品予以保护。关于游戏App图标是否构成美术作品，根据著作权法对美术作品的规定，只要是作者独立创作，具有最低限度的审美意义，且不属于公有领域的造型艺术，均应视为满足了作品的独创性要求，若两App图标给人以相同的美感，虽然个别方块的内嵌图案不同，但实属细微差异，则不影响两者之间构成实质性相似。

067 如何认定“换皮游戏”的实质性相似？

☞ **阅读提示**

作为全国首例“先行判决+临时禁令”案件，本案在审理思路和救济模式上大胆创新，大大提升了司法保护的实效性。大型网络游戏的开发需要投入大量人力、财力、物力，面对该领域频频出现的“换皮抄袭”行为，如何准确适用法律加以规制，是当前亟待解决的热点问题。本案中被诉游戏《某武尊》在美术、动画、音乐等方面进行了内容的再创作，但在玩法规则的特定呈现方式上利用了原告游戏《某传奇》的独创性表达，此种情形是否构成对原告著作权的侵害呢？本文将对上述问题展开分析和探讨。

裁判要旨

本案涉及如何区分再创作游戏中的独创性表达与公有领域素材，对该独创性部分能否认定为受著作权法保护的作品及作品的具体类型等极具研究价值的问题。法院认为，涉案网络游戏的设计对于创作元素及其属性与数值的取舍、安排形成了特定对应关系，各系统之间组合而成的特定玩法规则和情节达到区别于其他游戏的创作性高度，并能够通过操作界面内直白的文字形式或连续动态画面方式对外呈现，这些具体表达属于受著作权法保护的客体。将这些独创性部分作为整体作品进行保护，有利于遏制“换皮抄袭”行为，使游戏开发者所付出的创造性劳动获得充分保护。

案情简介

一、浙江某和网络科技有限公司系涉案网页游戏《某传奇》的著作权人，上海某英网络科技有限公司系《某传奇》独家授权的发行运营公司，亦享有《某传奇》的著作权许可。某和公司与某英公司认为苏州某峰网络科技股份有限公司运营的手机游戏《某武尊》在整体上复制了《某传奇》的基本表达，侵犯其著作权，故共同起诉请求判令某峰公司立即停止复制、发行及通过信息网络传播等方式向公众提供、宣传、运营《某武尊》，并在某峰公司的官网首页刊登声明以消除不良影响，同时赔偿某和公司和某英公司经济损失及合理支出共计3065万元。

二、浙江省杭州市中级人民法院经审理认为，《某武尊》包含了大量与《某传奇》相同或近似的具体情节，且其部分游戏界面与《某传奇》的游戏界面在外观上基本一致，故应认定某峰公司侵权行为成立。考虑到确定本案侵权损害赔偿数额将花费大量时间，出于及时制止侵权的需要，该院于2019年4月26日作出先行判决：某峰公司立即停止复制或通过信息网络传播《某武尊》手机游戏。同时，考虑到当事人上诉后一审判决即处于未生效状态，不具有强制执行力，故该院还根据当事人申请作出诉中行为保全裁定，责令某峰公司立即停止侵权行为。

三、某峰公司不服一审判决，向浙江省高级人民法院提出上诉。浙江省高级人民法院认为《某武尊》对《某传奇》游戏特定玩法规则的独创性表达进行了照搬和复制，侵害了《某传奇》的改编权、复制权和信息网络传播权。该院遂于2020年3月2日判决：驳回上诉，维持原判。有关本案侵权损害赔偿等部分由一审法院继续审理。2020年8月7日，杭州市中级人民法院以某峰公司未履行行为保全裁定为由，决定对某峰公司罚款100万元。某峰公司不服，向浙江省高级人民法院申请复议，该院认为，某峰公司未及时履行行为保全裁定，应当承担相应的法律责任。一审法院根据《某武尊》的总流水金额和收入金额，结合相关违法情节与后果，裁定罚款100万元并无不当。遂于2020年8月31日决定：驳回某峰公司的复议申请，维持原决定。

核心裁判要旨

法院认为，本案争议焦点在于：一、某和公司与某英公司在本案中所主张内容能否受到著作权法保护；二、《某武尊》与《某传奇》是否构成相同或相似。

关于《某传奇》游戏内容是否属于受著作权法保护客体的问题。首先，《某传奇》属于角色扮演类网络游戏，是玩法规则、技能体系、装备数值、画面美工、配音配乐、界面布局等诸多设计元素的有机组合，蕴含了游戏设计者的大量智力成果，通过程序预设和玩家操作，游戏的情节以有机连续动态画面的形式对外表达并被玩家所感知，游戏整体运行环境亦可实现有形复制，属于著作权法规定的具有独创性的作品。其故事设定、情节的选择与安排类似于电影剧本的创作；随着玩家操作形成的一系列有伴音或者无伴音的连续动态画面，类似于电影的摄制和成像过程；游戏创作完成后亦可存储在一定介质上，并可借助电脑等数字播放设备予以传播。基于以上特征，该游戏可以作为著作权法规定的类似摄制电影的方法创作的作品予以保护。其次，《某传奇》是基于现有成熟的传奇类游戏的玩法，进行模块的选择、组合或部分新系统的开发，并在此基础上设计具体的游戏界面和游戏属性数值，其区别于现有游戏的独创性表达部分应受到著作权法保护，但在确定保护范围时，应将不具有独创性的表达部分和公有领域的表达内容进行剔除。《某传奇》游戏中关于"打怪升级"的游戏玩法和三大系统的基本架构属于思想范畴，亦是传奇类游戏常见的设计模式，不属于其独创；游戏的角色、技能和装备名称、孤立的属性和数值等元素本身由于表达过于简单，尚未达到著作权法要求的作品创作性高度；而《某传奇》游戏对于创作元素、属性与数值的取舍、安排及其对应关系，以及各个系统相互之间的有机组合形成的特定玩法规则和情节具有独创性，已达到使其区别于其他游戏的创作性高度，并能够通过操作界面内直白的文字形式或连续动态画面方式对外呈现，该特定玩法规则和情节在游戏运行整体画面中的具体表达属于受著作权法保护的客体。

关于《某武尊》与《某传奇》是否构成相同或相似的问题。认定《某武尊》

是否实质性利用了《某传奇》的独创性表达，应先判断两者子系统的特定呈现方式是否相同或相似，再看整体游戏架构中对于子系统的选择、安排、组合是否相同或相似。《某武尊》与《某传奇》均由三大系统五层架构组成，两者在角色养成系统的 17 个子系统、消费奖励系统的 10 个子系统、场景（副本）段落的 6 个子系统的设置上存在对应关系。相应的，呈现以上内容的操作界面和动态画面视觉效果也存在部分相似性。以上与《某传奇》相同或相似的内容覆盖了《某武尊》游戏的绝大部分子系统，数量和程度上已经明显超出了合理借鉴的范围，从整体游戏架构来看，《某武尊》对于子系统的选择、安排、组合方式与《某传奇》构成实质性相似。尽管《某武尊》进行了美术、动画、音乐等内容的再创作，但其在玩法规则的特定呈现方式上利用了《某传奇》的独创性表达，对于普通游戏玩家而言，其所感知到的游戏整体情节相似度极高，故两者整体上构成实质性相似。

综上，《某武尊》对《某传奇》游戏特定玩法规则的独创性表达进行了照搬和复制，侵害了《某传奇》的改编权、复制权和信息网络传播权。

诉讼经验总结

一、著作权法对作品的保护，并非硬性要求一定要将作品作为一个不可分割的整体加以保护，也不是不加甄别地对作品中的任何内容都提供保护。在有些情形下，“作品”可以是对其中所包含的独创性表达与其他内容的“合集”性概念，例如一幅“图形作品”可能同时包含其中属于独创性表达的、符合“科学之美”的线条勾勒等，和不属于独创性表达的零部件配比方法；在另外一些情形下，“作品”也被单纯用于指代独创性表达，例如，对于简短文字作品，作品的全部均属于独创性表达。但无论在何种情形下，存在独创性表达是获得著作权法保护的前提；而著作权法提供的保护也仅及于作品中的独创性表达。易言之，在具备其他条件的前提下，独创性表达是获得著作权法以作品的形式提供保护的充分和必要条件。著作权法的保护本质上是对独创性表达的保护。

二、尽管独创性表达是作品获得著作权法保护的本质所在，但这并不意味着任何独创性表达均可受到著作权法的保护，也不意味着“作品”的概念和著作权法对“作品”类型的划分丧失意义。我国著作权法第三条明确规定了八种作品类型，并授权法律和行政法规规定其他的作品类型①。普通民事主体或司法机

① 编者按：《著作权法》（2020 年修正）修改为“符合作品特征的其他智力成果”。

关均无权创设新的作品类型。在无其他法律或行政法规规定新的作品类型的前提下，当前我国著作权法所保护的作品类型仅限于著作权法第三条所规定的八种。这是作品类型法定性的要求，也是获得著作权法保护的必要条件之一。

三、对角色扮演类电子游戏的保护可以类推适用法律。虽然我国著作权法或其他法律、行政法规中均未明确将游戏，或角色扮演类电子游戏明确地类型化为一种作品，但根据法律适用规则，对其存在类推适用的空间。从必要性的角度而言，由于社会生活的复杂性和不断变动性，以及立法本身的滞后性，立法出现空白或漏洞之处在所难免。但司法不能拒绝裁判，在立法空白或漏洞之处，司法必然需要适用法律解释和漏洞填补方法。在著作权法中，应然的逻辑应当是某客体因为具有独创性表达可以受到保护，然后将之归入某一作品类别；而非相反。出于著作权法激励创作的立法目的考虑，同是独创性表达，应当受到同等的保护。对于一种在立法时尚未充分发展，未获得立法者充分关注，且立法亦未明确排除的独创性表达，若仅因为其尚未被类型化便拒绝对其提供保护，不仅逻辑上难以自洽，亦与著作权法的立法目的相违背。角色扮演类电子游戏所面临的，正是这样一种境况，其具有适用法律解释和漏洞填补方法的必要性。

法律规定

《中华人民共和国著作权法》 （2010 年修正）	《中华人民共和国著作权法》 （2020 年修正）
第四十八条第一项 有下列侵权行为的，应当根据情况，承担停止侵害、消除影响、赔礼道歉、赔偿损失等民事责任；同时损害公共利益的，可以由著作权行政管理部门责令停止侵权行为，没收违法所得，没收、销毁侵权复制品，并可处以罚款；情节严重的，著作权行政管理部门还可以没收主要用于制作侵权复制品的材料、工具、设备等；构成犯罪的，依法追究刑事责任： （一）未经著作权人许可，复制、发行、表演、放映、广播、汇编、通过信息网络向公众传播其作品的，本法另有规定的除外；	**第五十三条第一项** 有下列侵权行为的，应当根据情况，承担本法第五十二条规定的民事责任；侵权行为同时损害公共利益的，由主管著作权的部门责令停止侵权行为，予以警告，没收违法所得，没收、无害化销毁处理侵权复制品以及主要用于制作侵权复制品的材料、工具、设备等，违法经营额五万元以上的，可以并处违法经营额一倍以上五倍以下的罚款；没有违法经营额、违法经营额难以计算或者不足五万元的，可以并处二十五万元以下的罚款；构成犯罪的，依法追究刑事责任： （一）未经著作权人许可，复制、发行、表演、放映、广播、汇编、通过信息网络向公众传播其作品的，本法另有规定的除外；

《最高人民法院关于审理著作权民事纠纷案件适用法律若干问题的解释》（法释〔2002〕31号 2002年10月12日发布）	《最高人民法院关于审理著作权民事纠纷案件适用法律若干问题的解释》（法释〔2020〕19号 2020年修正）
第二十五条 权利人的实际损失或者侵权人的违法所得无法确定的，人民法院根据当事人的请求或者依职权适用著作权法第四十八条①第二款的规定确定赔偿数额。 人民法院在确定赔偿数额时，应当考虑作品类型、合理使用费、侵权行为性质、后果等情节综合确定。 当事人按照本条第一款的规定就赔偿数额达成协议的，应当准许。	（在2020年的修订中仅改变了第一款涉及条文序号）
第二十八条 侵犯著作权的诉讼时效为两年，自著作权人知道或者应当知道侵权行为之日起计算。权利人超过两年起诉的，如果侵权行为在起诉时仍在持续，在该著作权保护期内，人民法院应当判决被告停止侵权行为；侵权损害赔偿数额应当自权利人向人民法院起诉之日起向前推算两年计算。	**第二十七条** 侵害著作权的诉讼时效为三年，自著作权人知道或者应当知道权利受到损害以及义务人之日起计算。权利人超过三年起诉的，如果侵权行为在起诉时仍在持续，在该著作权保护期内，人民法院应当判决被告停止侵权行为；侵权损害赔偿数额应当自权利人向人民法院起诉之日起向前推算三年计算。

本案链接

苏州某峰网络科技股份有限公司与浙江某和网络科技有限公司、上海某英网络科技有限公司侵害著作权及不正当竞争纠纷二审民事判决书【（2019）浙民终709号】

涉案角色扮演类电子游戏不仅在连续动态画面上构成独创性表达，其情节具体到一定程度并可体现出创作者富有个性的安排时，同样可以构成独创性表达。由于角色扮演类电子游戏不是著作权法规定的法定作品类型之一，在法律适用上应当采用法律漏洞填补方法。角色扮演类电子游戏在独创性表达上与类电作品相近，从著作权法激励创作的立法目的出发，并考虑到为该类游戏进行保护并不会为公众增加额外负担的情况下，可以类推适用类电作品的规则处理角色扮演类电子游戏侵权纠纷。因《某武尊》包含了大量与《某传奇》相同或近似的具体情节，且其部分游戏界面与《某传奇》的游戏界面在外观上基本一致，故认定某峰公司的侵权行为成立。

---

① 编者按：《著作权法》（2020年修正）第49条。

延伸阅读

裁判规则一：游戏 App 图标给人以相同的美感，虽然个别方块的内嵌图案不同，但实属细微差异，则不影响两者之间构成实质性相似。

案例一：杭州某翻科技有限公司、杭州游某阁科技有限公司与深圳市某梦天地科技有限公司侵害著作权及不正当竞争纠纷民事判决书【（2019）粤 03 民终 11027 号】

简短的游戏名称表达过于简单，难以体现作者的选择、取舍和安排，难以达到著作权法所要求的独创性。单一的游戏通关语同样难逃这一问题，但将所有关卡的游戏通关语组成一个整体，则其整体的设计与编排具有独创性，可以视为游戏说明书而作为著作权法所规定的文字作品予以保护。关于游戏 App 图标是否构成美术作品，根据著作权法对美术作品的规定，只要是作者独立创作，具有最低限度的审美意义，且不属于公有领域的造型艺术，均应视为满足了作品的独创性要求，若两 App 图标给人以相同的美感，虽然个别方块的内嵌图案不同，但实属细微差异，则不影响两者之间构成实质性相似。

裁判规则二：游戏中的人物角色名称及其事迹本身不属于著作权法保护的对象，但对这些素材具有独创性的表达可以归入著作权法的保护范畴。在侵权判定中，应将游戏的思想部分抽象出去并把属于公有领域的部分过滤掉后，对剩余的部分再进一步判断是否符合作品独创性的要求。

案例二：杭州某卡网络技术有限公司诉广州某游信息科技有限公司侵害著作权及不正当竞争纠纷民事判决书【（2017）沪 0115 民初 27056 号】

涉案权利游戏标准版游戏手册的“新手上路”部分主要用于说明游戏玩家如何确定身份、挑选武将、分发起始手牌、进行回合流程（每个玩家的回合可以分为回合开始阶段、判定阶段、摸牌阶段、出牌阶段、弃牌阶段和回合结束阶段六个阶段）、武将死亡、奖励与惩罚、游戏结束，并规定当以下任意一种情况发生时，游戏立即结束：一是主公被杀，此时若内奸是唯一存活的角色（有且仅有一名内奸存活），则内奸获胜，除此之外的情况为反贼获胜（不论反贼角色死活）；二是所有的反贼和内奸都已死亡，主公和忠臣（不论死活）都获胜。前述用以描述出牌规则、胜负条件、模式等的文字内容属于对游戏玩法规则的概括性、一般性描述，与当下流行的各种“警匪游戏”等桌面推理游戏的玩法规则大同小异，此种概括性的玩法规则作为思想的一部分应当从作品中抽象出来，不受著作权法保护。

按照著作权法对独创性的要求，作品的表达形式及/或内容应当是作者独立完成且不同于公有领域业已存在或他人在先作品。本案权利游戏的时代背景为中国古代三国时期，游戏中的人物（武将等）角色及其事迹大多来源于《三国演义》等文学作品、《三国志》等史料及关于三国的民间传说，这些人物及其事迹千百年来已广为流传，并非游戏作者独创，属于公有领域的素材，是社会共同财富，不能为个别人所垄断，任何人都可以在这些素材的基础上进行再创作。故权利游戏中的人物角色名称及其事迹本身不属于著作权法保护的对象，但对这些素材具有独创性的表达可以归入著作权法的保护范畴。

著作权法保护的是具体表达，对两部作品是否构成实质性相似，应运用“抽象-过滤-比较”方法和整体观感法进行分析、判定。原告为证明被控侵权游戏抄袭了权利游戏的文字内容，向法院提交了其认为两款游戏文字表达相同部分比对表。经比对分析，被控侵权游戏中有108张武将牌的文字内容（包括武将名称、武将技能名称、武将技能内容）与权利游戏完全相同或高度近似，这些武将的角色名称几乎完全相同，武将技能名称及用以描述技能内容的文字在表达上虽略有不同，但文义无实质性差别。权利游戏的6张基本牌、7张坐骑牌、15张武器/防具牌、15张锦囊牌在被控侵权游戏中均有一一对应且文字内容几乎完全相同的卡牌。此外，被控侵权游戏中还有至少55张武将成就卡牌的文字内容与权利游戏完全相同或高度近似。整体而言，两款游戏的卡牌名称大部分相同、卡牌的文字内容高度雷同，二者相同、相似的部分在权利游戏中比例较高，且在整个卡牌游戏中处于重要位置，构成游戏的主要部分，会导致游戏玩家对两款游戏产生相同、相似的玩赏体验，故可以认定被控侵权游戏与权利游戏构成实质性相似。

八、信息网络传播权

068 公众号擅自使用他人图片侵权了吗？

☞ 阅读提示

如今，微信公众号作为有影响力的自媒体平台之一，在人们的日常阅读中占据重要作用，企业运营公众号追求图文并茂的同时容易忽略侵权问题，从网上下载，随意使用他人图片，看似便利的背后实则是一个大隐患。笔者在这里通过案例与大家一起分析公众号使用图片作品过程中的侵权问题。

裁判要旨

未经著作权人许可，擅自使用其图片作品，构成对著作权人作品信息网络传播权的侵犯，依法应承担停止侵权、赔偿经济损失的民事责任。

案情简介

一、根据富某特公司2010年11月15日出具的《授权委托书》，原告上海富某特公司是富某特公司中华人民共和国境内的授权代表。原告经调查发现，被告多某得公司在其微信公众号中使用了富某特公司享有著作权的美术作品共4张，被告使用上述图片未经富某特公司和原告许可和授权，属著作权侵权行为。

二、被告多某得公司辩称案涉案文章系对涉案图片进行说明性的引用行为，构成合理使用。被告某讯公司辩称其已履行事前注意义务及事后删除义务，不应承担任何责任。

三、一审法院认为被告多某得公司在其运营的微信公众号中未经过富某特公司或者原告的许可使用了涉案作品，其行为侵犯了权利人对涉案作品享有的信息网络传播权，应当依法承担停止侵权和赔偿损失的法律责任。对于原告要求被告多某得公司关闭涉案微信公众号，被告某讯公司对涉案微信公众号进行封号处理，并要求被告某讯公司与被告多某得公司共同承担侵权赔偿责任的诉讼请求，法院不予支持。

四、多某得公司向深圳市中级人民法院提出上诉，法院于2020年4月1日作出二审判决，认为多某得公司的行为不属于合理使用，一审判赔金额合理，驳回上诉，维持原判。

核心裁判要旨

本案的二审争议焦点是：一、被侵权人是否享有著作权，即富某特公司主体是否适格；二、上诉人的行为是否属于合理使用。

关于第一个争议焦点，本案中，根据富某特公司于一审提交的涉案作品底稿和授权证据链，可以认定富某特公司是本系列案的适格主体。多某得公司虽然对权利人享有涉案作品著作权持有疑问，但并未提出相应反证，应承担举证不能的不利后果。

关于第二个争议焦点，本案中，多某得公司在其运营的微信公众号中未经过权利人的许可使用了涉案作品，且未提交证据证明其使用行为属于《著作权法》（2010年修正）第二十二条①规定的合理使用的情形。

最后，原告未得到支持的诉讼请求：

1. 原告提交的证据不足以证明涉案微信公众号以发布侵权图片为目的而设立，而微信公众号除了能够发布图片外，还具有发布信息、提供交流平台等多项功能，故对原告要求被告多某得公司关闭涉案微信公众号，并要求被告某讯公司对涉案微信公众号进行封号处理，禁止被告多某得公司再次申请微信公众号的诉讼请求，于法无据。

2. 原告未提交证据证明其在起诉前已经将被告多某得公司侵权的事实通知被告某讯公司，亦未提交证据证明被告某讯公司在知道被告多某得公司侵权的事实后仍存在侵权行为的情况，原告要求被告某讯公司与被告多某得公司共同承担侵权赔偿责任的诉讼请求，于法无据。

---

① 编者按：《著作权法》（2020年修正）第24条。

诉讼经验总结

一、网上的图片公开并不是可以任意取用的，无论是否声明版权、注明来源、表明需要付费使用，只要未经授权取用，就可能是侵权行为。标注“图源网络，侵删”也并不可以免责。

二、虽然非营利性使用不一定构成著作权侵权免责，但在确定侵权赔偿时，作品的使用方式属于情节考虑侵权数额。

三、实践中，在公众号里使用图片时如何避免侵权？尽量使用原创图片。如果在素材网站或其他渠道购买所需图片，不仅版权有保障，还可以允许商业使用。未经他人许可使用图片的，应当尽可能取得著作权人的许可，并注明作品名称和来源。一旦被告知侵权，应在第一时间删除图片，以消除影响，避免侵权造成的损失扩大。

法律规定

《中华人民共和国著作权法》 （2010 年修正）	《中华人民共和国著作权法》 （2020 年修正）
第十条第一款第十二项　著作权包括下列人身权和财产权： （十二）信息网络传播权，即以有线或者无线方式向公众提供作品，使公众可以在其个人选定的时间和地点获得作品的权利；	**第十条第一款第十二项**　著作权包括下列人身权和财产权： （十二）信息网络传播权，即以有线或者无线方式向公众提供，使公众可以在其选定的时间和地点获得作品的权利；
第二十二条第一款　在下列情况下使用作品，可以不经著作权人许可，不向其支付报酬，但应当指明作者姓名、作品名称，并且不得侵犯著作权人依照本法享有的其他权利： （一）为个人学习、研究或者欣赏，使用他人已经发表的作品； （二）为介绍、评论某一作品或者说明某一问题，在作品中适当引用他人已经发表的作品； （三）为报道时事新闻，在报纸、期刊、广播电台、电视台等媒体中不可避免地再现或者引用已经发表的作品；	**第二十四条第一款**　在下列情况下使用作品，可以不经著作权人许可，不向其支付报酬，但应当指明作者姓名或者名称、作品名称，并且不得影响该作品的正常使用，也不得不合理地损害著作权人的合法权益： （一）为个人学习、研究或者欣赏，使用他人已经发表的作品； （二）为介绍、评论某一作品或者说明某一问题，在作品中适当引用他人已经发表的作品； （三）为报道新闻，在报纸、期刊、广播电台、电视台等媒体中不可避免地再现或者引用已经发表的作品；

《中华人民共和国著作权法》（2010 年修正）	《中华人民共和国著作权法》（2020 年修正）
（四）报纸、期刊、广播电台、电视台等媒体刊登或者播放其他报纸、期刊、广播电台、电视台等媒体已经发表的关于政治、经济、宗教问题的时事性文章，但作者声明不许刊登、播放的除外； （五）报纸、期刊、广播电台、电视台等媒体刊登或者播放在公众集会上发表的讲话，但作者声明不许刊登、播放的除外； （六）为学校课堂教学或者科学研究，翻译或者少量复制已经发表的作品，供教学或者科研人员使用，但不得出版发行； （七）国家机关为执行公务在合理范围内使用已经发表的作品； （八）图书馆、档案馆、纪念馆、博物馆、美术馆等为陈列或者保存版本的需要，复制本馆收藏的作品； （九）免费表演已经发表的作品，该表演未向公众收取费用，也未向表演者支付报酬； （十）对设置或者陈列在室外公共场所的艺术作品进行临摹、绘画、摄影、录像； （十一）将中国公民、法人或者其他组织已经发表的以汉语言文字创作的作品翻译成少数民族语言文字作品在国内出版发行； （十二）将已经发表的作品改成盲文出版。前款规定适用于对出版者、表演者、录音录像制作者、广播电台、电视台的权利的限制。	（四）报纸、期刊、广播电台、电视台等媒体刊登或者播放其他报纸、期刊、广播电台、电视台等媒体已经发表的关于政治、经济、宗教问题的时事性文章，但著作权人声明不许刊登、播放的除外； （五）报纸、期刊、广播电台、电视台等媒体刊登或者播放在公众集会上发表的讲话，但作者声明不许刊登、播放的除外； （六）为学校课堂教学或者科学研究，翻译、改编、汇编、播放或者少量复制已经发表的作品，供教学或者科研人员使用，但不得出版发行； （七）国家机关为执行公务在合理范围内使用已经发表的作品； （八）图书馆、档案馆、纪念馆、博物馆、美术馆、文化馆等为陈列或者保存版本的需要，复制本馆收藏的作品； （九）免费表演已经发表的作品，该表演未向公众收取费用，也未向表演者支付报酬，且不以营利为目的； （十）对设置或者陈列在公共场所的艺术作品进行临摹、绘画、摄影、录像； （十一）将中国公民、法人或者非法人组织已经发表的以国家通用语言文字创作的作品翻译成少数民族语言文字作品在国内出版发行； （十二）以阅读障碍者能够感知的无障碍方式向其提供已经发表的作品； （十三）法律、行政法规规定的其他情形。

本案链接

深圳市多某得信息技术股份有限公司、上海富某特图像技术有限公司著作权权属、侵权纠纷二审民事判决书【（2020）粤 03 民终 2620-2623 号】

本案中，多某得公司在其运营的微信公众号中未经过权利人的许可使用了涉案作品，且未提交证据证明其使用行为属于《著作权法》第二十二条[①]规定的合理使用的情形，侵犯了权利人对涉案作品享有的信息网络传播权，应承担停止侵权和赔偿损失的法律责任。

延伸阅读

裁判规则一：未获得著作权人授权许可在微信公众号文章中使用了著作权人享有著作权的作品，使公众可以在其个人选定的时间和地点获得作品，侵犯了著作权人对涉案作品享有的信息网络传播权。

案例一：北京全某视觉网络科技股份有限公司与南昌蓝某和骏置业有限公司、长沙拓某网络科技有限公司微信公众号著作权侵权纠纷案【（2018）赣0191民初1684号】

原告全某视觉公司依法受让取得的摄影作品《中国图片库某某》在中国地区著作权，受法律保护，被告长沙拓某公司在微信公众号上发布的文章中使用了原告享有著作权的作品，并未获得原告的授权许可，使用目的在于被告蓝某和骏公司开发的房地产项目营销所需，且没有在使用过程中标明著作权人姓名和作品名称，也没有说明作品来源，不符合《著作权法》第二十二条[②]的合理使用范围，故对被告长沙拓某公司关于使用的图片来自没有做版权归属的水印抗辩意见，和被告蓝某和骏公司关于因微信公众号文章由长沙拓某公司编辑、制作、投放而其不知情从而不构成侵权的抗辩意见，法院均不予采纳。根据《著作权法》第四十七条[③]、第四十八条[④]的规定，被告应当对其侵权行为承担相应的民事责任，承担连带赔偿责任。

案例二：广某银行股份有限公司东莞分行、广某银行股份有限公司与上海富某特图像技术有限公司侵害作品信息网络传播权纠纷一案民事二审判决书【（2020）粤73民终3513号】

IM××××Ltd授权富某特公司在中国境内展示、销售和许可他人使用涉案图片，并授权富某特公司在中华人民共和国境内以自己的名义，就任何第三方未经授权或者涉嫌未经授权使用所有图像行为采取任何形式的法律行为。富某特公司据此享有涉案图片的展示、销售和许可他人使用的著作财产权，并有权以自己的

---

①② 编者按：《著作权法》（2020年修正）第24条。

③ 编者按：《著作权法》（2020年修正）第52条。

④ 编者按：《著作权法》（2020年修正）第53条。

名义对侵权行为提起诉讼。广某银行东莞分行未经著作权人 IM××××Ltd 或富某特公司的许可，擅自在其微信公众号文章中使用涉案摄影作品，使相关公众可以在其个人选定的时间和地点通过微信公众号获得涉案摄影作品，侵害了富某特公司的信息网络传播权。虽广某银行东莞分行辩称涉案图片为案外人提供，但其微信公众号上使用无权属的图片时应尽合理注意义务以避免侵权，即使此图片未给广某银行东莞分行带来直接收益，但其微信公众号的推送有助于知名度宣传及服务经营方面的推广，故广某银行东莞分行在未尽合理审查义务的情况下使用侵权图片具有一定过错，应当承担侵权责任。

案例三：金华市华某生物科技开发有限公司与上海富某特图像技术有限公司浦东分公司侵害作品信息网络传播权纠纷二审民事判决书【（2021）沪 73 民终 297 号】

华某公司未经权利人许可，在其运营的微信公众号上使用了富某特浦东分公司享有著作权的涉案作品，使公众可以在其个人选定的时间和地点获得作品，侵犯了富某特浦东分公司对涉案作品享有的信息网络传播权，依法应承担停止侵害、赔偿损失等民事责任。关于赔偿数额，由于富某特浦东分公司的实际损失及华某公司的侵权获利均无法确定，故法院综合考虑涉案作品的独创性、市场价值、富某特浦东分公司为批量维权、华某公司在文章段落中使用涉案图片且图片精度较小、侵权持续时间等因素酌情确定赔偿数额。富某特浦东分公司对主张的律师费、公证费均未提交相应票据予以证明，但该些支出确实存在且具有合理性，故法院根据本案实际情况酌情确定。

裁判规则二：正确理解合理使用的范围，应当把握以下五项因素：1. 使用作品的目的；2. 使用作品的性质；3. 使用作品的数量；4. 使用作品对市场有无潜在价值影响；5. 使用作品是否侵犯其他著作权。

案例四：北京全某视觉网络科技股份有限公司与《某某日报》社侵害作品信息网络传播权纠纷上诉案【（2019）青民终 71 号】

法院二审认为，报社出于说明、宣传税收新政策的公益目的，为达到图文并茂的宣传效果，在其微信公众号上发表内容为解读税收新政策的转载文章，通过百度搜索引擎，下载并适当使用了北京全某公司享有著作权并已发表的涉案图片。北京全某公司作为图片的著作权人，未采取任何无偿下载的技术性防控措施，用户可以在该公司网站上自由下载，北京全某公司默许他人下载使用，后诉求侵权赔偿，该营销模式不符合市场交易规则，对涉案图片潜在市场价值的不利影响，不能截然加在报社一方。报社使用图片过程中保留了北京全某公司标注的水印，尽到了注意义务，报社的行为属合理使用，不构成侵权。

069 网盘功能有哪些侵权隐患？

☞ 阅读提示

以某度网盘为代表的存储信息产业蒸蒸日上，但繁荣表象的背后也存在问题，尤其是借助于网盘下载、分享传播盗版侵权文件的现象，一直难以得到根本解决，不仅损害了版权人的合法权益，也给网盘运营方带来了诉讼风险。网盘、云盘具备的分享、离线下载、秒传等相关功能深受用户喜爱，但也暗藏版权隐患。网络服务提供商提供秒传、分享、在线播放等技术功能的行为是否构成侵权？网盘在何种情形下适用技术中立原则？权利人发出的通知至少应当具备哪些条件？笔者通过某度网盘传播影视剧侵权案例的分析，与大家一同探讨。

裁判要旨

一、尽管网盘、云盘具备的分享、离线下载、秒传等相关功能可以被用于实施侵权传播行为，在网络服务提供商无过错或未直接实施侵权传播行为的情形下，其提供秒传、分享、在线播放等技术功能的行为不构成侵权。

二、权利人发出的通知，至少应当使被通知方清晰了解作品的权利状态，同时能够方便快捷地关联并提取投诉人的投诉内容，可以初步获知、定位被投诉侵权行为的实施主体、行为客观形态，否则不构成有效通知。

三、对作品信息网络传播权的保护，应当注意平衡信息存储空间网络服务提供者、信息存储空间网络使用者（网络用户）、作品权利人三方主体之间的利益，综合考虑作品传播行为形态、平台注意义务、用户合理使用等因素，合理确定信息网络传播权的保护边界。

案情简介

一、原告北京焦某互动信息服务有限公司南京分公司获得《某某那年》影视作品信息网络传播权的独占授权。2017 年 3 月到 12 月之间，焦某南京分公司通过多份公证书证明被告北京某度网讯科技有限公司经营的某度网盘中存储有《某某那年》电视剧 01-09、11-16 集等内容，且可以通过“公开”或“加密”方式创建分享链接进行分享，还可以通过离线下载方式进行下载。

二、2017 年 4 月 10 日，某狐信息技术（天津）有限公司、焦某南京分公司向某度公司出具《告知函》，要求某度公司在收到告知函之日起 7 日内彻底删除某度网盘服务器中的侵权文件，断开、删除此类侵权文件的分享链接，并不得通过某度网盘服务器向互联网用户以上传、下载、分享或通过某度网盘进行在线播放、离线下载等方式提供此类侵权文件。《告知函》附件 1 为“文件校验值”，其中第 33 项为“某某那年”，列出了自 01-15 集的 MD5、SHA1、CRC32 的数值；附件 2 为“影视作品中文名称及对应的拼音、拼音首字母和英文名称”，其中第 33 项为“某某那年（电视剧）-Cong×××××××tofTime”。一段时间后，原告焦某南京分公司发现在某度网盘中仍存在涉案作品，故其向法院提起诉讼，认为被告某度公司构成侵权，要求某度公司立即停止侵权，并赔偿经济损失及合理开支共计 300 万元。

三、2018 年 9 月 18 日，南京市中级人民法院一审认为：某度公司构成帮助侵权行为，应当承担相应的侵权责任。2019 年 12 月 20 日，江苏省高级人民法院二审认为：某度公司未删除某度网盘服务器中相关文件的行为不构成帮助侵权。首先，某度网盘用户将涉案被控侵权视频文件存储于某度网盘中，网盘用户的存储行为以及某度公司提供存储空间的行为均不构成侵犯涉案作品的信息网络传播权。其次，焦某南京分公司投诉的涉及《某某那年》作品的直接侵权传播行为并不清晰。再次，焦某南京分公司向某度公司发送的《告知函》不构成有效通知。最后，某度网盘的性质不同于某度贴吧等其他信息发布平台。综上，焦某南京分公司发送的《告知函》不构成有效通知，其关于某度公司应删除某度网盘服务器中相关文件的要求缺乏事实和法律依据。一审法院认为某度公司未承担其作为网络服务提供者的审查义务和责任，构成帮助侵权并承担相应法律责任的认定有误，二审法院予以纠正。

核心裁判要旨

本案二审争议焦点为：某度公司是否侵犯了涉案作品的信息网络传播权。

二审法院认为某度公司未删除某度网盘服务器中相关文件的行为不构成帮助

侵权。

首先，某度网盘用户将涉案被控侵权视频文件存储于某度网盘中，网盘用户的存储行为以及某度公司提供存储空间的行为均不构成侵犯涉案作品的信息网络传播权。根据某度网盘的用户协议，“某度网盘是一个向广大用户提供数据存储、同步、管理和分享等的在线服务。某度网盘是信息存储空间平台，其本身不直接上传、提供内容，对用户传输内容不做任何修改或编辑。”就特定作品文件网络存储空间的提供方和作为网络存储空间使用者的网盘用户而言，存储行为具有一定程度的独立性，有别于不同网络用户之间出于文件传播目的而发起的分享行为，存储行为本身不代表存储行为的实施主体同时具有传播特定作品的主观意思，故不能将特定作品文件的存储行为简单等同于特定作品文件的传播行为，单纯的存储行为亦不必然构成对相关作品信息网络传播权的侵害。

其次，焦某南京分公司投诉的涉及《某某那年》作品的直接侵权传播行为并不清晰。焦某南京分公司的多份证据中，仅是证明了某度网盘中存储有涉案视频文件，且某度网盘具备的分享、离线下载、秒传等相关功能可以被用于实施侵权传播行为，但是上述证据并不足以证明确实存在焦某南京分公司及其关联公司某狐公司公证授权委托之外的某度网盘用户借助某度网盘实施了涉案作品的侵权传播行为且某度公司对此明知或应知。在焦某南京分公司向某度公司发送的《告知函》中，焦某南京分公司虽然要求某度公司断开、删除分享链接，但是在《告知函》附件中并未提供任何出于传播涉案作品目的的分享链接，故焦某南京分公司投诉中提出的关于涉案作品侵权传播行为实施主体和客观状态的指向并不明确。

再次，焦某南京分公司向某度公司发送的《告知函》不构成有效通知。本案焦某南京分公司发出的《告知函》中并不存在任何侵权分享链接，也不存在其他能使某度公司方便快捷定位侵权传播行为及实施人的具体内容。即便焦某南京分公司提交的MD5值等文件校验值可以定位到特定文件，但是账号中保存了该特定文件的网盘用户是否实施了侵权传播行为，仍然需要某度公司进行相应的审查甄别、审慎判断。因此，在未有指明某度网盘用户使用某度网盘直接实施涉案作品侵权传播行为的情形下，焦某南京分公司发出的《告知函》其实质是相当于要求某度公司根据《告知函》内容，对某度网盘内所有文件进行完全排查或进行相应技术改造以实现快速定位，该要求显然不适当地加重了某度公司作为网络服务提供者的负担，亦可能不当损害网盘用户基于合法目的使用作品而享有的合法权益，因此法院认定该《告知函》不属于有效通知。

最后，某度网盘的性质不同于某度贴吧等其他信息发布平台。同时，由于某度网盘采用相同文件即同一份文件只实际存储一份的技术，如果某度公司删除了某度网盘服务器中的某一文件，涉及的后果是所有存储了该份文件的网盘用户的存储空间中的这一文件均将被删除，而这些存储该份文件的网盘用户中并不排除存在有权使用或合理使用的情形。在作品权利的行使、维护过程中，同时亦应尊重他人的合法权利，不得损害他人的合法权益。因此，焦某南京分公司主张某度公司应根据其通知直接删除某度网盘服务器中相关文件的请求，有可能损害未实施侵权行为的普通网盘用户的相关权益，导致信息存储空间网络服务提供者、信息存储空间网络使用者（网络用户）、作品权利人三方不同权益主体之间的利益失衡，亦超出了其所享有的涉案作品信息网络传播权的保护范围。

诉讼经验总结

一、作为权利人所发出的有效通知，告知函至少应该使得被通知方可以方便快捷地关联并提取投诉人的投诉内容，可以初步获知、定位被投诉侵权行为的行为实施主体、行为客观状态，在此基础上再进一步尽到其他应当且必要的审查注意义务，并采取包括但不限于断开链接、删除文件等各项具体处理措施。《告知函》中需要存在侵权分享链接和其他能使网络服务提供者方便快捷定位侵权传播行为及实施人的具体内容。

二、某度公司应该重视某度网盘的秒传、分享、离线下载等功能可能引起的侵权问题。在现有运行机制包括用户协议中明确法律提示条款、设置 robots 协议等的基础上，某度公司仍然应当主动积极应对新技术开发、新应用场景、新业态运营在市场拓展过程中可能引发的侵权现象，关注其中可能存在的侵权风险，同步优化网络平台自身的技术安排和运维体系，特别是支持更多方式查询、提取网盘账号中存储文件在网盘内、外交互传输状况，以进一步完善、提升保护知识产权的数据信息管理能力、技术处理能力和侵权投诉处理质量，及时采取合理措施预防侵权、制止侵权。

法律规定

《中华人民共和国著作权法》 （2010 年修正）	《中华人民共和国著作权法》 （2020 年修正）
第十条第一款第十二项 著作权包括下列人身权和财产权： （十二）信息网络传播权，即以有线或者无线方式向公众提供作品，使公众可以在其个人选定的时间和地点获得作品的权利；	**第十条第一款第十二项** 著作权包括下列人身权和财产权： （十二）信息网络传播权，即以有线或者无线方式向公众提供，使公众可以在其选定的时间和地点获得作品的权利；
《最高人民法院关于审理侵害信息网络传播权民事纠纷案件适用法律若干问题的规定》 **（法释〔2012〕20 号 2012 年 12 月 17 日发布）**	**《最高人民法院关于审理侵害信息网络传播权民事纠纷案件适用法律若干问题的规定》** **（法释〔2020〕19 号 2020 年修正）**
第三条 网络用户、网络服务提供者未经许可，通过信息网络提供权利人享有信息网络传播权的作品、表演、录音录像制品，除法律、行政法规另有规定外，人民法院应当认定其构成侵害信息网络传播权行为。 通过上传到网络服务器、设置共享文件或者利用文件分享软件等方式，将作品、表演、录音录像制品置于信息网络中，使公众能够在个人选定的时间和地点以下载、浏览或者其他方式获得的，人民法院应当认定其实施了前款规定的提供行为。	（在 2020 年的修正中并未修改）
第七条第三款 网络服务提供者明知或者应知网络用户利用网络服务侵害信息网络传播权，未采取删除、屏蔽、断开链接等必要措施，或者提供技术支持等帮助行为的，人民法院应当认定其构成帮助侵权行为。	（在 2020 年的修正中并未修改）
第八条 人民法院应当根据网络服务提供者的过错，确定其是否承担教唆、帮助侵权责任。网络服务提供者的过错包括对于网络用户侵害信息网络传播权行为的明知或者应知。 网络服务提供者未对网络用户侵害信息网络传播权的行为主动进行审查的，人民法院不应据此认定其具有过错。 网络服务提供者能够证明已采取合理、有效的技术措施，仍难以发现网络用户侵害	（在 2020 年的修正中并未修改）

《最高人民法院关于审理侵害信息网络传播权民事纠纷案件适用法律若干问题的规定》(法释〔2012〕20号 2012年12月17日发布)	《最高人民法院关于审理侵害信息网络传播权民事纠纷案件适用法律若干问题的规定》(法释〔2020〕19号 2020年修正)
信息网络传播权行为的，人民法院应当认定其不具有过错。	
第十三条 网络服务提供者接到权利人以书信、传真、电子邮件等方式提交的通知，未及时采取删除、屏蔽、断开链接等必要措施的，人民法院应当认定其明知相关侵害信息网络传播权行为。	**第十三条** 网络服务提供者接到权利人以书信、传真、电子邮件等方式提交的通知及构成侵权的初步证据，未及时根据初步证据和服务类型采取必要措施的，人民法院应当认定其明知相关侵害信息网络传播权行为。

《信息网络传播权保护条例》(2013年修订)

第十四条 对提供信息存储空间或者提供搜索、链接服务的网络服务提供者，权利人认为其服务所涉及的作品、表演、录音录像制品，侵犯自己的信息网络传播权或者被删除、改变了自己的权利管理电子信息的，可以向该网络服务提供者提交书面通知，要求网络服务提供者删除该作品、表演、录音录像制品，或者断开与该作品、表演、录音录像制品的链接。通知书应当包含下列内容：

(一) 权利人的姓名(名称)、联系方式和地址；

(二) 要求删除或者断开链接的侵权作品、表演、录音录像制品的名称和网络地址；

(三) 构成侵权的初步证明材料。

权利人应当对通知书的真实性负责。

本案链接

北京某度网讯科技有限公司与北京焦某互动信息服务有限公司南京分公司侵害作品信息网络传播权纠纷二审民事判决书【(2018)苏民终1514号】

焦某南京分公司的多份证据中，仅是证明了某度网盘中存储有涉案视频文件，且某度网盘具备的分享、离线下载、秒传等相关功能可以被用于实施侵权传播行为，但是上述证据并不足以证明确实存在焦某南京分公司及其关联公司某狐公司公证授权委托之外的某度网盘用户借助某度网盘实施了涉案作品的侵权传播行为且某度公司对此明知或应知。在焦某南京分公司向某度公司发送的《告知函》中，焦某南京分公司虽然要求某度公司断开、删除分享链接，但是在《告知函》附件中并未提供任何出于传播涉案作品目的的分享链接，故焦某南京分公司投诉中提出的关于涉案作品侵权传播行为实施主体和客观状态的指向并不明确。

延伸阅读

裁判规则一：若用户通过上传或秒传方式获得涉案影视作品链接，某度公司为其提供在线播放服务并不侵权；如用户通过离线下载或分享方式获得链接，某度公司则分别构成直接侵权和帮助侵权。

案例一：上海翡某东方传播有限公司广州分公司与北京某度网讯科技有限公司侵害作品信息网络传播权纠纷案【（2019）粤73民终3881号】

被诉某度网盘的秒传、离线下载、分享及在线播放涉案影视作品的行为性质：1. 关于秒传的性质。前已述及，对于相同文件，某度网盘仅保存一份，这样可以最大限度节省存储空间。在用户实现秒传的过程中，不发生真实的数据传输，某度网盘对用户存储介质中的上传文件解析后进行匹配，并在用户的网盘空间中建立目标文件的链接。整个过程虽未发生真实的存储，但并不影响用户的体验，而且方便快捷。虽然用户最终获得的是某度网盘服务器已经存储的目标文件链接，但秒传以用户的存储介质中已保存有相同文件为前提，与真实的上传存储相比，在技术上存在区别，在本质上并未超出用户存储行为的范畴。某度公司在其中所扮演的角色仍然可以理解为信息存储空间服务的提供者，而非内容提供者，不宜认定为信息网络传播行为。翡某广州分公司以涉案影视作品可以实现秒传为由主张某度公司构成直接侵权，理据不足，不予支持。2. 关于离线下载的性质。与秒传不同，用户在使用离线下载功能时无需保存有涉案影视作品，而只需拥有该文件对应的下载链接，即可通过某度网盘的离线下载功能获得涉案影视作品。也就是说，只要用户提供相应的下载链接并使用某度网盘的离线下载功能，某度公司便将存储于某度网盘并由其控制的涉案影视作品提供给用户，使用户可以在其个人选定的时间和地点获得涉案影视作品。由此可见，某度公司的上述行为已经超出了存储服务的范畴，侵害了翡某广州分公司对涉案影视作品享有的信息网络传播权。虽然公众通过离线下载功能从某度网盘获得涉案影视作品，需要首先成为某度网盘用户并能够提供涉案影视作品的下载链接，但这只是为用户获得涉案影视作品设置了一定的条件而已，并不影响对某度公司上述行为性质的认定。3. 关于分享的性质。所谓分享，不管是公开分享，还是私密分享，均已超出信息存储服务的范畴，本身就具有将信息在网络中传播的意图。某度公司为某度网盘用户提供信息存储空间服务及文件分享技术支持，若网盘中存储有侵权文件，分享功能的设置将令该文件极易在信息网络中传播，具有极大的侵权风险。某度公司对此应当有足够的认识，并施以相当的注意义务，采取必要的防范措施，如进行必要的审查和分类管理，尤其对于如本案中的影视作品等，应给予重点关注，谨防侵权的发生。本案中，某度网盘用户通过分享功能可以将涉案影视作品在信息网络中进行传播，使其他用户可以在其个人选定的时间和地点获得涉案影视作品，构成侵害信息网络传播权。若某度公司明知或应当知道用户侵权而未采取相应措施，依法构成帮助侵权。况且，分享功能并非信息存储服务所必需，如前所述，其侵权风险巨大。严格而言，在无证据显示某度公司对存储于某度网盘服务器中的涉案影视作品设置分享功能已尽到合理、谨慎的注意义务的情况下，即便翡某广州分公司没有发函通知，亦难谓某度公司没有过错。4. 关于在线播放的性质。某度网盘用户使用在线播放功能可以欣赏以链接形式存在于其用户空间中的涉案影视作品，属于合理使用。但于某度公司而言，其为已建立涉案影视作品链接的用户提供在线播放服务是否侵权，关键在于该用户是以何种方式获得该链接。如上所述，若用户通过上传或秒传方式获得涉案影视作品链接，某度公司为其提供在线播放服务并不侵权；如用户通过离线下载或分享方式获得链接，某度公司则分别构成直接侵权和帮助侵权。

裁判规则二：网络服务提供者应对用户的侵权行为采取的必要措施，不仅包括及时断开侵权链接，还应包括采取预防侵权的合理措施（如屏蔽），以及对重复侵权用户采取限制措施。

案例二：优某网络技术（北京）有限公司与北京某度网讯科技有限公司侵害作品信息网络传播权纠纷二审民事判决书【（2020）京 73 民终 155 号】

优某网络技术（北京）有限公司主张，其经授权依法享有电视剧《三×××××桃花》信息网络传播权的专有使用权，自涉案作品在卫视台首轮开播后，虽经优某网络公司发送预警函及 78 封权利通知邮件，但仍取证到 11000 余条某度网盘用户利用网盘服务侵权分享涉案作品视频文件的链接。一审法院认为，某度公司在收到通知后并未及时对全部涉案链接采取断开措施，放任部分涉案链接持续、大量传播涉案作品，致使侵权范围和规模进一步扩大。某度公司在具备相应的信息管理能力，且采取屏蔽措施具有可行性和合理性，对实现有效制止侵权具有必要性，亦不会对某度网盘用户的利益造成不合理损害的情况下，怠于采取屏蔽措施制止用户分享涉案链接，导致了相应损害后果的发生。某度公司未对重复侵权的用户采取必要措施，造成了优某网络公司损失的扩大，故某度公司应对损害扩大部分与用户承担连带责任。优某网络公司与某度公司均不服提起上诉，二审法院判决驳回上诉，维持原判。

070 听音识剧，是创新还是侵权？

☞ 阅读提示

“某幕是一款专为影视剧爱好者打造的产品。不论你喜欢看电影、电视剧、综艺、动漫还是纪录片；不管你想发影评、吐槽，还是晒票根、截图……某幕 App，都是你最奶思（nice）的选择，还有硬核黑科技‘听声识剧’，仅听影视剧里的声音就能识别正在播放的片段，快下载试试吧！……”“听音识剧”功能是指在用户播放相应影视剧、电影作品的声音时，该功能可以识别并播放对应作品的片段。听上去仿佛是个新奇的功能，但是也曾引发纠纷。听音识剧，是创新还是侵权？笔者通过案例与大家一同探讨。

裁判要旨

虽针对网络用户的每次识别行为，仅提供 1 分钟的片段，但其实质已经将涉案作品置于网络服务器中，供公众可以在其选定的时间和地点，通过被告 App 获得涉案作品。上述行为侵犯了原告享有的信息网络传播权。

案情简介

一、原告西安某韵社公司诉称：原告拥有涉案作品《××××我的团》的独家信息网络传播权。被告上海某明公司未经原告授权许可，在其运营的“某幕”手机客户端平台通过信息网络，非法向公众提供涉案作品的在线播放业务，被告的行为侵害了原告的合法权益，给原告造成了一定的经济损失。

二、被告上海某明公司辩称：其提供“听声识剧”服务以及为用户提供影视剧信息的行为属于合理使用，不构成侵权。被告为用户提供的涉案作品片段不超过 1 分钟，占 43 集作品的比例微乎其微，1 分钟的视频无法表达出完整的故事情节；“听声识剧”提供片段并不影响该用户在其他播放平台的观看，“听声识剧”服务无法达到免费在线播放的效果，不会影响原告应得的收益；其 App 是创新业务模式，应当得到支持。

三、被告陈述其 App 具体经营模式：为实现“听音识剧”功能，被告需提前将相关影视类剧集、电影等作品下载到自身服务器中，将每一部或每一集影片按照 1 分钟长度进行剪辑，并再次上传至服务器中。用户使用“听声识剧”功能时，App 使用自身的 AI 音源智能识别系统，识别对应影视片段声音，从存储的地方抓取对应的 1 分钟片段进行播放，并且可以供用户随意剪辑。之后，对于该 1 分钟片段，用户可以按照不同栏目发布，还可在发布笔记中添加“标签”，亦可在观看后选择放弃发布。

四、2020 年 4 月 22 日，北京互联网法院经审理认为被告上述行为侵犯了原告享有的信息网络传播权，不构成合理使用，判令被告上海某明公司停止侵权并赔偿原告经济损失 60000 元。

五、上海某明公司向北京知识产权法院提起上诉，法院于 2020 年 7 月 1 日受理后，依法组成合议庭进行了审理。二审法院认为，不能认定上海某明公司侵害了西安某韵社公司所享有的信息网络传播权。一审法院认定事实基本清楚，但适用法律错误，二审依法予以改判，撤销北京互联网法院（2020）京 0491 民初 2769 号民事判决，驳回西安某韵社公司的全部诉讼请求。

核心裁判要旨

本案二审中的争议焦点在于上海某明公司运营的某幕 App 软件在提供“听音识剧”服务功能时所实施的行为是否侵害了西安某韵社公司对涉案作品享有的信息网络传播权。一审法院将该功能涉及的行为区分为两部分进行评价，二审亦在此基础上进行判定。

第一部分行为是上海某明公司运营涉案 App 时将涉案作品以 1 分钟为基本单位进行切割和剪辑，并将剪辑后的片段上传至服务器中，上海某明公司通过网络用户播放的声音，利用涉案 App 中的识别技术，从服务器中抓取并播放对应片段，但是时长均控制在 1 分钟之内。根据《著作权法》（2010 年修正）的规定，信息网络传播权是以有线或者无线方式向公众提供作品，使公众可以在其个人选定的时间和地点获得作品的权利。《最高人民法院关于审理侵害信息网络传播权民事纠纷案件适用法律若干问题的规定》第三条第二款规定，通过上传到网络服务器、设置共享文件或者利用文件分享软件等方式，将作品、表演、录音录像制品置于信息网络中，使公众能够在个人选定的时间和地点以下载、浏览或者其他方式获得的，人民法院应当认定其实施了前款规定的提供行为。由此可知，在信息网络传播权所控制的行为里，以上传到网络服务器等方式将作品置于信息网络中是手段和方法，使公众能够在个人选定的时间和地点以下载、浏览或者其他方式获得作品是状态和结果。“获得作品”一般是指公众至少能够相对完整地获知和感受到作者的思想感情和核心表达，作品在用以表达和展现创作者的思想感情、艺术美感或研究成果时意味着其本身会包含一定长度的信息量，也需要公众通过相对连贯和系统的感知其实质性内容才能实现作品传播的价值和目的，所以认定被诉侵权人在提供作品至信息网络中后是否已使得公众处于能够获得作品的可能性需要结合作品性质和长度、涉案 App 的提供方式和客观效果、对涉案作品潜在市场或价值的影响等因素进行个案判断。

本案中，涉案作品《××××我的团》是具有 43 集篇幅的长篇电视连续剧，上海某明公司将涉案作品切割成 1 分钟上传至网络服务器后，网络用户在利用“听音识剧”功能识别定位出相应的影视片段后只能获取 1 分钟的作品内容，其所能播放和剪辑上传的作品范围亦仅限定于 1 分钟的时长，通常情况下用户也极有可能已经从其他平台上获得相应的音源或视频片段。相对于篇幅巨大的电视连续剧来说，上海某明公司对涉案作品的使用是较为碎片化的片段性使用，此时并没有将连续的相对完整的涉案影视作品的剧情情节提供给网络用户，也难以让网络用户相对完整地感知作品传递的思想感情和艺术美感，所以涉案 App 的片段化提供行为难以满足网络用户获取作品的基本需求，从而几乎不可能使得作品处于“被获得”的状态和结果，因此上海某明公司所实施的上述行为客观上未构成对涉案作品的实质性利用和替代效果，也不会对其市场价值和营销造成实质性的不利影响，没有不合理地损害著作权人的合法利益，故而不能认定侵害了西安某韵社公司所享有的信息网络传播权。

在一审判决认定构成侵权的第二部分行为，系指上海某明公司就抓取播放的片段向网络用户提供发布于其 App 中不同栏目的功能，可供他人浏览观看的行为。根据《著作权法》（2010 年修正）第二十二条[①]第一款第（二）项的规定，为介绍、评论某一作品或者说明某一问题，在作品中适当引用他人已经发表的作品可以不经著作权人许可，不向其支付报酬，但应当指明作者姓名、作品名称，

---

① 编者按：《著作权法》（2020 年修正）第 24 条。

并且不得侵犯著作权人依照本法享有的其他权利。《中华人民共和国著作权法实施条例》第二十一条规定，依照著作权法有关规定，使用可以不经著作权人许可的已经发表的作品的，不得影响该作品的正常使用，也不得不合理地损害著作权人的合法利益。

就西安某韵社公司提交的公证书所显示的关于涉案作品在涉案 App 中的搜索页面结果来看，仅有用户“守某某”和“吕桂×××”发布的共计 3 条视频评论，且分别处于不同集数中，用户的行为属于为了介绍或评论适当引用作品的合理使用行为，其结果亦未影响涉案作品的正常使用或不合理地损害著作权人的合法利益。虽然一审判决认为整部涉案作品的任何一个节点均可被识别并播放，但结合前述认定，在被识别之前的涉案作品即使上传至网络服务器中并未使得作品处于“被获得”的状态，而在相应视频片段被识别并发布之后，在案证据也不能证明涉案的“某幕”App 通过选择、编辑、整理等方式使得已上传的视频片段能够展现完整的剧情情节和实质性地再现作品的表意功能，从而不足以证明第二部分行为也对涉案作品产生了实质性的替代效果以致损害了著作权人的信息网络传播权这一财产性权益，故而一审法院关于上海某明公司与用户采用分工合作方式向公众提供涉案作品且直接侵害了西安某韵社公司的信息网络传播权的认定错误，应当予以纠正。

诉讼经验总结

法律既赋予了作者和其他著作权人享有如信息网络传播权等以特定方式利用作品并获得经济利益的专有权利，也构建了著作权合理使用制度对著作权的行使划定限制和例外情形，以鼓励和促进其他主体对作品的有效利用和传播，从而使著作权人的私法权益和社会公共利益得到平衡保护，也避免作品的传播与使用被绝对垄断。尤其是在现今网络服务提供者不断创新技术手段和运营模式的客观发展态势下，虽然促进技术创新和商业发展也成为需要考量和平衡的因素，但判断被诉侵权行为是否成立最终仍应在相关法律法规的规定和司法政策的框架下来分析和判断。

从本案对上海某明公司涉案行为的评述可以看出，无论是判断涉案作品是否处于可获得的结果和状态还是被诉侵权主体使用作品的行为是否属于合理使用情形，并不存在统一的数量或比例标准，始终需要结合个案案情所涉及的具体行为和实际结果来严格认定，通过综合考量涉案作品的属性和实际状态、作品使用行为的性质和目的、被使用部分的数量和质量、使用结果对作品潜在市场或价值的影响等各项因素，作出符合著作权法法定含义和价值取向的判断，所以二审法院认为有必要提醒上海某明公司在利用创新性技术运营涉案 App 来为用户提供便捷优质的网络服务之时，也应当以审慎严谨的态度尽到必要乃至更高的注意义务，避免出现对著作权人合法利益造成实质性损害的结果。

法律规定

《中华人民共和国著作权法》（2010 年修正）	《中华人民共和国著作权法》（2020 年修正）
第十条一款十二项 著作权包括下列人身权和财产权： （十二）信息网络传播权，即以有线或者无线方式向公众提供作品，使公众可以在其个人选定的时间和地点获得作品的权利；	**第十条第一款第十二项** 著作权包括下列人身权和财产权： （十二）信息网络传播权，即以有线或者无线方式向公众提供，使公众可以在其选定的时间和地点获得作品的权利；

本案链接

上海某明企业发展有限公司与西安某韵社数字娱乐发行股份有限公司侵害作品信息网络传播权纠纷二审民事判决书【（2020）京 73 民终 1775 号】

本案中，涉案作品《××××我的团》是具有 43 集篇幅的长篇电视连续剧，上海某明公司将涉案作品切割成 1 分钟上传至网络服务器后，网络用户在利用“听音识剧”功能识别定位出相应的影视片段后只能获取 1 分钟的作品内容，其所能播放和剪辑上传的作品范围亦仅限定于 1 分钟的时长，通常情况下用户也极有可能已经从其他平台上获得相应的音源或视频片段。相对于篇幅巨大的电视连续剧来说，上海某明公司对涉案作品的使用是较为碎片化的片段性使用，此时并没有将连续的相对完整的涉案影视作品的剧情情节提供给网络用户，也难以让网络用户相对完整地感知作品传递的思想感情和艺术美感，所以涉案 App 的片段化提供行为难以满足网络用户获取作品的基本需求，从而几乎不可能使得作品处于“被获得”的状态和结果，因此上海某明公司所实施的上述行为客观上未构成对涉案作品的实质性利用和替代效果，也不会对其市场价值和营销造成实质性的不利影响，没有不合理地损害著作权人的合法利益，故而不能认定侵害了西安某韵社公司所享有的信息网络传播权。

延伸阅读

裁判规则一：未经著作权人许可，在手机软件中通过“听歌识曲”功能提供涉案歌曲的在线播放及下载服务，其行为侵害了著作权人的录音制作者权，依法应承担赔偿损失的民事责任。

案例一：某宝（中国）软件有限公司诉广州酷某计算机科技有限公司侵害录音制作者权纠纷案【（2016）粤0106民初18672号】

某石国际音乐股份有限公司出具《授权书》，将附件一录音歌单中歌曲的录音制作者权中的独家信息网络传播权授予某宝公司，酷某公司系涉案网站及从该网站下载并安装的“酷某音乐”手机软件的经营者。某宝公司提供的公证书显示，运行安卓版“酷某音乐”手机软件可通过“听歌识曲”功能识别、播放并下载涉案歌曲，经比对，上述歌曲与某宝公司主张权利的相应歌曲的旋律、节奏、歌词、演唱均一致，在酷某公司未申请声纹鉴定亦未提交其他相反证明的情况下，本院认定两者音源相同。酷某公司未经某宝公司许可，在其经营的安卓版“酷某音乐”手机软件中通过“听歌识曲”功能提供涉案歌曲的在线播放及下载服务，其行为侵害了某宝公司的录音制作者权，依法应承担赔偿损失的民事责任。某宝公司在本案中主张酷某公司通过“酷某音乐”的安卓手机客户端中的“听歌识曲”功能侵害了其对涉案歌曲享有的信息网络传播权，而在（2015）青知民初字第1123号案、（2016）粤0106民初7902号案中某宝公司系分别基于对“酷某音乐”的PC端、MAC端传播涉案歌曲的行为提出诉讼请求，本案与上述案件所涉的传播端口及功能均不相同，本案与上述案件的被控侵权行为应认定为不同的侵权行为，即本案与上述案件的诉讼标的并不相同，不符合构成重复起诉的法定条件。

裁判规则二：某豆公司在某豆网上传播涉案电影片段视频的行为同样侵犯某狐公司的信息网络传播权，但不具有主观过错，应免除赔偿责任。

案例二：北京某狐新媒体信息技术有限公司与上海某豆网络科技有限公司侵犯著作财产权纠纷上诉案【（2010）沪一中民五（知）终字第130号】

本案争议焦点之三在于某豆公司在一审审理期间提供涉案电影片段视频的网络存储空间的行为是否构成侵权并承担赔偿责任。首先，在案证据表明某狐公司起诉后通过搜索“麦某的故事”，搜索结果有相关视频253个。经随机点看数个，均是时长在几十秒至几分钟之间的涉案电影片段。这些电影片段相对于时长74

分钟的涉案电影，是很小的部分，并不能反映整部电影的内容，因此即使点看这些片段在不知道整部电影内容的情况下是无法判断其是否属于涉案电影的内容以及这些片段的著作权情况，现有法律亦未对信息网络存储空间服务提供者课以严格的审查义务来保护电影片段的信息网络传播权。此外，网络用户上传几分钟的原创视频进行网络传播亦存在较大可能性。因此，二审法院认为，依据某狐公司的起诉行为不足以认定某豆公司知道或者应当知道在某豆网上存在的数分钟同名视频是侵权作品。其次，电影作品的免费传播将导致权利人的收益大大减少，而数分钟的电影片段的传播并不一定会导致权利人遭受经济损失，反而有可能会使权利人的收益有所增加。因此，涉案电影片段存在于某豆网虽侵犯了某狐公司享有的信息网络传播权，但是一审法院关于某豆公司明知在其网站上有涉案影片视频片段仍向网络用户提供在线播放服务，具有主观过错的认定，二审法院不予赞同。

071 如何认定“IPTV 回看”的侵权性质？

☞ **阅读提示**

IPTV 即交互式网络电视，其最大的特点在于，用户不仅可以通过 IPTV 实时欣赏丰富多彩按时“直播”的有线电视节目，还可以在一定时间内存储已经“直播”完成的电视节目，从而让那些错过播放时间或还想再看的用户，通过“回看”功能，欣赏到那些已经播完的节目。IPTV 同时具备了传统电视机和计算机等移动设备的技术特征，融合了典型的线性传播模式和网络下交互式的传播模式，但 IPTV 回看行为模糊了广播电视网与互联网的边界，引起了争议。目前各地法院相继审理了一些涉 IPTV 的著作权侵权案件，但对于如何认定 IPTV 著作权侵权的性质，还存在着争议。笔者在这里选取了相关案例与大家一同探讨。

裁判要旨

在 IPTV 平台当中，针对某一时间段中的涉案影视剧作品，用户可以在相应时间段内按照其选定的时间和地点通过点击“回看”获取涉案内容，故被诉行为落入了信息网络传播权的控制范围。某信某分公司未经某奇艺公司许可，通过在其经营的涉案 IPTV 平台向其用户提供涉案作品的点播观看服务，使公众可以在个人选定的时间和地点获得涉案作品，该行为属于侵害某奇艺公司信息网络传播权的行为。

案情简介

一、原告某奇艺公司依法享有影视作品《某某来了》（以下简称“涉案影片”）在中国大陆地区独占专有的信息网络传播权，并享有以自己的名义针对侵权行为依法维权的权利。某奇艺公司发现被告某信某分公司未经合法授权，擅自通过其运营的“广某（某林）电信 IPTV”（以下简称“涉案 IPTV 平台”）提供涉案影片的在线播放服务，某奇艺公司认为某信某分公司未经许可擅自提供该影片的播放服务行为极大地侵害了其对该影片享有的独占性信息网络传播权，造成了极大的损失。

二、被告某信某分公司辩称，IPTV 是三网融合政策背景下的典型产物，某信某分公司在 IPTV 业务中仅作为网络技术传输的提供者，属于行政监管下的法定分工；涉案节目也是通过 IPTV 总平台直接下发至广某 IP 某某分平台，某信某分公司无权管控。广某电视台合法持有《信息网络传播视听节目许可证》，可以合法开展互联网视听节目服务。广某电视台 20××年 6 月 1 日出具的《授权书》载明：广某广电新媒体有限公司是我台控股子公司，负责广某三网融合业务以及互联网视听业务的运营。为了促进互联网视听业务的发展，我台授权广某广电新媒体有限公司代表广某电视台开办在互联网（包括移动互联网）等信息网络传播视听节目的业务。现有产品为：IPTV，靓 TV，证明广某广电新媒体有限公司系广某 IP 某某平台的合法运营者。

三、一审法院认为，被告某信某分公司未经原告某奇艺公司许可，通过在其经营的涉案 IPTV 平台向其用户提供涉案作品的点播观看服务，使公众可以在个人选定的时间和地点获得涉案作品，该行为属于侵害某奇艺公司信息网络传播权的行为，应当承担侵权责任。某信某分公司向北京知识产权法院提出上诉，2020 年 12 月 9 日，二审法院认为某信某分公司需要承担侵权责任，一审法院判赔数额适当，驳回上诉，维持原判。

核心裁判要旨

二审阶段的争议焦点为："IPTV 回看"是否属于信息网络传播权的控制范畴；上诉人是否需要承担侵权责任。

一、"IPTV 回看"是否属于信息网络传播权的控制范畴

《著作权法》（2010 年修正）第十条第一款第十二项规定，信息网络传播权，即以有线或者无线方式向公众提供作品，使公众可以在其个人选定的时间和地点获得作品的权利。①

关于上诉人主张"IPTV 回看"不属于信息网络传播权的控制范畴的上诉理由，二审法院认为，首先，从受众群体和传播途径来看，相关公众只需要安装 IPTV 专网即可观看"IPTV 回看"，安装 IPTV 专网并非对于相关公众观看"IPTV 回看"的限制，而是一种经营模式与传播途径。其次，相关公众可以在电视台节目播出 72 小时之内在个人选定的时间和地点观看涉案作品，故涉案行为实质是为用户提供了一种回溯式的、可重复的观看体验。综上所述，涉案行为落入了信息网络传播权的控制范畴。一审法院认定正确，二审法院予以确认。

二、上诉人是否需要承担侵权责任

关于上诉人主张其仅负责网络数据的传输，并非涉案 IPTV 平台的运营者的意见，二审法院认为，根据上诉人提交的《IPTV 业务合作协议》，其与其他合作方存在分工合作、利益分成的约定，上诉人与其他合作方在内容合作、利益分享等方面紧密相联，不属于法律规定的仅提供技术服务之情形，其行为已构成共同侵权，应当承担停止侵权、赔偿损失的法律责任。一审法院对此认定正确。此外，根据法律规定，权利人可以选择共同侵权人之一主张权利，故被上诉人选择仅向上诉人提起诉讼符合法律规定。

诉讼经验总结

一、三网融合政策下，原本独立的某信网、广播电视网、互联网在业务领域和功能上呈现一致。IPTV 作为三网融合的典型代表，不仅提供传统的电视直播服务，还在节目直播结束后的一段时间内允许用户对已播出的节目进行点播，即

① 编者按：2020 年修正为：信息网络传播权，即以有线或者无线方式向公众提供，使公众可以在其选定的时间和地点获得作品的权利。

提供“回看”服务。

二、从涉及回看行为性质争议的案件来看，法院判决的分歧点主要在于回看行为的性质认定，主要的争议焦点为回看属于广播行为还是信息网络传播行为。近年来北京知识产权法院、北京互联网法院等法院判决倾向于认为 IPTV 回看行为属于信息网络传播行为。属于信息网络传播行为也是较多学者的观点。

三、《著作权法》的修改为认定 IPTV 限时回看行为的性质带来了新的视角。在广播权的定义中，排除了信息网络传播权，而信息网络传播权基本不变。“公众可以选择时间和地点”这一说法仍然被采纳，公众的选择自由并没有受到限制。《著作权法》对信息网络传播权的一般描述为法律的解释和适用留下了讨论的空间。

法律规定

《中华人民共和国著作权法》 （2010 年修正）	《中华人民共和国著作权法》 （2020 年修正）
第十条第一款第十二项 著作权包括下列人身权和财产权： （十二）信息网络传播权，即以有线或者无线方式向公众提供作品，使公众可以在其个人选定的时间和地点获得作品的权利；	**第十条第一款第十二项** 著作权包括下列人身权和财产权： （十二）信息网络传播权，即以有线或者无线方式向公众提供，使公众可以在其选定的时间和地点获得作品的权利；
第四十八条第一款第一项 有下列侵权行为的，应当根据情况，承担停止侵害、消除影响、赔礼道歉、赔偿损失等民事责任；同时损害公共利益的，可以由著作权行政管理部门责令停止侵权行为，没收违法所得，没收、销毁侵权复制品，并可处以罚款；情节严重的，著作权行政管理部门还可以没收主要用于制作侵权复制品的材料、工具、设备等；构成犯罪的，依法追究刑事责任： （一）未经著作权人许可，复制、发行、表演、放映、广播、汇编、通过信息网络向公众传播其作品的，本法另有规定的除外；	**第五十三条第一款第一项** 有下列侵权行为的，应当根据情况，承担本法第五十二条规定的民事责任；侵权行为同时损害公共利益的，由主管著作权的部门责令停止侵权行为，予以警告，没收违法所得，没收、无害化销毁处理侵权复制品以及主要用于制作侵权复制品的材料、工具、设备等，违法经营额五万元以上的，可以并处违法经营额一倍以上五倍以下的罚款；没有违法经营额、违法经营额难以计算或者不足五万元的，可以并处二十五万元以下的罚款；构成犯罪的，依法追究刑事责任： （一）未经著作权人许可，复制、发行、表演、放映、广播、汇编、通过信息网络向公众传播其作品的，本法另有规定的除外；

本案链接

中国某信股份有限公司某分公司与北京某奇艺科技有限公司侵害作品信息网络传播权纠纷二审民事判决书【（2020）京73民终3375号】

关于上诉人主张"IPTV回看"不属于信息网络传播权的控制范畴的上诉理由，法院认为，首先，从受众群体和传播途径来看，相关公众只需要安装IPTV专网即可观看"IPTV回看"，安装IPTV专网并非对于相关公众观看"IPTV回看"的限制，而是一种经营模式与传播途径。其次，相关公众可以在电视台节目播出72小时之内在个人选定的时间和地点观看涉案作品，故涉案行为实质是为用户提供了一种回溯式的、可重复的观看体验。综上所述，涉案行为落入了信息网络传播权的控制范畴。

延伸阅读

裁判规则一：在三网融合的IPTV平台当中，针对某一时间段中的涉案影视剧作品，用户可以在相应时间段内按照其选定的时间和地点通过点击"回看"获取涉案内容，故被诉行为落入了信息网络传播权的控制范围。IPTV平台当中所提供的"回看"服务不同于直播，而是为用户提供了一种回溯式的、可重复的观看体验，用户通过点击"回看"按钮即可在线观看存储于IPTV平台运营方的服务器中的涉案作品，与通常而言的内容服务提供者所提供的在线播放服务并无本质区别，"回看"服务的行为已经落入到信息网络传播权的控制范畴。在IPTV平台中，如果未经合法有效的许可而通过"回看"服务向用户提供作品的观看，侵害了作品权利人的信息网络传播权，应当承担侵权赔偿责任。

案例一：某电视传媒（北京）有限公司等与北京某奇艺科技有限公司著作权权属、侵权纠纷二审民事判决书【（2019）京73民终3697号】

二审法院认为，"'回看'服务本质上不同于'直播'，为用户提供了一种回溯式的、可重复的观看体验，用户通过点击'回看'按钮即可在其选定的时间和地点，在线观看存储于某传媒公司服务器中的涉案作品，与通常而言的内容服务提供者所提供的在线播放服务并无本质区别，故被诉行为落入了信息网络传播权的控制范围"。关于某通公司主张其仅为网络技术服务提供者，涉案作品系某上公司提供，其无主观恶意，不存在侵权行为的抗辩，一审法院认为，"首先，原告提交的公证书中仅显示有'某某IPTV'，且相关二维码亦显示与某通公司相关，无任何某传媒公司的相关标识，他人无法知晓涉案作品由某传媒公司提供；其次，某通公司与某传媒公司签订的《IPTV业务合作协议》中未显示任何与回看业务相关的内容，亦无任何直接指向涉案作品的相关合作条款，无法证明某通公司在涉案行为中仅提供相关技术服务；再次，二被告均未进一步提供证据证明某传媒公司获得涉案作品的相关授权。”最终，一审法院判决某通公司与某传媒公司应当对其侵权行为承担相应的法律责任，共同赔偿某奇艺公司的经济损失。二审法院经审理维持了一审判决。

裁判规则二：“IPTV回看”既有时间限制，又有地点限定，不符合信息网络传播的“选定”特点，“IPTV回看”模式并没有对著作权人作品的信息网络传播方式、传播范围和传播条件等进行破坏或改变，二者不会构成实质性的替代竞争关系。

案例二：乐某网信息技术有限公司、中国某信股份有限公司某分公司侵害作品信息网络传播权纠纷二审民事判决书【（2019）浙01民终10859号】

一审法院认为，侵害信息网络传播权的本质体现为破坏著作权人在信息网络中对其作品的控制，实质性改变了著作权人所控制的作品的网络传播。“IPTV回看”模式既有时间限制，又有地点选择限定，并不符合严格意义上的信息网络传播的“选定”特点。而“IPTV回看”模式仅限于IPTV专网的用户，其播放的信号仅限于相应电视台限定时间内播放的信号，特定用户仅能在限定回放时间内，在特定环境下通过特定入口按需求观看电视节目。“IPTV回看”模式并没有对著作权人作品的信息网络传播方式、传播范围和传播条件等进行破坏或改变，二者不会构成实质性的替代竞争关系，难谓对乐某公司诉称的信息网络传播的市场用户以及经济利益构成实质性损害。因此，“IPTV回看”模式不会改变广播组织提供广播的单向性和观众的被动性，在来源、传播途径、受众、获得方式上均区别于典型意义上的信息网络传播行为。二审法院认为，某信某分公司以“IPTV回看”模式播放的《某月传》（某夏卫视）系来源于某夏广播电视台的传播内容，一方面，其在IPTV专网中传播“某夏卫视”电视频道直播节目，公众只能在某夏广播电视台及某信某分公司确定的时间获得上述作品，并非在公众个人选定的时间获得作品。IPTV用户虽然在回看菜单中可以看到节目播出表，但该播出表仅是某夏广播电视台预先设定并公布的播出计划，并不等同于IPTV用户可就此选定时间获得作品。另一方面，公众只能在同时可以接收广播电视信号的IPTV专网及终端中获得上述作品，地点受限于可接收广播电视信号的地点范围个人选定的地点。故某信某分公司实施的“IPTV 回看”既有时间限制，又有地点限定，不符合信息网络传播的“选定”特点，乐某公司关于某信某分公司实施了信息网络传播行为的主张，本院不予支持。某信某分公司实施的仍系其从广播组织处获得的单向播放、传送电视信号的行为，公众被动接收上述信号，某信某分公司自动、完整传输直播节目并滚动保留 72 小时的传播行为与其同步转播“某夏卫视”电视频道直播密不可分，仍系广播行为的应有之义。

九、其他

072 美术作品不同形式下的转化是复制还是演绎？

☞ 阅读提示

著作权人依据法律享有对作品的复制权，有权禁止他人将自己的作品进行复制，我国著作权法规定的复制权为：以印刷、复印、拓印、录音、录像、翻录、翻拍等方式将作品制作一份或者多份的权利，在新修订的著作权法中为了适应技术发展，还增加了数字化的复制方式，可见我国著作权法采取的是“列举+兜底”的方式对复制权进行规定。并且从字面意义上理解将作品制作一份或者多份应当是对作品的完整复制，如果是采取改变作品的表现形式来呈现作品，那么是否应当受到复制权的限制呢？笔者将通过案例予以研究。

裁判要旨

判断被诉侵权产品是否复制了案涉美术作品，关键在最终表达载体是否再现了案涉美术作品的独创性特征并加以固定，且没有形成新作品。只要在新的载体中保留了原作品的基本表达，没有通过发展原作品的表达而形成新的作品，该转变行为仍然属于复制行为，仍然构成著作权侵权。

案情简介

一、据2018年8月7日经中华人民共和国驻大韩民国大使馆领事部认证的授权书，原告广州艺某人品牌管理股份有限公司通过涉案美术作品“鲨某某家”著作权人Smart×××××Co.，Ltd的授权，获得了该作品的复制、改编、宣传推广、发行、传播（含网络传播）等权利，且艺某人公司在授权期限内有权以独家总授权商的名义对任何侵犯卡通形象权利的行为进行维权。

二、证据表明截至2019年7月8日，被告汕头市澄海区田某玩具厂在未经授权的情况下，通过其线上店铺“汕头市澄海区田某玩具厂”，销售印有案涉权利卡通形象的搪胶六面正方体玩具。

三、艺某人公司向一审法院提出诉讼请求：1. 田某玩具厂立即停止侵害艺某人公司美术作品“碰某某某”“鲨某某家”及其角色形象著作权的行为并销毁库存侵权产品；2. 田某玩具厂赔偿艺某人公司经济损失及为制止侵权所支出的合理费用150000元（其中合理费用包括公证费800元和律师费10000元）；3. 田某玩具厂负担本案的诉讼费用。庭审中，艺某人公司撤回第1项诉讼请求。田某玩具厂主张被诉侵权产品与案涉美术作品外观形状不同，无法作侵权对比。

四、2021年2月1日，二审法院在判决中认为：判断被诉侵权产品是否复制了案涉美术作品，关键在最终表达载体是否再现了案涉美术作品的独创性特征并加以固定，且没有形成新作品，而被诉侵权产品与案涉美术作品的面部特征设计高度一致，再现了案涉美术作品的独创性表达特征，属于对案涉美术作品的复制，因此侵犯了艺某人公司对涉案作品享有的发行权以及作品信息网络传播权，一审判决查明事实清楚，适用法律正确，本院予以维持。

核心裁判要旨

本案的争议焦点在于田某玩具厂使用作品的行为是否构成对美术作品的复制。本案中，田某玩具厂主张被诉侵权产品与案涉美术作品外观形状不同，无法作侵权对比，但实际上其使用作品的方式，是将美术作品直接印刷到立体玩具的平面上，对于作品的呈现而言，仍然是作为平面美术作品出现，因此其主张外观形状不同的抗辩并不能成立。

笔者在这里想要探讨的是如果其使用的方式是将平面美术作品中的形象制作出立体的玩具，是否可以认定为复制，也就是将平面美术作品从平面到立体的制作是否构成复制。虽然我国著作权法并没有明确指出对于平面立体形式之间的转换是否构成复制，但复制权所控制的是将作品复制一份或多份的行为，虽然平面到立体的形式改变，但作品的表达并没有发生实质性变化。虽然著作权法只保护表达，但是平面立体的形式改变并不能直接认定为表达的改变，因为立体的玩具使用的仍然是平面美术作品创作中已经固定的独创性表达，在没有增加新的独创性表达基础上，不应当认定为是演绎作品而应当视为对原作品的复制。如果在对平面美术作品立体化的过程中，增加了相应独创性表达，从而形成了新作品，那么这一行为应当认定为演绎，但演绎作品仍然不能侵犯原作品著作权人的权利。

诉讼经验总结

一、在认定是否侵犯作品复制权时，应当着重考察是否对作品的独创性表达进行了直接使用，尽管表现形式可能不同，但在并没添加新的独创性表达基础上，应当认定为著作权法意义上的复制。

二、著作权法保护表达而不保护思想，但是表达不应当机械认定为表现形式，不同表现形式下同样可能使用的是同一表达，比如对于以数字化形式表现的图片和手绘的图片，或者是纸质形式的书籍与直接朗读出来的声音，都是同一作品表达的不同表现形式。

法律规定

《中华人民共和国著作权法》（2010 年修正）	《中华人民共和国著作权法》（2020 年修正）
第三条第四款 本法所称的作品，包括以下列形式创作的文学、艺术和自然科学、社会科学、工程技术等作品： （四）美术、建筑作品；	**第三条** 本法所称的作品，是指文学、艺术和科学领域内具有独创性并能以一定形式表现的智力成果，包括： （四）美术、建筑作品；
第十条第一款第五项 著作权包括下列人身权和财产权： （五）复制权，即以印刷、复印、拓印、录音、录像、翻录、翻拍等方式将作品制作一份或者多份的权利；	**第十条第一款第五项** 著作权包括下列人身权和财产权： （五）复制权，即以印刷、复印、拓印、录音、录像、翻录、翻拍、数字化等方式将作品制作一份或者多份的权利；

《中华人民共和国著作权法实施条例》（2013 年修订）

第四条第八项 著作权法和本条例中下列作品的含义：

（八）美术作品，是指绘画、书法、雕塑等以线条、色彩或者其他方式构成的有审美意义的平面或者立体的造型艺术作品；

本案链接

汕头市澄海区田某玩具厂与广州艺某人品牌管理股份有限公司侵害其他著作财产权纠纷一案民事二审判决书【（2020）粤73民终4080号】

一审法院认为：所谓“从平面到立体”的复制，是指作品在被复制之时是被固定在平面载体之上的，而被复制之后，被固定在三维载体之上。本案中，被诉侵权玩具是一个六面正方体物体，田某玩具厂将案涉权利卡通形象印制在其生产、销售的搪胶玩具一面，仍是将相关作品固定在平面载体上的行为，不属于“从平面到立体”的复制。退一步说，即使作品载体从平面转变成立体，只要在新的载体中保留了原作品的基本表达，没有通过发展原作品的表达而形成新的作品，该转变行为仍然属于复制行为，仍然构成著作权侵权。其次，田某玩具厂在平台商品的宣传标语中使用了“韩国碰碰某鲨某宝宝”等字样直接指向案涉权利作品，存在明显的侵权故意。

二审法院认为：田某玩具厂上诉认为被诉侵权产品与案涉美术作品的外观形状不同，无法作比较。本院认为，判断被诉侵权产品是否复制了案涉美术作品，关键在最终表达载体是否再现了案涉美术作品的独创性特征并加以固定，且没有形成新作品。将被诉侵权产品与案涉美术作品的设计特征进行比较，虽然案涉作品是平面设计整体呈鱼形，被诉侵权产品是立体形状，但是案涉美术作品的独创性是面部五官拟人化的形态和表情所表达的特征，而被诉侵权产品与案涉美术作品的面部特征设计高度一致，再现了案涉美术作品的独创性表达特征，属于对案涉美术作品的复制。田某玩具厂认为涉案作品在发表前已有同款相似作品存在，仅提供了一份视频截图，无法核实其来源，且从截图本身不能反映另有其他著作权人。

延伸阅读

裁判规则一：判断某种行为是否构成对受保护作品的复制，关键在于判断新的载体中是否保留了原作品的基本表达，同时没有通过发展原作品的表达而形成新作品。

案例一：深圳市盟某奇商贸有限公司与天津市宁河县泽某商贸有限公司侵犯著作权纠纷二审民事判决书【（2015）津高民三终字第0018号】

《熊某》动漫美术作品是为华某公司发行的三维喜剧动画片《熊某没》开发

的角色形象，该角色形象的绘制方法是以线条、色彩手绘创作初稿，然后以 Maya 三维软件进行角色最终造型渲染图的制作，该渲染图依然是以平面方式表达的艺术造型。而经过华某公司授权，盟某奇公司生产的“熊某”毛绒玩具及被控侵权商品是以立体方式表达的造型。如前所述，《著作权法》（2010 年修正）第十条第一款第五项规定了复制权的内容，该条款中列举了印刷、复印、拓印、录音、录像、翻录、翻拍的七种复制方式，虽然由平面到立体的复制并不属于上述列举的七种复制方式，但是该条款通过使用“等方式”的用语并没有穷尽复制的方式。判断某种行为是否构成对受保护作品的复制，关键在于判断新的载体中是否保留了原作品的基本表达，同时没有通过发展原作品的表达而形成新作品，如果最终表达载体再现了被保护作品或其具有独创性的特征并加以固定，且没有形成新的作品，就应当属于著作权法规定的复制。经过实质性对比，可以认定被控侵权商品复制了盟某奇公司发行的“熊某”毛绒玩具的所有设计特征，盟某奇公司发行的“熊某”毛绒玩具再现了《熊某》动漫美术作品的独创性特征，被控侵权商品亦以毛绒玩具为载体再现了《熊某》动漫美术作品的独创性特征，应当认定制作被控侵权商品是以毛绒玩具为载体再现了《熊某》动漫美术作品的独创性特征，属于对该动漫美术作品的复制。

裁判规则二：实用艺术作品的艺术性必须满足美术作品对于作品艺术性的最低要求，才能够获得著作权法的保护。

案例二：英特-某家系统有限公司诉台州市中某塑业有限公司侵犯著作权纠纷一审民事判决书【（2008）沪二中民五（知）初字第 187 号】

《著作权法》第二条第二款规定：“外国人、无国籍人的作品根据其作者所属国或者经常居住地国同中国签订的协议或者共同参加的国际条约享有的著作权，受本法保护。”我国是《伯尔尼公约》、TRIPS 协议的参加国，在《伯尔尼公约》中，实用艺术品被归入“文学艺术作品”下的一类客体受到保护。国务院《实施国际著作权条约的规定》第六条规定：“对外国实用艺术作品的保护期，为自该作品完成起 25 年。美术作品（包括动画形象设计）用于工业制品的，不适用前款规定。”根据上述规定，外国实用艺术作品受我国法律保护。

在立法上，《著作权法》未将实用艺术作品单列为作品；在司法实践中，根据我国参加的国际公约和相关法律的规定，对实用艺术作品的著作权保护，分别是从实用性与艺术性两个角度予以考虑，实用成分不适用著作权法保护，艺术成分则可以纳入《著作权法》所规定的美术作品予以保护。外国实用艺术品的权利人申请著作权保护时，应当审查涉案实用艺术品在审美意义上是否具有美术作品应当具备的艺术高度，一般可以从作品思想、表达方式是否具备独创性等方面考察。本案中，玛某特儿童椅、凳在表达形式方面，其设计亮点主要体现在造型线条上，简单流畅的线条力图体现朴实而略带童趣的作品思想，但这样的设计思想并不能与其他普通儿童用品设计思想完全区别开来；在表达的独创性方面，玛某特儿童椅、凳除了在细节方面有所突破以外，整体外形上与绝大多数普通的儿童椅、凳区别不甚明显。总体而言，玛某特儿童椅、凳造型设计较为简单，不具备美术作品应当具备的基本艺术创作高度。因此，尽管被告生产的涉案儿童椅、凳与原告的玛某特儿童椅、凳从外形整体上看构成相似或者基本相同，但也不构成对原告著作权的侵犯。

073 制作有声读物是复制还是演绎？

☞ 阅读提示

未经他人许可而将他人的文字作品制作为有声读物，侵犯复制权还是演绎权？对同一作品，不同的朗读者在朗读时会对音调、语速作出不同的选择，甚至于会配以富有个性的背景音乐或音效，最终传递出的声音可能存在差别，给听众带来不同的感受。那么这种对原作品新的表现形式能否脱离复制行为而构成著作权法意义上的演绎行为呢？本文将对上述问题展开分析和探讨。

裁判要旨

作品均以形成外在表达为其前提要件，对作品的改编应以改变作品之表达，且该改变具有独创性为前提。对于文字作品而言，文字表述是其作品的表达所在，改编文字作品应以文字内容发生改变为前提。本案中，首先，涉案作品在被制成有声读物时，被改变的仅仅是形式，其文字内容并未被改变，制作有声读物的过程属于对涉案作品的复制，而非演绎。此外，直接阅读书面文字与收听他人朗读文字之后形成的录音是两种不同的消费方式，两种方式所针对的受众群体可能在身体状况、认知能力、学习习惯上存在明显区别，而不同的受众群体意味着分别独立的市场，也即意味着作品存在多重市场价值。在无法定除外或约定转让、授权的情形下，这种不同的市场价值仍应归作者所有。

案情简介

一、本案中原告：某鑫，为中国作家协会会员。由某工业出版社出版的涉案作品《某》一书署名为某鑫，版权页载明为2011年3月第1次印刷，与另外三册图书成套总字数为550.4千字，总定价为60元。

二、2015年12月11日，某鑫的委托代理人温某在上海市某公证处公证人员的见证下，在该公证处使用由公证处提供的清洁计算机，在“工业和信息化部ICP/IP地址/域名信息备案管理系统”中查询某网站备案公共信息，页面显示其主办单位为懒某公司。温某随后访问某网站，在该网站首页搜索“某鑫”后，页面显示结果中包含涉案作品。经点击，其第1集至第19集均可正常在线播放，并可随意拖动进度条。温某还点击了其他13件作品进行播放；上海市某公证处针对前述公证见证行为出具了公证书。某鑫将该公证书作为包含本案在内的共14个案件证据共同使用。

三、2016年4月8日，懒某公司向律师函中所预留电子邮箱发送邮件，表明其收到律师函后已核查版权库，确认其享有包含涉案作品在内的共14部作品的完整授权。具体授权链条为：某鑫授权给某策公司，某策公司授权给思某公司，思某公司授权给某花夕拾公司并指定可以授权给“懒某听书”平台。邮件附件中包含了授权链条文件。

四、2016年，原告向杭州铁路运输法院提起诉讼，该院认为懒某公司对涉案作品录音制品进行了信息网络传播，但缺乏相应的授权，亦不存在相应法定免责情形，故构成对某鑫所享有信息网络传播权的直接侵害，需承担停止侵权、赔偿损失之责任。2017年，被告不服一审判决，向浙江省杭州市中级人民法院提起上诉，最终驳回上诉维持原判。

核心裁判要旨

首先，关于被控侵权行为在著作权法上的定性。在对被控侵权行为进行定性之前，需要对被控侵权行为所针对的对象——涉案作品的有声读物之性质进行明确。对此，某策公司主张有声读物属于对涉案作品改编后形成的新作品。

法院认为：作品均以形成外在表达为其前提要件，对作品的改编应以改变作品之表达，且该改变具有独创性为前提。对于文字作品而言，文字表述是其作品的表达所在，改编文字作品应以文字内容发生改变为前提。本案中，首先，涉案作品在被制成有声读物时，被改变的仅仅是形式，其文字内容并未被改变，制作有声读物的过程属于对涉案作品的复制，而非演绎。其次，对涉案作品进行朗读不会形成改编作品。在著作权法中，朗读行为不属于创作行为，而属于对作品的表演，朗读本身不会为作品添加新的独创性成分。因而，涉案有声读物实为朗读涉案作品并进行录音后形成的录音制品，是对涉案作品的复制，而不属于对涉案作品进行演绎之后形成的新作品。关于行为定性，根据某鑫提交的证据可知，某鑫的委托代理人在进行公证证据保全时，在懒某公司经营的“懒某听书”网上，可以自由选择时间与地点在线收听某鑫作品之录音，并可随意选择进度。懒某公司亦确认公众可以在其个人选定的时间和地点收听某录音。懒某公司在其网站上向公众提供涉案作品之录音，即以有线方式提供涉案作品之复制件，使得公众可以在其个人选定的时间与地点进行收听，即获得涉案作品，其行为属于信息网络传播行为，受信息网络传播权控制。某策公司、思某公司、某花夕拾公司均未直接向公众提供涉案作品，未直接实施信息网络传播行为，但分别实施了相应的授权许可行为，在客观上属于提供帮助的行为。

其次，关于懒某公司、某策公司、思某公司、某花夕拾公司是否取得相应授权。某策公司主张其从某鑫处所取得“改编权”授权包含将涉案作品制作为录音制品的权利，主张其所取得信息网络传播权授权包含提供因“改编”涉案作品而形成之录音制品的权利。思某公司、某花夕拾公司、懒某公司均依据其提供的扫描件主张已经取得相应的制作与传播涉案作品录音的授权。

对此，法院认为：关于某策公司是否取得制作录音制品授权，如前所述，制作录音制品不涉及对作品的改编，不受改编权控制，而应受表演权、复制权之控制，因而某策公司所取得之“改编权”不得作为制作录音制品的授权依据。因某鑫明确在本案中不对制作录音制品的行为作侵权指控，故对此一审法院不再展开评述。关于对涉案作品录音制品进行信息网络传播行为是否包含在某策公司所取得授权之内，关键在于确定某鑫与某策公司间授权合意之具体内容，即某鑫是否存在将该权利授权给某策公司之意思表示。对此，《数字出版协议》第二条虽明确写明某鑫授予某策公司所涉图书中所有内容的信息网络传播权，但一审法院注意到如下内容：其一，该协议名称为“数字出版协议”，对作品利用形式进行了概括性明确；其二，协议第一条便明确约定对涉案作品的利用形式为制成电子图书进行非纸质方式利用；其三，某鑫向某策公司所出具的授权书中亦仅写明“制作、复制和销售电子出版物的权利”，未涉及制成录音制品进行信息网络传播的内容。综合上下文内容，从有利于实现著作权法关于保护作者著作权这一立法目的的角度出发，对协议及授权书进行合理解释可知，某鑫与某策公司间真实的一致意思表示在于：某鑫允许某策公司对涉案作品进行信息网络传播行为有其明确的前提条件——限于对以电子图书或电子出版物形式存在的涉案作品复制件进行数字出版的行为。在不符合这一前提条件时，应当认定无授权，即不得进行信息网络传播行为。

诉讼经验总结

一、关于复制和演绎的区分问题。作品均以形成外在表达为其前提要件，对作品的改编应以改变作品之表达，且该改变具有独创性为前提。对于文字作品而言，文字表述是其作品的表达所在，改编文字作品应以文字内容发生改变为前提。对同一作品，不同的朗读者在朗读时会对音调、语速作出不同的选择，甚至于会配以富有个性的背景音乐或音效，最终传递出的声音可能存在差别，给听众带来不同的感受。但因这种选择与安排并未改变作品的文字内容，即未改变作品之表达，故不属于对作品的演绎。

二、制作录音制品不涉及对作品的改编，不受改编权控制，而应受表演权、复制权之控制，因而本案中某策公司所取得之“改编权”不得作为制作录音制品的授权依据。

三、对文字作品而言，直接阅读书面文字与收听他人朗读文字之后形成的录音是两种不同的消费方式，两种方式所针对的受众群体可能在身体状况、认知能力、学习习惯上存在明显区别，而不同的受众群体意味着分别独立的市场，也即意味着作品存在多重市场价值。在无法定除外或约定转让、授权的情形下，这种不同的市场价值仍应归作者所有。因而，在缺少充分证据或说理的支持下，仅依据某策公司取得对涉案作品以书面文字形式进行信息网络传播行为的授权，不能认定其同时取得以录音形式对涉案作品进行信息网络传播的授权。

法律规定

《中华人民共和国著作权法》（2010 年修正）	《中华人民共和国著作权法》（2020 年修正）
第十条第五项、第九项、第十二项、第十四项 著作权包括下列人身权和财产权： （五）复制权，即以印刷、复印、拓印、录音、录像、翻录、翻拍等方式将作品制作一份或者多份的权利； （九）表演权，即公开表演作品，以及用各种手段公开播送作品的表演的权利； （十二）信息网络传播权，即以有线或者无线方式向公众提供作品，使公众可以在其个人选定的时间和地点获得作品的权利； （十四）改编权，即改变作品，创作出具有独创性的新作品的权利；	**第十条第五项、第九项、第十二项、第十四项** 著作权包括下列人身权和财产权： （五）复制权，即以印刷、复印、拓印、录音、录像、翻录、翻拍、数字化等方式将作品制作一份或者多份的权利； （九）表演权，即公开表演作品，以及用各种手段公开播送作品的表演的权利； （十二）信息网络传播权，即以有线或者无线方式向公众提供，使公众可以在其选定的时间和地点获得作品的权利； （十四）改编权，即改变作品，创作出具有独创性的新作品的权利；
第三十七条第一款 使用他人作品演出，表演者（演员、演出单位）应当取得著作权人许可，并支付报酬。演出组织者组织演出，由该组织者取得著作权人许可，并支付报酬。	**第三十八条** 使用他人作品演出，表演者应当取得著作权人许可，并支付报酬。演出组织者组织演出，由该组织者取得著作权人许可，并支付报酬。

本案链接

某鑫与深圳市懒某在线科技有限公司等侵害作品信息网络传播权纠纷二审判决书【（2017）浙01民终5386号】

被控侵权利用对象为对涉案作品进行朗读后形成的有声读物，某策公司等均无任何证据表明，或以充分理由证明该有声读物属于协议中所约定的电子图书或电子出版物。根据通常理解，电子图书或文字作品的电子出版物仍应以书面文字作为作品表现形式；而根据一审法院前述认定，有声读物实为录音制品，以声音为作品表现形式。对文字作品而言，直接阅读书面文字与收听他人朗读文字之后形成的录音是两种不同的消费方式，两种方式所针对的受众群体可能在身体状况、认知能力、学习习惯上存在明显区别，而不同的受众群体意味着分别独立的市场，也即意味着作品存在多重市场价值。在无法定除外或约定转让、授权的情形下，这种不同的市场价值仍应归作者所有。因而，在缺少充分证据或说理的支持下，仅依据某策公司取得对涉案作品以书面文字形式进行信息网络传播行为的授权，不能认定其同时取得以录音形式对涉案作品进行信息网络传播的授权。故懒某公司、某策公司、思某公司、某花夕拾公司所实施之行为构成对原告著作权的侵犯。

延伸阅读

裁判规则一：节目以字幕的形式固定并再现涉案书信的部分内容，虽然进行了部分改动，但未形成新的表达，构成对涉案书信的复制。涉案节目录制时，演员面对现场观众，将涉案书信的部分内容饱含感情地朗读出来，属于对涉案书信的表演。

案例一：陈某等诉北京某力电传文化发展股份有限公司等侵害文字作品著作权纠纷案【（2020）京0491民初2880号】

一审中，三原告主张，涉案节目邀请演员对涉案书信进行朗读，在朗读过程中配合演员的手势、语气、表情，并加入背景音乐，属于对涉案书信的表演行为。涉案节目配合朗读书信的行为滚动出现与朗读内容一致的字幕的行为，是对涉案书信的复制行为。关于复制行为，某力电传公司及某鹅影视公司辩称，涉案节目仅引用了涉案书信的部分内容，并未完整复制书信的内容，未形成涉案书信的完整复制件，因而不是对涉案书信的复制。某江电视台辩称，字幕是涉案节目的组成部分，将包含字幕的视频进行信息网络传播，并未形成涉案书信稳固持久的复制件，不宜认定为复制行为。关于表演行为，某力电传公司辩称，对涉案书信进行朗读的行为不属于对涉案书信的表演行为。某鹅影视公司及某江电视台辩称，对作品的表演系完整再现作品内容的行为，涉案节目仅引用了涉案书信的部分内容，因而不构成对涉案书信的表演。

对此法院认为，《著作权法》（2010年修正）第十条第一款第五项规定，复制权，即以印刷、复印、拓印、录音、录像、翻录、翻拍等方式将作品制作一份或者多份的权利。复制权所控制的复制行为，是指在有形物质载体上再现作品的行为。以数字化的形式将作品固定在新型物质载体上，形成作品的数字化复制件的行为，属于复制行为。复制行为并不要求精确再现作品的全貌，只要在物质载体中保留作品的基本表达，即使对作品进行了一些改动或者未利用作品的全部内容，亦属于复制行为。本案中，涉案节目以字幕的形式固定并再现了涉案书信的部分内容，虽然对书信内容进行了部分改动，但并未形成新的表达，因而仍构成对涉案书信的复制。

《著作权法》（2010 年修正）第十条第一款第九项规定，表演权，即公开表演作品，以及用各种手段公开播送作品的表演的权利。对作品的表演，可以分为现场表演和机械表演。所谓现场表演，是指演员通过语言、动作、表情、道具、乐器等现场再现作品的过程。朗读文字作品、演奏音乐、演唱歌曲等，都是典型的现场表演行为。本案涉案节目中，演员面对现场观众，配合肢体动作及面部表情，将涉案书信的部分内容饱含感情地朗读出来，属于对涉案书信的表演行为。

此外，三原告主张涉案节目改变了涉案书信的标题，并对涉案书信的内容进行删减、改动、调换顺序，侵害了涉案书信的修改权。三被告认可涉案节目对书信内容进行删减、顺序调整及文字改动的事实，但认为前述改动并不构成对涉案书信的修改。理由在于，1. 涉案节目为了契合“思念”主题，对涉案书信内容进行了部分引用，且已完整表达了这部分的情感，效果很好；2. 涉案节目只对涉案书信进行了文字性的修改，未改变涉案书信的表达；3. 书信这一作品形式本无标题，节目中涉案书信的标题亦源于书信内容，因而不构成对涉案书信标题或内容的修改。对此法院认为，《著作权法》（2010 年修正）第十条第一款第三项规定，修改权，即修改或者授权他人修改作品的权利。法律及司法解释并未就何为对作品的修改做进一步规定。法院认为，对作品内容作局部变更以及文字、用语的修正属于对作品的修改，是受修改权控制的行为。

裁判规则二：通过朗诵解说词的方式再现了作品，系涉案音像制品解说词的表演者。出版社以录音的方式将表演固定，并制作为录音录像制品进行复制发行，但未给表演者署名亦未支付报酬的，应承担停止侵权、赔礼道歉、赔偿损失的民事责任。

案例二：孙某与北京某音像出版社侵犯著作人身权纠纷案【（2010）二中民终字第 06734 号】

孙某与案外人封某系夫妻。2003 年至 2007 年，封某在某音像出版社处工作，主要职责是摄像及音像制品的后期制作。在此期间，某音像出版社运营总监李某经由封某结识孙某，后商定由孙某为该出版制作的涉案音像制品配音。配音方式为某音像出版社提供解说词，孙某朗读并录音，后由某音像出版社合成制作为音像制品。涉案音像制品封套、音像制品播放片头、片尾未显示孙某姓名。庭审中，双方对是否配音及配音时长产生分歧，主要情况有：1. 双方提供了音像制品光盘，但对配音时长存有异议。2. 孙某主张为音像制品配音，某音像出版社认可出版制作过该音像制品，但双方均未提供音像制品光盘。对第一种情况，经比对，孙某共计配音时长为138分45秒。

法院认为：表演是直接或者间接借助技术设备以声音、表演、动作公开再现作品的行为。表演者依法对其表演享有表演者权，有权对其表演标明身份。根据著作权法及相关法律规定，除法定情形或当事人另有约定外，任何单位或个人录音录像表演者的表演以及复制发行录有表演者表演的录音录像制品应取得表演者的许可，并支付报酬，否则应承担相应的侵权责任。

孙某通过朗诵解说词的方式再现了作品，系涉案音像制品解说词的表演者。根据双方约定，某音像出版社以录音的方式将孙某的表演固定，并制作为录音录像制品进行复制发行，但某音像出版社未给孙某署名，亦未支付报酬，应承担停止侵权、赔礼道歉、赔偿损失的民事责任。

074 PPT中使用作品是否属于因使用方式特性而无法指明作者的情形？

☞ **阅读提示**

作者有表明作者身份、在作品上署名的权利，他人在使用作品时，如果故意去除作者署名或篡改署名，构成对作者署名权的侵犯。但是在实际生活中，由于当事人另有约定或者由于作品使用方式的特性无法指明的，这种情况下不署名并不侵犯作者的权利，比如在作者姓名通常不会直接印刷在使用其美术作品的衣物上，或在电视广告中也不会将作者姓名播出，这种情形都属于由于作品特性而无法直接署名的情形。在PPT中使用他人作品而未署名是否属于合理情形，笔者将通过案例予以探讨。

裁判要旨

由于作品使用方式的特性无法指明作者身份的情况，在实践中往往是因为行业习惯、产品特性、客观实际等原因，而无法指明作者身份，但在PPT中使用他人作品时，并不存在客观实际、行业习惯等因素而无法署名，并且在本案中所使用的 PPT 主要目的之一就是介绍作者情况下，未署名的行为并不能构成合理情形，因此应当成立对作者署名权的侵权行为。

案情简介

一、原告杨某为涉案作品的作者，上海市版权局于 2018 年 11 月 16 日出具作品登记证书。涉案图片系杨某为工业生产绘制的口罩设计图样，该图片展示了口罩的组件构成、结构设计、整体造型、三面视图及使用状态图且在对应部位标注了功能说明文字，在设计布局、结构安排、搭配组合、文字说明等方面，体现了设计者的构思和安排，已形成具有独创性的外在表达，属于我国著作权法保护的图形作品中的产品设计图。

二、被告上海冰某工业产品设计有限公司于 2018 年 1 月 6 日，在向上海工业设计协会介绍企业情况时，以 PPT 形式使用了杨某向冰某公司提供的涉案图片，而并未指明作者身份。

三、杨某向一审法院提出诉讼请求：1. 判令冰某公司立即停止使用杨某享有著作权的涉案设计作品；2. 判令冰某公司在其上海工业设计协会网站及公众号连续七日刊登声明向杨某赔礼道歉；3. 判令冰某公司赔偿原告经济损失 50000 元；4. 判令冰某公司承担杨某因本案产生的各项合理费用 19000 元。审理中，杨某变更第二项诉讼请求为：判令冰某公司在《新某晚报》上连续七日刊登声明向杨某赔礼道歉。冰某公司主张因考虑到 PPT 形式的实际使用方式，故没有为杨某署名。

四、2020 年 3 月 31 日，二审法院在判决中认为：冰某公司在使用涉案图片时是以 PPT 的形式展示，其完全可以在 PPT 上注明作品的作者，故冰某公司对涉案图片的使用方式不属于由于作品使用方式的特性而无法指明作者的情形，其行为侵犯了杨某的署名权，一审关于上诉人行为构成对被上诉人就涉案图片享有的作品署名权侵犯的认定正确，本院予以认同。

核心裁判要旨

本案的争议焦点在于本案中的使用行为是否属于因作品使用方式的特性无法指明作者的情形。《著作权法实施条例》（2013 年修订）第十九条规定“使用他人作品的，应当指明作者姓名、作品名称；但是，当事人另有约定或者由于作品使用方式的特性无法指明的除外。”对于因特性而无法指明，通常是由于行业习惯、产品特性、客观实际等原因，比如受限于使用空间的大小，物品整体的美观性考虑等，但是在 PPT 中，使用他人作品图片的行为，并不属于客观实际上无法指明，并且也并不存在特定的行业习惯。从案件本身出发，本案中虽然双方存在合作关系，并且涉案图片系由作者无偿授权给冰某公司使用，但是这种合作关系并不能当然推定双方约定了不对作者署名。而正相反，作者授权行为是基于对方承诺，其使用行为是出于介绍作者的目的。冰某公司在使用涉案图片时是以 PPT 的形式展示，其完全可以在 PPT 上注明作品的作者，故上诉人对涉案图片的使用方式不属于由于作品使用方式的特性而无法指明作者的情形，侵犯了作者的署名权。

诉讼经验总结

一、在使用他人作品时，应当指明作者身份。除了客观实际、行业惯例等情形可以因使用方式的特点而不为作者署名以外，不为作者署名可能会构成对作者署名权的侵犯。

二、面对署名权侵权纠纷时，被告人可以主张不署名系合理情形，但应当注意，对于虽然署名但是采取的是过度缩小、置于偏僻位置等方式，与无法指明作者相矛盾，而无法成立抗辩。

法律规定

《中华人民共和国著作权法》（2010 年修正）	《中华人民共和国著作权法》（2020 年修正）
第十条第一款第二项 著作权包括下列人身权和财产权： （二）署名权，即表明作者身份，在作品上署名的权利；	（在 2020 年的修正中并未修改）

《中华人民共和国著作权法实施条例》（2013 年修订）

第十九条 使用他人作品的，应当指明作者姓名、作品名称；但是，当事人另有约定或者由于作品使用方式的特性无法指明的除外。

本案链接

上海冰某工业产品设计有限公司与杨某侵害作品署名权纠纷二审民事判决书【（2020）沪 73 民终 60 号】

上诉人主张其使用涉案图片是基于合法授权，且 PPT 展示图片时不方便署名，故未对被上诉人的署名权造成侵害。上诉人也未获取商业利益，属于合理使用范围。本院认为，我国著作权法规定，署名权即表明作者身份，在作品上署名的权利。使用他人作品，应当指明作者姓名，当事人另有约定或者由于作品使用方式的特性无法指明的除外。本案中，被上诉人系涉案图片的作者，上诉人使用该图片应表明被上诉人的作者身份。上诉人虽经被上诉人同意使用涉案图片，但被上诉人系在上诉人承诺其将向他人推荐被上诉人的情况下，才提供了涉案图片。上诉人应当知晓其在使用涉案图片时应当为被上诉人署名。上诉人在使用涉案图片时是以PPT的形式展示，其完全可以在PPT上注明作品的作者，故上诉人对涉案图片的使用方式不属于由于作品使用方式的特性而无法指明作者的情形，本院对上诉人不方便署名，且未对被上诉人署名权造成侵害的主张不予采信。鉴于上诉人已经被上诉人许可使用涉案图片，上诉人关于其行为属于合理使用的主张，于法无据，本院不予采纳。一审关于上诉人行为构成对被上诉人就涉案图片享有的作品署名权侵犯的认定正确，本院予以认同。

延伸阅读

裁判规则一：依据行业习惯而不对作者进行署名，并不侵犯其署名权。

案例一：沈阳治某文化传媒有限公司等诉宁波博某控股集团有限公司等保护作品完整权纠纷二审民事判决书【（2013）沪一中民五（知）终字第78号】

根据《著作权法实施条例》第十九条规定，使用他人作品的，应当指明作者姓名、作品名称；但是，当事人另有约定或者由于作品使用方式的特性无法指明的除外。因此，署名权的保护不能一概而论，应考虑作品实际使用的方式、目的等，尊重行业习惯或商业惯例。由于涉案商品为床上用品，通常在该类产品上使用美术作品的目的不是基于作品本身的艺术价值，而仅是将其作为美化产品的装饰性图案，该些图案与产品融为一体不可分割，故从产品的整体性和外观效果考虑，该类产品的行业习惯通常不会对相关美术作品的作者进行署名。因此，原审法院未认定被上诉人侵犯上诉人郑某的署名权，并无不当，本院对上诉人的该项上诉理由不予采纳。

裁判规则二：因客观条件限制对于设置或陈列在室外公共场所的美术作品，他人在拍摄及其后续使用时未指明该美术作品作者，不应提出过高要求。

案例二：杨某与孙某国、湖北孝某股份有限公司、武汉市江某区绿叶超市有限公司侵犯著作权纠纷二审民事判决书【（2008）鄂民三终字第14号】

从涉案美术作品摄影者与产品外包装制作者、生产者或销售者等使用者的角度来看，根据《著作权法实施条例》第十九条、第二十一条的规定，一是在使用他人作品时，应指明作者姓名、作品名称，但当事人另有约定或者由于作品使用方式的特性无法指明的除外；二是不得影响该作品的正常使用，也不得不合理地损害著作权人的合法利益。这两条构成针对涉案美术作品相关后续使用者的要求和限制。就美术作品的特性而言，有些不适于直接在美术作品上标注作者姓名、作品名称，有些适于直接在美术作品上标注，即使适于标注也只会在作品的一角、基座或反面通过文字形式说明作品名称、创作者和相关情况，且一般不会在显眼处予以标注，而且这种制约视作品是否属于设置或陈列在室外公共场所而变得愈加明显，从而导致作品的使用方式受到限制，不管其是否具有可行性、是否属于商业化使用，不能一味强行或刻意要求他人在拍摄及其后续使用时注意标注涉案美术作品的作者姓名、作品名称，涉案由杨某创作完成的“董×××仙女”双人石雕像，就属于这种情况。

075 节目朗读书信构成侵权？

☞ **阅读提示**

相信很多人对《见某某面》这个节目并不陌生，该节目以明星读信为主要形式，旨在用书信打开历史节点，带领观众走进那些依然鲜活的时代场景、人生故事，去触碰那些依然可感的人物情状和社会风物，重新领会中国人的精神情怀与生活智慧。然而，节目第二季中有一期是朗读三某（本名某平）父亲陈某庆写给三某的信《过××××来》，三某亲属起诉节目制作方侵犯著作权。引发了很多网友的质疑：“这个节目这么好怎么会侵权呢”，笔者在这里与大家一同探讨。

裁判要旨

未经著作权人许可，以著作权各项专有权利控制的方式使用其作品，且该使用行为不符合合理使用、法定许可等情形的，构成对他人著作权的侵害。

案情简介

一、我国台湾地区女作家三某的父亲陈某庆创作并发表了给女儿三某的书信《过××××来》（以下简称“涉案书信”）。自陈某庆于1997年6月2日去世后，本案原告陈某心、陈某平与陈某杰依法继承了涉案书信的著作财产权并有权对其署名权、修改权、保护作品完整权进行保护。在三被告某电传公司、某影视公司、某电视台制作并传播的《见某某面》第二季第十期节目（以下简称“涉案节目”）中，演员朗读了涉案书信的部分内容并配有中文字幕，朗读的内容改变了涉案书信的名称、部分字词、段落顺序。在读信前后，主持人及解读嘉宾对涉案书信进行了介绍和评论。

二、三原告以三被告侵害涉案书信的修改权、复制权、表演权、信息网络传播权为由提起诉讼，要求三被告赔礼道歉、消除影响、赔偿精神损害抚慰金、经济损失及相关合理开支。三被告辩称涉案节目对涉案书信的使用行为构成合理使用，未侵害涉案书信的著作权。

三、2020年6月5日，北京互联网法院判决三被告就侵害涉案书信修改权的行为刊登声明以消除影响，并赔偿三原告经济损失5万元及合理开支12636元。一审判决后，各方当事人均未上诉，判决已生效。

核心裁判要旨

本案的争议焦点为涉案节目使用涉案书信内容并在网络传播的行为是否侵害了涉案书信的修改权、复制权、表演权、信息网络传播权。

本案中，认定是否构成侵害著作权，首先要看是否存在以修改、复制、表演、信息网络传播等方式使用涉案书信的行为。其次，则要看前述使用行为是否构成合理使用。

本案中，涉案节目在使用涉案书信时对书信字词、短语的增添、修改或删除属于对涉案书信的文字性修改、删节，将涉案书信的长句、段落删除以及调换段落顺序属于对书信内容的变更，因而均落入涉案书信修改权控制的范畴。此外，书信是一种向特定对象传递信息、交流思想感情的应用文书，对书信标题的改动亦属于对书信内容的修改。涉案节目在使用涉案书信时，将涉案书信中的一句话“你这一次的境界……”作为书信的标题使用，对涉案书信的标题进行了改动，属于对涉案书信内容的修改。对作品修改效果的好坏并不影响修改行为的构成，因此即使对作品进行修改后取得正向效果，亦不构成侵害修改权的抗辩理由。

涉案节目以字幕的形式固定并再现了涉案书信的部分内容，虽然对书信内容进行了部分改动，但并未形成新的表达，因而仍构成对涉案书信的复制。演员面对现场观众，配合肢体动作及面部表情，将涉案书信的部分内容饱含感情地朗读出来，属于对涉案书信的表演行为。

由于涉案节目中包含了涉案书信的表演及字幕，公众在观看网络中存在的涉案节目时可以通过聆听对涉案书信的朗读以及观看涉案书信的字幕的方式，知晓涉案书信的内容。因此，即使信息网络传播的直接对象是涉案节目，但该行为却实际达到了向公众提供涉案书信的效果，使公众获得了了解书信内容的可能性。故将涉案节目进行信息网络传播的行为，同时也构成对涉案书信的信息网络传播，受涉案书信信息网络传播权的控制。

涉案节目使用涉案书信已达到基本再现涉案书信内容的程度，且该种使用并非出于介绍、评论或说明的目的，因而不属于适当引用。未经许可通过朗读的方式再现了涉案书信的实质内容，必然会对三原告授权他人以类似方式使用涉案书信产生影响。涉案节目在使用涉案书信的同时还对涉案书信进行了修改，不仅会影响三原告获得经济利益，还侵害了涉案书信的修改权这一包含作者人格利益的权利。因此，涉案节目使用涉案书信的行为不属于合理使用。

诉讼经验总结

一、文化综艺节目往往与诗歌、书法和绘画等文艺作品的使用密切相关。因此，节目制作人在追求节目效果的同时，还应该关注现有作品的使用方式是否恰当。创新并不等于不侵权。

二、判断行为是否属于对书信的合理使用，应当考虑以下因素：第一，节目对涉案书信的使用是否为“适当引用”；第二，节目对书信的使用是否与涉案书信的正常利用冲突；第三，节目对书信的使用是否不合理地损害涉案书信著作权人的合法权益。

法律规定

《中华人民共和国著作权法》（2010 年修正）	《中华人民共和国著作权法》（2020 年修正）
第十条第一款第三项、第四项、第五项、第八项、第九项、第十二项、第十四项 著作权包括下列人身权和财产权： （三）修改权，即修改或者授权他人修改作品的权利； （四）保护作品完整权，即保护作品不受歪曲、篡改的权利； （五）复制权，即以印刷、复印、拓印、录音、录像、翻录、翻拍等方式将作品制作一份或者多份的权利； （八）展览权，即公开陈列美术作品、摄影作品的原件或者复制件的权利； （九）表演权，即公开表演作品，以及用各种手段公开播送作品的表演的权利； （十二）信息网络传播权，即以有线或者无线方式向公众提供作品，使公众可以在其个人选定的时间和地点获得作品的权利； （十四）改编权，即改变作品，创作出具有独创性的新作品的权利；	**第十条第一款第五项、第十二项** 著作权包括下列人身权和财产权： （五）复制权，即以印刷、复印、拓印、录音、录像、翻录、翻拍、数字化等方式将作品制作一份或者多份的权利； （十二）信息网络传播权，即以有线或者无线方式向公众提供，使公众可以在其选定的时间和地点获得作品的权利；
第十五条第一款 电影作品和以类似摄制电影的方法创作的作品的著作权由制片者享有，但编剧、导演、摄影、作词、作曲等作者享有署名权，并有权按照与制片者签订的合同获得报酬。	**第十七条第一款** 视听作品中的电影作品、电视剧作品的著作权由制作者享有，但编剧、导演、摄影、作词、作曲等作者享有署名权，并有权按照与制作者签订的合同获得报酬。
第十九条第一款 著作权属于公民的，公民死亡后，其本法第十条第一款第（五）项至第（十七）项规定的权利在本法规定的保护期内，依照继承法的规定转移。	**第二十一条第一款** 著作权属于自然人的，自然人死亡后，其本法第十条第一款第五项至第十七项规定的权利在本法规定的保护期内，依法转移。
第三十四条 图书出版者经作者许可，可以对作品修改、删节。 报社、期刊社可以对作品作文字性修改、删节。对内容的修改，应当经作者许可。	（在 2020 年的修订中仅改变了条文序号①）

① 编者按：《著作权法》（2020 年修正）第 36 条。

《中华人民共和国著作权法》（2010年修正）	《中华人民共和国著作权法》（2020年修正）
第三十七条 使用他人作品演出，表演者（演员、演出单位）应当取得著作权人许可，并支付报酬。演出组织者组织演出，由该组织者取得著作权人许可，并支付报酬。 使用改编、翻译、注释、整理已有作品而产生的作品进行演出，应当取得改编、翻译、注释、整理作品的著作权人和原作品的著作权人许可，并支付报酬。	**第三十八条** 使用他人作品演出，表演者应当取得著作权人许可，并支付报酬。演出组织者组织演出，由该组织者取得著作权人许可，并支付报酬。

本案链接

陈杰某等诉北京某某电传文化发展股份有限公司等侵害文字作品著作权纠纷案【（2020）京0491民初2880号】

涉案节目在使用涉案书信时，将涉案书信的长句、段落删除并调换段落顺序，属于对书信文字或内容的变更，构成对涉案书信的修改。涉案节目以字幕的形式固定并再现涉案书信的部分内容，虽然进行了部分改动，但未形成新的表达，构成对涉案书信的复制。涉案节目录制时，演员面对现场观众，将涉案书信的部分内容朗读出来，属于对涉案书信的表演。由于涉案节目中包含了涉案书信的表演及字幕，传播涉案节目实际达到了向公众提供涉案书信的效果，构成对涉案书信的信息网络传播。

延伸阅读

裁判规则一：出版社对傅某1家信片段进行汇编，属于合理行使汇编权，未侵害傅某1对其作品的修改权。

案例一：傅某2、某出版社著作权权属、侵权纠纷二审民事判决书【（2019）皖民终641号】

第一，某出版社出版发行的《傅某1家书》是否侵害了傅某1的署名权，“作家版”《傅某1家书》是对傅某1生前所著家信的汇编，某出版社对选编的内容虽然进行了编辑和删节等处理，但并未改变傅某1系涉案图书作者的事实，其在图书上标注作者傅某1并无不当。同时，汇编作品的汇编者亦有署名或不署名的权利，某出版社未在其出版的书籍上作为编者署名，其选择不署名的行为并未构成对傅某1署名权的侵害。第二，某出版社的涉案行为是否侵害了傅某1的修改权，首先，涉案傅某1作品已经进入公有领域，某出版社对其进行“只删不改”的编辑，并未超出汇编权的范畴。其次，某出版社的涉案行为未实质性地改变涉案作品的中心思想和表达方式。修改权通常是由于作者思想观点或情感倾向发生变化，而对作品形式、表达方式等进行改变，其实质是保护作者的思想观点和情感不致歪曲、篡改，并非禁止他人对作品进行任何形式的删改。本案中，某出版社在汇编作品过程中对原作品进行了一定的删节，该删节行为相对于《傅某1家书》全书而言所占篇幅较小，并未改变作者所要表达的中心思想。第三，某出版社的删节行为不会造成傅某1形象的减损。读者通过阅读该作品，能够感受傅某1先生理解音乐艺术、文学创作的深刻与高度，字里行间所体现出来的父亲对儿子的挚爱、期望，以及对国家和世界的高尚情感。第四，某出版社对涉案作品的汇编客观上有利于作品的传播。涉案作品因保护期限届满进入公有领域，如不允许他人基于某种主题选择对作品的片段进行汇编，显然不利于进入公有领域的作品再次利用和传播。综上所述，某出版社对傅某1家信片段进行汇编，属于合理行使汇编权，未侵害傅某1对其作品的修改权。

案例二：应某管理出版社有限公司与傅某2、合肥某原图书出版服务有限公司等著作权权属、侵权纠纷二审民事判决书【（2019）苏民终955号】

将被控侵权图书选择的傅某1家信与原书信相比，虽然存在删节，但并未对选取的家信内容作出任何变更或文字、用语的修正，因此未侵害傅某1对其作品的修改权。至于被控侵权图书将原家信内容删减后进行汇编，是否存在歪曲、篡改作者原意及思想感情等有损作者声誉的情形，作为傅某1继承人的傅某2并未以保护作品完整权主张，也未能对此进行说明。傅某2认为有个别家信因为删减，导致保留的文字不像家信，更像是说教，不利于读者接受的主张，仅是其个人的主观推测。综上所述，本案被控侵权图书对傅某1家信片段进行汇编，属于合理行使汇编权，未侵害傅某1对其作品的修改权。

裁判规则二：涉案作品中人物形象的眉眼造型、服装配饰占涉案作品的比重较大，是区别于其他作品而具有独创性的主要体现，因此可以认定涉案综艺节目与涉案作品构成实质性相似。

案例三：某电影制片厂有限公司与某某广某电视台等侵害作品信息网络传播权纠纷一审民事判决书【（2019）京049民初21961号】

某某广某电视台卫视频道于2016年3月17日播出的《来了某某某》“葫某

娃王某蓝变爷爷魔性表演飙音”节目中，出现了以葫某娃形象出现的歌手、舞蹈演员，节目中在屏幕右上角均明确标注“某某卫视”，在该舞蹈演员出场时，现场播放了《某兄弟》电影主题曲。法院认为本案中，二被告制作的涉案综艺节目中，演员表演采用的服装造型虽然在发型、脸型上与涉案作品存在一定差异，但经比对演员使用的大型半身图案、服装配饰均与涉案作品相同，而涉案作品中人物形象的眉眼造型、服装配饰占据涉案作品的比重较大，是区别于其他作品而具有独创性的主要体现，可以认定涉案综艺节目与涉案作品构成实质性相似。二被告未经原告许可使用涉案作品，并通过互联网向公众传播，侵害了某电影制片厂享有的信息网络传播权，应承担侵权责任。

076 可以根据图片水印推定著作权归属吗？

☞ **阅读提示**

著作权法规定在无相反证据时，根据署名可以推定署名者系作者，进而以作者为连接点，推定著作权归属于署名者，即通常所说的署名推定规则。这一署名推定规则在司法实践中则需要回答许多具体的问题，尤其是在网络化、数字化的环境下，新技术的发展为传统意义上的署名开拓了许多新的形式。在此背景下，图片网站在图片上附加的水印是否可以被视为署名方式之一？该署名是否可以构成著作权法意义上的署名？是否可以根据图片水印推定著作权归属？本文将对上述问题进行探讨和分析。

裁判要旨

《著作权法》第十二条中规定的署名仅指“表明作者身份，在作品上署名”，而不能顾名思义地理解为任何在作品上的署名。适用署名推定规则必须满足一个前提条件，即作品上的署名属于著作权法意义上的署名。如果在作品上署名不是表明作者身份，则该署名不是著作权法意义上的署名，不能适用署名推定规则。因此，适用署名推定规则，首先应识别作品上的署名是否属于著作权法意义上的署名，不能将任何在作品上的署名均认定为著作权法意义上的署名。

案情简介

一、某华易美公司注册成立于2012年12月10日，经营范围包括图像处理软件的技术开发、技术咨询、技术转让、图书零售、摄影服务、计算机图文设计、展览展示服务等。2016年8月13日，美国某帝公司授权某华易美公司对附件A中所列出之品牌相关的所有图像享有版权，这些图像展示在某网站上。自当日起，指定某华易美公司担任某帝公司在中国境内的唯一授权代表，授权某华易美公司在中国境内展示、销售和许可他人使用附件A中所列出之品牌相关的所有图像。这些图像展示在某互联网站上。某华易美公司有权以自己的名义针对上述作品的侵权行为进行维权索赔。

二、某华易美公司提交的某觉中国网站网页截图显示，网站上展示了涉案图片，图片上有“某觉中国”和”某Images”水印，图片下方有版权声明：该网站所有图片等均由该公司或版权所有人授权发布。某觉中国的网站主办者为某华易美公司。

三、某步高公司在其微信公众号“湘潭某步高广场”中使用了涉案图片，使用时间为2016年5月18日。2018年4月10日，某华易美公司对某步高公司的微信公众号展示涉案图片的相关页面进行了证据保全，保全行为经可信时间戳认证。经比对，某步高公司的微信公众号展示的涉案图片与某华易美公司网站的图片视觉上无差别。某步高公司亦认可案涉侵权图片与某华易美公司主张权利图片一致。某步高公司对其使用的图片来源主张来自互联网。某步高公司提交的某行天下、某堂图库网站截图显示上述网站展示了与涉案图片相同的图片，图片上有“某行天下”的水印。

四、一审法院裁定驳回某华易美公司的诉讼请求，原审原告提起上诉。2019年12月，二审裁定驳回上诉，维持原判。

核心裁判要旨

首先，某华易美公司提交的网站链接不能证明图片的拍摄时间。本案中，某华易美公司提交的网站链接显示：在诉讼过程中，某华易美公司的网站存在涉案图片，图片上有“某觉中国”和“某Images”水印，网页下方有权利声明，但网页上无涉案图片的具体上传时间。某华易美公司所提交的原图文件格式为jpg，大小为13.6M，像素为5058×3991，但其数据属性信息中无照相机型号、拍摄时间，上述证据不能证明图片的拍摄时间。

其次，某华易美公司提交的后台上传截图无法证明图片的首次发表时间和上传时间。某华易美公司提交的后台上传截图显示：上传时间为2005年8月19日15：40，网址非某华易美公司主张水印图片的网站。另外，某华易美公司注册时间为2012年12月，上传时间与上述信息存在明显矛盾，某华易美公司亦未能给出合理解释。某华易美公司对其网站上的图片上传时间为何不公开的理由，庭后谈话中亦未给予合理说明。考虑到上传后台界面不具有公开性，某步高公司和某步高分公司有理由怀疑某华易美公司可修改后台数据，故网站后台上传截图不能证明某华易美公司上传时间为2005年。综上，某华易美公司无证据证明标有水印照片的首次发表时间和上传时间。一审中，某华易美公司始终未能说明涉案图片的拍摄者是谁，某帝公司如何从拍摄者处获得著作权的。二审中，经合议庭多次询问，某华易美公司解释称某帝公司不是涉案图片的作者，某帝公司系通过收购数字视觉公司获得涉案图片的著作权，但至今未能说明涉案图片的拍摄者是谁，数字视觉公司如何从拍摄者处获得著作权的。

法院认为，图片侵权纠纷案件的原告可分为作者和其他著作权人。在某华易美公司是作者（自然人）的情况下，某华易美公司须提交未经修改的照片Raw原始数据格式、在公开报纸、杂志、网站上署名发表、著作权登记证明、拍摄相机等证据来证明其权属。而其他著作权人除了证明权利转让或其他情形外，亦须证明转让主体对图片作品享有著作权。本案中，某华易美公司主张权利图片来源于某帝公司，而某帝公司作为法人，显然非照片的拍摄者。若某华易美公司主张某帝公司是著作权人，就必须提供某帝公司与原创作者之间存在许可（转让）协议或者该图片是原创作者的职务作品，或者有著作权登记证，但某华易美公司未能提供上述证据，故现有证据不能证明某帝公司对涉案图片享有著作权，其也不能授权某华易美公司行使涉案图片的著作权。

关于某华易美公司主张的授权确认书、网站水印图片、网站权利声明能否视为署名，能否达到初步证明权属的问题。法院认为，因某华易美公司不能证明其网站上加盖水印图片的上传时间，其证据仅能证明在本案诉讼过程中，某觉中国的网站存在该水印图片，此时图片上的水印不能被视为署名，某华易美公司仍须进一步举证。换言之，若不能排除某华易美公司在发生侵权行为后，甚至在诉讼过程中再将持有的相同数码图片自行加盖水印、上传自有或关联方平台的情形，首次发表时间无法确定，则此时图片上的水印就不应产生初步证明权属效力，某华易美公司未尽到举证证明责任。即使某步高公司和某步高分公司未提出反证，某华易美公司的举证证明标准也达不到高度可能性，仍应继续举证。此外，诉讼过程中，某步高公司和某步高分公司亦提交了证据证实在某行天下、某堂图库网站展示了与涉案图片相同的图片，图片上有“某行天下”水印。因上述两图片素材网站图片亦标有水印，足以构成相反证据。而在证据交换后的法院指定期间内，某华易美公司并未补充相应的证据证明其系涉案图片的权利人，故法院对其就涉案图片享有著作权的主张不予支持。

诉讼经验总结

一、依据《最高人民法院关于审理著作权民事纠纷案件适用法律若干问题的解释》（2010 年修正）第七条第二款的规定，在作品或者制品上署名的自然人、法人或者其他组织视为著作权、与著作权有关权益的权利人，但有相反证明的除外。通常情况下，在作品上署名即可初步证明署名者为作者或著作权人。但须注意的是，数码图片是一种以二进制编码形式储存在存储卡、电脑硬盘、光盘等介质上的数据，其物理性质决定了数码照片具有容易复制、存储、修改的特点，加盖水印或去除水印在当前并非技术难题，故不能仅以水印当做照片作者（其他著作权人）的署名来认定权利归属，防止片面性和简单化。尤其是，在当前知识产权保护不足与商业化图片平台管理薄弱、图片审核不严、大批量维权式营销等社会反响强烈的现象并存的社会背景下，为了平衡权利人及社会公众的利益，法院选择对权利人水印、权利声明、授权书对权利归属的初步证明效力须结合发表时间、平台公信力、某华易美公司的举证能力等因素进行个案综合判断。

二、就图片网站公司而言，某华易美公司主办的某觉中国作为中国最具影响力的图片交易平台之一，购入版权、出售版权、版权维护（维权诉讼）是公司商业模式的组成部分，其更应有社会责任和能力完善相应权属证据，更多地利用公证、作品登记、许可（转让）协议、标注水印图片上传时间等方式为日后维权做好铺垫。诚然，作品由创造性智力劳动赋予载体而随之产生。作者的著作权享有并不以发表或进行登记为要件，此系著作人身权的题中应有之意。但不能因此忽视了证明作品的创作完成时间、发表时间与载体、受让协议与时间和作品内容在维权诉讼中对证明权属、权利保护期间、适用“实质性近似+接触”侵权判定规则中的重要意义。

三、在此类案件中，不论是普通的著作权人，还是专业的图片库经营者，运营作品、主张保护权利的前提和基础是对作品享有著作权。如权属不清晰、不完整，运营作品、主张保护权利则缺乏合法基础，甚至可能会侵犯真正权利人的权利。换言之，既然运营作品、主张保护权利，就应当持有并能够提供证明权属的证据。著作权侵权纠纷中，确定权属是侵权认定的前提和基础。根据“谁主张、谁举证”的原则，权利人应当提供证据证明其权属。本案中，某华易美公司称某帝公司通过收购数字视觉公司获得涉案图片的著作权，某华易美公司再基于某帝公司的许可获得专有使用权。故某华易美公司首先应证明涉案图片著作权产生和转让的权利链条，某帝公司获得了涉案图片的著作权，其次应证明某帝公司将相应权利许可给了某华易美公司，某华易美公司获得了专有使用权。

法律规定

《中华人民共和国著作权法》（2010 年修正）	《中华人民共和国著作权法》（2020 年修正）
第十一条 著作权属于作者，本法另有规定的除外。 创作作品的公民是作者。 由法人或者其他组织主持，代表法人或者其他组织意志创作，并由法人或者其他组织承担责任的作品，法人或者其他组织视为作者。 如无相反证明，在作品上署名的公民、法人或者其他组织为作者。	**第十一条** 著作权属于作者，本法另有规定的除外。 创作作品的自然人是作者。 由法人或者非法人组织主持，代表法人或者非法人组织意志创作，并由法人或者非法人组织承担责任的作品，法人或者非法人组织视为作者。 **第十二条** 在作品上署名的自然人、法人或者非法人组织为作者，且该作品上存在相应权利，但有相反证明的除外。 作者等著作权人可以向国家著作权主管部门认定的登记机构办理作品登记。 与著作权有关的权利参照适用前两款规定。
《最高人民法院关于审理著作权民事纠纷案件适用法律若干问题的解释》（法释〔2002〕31 号 2002 年 10 月 12 日发布）	**《最高人民法院关于审理著作权民事纠纷案件适用法律若干问题的解释》（法释〔2020〕19 号 2020 年修正）**
第七条 当事人提供的涉及著作权的底稿、原件、合法出版物、著作权登记证书、认证机构出具的证明、取得权利的合同等，可以作为证据。	**第七条** 当事人提供的涉及著作权的底稿、原件、合法出版物、著作权登记证书、认证机构出具的证明、取得权利的合同等，可以作为证据。

《最高人民法院关于审理著作权民事纠纷案件适用法律若干问题的解释》（法释〔2002〕31号 2002年10月12日发布）	《最高人民法院关于审理著作权民事纠纷案件适用法律若干问题的解释》（法释〔2020〕19号 2020年修正）
在作品或者制品上署名的自然人、法人或者其他组织视为著作权、与著作权有关权益的权利人，但有相反证明的除外。	在作品或者制品上署名的自然人、法人或者非法人组织视为著作权、与著作权有关权益的权利人，但有相反证明的除外。

本案链接

某华易美（天津）图像技术有限公司与某步高商业连锁股份有限公司等侵害作品信息网络传播权纠纷案【（2019）湘知民终343号】

署名推定规则必须满足一个前提条件，即作品上的署名属于著作权法意义上的署名。如果在作品上署名不是表明作者身份，则该署名不是著作权法意义上的署名，不能适用署名推定规则。因此，适用署名推定规则，首先应识别作品上的署名是否属于著作权法意义上的署名，不能将任何在作品上的署名均认定为著作权法意义上的署名。

具体而言，在署名者主张原始取得著作权的情形下，其在作品上署名，在于表明其系作者，属于著作权法意义上的署名，具备适用署名推定规则的前提条件。但同时还应当考虑署名系作者所为是否具有较高可能性，不能简单地适用署名推定规则；在署名者主张继受取得著作权或通过许可获得使用权的情形下，其在作品上署名（比如水印及权利声明和标记），仅是宣示其享有著作权或使用权，均非表明其系作者，不属于著作权法意义上的署名，不能适用署名推定规则；在署名者未主张著作权或使用权的情形下，其在作品上署名（比如本案中网站某行天下和某堂图片网标注的水印），既非表明其系作者，亦非宣示其享有著作权或使用权，不属于著作权法意义上的署名，亦不能适用署名推定规则。

延伸阅读

裁判规则一：在无相反证据的情况下，通过署名推定作品的作者，并不意味着通过署名即成为作者，在有明确证据证明他人通过购买合同获得授权的情形下，主张者并不因为涉案作品播出时的片尾署名，从而成为涉案作品的作者。

案例一：某视国际网络有限公司与某视网（天津）信息技术有限公司侵害作品信息网络传播权纠纷二审民事判决书【（2019）京73民终1855号】

某视国际公司称其播放的版本中片尾有中央电视台的署名，因此中央电视台也属于涉案作品著作权人，某视国际公司的播放行为并不侵权。对此，法院认为，某罡风华（北京）影视文化有限公司与中央电视台综合频道签订《电视剧版权预购合同》，约定某罡风华（北京）影视文化有限公司享有署名权、合同第二条约定的版权之外的其他权利，涉案作品总片尾为中央电视台（标准图标）。在无相反证据的情况下，通过署名推定作品的作者，并不意味着通过署名即成为作者，在有明确证据证明中央电视台综合频道通过购买合同获得授权的情形下，中央电视台并不因为涉案作品播出时的片尾署名，从而成为涉案作品的作者，因此，某视国际公司的该主张不能成立。

裁判规则二：如无相反证明，在作品上署名的公民、法人或者其他组织为作者。当事人提供的涉及著作权的底稿、原件、合法出版物、著作权登记证书、认证机构出具的证明、取得权利的合同等，可以作为证据。

案例二：厦门某丰盛传信息科技有限公司、福清市某盛娱乐会所侵害作品放映权纠纷二审民事判决书【（2020）闽民终517号】

《著作权法》（2010年修正）第十一条[①]第三款规定，如无相反证明，在作品上署名的公民、法人或者其他组织为作者。《最高人民法院关于审理著作权民事纠纷案件适用法律若干问题的解释》第七条第二款规定，当事人提供的涉及著作权的底稿、原件、合法出版物、著作权登记证书、认证机构出具的证明、取得权利的合同等，可以作为证据。根据上述规定，著作权归属适用作者署名推定原则，在作品底稿、原件、合法出版物上署名的人可以推定为作者并享有著作权，或者著作权登记证书、认证机构出具的证明、取得权利的合同等亦可作为著作权人推定的证据。某丰盛传公司在本案中提交了某特公司声明书及自行刻录的光盘、台湾著作权保护协会出具的认证书等证据，欲证明某特公司系涉案作品的著作权人。某特公司的声明书系该公司的单方声明，所刻录的光盘非出版物，且非作品的底稿、原件，就上述证据不能主张作者署名推定；台湾著作权保护协会属于在我国台湾地区登记的社团法人，并非法定的认证机构，其出具的认证书不能直接产生著作权归属推定效力。因此，某丰盛传公司就涉案作品的著作权属问题尚未完成举证责任，自然更无法证明该公司经有权主体授权享有涉案作品的相关著作权益。故本案现有证据不足以证明某丰盛传公司系涉案作品的著作权益人。

---

① 编者按：《著作权法》（2020年修正）第11条、第12条。

二审法院则认为,《著作权法》(2010 年修正) 第十一条[①]第四款规定,如无相反证明,在作品上署名的公民、法人或者其他组织为作者。本案中,某丰盛传公司提交某特公司的《声明函》及视频光盘、《录音/录影制品权利认证书》以及时间戳认证材料(涉及某特官网及某 Tube 网站)等初步证据,欲证明其享有涉案作品的著作权。其中,《声明函》虽然系单方声明,但与其他证据可以相互印证;部分证据虽然形成于境外,但经过公证认证等手续;部分证据虽然涉及境外网站内容,但特定网络用户通过专用信道仍能正常访问。某果娱乐公司虽然对某丰盛传公司享有涉案作品著作权提出异议,但并未提供充分的证据支持其主张。故本案中涉案作品的著作权归属问题需进一步查明,原审直接驳回某丰盛传公司的起诉不当,法院依法予以纠正。

该案目前正在进一步审理中。

077 产品图纸的立体复制行为是否被著作权法规制?

☞ **阅读提示**

产品的设计图纸在满足要求时,可以作为图形作品受到著作权法的保护。图形作品虽然通常与平面美术作品的表现形式一致,但是两者的保护并不相同,主要是两者被著作权法所保护的独创性来源不同,美术作品的创作主要是为了审美意义而考虑,但图形作品中的产品设计图等,主要是出于实用性的考虑,进而产生了科学之美,而产品设计图的目的就在于为施工或生产提供依据,那么将图纸上的对象生产出来,是否进入到复制权规制的范畴,可以被著作权人所禁止?笔者将通过案例予以研究。

裁判要旨

著作权法保护图形作品的独创性表达,不保护用于解决实际问题的技术方案,否则将会与专利法的保护客体形成重叠,并抑制、损害专利法的立法价值。

① 编者按:《著作权法》(2020 年修正) 第 11 条、第 12 条。

如适用著作权法来保护根据产品设计图制造产品的行为，则会违反著作权法不保护技术方案这一原则，产品设计图和与之相对应的产品不能作为同一作品的两种表现形式，同时受到著作权法保护。由此可见，著作权法意义上对产品设计图的复制，仅指以印刷、复印、翻拍等方式使用图纸，虽然在最新修订中，增加了“数字化”的复制模式，但是按照产品设计图进行的产品制造、生产行为并不能被纳入复制权的规制范围。

案情简介

一、被告朱某娣系原告无锡晶某创科技有限公司股东，出资比例为39%，张某2017年4月起通过签订兼职协议成为晶某创公司技术工程师、技术总负责人，并在晶某创公司任职期间负责槽式制绒清洗机的设备开发，研发完成后张某泽与朱某娣进行市场推广。2017年12月20日，晶某创公司与张某解除了兼职协议。

二、因股东之间产生分歧，朱某娣于2017年12月12日以无锡吉某能源材料有限公司名义与张某签订劳务合同，由张某技术团队根据吉某公司要求对硅片清洗机项目提供技术服务，并于2017年12月15日通过与苏州晋某源机械设备有限公司签订委托加工合同及补充协议以继续生产相应设备；其开发制造的黑硅制绒设备系按照其研发的归属于晶某创公司的图纸制造。

三、2021年4月28日，二审法院在判决中认为：著作权法意义上对产品设计图的复制，仅指以印刷、复印、翻拍等方式使用图纸，而不包括按照产品设计图进行的产品制造、生产行为。朱某娣、吉某公司、晋某源公司即使按诉争的产品设计图生产与晶某创公司相同的产品，也不属于著作权法意义上的复制行为。因此，对晶某创公司关于依图纸制造机器设备的行为系复制行为的主张，不予支持，原审判决认定事实清楚，适用法律准确，应予维持。

核心裁判要旨

本案的争议焦点在于朱某娣、吉某公司、晋某源公司的行为是否构成著作权法意义上的复制行为。解决该问题需要首先考察涉案图纸是否属于著作权法意义上的作品。涉案图纸属于产品设计图，不同于平面美术作品，产品设计图的目的就是为了制造与其对应的产品，是出于实用性的考察，如果仅具有实用性，则无法受到著作权法的保护，因为著作权法保护产品设计图，是因为图纸具有实用性以外的，由点、线、面和各种几何图形组合而成后，其本身所蕴含的科学美感，给人以严谨、精确、简洁之感，是作者对科学和自然理性的表达。而本案中，无法也没有证据表明该图纸具有科学美感，进而构成法律意义上的产品设计图。

退一步说，如果该图纸可以构成产品设计图，但是对于依照图纸加工出实物的行为，是否构成从平面到立体的复制呢？法院认为著作权法保护图形作品的独创性表达，不保护用于解决实际问题的技术方案，否则将会与专利法的保护客体形成重叠，并抑制、损害专利法的立法价值。这是在该图纸本身不属于法律意义的作品的前提下。如果构成作品，那么仅按照所设计的尺寸、构造等制作实物，并不能认定为复制行为，因为此时所利用的是图纸实用性的部分，而非著作权法所保护的科学美感，因此对于产品图纸而言，通常的制作行为无法被认定为著作权法意义上的从平面到立体的复制。

诉讼经验总结

一、对于产品设计图纸等图形作品，按照其实用性功能进行的生产，不能认定为著作权法意义上的复制行为，因为其实用性的部分无法受到著作权法的保护。

二、如果产品具有一定的艺术美感，但因为其无法与实用性功能在物理或概念上分离，则由于著作权法无法保护实用性功能，而导致这一部分表达也无法受到保护。

法律规定

《中华人民共和国著作权法》（2010 年修正）	《中华人民共和国著作权法》（2020 年修正）
第三条第七项 本法所称的作品，包括以下列形式创作的文学、艺术和自然科学、社会科学、工程技术等作品： （七）工程设计图、产品设计图、地图、示意图等图形作品和模型作品；	**第三条** 本法所称的作品，是指文学、艺术和科学领域内具有独创性并能以一定形式表现的智力成果，包括： （七）工程设计图、产品设计图、地图、示意图等图形作品和模型作品；
第十条第一款第五项 著作权包括下列人身权和财产权： （五）复制权，即以印刷、复印、拓印、录音、录像、翻录、翻拍等方式将作品制作一份或者多份的权利；	**第十条第一款第五项** 著作权包括下列人身权和财产权： （五）复制权，即以印刷、复印、拓印、录音、录像、翻录、翻拍、数字化等方式将作品制作一份或者多份的权利；

《中华人民共和国著作权法实施条例》（2013 年修订）

第四条第十二项 著作权法和本条例中下列作品的含义：

（十二）图形作品，是指为施工、生产绘制的工程设计图、产品设计图，以及反映地理现象、说明事物原理或者结构的地图、示意图等作品；

本案链接

无锡晶某创科技有限公司与朱某娣、无锡吉某能源材料有限公司等侵害作品复制权纠纷二审民事判决书【（2021）苏 02 民终 1817 号】

第二，关于案涉图纸是否构成著作权法上的作品。著作权法不保护技术方案和实用性功能，产品设计图作为图形作品的一种，应当具备图形本身具有美感这一条件，即由点、线、面和各种几何图形组合而成的科学领域的美感，这种美感形成独创性表达时才能认定为是受著作权法保护的作品，这种认定与图中产品的技术方案实用性无关。晶某创公司未就案涉图纸具有美感作出说明，并主张产品设计图作用在于实用性而不要求美感，该主张与前述著作权法意义上的作品界定不符，本院对此不予采纳。第三，关于朱某娣、吉某公司、晋某源公司是否实施了著作权法上的复制行为。著作权法保护图形作品的独创性表达，不保护用于解决实际问题的技术方案，否则将会与专利法的保护客体形成重叠，并抑制、损害专利法的立法价值。如适用著作权法来保护根据产品设计图制造产品的行为，则会违反著作权法不保护技术方案这一原则，产品设计图和与之相对应的产品，不能作为同一作品的两种表现形式，同时受到著作权法保护。由此可见，著作权法意义上对产品设计图的复制，仅指以印刷、复印、翻拍等方式使用图纸，而不包括按照产品设计图进行的产品制造、生产行为。朱某娣、吉某公司、晋某源公司即使按诉争的产品设计图生产与晶某创公司相同的产品，也不属于著作权法意义上的复制行为。因此，晶某创公司关于依图纸制造机器设备的行为系复制行为的主张，本院不予采纳。同时，本案亦无直接、充分的证据证明朱某娣、吉某公司、晋某源公司复制了诉争图纸。

延伸阅读

裁判规则一：依据平面美术作品制作立体实物的行为，仅是对于表现方式的变化，未改变独创性，因此侵犯了复制权。

案例一：深圳市六某福珠宝首饰有限公司、广东动某文化传播有限公司侵害作品复制权纠纷二审民事判决书【（2018）鲁民终 85 号】

本案中，“美某某”、“喜某某”卡通形象作为广东动某文化公司享有著作权的卡通形象具有艺术独创性，构成著作权法意义上的美术作品。经比对，涉案被诉侵权产品系上述卡通形象的金、银吊坠产品，在整体设计轮廓、头部构造、面部表情等方面，特别是在头部波浪线形羊毛、水滴状留海、45 度羊角以及圆形大眼睛、黑豆形鼻子、大张的嘴巴组合等具有独创性的部分与涉案作品“美某某”、“喜某某”卡通形象构成实质性相似。而深圳六某福公司认为被诉侵权产品眼部、嘴部及发型等方面存在的区别属于相关细节上的差异，不影响被诉侵权产品形象整体上与涉案作品构成实质性相似的判断。至于本案中，涉案作品由平面到立体的变化是否属于复制的问题，通常情形下，由平面到立体是指根据设计图纸加工生产出产品实物的过程，而本案并不属于该种情形。本案中，涉案美术作品的立体化仅是其表现方式的变化，并未改变作品的艺术独创性，未经权利人许可对平面美术作品以立体形式加以使用，仍然构成了对该美术作品作者享有的复制权的侵害。综上，被诉侵权产品系由深圳六某福公司生产销售，侵害了广东动某文化公司涉案美术作品“美某某”、“喜某某”的复制发行权。

裁判规则二：依据工程设计图、产品设计图等进行施工、生产的行为，并非著作权法意义上的复制行为。

案例二：上海迪某特实业有限公司诉上海百某集团股份有限公司等著作权纠纷一审民事判决书【（2002）沪二中民五（知）初字第 132 号】

关于第三个争议焦点，被告摩某罗拉公司按照印刷线路板设计图生产印刷线路板的行为是否属于著作权法意义上的复制行为，本院认为，根据著作权法规定，复制是指以印刷、复印、拓印、录音、录像、翻录、翻拍等方式将作品制作成一份或多份的行为。著作权法意义上对工程设计图、产品设计图的复制，仅指以印刷、复印、翻拍等复制形式使用图纸，而不包括按照工程设计图、产品设计图进行施工、生产工业产品。因此，被告摩某罗拉公司按照印刷线路板设计图生产印刷线路板的行为，是生产工业产品的行为，而不属于著作权法意义上的复制行为。原告关于按照印刷线路板设计图生产印刷线路板的行为属于著作权法意义上的复制行为的诉称意见，无法律依据，本院不予采信。

078 拍卖手稿侵犯著作权了吗？

☞ **阅读提示**

如今，拍卖早已不是新鲜的词汇，小到文玩工艺品，大到珠宝字画，拍卖交易方式已经深入人们的文化生活。当我们注意到有关“名人”、“手稿”、“著作权”等词汇时，这表明拍卖领域在涉及名人手稿拍卖时可能面临著作权侵权风险。当某一特定作品的物质载体上，既存在所有人的物权，又存在著作权人的著作权时，往往会产生冲突。涉及手稿拍品上所存在的物权与知识产权的冲突与协调，直接关系到权利人利益保护与拍卖行业的健康运行。笔者选取了“茅某手稿拍卖著作权案”与大家一同探讨。

裁判要旨

美术作品原件所有人在行使物权的过程中，应以不损害该作品著作权人的合法权利为前提。拍卖公司作为接受物权人委托的拍卖方，除负有物权保护注意义务外，还应负有合理的著作权保护注意义务，规范尽职地进行拍卖活动，审慎地避让著作权人的权益。在未经著作权人许可的情况下，拍卖公司擅自在互联网上宣传展示美术作品全貌的高清图片的行为，构成对作品复制权、展览权、信息网络传播权等权利的侵害，应承担著作权侵权的法律责任。

案情简介

一、1958年，茅某将其用毛笔书写创作的一篇评论文章《谈某某某短篇小说》向杂志社投稿，该篇文章的文字内容发表于《某某文学》1958年第6期。此后，《谈某某某短篇小说》的手稿原件被张某持有。

二、2013年11月13日，张某委托南京某拍卖有限公司拍卖多件物品，其中包括涉案手稿。2013年12月30日，拍卖公司通过数码相机拍照上传了涉案手稿的高清数码照片，在其公司网站和微博上对手稿以图文结合的方式进行了宣传介绍。公众在浏览拍卖公司网站时，可以看到涉案手稿的全貌，也可以通过网页的放大镜功能观察到每页手稿的局部细节。

三、2014年1月3日至4日，拍卖公司对涉案手稿进行了拍卖前的预展。预展过程中，拍卖公司展示了涉案作品原件，也向观展者提供了印有涉案拍品的宣传册。2014年1月5日，涉案手稿在拍卖公司2013季秋拍中国书画专场进行拍卖，经过多轮竞价，案外人岳某以1050万元的价格竞得涉案手稿。但此后岳某并未向张某支付相应价款，因拍卖未成交，岳某和张某也未向拍卖公司支付佣金。目前，涉案手稿原件仍由张某持有。拍卖结束后，拍卖公司仍在互联网上持续展示涉案手稿，直至2017年6月才将其删除。

四、原告沈某宁、沈某燕、沈某衡系茅某的合法继承人，其认为被告张某和拍卖公司的上述行为侵害了涉案手稿的著作权，故诉至法院，请求判令：1. 拍卖公司、张某停止侵害涉案手稿作为美术作品的展览权、发表权、复制权、发行权、信息网络传播权，以及作为文字作品的复制权、发行权、信息网络传播权的行为；2. 拍卖公司、张某在媒体及网站上向其承认错误并赔礼道歉；3. 拍卖公司、张某连带赔偿其经济损失50万元。

五、一审法院判决拍卖公司停止侵害涉案手稿信息网络传播权的行为并赔偿沈某宁、沈某燕、沈某衡经济损失10万元。沈某宁、沈某燕、沈某衡不服一审判决，向南京市中级人民法院提起上诉。二审法院认为，涉案手稿既是文字作品也是美术作品，张某系涉案手稿的合法所有权人，有权选择以拍卖的方式处分自己的合法财产，张某的行为没有侵害涉案手稿的著作权。拍卖公司侵害了涉案手稿的美术作品发表权、复制权和信息网络传播权，应当承担停止侵害、赔礼道歉和赔偿损失的侵权责任。2018年1月16日，二审法院判决拍卖公司向沈某宁、沈某燕、沈某衡公开赔礼道歉并赔偿经济损失10万元。

核心裁判要旨

本案的争议焦点为：第一，张某是否系涉案手稿的合法所有权人；第二，涉案手稿属于何种作品；第三，拍卖公司是否侵害了上诉人的美术作品著作权；第四，拍卖公司应当承担何种侵权责任。

首先，一审法院与二审法院均认可张某系涉案手稿的合法所有权人。涉案手稿系动产，张某实际占有涉案手稿，该占有状态即物权法规定的动产所有权公示的原则状态，在无相反证据证明张某为非法持有人的情况下，张某应认定为涉案手稿的合法所有人。本案对于涉案手稿所有人的审查亦是基于著作权侵权法律关系，需要对张某是否有权委托拍卖公司处分涉案手稿进行前提性判断，而不是基于物权法律关系审理涉案手稿的权属问题。

其次，关于手稿的作品认定，一审法院与二审法院均认定属于文字作品也是美术作品。涉案手稿长章大篇、一气贯之，足见书法功力之深，全篇节奏分明、法度严谨、端稳庄重，线条如张弓之弦，舒展雅致，风骨不俗，笔画细劲多曲，清瘦挺拔，风格俊爽，体现了汉字书写艺术的精妙，能够给人以审美的享受，符合著作权法对于美术作品的相关规定。从文学作品与书法作品的关系来看，虽然两者是截然不同的艺术形式，有着各自独立的发展规律，但彼此之间又有着不即不离、相融相渗的关系。历史上许多文学家亦是书法家，很多文学作品的原件本身也是极其珍贵的书法作品。茅某先生在多年的文学创作中始终注重对自身书法的磨练精进，成功地将文学书写与书法书写进行了融合，其传留下来的诸多书信、题词、手稿等被公认具有较高的书法艺术价值。著作权法并不要求智力成果的表现形式与最终用途一致，也不要求美术作品具备题跋、印章等形式特征，传统文人书法更加推崇不拘一格的乘兴之作，如王某之的《兰某序》和颜某卿的《祭某文》，都被认为是极具艺术价值的书法作品。

再次，关于拍卖公司的侵权认定，二审法院认为拍卖公司作为专业的拍卖机构，除负有物权保护注意义务外，还应当负有合理的著作权保护注意义务，应结合手稿上所承载的著作权性质，或者要求委托人提供与著作权相关的许可或授权材料，或者在整个拍卖过程中审慎地避让著作权人的权益，以避免拍卖行为可能对著作权人利益的侵害。然而，拍卖公司并未适当履行合理的注意义务，在接受委托之初未对涉案手稿的著作权状态与归属进行审查，在此后的拍卖活动中，将涉案手稿的高清电子照片以 2836×4116 的像素上传至公司网站展示，手稿作品的全貌与细节在互联网上毫无保留地向社会公开。拍卖结束后，拍卖公司仍在互联网上持续使用涉案作品，导致著作权人利益受损，上述行为不应被认定是适当良善的展示宣传行为，更不应是拍卖行业普遍存在的行业惯例。所以，拍卖公司的行为侵害了手稿美术作品的发表权、复制权、展览权和信息网络传播权。拍卖公司无论是制作宣传图册还是上传电子照片，均是以图片的形式呈现。宣传图册以 2 页的篇幅缩印了手稿 28 页的内容，由于缩印后图片尺寸较小，手稿上所记载的文字内容已无法辨识；上传至网络的手稿照片为 PNG 格式，公众无法将该图片上的文字内容直接复制或下载。所以，上诉人指控拍卖公司侵害了其作为文字作品权利人的复制权、发行权和信息网络传播权的主张，没有事实和法律依据，不应予以支持。张某作为涉案手稿的所有权人，有权选择以拍卖的方式处分自己的合法财产，其并没有著作权侵权的故意，也没有实施相应的侵权行为，拍卖公司的侵权行为亦不是张某委托拍卖的必然结果。所以，张某的行为没有侵害涉案手稿的著作权。

最后，拍卖公司应当承担何种侵权责任。拍卖公司侵害了涉案手稿的美术作品发表权、复制权、展览权和信息网络传播权，应当承担停止侵权、赔礼道歉和赔偿损失的侵权责任。鉴于发表权是一次性行使的权利，涉案手稿作为美术作品的发表权已经用尽，且拍卖公司已自行停止了相关侵权行为，所以，上诉人要求拍卖公司停止侵害其发表权、复制权、展览权和信息网络传播权行为的诉讼请求已无事实基础，并无予以支持的必要。由于著作权具有明显的人身权利属性，与上诉人的人身利益密切相关，且拍卖公司通过网络、媒体对涉案手稿的拍卖活动进行了广泛宣传，伤害了上诉人的感情。所以，对于上诉人要求拍卖公司赔礼道歉的诉讼请求，法院予以支持。

诉讼经验总结

一、拍卖人在保护知识产权方面也应负有注意义务。拍卖活动的展示和宣传不应侵犯著作权人的权利，尤其是在互联网环境下展示作品时。我国《中华人民共和国拍卖法》（以下简称《拍卖法》）第四十八条第一款规定，拍卖人应当在拍卖前展示拍卖标的，并提供查看拍卖标的条件及有关资料。拍卖公司以拍卖展示为目的，向买家适当合理地展示名作，属于合理使用的范畴，对规范拍卖业的健康发展起到积极作用；拍卖公司不得过度扩大展示范围。

二、在美术作品著作权与物权分离的情况下，原件所有人依法行使处分权、展览权的行为，均受到法律保护，著作权人无权干涉，且在文字作品已经发表的情况下，著作权人的相关主张也不应得到法院支持。

法律规定

《中华人民共和国著作权法》（2010 年修正）	《中华人民共和国著作权法》（2020 年修正）
第十八条 美术等作品原件所有权的转移，不视为作品著作权的转移，但美术作品原件的展览权由原件所有人享有。	**第二十条** 作品原件所有权的转移，不改变作品著作权的归属，但美术、摄影作品原件的展览权由原件所有人享有。 作者将未发表的美术、摄影作品的原件所有权转让给他人，受让人展览该原件不构成对作者发表权的侵犯。
第十九条第一款 著作权属于公民的，公民死亡后，其本法第十条第一款第（五）项至第（十七）项规定的权利在本法规定的保护期内，依照继承法的规定转移。	**第二十一条第一款** 著作权属于自然人的，自然人死亡后，其本法第十条第一款第五项至第十七项规定的权利在本法规定的保护期内，依法转移。

《中华人民共和国著作权法实施条例》（2013 年修订）

第四条第一项、第八项 著作权法和本条例中下列作品的含义：

（一）文字作品，是指小说、诗词、散文、论文等以文字形式表现的作品；

（八）美术作品，是指绘画、书法、雕塑等以线条、色彩或者其他方式构成的有审美意义的平面或者立体的造型艺术作品；

第十七条 作者生前未发表的作品，如果作者未明确表示不发表，作者死亡后 50 年内，其发表权可由继承人或者受遗赠人行使；没有继承人又无人受遗赠的，由作品原件的所有人行使。

本案链接

沈某宁等与南京某拍卖有限公司侵害作品信息网络传播权纠纷上诉案

【（2017）苏 01 民终 8048 号】

拍卖公司作为专业的拍卖机构，除负有物权保护注意义务外，还应当负有合理的著作权保护注意义务，应结合手稿上所承载的著作权性质，或者要求委托人提供与著作权相关的许可或授权材料，或者在整个拍卖过程中审慎地避让著作权人的权益，以避免拍卖行为可能对著作权人利益的侵害。然而，拍卖公司并未适当履行合理的注意义务，在接受委托之初未对涉案手稿的著作权状态与归属进行审查，在此后的拍卖活动中，将涉案手稿的高清电子照片以 2836×4116 的像素上传至公司网站展示，手稿作品的全貌与细节在互联网上毫无保留地向社会公开。拍卖结束后，拍卖公司仍在互联网上持续使用涉案作品，导致著作权人利益受损，上述行为不应被认定是适当良善的展示宣传行为，更不应是拍卖行业普遍存在的行业惯例。所以，拍卖公司的行为侵害了手稿美术作品的发表权、复制权、展览权和信息网络传播权。

延伸阅读

裁判规则一：根据《著作权法》第四十七条[①]第八项之规定，销售假冒他人署名的作品的行为属侵犯著作权的违法行为，故拍卖公司如确实销售了假冒他人署名的作品，即应适用《著作权法》；同时，拍卖是一种特殊的买卖形式，受《拍卖法》规范和调整，《拍卖法》第六十一条第二款规定："拍卖人、委托人在拍卖前声明不能保证拍卖标的真伪或者品质的，不承担瑕疵担保责任。"

案例一：杨某阳诉云南某拍卖有限公司侵犯著作权案【（2008）云高民三终字第90号】

首先，拍卖公司在其举行的拍卖会中销售的涉案《天马某某》书法作品如属假冒杨某阳署名的作品，本案适用《著作权法》，另一方面，本案争议起源于拍卖公司接受案外人的委托、拍出了署名为"杨某阳"的《天马某某》书法作品。拍卖是一种特殊的买卖形式，拍卖公司既非拍卖品的所有人，也非拍卖品出卖价款的受益人，其只是接受委托进行拍卖的中介机构。如本案拍卖程序合法，且拍卖公司在拍卖前已经作出不承担瑕疵担保责任的声明，不具有过错，则其不应承担责任。本案不能确定拍卖公司销售的涉案《天马某某》书法作品是假冒杨某阳署名的作品，杨某阳关于拍卖公司侵犯其著作权的主张不能成立。

此外，拍卖作为一种有别于普通商品买卖的特殊买卖形式，由《拍卖法》调整和规范。本案中，涉案作品在拍卖前依法进行了公告、预展，并于2006年3月12日拍出。杨某阳在《起诉状》中称其在2006年3月即已发现拍卖公司拍卖涉案侵权作品，从其提交的证据看，其于2006年3月31日向公证机关申请证据保全，并于同年5月提起本案诉讼，在整个过程中其并未与拍卖公司进行任何交涉，故拍卖公司在拍卖过程中对其拍卖的涉案作品可能属假冒他人署名的侵权作品并不知情。且拍卖公司在其《拍卖规则》中根据《拍卖法》第六十一条的规定作出了不对拍卖品真伪和品质担保的声明，即"鉴于艺术品的特殊性和复杂性，本公司对拍卖品的真伪或品质不作任何担保"，并在拍卖前依照法定程序对拍卖品进行了公告、预展，在无人对涉案书法作品提出异议的情况下依法进行了拍卖，该拍卖行为合法，涉案书法作品是否假冒他人的署名不属拍卖公司的审查

① 编者按：《著作权法》（2020年修正）第53条。

范围，故公司在拍卖过程中没有过错，即使本案有证据证实涉案作品确实属假冒杨某阳署名的作品，拍卖公司亦可免责，不应承担侵犯杨某阳著作权的法律责任。

裁判规则二：任何人包括收信人及其他合法取得书信的人，在对书信行使物权进行处分时，不得侵害著作权人的著作权和隐私权。拍卖公司在权利人明确表示不同意公开书信及内容的情况下，即将实施公开预展、拍卖的行为，会构成对著作权人发表权的侵害，同时，对书信中的隐私内容予以公开，也会构成对隐私权的侵害。

案例二：中贸某某国际拍卖有限公司诉杨某康（笔名杨某）等侵害著作权及隐私权纠纷案【（2014）高民终字第1152号】

涉案拍卖标的是属于作品的私人书信，因此中贸某某公司除审查委托人的身份证明、拍卖标的所有权证明、委托人依法可以处分拍卖标的证明外，还应结合拍卖标的上所负载的著作权、隐私权要求委托人提供与著作权、隐私权相关的其他资料。而中贸某某公司并未举证证明其要求委托人提供与著作权、隐私权相关的其他资料，也未举证证明就涉案拍卖标的著作权归属等进行了审查，故其并未履行上述规定赋予拍卖人的法定义务。中贸某某公司作为拍卖人未能举证证明其履行了《拍卖法》规定的与委托人签订委托拍卖合同、查验委托人提供的身份证明、要求委托人提供与著作权、隐私权相关的其他资料等法定义务，主观上存在过错，对因拍卖涉案标的侵害他人著作权、隐私权的行为应承担相应的侵权责任。

079《著作权法》中的公众包括特定的多数人吗？

☞ **阅读提示**

《著作权法》对于著作权人的有关权利规定中，“公众”出现的频率很高，并作为一些行为是否侵权的判断要件，比如对于信息网络传播权、广播权等均要求是向公众提供或传播作品才能进入到权利辐射范围。对于公众的定义是不特定的多数人已经成为共识，但特定的多数人是否可以认定为公众呢？我国《著作权法》并没有明确规定。在司法实践中，特定多数人是否构成公众往往出现在有关局域网的案件中，是否可以将局域网中特定的多数人视作公众呢？笔者将通过案例予以研究。

裁判要旨

著作权法意义上的“公众”是指不特定人或者特定的多数人。信息网络传播权中向“公众”传播的范围应理解为，只要使家庭成员和经常交往的朋友圈子之外的不特定多数人能够阅读、欣赏或以其他方式感知作品就构成了向公众传播。万某公司在其App中向不特定多数人提供涉案文章的行为符合向公众传播的特征。

案情简介

一、原告赵某馨系涉案作品《经济史学：××××××》的著作权人，该作品发表于2002年第3期《××××大学学报》。被告北京万某数据股份有限公司系iOS手机应用程序“万某数据”的运营人。证据表明截至2019年9月9日，在其运营的App中提供了涉案作品《经济史学：××××××》的下载服务。

二、赵某馨向一审法院起诉请求：1. 判令万某公司立即停止在其iOS手机应用程序“万某数据”上使用涉案作品的侵权行为；2. 判令万某公司支付赵某馨赔偿金16200元及赵某馨为制止侵权行为支出的公证费28元、下载费3元、律师费969元，共计17200元；3. 判令由万某公司承担本案诉讼费用。庭审中，赵某馨撤回了第一项诉讼请求。

三、二审中万某公司主张，其运营的“万某数据”App并非对所有人开放，使用App前提是必须拥有“万某数据”App账号，且每个账号都有一定的时间限制，因其不应当认定其为向公众提供作品。

四、2021年4月12日，二审法院在判决中认为：著作权法意义上的“公众”是指不特定人或者特定的多数人。信息网络传播权中向“公众”传播的范围应理解为，只要使家庭成员和经常交往的朋友圈子之外的不特定多数人能够阅读、欣赏或以其他方式感知作品就构成了向公众传播。故此，万某公司在其App中向不特定多数人提供涉案文章的行为符合向公众传播的特征，侵犯了作品的信息网络传播权，一审判决认定事实清楚，适用法律正确，应予维持。

核心裁判要旨

本案的争议焦点在于著作权法意义上的公众应当如何认定。将作品提供给不特定的多数人属于向公众提供作品并无争议，主要是对于向特定的多数人传播作品的行为，是否可以认定为向公众传播。本案中，万某公司主张只有拥有其账号的用户才能通过其 App 获得作品，因此应当认为其不是向公众提供。

解决这个问题首先要明确为什么著作权法将向公众提供规定为相关权利的要件，这有助于界定是否应当将特定的多数人纳入公众定义中。向公众提供的要件，是避免将仅与家人分享作品的行为纳入著作权的控制范围内。著作权的权利限制一直都是著作权法从制定到修改过程中特别关注的问题，若赋予著作权人全面的控制权，不利于著作权法目的的实现，因此仅将向公众提供的行为纳入其权利控制范围内。而向不特定多数人提供作品的行为，必然会影响到著作权人对于自己作品的使用，为了保证其获得报酬的权利，因此其有权限制他人向不特定多数人提供作品的行为。

通过对公众限定条件的考察可以看出，是否将特定的多数人纳入公众的概念中，其实更多要基于具体情况下的分析。在本案中，虽然对受众的身份有所限定，但这种限定并未局限在少数受众，若认为其不满足向公众提供要件标准，无疑从实质上违背了这一要件的设立目的，过度损害了著作权人的利益，因此应当认定此处向特定的多数人提供作品是向公众提供。

诉讼经验总结

一、对于特定多数人是否应当认定为公众，应当从利益平衡、权利边界、立法目的等方面予以具体情况具体分析，不宜将特定多数人直接排除在公众定义之外。

二、通常只要使家庭成员和经常交往的朋友圈子之外的不特定多数人能够阅读、欣赏或以其他方式感知作品就构成了向公众传播，即向特定少数人提供作品不应当认定为向公众提供，但这同样可能侵犯其他不以向公众提供为要件的著作权。

法律规定

《中华人民共和国著作权法》 （2010年修正）	《中华人民共和国著作权法》 （2020年修正）
第十条第一款第十二项 著作权包括下列人身权和财产权： （十二）信息网络传播权，即以有线或者无线方式向公众提供作品，使公众可以在其个人选定的时间和地点获得作品的权利；	**第十条第一款第十二项** 著作权包括下列人身权和财产权： （十二）信息网络传播权，即以有线或者无线方式向公众提供，使公众可以在其选定的时间和地点获得作品的权利；①

《信息网络传播权保护条例》（2013年修订）

第二条 权利人享有的信息网络传播权受著作权法和本条例保护。除法律、行政法规另有规定的外，任何组织或者个人将他人的作品、表演、录音录像制品通过信息网络向公众提供，应当取得权利人许可，并支付报酬。

本案链接

北京万某数据股份有限公司等侵害作品信息网络传播权纠纷二审民事判决书【（2021）京73民终251号】

《著作权法》（2010年修正）第十条第一款第（十二）项规定，信息网络传播权，即以有线或者无线方式向公众提供作品，使公众可以在其个人选定的时间和地点获得作品的权利。本案中，万某公司未经许可在其运营的"万某数据"App中提供涉案文章，使公众可以在其个人选定的时间和地点获得涉案文章，万某公司的行为符合信息网络传播权侵权行为的构成要件，应当承担相应的侵权责任，一审法院对此认定正确，本院予以确认。万某公司主张，其所运营的"万某数据"App并非向所有人员开放，仅拥有该App账号的人员才能对App内的文章进行阅读或者下载，故万某公司传播涉案文章的行为不属于向不特定的公众提供作品。对此本院认为，著作权法意义上的"公众"是指不特定人或者特定的多数人。信息网络传播权中向"公众"传播的范围应理解为，只要使家庭成员和经常交往的朋友圈子之外的不特定多数人能够阅读、欣赏或以其他方式感知作品就构成了向公众传播。故此，万某公司在其App中向不特定多数人提供涉案文章的行为符合向公众传播的特征，其此项上诉主张缺乏事实及法律依据，本院不

① 编者按：有关信息网络传播权定义修改的影响，详见本书《48. 通过链接实现不跳转页面的播放是否构成侵权？》

予采纳。对于万某公司主张其通过与某政法大学学报签订合同，获得涉案文章资源，不构成侵权的上诉意见，本院认为，万某公司并未提供证据证明某政法大学享有就涉案文章转授权的权利，亦未提供证据证明万某公司取得权利人的许可传播涉案文章，故万某公司此项主张亦缺乏事实及法律依据，本院不予采纳。

延伸阅读

裁判规则一：认定是否侵犯作品发行权、信息网络传播权或广播权时，应当满足向公众提供的行为要件，否则不侵犯相关权利。

案例一：北京安某咨询公司与刘某威等知识产权与竞争纠纷一审民事判决书【（2019）京0105民初31648号】

安某公司主张，国某公司未经许可将涉案文章制作成电子期刊并通过微信发送他人的行为，侵害了其对涉案文章享有的署名权、修改权、复制权、发行权、信息网络传播权、汇编权及获得报酬权。《著作权法》第十条规定，署名权，即表明作者身份，在作品上署名的权利。修改权，即修改或者授权他人修改作品的权利。复制权，即以印刷、复印、拓印、录音、录像、翻录、翻拍等方式将作品制作一份或者多份的权利。发行权，即以出售或者赠与方式向公众提供作品的原件或者复制件的权利。信息网络传播权，即以有线或者无线方式向公众提供作品，使公众可以在其个人选定的时间和地点获得作品的权利。汇编权，即将作品或者作品的片段通过选择或者编排，汇集成新作品的权利。署名权的保护是为了表明作者身份，彰显作者与作品之间的关系。安某公司并非涉案文章的作者，故国某公司该行为未侵害其署名权。标题系文章内容的重要组成部分，国某公司未经许可修改了被控侵权文章的标题，侵害了安某公司对涉案文章享有的修改权。国某公司未通过选择或编排产生新的作品，故未侵害安某公司修改权和汇编权。现有证据只能显示国某公司通过微信将被控侵权文章发送至特定的个人，并非向公众提供作品，故未侵害安某公司发行权和信息网络传播权。但国某公司未经安某公司许可，将涉案文章进行复制，侵害了安某公司享有的复制权。综上，国某公司应承担相应的法律责任。

裁判规则二：向特定人群提供并满足行业习惯的发行行为不侵犯著作权人相关权利。

案例二：WEIN×××××HEN（沈某宁）等诉南京经某拍卖有限公司等著作权权属、侵权纠纷案一审民事判决书【（2016）苏0116民初4666号】

本案中，被告张某作为所有人，有权以拍卖的方式出售作品原件，被告经某拍卖公司作为拍卖人，依法在拍卖过程中展示、宣传作品，不应构成对原告著作权的侵犯。但此类行为的对象、方式、范围等，都必须严格以实现拍卖目的为限，并符合《拍卖法》及《文物艺术品拍卖规程》等相关规定，否则即构成对原告著作权的侵害。

两被告在拍卖过程中，将涉案手稿印于拍卖图录中，在正式拍卖前向特定人群无偿少量发放，在公司网站和微博中介绍拍品的行为，均符合相关法律、规章的规定及拍卖惯例，是以拍卖为目的，向潜在竞买人进行的必要宣传，不应构成侵犯原告就涉案手稿作为美术作品享有的展览权、发表权，以及作为文字作品及美术作品享有的复制权、发行权、信息网络传播权。

但是，原告提交的证据可以证明经某拍卖公司于2016年4月11日及2016年6月22日在其公司网站及微博上展示涉案手稿，此时，距离2014年1月5日拍卖结束已有两年多时间，原告主张被告于拍卖结束后仍在互联网上持续使用涉案作品，本院予以采信。经某拍卖公司未提交证据证明拍卖结束后其仍然在公司网站、微博上展示涉案作品的合法性，故原告主张该行为侵犯其信息网络传播权，本院予以支持。

080 互联网同步转播作品的行为是否侵犯广播权？

☞ **阅读提示**

《著作权法》中规定了著作权人享有广播权，修订前的定义为："即以无线方式公开广播或者传播作品，以有线传播或者转播的方式向公众传播广播的作品，以及通过扩音器或者其他传送符号、声音、图像等类似工具向公众传播广播作品的权利"，此时通过互联网的直接转播行为并不受广播权的控制，而修订后的广播权[①]中则将这种行为纳入控制范围。广播权在修订前后具体有何不同？笔者将通过案例予以研究。

① 编者按：见本文"裁判要旨"部分。

裁判要旨

我国著作权法规定的“广播权”直接来源于《伯尔尼公约》第十一条“广播和相关权利”的规定。根据《伯尔尼公约》及《伯尔尼公约指南》的相关规定，“有线转播”应限定为通过传统有线电视的转播，并不包含互联网方式的转播。因此，法院认为，在著作权法未作出修改且著作权法第十条第一款第十七项已为著作权人设置了兜底权利条款的情形下，不宜扩大现行著作权法中“广播权”的控制范围。

案情简介

一、原告浙江某播电视集团（以下简称“浙某集团”）系涉案作品《奔某吧（第二季）》（以下简称《奔某吧2》）的著作权人，于2018年与北京奇某世纪科技有限公司、深圳市腾某计算机系统有限公司签订《信息网络传播权合作协议》，将包括《奔某吧2》共12期节目的信息网络传播权授权给奇某公司、腾某公司，并约定平台上线涉案节目须在浙某卫视首播结束后，并约定了许可费用。

二、被告某通集团、某通公司、某通广东公司、某建公司、广东某建公司在Android系统及苹果iOS系统上共同开发运营了“某视频”手机客户端软件。2018年4月27日，东方公证处依浙某集团申请，根据保全过程制作了（2018）浙杭东证字第7605号公证书，证明在涉案客户端中将涉案节目向用户进行了同步实时转播。

三、浙某集团向一审法院提起诉讼，请求判令：1. 某通集团、某通公司、某通广东公司、某建公司、广东某建公司连带赔偿经济损失660万（《奔某吧》第二季第1期至11期）及合理费用40万元；2. 某通集团、某通公司、某通广东公司、某建公司、广东某建公司共同在某通集团经营的官方网站的首页位置刊登致歉声明，承担消除影响的民事责任；3. 某通集团、某通公司、某通广东公司、某建公司、广东某建公司承担本案全部诉讼费用。

四、一审法院认为：网络同步转播是将直播的电视节目通过互联网转码技术同步向公众进行转播的行为，属于通过互联网同步转播作品的行为，而现行广播权中“有线转播”应限定为通过传统有线电视的转播，并不包含互联网方式的转播。但被诉侵权行为未经权利人授权许可，亦未支付相应报酬，具有盗播作品的性质，明显损害了浙某集团的合法权益，已完全具备了著作权侵权的基本特征及一般构成要件。因此本案被诉侵权的互联网同步转播作品行为，侵害了浙某集团涉案作品的其他著作权。某通广东公司在上诉中称一审判决认定其侵犯浙某集团其他著作权，超过浙某集团的诉讼请求范围。

五、2020 年 9 月 28 日，二审法院在判决中认为：因被诉侵权行为确有损害浙某集团的合法权益，且现行《著作权法》对广播权的规定尚不包含通过信息网络对电视节目信号进行转播的行为，因此，一审法院适用《著作权法》第十条第一款第十七项“应当由著作权人享有的其他权利”来认定“某视频”App 未经权利人许可同步转播涉案节目侵犯浙某集团的著作权，并无不当，一审判决认定事实清楚，适用法律正确，应予维持。

核心裁判要旨

本案的争议焦点在于通过互联网实时转播的行为是否侵犯著作权人权利，如果侵犯，那么具体侵犯的是何种权利。依据《著作权法》（2010 年修正）规定：“即以无线方式公开广播或者传播作品，以有线传播或者转播的方式向公众传播广播的作品，以及通过扩音器或者其他传送符号、声音、图像等类似工具向公众传播广播的作品的权利”。可见广播权具体分为三种行为模式，即通过无线方式、有线方式转播广播和其他工具传播。其中对于第二种行为模式的“以有线传播或者转播的方式向公众传播广播的作品”，首先限定了所传播的作品必须是已经广播的作品，同时转播的行为仅限于有线形式。而在本案中，被告涉及的是将涉案节目予以转播，且其使用的是互联网，即以无线方式予以转播，因此无法进入到广播权的控制范围。同时由于其是实时转播的行为，并不满足信息网络传播权中交互性方式的特点，即公众无法自行选择时间获得作品。但被诉侵权行为未经权利人授权许可，亦未支付相应报酬，因此已经满足了著作权兜底条款，因此法院认定侵犯了应当由著作权人享有的其他权利。

为了解决这种随着技术发展而未被明确限制的侵犯利益的行为，第三次修订的《著作权法》（2020 年）将广播权定义修改为：“（十一）广播权，即以有线或者无线方式公开传播或者转播作品，以及通过扩音器或者其他传送符号、声音、图像等类似工具向公众传播广播的作品的权利，但不包括本款第十二项规定的权利”，自此将通过无线方式实时转播作品的行为纳入广播权控制的范围。

诉讼经验总结

一、通过互联网等无线方式对作品进行实时转播的行为，因其不具有交互性特点故不侵犯信息网络传播权，但在《著作权法》修订后，构成对广播权的侵犯。

二、法律具有滞后性，当使用他人作品的行为并不能被现行著作权规制，但又确实侵犯著作权人利益，如果不予以救济则无法实现利益平衡和著作权法的立法目的，可以通过《著作权法》第十条第十七款的兜底条款对有关行为予以限制。

法律规定

《中华人民共和国著作权法》 （2010年修正）	《中华人民共和国著作权法》 （2020年修正）
第十条第一款第十一项、第十二项、第十七项 著作权包括下列人身权和财产权： （十一）广播权，即以无线方式公开广播或者传播作品，以有线传播或者转播的方式向公众传播广播的作品，以及通过扩音器或者其他传送符号、声音、图像的类似工具向公众传播广播的作品的权利； （十二）信息网络传播权，即以有线或者无线方式向公众提供作品，使公众可以在其个人选定的时间和地点获得作品的权利； （十七）应当由著作权人享有的其他权利。	**第十条第一款第十一项、第十二项** 著作权包括下列人身权和财产权： （十一）广播权，即以有线或者无线方式公开传播或者转播作品，以及通过扩音器或者其他传送符号、声音、图像的类似工具向公众传播广播的作品的权利，但不包括本款第十二项规定的权利； （十二）信息网络传播权，即以有线或者无线方式向公众提供，使公众可以在其选定的时间和地点获得作品的权利；①

本案链接

中国某网络通信集团有限公司、中国某网络通信有限公司侵害作品广播权纠纷二审民事判决书【（2020）浙01民终2830号】

广播权项下控制的行为是指以无线方式公开广播或者传播作品，以及以有线传播或转播的方式向公众传播广播作品的行为。而网络同步转播行为是将正在直

① 编者按：有关信息网络传播权定义修改的影响，详见本书《48. 通过链接实现不跳转页面的播放是否构成侵权？》

播的电视节目通过互联网转码技术同步向公众进行转播的行为，属于通过互联网同步转播作品的行为。我国著作权法规定的“广播权”直接来源于《伯尔尼公约》第十一条“广播和相关权利”的规定。根据《伯尔尼公约》及《伯尔尼公约指南》的相关规定，“有线转播”应限定为通过传统有线电视的转播，并不包含互联网方式的转播。因此，一审法院认为，在著作权法未作出修改且著作权法第十条第一款第十七项已为著作权人设置了兜底权利条款的情形下，不宜扩大现行著作权法中“广播权”的控制范围。根据《世界知识产权组织版权条约》第八条规定，文学和艺术作品的作者享有“向公众传播权”之专有权，著作权人可以控制以任何技术手段进行的转播。由于我国已于2006年批准加入《世界知识产权组织版权条约》，这就意味着我国承担对传播权提供该条约第八条要求的保护义务。同时，被诉侵权行为未经权利人授权许可，亦未支付相应报酬，具有盗播作品的性质，其直接分流浙某集团的电视观众以及由此带来的收视率和广告收入等商业利益，明显损害了浙某集团的合法权益，已完全具备了著作权侵权的基本特征及一般构成要件。虽然浙某集团受侵害的权益，不能归入《著作权法》所列举的任一权项下，但给予其保护符合《著作权法》的立法目的。基于上述考虑因素，一审法院认为，为充分有效地保护著作权人的合法权益，应当适用《著作权法》第十条第一款第十七项规定规制本案被诉侵权的互联网同步转播作品行为，“某视频”App未经权利人许可同步转播涉案节目，侵害了浙某集团涉案作品的著作权。

延伸阅读

裁判规则一：网络实时转播行为不具有交互式特点，网络用户不能按照其所选定的时间或地点获得该转播内容，故其不属于信息网络传播权的调整范围。

案例一：央视某际网络有限公司与北京百某网讯科技有限公司、北京搜某互联网信息服务有限公司侵犯著作权纠纷二审民事判决书【（2013）一中民终字第3142号】

对于网络实时转播行为是否属于信息网络传播权调整的行为，本院认为，《著作权法》（2010年修正）第十条第（十二）项规定，信息网络传播权是指“以有线或者无线方式向公众提供作品，使公众可以在其个人选定的时间和地点获得作品的权利”。由该规定可知，适用信息网络传播权调整的传播行为应具有交互式特点。鉴于网络实时转播行为不具有交互式特点，网络用户不能按照其所选定的时间或地点获得该转播内容，故其不属于信息网络传播权的调整范围。

裁判规则二：基于著作权权利法定的原则，只有在对相关行为不予禁止将明显有失公平的情况下，才可以适用著作权兜底性权利条款。

案例二：央视某际网络有限公司与北京百某网讯科技有限公司、北京搜某互联网信息服务有限公司侵犯著作权纠纷二审民事判决书【（2013）一中民终字第3142号】

鉴于权利法定为著作权设定的基本原则，故对于这一兜底性权利条款的适用应采用严格的标准，否则将会对权利法定的原则造成不当影响。通常而言，只有在对相关行为不予禁止将明显有失公平的情况下，才可以适用该条款。具体到初始传播采用“有线”方式的网络实时转播行为，因其与初始传播采用“无线”方式的网络实时转播行为相比，差别仅在于采用的技术手段有所不同。而原则上，著作权具体权项的设置与划分应以行为本身的特点为确定依据，而非该行为所采用的具体技术手段，我国《著作权法》中对广播权采用的以技术手段作为划分依据的做法系立法缺陷所致。据此，如果仅因该网络实时转播行为的初始传播行为采用的是“有线”方式，而非广播权中所规定的“无线”方式，从而认定此种网络实时转播行为不属于著作权的调整范围，将意味着完全相同的两个传播行为将仅因其采用的技术手段有所不同，而对侵权与否得出不同结论，这一结果显然有失公平。为尽量弥补“广播权”的立法缺陷，本院认为，对于初始传播采用“有线”方式的网络实时转播行为应适用《著作权法》（2010年修正）第十条第（十七）项调整。

综上可知，对于网络实时转播行为而言，如果其所转播内容的初始传播行为采用的是“无线”方式，应适用《著作权法》（2010年修正）第十条第（十一）项的广播权予以调整。如其采用的是“有线”方式，则应适用《著作权法》（2010年修正）第十条第（十七）项的兜底条款予以调整。

081 区块链电子存证如何在著作权侵权纠纷案中应用及其法律效力？

☞ 阅读提示

互联网时代下，电子证据大量涌现，以区块链为代表的新兴信息技术，为电子证据的取证存证带来了全新的变革，同时也亟待明确电子证据效力认定规则。本案系全国首次对区块链电子存证的法律效力进行认定的案件，为该种新型电子证据的认定提供了审查思路，明确认定区块链存证的相关规则，有助于推动区块链技术与司法深度融合，对完善信息化时代下的网络诉讼规则具有重要意义。本文将对我国首个涉区块链电子存证的案例展开分析和探讨。

裁判要旨

区块链技术基于其分布式存储、防篡改机制和可追溯性，在电子证据的固定、保存和提取方面具有优势，但仍应按照一定的标准和程序认定存储于区块链上电子证据的真实性。本案中某泰公司存储于区块链的电子证据数据来源清晰，生成及传递路径明确，且能与网页截图、源码信息、调用日志相互印证，故其生成的电子数据具有可靠性。

案情简介

一、郑某、林某系某快报社记者，于2017年7月24日共同创作并在某快报A08版面发表了约3010余字、1幅插图的《某某被管理员阿姨骂得眼泪都掉下来》一文。2017年7月24日，某同公司主办的某女性时尚网站刊登的《某某被管理员骂哭》一文，被控侵权文章内容、插图与涉案文章完全相同。

二、涉案文章的著作权属于某快报社享有，2017年7月24日某快报社将涉案文章的信息网络传播权独家授权于某泰公司。某同公司在未获得授权的情况下擅自转载使用某泰公司享有信息网络传播权的作品，侵犯了某泰公司的合法权益。2017年10月17日，某泰公司向某同公司发送律师函要求停止侵权并赔偿损失，某同公司未予理睬。

三、原告某泰公司通过第三方存证平台对侵权事实予以取证，并将相关数据计算成哈希值上传至比特币区块链和 FACTOM 区块链中形成区块链存证，基于此请求某同公司承担侵权责任。

四、法院判决被告赔偿原告某泰公司经济损失（含制止侵权的合理支出）4000 元。

核心裁判要旨

首先，关于某同公司是否构成侵害作品信息网络传播权的问题。某泰公司通过第三方存证平台保某网对某同公司的侵权网页予以取证，并通过区块链储存电子数据的方式证明电子数据的完整性及未被篡改。故要认定侵权行为确系发生，需就某泰公司该种固证、存证的方式是否符合电子数据的相关规定及该证据证明力的大小进行认定。结合《中华人民共和国电子签名法》第八条规定，审查数据电文作为证据的真实性，应当考虑以下因素：（一）生成、储存或者传递数据电文方法的可靠性；（二）保持内容完整性方法的可靠性；（三）用以鉴别发件人方法的可靠性；（四）其他相关因素的规定。据此，法院将从存证平台的资质审查、侵权网页取证的技术手段可信度审查和区块链电子证据保存完整性审查三个方面，对案涉电子证据的效力作如下认定：

（一）关于存证平台的资质审查

经查询，某泰公司的股东为浙江华某控股股份有限公司，具有中立性，且通过国家网络与信息安全产品质量监督检验中心完整性鉴别检测，其运营的保某网具备作为第三方电子存证平台的资质。

（二）关于侵权网页取证技术手段的可信度审查

通过技术手段查询涉案网址 IP 地址，该 IP 的物理位置是阿某云 B 某某数据中心，故可知保某网系部署在阿某云中，阿某云作为通用的云平台，能够确保服务器在一般情况下未受病毒和木马感染入侵；且保某网已获得公安部第三研究所与国家网络与信息系统安全产品质量监督检验中心授予的网站安全一级认证证书、信息系统安全等级保护第三级的备案证明。故此，除有相反证据否定之外，应认定该网站具备进行电子数据存储的安全环境。

（三）关于区块链电子证据保存完整性的审查

首先须审查电子数据是否真实上传。根据该区块高度锚定到比特币区块链的交易哈希值，在比特币区块链中查询到该区块节点中包含的内容和 FACTOM 中存放的内容 HASH 值一致，故法院确认保某网已将电子数据上传至 FACTOM 区块链和比特币区块链中。其次须审查是否为诉争的电子数据。将在保某网中下载的网页截图、源代码和调用信息打包压缩文件进行 HASH 值计算，经比对，该数值与某泰公司所提交的进行区块链保存的电子数据 HASH 值一致，故可确认涉案电子数据已经上传至 FACTOM 区块链和比特币区块链中，且从上链至今保存完整、未被修改。本案中，数某公司作为独立于当事人的民事主体，其运营的保某网是符合法律规定的第三方存证平台，保某网通过可信度较高的谷歌开源程序进行固定侵权作品等电子数据，且该技术手段对目标网页进行抓取而形成的网页截图、源码信息、调用日志能相互印证，可清晰反映数据的来源、生成及传递路径，应当认定由此生成的电子数据具有可靠性。同时，保某网采用符合相关标准的区块链技术对上述电子数据进行了存证固定，确保了电子数据的完整性。故上述电子数据可以作为本案认定侵权的依据，即法院确认某同公司运营的“某女性时尚网”上发布了涉案作品。

其次，关于某泰公司主张的赔偿金额是否合理的问题。某泰公司没有证据证明其因侵权所受到的损失或者某同公司因侵权所获得的利益，且要求适用法定赔偿，法院综合考虑涉案文字作品和摄影作品的市场影响、知名度、某同公司的侵权情节等相关因素酌情予以确定。同时，法院注意到以下事实：1. 涉案文字作品字数约 3010 字，发表时占某快报一个版面；2. 涉案的一张摄影作品系引导牌，无需专业人士进行专业拍摄；3. 被诉侵权文章与涉案文章使用了涉案文章全文；4. 涉案文字作品含大量被访者谈话内容；5. 某同公司在转发时标明了作品来源；6. 某同公司成立于 2013 年 6 月 5 日，注册资本 50 万元；7. 某泰公司为本案进行了取证、鉴定，并委托律师参加了诉讼，约定律师费为 2500 元。最终，法院判决被告某同公司赔偿原告某泰公司经济损失（含制止侵权的合理支出）4000 元。

诉讼经验总结

一、区块链作为一种去中心化的数据库，是一串使用密码学方法相关联产生的数据块，每一个数据块中包含了一次网络交易的信息，用于验证其信息的有效性（防伪）和生成下一个区块。区块链有难以篡改、删除的特点，在确认诉争电子数据已保存至区块链后，其作为一种保持内容完整性的方法具有可靠性。

二、对于采用区块链等技术手段进行存证固定的电子数据，应秉承开放、中立的态度进行个案分析认定。既不能因为区块链等技术本身属于当前新型复杂技术手段而排斥或者提高其认定标准，也不能因该技术具有难以篡改、删除的特点而降低认定标准，而应根据电子数据的相关法律规定综合判断其证据效力；其中应重点审核电子数据来源和内容的完整性、技术手段的安全性、方法的可靠性、形成的合法性，以及与其他证据相互印证的关联度，并由此认定证据效力。

法律规定

《中华人民共和国电子签名法》（2019 修订）

第八条 审查数据电文作为证据的真实性，应当考虑以下因素：

（一）生成、储存或者传递数据电文方法的可靠性；

（二）保持内容完整性方法的可靠性；

（三）用以鉴别发件人方法的可靠性；

（四）其他相关因素的规定。

《中华人民共和国著作权法》（2010 年修正）	《中华人民共和国著作权法》（2020 年修正）
第四十八条第一项 有下列侵权行为的，应当根据情况，承担停止侵害、消除影响、赔礼道歉、赔偿损失等民事责任；同时损害公共利益的，可以由著作权行政管理部门责令停止侵权行为，没收违法所得，没收、销毁侵权复制品，并可处以罚款；情节严重的，著作权行政管理部门还可以没收主要用于制作侵权复制品的材料、工具、设备等；构成犯罪的，依法追究刑事责任： （一）未经著作权人许可，复制、发行、表演、放映、广播、汇编、通过信息网络向公众传播其作品的，本法另有规定的除外；	**第五十三条第一项** 有下列侵权行为的，应当根据情况，承担本法第五十二条规定的民事责任；侵权行为同时损害公共利益的，由主管著作权的部门责令停止侵权行为，予以警告，没收违法所得，没收、无害化销毁处理侵权复制品以及主要用于制作侵权复制品的材料、工具、设备等，违法经营额五万元以上的，可以并处违法经营额一倍以上五倍以下的罚款；没有违法经营额、违法经营额难以计算或者不足五万元的，可以并处二十五万元以下的罚款；构成犯罪的，依法追究刑事责任： （一）未经著作权人许可，复制、发行、表演、放映、广播、汇编、通过信息网络向公众传播其作品的，本法另有规定的除外；

本案链接

杭州某泰文化传媒有限公司与深圳市某同科技发展有限公司侵害作品信息网络传播权纠纷一审民事判决书【（2018）浙 0192 民初 81 号】

区块链作为一种去中心化的数据库，是一串使用密码学方法相关联产生的数据块，每一个数据块中包含了一次网络交易的信息，用于验证其信息的有效性（防伪）和生成下一个区块。具体来说，区块链网络是由多个机构或公司服务器作为节点所构成的网络，该网络上某节点会对一个时间段内所产生的数据打包形成第一个块，然后将该块同步到整个区块链网络。网络上的其他节点对接收到的块进行验证，验证通过后加到本地服务器。之后，某节点会将新产生的数据及本地服务器内已有块的信息放在一起打包形成第二个块，其他节点接收该块并验证通过后，将第二个块加到本地服务器，第一个块与第二个块相连，之后的网络内部的数据均经上述相同方式打包成块，块与块首尾相连形成链，该链即为区块链。若需要修改块内数据，则需要修改此区块之后所有区块的内容，并将区块链网络所有机构和公司备份的数据进行修改。因此，区块链有难以篡改、删除的特点，在确认诉争电子数据已保存至区块链后，其作为一种保持内容完整性的方法具有可靠性。

延伸阅读

裁判规则一：电子数据取证系统按照统一规范固定的证据，具有事后可追溯性等应予以采信的理由，是丰富权利人取证手段、降低权利人取证难度、减少维权成本的重要方式。

案例一：某咕数字传媒有限公司与济南某佳知识产权代理有限公司侵害作品信息网络传播权纠纷案民事判决书【（2018）鲁民终1607号】

某咕公司未经权利人授权，在其经营网站某咕阅读上有偿向公众提供作品的在线阅读服务，侵害了权利人对其作品享有的信息网络传播权。某佳公司通过联合信任时间戳服务中心的互联网电子数据系统，对上述事实进行了电子数据固定。法院认为，涉案网络页面截图、屏幕录像文件以及相关时间戳认定证书等证据可形成证据链，在没有相反证据的情况下，某佳公司以时间戳服务系统固定的涉案网络页面的真实性可以确认。某咕公司未经权利人许可，以商业经营为目的，通过互联网向公众提供涉案图书，使公众可以在其个人选定的时间和地点获取涉案作品，侵害了某佳公司所享有的信息网络传播权，判决某咕公司承担赔偿某佳公司经济损失及合理支出的法律责任。

裁判规则二：在通过区块链取证的案件中，用户完成过程取证后，点击提交证据，系统将自动关闭云主机，并将录制的视频文件加盖通过国家授时中心的北斗卫星授时系统的时间戳，保证时间的客观真实性，加盖时间戳的视频证据文件通过国家密码局512位HASH加密算法提取证据指纹，并将证据文件存储于某相

保全云系统会自动生成数字证书，存储于某相保全云的证据经过非对称加密和数字指纹异地无法进行篡改。因此应用区块链技术保存的证据具有较高的证明能力。

案例二：太仓某清高信息科技有限公司、某文在线（天津）文化发展有限公司侵害作品信息网络传播权纠纷二审民事判决书【（2021）津03民终3410号】

某文在线天津公司为证明侵权事实，通过互联网取证的方式对某清公司网站与案涉作品相关页面进行了保全，并提交了IP360数据保全证书。证书载明了取证时间为2019年5月15日；区块链保全ID信息；SHA512摘要信息；证据名称为“某阅”App正式等信息，该份证书由某相数据保全中心、北京网络行业协会电子数据司法鉴定中心共同签发。一审法院根据某文在线天津公司提供的录屏视频提取方式对录屏视频进行提取并验证。经比对，“某阅”安卓客户端提供的“人某的名义”与某文在线天津公司所主张的《人某的名义》内容一致。某清公司对上述存证过程所录制、记载的内容不持异议，均予认可。某相网络科技（北京）有限公司提供了取证过程技术说明：1. 用户登录产品，该产品在云上运行，而不需本地安装下载任何软件，避免了清洁性问题；2. 用户使用服务前需在系统上进行实名验证，该实名验证直接对接公安部居民身份证系统；3. 用户使用过程取证服务时，系统会自动分配一个清洁安全可靠的云主机；4. 用户自进入系统，及启动自动录屏程序，记录用户所有操作过程，用户可以针对特定互联网信息进行过程保全；5. 用户完成过程取证后，点击提交证据；系统将自动关闭云主机，并将录制的视频文件加盖通过国家授时中心的北斗卫星授时系统的时间戳，保证时间的客观真实性，加盖时间戳的视频证据文件通过国家密码局512位HASH加密算法提取证据指纹，并通过区块链系统将数字指纹同步给北京网络行业协会司法鉴定中心及其他公证机关，并将证据文件存储于某相保全云系统会自动生成数字证书；6. 存储于某相保全云的证据经过非对称加密和数字指纹异地无法进行篡改。

法院认为，关于涉案作品的权属问题，《著作权法》（2010年修正）第十一条第三款规定，如无相反证明，在作品上署名的公民、法人或者其他组织为作者。《最高人民法院关于审理著作权民事纠纷案件适用法律若干问题的解释》第七条第一款规定，当事人提供的涉及著作权的底稿、原件、合法出版物、著作权登记证书、认证机构出具的证明、取得权利的合同等，可以作为证据。本案中，根据原告提供的《著作权许可使用合同》《授权书》《许可及授权书》及涉案作品版权页等证据，能够形成完整的证据链，可以认定某文在线天津公司获得了涉案作品的信息网络传播权，该权利应受法律保护，某文在线天津公司具有诉讼主体资格，有权对侵权行为提起诉讼。

关于某清公司是否构成侵权的问题。《最高人民法院关于审理侵害信息网络传播权民事纠纷案件适用法律若干问题的规定》第三条规定："网络用户、网络服务提供者未经许可，通过信息网络提供权利人享有信息网络传播权的作品、表演、录音录像制品，除法律、行政法规另有规定外，人民法院应当认定其构成侵害信息网络传播权行为。通过上传到网络服务器、设置共享文件或者利用文件分享软件等方式，将作品、表演、录音录像制品置于信息网络中，使公众能够在个人选定的时间和地点以下载、浏览或者其他方式获得的，人民法院应当认定其实施了前款规定的提供行为。"本案中，经庭审查明及勘验，通过在公共互联网上下载某清公司运营的"某阅"应用程序，在该应用程序搜索栏中搜索涉案作品，进入第一个搜索结果，即能获取和阅读涉案作品。据此，能够认定某清公司向网络用户提供了涉案作品，应当认定其构成侵害信息网络传播权行为，应承担侵权责任。至于某清公司所述其提供的是链接服务，并未提交相应证据予以证实，故对其主张不予支持。庭审中经某文在线天津公司确认案涉作品已经删除，申请撤回第一项诉讼请求，一审法院予以照准。

082 版式设计是否享有信息网络传播权？

☞ 阅读提示

在作品的传播过程中，出版商、表演者等虽然没有直接创作作品，但是为作品的传播做出了贡献，因此有必要在著作权法中对这些利益予以保护，我国《著作权法》中规定了出版者的权利，主要包括专有出版权和对版式设计的权利。在作品的信息网络传播权受到侵犯时，他人提供作品的行为是否侵犯版式设计的权利呢？笔者将通过案例予以研究。

裁判要旨

根据法律和行政法规的规定，出版者有权许可或者禁止他人使用其出版的图书、期刊的版式设计，他人未经许可不得复制、发行。根据《最高人民法院关于审理侵害信息网络传播权民事纠纷案件适用法律若干问题的规定》第三条的规定，该被诉侵权行为属于一种信息网络传播行为。纵观著作权法及《信息网络传播权保护条例》，除了作品、表演、录音录像制品被明确赋予信息网络传播权以外，现行法律并没有赋予出版者以版式设计信息网络传播权。

案情简介

一、2012 年 7 月 31 日，李某与原告中国科某出版传媒股份有限公司（简称"中某出版公司"）签订《图书出版合同》，约定李某将《内某某识》一书中文版在世界范围内的专有出版权和专有信息网络传播权授予中某出版公司，中某出版公司可以各种版本独家、合作或授权第三者在世界范围内出版销售本书。

二、证据表明，截至 2014 年 8 月 20 日，被告"读某网"的经营者北京世纪读某技术有限公司（简称"读某公司"）、"全国参考咨询与文献传递网"的经营者广东省立某山图书馆（简称"某山图书馆"）通过分工合作的方式共同通过信息网络提供涉案作品。

三、中某出版公司向一审法院起诉称：1. 请求判令读某公司、某山图书馆、超某公司及北京某某大学立即停止使用中某出版公司出版的《内某某识》；2. 请求判令读某公司、某山图书馆、超某公司及北京某某大学共同赔偿中某出版公司经济损失 12.3 万元及中某出版公司支出的合理开支 1000 元。

四、一审法院认为：纵观著作权法及《信息网络传播权保护条例》，除了作品、表演、录音录像制品被明确赋予信息网络传播权以外，现行法律并没有赋予出版者以版式设计信息网络传播权，故中某出版公司主张侵犯其版式设计的信息网络传播权缺乏法律依据，不予支持。

五、2020 年 3 月 25 日，二审法院认定中某出版公司的诉讼请求，已经超过诉讼时效期间，因此驳回其诉讼请求，但二审法院针对版式设计权有关问题指出：涉案作品在用字、行距、标点、编排格式等方面，均属于常规出版物的版式设计，其在页眉处添加页码、书名和章节题目，亦属于惯常排版方式，无法体现出一定的设计、安排，故中某出版公司对涉案作品的版式设计不享有版式设计权。中某出版公司后提出再审请求，北京市高级人民法院裁定，由于确已超出诉讼时效，因此驳回了其再审申请。

核心裁判要旨

本案的争议焦点之一在于权利人是否可以主张版式设计享有信息网络传播权。虽然在二审中，法院以涉案作品在用字、行距、标点、编排格式等方面，均属于常规出版物的版式设计，无法体现出一定的设计、安排为理由，认定涉案作品的版式设计并不享有版式设计权，但本文重点讨论的问题在于版式设计是否享有信息网络传播权，即出版者基于其版式设计可以享有何种范围的权利。

版式设计是指对印刷品版面风格的设计，包括对版心、排式、用字、行距、标点等版面布局因素的安排。依据我国《著作权法》的有关规定，“出版者有权许可或者禁止他人使用其出版的图书、期刊的版式设计。”关键在于此处的“使用”一词应当作何解释。这就要考察版式设计权的设立目的，这是由于版式设计的独创性没有达到法律意义上作品的高度，但是为了保障在作品传播过程中出版商的利益，规定了版式设计权，因此对于版式设计权的权利范围不应当做扩大解释，依据著作权法释义的说明，一般仅仅表现为专有复制权。同时除了作品、表演、录音录像制品被明确赋予信息网络传播权以外，现行法律并没有赋予出版者以版式设计信息网络传播权，因此对于作品的信息网络传播权受到侵犯时，出版商无权主张侵犯了其版式设计权。

诉讼经验总结

一、对于出版商的版式设计权，应当对《著作权法》规定的“许可或者禁止他人使用”中“使用”一词做狭义解释，通常仅包括专有复制权，对于其他作品享有的权利，在没有明确规定时，应当认定版式设计权不包括相关权利。

二、版式设计是指对印刷品版面风格的设计，包括对版心、排式、用字、行距、标点等版面布局因素的安排，这种设计并非著作权法意义上的创作行为，但考虑到出版商在出版过程中付出的劳动，因此著作权法通过邻接权对出版商的利益予以保护。

法律规定

《中华人民共和国著作权法》 （2010 年修正）	《中华人民共和国著作权法》 （2020 年修正）
第十条第一款第十二项 著作权包括下列人身权和财产权： （十二）信息网络传播权，即以有线或者无线方式向公众提供作品，使公众可以在其个人选定的时间和地点获得作品的权利；	**第十条第一款第十二项** 著作权包括下列人身权和财产权： （十二）信息网络传播权，即以有线或者无线方式向公众提供，使公众可以在其选定的时间和地点获得作品的权利；①
第三十六条 出版者有权许可或者禁止他人使用其出版的图书、期刊的版式设计。 前款规定的权利的保护期为十年，截止于使用该版式设计的图书、期刊首次出版后第十年的 12 月 31 日。	（在 2020 年的修订中仅改变了条文序号②）
《最高人民法院关于审理侵害信息网络传播权民事纠纷案件适用法律若干问题的规定》（法释〔2012〕20 号 2012 年 12 月 17 日发布）	**《最高人民法院关于审理侵害信息网络传播权民事纠纷案件适用法律若干问题的规定》（法释〔2020〕19 号 2020 年修正）**
第三条 网络用户、网络服务提供者未经许可，通过信息网络提供权利人享有的网络传播权的作品、表演、录音录像制品，除法律、行政法规另有规定外，人民法院应当认定其构成侵害信息网络传播权。 通过上传到网络服务器、设置共享文件或者利用文件分享软件等方式，将作品、表演、录音录像制品置于信息网络中，使公众能够在个人选定的时间和地点以下载、浏览或者其他方式获得的，人民法院应当认定其实施了前款规定的提供行为。	（在 2020 年的修正中并未修改）

本案链接

广东省立某山图书馆、北京某某大学等著作权权属、侵权纠纷二审民事判决书【（2019）京 73 民终 3341 号】

---

① 编者按：有关信息网络传播权定义修改的影响，详见本书《48. 通过链接实现不跳转页面的播放是否构成侵权?》

②③ 编者按：《著作权法》（2020 年修正）第 37 条。

《著作权法》（2010年修正）第三十六条③第一款规定，出版者有权许可或者禁止他人使用其出版的图书、期刊的版式设计。《著作权法实施条例》第二十六条规定，著作权法和本条例所称与著作权有关的权益，是指出版者对其出版的图书和期刊的版式设计享有的权利，表演者对其表演享有的权利，录音录像制作者对其制作的录音录像制品享有的权利，广播电台、电视台对其播放的广播、电视节目享有的权利。根据上述法律和行政法规的规定，对图书和期刊的版式设计享有的权利是法律赋予出版者的一项与著作权有关的权益，出版者有权许可或者禁止他人使用其出版的图书、期刊的版式设计，他人未经许可不得复制、发行。根据《最高人民法院关于审理侵害信息网络传播权民事纠纷案件适用法律若干问题的规定》第三条的规定，该被诉侵权行为属于一种信息网络传播行为。纵观著作权法及《信息网络传播权保护条例》，除了作品、表演、录音录像制品被明确赋予信息网络传播权以外，现行法律并没有赋予出版者以版式设计信息网络传播权。本案中，中某出版公司主张读某公司、某山图书馆、超某公司及北京某某大学实施的行为是在互联网中传播涉案作品的行为，并无证据证明读某公司、某山图书馆、超某公司及北京某某大学实施了扫描复制涉案图书的行为，故中某出版公司该项主张缺乏法律依据，一审法院不予支持。

延伸阅读

裁判规则一：杂志封面的图片等可能构成作品，但封面的排版格式等属于版式设计，出版者依法享有版式设计权。

案例一：中国汽车××××技术信息研究所与汽某杂志社侵犯版式设计专有使用权纠纷二审民事判决书【（2006）川民终字第330号】

杂志社主张的封面应为版式设计。杂志社主张的封面包括期刊号字体、条形码的位置、内文在封面的提示的字体、字号，封面车辆与背景的安排与布局、封面页眉与页脚的设计等，上述主张均是针对封面的排版格式及版面布局造型的设计，封面车辆应系单独的摄影作品，但杂志社并未对此主张著作权，而是针对该摄影作品的安排与布局主张版式设计专用权。本案的审理围绕杂志社的主张而展开，杂志社主张系封面的排版格式及布局，而非以线条、色彩或其他方法构成的艺术作品封面，体现出版者在排版格式上的编排，均应属于版式设计，故杂志社主张的除刊标外的其余内容均属于版式设计的范畴。期刊的版式设计一旦形成，则具有相对的稳定性，其设计元素是相对固定的，杂志社所主张的内容并非指其设计风格，而是其一直使用的版式设计，故研究所称杂志社主张的系设计风格并非法律所保护内容的主张不能成立。

裁判规则二：版式设计不享有《著作权法》第十条规定的所有十七个权项，其保护范围一般仅限于复制权。

案例二：中国某某工业出版社与北京怡某乐居信息服务有限公司侵害作品信息网络传播权纠纷二审民事判决书【（2017）京73民终164号】

版式设计是对印刷品的版面格式的设计，包括对版心、排式、用字、行距、标点等版面布局因素的安排。版式设计是出版者在编辑加工作品时完成的劳动成果，属于邻接权保护范围。版式设计与作品不同，版式设计难以达到独创性的要求，无法作为作品受到狭义著作权的保护，即版式设计不享有《著作权法》第十条规定的所有十七个权项，其保护范围一般仅限于复制权。如果将版式设计理解为与作品一样享有包含信息网络传播权在内的《著作权法》第十条规定的所有十七个权项，则不符合《著作权法》对狭义著作权与邻接权予以区分保护的立法目的。

本案中，某某出版社将《著作权法》（2010年修正）第三十六条[①]规定的出版者对版式设计的使用权理解为既有权禁止他人通过传统纸质方式复制、销售、传播等方式使用涉案图书的版式设计，也有权禁止他人通过扫描成电子版图书、通过网络传播的方式使用涉案图书的版式设计，以及据此主张其系以版式设计权为由提起诉讼，不是以信息网络传播权为由提起诉讼，属于对该法律条文的理解错误。首先，尽管扫描属于复制行为，但某某出版社在一审期间明确表示怡某乐居公司的侵权行为系在其网站中提供涉案作品的下载，并认可涉案作品由网络用户上传，且怡某乐居公司亦提供了涉案作品系由网络用户上传的证据，因此，某某出版社所主张的怡某乐居公司通过扫描方式复制涉案作品的行为不能成立。其次，如前所述，版式设计权属于邻接权，并不能控制信息网络传播行为，即版式设计权利人无权就他人将版式设计置于信息网络中的行为主张侵权责任，亦无权就网络服务提供者的过错行为主张帮助侵权责任。因此，某某出版社主张怡某乐居侵犯其涉案作品版式设计权的主张缺乏法律依据，本院不予支持。

---

① 编者按：《著作权法》（2020年修正）第37条。

附录一：著作权纠纷案件核心法律条文

第一部分　法律、行政法规

中华人民共和国民法典（节录）

（2020年5月28日第十三届全国人民代表大会第三次会议通过　2020年5月28日中华人民共和国主席第45号公布　自2021年1月1日起施行）

……

第一百二十三条　民事主体依法享有知识产权。

知识产权是权利人依法就下列客体享有的专有的权利：

（一）作品；

（二）发明、实用新型、外观设计；

（三）商标；

（四）地理标志；

（五）商业秘密；

（六）集成电路布图设计；

（七）植物新品种；

（八）法律规定的其他客体。

……

第一百四十三条　具备下列条件的民事法律行为有效：

（一）行为人具有相应的民事行为能力；

（二）意思表示真实；

（三）不违反法律、行政法规的强制性规定，不违背公序良俗。

……

第一百五十三条 违反法律、行政法规的强制性规定的民事法律行为无效。但是，该强制性规定不导致该民事法律行为无效的除外。

违背公序良俗的民事法律行为无效。

……

第四百四十四条 以注册商标专用权、专利权、著作权等知识产权中的财产权出质的，质权自办理出质登记时设立。

知识产权中的财产权出质后，出质人不得转让或者许可他人使用，但是出质人与质权人协商同意的除外。出质人转让或者许可他人使用出质的知识产权中的财产权所得的价款，应当向质权人提前清偿债务或者提存。

……

第四百六十六条 当事人对合同条款的理解有争议的，应当依据本法第一百四十二条第一款的规定，确定争议条款的含义。

合同文本采用两种以上文字订立并约定具有同等效力的，对各文本使用的词句推定具有相同含义。各文本使用的词句不一致的，应当根据合同的相关条款、性质、目的以及诚信原则等予以解释。

……

第五百零九条 当事人应当按照约定全面履行自己的义务。

当事人应当遵循诚信原则，根据合同的性质、目的和交易习惯履行通知、协助、保密等义务。

当事人在履行合同过程中，应当避免浪费资源、污染环境和破坏生态。

……

第五百六十六条 合同解除后，尚未履行的，终止履行；已经履行的，根据履行情况和合同性质，当事人可以请求恢复原状或者采取其他补救措施，并有权请求赔偿损失。

合同因违约解除的，解除权人可以请求违约方承担违约责任，但是当事人另有约定的除外。

主合同解除后，担保人对债务人应当承担的民事责任仍应当承担担保责任，但是担保合同另有约定的除外。

……

第六百条 出卖具有知识产权的标的物的，除法律另有规定或者当事人另有约定外，该标的物的知识产权不属于买受人。

……

第八百四十四条 订立技术合同，应当有利于知识产权的保护和科学技术的进步，促进科学技术成果的研发、转化、应用和推广。

……

第八百七十六条 集成电路布图设计专有权、植物新品种权、计算机软件著作权等其他知识产权的转让和许可，参照适用本节的有关规定。

……

第一千零一十九条 任何组织或者个人不得以丑化、污损，或者利用信息技术手段伪造等方式侵害他人的肖像权。未经肖像权人同意，不得制作、使用、公开肖像权人的肖像，但是法律另有规定的除外。

未经肖像权人同意，肖像作品权利人不得以发表、复制、发行、出租、展览等方式使用或者公开肖像权人的肖像。

……

第一千零二十七条 行为人发表的文学、艺术作品以真人真事或者特定人为描述对象，含有侮辱、诽谤内容，侵害他人名誉权的，受害人有权依法请求该行为人承担民事责任。

行为人发表的文学、艺术作品不以特定人为描述对象，仅其中的情节与该特定人的情况相似的，不承担民事责任。

……

第一千零六十二条 夫妻在婚姻关系存续期间所得的下列财产，为夫妻的共同财产，归夫妻共同所有：

（一）工资、奖金、劳务报酬；

（二）生产、经营、投资的收益；

（三）知识产权的收益；

（四）继承或者受赠的财产，但是本法第一千零六十三条第三项规定的除外；

（五）其他应当归共同所有的财产。

夫妻对共同财产，有平等的处理权。

……

第一千一百八十五条 故意侵害他人知识产权，情节严重的，被侵权人有权请求相应的惩罚性赔偿。

……

第一千一百九十四条 网络用户、网络服务提供者利用网络侵害他人民事权益的，应当承担侵权责任。法律另有规定的，依照其规定。

第一千一百九十五条 网络用户利用网络服务实施侵权行为的，权利人有权通知网络服务提供者采取删除、屏蔽、断开链接等必要措施。通知应当包括构成侵权的初步证据及权利人的真实身份信息。

网络服务提供者接到通知后，应当及时将该通知转送相关网络用户，并根据构成侵权的初步证据和服务类型采取必要措施；未及时采取必要措施的，对损害的扩大部分与该网络用户承担连带责任。

权利人因错误通知造成网络用户或者网络服务提供者损害的，应当承担侵权责任。法律另有规定的，依照其规定。

第一千一百九十六条 网络用户接到转送的通知后，可以向网络服务提供者提交不存在侵权行为的声明。声明应当包括不存在侵权行为的初步证据及网络用户的真实身份信息。

网络服务提供者接到声明后，应当将该声明转送发出通知的权利人，并告知其可以向有关部门投诉或者向人民法院提起诉讼。网络服务提供者在转送声明到达权利人后的合理期限内，未收到权利人已经投诉或者提起诉讼通知的，应当及时终止所采取的措施。

第一千一百九十七条 网络服务提供者知道或者应当知道网络用户利用其网络服务侵害他人民事权益，未采取必要措施的，与该网络用户承担连带责任。

……

中华人民共和国著作权法

（1990 年 9 月 7 日第七届全国人民代表大会常务委员会第十五次会议通过　根据 2001 年 10 月 27 日第九届全国人民代表大会常务委员会第二十四次会议《关于修改〈中华人民共和国著作权法〉的决定》第一次修正　根据 2010 年 2 月 26 日第十一届全国人民代表大会常务委员会第十三次会议《关于修改〈中华人民共和国著作权法〉的决定》第二次修正　根据 2020 年 11 月 11 日第十三届全国人民代表大会常务委员会第二十三次会议《关于修改〈中华人民共和国著作权法〉的决定》第三次修正）

第一章　总　　则

第一条　为保护文学、艺术和科学作品作者的著作权，以及与著作权有关的权益，鼓励有益于社会主义精神文明、物质文明建设的作品的创作和传播，促进社会主义文化和科学事业的发展与繁荣，根据宪法制定本法。

第二条　中国公民、法人或者非法人组织的作品，不论是否发表，依照本法享有著作权。

外国人、无国籍人的作品根据其作者所属国或者经常居住地国同中国签订的协议或者共同参加的国际条约享有的著作权，受本法保护。

外国人、无国籍人的作品首先在中国境内出版的，依照本法享有著作权。

未与中国签订协议或者共同参加国际条约的国家的作者以及无国籍人的作品首次在中国参加的国际条约的成员国出版的，或者在成员国和非成员国同时出版的，受本法保护。

第三条　本法所称的作品，是指文学、艺术和科学领域内具有独创性并能以一定形式表现的智力成果，包括：

（一）文字作品；

（二）口述作品；

（三）音乐、戏剧、曲艺、舞蹈、杂技艺术作品；

（四）美术、建筑作品；

（五）摄影作品；

（六）视听作品；

（七）工程设计图、产品设计图、地图、示意图等图形作品和模型作品；

（八）计算机软件；

（九）符合作品特征的其他智力成果。

第四条　著作权人和与著作权有关的权利人行使权利，不得违反宪法和法律，不得损害公共利益。国家对作品的出版、传播依法进行监督管理。

第五条　本法不适用于：

（一）法律、法规，国家机关的决议、决定、命令和其他具有立法、行政、司法性质的文件，及其官方正式译文；

（二）单纯事实消息；

（三）历法、通用数表、通用表格和公式。

第六条　民间文学艺术作品的著作权保护办法由国务院另行规定。

第七条　国家著作权主管部门负责全国的著作权管理工作；县级以上地方主管著作权的部门负责本行政区域的著作权管理工作。

第八条　著作权人和与著作权有关的权利人可以授权著作权集体管理组织行使著作权或者与著作权有关的权利。依法设立的著作权集体管理组织是非营利法人，被授权后可以以自己的名义为著作权人和与著作权有关的权利人主张权利，并可以作为当事人进行涉及著作权或者与著作权有关的权利的诉讼、仲裁、调解活动。

著作权集体管理组织根据授权向使用者收取使用费。使用费的收取标准由著作权集体管理组织和使用者代表协商确定，协商不成的，可以向国家著作权主管部门申请裁决，对裁决不服的，可以向人民法院提起诉讼；当事人也可以直接向人民法院提起诉讼。

著作权集体管理组织应当将使用费的收取和转付、管理费的提取和使用、使用费的未分配部分等总体情况定期向社会公布，并应当建立权利信息查询系统，供权利人和使用者查询。国家著作权主管部门应当依法对著作权集体管理组织进行监督、管理。

著作权集体管理组织的设立方式、权利义务、使用费的收取和分配，以及对其监督和管理等由国务院另行规定。

第二章　著　作　权

第一节　著作权人及其权利

第九条　著作权人包括：

（一）作者；

（二）其他依照本法享有著作权的自然人、法人或者非法人组织。

第十条　著作权包括下列人身权和财产权：

（一）发表权，即决定作品是否公之于众的权利；

（二）署名权，即表明作者身份，在作品上署名的权利；

（三）修改权，即修改或者授权他人修改作品的权利；

（四）保护作品完整权，即保护作品不受歪曲、篡改的权利；

（五）复制权，即以印刷、复印、拓印、录音、录像、翻录、翻拍、数字化等方式将作品制作一份或者多份的权利；

（六）发行权，即以出售或者赠与方式向公众提供作品的原件或者复制件的权利；

（七）出租权，即有偿许可他人临时使用视听作品、计算机软件的原件或者复制件的权利，计算机软件不是出租的主要标的的除外；

（八）展览权，即公开陈列美术作品、摄影作品的原件或者复制件的权利；

（九）表演权，即公开表演作品，以及用各种手段公开播送作品的表演的权利；

（十）放映权，即通过放映机、幻灯机等技术设备公开再现美术、摄影、视听作品等的权利；

（十一）广播权，即以有线或者无线方式公开传播或者转播作品，以及通过扩音器或者其他传送符号、声音、图像的类似工具向公众传播广播的作品的权利，但不包括本款第十二项规定的权利；

（十二）信息网络传播权，即以有线或者无线方式向公众提供，使公众可以在其选定的时间和地点获得作品的权利；

（十三）摄制权，即以摄制视听作品的方法将作品固定在载体上的权利；

（十四）改编权，即改变作品，创作出具有独创性的新作品的权利；

（十五）翻译权，即将作品从一种语言文字转换成另一种语言文字的权利；

（十六）汇编权，即将作品或者作品的片段通过选择或者编排，汇集成新作品的权利；

（十七）应当由著作权人享有的其他权利。

著作权人可以许可他人行使前款第五项至第十七项规定的权利，并依照约定或者本法有关规定获得报酬。

著作权人可以全部或者部分转让本条第一款第五项至第十七项规定的权利，并依照约定或者本法有关规定获得报酬。

第二节　著作权归属

第十一条　著作权属于作者，本法另有规定的除外。

创作作品的自然人是作者。

由法人或者非法人组织主持，代表法人或者非法人组织意志创作，并由法人或者非法人组织承担责任的作品，法人或者非法人组织视为作者。

第十二条　在作品上署名的自然人、法人或者非法人组织为作者，且该作品上存在相应权利，但有相反证明的除外。

作者等著作权人可以向国家著作权主管部门认定的登记机构办理作品登记。

与著作权有关的权利参照适用前两款规定。

第十三条　改编、翻译、注释、整理已有作品而产生的作品，其著作权由改编、翻译、注释、整理人享有，但行使著作权时不得侵犯原作品的著作权。

第十四条　两人以上合作创作的作品，著作权由合作作者共同享有。没有参加创作的人，不能成为合作作者。

合作作品的著作权由合作作者通过协商一致行使；不能协商一致，又无正当理由的，任何一方不得阻止他方行使除转让、许可他人专有使用、出质以外的其他权利，但是所得收益应当合理分配给所有合作作者。

合作作品可以分割使用的，作者对各自创作的部分可以单独享有著作权，但行使著作权时不得侵犯合作作品整体的著作权。

第十五条　汇编若干作品、作品的片段或者不构成作品的数据或者其他材料，对其内容的选择或者编排体现独创性的作品，为汇编作品，其著作权由汇编人享有，但行使著作权时，不得侵犯原作品的著作权。

第十六条　使用改编、翻译、注释、整理、汇编已有作品而产生的作品进行出版、演出和制作录音录像制品，应当取得该作品的著作权人和原作品的著作权人许可，并支付报酬。

第十七条 视听作品中的电影作品、电视剧作品的著作权由制作者享有，但编剧、导演、摄影、作词、作曲等作者享有署名权，并有权按照与制作者签订的合同获得报酬。

前款规定以外的视听作品的著作权归属由当事人约定；没有约定或者约定不明确的，由制作者享有，但作者享有署名权和获得报酬的权利。

视听作品中的剧本、音乐等可以单独使用的作品的作者有权单独行使其著作权。

第十八条 自然人为完成法人或者非法人组织工作任务所创作的作品是职务作品，除本条第二款的规定以外，著作权由作者享有，但法人或者非法人组织有权在其业务范围内优先使用。作品完成两年内，未经单位同意，作者不得许可第三人以与单位使用的相同方式使用该作品。

有下列情形之一的职务作品，作者享有署名权，著作权的其他权利由法人或者非法人组织享有，法人或者非法人组织可以给予作者奖励：

（一）主要是利用法人或者非法人组织的物质技术条件创作，并由法人或者非法人组织承担责任的工程设计图、产品设计图、地图、示意图、计算机软件等职务作品；

（二）报社、期刊社、通讯社、广播电台、电视台的工作人员创作的职务作品；

（三）法律、行政法规规定或者合同约定著作权由法人或者非法人组织享有的职务作品。

第十九条 受委托创作的作品，著作权的归属由委托人和受托人通过合同约定。合同未作明确约定或者没有订立合同的，著作权属于受托人。

第二十条 作品原件所有权的转移，不改变作品著作权的归属，但美术、摄影作品原件的展览权由原件所有人享有。

作者将未发表的美术、摄影作品的原件所有权转让给他人，受让人展览该原件不构成对作者发表权的侵犯。

第二十一条 著作权属于自然人的，自然人死亡后，其本法第十条第一款第五项至第十七项规定的权利在本法规定的保护期内，依法转移。

著作权属于法人或者非法人组织的，法人或者非法人组织变更、终止后，其本法第十条第一款第五项至第十七项规定的权利在本法规定的保护期内，由承受其权利义务的法人或者非法人组织享有；没有承受其权利义务的法人或者非法人组织的，由国家享有。

第三节　权利的保护期

第二十二条　作者的署名权、修改权、保护作品完整权的保护期不受限制。

第二十三条　自然人的作品，其发表权、本法第十条第一款第五项至第十七项规定的权利的保护期为作者终生及其死亡后五十年，截止于作者死亡后第五十年的 12 月 31 日；如果是合作作品，截止于最后死亡的作者死亡后第五十年的 12 月 31 日。

法人或者非法人组织的作品、著作权（署名权除外）由法人或者非法人组织享有的职务作品，其发表权的保护期为五十年，截止于作品创作完成后第五十年的 12 月 31 日；本法第十条第一款第五项至第十七项规定的权利的保护期为五十年，截止于作品首次发表后第五十年的 12 月 31 日，但作品自创作完成后五十年内未发表的，本法不再保护。

视听作品，其发表权的保护期为五十年，截止于作品创作完成后第五十年的 12 月 31 日；本法第十条第一款第五项至第十七项规定的权利的保护期为五十年，截止于作品首次发表后第五十年的 12 月 31 日，但作品自创作完成后五十年内未发表的，本法不再保护。

第四节　权利的限制

第二十四条　在下列情况下使用作品，可以不经著作权人许可，不向其支付报酬，但应当指明作者姓名或者名称、作品名称，并且不得影响该作品的正常使用，也不得不合理地损害著作权人的合法权益：

（一）为个人学习、研究或者欣赏，使用他人已经发表的作品；

（二）为介绍、评论某一作品或者说明某一问题，在作品中适当引用他人已经发表的作品；

（三）为报道新闻，在报纸、期刊、广播电台、电视台等媒体中不可避免地再现或者引用已经发表的作品；

（四）报纸、期刊、广播电台、电视台等媒体刊登或者播放其他报纸、期刊、广播电台、电视台等媒体已经发表的关于政治、经济、宗教问题的时事性文章，但著作权人声明不许刊登、播放的除外；

（五）报纸、期刊、广播电台、电视台等媒体刊登或者播放在公众集会上发表的讲话，但作者声明不许刊登、播放的除外；

（六）为学校课堂教学或者科学研究，翻译、改编、汇编、播放或者少量复制已经发表的作品，供教学或者科研人员使用，但不得出版发行；

（七）国家机关为执行公务在合理范围内使用已经发表的作品；

（八）图书馆、档案馆、纪念馆、博物馆、美术馆、文化馆等为陈列或者保存版本的需要，复制本馆收藏的作品；

（九）免费表演已经发表的作品，该表演未向公众收取费用，也未向表演者支付报酬，且不以营利为目的；

（十）对设置或者陈列在公共场所的艺术作品进行临摹、绘画、摄影、录像；

（十一）将中国公民、法人或者非法人组织已经发表的以国家通用语言文字创作的作品翻译成少数民族语言文字作品在国内出版发行；

（十二）以阅读障碍者能够感知的无障碍方式向其提供已经发表的作品；

（十三）法律、行政法规规定的其他情形。

前款规定适用于对与著作权有关的权利的限制。

第二十五条 为实施义务教育和国家教育规划而编写出版教科书，可以不经著作权人许可，在教科书中汇编已经发表的作品片段或者短小的文字作品、音乐作品或者单幅的美术作品、摄影作品、图形作品，但应当按照规定向著作权人支付报酬，指明作者姓名或者名称、作品名称，并且不得侵犯著作权人依照本法享有的其他权利。

前款规定适用于对与著作权有关的权利的限制。

第三章 著作权许可使用和转让合同

第二十六条 使用他人作品应当同著作权人订立许可使用合同，本法规定可以不经许可的除外。

许可使用合同包括下列主要内容：

（一）许可使用的权利种类；

（二）许可使用的权利是专有使用权或者非专有使用权；

（三）许可使用的地域范围、期间；

（四）付酬标准和办法；

（五）违约责任；

（六）双方认为需要约定的其他内容。

第二十七条 转让本法第十条第一款第五项至第十七项规定的权利，应当订立书面合同。

权利转让合同包括下列主要内容：

（一）作品的名称；

（二）转让的权利种类、地域范围；

（三）转让价金；

（四）交付转让价金的日期和方式；

（五）违约责任；

（六）双方认为需要约定的其他内容。

第二十八条 以著作权中的财产权出质的，由出质人和质权人依法办理出质登记。

第二十九条 许可使用合同和转让合同中著作权人未明确许可、转让的权利，未经著作权人同意，另一方当事人不得行使。

第三十条 使用作品的付酬标准可以由当事人约定，也可以按照国家著作权主管部门会同有关部门制定的付酬标准支付报酬。当事人约定不明确的，按照国家著作权主管部门会同有关部门制定的付酬标准支付报酬。

第三十一条 出版者、表演者、录音录像制作者、广播电台、电视台等依照本法有关规定使用他人作品的，不得侵犯作者的署名权、修改权、保护作品完整权和获得报酬的权利。

第四章 与著作权有关的权利

第一节 图书、报刊的出版

第三十二条 图书出版者出版图书应当和著作权人订立出版合同，并支付报酬。

第三十三条 图书出版者对著作权人交付出版的作品，按照合同约定享有的专有出版权受法律保护，他人不得出版该作品。

第三十四条 著作权人应当按照合同约定期限交付作品。图书出版者应当按照合同约定的出版质量、期限出版图书。

图书出版者不按照合同约定期限出版，应当依照本法第六十一条的规定承担民事责任。

图书出版者重印、再版作品的，应当通知著作权人，并支付报酬。图书脱销后，图书出版者拒绝重印、再版的，著作权人有权终止合同。

第三十五条 著作权人向报社、期刊社投稿的，自稿件发出之日起十五日内未收到报社通知决定刊登的，或者自稿件发出之日起三十日内未收到期刊社通知决定刊登的，可以将同一作品向其他报社、期刊社投稿。双方另有约定的除外。

作品刊登后，除著作权人声明不得转载、摘编的外，其他报刊可以转载或者作为文摘、资料刊登，但应当按照规定向著作权人支付报酬。

第三十六条 图书出版者经作者许可，可以对作品修改、删节。

报社、期刊社可以对作品作文字性修改、删节。对内容的修改，应当经作者许可。

第三十七条 出版者有权许可或者禁止他人使用其出版的图书、期刊的版式设计。

前款规定的权利的保护期为十年，截止于使用该版式设计的图书、期刊首次出版后第十年的12月31日。

第二节 表　　演

第三十八条 使用他人作品演出，表演者应当取得著作权人许可，并支付报酬。演出组织者组织演出，由该组织者取得著作权人许可，并支付报酬。

第三十九条 表演者对其表演享有下列权利：

（一）表明表演者身份；

（二）保护表演形象不受歪曲；

（三）许可他人从现场直播和公开传送其现场表演，并获得报酬；

（四）许可他人录音录像，并获得报酬；

（五）许可他人复制、发行、出租录有其表演的录音录像制品，并获得报酬；

（六）许可他人通过信息网络向公众传播其表演，并获得报酬。

被许可人以前款第三项至第六项规定的方式使用作品，还应当取得著作权人许可，并支付报酬。

第四十条 演员为完成本演出单位的演出任务进行的表演为职务表演，演员享有表明身份和保护表演形象不受歪曲的权利，其他权利归属由当事人约定。当事人没有约定或者约定不明确的，职务表演的权利由演出单位享有。

职务表演的权利由演员享有的，演出单位可以在其业务范围内免费使用该表演。

第四十一条 本法第三十九条第一款第一项、第二项规定的权利的保护期不受限制。

本法第三十九条第一款第三项至第六项规定的权利的保护期为五十年，截止于该表演发生后第五十年的 12 月 31 日。

第三节 录音录像

第四十二条 录音录像制作者使用他人作品制作录音录像制品，应当取得著作权人许可，并支付报酬。

录音制作者使用他人已经合法录制为录音制品的音乐作品制作录音制品，可以不经著作权人许可，但应当按照规定支付报酬；著作权人声明不许使用的不得使用。

第四十三条 录音录像制作者制作录音录像制品，应当同表演者订立合同，并支付报酬。

第四十四条 录音录像制作者对其制作的录音录像制品，享有许可他人复制、发行、出租、通过信息网络向公众传播并获得报酬的权利；权利的保护期为五十年，截止于该制品首次制作完成后第五十年的 12 月 31 日。

被许可人复制、发行、通过信息网络向公众传播录音录像制品，应当同时取得著作权人、表演者许可，并支付报酬；被许可人出租录音录像制品，还应当取得表演者许可，并支付报酬。

第四十五条 将录音制品用于有线或者无线公开传播，或者通过传送声音的技术设备向公众公开播送的，应当向录音制作者支付报酬。

第四节 广播电台、电视台播放

第四十六条 广播电台、电视台播放他人未发表的作品，应当取得著作权人许可，并支付报酬。

广播电台、电视台播放他人已发表的作品，可以不经著作权人许可，但应当按照规定支付报酬。

第四十七条 广播电台、电视台有权禁止未经其许可的下列行为：

（一）将其播放的广播、电视以有线或者无线方式转播；

（二）将其播放的广播、电视录制以及复制；

（三）将其播放的广播、电视通过信息网络向公众传播。

广播电台、电视台行使前款规定的权利，不得影响、限制或者侵害他人行使著作权或者与著作权有关的权利。

本条第一款规定的权利的保护期为五十年，截止于该广播、电视首次播放后第五十年的12月31日。

第四十八条 电视台播放他人的视听作品、录像制品，应当取得视听作品著作权人或者录像制作者许可，并支付报酬；播放他人的录像制品，还应当取得著作权人许可，并支付报酬。

第五章 著作权和与著作权有关的权利的保护

第四十九条 为保护著作权和与著作权有关的权利，权利人可以采取技术措施。

未经权利人许可，任何组织或者个人不得故意避开或者破坏技术措施，不得以避开或者破坏技术措施为目的制造、进口或者向公众提供有关装置或者部件，不得故意为他人避开或者破坏技术措施提供技术服务。但是，法律、行政法规规定可以避开的情形除外。

本法所称的技术措施，是指用于防止、限制未经权利人许可浏览、欣赏作品、表演、录音录像制品或者通过信息网络向公众提供作品、表演、录音录像制品的有效技术、装置或者部件。

第五十条 下列情形可以避开技术措施，但不得向他人提供避开技术措施的技术、装置或者部件，不得侵犯权利人依法享有的其他权利：

（一）为学校课堂教学或者科学研究，提供少量已经发表的作品，供教学或者科研人员使用，而该作品无法通过正常途径获取；

（二）不以营利为目的，以阅读障碍者能够感知的无障碍方式向其提供已经发表的作品，而该作品无法通过正常途径获取；

（三）国家机关依照行政、监察、司法程序执行公务；

（四）对计算机及其系统或者网络的安全性能进行测试；

（五）进行加密研究或者计算机软件反向工程研究。

前款规定适用于对与著作权有关的权利的限制。

第五十一条 未经权利人许可，不得进行下列行为：

（一）故意删除或者改变作品、版式设计、表演、录音录像制品或者广播、电视上的权利管理信息，但由于技术上的原因无法避免的除外；

（二）知道或者应当知道作品、版式设计、表演、录音录像制品或者广播、电视上的权利管理信息未经许可被删除或者改变，仍然向公众提供。

第五十二条 有下列侵权行为的，应当根据情况，承担停止侵害、消除影响、赔礼道歉、赔偿损失等民事责任：

（一）未经著作权人许可，发表其作品的；

（二）未经合作作者许可，将与他人合作创作的作品当作自己单独创作的作品发表的；

（三）没有参加创作，为谋取个人名利，在他人作品上署名的；

（四）歪曲、篡改他人作品的；

（五）剽窃他人作品的；

（六）未经著作权人许可，以展览、摄制视听作品的方法使用作品，或者以改编、翻译、注释等方式使用作品的，本法另有规定的除外；

（七）使用他人作品，应当支付报酬而未支付的；

（八）未经视听作品、计算机软件、录音录像制品的著作权人、表演者或者录音录像制作者许可，出租其作品或者录音录像制品的原件或者复制件的，本法另有规定的除外；

（九）未经出版者许可，使用其出版的图书、期刊的版式设计的；

（十）未经表演者许可，从现场直播或者公开传送其现场表演，或者录制其表演的；

（十一）其他侵犯著作权以及与著作权有关的权利的行为。

第五十三条 有下列侵权行为的，应当根据情况，承担本法第五十二条规定的民事责任；侵权行为同时损害公共利益的，由主管著作权的部门责令停止侵权行为，予以警告，没收违法所得，没收、无害化销毁处理侵权复制品以及主要用于制作侵权复制品的材料、工具、设备等，违法经营额五万元以上的，可以并处违法经营额一倍以上五倍以下的罚款；没有违法经营额、违法经营额难以计算或者不足五万元的，可以并处二十五万元以下的罚款；构成犯罪的，依法追究刑事责任：

（一）未经著作权人许可，复制、发行、表演、放映、广播、汇编、通过信息网络向公众传播其作品的，本法另有规定的除外；

（二）出版他人享有专有出版权的图书的；

（三）未经表演者许可，复制、发行录有其表演的录音录像制品，或者通过信息网络向公众传播其表演的，本法另有规定的除外；

（四）未经录音录像制作者许可，复制、发行、通过信息网络向公众传播其制作的录音录像制品的，本法另有规定的除外；

（五）未经许可，播放、复制或者通过信息网络向公众传播广播、电视的，本法另有规定的除外；

（六）未经著作权人或者与著作权有关的权利人许可，故意避开或者破坏技术措施的，故意制造、进口或者向他人提供主要用于避开、破坏技术措施的装置或者部件的，或者故意为他人避开或者破坏技术措施提供技术服务的，法律、行政法规另有规定的除外；

（七）未经著作权人或者与著作权有关的权利人许可，故意删除或者改变作品、版式设计、表演、录音录像制品或者广播、电视上的权利管理信息的，知道或者应当知道作品、版式设计、表演、录音录像制品或者广播、电视上的权利管理信息未经许可被删除或者改变，仍然向公众提供的，法律、行政法规另有规定的除外；

（八）制作、出售假冒他人署名的作品的。

第五十四条　侵犯著作权或者与著作权有关的权利的，侵权人应当按照权利人因此受到的实际损失或者侵权人的违法所得给予赔偿；权利人的实际损失或者侵权人的违法所得难以计算的，可以参照该权利使用费给予赔偿。对故意侵犯著作权或者与著作权有关的权利，情节严重的，可以在按照上述方法确定数额的一倍以上五倍以下给予赔偿。

权利人的实际损失、侵权人的违法所得、权利使用费难以计算的，由人民法院根据侵权行为的情节，判决给予五百元以上五百万元以下的赔偿。

赔偿数额还应当包括权利人为制止侵权行为所支付的合理开支。

人民法院为确定赔偿数额，在权利人已经尽了必要举证责任，而与侵权行为相关的账簿、资料等主要由侵权人掌握的，可以责令侵权人提供与侵权行为相关的账簿、资料等；侵权人不提供，或者提供虚假的账簿、资料等的，人民法院可以参考权利人的主张和提供的证据确定赔偿数额。

人民法院审理著作权纠纷案件，应权利人请求，对侵权复制品，除特殊情况外，责令销毁；对主要用于制造侵权复制品的材料、工具、设备等，责令销毁，且不予补偿；或者在特殊情况下，责令禁止前述材料、工具、设备等进入商业渠道，且不予补偿。

第五十五条 主管著作权的部门对涉嫌侵犯著作权和与著作权有关的权利的行为进行查处时，可以询问有关当事人，调查与涉嫌违法行为有关的情况；对当事人涉嫌违法行为的场所和物品实施现场检查；查阅、复制与涉嫌违法行为有关的合同、发票、账簿以及其他有关资料；对于涉嫌违法行为的场所和物品，可以查封或者扣押。

主管著作权的部门依法行使前款规定的职权时，当事人应当予以协助、配合，不得拒绝、阻挠。

第五十六条 著作权人或者与著作权有关的权利人有证据证明他人正在实施或者即将实施侵犯其权利、妨碍其实现权利的行为，如不及时制止将会使其合法权益受到难以弥补的损害的，可以在起诉前依法向人民法院申请采取财产保全、责令作出一定行为或者禁止作出一定行为等措施。

第五十七条 为制止侵权行为，在证据可能灭失或者以后难以取得的情况下，著作权人或者与著作权有关的权利人可以在起诉前依法向人民法院申请保全证据。

第五十八条 人民法院审理案件，对于侵犯著作权或者与著作权有关的权利的，可以没收违法所得、侵权复制品以及进行违法活动的财物。

第五十九条 复制品的出版者、制作者不能证明其出版、制作有合法授权的，复制品的发行者或者视听作品、计算机软件、录音录像制品的复制品的出租者不能证明其发行、出租的复制品有合法来源的，应当承担法律责任。

在诉讼程序中，被诉侵权人主张其不承担侵权责任的，应当提供证据证明已经取得权利人的许可，或者具有本法规定的不经权利人许可而可以使用的情形。

第六十条 著作权纠纷可以调解，也可以根据当事人达成的书面仲裁协议或者著作权合同中的仲裁条款，向仲裁机构申请仲裁。

当事人没有书面仲裁协议，也没有在著作权合同中订立仲裁条款的，可以直接向人民法院起诉。

第六十一条 当事人因不履行合同义务或者履行合同义务不符合约定而承担民事责任，以及当事人行使诉讼权利、申请保全等，适用有关法律的规定。

第六章 附 则

第六十二条 本法所称的著作权即版权。

第六十三条 本法第二条所称的出版，指作品的复制、发行。

第六十四条 计算机软件、信息网络传播权的保护办法由国务院另行规定。

第六十五条 摄影作品，其发表权、本法第十条第一款第五项至第十七项规定的权利的保护期在2021年6月1日前已经届满，但依据本法第二十三条第一款的规定仍在保护期内的，不再保护。

第六十六条 本法规定的著作权人和出版者、表演者、录音录像制作者、广播电台、电视台的权利，在本法施行之日尚未超过本法规定的保护期的，依照本法予以保护。

本法施行前发生的侵权或者违约行为，依照侵权或者违约行为发生时的有关规定处理。

第六十七条 本法自1991年6月1日起施行。

中华人民共和国著作权法实施条例

（2002年8月2日中华人民共和国国务院令第359号公布　根据2011年1月8日《国务院关于废止和修改部分行政法规的决定》第一次修订　根据2013年1月30日《国务院关于修改〈中华人民共和国著作权法实施条例〉的决定》第二次修订）

第一条　根据《中华人民共和国著作权法》（以下简称著作权法），制定本条例。

第二条　著作权法所称作品，是指文学、艺术和科学领域内具有独创性并能以某种有形形式复制的智力成果。

第三条　著作权法所称创作，是指直接产生文学、艺术和科学作品的智力活动。

为他人创作进行组织工作，提供咨询意见、物质条件，或者进行其他辅助工作，均不视为创作。

第四条　著作权法和本条例中下列作品的含义：

（一）文字作品，是指小说、诗词、散文、论文等以文字形式表现的作品；

（二）口述作品，是指即兴的演说、授课、法庭辩论等以口头语言形式表现的作品；

（三）音乐作品，是指歌曲、交响乐等能够演唱或者演奏的带词或者不带词的作品；

（四）戏剧作品，是指话剧、歌剧、地方戏等供舞台演出的作品；

（五）曲艺作品，是指相声、快书、大鼓、评书等以说唱为主要形式表演的作品；

（六）舞蹈作品，是指通过连续的动作、姿势、表情等表现思想情感的作品；

（七）杂技艺术作品，是指杂技、魔术、马戏等通过形体动作和技巧表现的作品；

（八）美术作品，是指绘画、书法、雕塑等以线条、色彩或者其他方式构成的有审美意义的平面或者立体的造型艺术作品；

（九）建筑作品，是指以建筑物或者构筑物形式表现的有审美意义的作品；

（十）摄影作品，是指借助器械在感光材料或者其他介质上记录客观物体形象的艺术作品；

（十一）电影作品和以类似摄制电影的方法创作的作品，是指摄制在一定介质上，由一系列有伴音或者无伴音的画面组成，并且借助适当装置放映或者以其他方式传播的作品；

（十二）图形作品，是指为施工、生产绘制的工程设计图、产品设计图，以及反映地理现象、说明事物原理或者结构的地图、示意图等作品；

（十三）模型作品，是指为展示、试验或者观测等用途，根据物体的形状和结构，按照一定比例制成的立体作品。

第五条 著作权法和本条例中下列用语的含义：

（一）时事新闻，是指通过报纸、期刊、广播电台、电视台等媒体报道的单纯事实消息；

（二）录音制品，是指任何对表演的声音和其他声音的录制品；

（三）录像制品，是指电影作品和以类似摄制电影的方法创作的作品以外的任何有伴音或者无伴音的连续相关形象、图像的录制品；

（四）录音制作者，是指录音制品的首次制作人；

（五）录像制作者，是指录像制品的首次制作人；

（六）表演者，是指演员、演出单位或者其他表演文学、艺术作品的人。

第六条 著作权自作品创作完成之日起产生。

第七条 著作权法第二条第三款规定的首先在中国境内出版的外国人、无国籍人的作品，其著作权自首次出版之日起受保护。

第八条 外国人、无国籍人的作品在中国境外首先出版后，30日内在中国境内出版的，视为该作品同时在中国境内出版。

第九条 合作作品不可以分割使用的，其著作权由各合作作者共同享有，通过协商一致行使；不能协商一致，又无正当理由的，任何一方不得阻止他方行使除转让以外的其他权利，但是所得收益应当合理分配给所有合作作者。

第十条 著作权人许可他人将其作品摄制成电影作品和以类似摄制电影的方法创作的作品的，视为已同意对其作品进行必要的改动，但是这种改动不得歪曲篡改原作品。

第十一条 著作权法第十六条第一款关于职务作品的规定中的“工作任务”，是指公民在该法人或者该组织中应当履行的职责。

著作权法第十六条第二款关于职务作品的规定中的“物质技术条件”，是指该法人或者该组织为公民完成创作专门提供的资金、设备或者资料。

第十二条 职务作品完成两年内，经单位同意，作者许可第三人以与单位使用的相同方式使用作品所获报酬，由作者与单位按约定的比例分配。

作品完成两年的期限，自作者向单位交付作品之日起计算。

第十三条 作者身份不明的作品，由作品原件的所有人行使除署名权以外的著作权。作者身份确定后，由作者或者其继承人行使著作权。

第十四条 合作作者之一死亡后，其对合作作品享有的著作权法第十条第一款第五项至第十七项规定的权利无人继承又无人受遗赠的，由其他合作作者享有。

第十五条 作者死亡后，其著作权中的署名权、修改权和保护作品完整权由作者的继承人或者受遗赠人保护。

著作权无人继承又无人受遗赠的，其署名权、修改权和保护作品完整权由著作权行政管理部门保护。

第十六条 国家享有著作权的作品的使用，由国务院著作权行政管理部门管理。

第十七条 作者生前未发表的作品，如果作者未明确表示不发表，作者死亡后 50 年内，其发表权可由继承人或者受遗赠人行使；没有继承人又无人受遗赠的，由作品原件的所有人行使。

第十八条 作者身份不明的作品，其著作权法第十条第一款第五项至第十七项规定的权利的保护期截止于作品首次发表后第 50 年的 12 月 31 日。作者身份确定后，适用著作权法第二十一条的规定。

第十九条 使用他人作品的，应当指明作者姓名、作品名称；但是，当事人另有约定或者由于作品使用方式的特性无法指明的除外。

第二十条 著作权法所称已经发表的作品，是指著作权人自行或者许可他人公之于众的作品。

第二十一条 依照著作权法有关规定，使用可以不经著作权人许可的已经发表的作品的，不得影响该作品的正常使用，也不得不合理地损害著作权人的合法利益。

第二十二条 依照著作权法第二十三条、第三十三条第二款、第四十条第三款的规定使用作品的付酬标准，由国务院著作权行政管理部门会同国务院价格主管部门制定、公布。

第二十三条 使用他人作品应当同著作权人订立许可使用合同，许可使用的权利是专有使用权的，应当采取书面形式，但是报社、期刊社刊登作品除外。

第二十四条 著作权法第二十四条规定的专有使用权的内容由合同约定，合同没有约定或者约定不明的，视为被许可人有权排除包括著作权人在内的任何人以同样的方式使用作品；除合同另有约定外，被许可人许可第三人行使同一权利，必须取得著作权人的许可。

第二十五条 与著作权人订立专有许可使用合同、转让合同的，可以向著作权行政管理部门备案。

第二十六条 著作权法和本条例所称与著作权有关的权益，是指出版者对其出版的图书和期刊的版式设计享有的权利，表演者对其表演享有的权利，录音录像制作者对其制作的录音录像制品享有的权利，广播电台、电视台对其播放的广播、电视节目享有的权利。

第二十七条 出版者、表演者、录音录像制作者、广播电台、电视台行使权利，不得损害被使用作品和原作品著作权人的权利。

第二十八条 图书出版合同中约定图书出版者享有专有出版权但没有明确其具体内容的，视为图书出版者享有在合同有效期限内和在合同约定的地域范围内以同种文字的原版、修订版出版图书的专有权利。

第二十九条 著作权人寄给图书出版者的两份订单在6个月内未能得到履行，视为著作权法第三十二条所称图书脱销。

第三十条 著作权人依照著作权法第三十三条第二款声明不得转载、摘编其作品的，应当在报纸、期刊刊登该作品时附带声明。

第三十一条 著作权人依照著作权法第四十条第三款声明不得对其作品制作录音制品的，应当在该作品合法录制为录音制品时声明。

第三十二条 依照著作权法第二十三条、第三十三条第二款、第四十条第三款的规定，使用他人作品的，应当自使用该作品之日起2个月内向著作权人支付报酬。

第三十三条 外国人、无国籍人在中国境内的表演，受著作权法保护。

外国人、无国籍人根据中国参加的国际条约对其表演享有的权利，受著作权法保护。

第三十四条 外国人、无国籍人在中国境内制作、发行的录音制品，受著作权法保护。

外国人、无国籍人根据中国参加的国际条约对其制作、发行的录音制品享有的权利，受著作权法保护。

第三十五条 外国的广播电台、电视台根据中国参加的国际条约对其播放的广播、电视节目享有的权利，受著作权法保护。

第三十六条 有著作权法第四十八条所列侵权行为，同时损害社会公共利益，非法经营额5万元以上的，著作权行政管理部门可处非法经营额1倍以上5倍以下的罚款；没有非法经营额或者非法经营额5万元以下的，著作权行政管理部门根据情节轻重，可处25万元以下的罚款。

第三十七条 有著作权法第四十八条所列侵权行为，同时损害社会公共利益的，由地方人民政府著作权行政管理部门负责查处。

国务院著作权行政管理部门可以查处在全国有重大影响的侵权行为。

第三十八条 本条例自2002年9月15日起施行。1991年5月24日国务院批准、1991年5月30日国家版权局发布的《中华人民共和国著作权法实施条例》同时废止。

计算机软件保护条例（节录）

（2001 年 12 月 20 日中华人民共和国国务院令第 339 号公布　根据 2011 年 1 月 8 日《国务院关于废止和修改部分行政法规的决定》第一次修订　根据 2013 年 1 月 30 日《国务院关于修改〈计算机软件保护条例〉的决定》第二次修订）

第一章　总　　则

……

第二条　本条例所称计算机软件（以下简称软件），是指计算机程序及其有关文档。

第三条　本条例下列用语的含义：

（一）计算机程序，是指为了得到某种结果而可以由计算机等具有信息处理能力的装置执行的代码化指令序列，或者可以被自动转换成代码化指令序列的符号化指令序列或者符号化语句序列。同一计算机程序的源程序和目标程序为同一作品。

（二）文档，是指用来描述程序的内容、组成、设计、功能规格、开发情况、测试结果及使用方法的文字资料和图表等，如程序设计说明书、流程图、用户手册等。

（三）软件开发者，是指实际组织开发、直接进行开发，并对开发完成的软件承担责任的法人或者其他组织；或者依靠自己具有的条件独立完成软件开发，并对软件承担责任的自然人。

（四）软件著作权人，是指依照本条例的规定，对软件享有著作权的自然人、法人或者其他组织。

第四条　受本条例保护的软件必须由开发者独立开发，并已固定在某种有形物体上。

第五条　中国公民、法人或者其他组织对其所开发的软件，不论是否发表，依照本条例享有著作权。

外国人、无国籍人的软件首先在中国境内发行的，依照本条例享有著作权。

外国人、无国籍人的软件，依照其开发者所属国或者经常居住地国同中国签订的协议或者依照中国参加的国际条约享有的著作权，受本条例保护。

第六条 本条例对软件著作权的保护不延及开发软件所用的思想、处理过程、操作方法或者数学概念等。

第七条 软件著作权人可以向国务院著作权行政管理部门认定的软件登记机构办理登记。软件登记机构发放的登记证明文件是登记事项的初步证明。

办理软件登记应当缴纳费用。软件登记的收费标准由国务院著作权行政管理部门会同国务院价格主管部门规定。

第二章 软件著作权

第八条 软件著作权人享有下列各项权利：

（一）发表权，即决定软件是否公之于众的权利；

（二）署名权，即表明开发者身份，在软件上署名的权利；

（三）修改权，即对软件进行增补、删节，或者改变指令、语句顺序的权利；

（四）复制权，即将软件制作一份或者多份的权利；

（五）发行权，即以出售或者赠与方式向公众提供软件的原件或者复制件的权利；

（六）出租权，即有偿许可他人临时使用软件的权利，但是软件不是出租的主要标的的除外；

（七）信息网络传播权，即以有线或者无线方式向公众提供软件，使公众可以在其个人选定的时间和地点获得软件的权利；

（八）翻译权，即将原软件从一种自然语言文字转换成另一种自然语言文字的权利；

（九）应当由软件著作权人享有的其他权利。

软件著作权人可以许可他人行使其软件著作权，并有权获得报酬。

软件著作权人可以全部或者部分转让其软件著作权，并有权获得报酬。

第九条 软件著作权属于软件开发者，本条例另有规定的除外。

如无相反证明，在软件上署名的自然人、法人或者其他组织为开发者。

第十条 由两个以上的自然人、法人或者其他组织合作开发的软件，其著作权的归属由合作开发者签订书面合同约定。无书面合同或者合同未作明确约定，合作开发的软件可以分割使用的，开发者对各自开发的部分可以单独享有著作权；但是，行使著作权时，不得扩展到合作开发的软件整体的著作权。合作开发的软件不能分割使用的，其著作权由各合作开发者共同享有，通过协商一致行使；不能协商一致，又无正当理由的，任何一方不得阻止他方行使除转让权以外的其他权利，但是所得收益应当合理分配给所有合作开发者。

第十一条 接受他人委托开发的软件，其著作权的归属由委托人与受托人签订书面合同约定；无书面合同或者合同未作明确约定的，其著作权由受托人享有。

……

第十四条 软件著作权自软件开发完成之日起产生。

自然人的软件著作权，保护期为自然人终生及其死亡后50年，截止于自然人死亡后第50年的12月31日；软件是合作开发的，截止于最后死亡的自然人死亡后第50年的12月31日。

法人或者其他组织的软件著作权，保护期为50年，截止于软件首次发表后第50年的12月31日，但软件自开发完成之日起50年内未发表的，本条例不再保护。

……

第十七条 为了学习和研究软件内含的设计思想和原理，通过安装、显示、传输或者存储软件等方式使用软件的，可以不经软件著作权人许可，不向其支付报酬。

第三章 软件著作权的许可使用和转让

第十八条 许可他人行使软件著作权的，应当订立许可使用合同。

许可使用合同中软件著作权人未明确许可的权利，被许可人不得行使。

第十九条 许可他人专有行使软件著作权的，当事人应当订立书面合同。

没有订立书面合同或者合同中未明确约定为专有许可的，被许可行使的权利应当视为非专有权利。

第二十条 转让软件著作权的，当事人应当订立书面合同。

……

第四章　法律责任

第二十三条　除《中华人民共和国著作权法》或者本条例另有规定外，有下列侵权行为的，应当根据情况，承担停止侵害、消除影响、赔礼道歉、赔偿损失等民事责任：

（一）未经软件著作权人许可，发表或者登记其软件的；

（二）将他人软件作为自己的软件发表或者登记的；

（三）未经合作者许可，将与他人合作开发的软件作为自己单独完成的软件发表或者登记的；

（四）在他人软件上署名或者更改他人软件上的署名的；

（五）未经软件著作权人许可，修改、翻译其软件的；

（六）其他侵犯软件著作权的行为。

第二十四条　除《中华人民共和国著作权法》、本条例或者其他法律、行政法规另有规定外，未经软件著作权人许可，有下列侵权行为的，应当根据情况，承担停止侵害、消除影响、赔礼道歉、赔偿损失等民事责任；同时损害社会公共利益的，由著作权行政管理部门责令停止侵权行为，没收违法所得，没收、销毁侵权复制品，可以并处罚款；情节严重的，著作权行政管理部门并可以没收主要用于制作侵权复制品的材料、工具、设备等；触犯刑律的，依照刑法关于侵犯著作权罪、销售侵权复制品罪的规定，依法追究刑事责任：

（一）复制或者部分复制著作权人的软件的；

（二）向公众发行、出租、通过信息网络传播著作权人的软件的；

（三）故意避开或者破坏著作权人为保护其软件著作权而采取的技术措施的；

（四）故意删除或者改变软件权利管理电子信息的；

（五）转让或者许可他人行使著作权人的软件著作权的。

有前款第一项或者第二项行为的，可以并处每件100元或者货值金额1倍以上5倍以下的罚款；有前款第三项、第四项或者第五项行为的，可以并处20万元以下的罚款。

……

第二十七条　为了制止侵权行为，在证据可能灭失或者以后难以取得的情况下，软件著作权人可以依照《中华人民共和国著作权法》第五十一条的规定，在提起诉讼前向人民法院申请保全证据。

第二十八条 软件复制品的出版者、制作者不能证明其出版、制作有合法授权的，或者软件复制品的发行者、出租者不能证明其发行、出租的复制品有合法来源的，应当承担法律责任。

第二十九条 软件开发者开发的软件，由于可供选用的表达方式有限而与已经存在的软件相似的，不构成对已经存在的软件的著作权的侵犯。

第三十条 软件的复制品持有人不知道也没有合理理由应当知道该软件是侵权复制品的，不承担赔偿责任；但是，应当停止使用、销毁该侵权复制品。如果停止使用并销毁该侵权复制品将给复制品使用人造成重大损失的，复制品使用人可以在向软件著作权人支付合理费用后继续使用。

……

著作权集体管理条例（节录）

（2004年12月28日中华人民共和国国务院令第429号公布　根据2011年1月8日《国务院关于废止和修改部分行政法规的决定》第一次修订　根据2013年12月7日《国务院关于修改部分行政法规的决定》第二次修订）

第一章　总　　则

……

第三条　本条例所称著作权集体管理组织，是指为权利人的利益依法设立，根据权利人授权、对权利人的著作权或者与著作权有关的权利进行集体管理的社会团体。

著作权集体管理组织应当依照有关社会团体登记管理的行政法规和本条例的规定进行登记并开展活动。

第四条　著作权法规定的表演权、放映权、广播权、出租权、信息网络传播权、复制权等权利人自己难以有效行使的权利，可以由著作权集体管理组织进行集体管理。

……

第四章　著作权集体管理活动

……

第二十三条　著作权集体管理组织许可他人使用其管理的作品、录音录像制品等，应当与使用者以书面形式订立许可使用合同。

著作权集体管理组织不得与使用者订立专有许可使用合同。

使用者以合理的条件要求与著作权集体管理组织订立许可使用合同，著作权集体管理组织不得拒绝。

许可使用合同的期限不得超过2年；合同期限届满可以续订。

……

信息网络传播权保护条例（节录）

（2006年5月18日中华人民共和国国务院令第468号公布　根据2013年1月30日《国务院关于修改〈信息网络传播权保护条例〉的决定》修订）

……

第二条　权利人享有的信息网络传播权受著作权法和本条例保护。除法律、行政法规另有规定的外，任何组织或者个人将他人的作品、表演、录音录像制品通过信息网络向公众提供，应当取得权利人许可，并支付报酬。

第三条　依法禁止提供的作品、表演、录音录像制品，不受本条例保护。

权利人行使信息网络传播权，不得违反宪法和法律、行政法规，不得损害公共利益。

第四条　为了保护信息网络传播权，权利人可以采取技术措施。

任何组织或者个人不得故意避开或者破坏技术措施，不得故意制造、进口或者向公众提供主要用于避开或者破坏技术措施的装置或者部件，不得故意为他人避开或者破坏技术措施提供技术服务。但是，法律、行政法规规定可以避开的除外。

第五条　未经权利人许可，任何组织或者个人不得进行下列行为：

（一）故意删除或者改变通过信息网络向公众提供的作品、表演、录音录像制品的权利管理电子信息，但由于技术上的原因无法避免删除或者改变的除外；

（二）通过信息网络向公众提供明知或者应知未经权利人许可被删除或者改变权利管理电子信息的作品、表演、录音录像制品。

第六条　通过信息网络提供他人作品，属于下列情形的，可以不经著作权人许可，不向其支付报酬：

（一）为介绍、评论某一作品或者说明某一问题，在向公众提供的作品中适当引用已经发表的作品；

（二）为报道时事新闻，在向公众提供的作品中不可避免地再现或者引用已经发表的作品；

（三）为学校课堂教学或者科学研究，向少数教学、科研人员提供少量已经发表的作品；

（四）国家机关为执行公务，在合理范围内向公众提供已经发表的作品；

（五）将中国公民、法人或者其他组织已经发表的、以汉语言文字创作的作品翻译成的少数民族语言文字作品，向中国境内少数民族提供；

（六）不以营利为目的，以盲人能够感知的独特方式向盲人提供已经发表的文字作品；

（七）向公众提供在信息网络上已经发表的关于政治、经济问题的时事性文章；

（八）向公众提供在公众集会上发表的讲话。

第七条 图书馆、档案馆、纪念馆、博物馆、美术馆等可以不经著作权人许可，通过信息网络向本馆馆舍内服务对象提供本馆收藏的合法出版的数字作品和依法为陈列或者保存版本的需要以数字化形式复制的作品，不向其支付报酬，但不得直接或者间接获得经济利益。当事人另有约定的除外。

前款规定的为陈列或者保存版本需要以数字化形式复制的作品，应当是已经损毁或者濒临损毁、丢失或者失窃，或者其存储格式已经过时，并且在市场上无法购买或者只能以明显高于标定的价格购买的作品。

……

第十四条 对提供信息存储空间或者提供搜索、链接服务的网络服务提供者，权利人认为其服务所涉及的作品、表演、录音录像制品，侵犯自己的信息网络传播权或者被删除、改变了自己的权利管理电子信息的，可以向该网络服务提供者提交书面通知，要求网络服务提供者删除该作品、表演、录音录像制品，或者断开与该作品、表演、录音录像制品的链接。通知书应当包含下列内容：

（一）权利人的姓名（名称）、联系方式和地址；

（二）要求删除或者断开链接的侵权作品、表演、录音录像制品的名称和网络地址；

（三）构成侵权的初步证明材料。

权利人应当对通知书的真实性负责。

第十五条 网络服务提供者接到权利人的通知书后，应当立即删除涉嫌侵权的作品、表演、录音录像制品，或者断开与涉嫌侵权的作品、表演、录音录像制品的链接，并同时将通知书转送提供作品、表演、录音录像制品的服务对象；服务对象网络地址不明、无法转送的，应当将通知书的内容同时在信息网络上公告。

第十六条 服务对象接到网络服务提供者转送的通知书后，认为其提供的作品、表演、录音录像制品未侵犯他人权利的，可以向网络服务提供者提交书面说明，要求恢复被删除的作品、表演、录音录像制品，或者恢复与被断开的作品、表演、录音录像制品的链接。书面说明应当包含下列内容：

（一）服务对象的姓名（名称）、联系方式和地址；

（二）要求恢复的作品、表演、录音录像制品的名称和网络地址；

（三）不构成侵权的初步证明材料。

服务对象应当对书面说明的真实性负责。

第十七条 网络服务提供者接到服务对象的书面说明后，应当立即恢复被删除的作品、表演、录音录像制品，或者可以恢复与被断开的作品、表演、录音录像制品的链接，同时将服务对象的书面说明转送权利人。权利人不得再通知网络服务提供者删除该作品、表演、录音录像制品，或者断开与该作品、表演、录音录像制品的链接。

……

第二十三条 网络服务提供者为服务对象提供搜索或者链接服务，在接到权利人的通知书后，根据本条例规定断开与侵权的作品、表演、录音录像制品的链接的，不承担赔偿责任；但是，明知或者应知所链接的作品、表演、录音录像制品侵权的，应当承担共同侵权责任。

第二十四条 因权利人的通知导致网络服务提供者错误删除作品、表演、录音录像制品，或者错误断开与作品、表演、录音录像制品的链接，给服务对象造成损失的，权利人应当承担赔偿责任。

……

第二部分 部门规章、司法解释

计算机软件著作权登记办法（节录）

（2002年2月20日国家版权局令第1号发布 自发布之日起施行）

……

第四条 软件著作权登记申请人应当是该软件的著作权人以及通过继承、受让或者承受软件著作权的自然人、法人或者其他组织。

软件著作权合同登记的申请人，应当是软件著作权专有许可合同或者转让合同的当事人。

……

第八条 合作开发的软件进行著作权登记的，可以由全体著作权人协商确定一名著作权人作为代表办理。著作权人协商不一致的，任何著作权人均可在不损害其他著作权人利益的前提下申请登记，但应当注明其他著作权人。

第九条 申请软件著作权登记的，应当向中国版权保护中心提交以下材料：

（一）按要求填写的软件著作权登记申请表；

（二）软件的鉴别材料；

（三）相关的证明文件。

……

最高人民法院关于审理著作权民事纠纷案件适用法律若干问题的解释（节录）

（2002年10月12日最高人民法院审判委员会第1246次会议通过　根据2020年12月23日最高人民法院审判委员会第1823次会议通过的《最高人民法院关于修改〈最高人民法院关于审理侵犯专利权纠纷案件应用法律若干问题的解释（二）〉等十八件知识产权类司法解释的决定》修正　2020年12月29日最高人民法院公告公布　自2021年1月1日起施行　法释〔2020〕19号）

……

第七条　当事人提供的涉及著作权的底稿、原件、合法出版物、著作权登记证书、认证机构出具的证明、取得权利的合同等，可以作为证据。

在作品或者制品上署名的自然人、法人或者非法人组织视为著作权、与著作权有关权益的权利人，但有相反证明的除外。

……

第十五条　由不同作者就同一题材创作的作品，作品的表达系独立完成并且有创作性的，应当认定作者各自享有独立著作权。

第十六条　通过大众传播媒介传播的单纯事实消息属于著作权法第五条第（二）项规定的时事新闻。传播报道他人采编的时事新闻，应当注明出处。

……

第十九条　出版者、制作者应当对其出版、制作有合法授权承担举证责任，发行者、出租者应当对其发行或者出租的复制品有合法来源承担举证责任。举证不能的，依据著作权法第四十七条、第四十八条的相应规定承担法律责任。

第二十条　出版物侵害他人著作权的，出版者应当根据其过错、侵权程度及损害后果等承担赔偿损失的责任。

出版者对其出版行为的授权、稿件来源和署名、所编辑出版物的内容等未尽到合理注意义务的，依据著作权法第四十九条的规定，承担赔偿损失的责任。

出版者应对其已尽合理注意义务承担举证责任。

……

第二十五条 权利人的实际损失或者侵权人的违法所得无法确定的，人民法院根据当事人的请求或者依职权适用著作权法第四十九条第二款的规定确定赔偿数额。

人民法院在确定赔偿数额时，应当考虑作品类型、合理使用费、侵权行为性质、后果等情节综合确定。

当事人按照本条第一款的规定就赔偿数额达成协议的，应当准许。

……

最高人民法院关于审理侵害信息网络传播权民事纠纷案件适用法律若干问题的规定（节录）

（2012年11月26日最高人民法院审判委员会第1561次会议通过　根据2020年12月23日最高人民法院审判委员会第1823次会议通过的《最高人民法院关于修改〈最高人民法院关于审理侵犯专利权纠纷案件应用法律若干问题的解释（二）〉等十八件知识产权类司法解释的决定》修正　2020年12月29日最高人民法院公告公布　自2021年1月1日起施行　法释〔2020〕19号）

……

第三条　网络用户、网络服务提供者未经许可，通过信息网络提供权利人享有信息网络传播权的作品、表演、录音录像制品，除法律、行政法规另有规定外，人民法院应当认定其构成侵害信息网络传播权行为。

通过上传到网络服务器、设置共享文件或者利用文件分享软件等方式，将作品、表演、录音录像制品置于信息网络中，使公众能够在个人选定的时间和地点以下载、浏览或者其他方式获得的，人民法院应当认定其实施了前款规定的提供行为。

第四条　有证据证明网络服务提供者与他人以分工合作等方式共同提供作品、表演、录音录像制品，构成共同侵权行为的，人民法院应当判令其承担连带责任。网络服务提供者能够证明其仅提供自动接入、自动传输、信息存储空间、搜索、链接、文件分享技术等网络服务，主张其不构成共同侵权行为的，人民法院应予支持。

第五条　网络服务提供者以提供网页快照、缩略图等方式实质替代其他网络服务提供者向公众提供相关作品的，人民法院应当认定其构成提供行为。

前款规定的提供行为不影响相关作品的正常使用，且未不合理损害权利人对该作品的合法权益，网络服务提供者主张其未侵害信息网络传播权的，人民法院应予支持。

第六条　原告有初步证据证明网络服务提供者提供了相关作品、表演、录音录像制品，但网络服务提供者能够证明其仅提供网络服务，且无过错的，人民法院不应认定为构成侵权。

第七条 网络服务提供者在提供网络服务时教唆或者帮助网络用户实施侵害信息网络传播权行为的，人民法院应当判令其承担侵权责任。

网络服务提供者以言语、推介技术支持、奖励积分等方式诱导、鼓励网络用户实施侵害信息网络传播权行为的，人民法院应当认定其构成教唆侵权行为。

网络服务提供者明知或者应知网络用户利用网络服务侵害信息网络传播权，未采取删除、屏蔽、断开链接等必要措施，或者提供技术支持等帮助行为的，人民法院应当认定其构成帮助侵权行为。

第八条 人民法院应当根据网络服务提供者的过错，确定其是否承担教唆、帮助侵权责任。网络服务提供者的过错包括对于网络用户侵害信息网络传播权行为的明知或者应知。

网络服务提供者未对网络用户侵害信息网络传播权的行为主动进行审查的，人民法院不应据此认定其具有过错。

网络服务提供者能够证明已采取合理、有效的技术措施，仍难以发现网络用户侵害信息网络传播权行为的，人民法院应当认定其不具有过错。

第九条 人民法院应当根据网络用户侵害信息网络传播权的具体事实是否明显，综合考虑以下因素，认定网络服务提供者是否构成应知：

（一）基于网络服务提供者提供服务的性质、方式及其引发侵权的可能性大小，应当具备的管理信息的能力；

（二）传播的作品、表演、录音录像制品的类型、知名度及侵权信息的明显程度；

（三）网络服务提供者是否主动对作品、表演、录音录像制品进行了选择、编辑、修改、推荐等；

（四）网络服务提供者是否积极采取了预防侵权的合理措施；

（五）网络服务提供者是否设置便捷程序接收侵权通知并及时对侵权通知作出合理的反应；

（六）网络服务提供者是否针对同一网络用户的重复侵权行为采取了相应的合理措施；

（七）其他相关因素。

……

第十三条 网络服务提供者接到权利人以书信、传真、电子邮件等方式提交的通知及构成侵权的初步证据，未及时根据初步证据和服务类型采取必要措施的，人民法院应当认定其明知相关侵害信息网络传播权行为。

……

附录二：著作权纠纷案件法律汇编目录

一、法律、行政法规

1.《中华人民共和国民法典》(2021 年 1 月 1 日施行)

2.《中华人民共和国著作权法》(2020 年修正)(2021 年 6 月 1 日施行)

3.《中华人民共和国著作权法实施条例》(2013 年修订)(2013 年 3 月 1 日施行)

4.《计算机软件保护条例》(2013 年修订)(2013 年 3 月 1 日施行)

5.《著作权集体管理条例》(2013 年修订)(2013 年 12 月 7 日施行)

6.《信息网络传播权保护条例》(2013 年修订)(2013 年 3 月 1 日施行)

7.《实施国际著作权条约的规定》(2020 修订)(2020 年 11 月 29 日施行)

二、部门规章、司法解释

(一) 部门规章

1.《计算机软件著作权登记办法》(2002 年)(中华人民共和国国家版权局令第 1 号)

2.《著作权质权登记办法》(2010 年)(中华人民共和国国家版权局令第 8 号)

3.《著作权行政处罚实施办法》(2009 年)(中华人民共和国国家版权局令第 6 号)

4.《互联网著作权行政保护办法》(中华人民共和国国家版权局、中华人民共和国信息产业部令 2005 年第 5 号)

5.《版权局关于进一步做好著作权行政执法证据审查和认定工作的通知》(国版发〔2020〕2 号)

6.《国家版权局印发〈关于依法加强对境外著作权认证机构常驻中国代表机构管理的意见〉的通知》(国版发〔2019〕3 号)

7.《国家文物局关于印发《博物馆馆藏资源著作权、商标权和品牌授权操作指引(试行)》的通知》(文物博发〔2019〕14 号)

8.《计算机软件著作权登记档案查询办法》（2009 年）（中国版权保护中心公告第 3 号）

9.《中国版权保护中心关于停征软件著作权登记缴费有关事项的通告》（中版权字〔2017〕33 号）

10.《国家版权局办公厅关于明确涉外著作权合同登记工作性质的通知》（国版办函〔2015〕29 号）

（二）司法解释

1.《最高人民法院关于审理著作权民事纠纷案件适用法律若干问题的解释》（2020 修订）（法释〔2020〕19 号）

2.《最高人民法院关于审理侵害信息网络传播权民事纠纷案件适用法律若干问题的规定》（2020 修订）（法释〔2020〕19 号）

3.《最高人民法院关于加强著作权和与著作权有关的权利保护的意见》（法发〔2020〕42 号）

4.《最高人民法院关于审理侵害知识产权民事案件适用惩罚性赔偿的解释》（法释〔2021〕4 号）

5.《最高人民法院关于知识产权民事诉讼证据的若干规定》（法释〔2020〕12 号）

6.《最高人民法院、最高人民检察院关于办理侵犯知识产权刑事案件具体应用法律若干问题的解释（三）》（法释〔2020〕10 号）

7.《最高人民法院关于涉网络知识产权侵权纠纷几个法律适用问题的批复》（法释〔2020〕9 号）

8.《最高人民法院关于审查知识产权纠纷行为保全案件适用法律若干问题的规定》（法释〔2018〕21 号）

9.《最高人民法院办公厅关于印发 2020 年中国法院 10 大知识产权案件和 50 件典型知识产权案例的通知》（法办〔2021〕146 号）

10.《最高人民法院关于依法加大知识产权侵权行为惩治力度的意见》（法发〔2020〕33 号）

11.《最高人民法院印发〈关于审理涉电子商务平台知识产权民事案件的指导意见〉的通知》（法发〔2020〕32 号）

12.《最高人民法院、最高人民检察院关于办理侵犯著作权刑事案件中涉及录音录像制品有关问题的批复》（法释〔2005〕12 号）

图书在版编目（CIP）数据

著作权纠纷裁判规则与类案集成／肖义刚编著．—
北京：中国法制出版社，2022.6
ISBN 978-7-5216-2431-1

Ⅰ.①著… Ⅱ.①肖… Ⅲ.①著作权法-案例-中国
Ⅳ.①D923.415

中国版本图书馆 CIP 数据核字（2022）第 007682 号

责任编辑：赵宏　　封面设计：李宁

著作权纠纷裁判规则与类案集成

ZHUZUOQUAN JIUFEN CAIPAN GUIZE YU LEIAN JICHENG

编著／肖义刚

经销／新华书店

印刷／三河市国英印务有限公司

开本／710 毫米×1000 毫米　16 开　　印张／35.25　字数／540 千

版次／2022 年 6 月第 1 版　　2022 年 6 月第 1 次印刷

中国法制出版社出版

书号 ISBN 978-7-5216-2431-1　　定价：149.00 元

北京市西城区西便门西里甲 16 号西便门办公区

邮政编码：100053　　传真：010-63141600

网址：http：//www.zgfzs.com　　编辑部电话：010-63141830

市场营销部电话：010-63141612　　印务部电话：010-63141606

（如有印装质量问题，请与本社印务部联系。）